L'inexistence en droit administratif

Logiques Juridiques

Collection dirigée par Gérard Marcou

Le droit n'est pas seulement un savoir, il est d'abord un ensemble de rapports et pratiques que l'on rencontre dans presque toutes les formes de sociétés. C'est pourquoi il a toujours donné lieu à la fois à une littérature de juristes professionnels, produisant le savoir juridique, et à une littérature sur le droit, produite par des philosophes, des sociologues ou des économistes notamment.

Parce que le domaine du droit s'étend sans cesse et rend de plus en plus souvent nécessaire le recours au savoir juridique spécialisé, même dans des matières où il n'avait jadis qu'une importance secondaire, les ouvrages juridiques à caractère professionnel ou pédagogique dominent l'édition, et ils tendent à réduire la recherche en droit à sa seule dimension positive. A l'inverse de cette tendance, la collection *Logiques juridiques* des Éditions L'Harmattan est ouverte à toutes les approches du droit. Tout en publiant aussi des ouvrages à vocation professionnelle ou pédagogique, elle se fixe avant tout pour but de contribuer à la publication et à la diffusion des recherches en droit, ainsi qu'au dialogue scientifique sur le droit. Comme son nom l'indique, elle se veut plurielle.

Dernières parutions

Bahieh AGAHI-ALAOUI, *L'autorité maritale en droit iranien et marocain*, 2010.
Ehab FARAHAT, *Le contentieux de l'élection des députés en France et en Egypte*, 2010.
Marie-Axelle GAUTIER, *La protection de l'environnement sur les plates-formes industrielles. Un défi pour le droit de l'environnement*, 2010.
Soufiane JEMMAR, *L'évaluation des biens et services en droit fiscal*, 2010.
Jiangyuan JIANG, *Théorie du droit public*, 2010.
Ümit KILINC, *La liberté d'expression en Turquie à l'épreuve de la convention européenne des droits de l'homme,* 2010.
Amel AMER-YAHIA, *Le régime juridique des dividendes*, 2010.
Séraphine LEKA, *Le régime de gestion des résidences sociales*, 2010.
Manuel GROS, *Droit administratif. L'angle jurisprudentiel,* (2e édition), 2010.
Robert SAVY, *Émergence d'une région. Le cas du Limousin : 1986 – 2004*, 2009.
Frédéric WILLEMS, *La face cachée des magasins d'usine*, 2009.

Sandrine Biagini-Girard

L'inexistence en droit administratif

Contribution à l'étude de la fonction des nullités

Prix Gaston JEZE 2008
Meilleure thèse constituant une « recherche fondamentale » en droit public

Préface de Jean-Claude Ricci

L'Harmattan

5-7, rue de l'Ecole polytechnique, 75005 Paris

http://www.librairieharmattan.com
diffusion.harmattan@wanadoo.fr
harmattan1@wanadoo.fr

ISBN : 978-2-296-12419-6
EAN : 9782296124196

A mon mari et à ma famille, sans l'aide matérielle et le soutien moral desquels ce travail n'aurait pas abouti.

Je remercie l'ensemble du personnel de l'Université P. Cézanne qui m'a assistée durant toutes ces années.

Je tiens en particulier, à remercier le Professeur J.-C. Ricci et à lui exprimer ma très profonde reconnaissance, pour ses conseils précieux et sa bienveillante attention.

Le présent ouvrage reprend la thèse pour le doctorat en droit public de Madame Sandrine BIAGINI-GIRARD présentée et soutenue publiquement le 15 décembre 2007 à l'Université Paul Cézanne (Aix-Marseille III) devant un jury composé de :

Monsieur Jean-Marie DELARUE, Président-adjoint de la Section du contentieux, Conseiller d'Etat,

Monsieur François LICHERE, Professeur agrégé des facultés de droit à l'Université Montpellier I, rapporteur,

Monsieur Jean-Louis MESTRE, Professeur agrégé des facultés de droit à l'Université Paul Cézanne (Aix-Marseille III),

Monsieur Bernard PACTEAU, Professeur agrégé des facultés de droit à l'Université Montesquieu (Bordeaux IV), président du jury, rapporteur,

Monsieur Jean-Claude RICCI, ancien directeur de l'Institut d'études politiques d'Aix-en-Provence, Professeur agrégé des facultés de droit à l'Université P. Cézanne (Aix-Marseille III), directeur de recherches.

Le titre de docteur en droit public a été décerné à Madame Sandrine BIAGINI-GIRARD avec la mention très honorable, assortie des félicitations du jury à l'unanimité et d'une proposition pour un prix de thèse.

PREFACE

« L'inexistence en droit administratif », tel est le titre de la belle thèse de Mme Sandrine BIAGINI-GIRARD qu'on a grand plaisir à présenter au lecteur.

Voilà un sujet clair et parfaitement délimité pourrait-on être tenté de penser. Cependant, depuis longtemps il est bien connu que la simplicité apparente peut receler nombre de surprises et qu'il est beaucoup plus difficile d'être simple que de faire compliqué.

C'est bien la mésaventure qui arrive à celui qui s'engage sur la route de l'inexistence.

D'abord le terme même *« inexistence »* fleure bon la dispute métaphysique ou les querelles sur l'ordre de priorité chronologique et ontologique entre l'essence et l'existence, jalonnées de noms aussi rassurants et célèbres que Platon, Parménide, Aristote, St Augustin, Saint Thomas d'Aquin, Malebranche, Husserl, Heidegger ou Sartre... Certes, mais dans tout cela qu'est-ce qui peut bien intéresser le droit ?

Ensuite, le sens du mot, non plus, n'est pas bien difficile à percevoir : *« caractère de ce qui n'existe pas »*, pour parler comme le Petit Larousse. Circulez, il n'y a rien à voir ; cela n'existe pas, n'a pas de réalité, c'est du rien. Mais s'il en est ainsi que vient faire le droit en ce domaine ?

Ici commencent les périls intellectuels.

En quoi le droit, le juriste, le juge, la doctrine peuvent-ils être concernés par l'inexistence ? Le droit porte sur des choses réelles ou supposées telles, en tout cas il ne s'intéresse pas au non être pour la bonne et simple raison que cela n'a pas d'incidence sur le droit, sur les droits. En quoi ce qui n'est pas peut-il être créateur de droits ou d'obligations ou, à l'inverse, extincteur de tels droits ou obligations ? Comment des rapports juridiques pourraient-ils surgir entre un néant et quelque chose d'autre ?

Et pourtant... Que de considérations juridiques ont été émises au sujet des actes inexistants... Quelques-uns des plus grands noms de la littérature juridique, de droit privé comme de droit public, ont porté leurs investigations sur cette notion (*ou ce concept ?*). Jean-Marie AUBY y a consacré sa brillante thèse de doctorat en 1947, c'est dire que cette question n'a pas laissé la doctrine indifférente.

Mais, au fait, l'inexistence est-elle proprement une notion juridique, entendons *« de droit positif »*, ou bien est-elle autre chose ? Mme BIAGINI-GIRARD indique la voie qu'elle va suivre pour traiter ce sujet car le sous-titre de sa thèse est : *« Contribution à l'étude de la fonction des nullités »*. C'est sous l'angle du statut des nullités qu'elle choisit de faire porter sa recherche et, étudiant ces nullités, elle décide de nous en montrer la fonctionnalité. A quoi servent ces nullités ? Quelle(s) fonction(s) remplissent-elles ?

C'était sans doute le seul parti scientifique qui permettait d'assurer un traitement véritablement heuristique du problème que l'on pourrait ainsi formuler : pourquoi avoir recours à la théorie de l'inexistence ?

Après tout, la panoplie juridique n'est pas démunie : un acte est régulier ou il ne l'est pas et, en cette seconde hypothèse, il est nul, c'est-à-dire qu'il ne produit pas d'effet – d'effet de droit bien sûr –, ce qu'exprime l'illustre adage qui, formulé en latin, revêt du coup une solennité marmoréenne : *« Quod nullum est nullum producit effectum »*. Que vient ajouter – si elle ajoute quelque chose – l'affirmation que cette nullité-là concerne un acte inexistant ? C'est ici le cœur de la difficulté.

A proprement parler, une illégalité grave a pour effet de toujours entacher l'acte administratif subséquent de nullité absolue ; le droit administratif a d'ailleurs une réelle prédilection pour ce type de nullités, les nullités relatives y étant assez peu nombreuses. Frapper de nullité absolue n'est-ce pas suffisant ? Faut-il aller au-delà ? Et pourquoi, d'ailleurs, devrait-il en être ainsi ?

C'est qu'il arrive un moment où même nul de nullité absolue un acte devient définitif, intangible car le temps exerce sur les actes juridiques un empire souverain au nom de la tranquillité du corps social, de la pacification des relations humaines, du besoin de stabilité et de sécurité juridiques inhérente à tout projet social et humain désirant s'inscrire dans la durée. C'est le cas, précisément, de l'action politique comme de l'action des administrations publiques. La prescription de l'action contentieuse, l'acquisition définitive de droits et de biens en dehors des voies régulières, l'oubli de la faute, sanctionnent ce besoin de tranquillité qui est le propre de la pérennité d'une civilisation. D'une certaine manière, l'oubli fournit l'un des moyens d'accepter ce qui, normalement, ne devrait pas l'être ; il évite que l'histoire ne se charge à chaque génération de tous les motifs de querelle et de contestation des générations précédentes.

C'est précisément cela, cette considération de sociologie politico-administrative, qu'entend battre en brèche le recours au subterfuge de l'inexistence. Le mot *« subterfuge »* est employé ici à dessein et, à lui seul, il permet d'expliquer puis de comprendre pourquoi s'atteler à l'étude de l'inexistence est si difficile. L'auteur du présent ouvrage en sait quelque chose.

Le juge administratif considère qu'il est des situations où l'irrégularité entachant un acte de l'administration est tellement grave, voire grossière, qu'il n'est pas possible de ne pas la sanctionner même quand du temps a passé, même quand beaucoup de temps a passé. En ce cas, l'argument de l'oubli au nom de la sécurité et de la stabilité juridiques ne paraît pas recevable. Même longtemps après qu'il a fait son apparition, un tel acte ne saurait créer une quelconque apparence aux yeux de quiconque le connaît ou l'observe.

Définitivement incapable d'intégrer l'univers juridique, il y sera à tout jamais, perpétuellement, susceptible d'exclusion et d'annulation. C'est pourquoi on peut bien parler de *« subterfuge »* car par l'emploi du procédé de l'inexistence il n'est pas question, en réalité, de dire que l'acte est nul – à cela suffirait l'usage de la théorie des nullités –, mais bien d'en permettre l'éradication à tout moment, entendons quand le délai légal pour le contester est expiré. L'inexistence proclamée cherche à échapper à la forclusion de l'action contentieuse.

On remarquera que ces prémisses ne sont plus guère dans l'air du temps où domine le souci de la sécurité juridique. La jurisprudence n'en finit plus d'ériger les intérêts individuels et subjectifs en normes absolues de jugement de la validité des actes et des comportements. Jamais n'auront autant été piétinés les valeurs collectives, le soin du projet commun, la nécessité d'un fort respect de l'intérêt général. A la légalité, sans cesse effritée, s'oppose, avant de s'y substituer, la seule considération du moi individuel, subjectif, singulier et égoïste, moyen le plus sûr de saper la construction d'un ordre social juste c'est-à-dire où les destins individuels se combinent à la société globale, dont ils sont inexorablement solidaires tant il est vrai que les êtres humains ne sauraient avoir en eux-mêmes les raisons de leur existence sociale. C'est dire que les jours de l'inexistence sont peut-être comptés.

Mais même une fois admises les raisons d'une construction de la théorie de l'inexistence, l'essentiel reste encore à venir et ce n'est pas le plus simple.

Déjà peut se discuter la distinction entre l'inexistence matérielle et l'inexistence juridique. Quand l'acte allégué n'existe pas matériellement on comprend qu'il puisse être dit inexistant puisqu'en effet il l'est et complètement et radicalement. Tout aussi aisément se conçoit que n'ayant pas eu, jamais, une existence, il ne puisse, jamais, c'est-à-dire à tout moment, se voir attribuer des effets ou des conséquences juridiques. A la limite cela relève du bon sens et il ne devrait point être besoin d'un juge pour l'entendre dire cela.

Au contraire, est plus délicate la situation de l'inexistence juridique. En cette hypothèse il existe bien un acte, souvent publié, apparemment opposable, en tout cas dont le contenu juridique est on ne peut plus certain. En bref, l'existence de cet acte ne fait aucun doute. Pourtant, le juge va, le cas échéant, le qualifier d'inexistant, non producteur d'un effet de droit. Le fait matériel qu'est l'acte est ainsi renvoyé à un pur néant, à la négation de son être d'acte administratif. Certes, il y a une existence, une *« chose »* existante, mais ce qui existe ce n'est pas un acte juridique administratif.

On peut arrêter ici ce début d'inventaire des difficultés que recèle l'introspection sur l'inexistence en droit administratif. A lui seul il vaut démonstration de l'importance de l'effort accompli par Mme BIAGINI-GIRARD. Par où commencer ? Que dire ? Comment *« lire »* ce que la jurisprudence veut faire de l'inexistence ? Un constat objectif, un pur constat ? Ou, au contraire, une reconstruction du réel a posteriori ?

Pour ce faire l'auteur commence par montrer et démontrer combien la notion en cause est *« complexe »*. Cette complexité n'est pas, pour elle, un simple constat, une description de l'état des lieux. Elle a pleine valeur démonstrative. Certes, cette complexité retentit directement sur l'étude qu'on peut en faire et sur la manière dont celle-ci peut ou doit être conduite. Là n'est cependant pas l'important. Cette complexité est tout d'abord la conséquence d'un certain héritage historique. C'est à travers l'histoire de sa construction au fil des siècles que l'inexistence a acquis ce caractère de complexité qui lui est désormais consubstantiel. Au fond, sa réception, ou son rejet, par les droits civil et administratif, traduit un embarras : pas facile de dire que ce qui est, se voit, se palpe presque, n'est pas. C'est une reconstruction purement arbitraire du réel, un peu comme dans l'idéalisme absolu de George Berkeley où rien n'existe en soi s'il n'est perçu et ici il s'agira d'une perception *« juridique »* : l'acte n'existe pas puisque le juge ne le perçoit pas comme acte *« juridique »*, producteur d'effets de droit. De là s'ensuit, selon Mme BIAGINI-GIRARD, que l'évolution de la notion d'inexistence n'a été – et ne pouvait être – que purement pragmatique, n'étant, au fond, qu'au service d'un rôle que le juge veut lui faire jouer. La complexité de la notion, au terme, dévoile que l'affirmation de l'inexistence n'est qu'une instrumentalisation d'une forme particulière de nullité.

Parvenue à ce stade de son examen, l'auteur n'en est que plus à l'aise pour asséner sa conclusion qu'il lui faut cependant longuement démontrer : l'inexistence est un instrument de politique jurisprudentielle, elle n'a pas d'autre réalité en soi et pour soi que d'être utilisée par le juge tantôt pour lui faire jouer le rôle d'une sanction, voire d'une lourde désapprobation morale, tantôt pour être une nullité dont le caractère fonctionnel l'emporte infiniment sur le simple fait d'être une nullité.

Ce *« scénario »* suppose de la part de celle qui l'a écrit une connaissance fine, intime, de la plupart des mécanismes du droit administratif comme des techniques et des méthodes du juge administratif. C'est un des grands mérites de ce travail austère et sérieux que de masquer avec une sobre élégance tout le labeur, tout le squelette d'une recherche ardue, pour ne donner à voir qu'un beau produit fini qui se laisse agréablement regarder.

Egalement, pareille étude quelque limitée qu'elle soit par son objet même, qui est restreint en définitive, donne à réfléchir parce qu'elle conduit loin le lecteur. Par delà une théorie d'application statistiquement assez faible, se dessinent une masse de problèmes, d'un grand classicisme et d'une grave importance : rôle des théories juridiques, fonction de la jurisprudence, nature et fonction de l'acte juridique, définition de l'irrégularité, jeu subtil entre respect du droit et tranquillité du corps social, etc.

C'est le propre du chercheur que de dégager de la gangue des objets et des faits quotidiens, par delà la réalité prosaïque, la belle pépite, rare, dont le scintillement puissant récompense de l'effort, souvent aride et solitaire, qui a été, pendant des années, le lot de son découvreur.

Ainsi en va-t-il de la belle et féconde thèse que Mme Sandrine BIAGINI-GIRARD nous a offerte comme un somptueux cadeau, gage, on l'espère, d'une riche carrière universitaire tant sont évidentes, ici, les qualités pédagogiques et d'aptitude à la recherche dont on sait que la conjonction est le propre de l'universitaire.

Aix et Marseille, février 2010

Jean-Claude RICCI
Professeur agrégé à l'Université Paul Cézanne
Ancien directeur de l'institut d'études politiques d'Aix-en-Provence
Ancien rédacteur en chef de la revue de la recherche juridique

SOMMAIRE

TABLE DES ABREVIATIONS

AJDA	Actualité Juridique – Droit administratif
AJFP	Actualité Juridique – Fonctions publiques
Ass.	Assemblée
CA	Cour d'appel
CAA	Cour administrative d'appel
Cass.	Cour de Cassation
CC	Conseil constitutionnel
CComptes	Cour des comptes
CDBF	Cour de discipline budgétaire et financière
CE	Conseil d'État
CJA	Code de justice administrative
CJCE	Cour de justice des Communautés européennes
CJF	Code des juridictions financières
D.	Le Dalloz (anciennement Recueil Dalloz)
EDCE	Études et documents du Conseil d'État
GAJA	Grands arrêts de la jurisprudence administrative (Dalloz)
Gaz. Pal.	La Gazette du Palais
JCP	Jurisclasseur périodique, La semaine juridique, 3 éditions : Générale, Administrations, Entreprises
JORF	Journal officiel de la République française
LGDJ	Librairie générale de droit et de jurisprudence
LPA	Les Petites affiches
NCPC	Nouveau code de procédure civile
PCJA	Plan de classement de la jurisprudence administrative
PUAM	Presses universitaires d'Aix-Marseille
PUF	Presses universitaires de France
RA	Revue administrative
RDP	Revue du droit public et de la science politique en France et à l'étranger
RFDA	Revue française de droit administratif
RIDC	Revue internationale de droit comparé
RRJ	Revue de la recherche juridique – Droit prospectif

RTD Civ.	Revue trimestrielle de droit civil
RTD Eur.	Revue trimestrielle de droit européen
S.	Recueil Sirey
Sect.	Section
TA	Tribunal administratif
TC	Tribunal des conflits
TCE	Traité instituant la Communauté Européenne
TFP	Tribunal de la fonction publique des communautés européennes
TFUE	Traité sur le fonctionnement de l'Union européenne
TGI	Tribunal de grande instance
TPI	Tribunal de première instance des communautés européennes
ΣΤΕ	Conseil d'État de Grèce (*Συμβούλιο της Επικρατείας*)

INTRODUCTION

1.–Il est des mots, aussi bien dans le langage courant que dans la langue technique, dont celle du droit, qui possèdent, s'il est possible de le dire, la qualité singulière d'éveiller immédiatement la réflexion, de provoquer le regard appuyé, bref, qui ne laissent pas indifférent. Non pas tant que ces termes aient un sens original ou par trop spécifique mais du fait même de leur énoncé, de l'agencement même des lettres.
Le mot *« inexistence »* réunit ces deux particularités. D'abord, d'emblée, avec un préfixe privatif et solennel, *« in »*, il s'entend comme une négativité aussi absolue que possible : im-possible, in-déterminé, in-gérant, in-capable, in-applicable, in-aliénable, etc. Au lieu de nier un état, comme le feraient les termes *« non-applicable »*, *« non-déterminé »*, *« non-aliénable »*..., il se présente lui-même comme constituant un état, son propre état. Il est une réalité à lui seul, alors qu'il se présente pour l'essentiel comme une négation, un non-état. Ensuite, le sens du mot est éloquent : qui n'existe pas, qui n'a pas de réalité... Enfin, le terme a quelque chose de provocateur et de mystérieux. Provocateur, car il donne à entendre qu'il y a, en quelque sorte, une réalité de l'irréalité ; un peu mystérieux car il est aisé de comprendre que la langue juridique, précise et très utilitaire, a voulu par là forger un mot avec l'intention qu'il signifie quelque chose : ce *« rien »* car *« inexistant »* ne peut cependant laisser indifférent.

2.–La thèse du Doyen J.-M. Auby porte sur la théorie de l'inexistence des actes administratifs unilatéraux[1]. Or, l'inexistence se manifeste de manière diffuse comme instrument du juge administratif permettant de sanctionner un défaut particulièrement grave qui entacherait des actes unilatéraux mais aussi des contrats ou même des décisions de justice[2] : la principale difficulté pour identifier avec certitude l'inexistence est que le juge administratif ne la mentionne pas généralement explicitement dans les visas et les motifs de ses décisions de justice mais dans le dispositif de celles-ci par une formule au demeurant elliptique en déclarant l'acte *« nul et de nul effet »* ou *« nul et non avenu »*.

3.–Il aurait été possible d'affirmer que la jurisprudence du Conseil d'Etat qui porte sur l'inexistence, en réservant le cas des actes unilatéraux, s'inscrirait dans une ligne descriptive dénuée de tout raisonnement abstrait à portée générale : ces jurisprudences n'auraient pas de réelle signification. Toutefois, une telle hypothèse reviendrait à refuser que l'inexistence serait le fruit d'une politique jurisprudentielle combinant les circonstances particulières de saisine du juge et de nécessités pratiques. Or, l'automatisme de son utilisation par le juge administratif a créé progressivement une catégorie particulière de nullité qui transcende la construction d'une théorie de l'inexistence qui était originellement

---

1 AUBY (J.–M.), La théorie de l'inexistence des actes administratifs, thèse, Paris, 1951, Pédone, p. 235 et s. ; FORTSAKIS (Th.), Conceptualisme et empirisme en droit administratif français, LGDJ, 1987, p. 227 et s.

2 CHABANOL (D.), JOUGUELET (J.–P.), BOURRACHOT (F.), Le régime juridique des marchés publics, Editions du Moniteur, 4ème éd., 2005, p. 81-82 et p. 248 et s. ; CHAPUS (R.), Contentieux administratif, 12ème éd., 2006, Montchrestien, p. 1293 et s. ; AUBY (J.–M.), La théorie de l'inexistence des actes administratifs, op. cit., p. 235 et s. ; FORTSAKIS (Th.), Conceptualisme et empirisme en droit administratif français, op. cit., p. 227 et s.

cantonnée aux seuls actes administratifs unilatéraux. Ainsi, il s'est avéré nécessaire, de replacer ce phénomène juridique aux caractères multiples, qui demeure rare, dans une perspective historique et de circonscrire ses manifestations conceptuelles et empiriques en droit ainsi que son champ d'application. La nature de l'inexistence, les raisons d'un tel mécanisme, sa spécificité éventuelle en droit administratif et le rôle que le juge administratif lui fait jouer devaient être tout autant recherchés selon l'acte en cause. Cependant si des traits communs existent *(dont l'explication réside en une origine tirée de la doctrine civile et ecclésiastique)*, certaines distinctions perdurent selon les manifestations de l'*« inexistence »*. C'est d'ailleurs cette multiplicité, dont l'expression a été révélée par les différents régimes juridiques et contentieux de l'inexistence, qui a permis de révéler à quel point le traitement et l'utilisation de l'inexistence sont par essence fonctionnelles[3]. Il convenait donc de s'y intéresser.

I. Évolution de la notion d'inexistence

4.–Une notion aux origines linguistiques incertaines.– Le vocabulaire latin, plus concis que le français, utilisait, dans les textes juridiques, le terme de *« nullité »* (*« nullus »*), uniquement pour désigner les sanctions juridiques et mentionnait l'inexistence comme expression désignant *« l'absence de quelque chose »* ou *« ce qui n'est rien »* ; ainsi n'était considéré comme tel que ce qui n'existe pas, et qui ne peut être décrit[4].

5.–Le vocable latin qui rendrait littéralement le terme d'inexistence serait *« inexsistens »* ou *« inexistens »*, ce qui peut être traduit littéralement par *« existant dans »*. Cette précision linguistique est requise car la définition de l'*« inexistence »* n'est pas liée à la négation de l'existence : *« existere »* ou *« esse »*, qui peut signifier *« être »*. En effet, *« exister »*, ne signifie nullement sortir du néant puisque cela renvoie à une conception linéaire du temps, et donc judéo-chrétienne, alors que les Romains et les Grecs antiques avaient une conception cyclique de l'évolution[5]. Ils affirmaient ainsi que chaque chose vient du néant et y retournera, et donc que c'est ce Chaos qui est le cœur de l'essence même de la vie.

6.–L'antonyme d'*« existence »* n'est donc pas ici le vocable *« inexistence »* puisque l'un et l'autre ont la même origine. Ces termes ne sont même pas employés dans les textes juridiques latins puisqu'ils se rattachent aux origines de la vie, à l'essence et à l'existence de l'humanité. Ainsi, les expressions *« morts »*, *« ceux qui n'existent pas »* ou *« les non-existants »* se traduisent par l'emploi de *« nullus, a, um »* signifiant aucun, nul (*« qui nulli sunt »*). Ce qui aurait plutôt, en français moderne, la signification d'*« absence »*.

7.–L'incertitude sur la date d'apparition de l'inexistence en droit public.– L'inexistence, sans pouvoir être qualifiée alors de théorie, est inhérente à la sanction des actes prononcée par le juge administratif. A l'origine cependant, le sens à lui donner semble

---

3 FORTSAKIS (Th.), Conceptualisme et empirisme en droit administratif français, op. cit., p. 227 et s.

4 DECAHORS (E.), Dictionnaire Français - Latin, Hatier 1960, Voir « existence » ou « exister » ; GAFFIOT (F.), Le grand Gaffiot, Dictionnaire Latin - Français, Hachette, 2000, Voir « nullus ».

5 SEGUR (Ph.), Le pouvoir et le temps, Albin Michel, 1996, 220 p.

être proche de l'annulation[6], bien qu'il soit incontestable qu'une telle nullité fut instaurée dès le départ pour sanctionner une illégalité présentant un caractère de gravité manifeste[7].

8.–Dès le XVIème siècle le droit public connaît l'inexistence. Le 28 juin 1593, l'arrêt *« Lemaistre »* du Parlement de Paris déclare nuls et de nul effet, et donc inexistants, tous Traités faits ou à faire qui appelleraient au trône de France un prince ou une princesse étrangères, en tant qu'ils sont contraires à la loi salique et autres fois fondamentales de l'État[8].

9.–Plus tard, un arrêt du Conseil d'État du Roi du 21 février 1786, a déclaré *« nuls et de nul effet »* les passeports illimités, délivrés par l'ancienne Compagnie des Indes aux négociants et armateurs, et leur en a prohibé l'usage[9].

10.–Semblablement, le Conseil d'État, dans une décision du 16 janvier 1822, *« commune de Caupène contre Jauret »*, décide dans son dispositif qu'un arrêté du Conseil de préfecture du Gers est *« nul et non-avenu » (cette formulation qui caractérise l'inexistence s'écrit alors avec un tiret qui disparaîtra par la suite)* et renvoie les parties devant ce même Conseil *« pour être statué conformément à la loi »*. Il se fonde pour cela sur le motif que l'arrêté en cause n'était pas valable car il n'était signé que par deux seulement des membres du Conseil de Préfecture, ce qui rendait l'arrêté radicalement nul, et d'une nullité substantielle[10]. Identiquement, une telle formulation se retrouve dans les décisions pour déclarer nul et non-avenu un jugement[11].

11.–Le rejet constant par la jurisprudence de l'application de l'inexistence aux personnes morales.– L'inexistence a ainsi conduit à de nombreuses interrogations. Le Doyen Jean-Marie Auby avait envisagé l'application de la théorie de l'inexistence aux personnes morales[12], pour réfuter ensuite cette hypothèse. Il mentionne ainsi que certains auteurs ont indiqué que les associations, voire les congrégations, pouvaient être inexistantes, mais que, selon lui, *« il ne peut s'agir en rien d'une inexistence »* mais d'une référence à une *« existence légale »*, en ce sens que les modalités d'acquisition de la personnalité morale n'auraient pas été valablement accomplies. C'est donc bien une sorte d'abus de langage de la doctrine dont il a démontré l'évidence par la nullité relative dont sont atteints les actes passés par de telles personnes. Il n'a pas été possible de relever dans

---

6 ARNAUD (A.–J.), et autres, Dictionnaire encyclopédique de théorie et de sociologie du droit, LGDJ et éditions juridiques et fiscales, 1988, voir sanction.

7 MESTRE (J.–L.), Un droit administratif à la fin de l'Ancien régime : Le contentieux des communautés de Province, thèse, LGDJ, 1976, p. 73 et s. et en particulier p. 85 et s.

8 « à présent ladite cour déclare tous traités faits et à faire ci-après pour l'établissement de prince ou princesse étrangers nuls et de nul effet et valeur, comme faits au préjudice de la loi salique et autres lois fondamentales de l'État », Parlement de Paris, 28 juin 1593, Lemaistre in ISAMBERT (F.–A.), DECRUSY, TAILLANDIER (A.-H.), Recueil général des anciennes lois françaises, Paris, Belin-Leprieur, 1830, Tome XV, p. 71.

9 CE du Roi, 21 février 1786, Imprimerie royale, 1786, p. 149, n° 2196, voir http://gallica.bnf.fr/.

10 CE, 16 janvier 1822, Commune de Caupène c. Jauret, Macarel, p. 57.

11 cf. Emigrés in Macarel, CE, 17 avril 1822, Lafagerdye c. Dupont, p. 315. et s.

12 AUBY (J.–M.), La théorie de l'inexistence des actes administratifs, op. cit., p. 230 à 234 ; cet auteur cite ainsi DARESTE (P.), Les voies de recours contre les actes de la puissance publique, Challamel, 1914, p. 676 et MICHOUD (L.), Théorie de la personnalité morale. Tome 1, LGDJ, 1998, p. 464.

la jurisprudence une personne morale déclarée inexistante au sens qu'elle serait *« nulle et de nul effet »*, ou *« nulle et non avenue »* et donc inexistante. Il ne s'agit même pas d'une inexistence matérielle puisque ces personnes morales existent bien en tant que données factuelles. La sanction d'une personne morale n'est donc pas, pour le juge administratif, l'inexistence mais, éventuellement, une personnalité publique partielle[13]. L'inexistence est donc exclue, de manière constante, en ce qui concerne les sanctions applicables aux personnes morales par le juge administratif.

12.–La confusion d'une doctrine « dissidente » entre les associations, fictives et transparentes et l'inexistence.– Cette problématique de l'inexistence appliquée aux personnes morales a été reprise par une partie de la doctrine en ce qui concerne la théorie des associations transparentes. Ces dernières sont considérées comme fictives lorsque le contrat qu'elles avaient conclu l'a été en réalité par une personne publique alors même que l'existence d'une telle personne morale de droit privé permet de conclure un contrat pour le compte d'une personne publique (*application de la théorie du mandat*). Or, le contrôle exercé par le juge administratif est celui de la vérification d'une réalité légale de l'institution en cause et d'une autonomie ou d'une volonté propre en ce sens qu'il est recherché si elle sert de *« cache »* à une autre institution qui se profile derrière elle[14]. De plus, l'expression *« associations fictives et/ou transparentes »* ne fait pas l'unanimité mais elle dénote *« l'insuffisante consistance qui est reprochée à la personne morale en question »*[15]. Ainsi, le juge administratif *« ne s'interroge pas sur la validité de cette institution »*, selon les termes du commissaire du gouvernement Emmanuel Glaser dans ses conclusions sur trois arrêts du Conseil d'Etat du 27 septembre 2006, *« M. Bayrou et Association de défense des usagers des autoroutes publiques de France, M. Jean-Pierre Zuryk, et Association de défense des usagers et de sauvegarde du patrimoine autoroutier »* car il va simplement écarter la personne morale de manière à faire apparaître la réalité juridique et administrative ; il lève le *« voile »* en quelque sorte[16]. Cependant, par une curieuse interprétation *« a contrario »*, il a été avancé l'idée, qui demeure dissidente en

---

13 LINDITCH (F.), Recherche sur la personnalité morale en droit administratif, LGDJ, 1997, p. 207 ; LICHERE (F.), La transparence des associations administratives, LPA 21 décembre 2001, p. 9 ; ROUYERE (A.), La personnalité publique partielle, in actes du colloque de l'AFDA, La personnalité publique, Litec, 2007, p. 91.

14 GLASER conclusions sur CE, Sect., 27 septembre 2006, M. Bayrou et Association de défense des usagers des autoroutes publiques de France, M. Jean-Pierre Zuryk, et Association de défense des usagers et de sauvegarde du patrimoine autoroutier ; comp. Rapport public 2000 du Conseil d'Etat, Associations et la loi de 1901, cent ans après, EDCE n° 51, p. 312.

15 CE, 11 mai 1987, Divier, p. 166 voir en particulier sur cet arrêt la note de AUBY (J.–M.), RDP 1988 p. 265, et les conclusions SCHRAMECK, RFDA 1988 p. 780 et la chronique de AZIBERT et DE BOISDEFFRE, AJDA 1987 p. 446 ; DESCHEEMAEKER (Ch.), La gestion de fait et les associations transparentes, Le courrier juridique des finances, n° 78, juillet 1997, p. 3 ; GROPER (N.), Auditeur à la Cour des comptes, Associations transparentes, subventions fallacieuses et gestion de fait, AJDA 2003 p. 2306 ; NICINSKI (S.), note sous CAA Bordeaux, 18 février 2003, ADEPS, Etendue et fondement de la responsabilité d'une personne publique à l'égard d'une association qu'elle subventionne, AJDA 2003 p. 1276.

16 CE, Sect., 27 septembre 2006, M. Bayrou et Association de défense des usagers des autoroutes publiques de France, M. Jean-Pierre Zuryk, et Association de défense des usagers et de sauvegarde du patrimoine autoroutier, nos 290716 et autres ; voir pour une application topique : CE, 21 mars 2007, Commune de Boulogne-Billancourt, n° 281796.

doctrine, que la fictivité conduirait à l'inexistence : il convient de mentionner que cette interprétation ne prend pas en compte que l'inexistence est un mécanisme de nullité qui sera applicable au contrat conclu et non à la personne morale elle-même dès lors que ce contrat sera requalifié d'administratif par conséquence de la *« transparence »* de l'association[17] (*sauf à considérer que l'acte inexistant vicie aussi les règles de création de son auteur*[18]*, ce qui constituerait une sorte d'inexistence inédite à rebours*). De même, cette position doctrinale omet de retenir l'inexistence en tant que construction prétorienne sanctionnant une grave illégalité alors qu'elle est toujours identifiable même lorsqu'elle n'est pas expressément nommée comme telle dans une décision de justice par l'expression *« nulle et de nul effet »*, ou *« nul et non avenu »*. Pour ce, l'application par le juge administratif de l'inexistence à une personne morale fictive ou transparente doit être écartée sauf à considérer que toute fiction serait assimilée à une inexistence : ce qui reviendrait à dire que la reconstruction juridique du réel afin de faire produire des effets de droit à cette fiction (*qui sans cette théorie en serait dépourvu*) serait toujours assimilable à la volonté du juge administratif d'éradiquer un acte juridique par une sanction particulière, l'inexistence[19].

13.–Une notion évolutive.– La terminologie employée par le juge diffère selon les actes inexistants, sans présenter de réelle homogénéité, notamment entre les juridictions du fond et le Conseil d'État, et au sein même de ce dernier selon la classification adoptée de la décision en cause. Cependant une systématisation est en cours d'évolution depuis 1957[20].

14.–La théorie de l'inexistence s'est donc trouvée enrichie par d'autres concepts qui existaient auparavant et qui ont permis de compléter certains mécanismes textuels trop rigides pour qu'ils puissent être utilisés en vue de sanctionner un acte gravement illégal. Il

---

17 NOURY (A.), Les contrats des associations transparentes, Revue Lamy des collectivités territoriales, 2007, n° 740 ; comp. BOULOUIS, conclusions sur CE, 21 mars 2007, Commune de Boulogne-Billancourt.

18 Il ne s'agit évidemment pas ici du cas particulier qui peut se rencontrer lorsque le destinataire des fonds est dépourvu de la personnalité juridique, soit parce qu'il n'existe pas de contrat d'association, soit parce que son objet statutaire est illicite, mais ce n'est pas l'inexistence en tant que mécanisme de sanction, puisque la nullité dont il s'agit vise ici un acte de droit privé ; LABETOULLE conclusions sur CE Sect., 17 octobre 1975, Institut supérieur de droit et d'économie de l'aménagement et de l'urbanisme.

19 Mme la professeur D. Costa a souligné dans sa thèse que si fiction il y avait pour l'inexistence ce serait dans le cadre d'une fiction juridique endogène qui a comme conséquence « la dissociation d'une catégorie juridique par exclusion de l'un de ses éléments substantiels qui aboutit à une dénaturation de ladite catégorie » afin de la soumettre à un régime juridique non initialement prévu. Ce qui revient à envisager l'inexistence comme une fiction parmi particulière au sein d'autres types de fictions ; COSTA (D.), Les fictions juridiques en droit administratif, Thèse, LGDJ, 2000, p. 146 et p. 160 ; comp. ARNAUD (A.–J.), et autres, Dictionnaire encyclopédique de théorie et de sociologie du droit, op. cit., voir fiction ; ALLAND (D.) et RIALS (S.), Dictionnaire de culture juridique, PUF, 2003, voir fiction juridique ; COSTA (D.), Les fictions juridiques en droit administratif, Thèse Paris, LGDJ, 2000, p. 146 et p. 160.

20 GENEVOIS (B.), Sur la hiérarchie des décisions du Conseil d'État statuant au contentieux, in Mélanges René Chapus, Montchrestien, 1992, p. 246 et s. ; CE Ass., 31 mai 1957, Rosan Girard, conclusions GAZIER, p. 355, tables p. 50 ; AJDA 1957 p. 270, chronique générale de jurisprudence administrative, FOURNIER (J.) et BRAIBANT (G.); D.1958.152, note WEIL (P.) ; AJDA 1958 p. 93, note Gazier (F.) ; in BRAIBANT (G.) et autres, GAJA, commentaire n° 77.

en allait d'autant plus ainsi que la détermination de tels cas repose sur des critères d'espèces nécessitant une certaine souplesse dans leur mise en œuvre concrète par le juge.

15.–Les actes administratifs unilatéraux sont classiquement qualifiés d'inexistants lorsque ceux-ci réunissent deux critères d'illégalité : celui de la gravité et celui du caractère manifeste de celle-ci. Cependant, l'étude de la jurisprudence montre que ces deux conditions ne sont que de simples indices, parfois sous-jacents, en vue de la déclaration de l'inexistence. En effet, celle-ci peut constituer une nullité sanctionnant un vice ou la réprobation morale de cet acte. Il s'agit donc bien d'incorporer, selon la conception du Doyen Hauriou, un aspect *« moralisateur »* dans une sanction de la légalité qui se veut objective[21]. Dès lors, le caractère d'inexistence est souvent implicite et peut être une notion elliptique ; seule une périphrase (*« nul et non avenu », « nul et de nul effet »*), révélant l'usage de cette technique de qualification serait utilisée pour permettre la mise en œuvre de cette nullité qui sanctionne des contrats, des actes unilatéraux ou même des décisions de justice. L'inexistence a donc été très discutée, sans doute à raison des réticences du juge à utiliser une nullité non textuelle puisque d'origine purement prétorienne. Cette situation se comprend d'autant mieux que le rôle de la jurisprudence en droit administratif est fréquemment majeur, mais ce sera le plus souvent pour suppléer l'absence de règle juridique applicable. Or, ici, l'inexistence permet de neutraliser purement et simplement les règles contentieuses classiques.

16.–Une reconnaissance tardive par le juge administratif.– L'inexistence créée par le juge administratif n'a été élaborée que progressivement. Elle s'est construite de manière empirique d'abord et surtout en tant que sanction des nominations pour ordre. Elle n'est véritablement apparue, explicitement, dans la jurisprudence du Conseil d'État, comme une manifestation significative de l'évolution d'une sanction des actes unilatéraux, qu'en 1935.

17.–Cette date précise correspond à l'apparition de la rubrique *« actes inexistants »* dans les tables vicennales du Conseil d'État, même s'il existait des décisions de justice antérieures qui traitaient de l'inexistence. Une telle mention mérite d'être soulignée car c'est le service de documentation du Conseil d'État, dont un ou plusieurs maîtres des requêtes de ce même Conseil sont responsables, qui décide des intitulés de ce Recueil.

18.–Antérieurement à la création de cette rubrique, certaines décisions ont été mentionnées dans les tables vicennales de 1905 à 1934 dans une Section IX, *« rectification, notification, abrogation, retrait »* (*§. 3 « retrait des décisions individuelles »*) qui précisait que le retrait de certaines décisions individuelles irrégulières, telles que des nominations irrégulièrement intervenues, non créatrices de droit, pouvaient intervenir sans délai. Ainsi,

---

21 HAURIOU (M.), Précis de droit administratif et de droit public, 12ème éd., Dalloz, 2002, p. 401 et s. ; SFEZ (L.), Essai sur la contribution du doyen Hauriou au droit administratif français, LGDJ, 1966, p. 124 ; WELTER (H.), Le contrôle juridictionnel de la moralité administrative : étude de doctrine et de jurisprudence, thèse Nancy, Sirey, 1929, p. 77.

se constituaient les lignes directrices de ce qui sera ensuite formalisé comme la théorie de l'inexistence[22].

19.–Une telle évolution fut lente et délicate car il s'agissait pour le juge de justifier l'instauration d'un instrument d'équité, en ce qu'il permet le rétablissement de la légalité, mais au prix d'un mécanisme qui porte singulièrement atteinte à la stabilité des situations juridiques[23] pour les actes administratifs unilatéraux.

II. Formes et fonctions de l'inexistence

20.–L'inexistence peut revêtir deux formes.– Une distinction peut, et dans la présente étude, doit être faite, entre deux formes d'inexistence : l'inexistence matérielle et l'inexistence juridique. Si la première forme correspond au sens commun, l'inexistant n'ayant pas de réalité, de concrétisation, et est matériellement introuvable, il n'en va pas de même de la seconde forme. En effet, il a été beaucoup plus difficile d'aboutir à cette idée, qu'en droit, quelque chose a, de soi, une incontestable réalité, comme une décision, ou bien un contrat, qui peut être vu, lu, touché, mais n'a cependant pas de réalité juridique. Cependant, seul le droit administratif pour l'essentiel, a identifié assez précisément cette distinction entre deux variétés d'inexistence[24].

21.–L'inexistence matérielle.– La désignation d'un acte comme *« matériellement inexistant »* recouvre tout acte qui n'a jamais été pris et qui est donc physiquement inexistant. C'est l'acte imaginaire, inventé. Un tempérament doit cependant être apporté pour les décisions implicites ou immatérielles, qui existent juridiquement alors même qu'elles ne sont pas concrètement matérialisées, à raison d'une règle spéciale de procédure.

22.–L'inexistence juridique.– La référence à l'inexistence, en droit administratif, prend une autre dimension car cette inexistence peut être non seulement matérielle mais aussi juridique : elle n'est donc pas véritablement assimilable au *« néant »* ou au *« rien »*. L'inexistence n'est pas ici appréhendée en tant que *« signifiant descriptif »* pouvant se définir avec évidence, par la seule mention de ce terme. Physiquement, il y a bien quelque chose mais en droit, ce *« quelque chose »* n'est rien en tant qu'il ne saurait produire des effets juridiques.

23.–La fiction juridique de l'inexistence en droit administratif.– Le juge administratif, tout comme les membres de la doctrine, a conscience de l'étrangeté d'une telle théorie au sens épistémologique du terme, puisqu'il est évident qu'affirmer l'inexistence juridique d'un acte juridique matériellement existant est une affirmation paradoxale[25].

---

22 CE, 12 mars 1915, Nardal, p. 71 ; CE, 27 juin 1919, Delmas, p. 559 ; CE, 31 mars 1922, Delmas, p. 594.

23 ARNAUD (A.–J.), et autres, Dictionnaire encyclopédique de théorie et de sociologie du droit, op. cit., voir équité.

24 WODIE (F.), L'inexistence des actes juridiques unilatéraux en droit administratif français, AJDA 1969 p. 76 et s.

25 ARNAUD (A.–J.), et autres, Dictionnaire encyclopédique de théorie et de sociologie du droit,

24.–Une remise en cause rétroactive de l'acte inexistant.– Le caractère exécutoire de l'acte administratif, principe essentiel de notre droit public, n'est remis en cause qu'une fois que l'administration elle-même, par la voie du retrait, ou, le cas échéant, le juge administratif déclare l'acte *« nul et de nul effet »*, ou *« même nul et non avenu » et donc inexistant.* Il s'agit donc bien d'une fiction juridique qui consiste à considérer que l'acte n'a jamais existé pour en permettre l'éradication de l'ordonnancement juridique. En effet, comme la théorie de l'acte annulé, celle du caractère absolu et de l'effet *« erga omnes »* des nullités a un caractère fictif. Parler du caractère rétroactif de la disparition de l'acte ne peut que consister en l'affirmation que l'acte en cause est réputé n'avoir jamais eu aucune valeur juridique, quelle qu'ait pu être, en son temps, sa perception par les acteurs juridiques.

25.–La jurisprudence ne s'est pas prononcée expressément sur le point de savoir si, en fin de compte, un acte non encore déclaré inexistant par le juge serait néanmoins exécutoire. La logique du droit positif implique que l'acte demeure en vigueur tant qu'il n'est pas déclaré inexistant et que seule une demande juridictionnelle de suspension serait de nature à faire obstacle à son effet de droit. Toutefois la jurisprudence est bien établie sur le point suivant : la circonstance que les actes administratifs, dont la suspension est demandée, pourraient être entachés d'une irrégularité telle que l'inexistence, ne fait pas obstacle à ce que la suspension de leur exécution puisse être prononcée sur le fondement de l'article L. 521-1 du code de justice administrative. En effet, une requête en inexistence doit être assimilée à une requête en annulation ou en réformation au sens de cette disposition[26]. Ce qui, implicitement, tend à assimiler le régime des actes inexistants non encore contestés à celui des autres actes administratifs qui demeurent exécutoires nonobstant l'exercice d'une voie de recours.

26.–L'inexistence, sanction morale.– L'inexistence est également le résultat de la réaction d'un groupe social et d'une institution face à une conduite de l'administration méconnaissant directement et d'une manière non équivoque les fondements de l'État de droit[27]. L'inexistence permet d'exprimer la désapprobation d'une conduite qui ne devrait être guidée que par l'objectif de la satisfaction de l'intérêt général et un rétablissement prompt et *« brutal »* de la légalité, en tant que la question de la validité du droit positif serait une question intrajuridique et morale[28]. Ce serait presque avancer une hypothèse hasardeuse que ce serait donc une donnée morale qui conditionnerait la validité et l'applicabilité d'une norme juridique, une sorte de *« moralisme juridique »*. Le caractère

---

op. cit. 1988, voir fiction ; ALLAND (D.) et RIALS (S.), Dictionnaire de culture juridique, op. cit. ; voir fiction juridique ; COSTA (D.), Les fictions juridiques en droit administratif, Thèse LGDJ, 2000, p. 146 et p. 160.

26 CE, 26 janvier 2007, Commune de Neuville-sur-Escaut, AJDA 2007 p. 229, conclusions DEREPAS ; comp. CE, 29 juillet 2002, Scribe, note DE MONTECLER (M.–Ch.), Référé suspension et spoil system, AJDA 2002 p. 930.

27 ARNAUD (A.–J.), et autres, Dictionnaire encyclopédique de théorie et de sociologie du droit, op. cit., voir sanction.

28 ARNAUD (A.–J.), et autres, Dictionnaire encyclopédique de théorie et de sociologie du droit, LGDJ et éditions juridiques et fiscales, 1988, voir morale ; ALLAND (D.) et RIALS (S.), Dictionnaire de culture juridique, op. cit., voir morale et droit, par O. Pfersmann ; FOULQUIER (N.), note sous CE, 10 avril 2008, Sté Decaux c. Département des Alpes-Maritimes, RLCT 2008 p. 9.

exorbitant de ce mécanisme constituerait l'unique alternative au maintien en vigueur d'un acte juridique qui est fortement attentatoire à l'ordre social lorsque les délais sont forclos. L'inexistence serait ainsi un autre *« avatar »* d'une conception jus-naturaliste selon laquelle *« le droit n'est un ordre normatif que s'il est effectivement régi par certaines valeurs morale intrinsèques »*[29].

27.–L'inexistence comme équité ?.– L'inexistence entendue comme l'équité nécessite soit d'envisager que certains principes exogènes au droit positif la préexisteraient, soit encore que certains concepts consubstantiels au droit permettraient son orientation, son élaboration et son application[30]. En effet, l'équité, selon la conception qui en est faite, s'oppose au droit, le prolonge, l'améliore, voire le corrige (*« æquitas, æquus »*, égal, en latin et *« apikeia »* en grec). Il s'agirait ainsi de poser l'inexistence comme un mécanisme permettant d'améliorer les systèmes de sanctions qui sont déjà appliqués mais qui révèleraient une *« insuffisance »*. Mais il faut bien reconnaitre qu'au concept d'équité est sous-jacent une résonance morale qui nécessite de s'interroger sur ses fonctions dans un mécanisme de sanction juridique tel que l'inexistence : un archétype moral ? Un idéal à attendre ? Une complémentarité ? Une antinomie ?[31]

28.–L'inexistence comme instrument d'équité pour le juge administratif ?.– Se pose aussi, nécessairement, l'utilisation de l'équité objective par le juge administratif (*l'équité subjective étant extérieure au droit puisqu'elle se définie par le sentiment individuel de justice et comme une référence à la loi naturelle*): dans la conception aristotélicienne et de Cicéron l'équité *(« l'æquitas »)* apparait comme un moyen pour atténuer la rigueur du droit positif et une prise en considération des particularités d'un cas concret pour aboutir à une solution juste. L'équité s'apparenterait alors avec l'idée de justice : la notion d'équité proprement dite témoigne donc de la confusion stoïcienne avec la morale *(« jus est ars boni et æqui »)*[32]. Dès lors, cette utilisation de l'équité sert de fondement pour la découverte de règles juridiques permettant d'assurer un équilibre réel. Il s'agit donc de s'interroger sur l'inexistence comme un instrument de justice commutative par le juge administratif. Il serait ainsi possible de constater une sorte de moralisation des règles juridiques par une gradation dans la sanction : le juge administratif aurait donc utilisé l'équité pour constituer un mécanisme juridique souple instaurant un degré de gravité qu'est l'inexistence en perfectionnant ceux qui préexistaient dans l'arsenal juridique pour sanctionner les actes administratifs illégaux par une nullité *« aggravée »*.

---

29 BRUNET (P.), in CAUDAL (S.), Les principes en droit, Economica, coll. Études juridiques, 2009, p. 175.

30 OPPETIT (B.), Philosophie du droit, Dalloz, 1999, p. 127 à 139 ; SERIAUX (A.), Le droit naturel, PUF, 1993,128 p.

31 ARNAUD (A.–J.), et autres, Dictionnaire encyclopédique de théorie et de sociologie du droit, LGDJ et éditions juridiques et fiscales, 1988, voir équité ; ALLAND (D.) et RIALS (S.), Dictionnaire de culture juridique, PUF, 2003, voir équité, par Ch. Jarrosson et F.–X. Testu.

32 ARNAUD (A.–J.), et autres, Dictionnaire encyclopédique de théorie et de sociologie du droit, op. cit., voir équité ; ALLAND (D.) et RIALS (S.), Dictionnaire de culture juridique, op. cit., voir équité, par Ch. Jarrosson et F.–X. Testu ; voir en part. ARISTOTE, Éthique à Nicomaque. Trad. Richard Bodéüs. [Nouv. trad.], Garnier-Flammarion, 2004, 560 p.

29.–La morale administrative sous-jacente à l'inexistence ?.– L'idée de morale administrative, aussi controversée soit-t-elle, serait ainsi sous-jacente à l'inexistence telle qu'elle est appliquée par le juge administratif, en tant que ce serait le bon sens et la rationalité qui feraient obstacle au maintien d'un acte entaché du vice d'inexistence et justifieraient le recours en *« déclaration d'inexistence »* qui est une forme de contrôle particulier[33]. En effet, il n'est pas envisageable de conserver un acte qui serait contraire à l'intérêt général alors qu'il présenterait un défaut de validité tel qu'il n'aurait jamais du exister : donc l'illégalité qui en découle ne saurait suivre qu'un régime contentieux exorbitant.

30.–L'inexistence comme politique jurisprudentielle ?– L'inexistence traduit ainsi la détermination du juge administratif, à la fois sanctionnatrice, car elle censure les actes illégaux entachés d'un vice présentant un certain seuil de gravité, et restitutive, en ce sens que l'inexistence rétablit la légalité en déclarant la disparition d'un acte (*« inexistant juridiquement »*) : le juge ne se borne plus à interpréter un texte, il complète le système sanctionnant les normes. Il permet donc de renforcer la présomption de légalité qui caractérise les actes de l'administration, puisque cette dernière serait altérée si un acte qui n'aurait jamais dû être pris était maintenu dans l'ordonnancement juridique. Le juge administratif a aussi conforté sa position en justifiant sa compétence dans l'hypothèse d'une voie de fait. De là, il est à l'origine de l'inexistence, de manière, selon la conception Kelsienne, à influencer sur la création du droit, bien qu'une telle création prétorienne puisse poser des difficultés, car, si l'éthique permet une modulation de la sanction, la finalité du juge administratif (*la disparition d'un acte administratif*) laisse envisager que le raisonnement juridique ne primerait pas. En d'autres termes, la solution recherchée par le juge administratif permettrait d'adapter les critères d'une notion telle que l'inexistence car il ne prendrait en considération que des données factuelles qui primeraient sur le droit afin de rétablir un ordonnancement juridique dénué d'acte *« monstrueux »*. Dès lors, seules des considérations pragmatiques guideraient le juge administratif dans l'application de l'inexistence, et par là-même, seraient à la source de la construction des règles jurisprudentielles relatives à une telle notion. Au demeurant, cette hypothèse pourrait d'ailleurs être corroborée par le caractère protéiforme de l'inexistence selon que l'acte soit un contrat, un acte administratif unilatéral ou une décision de justice puisque, justement, l'adhésion au raisonnable, voire au juste, légitimerait un mécanisme tel que celui de l'inexistence[34].

---

33 DUFAU (V.), Les sujétions exorbitantes du droit commun en droit administratif, L'Harmattan, 2000, p. 29 et s. ; BONNARD (R.), Le pouvoir discrétionnaire des autorités administratives et le recours pour excès de pouvoir, RDP 1923 p. 363 et s. ; BRAIBANT (G.), Le principe de la proportionnalité, Mélanges offerts à Marcel Waline, Le juge et le droit public, LGDJ, 1974, p. 297 ; HAURIOU (M.), note sous CE, 17 juillet 1925, Association amicale du personnel de la Banque de France, S.1925.III.3 ; JAGERSCHMIDT, conclusions sur CE 13 décembre 1889, Cadot, S.1892.20.

34 ARNAUD (A.-J.), et autres, Dictionnaire encyclopédique de théorie et de sociologie du droit, op. cit., voir équité ; ALLAND (D.) et RIALS (S.), Dictionnaire de culture juridique, op. cit., voir création du droit ; HAURIOU (M.), Précis de droit administratif, Sirey, 7ème éd., 1911, p. 476 ; KELSEN (H.), Théorie pure du droit, traduction Ch. Eisenmann, Dalloz, 1962, p. 463 ; LOCHAK (D.), Le rôle politique du juge administratif français, LGDJ, 1972, p. 81 et s. ; MESTRE (A.), Le Conseil d'Etat, protecteur des prérogatives de l'administration, LGDJ, 1974, 305

31.–La qualification d'inexistence et la nature de l'acte sanctionné.– La théorie de l'inexistence n'est explicitement utilisée qu'à l'encontre des actes unilatéraux, pour lesquels elle constitue d'ailleurs une sanction spécifique. D'ailleurs, la doctrine (*y compris les commissaires du gouvernement dans leurs conclusions*) ne reconnaît majoritairement l'inexistence que pour de tels actes. Or, le concept d'inexistence est également utilisé à l'encontre des contrats et des décisions de justice. Mais en ce qui concerne ces dernières cette possibilité n'a souvent été envisagée que de manière implicite par l'ensemble de la doctrine[35]. En revanche, en ce qui concerne les contrats, l'inexistence est majoritairement envisagée comme une nullité permettant de sanctionner certains vices qui revêtiraient une certaine gravité.

32.–L'inexistence matérielle, sanction des contrats.– L'inexistence matérielle en droit contractuel est assimilée à la nullité. Dans ce contentieux spécifique, l'acte existe ou n'existe pas, il n'y a pas d'état intermédiaire. Le contrat est formé dès lors que ses éléments constitutifs sont réunis, à défaut, le contrat est nul et il est considéré, par voie de conséquence, comme n'étant jamais entré dans l'ordonnancement juridique[36].

33.–Ce raisonnement pourrait être considéré comme autonome. En réalité, la lecture des décisions juridictionnelles en la matière permet de constater que, dans certains cas, le juge administratif ne prononce pas simplement la nullité du contrat mais déclare qu'il est *« nul et de nul effet »*, voire *« nul et non avenu »*. Il existe donc certaines hypothèses dans lesquelles le contrat nul doit être assimilé au contrat inexistant. La doctrine voit dans cette qualification une illustration de la distinction entre la nullité relative et la nullité absolue. Elle ajoute que parfois, cette dernière nullité serait en réalité constitutive de cas d'inexistence matérielle[37].

34.–De plus, il ne saurait être possible de dire qu'il résulte tant des motifs retenus que de l'étude des conclusions des commissaires du gouvernement que le juge du contrat entend appliquer, en ce cas, une systématisation théorique. Il faut plutôt y voir une sorte d'état descriptif en lui-même qui se définit par son seul énoncé sans qu'il soit possible de dire avec certitude que cet énoncé révèle une application similaire à la théorie de l'inexistence.

---

p. ; RIALS (S.), Le juge administratif français et la technique du standard, LGDJ, 1980, p. 440 et s. ; BRAIBANT (G.), Le rôle du Conseil d'Etat dans l'élaboration du droit, Mélanges Chapus, Montchrestien, 1992, p. 96 ; DEGUERGUE (M.), Le contentieux de la responsabilité : politique jurisprudentielle et jurisprudence politique, AJDA 1995 p. 211 et s.;LABETOULLE (D.), La qualification et le juge administratif : quelques remarques, Droits n° 18, 1993, p. 31 ; RIVERO (J.), Le juge administratif : gardien de la légalité administrative ou gardien administratif de la légalité ?, Mélanges offerts à Marcel Waline, op. cit., p. 701 ; WEIL (P.), Le Conseil d'Etat statuant au contentieux : politique jurisprudentielle ou jurisprudence politique ?, Annales de la Faculté de droit et des sciences politiques d'Aix, 1959, p. 281 ; TC, 27 juin 1966, Guigon, p. 830, AJDA 1966 p. 547, note DE LAUBADERE (A.) ; D.1968.7. note DOUENCE, JCP(G) 1966.II.15135, conclusions LINDON.

35 CHAPUS (R.), Contentieux administratif, op. cit., p. 1293 et s.

36 JAGERSSCHMIDT, conclusions sur CE, 14 février 1890, Roussey, p. 178.

37 CHABANOL (D.), JOUGUELET (J.–P.), BOURRACHOT (F.), Le régime juridique des marchés publics, op. cit., p. 81-82 et p. 248 et s. ; MAUGÜE (CH.), SCHWARTZ (R.), Nature d'un jugement rendu sur déféré préfectoral lorsque le préfet défère un contrat administratif, note sur CE Sect., 26 juillet 1991, Commune de Sainte-Marie, AJDA 1991 p. 693.

35.–Le document ainsi établi pourra, dans certains cas, être totalement dénué de toute portée normative et n'établira donc aucune relation contractuelle ni d'obligations entre les parties. Dans cette perspective analytique, le support matériel de l'acte, ou *« signifiant »* concret, n'aura pas la même signification que pour les actes administratifs unilatéraux. C'est ce qui fait obstacle à la consécration de l'inexistence juridique dans le contentieux contractuel.

36.–L'inexistence comme sanction des décisions de justice[38]**.**– Le juge a utilisé l'inexistence à l'encontre des décisions juridictionnelles pour pouvoir statuer à nouveau sur un litige lorsqu'une erreur, inhérente à l'office du juge, entache sa décision. L'inexistence est donc ici une méthode inductive de la nullité qui permet au juge administratif d'*« effacer »* une décision de justice, en principe exécutoire, et ce, en dehors de l'exercice des voies de recours ordinaires. Ceci démontre, à nouveau, le caractère fictif d'un tel raisonnement. Les décisions de justice sont exécutoires par elles-mêmes dès qu'elles sont rendues et revêtues de la formule exécutoire ; affirmer qu'une décision est dénuée d'un tel caractère, au surplus de manière rétroactive, revient, paradoxalement, à créer une situation artificielle afin de résoudre une difficulté dont la persistance peut être présentée comme inéquitable pour les justiciables. L'inexistence est ainsi un mécanisme de *« justice implicite »* dans ces hypothèses.

37.–Les voies de recours en rétractation posent la question de savoir si, en tout état de cause, le juge administratif utilise la théorie de l'inexistence dans ces cas précis alors même que la doctrine retient la nullité ou bien une notion assimilée comme facteur explicatif de mise en œuvre de ces voies de recours.

38.–La recherche d'une telle qualification impose de déterminer s'il s'agit d'une nullité à géométrie variable, à l'initiative du juge, qui pourrait alors constituer un mécanisme de correction des erreurs du juge. Ceci conduit à s'interroger sur la nature même et sur la définition d'une telle notion, ainsi que sur le régime qui lui est applicable.

39.–L'utilisation de ce concept prend donc ici une nouvelle forme qui n'est généralement pas commentée en doctrine. Celle-ci se bornant à relever que, parfois, le juge administratif déclare une décision de justice *« nulle et de nul effet »* ou *« nulle et non avenue »* dans certaines procédures pour résoudre les conflits de juge entre les deux ordres de juridiction mais aussi au sein de l'ordre juridictionnel administratif. Ainsi le caractère de gravité et/ou d'illégalité manifeste n'est ici jamais explicite mais toujours sous-jacent. Le juge n'expose jamais quel est son raisonnement lorsqu'il déclare une décision *« nulle et non avenue »* ou *« nulle et de nul effet » :* il affirme simplement, en substance, que le *« negotium »* de la décision de justice est tellement vicié qu'en fin de compte, son *« instrumentum »* doit être éradiqué de l'ordonnancement juridique.

40.–Cette analyse, à la supposer exacte, est similaire à celle appliquée dans le cadre des actes unilatéraux : l'inexistence en cause serait donc une inexistence juridique et non

---

38 CHAPUS (R.), Contentieux administratif, 12ème éd., p. 1293 et s.

pas matérielle. Mais est-il possible de soutenir qu'il s'agit encore de la même théorie juridique ? Il semble évident qu'il ne s'agit pas ici d'utiliser l'inexistence en vue d'un but identique, ceci en raison de la nature de l'acte en cause (*contourner les délais de recours contentieux ou de retrait*). Il n'en demeure pas moins que l'inexistence en ce cas constitue un instrument correctif qui permet de déroger aux règles de recours *« classiques »* contre les jugements et les arrêts, voire les ordonnances.

41.–Cette théorie juridique doit être ainsi rapprochée de la procédure utilisée par le Tribunal des conflits. Il s'agit d'éviter un déni de justice en utilisant l'inexistence comme un moyen d'interférer sur *« le cours de la justice »* par l'anéantissement matériel d'un acte juridictionnel et en replaçant le requérant dans la situation initiale dans laquelle il se trouvait lorsqu'il a formé son recours. Ce mécanisme est très différent de celui de l'appel dont l'objet principal est de contester l'appréciation portée par le premier juge sur les moyens invoqués.

42.–Cette utilisation de l'inexistence pour déclarer nulle une décision de justice intervient donc dans différentes procédures du contentieux administratif, assez disparates, qui sont des voies de recours extraordinaires contre les arrêts et les jugements.

43.–Une telle solution était également possible pour les procédures *« en règlement de juge »*, ou *« en règlement des conflits de jugements »* avant que la procédure de prévention de tels conflits ne soit instaurée. En effet, la contrariété de décisions de justice ne peut être tolérée dans un État sauf s'il existe un mécanisme dédié à sa correction. Il s'agit donc, dans ce cas, de dénouer la contradiction en déclarant *« nulle et non avenue »* une décision de justice incompatible avec une autre mieux fondée.

44.–Le recours en rectification matérielle permet aussi de ne pas fausser, ou de ne pas dénaturer le dispositif d'une décision de justice.

45.–De même, lorsque le recours en révision et le recours en opposition (*tierce ou simple*) sont possibles, le juge administratif utilise la théorie de l'inexistence pour sanctionner la décision de justice rendue en méconnaissance des règles contentieuses de l'instance ainsi que les actes de procédures connexes qui en sont indétachables, et déclare nul cet ensemble.

46.–L'inexistence n'est cependant pas utilisée dans ces voies de droit spéciales pour déroger à des règles de procédure mais uniquement pour permettre la disparition des actes et décisions en cause. Ainsi le recours en révision et celui en opposition (*tierce et simple*) ne peuvent être intentés que dans les deux mois de la notification de la décision juridictionnelle litigieuse, tout comme le recours en rectification matérielle.

47.–L'inexistence, sanction des actes unilatéraux.– Le Conseil d'État n'a jamais clairement établi une distinction entre l'inexistence juridique et l'inexistence matérielle en ce qui concerne les actes administratifs unilatéraux. Cependant il est légitime de considérer que l'inexistence mise en cause est généralement juridique puisqu'en principe, si l'acte contesté avait été matériellement inexistant, la requête aurait dû être déclarée irrecevable, n'étant pas dirigée contre une décision.

48.–En réalité, il est apparu au début du XXème siècle que l'inexistence juridique permettrait, dans l'intérêt d'une bonne administration de la justice, de ne pas opposer à une requête en annulation les délais de recours lorsqu'il était évident qu'un acte était gravement illégal et qu'aucune autre voie de droit n'était possible. En même temps, cela permettait au juge d'infliger une sanction moralisatrice à l'administration, sans prononcer d'injonctions. Cette distinction entre les deux formes d'inexistence a été maintenue mais elle demeure un sujet de controverse en doctrine puisqu'une même décision de justice a parfois été interprétée comme déclarant une inexistence matérielle ou comme proclamant une inexistence juridique.

49.–L'inexistence, vice et sanction.– L'inexistence présente la particularité de constituer à la fois un mécanisme de sanction de l'imperfectibilité de l'acte, et un vice particulier. En effet, la légalité d'un acte administratif est conditionnée par le binôme légalité externe/légalité interne, et dès lors que l'un d'entre eux est source d'une illégalité, l'acte en cause est susceptible d'être annulé. Si cette illégalité est plus grave, l'acte litigieux sera réputé *« nul et de nul effet »* ou *« nul et non avenu »*, et donc inexistant.

50.–Les actes unilatéraux, qui se révéleraient inexistants, seraient en réalité des actes sanctionnés par une nullité plus qu'absolue que révélerait, finalement, le vocabulaire employé, ce qui peut paraître étonnant. Sur un plan strict, la gradation des sanctions des normes en droit administratif est envisageable. Certaines nullités peu nombreuses sont ainsi relatives[39] car en réalité non substantielles. Ensuite, les plus nombreuses sont considérées comme absolues et d'ordre public et sont sanctionnées par l'annulation. Enfin certaines, encore plus graves, sont sanctionnées par une nullité/inexistence. Pour ces dernières il existe une réelle difficulté d'identification qui peut être amplifiée par le vocabulaire utilisé selon la nature du contentieux en cause. Ainsi, ces actes unilatéraux sont déclarés nuls par le juge administratif, et non annulés.

51.–Une typologie de l'inexistence au champ d'application limité.– Les actes unilatéraux déclarés inexistants sont le plus souvent des actes résultant d'usurpations de fonction ou liés à l'absence d'utilisation de pouvoirs appropriés par l'administration, des hypothèses d'empiètement sur la séparation des pouvoirs, ou des actes rendus par des organismes eux-mêmes inexistants. Plus généralement, ce sont aussi des actes pris dans un autre but que l'intérêt général ou dont l'objet n'a pas été pris dans cette finalité, mais qui présentent toujours un certain degré de gravité, tels les nominations pour ordre, le maintien en activité de fonctionnaires ayant dépassé la limite d'âge, les actes rectificatifs qui modifient en réalité le contenu d'un autre acte ou les délibérations fictives de conseils municipaux.

---

39 RICCI (J.–C.), Droit administratif général, Hachette supérieur, 2007, §§ 38 à 40.

52.–La typologie semble figée en jurisprudence ; la dernière évolution notable en ce qui concerne cette notion date d'une quarantaine d'années[40]. En effet, depuis la jurisprudence *« Guigon »*[41], les décisions administratives qui ont le caractère de voie de fait, c'est-à-dire celles qui portent atteinte au droit de propriété ou à une liberté fondamentale et qui sont manifestement insusceptibles de se rattacher à un pouvoir de l'administration, doivent être regardées comme nulles et non avenues. Ceci revient à les tenir pour inexistantes. Cette jurisprudence permet de déclarer qu'il appartient tant à la juridiction administrative qu'à l'autorité judiciaire de constater cette nullité[42].

53.–En revanche, alors que les juridictions administratives ont désormais les armes adéquates pour protéger les droits et libertés[43], le juge administratif renvoie encore le justiciable devant les juridictions judiciaires pour y être indemnisé du préjudice subi par une voie de fait. Il semble évident qu'une unification du contentieux au profit du juge administratif est désormais possible et lui permettrait d'utiliser l'inexistence dans sa finalité principale : sanctionner les illégalités graves et manifestes. Cependant, cette évolution semble désormais subordonnée à une hypothétique intervention du législateur ou à un revirement de la jurisprudence du Tribunal des conflits.

54.–La focalisation de l'inexistence sur les actes unilatéraux.– *« Le juge administratif a horreur de l'inexistence comme la nature a horreur du vide ; le Conseil d'État considère qu'il est pour le moins audacieux lorsqu'il s'est passé quelque chose, de faire comme si rien ne s'était passé ; et qu'il y a quelque paradoxe à dire, après de longs raisonnements, qu'un acte qui a une forme matérielle, qui est signé par une autorité administrative, qui contient une décision précise, qui est l'objet d'un recours ou dont l'illégalité est invoquée, que le juge examine, analyse et apprécie, n'existe pas. Il s'y résout cependant dans quelques cas graves et exceptionnels »*[44]. Ce commentaire de la décision d'Assemblée *« Rosan Girard »* se signale à la fois par son intérêt juridique et par son intérêt *« politique »*. Il résume, par le truchement de chroniqueurs attitrés, la position du Conseil d'État : la théorie de l'inexistence ne semblerait donc, en droit administratif, être explicitement consacrée que pour les seuls actes unilatéraux, car le raisonnement par une référence, presqu'incidente, mentionne qu'une telle théorie ne s'applique qu'à *« une décision précise »*, ce qui semblerait exclure le domaine contractuel. Ceci n'est cependant qu'une apparence puisque ce concept a été utilisé par le juge administratif pour sanctionner d'autres actes, et parfois même, des décisions de justice.

---

40 WEIL (P.), Une résurrection : la théorie de l'inexistence en droit administratif, D.1958.chron.49 ; WODIE (F.), L'inexistence des actes juridiques unilatéraux en droit administratif français, op. cit.

41 TC, 27 juin 1966, Guigon, op. cit.

42 WEIL (P.), Une résurrection : la théorie de l'inexistence en droit administratif, op. cit.

43 Loi n° 2000-597 du 30 juin 2000, relative au référé devant les juridictions administratives, JORF, p. 9948 ; comp. Loi n° 80-539 du 16 juillet 1980, relative aux astreintes prononcées en matière administrative et à l'exécution des jugements par les personnes morales de droit public, JORF, p. 1799 ; Loi n° 95-125 du 8 février 1995, relative à l'organisation des juridictions et à la procédure civile, pénale et administrative, JORF, p. 2175.

44 FOURNIER (J.) et BRAIBANT (G.), chronique générale de jurisprudence administrative, obs. sous CE Ass., 31 mai 1957, Rosan Girard, op. cit.

III. Caractères de l'inexistence

55.–Bien que l'inexistence en droit soit reconnue comme une manière inexacte de dire des choses, elle n'en constitue pas moins le sujet d'une argumentation et d'une action identiques à ce qu'elle serait si elle était véridique. Cette inexacte identification scientifique est ainsi une analogie verbale équivoque car l'inexistence juridique n'est pas une inexistence au sens *« strict »* du terme (*le « rien », le « néant »*).

56.–Cependant, cette fiction juridique permet d'appréhender un véritable phénomène juridique en tant qu'outil de terminologie juridique. Elle constitue également l'énoncé d'une règle de droit[45]. Son utilisation implique la négation, parfois rétroactive, des droits acquis et, partant, l'annihilation de la volonté de l'administration formalisée par l'édiction d'un acte pris dans un but autre que l'intérêt général. Cependant ce caractère intentionnel n'est absolument pas nécessaire à la qualification d'*« inexistence »*, celle-ci n'étant que de nature administrative et non pénale[46].

57.–Une notion rare et difficilement identifiable.– Le vocabulaire juridique donne plusieurs définitions de l'inexistence selon la branche du droit en cause. L'inexistence est rarement déclarée comme telle en jurisprudence et elle n'est que parcimonieusement reconnue en doctrine. La terminologie est donc le plus souvent elliptique, l'acte est dit *« non avenu »*, *« nul et non avenu »*, *« nul et de nul effet »,* ce qui implique de définir, parmi ces variables sémantiques, ce qui relève de l'inexistence. Cette difficulté est accentuée par la définition négative de l'inexistence, elle-même fondée sur des critères variables. Le recours à la technique du faisceau d'indices, familière au juge administratif, utilisé en vue de l'éradication d'un acte à raison des graves vices qui l'entachent, ne facilite pas l'analyse[47].

58.–Une notion aux origines pluridisciplinaires.– L'inexistence est essentiellement, en droit administratif, la transposition d'une notion civiliste. Bien que l'inexistence ne présente, en droit positif, qu'un intérêt en droit administratif, cette théorie est, historiquement, une construction de la doctrine civiliste. Elle a en effet interprété des textes romains et d'autres plus récents, qui, en réalité, ne prévoyaient pas l'inexistence comme sanction d'un acte. C'est dire que c'est l'herméneutique des différents énoncés juridiques qui a donné sa pleine et entière signification à l'inexistence par une analyse

---

45 Cf. la lex Barbarius, D. I. 14.3 in DEROUSSIN (D.), Le sujet de croire dans l'ancien droit français, Thèse Lyon, 1998, De Boccard, 2001, 540 p.

46 ARNAUD (A.–J.), et autres, Dictionnaire encyclopédique de théorie et de sociologie du droit, op. cit., voir volonté ; FORTSAKIS (Th.), Conceptualisme et empirisme en droit administratif français, op. cit., p. 315 et s., notamment ; AUVRET (P.), La notion de droit acquis en droit administratif français, RDP 1985 p. 53 et s. ; ROUVILLOIS (F.), Le raisonnement finaliste du juge administratif, RDP 1990 p. 1817 et s. ; MAUGÜE conclusions sur CE, 30 mai 2001, Élection du maire et des adjoints de Bouchemaine, n° 220977 ; ROUQUETTE (R.), La volonté, critère de l'acte administratif créateur de droits, LPA 28 mai 1999 p. 4 et s. ; SAUNIER (S.), L'autonomie de la volonté en droit administratif français : une mise au point, RFDA 2007 p. 609. ; DE MONTE, La « Septmanie » face à la théorie de l'inexistence, conclusions sur TA Montpellier, 8 janvier 2008, Trait d'union Languedoc-Rousillon et autres, AJDA 2008 p. 753 et s.

47 WEIL (P.), Une résurrection : la théorie de l'inexistence en droit administratif, op. cit.

fonctionnelle, presque aussi diversifiée que le nombre d'interprètes[48]. Au reste, cette forme de nullité aggravée ne figure pas dans le code civil : elle n'y est donc pas une sanction des actes au même titre que l'inexistence en droit administratif ; cela d'autant plus qu'y joue pleinement le principe *« pas de nullité sans texte »*.

59.–C'est R. Japiot qui a identifié avec le plus de précision possible l'apparition de l'inexistence en droit civil. L'idée d'inexistence s'est initialement substituée à une conception imagée du vocable qui désignait les effets radicaux de certaines inefficacités. Ensuite, la référence à l'inexistence a été utilisée pour justifier certaines nullités applicables sans texte, ce qui a permis à ce terme d'évoluer vers un concept appliqué comme sanction objective. Paradoxalement, l'inexistence est ainsi apparue lors de la *« systématisation d'une théorie rigide des nullités »*. Pourtant, celle-ci s'orientait alors déjà vers une conception duale, qui oscillait entre la nullité relative et la nullité absolue.

60.–Il a même alors été envisagé que l'inexistence puisse être en réalité une nullité d'abord rationnelle, puis légale, puis absolue, voire l'aggravation d'une nullité absolue. Le seul élément commun à ces deux acceptions de l'inexistence réside dans leur finalité : sanctionner un acte. L'inexistence qui est d'ordre public, ne peut pas constituer une nullité relative, appelée par le *« bon sens »* et qui serait de plein droit. En droit civil, l'inexistence est assimilée à un défaut d'existence d'un acte, ce défaut étant absorbé par le concept de nullité absolue. Un tel constat résulte de l'absence d'un élément constitutif de l'acte, élément pourtant essentiel à sa formation. L'acte sera alors dit *« entaché de nullité »* alors que si le vice est substantiel à sa formation, il ne sera qu'*« annulable »*[49].

61.–L'inexistence civile : une « peau de chagrin ».– Cependant, la doctrine et la jurisprudence, notamment afin de garantir les droits des tiers, vont remettre en cause le concept d'inexistence en raison des effets absolus qui s'y attachent, ainsi que la graduation des nullités, en cantonnant à des cas extrêmes les hypothèses d'inexistence, telle qu'une cérémonie de mariage célébrée par un agent incompétent[50].

62.–L'inexistence, notion superfétatoire en procédure civile.– En procédure civile, le champ d'application de l'inexistence est d'abord limité à l'acte de procédure ou au jugement dont est absent l'un de ses éléments constitutifs essentiels, comme, par exemple, une décision rendue par une personne non investie des fonctions qu'elle exerce et qui n'est pas dépositaire de l'autorité publique. Le vocable s'employait aussi parfois pour désigner l'état de l'acte qui n'a jamais été formé car un élément a fait obstacle à sa formation. Ainsi, il n'apparaissait pas nécessaire de l'annuler, puisqu'il suffisait de reconnaître sa *« non-existence »*. La distinction entre les irrégularités de forme et celles de fond des actes de

---

48 ARNAUD (A.–J.), et autres, Dictionnaire encyclopédique de théorie et de sociologie du droit, op. cit., voir herméneutique, intéprétation juridique ; ALLAND (D.) et RIALS (S.), Dictionnaire de culture juridique, op. cit., voir interprétation, par M. Troper.

49 JAPIOT (R.), Des nullités en matière d'actes juridiques, essai d'une théorie nouvelle, thèse, Librairie nouvelle de droit et de jurisprudence, Arthur Rousseau, 1909, p. 121 et s. ; voir en particulier p. 132.

50 JAPIOT (R.), Des nullités en matière d'actes juridiques, op. cit., p. 121 et s. ; voir en particulier les p., 139, 140, 607, 609, 667 et s., 669 et s., 721 et s., 733 et s. et 880 et s.

procédure civile, a toujours suscité un contentieux nourri. Celui-ci trouve sa source dans le régime restrictif auquel est soumise l'annulation pour vice de forme[51]. D'où une recherche permanente de contournement de cette catégorie légale par le recours à d'autres qualifications, espérées plus accueillantes, telles que la fin de non-recevoir ou, plus encore, l'inexistence[52]. Par un arrêt de chambre mixte, la Cour de cassation a mis *« fin à la notion jurisprudentielle de l'inexistence »* tout en réintroduisant l'esprit originel de la *« summa divisio »* existant en droit civil qui tend à n'admettre de distinction qu'entre la nullité absolue et la nullité relative. La Haute juridiction a en effet jugé que, *« quelle que soit la gravité des irrégularités alléguées, seuls affectent la validité d'un acte de procédure, soit les vices de forme faisant grief, soit les irrégularités de fond limitativement énumérées à l'article 117 NCPC »*[53]. Elle censure ainsi une décision qui avait tenu pour inexistante une assignation délivrée un jour férié et avait jugé, en conséquence, inutile d'en prononcer la nullité[54].

IV. La délimitation entre l'inexistence et les autres notions

63.–La distinction entre annulation et inexistence.– Le parallélisme entre inexistence et annulation est discutable en doctrine[55]. Ch. Eisenmann considère qu'après annulation, l'acte annulé rejoint l'acte inexistant dans l'inexistence. L. Duguit note qu'une fois annulé l'acte devient assimilable au néant[56]. Pris dans un sens technique, l'arrêt d'annulation ne rend pas l'acte inexistant pour la période antérieure à l'arrêt mais uniquement pour la période postérieure à l'arrêt. En réalité, l'annulation contentieuse ne rend pas l'acte inexistant pour le passé au motif que cet acte présente un caractère nécessairement obligatoire tant qu'il n'a pas été annulé. Au contraire, l'acte inexistant ne pourrait faire naître des droits et des obligations même s'il n'est pas identifié comme tel par l'administration ou par le juge.

64.–Il convient donc de nuancer l'affirmation de M. Weil qui distingue l'acte annulable de l'acte inexistant en ce que l'acte annulable a existé un jour, et a été intégré dans l'ordonnancement juridique, alors que l'acte inexistant, *« a contrario »* ne l'aurait, selon lui, jamais été. Cette conception revient à dire que l'acte rétroactivement annulé doit être considéré comme n'existant pas (*« alors qu'il a existé »*), voire estime l'auteur, de faire

---

51 Les formalités des exceptions de procédure et de nullité prévues aux articles 74 et 114 sont considérées comme substantielles. Voir en ce sens les articles 56, 648, 649, 693, 694 et 1480 du code de procédure civile.

52 Voir pour l'inexistence d'une partie par exemple : THERY (Ph.), Variations sur les moyens de défense : l'inexistence d'une partie ou Hamlet au prétoire..., RTD civ. 2004 p. 766.

53 Voir article 117 du code de procédure civile.

54 PUTMANN (E.), note sur Cass. Ch. mixte, 7 juillet 2006, Société Kinetics Technology international BV (KTI) et autres c. Société Schanker BTL et autres, n° 03-20.026, La cour de cassation met fin à la notion jurisprudentielle d'inexistence, JCP(G) 2006.II.10146.

55 Travaux de l'association Henri Capitant, Journées de Turin, 4-7 juin 1962, Dalloz, 1962, p. 507 et s.

56 ÉISENMANN (Ch.), Cours de droit administratif, diplôme d'études supérieures. Droit public. 1949-1950, Les Cours de droit, 1950, p. 100 ; DUGUIT (L.), note sous CA Bordeaux, 19 juin 1917, S.1918-1919.II.1 ; comp. ODENT (R.), Cours de contentieux administratif, Dalloz, 2007, tome II, p. 596 et s., comp. tome I, p. 761 et s. ; RIVERO (J.) et WALINE (M.), Droit administratif, 21ème éd., Dalloz, 2006, nos 429 et 430.

comme s'il n'était jamais entré dans l'ordonnancement juridique. Or, il convient de noter que le raisonnement est identique pour des actes nuls, au sens d'inexistants, sauf que ces derniers sont considérés comme n'ayant jamais existé, et non comme n'existant plus, (*« alors même qu'ils ont, dans certains cas, existé »*)[57]. Il est ainsi certain que si une telle distinction est possible en théorie, elle contrevient, de fait, partiellement, au principe de la rétroactivité des annulations contentieuses posé par l'arrêt *« Rodière »*, non démentie sur ce point par l'exception que constitue la jurisprudence *« AC ! »*[58], et cela pose, en pratique, de réelles difficultés[59].

65.–L'inexistence, notion distincte de la caducité, de l'abrogation et du retrait.– L'inexistence juridique et l'inexistence matérielle sont des concepts qui se distinguent de la caducité. Le juge peut constater la caducité d'un acte administratif unilatéral. L'état dit *« caduc »* de l'acte en cause le rend inapplicable bien qu'il soit maintenu, sur le plan théorique, dans l'ordonnancement juridique. L'acte cesse ainsi simplement d'être applicable bien qu'il demeure en vigueur. La caducité revêt un caractère automatique car elle préexistait à l'intervention de celui qui la constate. L'acte ne produisait déjà plus d'effet, et le constat de sa caducité ne constitue donc pas une sanction, au sens coercitif du terme. Aucune autorité administrative, ni même le juge administratif, ne sont compétents pour désigner l'acte qui en sera frappé, à l'avenir, seul le législateur le peut[60].

66.–L'inexistence juridique se distingue de l'abrogation alors que l'inexistence matérielle peut parfois y être assimilée car il s'agit de la disparition non-rétroactive d'un acte. Le juge administratif ne dispose pas du pouvoir d'abroger un acte administratif car il ne peut pas se substituer à l'administration bien que les effets modulés d'une annulation contentieuse puissent y être assimilés[61].

---

57 LAFERRIERE (E.), Traité de la juridiction administrative et des recours contentieux, 1896, 2ème éd. Berger-Levrault, Tome II, p. 545 ; KELLERSHOHN (M.). Des effets de l'annulation pour excès de pouvoir, thèse, Bordeaux, Cadoret, 1915, p. 34 ; WEIL (P.), Conséquence de l'annulation d'un acte administratif, thèse, 1952, p. 139 à 143 ; voir en particulier p. 139 et 140 ; CAHEN-SALVADOR conclusions sur CE, 26 décembre 1925, Rodière, RDP 1926 p. 32 ; ODENT (R.), conclusions sur CE, 27 mai 1948, Véron-Réville, Gaz. Pal. 1949.II.34. ; TROPER (M.), Pour une théorie juridique de l'État, coll. Léviathan, PUF, 1994, 358 p.

58 CE Ass., 11 mai 2004, Association AC ! et autres, p. 197, conclusions Devys, BRAIBANT (G.) et autres, GAJA, op. cit., commentaire n° 116, GAJA.

59 ARNAUD (A.–J.), et autres, Dictionnaire encyclopédique de théorie et de sociologie du droit, op. cit., voir acte juridique ; DELVOLVE (P.) et VEDEL (G.), Droit administratif, 12ème éd., PUF, 1992, tome 2, 802 p. 259 et 351 ; comp. p. 263 et s. ; GAUDEMET (Y.), DE LAUBADERE (A.), Traité de droit administratif, Droit administratif général, organisation et action de l'administration, la juridiction administrative, tome I, 16ème éd., LGDJ, 2001, nos 1222 à 1227 ; comp. nos 1228 à 1230.

60 CHAPUS (R.), Droit administratif général, tome I, 15ème éd., 2001, Montchrestien, nos 854-1°, 1227, 1338, comp. nos 1096-2°, 1204 ; ODENT (R.), Cours de contentieux administratif, op. cit., tome I, p. 766, comp. p. 761 et s. ; GONZALES (G.), La caducité des actes administratifs unilatéraux, RDP 1991 p. 1675.

61 CHAPUS (R.), Droit administratif général, tome I, op. cit., nos 886 et 1338, comp. nos 1096-2°, 1204 ; DELVOLVE (P.) et VEDEL (G.), Droit administratif, op. cit., tome 1, p. 306 et 313 comp. p. 263 et s. ; GAUDEMET (Y.), DE LAUBADERE (A.), Traité de droit administratif, op. cit., tome I, nos 1380 et s., comp. nos 1228 à 1230 ; ODENT (R.), Cours de contentieux administratif, op. cit., tome I, p. 895, comp. p. 761 et s. ; RIVERO (J.) et WALINE (M.), Droit administratif, op. cit., n° 428 comp. n° 429 ; SEILLER (B.), L'acte administratif, Répertoire de contentieux administratif,

67.–Le raisonnement est quasiment identique pour le retrait, sauf qu'il s'agit, dans cette hypothèse précise, d'une sortie rétroactive de l'ordonnancement juridique qui peut être assimilée à l'inexistence matérielle[62].

68.–L'interaction entre les notions d'inexistence et de nullité.– Pour le droit administratif, les nullités absolues sont prépondérantes, de sorte que la doctrine a peu abordé cette distinction[63]. Il en est de même pour la différenciation entre les notions d'inexistence et de la nullité relative. Il est vrai que la dichotomie entre l'annulation et la nullité est complexe. Cependant si l'introduction de la notion d'acte inexistant a complexifié les théories du droit administratif général[64], il n'en demeure pas moins qu'historiquement c'est bien l'inexistence qui a contribué à l'élaboration du régime des nullités en droit public.

69.–La distinction entre illégalité et inexistence, une question de gradation.– Une difficulté s'élève quant à la différence de perception qui peut exister entre l'illégalité et l'inexistence et plus généralement entre une sanction et l'autre. La difficulté est souvent de délimiter la gradation entre l'illégalité et l'inexistence. Les formules sont variées à ce sujet. Lorsqu'une telle nullité intervient pour sanctionner un acte hors délais, son emploi est justifié par son caractère fonctionnel et par la finalité que veut obtenir le juge. En revanche, lorsque tel n'est pas le cas, la nécessité de distinguer entre l'illégalité et l'inexistence pose clairement la question de la graduation. Le besoin de cette délimitation se fait sentir en particulier lorsque le juge administratif, saisi de la légalité d'un acte administratif hors délais, trace la frontière entre ce qui est simplement illégal et ce qui est, en quelque sorte, très illégal. De plus, dans certains contentieux, aucune conséquence juridique n'en résulte. Ainsi en matière contractuelle, la distinction entre la nullité relative et la nullité absolue, laquelle tend à l'inexistence, n'est qu'un héritage de la théorie civiliste de la sanction des obligations contractuelles.

V. Conséquences de l'inexistence

A. Sur les actes et les normes

70.–L'acte inexistant et l'ordonnancement juridique.– L'acte inexistant va modifier l'ordre juridique par la création de droits et d'obligations s'ajoutant à ceux déjà existants. Il s'agit là du principal paradoxe de la théorie de l'inexistence des actes unilatéraux : tant qu'il *« existe »* et qu'il n'est pas reconnu inexistant, l'acte est présumé,

---

Dalloz, voir en particulier les §§ 929 à 1000 pour la disparition de l'acte administratif ; comp. les §§ 455, 899 et 920.

62 CHAPUS (R.), Droit administratif général, tome I, op. cit., nos 1336-2°, comp. nos 1096-2 et 1204 ; DELVOLVE (P.) et VEDEL (G.), op. cit., tome 1, 716 p. 306 et s. comp. p. 263 et s. ; GAUDEMET (Y.), DE LAUBADERE (A.), Traité de droit administratif, op. cit., tome I, nos 1380 et s. comp. nos 1228 à 1230 ; ODENT (R.), Cours de contentieux administratif, op. cit., tome II, p. 370 et s. comp. tome I, p. 761 et s. ; RIVERO (J.) et WALINE (M.), Droit administratif, op. cit., n° 427 comp. n° 429.

63 Voir cependant RICCI (J.–C.), Droit administratif général, op. cit., §§ 38 à 40.

64 GAZIER (F.), chronique générale de jurisprudence administrative, la notion d'acte inexistant, note sur CE Sect., 3 février 1956, De Fontbonne, et CE, 22 janvier 1954, Pacha, AJDA 1956 p. 93.

comme tous les autres actes administratifs, légal. De plus, la nature même de l'acte inexistant semble correspondre à l'affirmation qu'il ne peut produire d'effet. Comment un acte qui n'aurait aucune conséquence juridique pourrait justifier, sur le plan contentieux, une dérogation à la computation des délais de recours ? Certes, la jurisprudence justifie le retrait et la contestation indéfinie des actes inexistants par l'absence de droits acquis. Cependant, cela n'est possible qu'une fois que ces actes ont été identifiés comme tels. Par ailleurs, l'absence de droits acquis en matière d'acte réglementaire, qui justifie d'ailleurs le caractère perpétuel de l'exception d'illégalité contre un tel acte, se concilie mal avec l'explication jurisprudentielle[65].

71.–Les actes inexistants ne constituent donc pas une simple catégorie d'actes administratifs, mais résultent d'une classification opérée par le Conseil d'État au moyen des tables du Recueil Lebon ou au travers du plan de classement de la jurisprudence administrative. Ceci permet de confirmer qu'il s'agit bien d'actes aux caractéristiques *« sui generis »*. En effet, il ne peut s'agir d'un acte administratif traditionnel puisqu'un tel acte en ce sens qu'il est considéré comme formé dès lors que les éléments qui le caractérisent sont réunis[66].

72.–L'inexistence, sanction de la validité de la norme.– L'inexistence tend en réalité à une appréciation de la validité de la norme. Par ce moyen, le juge se prononce sur le fait de savoir si l'*« instrumentum »* qui est formalisé (*dans l'hypothèse inverse, il s'agirait logiquement d'un cas d'inexistence matérielle*) exprime bien une norme juridique valable[67].

73.–Une caractéristique de l'inexistence réside ainsi en son caractère transversal au regard de la causalité juridique, puisqu'il peut sanctionner un vice tiré de la légalité externe comme une incompétence ou un autre vice tiré de la légalité interne comme la violation de la loi, voire les deux concomitamment.

74.–Dans le cas de l'inexistence juridique, il convient pour le juge administratif de conclure à la nullité de l'acte juridique car il revêt une juridicité insuffisante pour qu'une juridiction puisse s'interroger sur sa validité et donc sur son illégalité au sens traditionnel du terme. Mais cette non-conformité va au-delà d'une illégalité quelconque. Ainsi, il ne s'agit pas d'une simple appréciation de la validité formelle associée à la légalité, par le truchement du contrôle du respect de la hiérarchie des normes[68]. L'inexistence est une

---

65 Comp. WODIE (F.), L'inexistence des actes juridiques unilatéraux en droit administratif français, op. cit.

66 WEIL (P.), Une résurrection : la théorie de l'inexistence en droit administratif, op. cit.

67 ARNAUD (A.-J.), et autres, Dictionnaire encyclopédique de théorie et de sociologie du droit, op. cit., voir sanction, valeur, validité.

68 La validité est le caractère de la norme ou de l'acte juridique auxquels il est reconnu, dans un ordre juridique donné, les effets que leurs auteurs ont entendu leur conférer. Cette reconnaissance s'opère sur la base de divers critères qui peuvent être combinés : des critères d'appartenance spécifiques à un ordre juridique donné dit de référence (validité formelle, légalité), des critères sociologiques relatifs aux effets sociaux produits par la norme ou l'acte (validité empirique, effectivité), des critères éthiques de conformité à des valeurs- systémiques, des critères éthiques de conformité à des valeurs extra-systèmiques (validité axiologique, légitimité).

sanction de l'effectivité et de l'efficacité de la norme ainsi que de sa légitimité. La norme en cause est déclarée comme incapable de constituer un modèle de comportement. Elle est identifiée comme étant ce que la pratique ne peut tolérer même une fois les délais de recours expirés.

75.–Envisagé ainsi, l'acte virtuellement inexistant serait ineffectif[69], dans la mesure où son auteur l'a utilisé au service d'un but qu'il voulait poursuivre et non dans le but exclusif en vue duquel cet acte aurait dû être pris. De même l'acte n'est pas davantage efficace[70] dans la mesure où l'adéquation par rapport à l'objectif qui devrait lui être imparti, c'est-à-dire l'intérêt général voire le bon fonctionnement du service, n'a jamais été ni l'objet ni même la cause, au sens logique, de cet acte.

76.–Le juge administratif dénie donc tout effet à l'acte inexistant, voire le déclare *« non avenu »* après l'avoir préalablement déclaré *« nul »*. Il s'agit par là de souligner le caractère illégitime d'un tel acte car il n'est pas ce qu'il devrait être et ne peut être présenté comme une norme juridique régulière.

77.–Paradoxalement, l'acte inexistant est donc présenté comme un acte qui a toujours été sans effet et non effectif, alors même qu'il a pu entrer formellement en vigueur. Il est justement affirmé qu'une telle normativité n'a été possible qu'en raison de l'apparence d'acte légal que revêtait l'acte inexistant : l'acte illégal est considéré comme ayant eu un degré de conformité à la légalité plus important mais néanmoins insuffisant. De là découle que l'acte illégal a pu réellement être formé, à la différence de l'acte inexistant.

78.–En droit civil, l'invalidité d'un acte est sanctionnée par l'annulation et son inexistence par la nullité, ce qui semble proche de la situation qui vient d'être décrite. Pour autant, affirmer qu'une telle conception de la théorie de l'inexistence a été appliquée en droit administratif reviendrait, en réalité, à dénier toute pertinence à la notion d'inexistence juridique que le juge administratif a entendu appliquer.
Les notions d'annulation, d'inexistence, et de nullité sont donc parfaitement distinctes.

79.–La validité est donc envisagée comme plurielle en droit administratif (*invalidité/illégalité pour la validité au sens où le droit civil la désigne et invalidité/inexistence pour la validité au sens où le droit civil désigne la sanction de l'existence de l'acte*). Cette situation a imposé au juge administratif de recourir à une notion souple, marquée d'un certain moralisme, pour sanctionner une invalidité/inexistence, et cela dans un souci d'équité, au sens qui lui était donné dans l'Antiquité, c'est-à-dire au sens d'une rectification avantageuse du légal par la justice[71].

---

69 ARNAUD (A.–J.), et autres, Dictionnaire encyclopédique de théorie et de sociologie du droit, op. cit., voir effectivité ; l'effectivité étant définie comme un degré de réalisation, dans les pratiques sociales, des règles énoncées par le droit (du latin « effectivus »), actif, qui produit.

70 ARNAUD (A.–J.), et autres, Dictionnaire encyclopédique de théorie et de sociologie du droit, op. cit., voir efficacité ; l'efficacité étant définie comme un mode d'appréciation des conséquences des normes juridiques et de leur adéquation aux fins qu'elles visent (du latin « efficicere, efficacia, efficax ») qui se réfèrent à la production des effets attendus.

71 ARNAUD (A.–J.), et autres, Dictionnaire encyclopédique de théorie et de sociologie du droit,

80.–C'est en effet ce concept qui permet l'assouplissement du droit, sinon sa transgression, tout en présentant une réelle ambivalence entre un idéal du droit, tel un archétype moral, et une notion mineure en droit. Il s'agit donc d'une prise en considération de la particularité d'un cas concret auquel il apparaît inéquitable de donner telle solution et ceci pour aboutir à une solution juste. Pour cela, le juge crée des notions juridiques fonctionnelles et finalistes lui permettant de statuer à la fois selon les règles de droit et selon le principe d'équité ; ce qu'il se refuse à faire par ailleurs[72]. Ce principe est sous-jacent à l'article 4 du code civil qui dispose que *« le juge qui refusera de juger, sous prétexte du silence, de l'obscurité ou de l'insuffisance de la loi, pourra être poursuivi comme coupable de déni de justice »*. Ce même article légitime les constructions prétoriennes du juge administratif.

B. En contentieux

81.–La déclaration en inexistence, un dérivé devenu autonome du recours en excès de pouvoir.– Le recours en déclaration d'inexistence ne s'inscrit que comme une forme particulière du recours en annulation au terme duquel le juge administratif déclare la nullité d'un acte unilatéral[73]. Certes, dans sa thèse, M. Maynard a soutenu que dans tout jugement, il existe un effet déclaratif, ou déclaratoire, et un effet exécutoire. En effet, l'exercice d'un droit peut être paralysé, son existence mise en péril et l'équilibre social peut être, lui-même, compromis par l'effet d'une simple menace ou d'une situation prolongée d'incertitude ou d'équivoque. Le jugement déclaratoire est donc présenté comme une décision ayant l'autorité de la chose jugée mais sans être assortie d'aucune sanction coercitive[74]. Ainsi, dans un litige *« classique »*, la déclaration n'est donc qu'un moyen permettant à la sentence d'être exécutoire, alors que, dans un jugement déclaratoire, le but final permettant de déclarer l'existence ou la non-existence d'un droit ou d'un rapport juridique.

82.–Envisagé selon sa fonction déclarative, le recours déclaratoire est, selon M. Maynard, une forme du recours pour excès de pouvoir du fait de conditions communes de recevabilité, et de la proximité de leurs effets. Cependant, ce recours déclaratif présenterait la spécificité de demeurer un recours contre un acte permettant la prévention en dépit de sa nature contentieuse qui lui donne une autorité *« erga omnes »*. Surtout, il y voit une résurgence de la question préjudicielle existant en droit romain qui permettait de

---

op. cit., voir équité ; du latin « æquitas », du sanscrit « aika », ou « aikya » qui suggère l'idée de proportion et d'égalité). Initialement l'équité se définit comme une mesure d'évaluation des rapports humains, indépendante et différente du « jus », du droit, mais sans être en contradiction avec lui ; ARISTOTE, Ethique à Nicomaque, Garnier Flammarion, 2004, 560 p.

72 ARNAUD (A.–J.), et autres, Dictionnaire encyclopédique de théorie et de sociologie du droit, op. cit., voir équité ; TUSSEAU (G.), Critique d'une métanotion fonctionnelle, la notion (trop) fonctionnelle de « notion fonctionnelle », RFDA 2009 p. 641 ; VEDEL (G.), De l'arrêt Septfonds à l'arrêt Barinstein (la légalité des actes administratifs devant les tribunaux judiciaires), JCP(G) 1948.I.682.

73 Comp. nos 92 à 98, AUBY (J.–M.) et DRAGO (R.), Traité des recours en matière administrative, Litec, 1992, 686 p. ; CHAPUS (R.), Contentieux administratif, 12ème éd., op. cit., n° 843 3°).

74 MAYNARD (M.), Le jugement déclaratoire, thèse, Marcel Giard, 1922, p. 2 à 4, 6 à 8 et 117 à 126.

trancher une question de droit tout en sollicitant l'équité ; pour autant, l'auteur n'indique pas avec certitude l'origine du recours en déclaration.

83.–Le recours en déclaration d'inexistence présente surtout l'intérêt d'être un moyen de déroger aux règles contentieuses portant sur la computation des délais et non de déclarer un droit. D'où sa qualification comme recours objectif qui a pour effet de révéler son aspect déclaratoire uniquement par l'usage d'une simple tournure de phrase et non comme la conséquence de la forme du recours contentieux à lui-même[75].

84.–Le rôle créateur du juge administratif, gardien objectif de la légalité.– L'inexistence est essentiellement appliquée aux actes unilatéraux. Implicitement donc elle se ramène pour l'essentiel à l'inexistence juridique sans que le rôle de ce concept en tant que sanction et qu'instrument (*souple*) de contrôle du juge administratif ne soit plus désormais utilisé pour d'autres actes. Or, l'ensemble des mécanismes du contrôle de l'administration par le juge permet à la fois une régulation du système juridique et le maintien de la cohérence propre de l'acte administratif. Pour cela, l'affirmation d'un *« trouble grave et anormal »* dans la légalité a aussi pour objet que l'administré puisse garder *« confiance dans les procédures »*. Le juge administratif est en effet l'élément central qui structure la différenciation entre les normes juridiques. L'inexistence permet au juge de jouer un rôle actif dans la coercition du droit administratif, qui prend ici une dimension symbolique, pour conditionner en quelque sorte, dans l'avenir, les éventuels errements de l'administration : le juge administratif intervient donc pour corriger les apparences et assurer l'adéquation entre ce qui est visible et la réalité, l'inexistence permettant de ne pas laisser perdurer une distorsion de la norme juridique entre ce qu'elle est et ce qu'elle devrait être (*si la nécessité peut exiger qu'il soit nécessaire de s'attacher aux apparences, le rôle du juge est néanmoins d'apprécier quel est le degré d'illégalité qui demeure tolérable au nom de la stabilité des situations juridiques et celui qui, s'il demeurait, remettrait en cause leur légitimité même*)[76].

85.–L'inexistence juridique, une conception française de la légalité.– On le verra dans la suite de cette étude, la Cour de justice des Communautés Européennes n'a pas donné à la théorie de l'inexistence juridique la même portée que le juge administratif français. Elle ne l'a consacrée que très difficilement et en plusieurs phases successives en raison d'une présomption de la légalité renforcée des actes communautaires[77]. En effet, le

---

75 Ce qui a eu comme conséquence, de rapprocher la notion d'inexistence de celle des actes frauduleux (ce dont la jurisprudence aurait pu s'abstenir), alors qu'il est désormais admis qu'elles doivent être distinguées.

76 ARNAUD (A.–J.), et autres, Dictionnaire encyclopédique de théorie et de sociologie du droit, op. cit., voir fonctions du droit ; GANDREAU (S.), La théorie de l'apparence en droit administratif français : vertus et risques de l'importation d'une tradition de « common Law », RDP 2005 p. 319 et s., voir en particulier les p. 321, 325, 326, 342 à 356 ; comp. AUBY (J.–M.), La théorie de l'inexistence des actes administratifs, op. cit., p. 235 et s. ; BRAIBANT (G.), Le rôle du Conseil d'État dans l'élaboration du droit, in Mélanges René Chapus, Montchrestien, 1992, p. 91 et s.

77 CJCE, 21 décembre 1954, France c. Haute Autorité de la CECA, n° 1/54, p. 9 ; CJCE, 12 juillet 1957, Mme Algera et autres c. Assemblée Commune de la CECA, nos 7/56, 3/57 à 7/57, p. 81 ; CJCE, 26 février 1987, Consorzio Cooperative d'Abruzzo c. Commission, n° 15/85, p. 1005, CJCE, 15 juin 1994, Commission c. BASF e.a. , n° C-137/92 P, p. I-2555 ; TPI, 27 février 1992,

juge de Luxembourg préférait appliquer l'inexistence matérielle, voire la nullité absolue, alors même que l'inexistence semblait inhérente au recours en annulation institué par le Traité originaire. Désormais, toutefois, la grave irrégularité permet la contestation permanente de tels actes, fût-ce d'office[78].

86.–En droit comparé, l'inexistence a été consacrée de différentes manières, propres à chaque tradition juridique, sans que l'utilisation de ce concept ait donné lieu à une théorie de l'inexistence juridique comparable, par son importance, à celle qui existe en France.

87.–En Grèce, l'inexistence d'un acte gravement et manifestement illégal a comme conséquence que le recours introduit sera déclaré irrecevable, sauf si l'acte a été appliqué[79] ; l'inexistence fait donc obstacle à la formation matérielle de l'acte. C'est ce que montrent, avec des différences de situations concrètes et de solutions juridiques appréciables, les exemples britannique[80], italien[81], belge[82], espagnol, portugais, latino-américain[83], ou germanique[84].

VI. Inexistence, notion complexe

88.–La théorie de l'inexistence, système composite.– Le juge administratif a recherché un mécanisme d'inapplicabilité des normes pour sanctionner leur validité intrinsèque. La théorie civiliste faisait référence à l'inexistence comme à une sanction ultime, et très controversée. Le juge administratif a utilisé les systèmes correctifs qu'il connaissait et qu'il utilisait déjà. Il a tout d'abord transposé en particulier les caractéristiques des *« appels comme d'abus »* et, de manière plus générale, les théories des nullités qui existaient auparavant en droit canon. Le Conseil d'État s'est ainsi inspiré de

---

BASF e.a.c. Commission, n° T-79/89, p. II-315.

78 Le Traité de Rome prévoit ainsi l'inexistence d'un acte communautaire de droit dérivé en vertu des dispositions combinées des article 263 et 264 du Traité sur le fonctionnement de l'Union européenne (ex-articles 230 et et 264 du TCE) ; voir articles 230 et 231 in DUBOUIS (L.), GUEYDAN (C.), Les grands textes du droit de l'Union européenne, Dalloz, 7ème éd., 2005, 680 p. ; CJCE, 29 juin 1995, Espagne c. Commission, n° C-135/93, p. I-1651 ; PICARD (E.), L'influence du droit communautaire sur la notion d'ordre public, AJDA 1996 p. 55 et s.

79 SPILIOTOPOULOS (E.), Droit administratif hellénique, LGDJ, 2ème éd., 2004, §2, 100, 101, 117,133, 154, 161, à 164, 460, 461, 479, et § 494 à 497.

80 AKEHURST (M. B.), Void or Voidable ? Natural Justice and Unnatural Meanings, The Modern Law Review, volume 31, n° 1, Janvier 1968, p. 2 et s.; FROMONT (M.), Droit administratif des États Européens, op. cit., p. 60 à 66, p. 135-136, p. 191 à 207; DISTEL (M.), Aspects de l'évolution du contrôle juridictionnel de l'administration en Grande-Bretagne, Revue internationale de droit comparé, 1982, p. 73 à 83.

81 CASSESE (S.), Trattato di diritto amministrativo, 2ème éd., 1er tome, Giuffrè (Milan), 2003, p. 966 et s.

82 GOFFAUX (P.), L'inexistence des privilèges de l'administration et le pouvoir d'exécution forcée, Bruylant (Bruxelles), 2002, p. 243-248 ; WIGNY (P.), Droit administratif, 4ème éd., Bruylant (Bruxelles), 1962, § 200.

83 FROMONT (M.), Droit administratif des États Européens, op. cit., p. 49 à 53 et p. 132-133 ; BREWER-CARIAS (A.R.), Les principes de la procédure administrative non contentieuse, Etudes de droit comparé (France, Espagne, Amérique latine), Economica, 2001, p. 215-219.

84 AUTEXIER (Ch.), Introduction au droit public allemand, PUF, 1997, p. 236 à 243.

deux mécanismes qui procèdent d'un même texte, la loi du 28 germinal an X, et qui demeurent identiques dans leur finalité[85].

89.–Le premier d'entre eux est un mécanisme d'intégration des normes religieuses par le prisme de l'article 1er de cette loi qui permettait d'assurer la primauté formelle du droit étatique en subordonnant l'effectivité des normes religieuses à leur réception dans l'ordre juridique interne[86]. Le Conseil d'État avait précisé qu'en cas de refus par le gouvernement d'accorder l'autorisation prévue par l'article 1er à une décision des organes religieux se situant à Rome, celle-ci ne pouvait produire d'effet en France[87]. Les normes insusceptibles d'être reçues pouvaient donc être sanctionnées *« a posteriori »* soit par une déclaration d'abus ou par l'application des procédures disciplinaires contre les agents des services publics, soit par le recours à l'action publique[88].

90.–Le second d'entre eux est le recours pour abus, spécialement instauré par l'article 6 des articles organiques du culte catholique rétablissant l'*« appel comme d'abus »*[89] devant le Conseil d'État[90]. De telles décisions sont mentionnées au Recueil Lebon comme *« des recours pour abus formés par le gouvernement contre les autorités ecclésiastiques »*. Il convient de préciser qu'aucun des avis du Conseil d'État qui prononce la déclaration d'abus, ne qualifie les actes en cause de *« nuls et de nul effet »*[91] et que le Conseil d'État ait parfois déclaré de dispositions comme étant constitutives d'abus en les annulant au motif qu'elles étaient entachées, au surplus, d'excès de pouvoir[92].

91.–Le juge administratif a ajouté à ces deux mécanismes une conception doctrinale des nullités tirée du droit canon qui a posé la problématique dans un système juridique donné de la validité et de l'efficacité d'une norme en fonction d'une autre norme ; ceci sera repris par Hans Kelsen[93].

---

85 BATBIE (A.), Traité théorique et pratique de droit public et administratif, tome II, Cotillon, 1862, p. 33 et s., et p. 150, n° 140.

86 NEVEU (B.), Pour une histoire du Gallicanisme administratif, in Jean Gaudemet et al., Administration et Eglise, Droz, 1987, p. 57-107 ; TAWIL (E.), Du gallicanisme administratif à la liberté religieuse. Le Conseil d'État et le régime des cultes depuis la loi de 1905, Th. post-doc., EPHE 5ème Section, 2005, 273 p.

87 CE, 20 juin 1867, Abbé Roy, D.1867.III.68.

88 TAWIL (E.), Norme religieuse et droit français, 2005, PUAM, p. 165 et s.

89 RAMALHO (A.), L'appel comme d'abus et le recours pour excès de pouvoir, RGA 1900 p. 129.

90 CE, 16 mai 1879, Archevêque d'Aix, p. 897 ; CE, 16 mars 1886, Evêque de Séez, p. 949 ; CE, 1er décembre 1902, Ministre de l'Intérieur et des Cultes c. Soixante-quatorze archevêques et évêques, p. 814.

91 CE, 8 novembre 1943, Evêque de Chalons, p. 541 ; CE, 7 février 1845, Torride c. Ritouret, p. 152 ; CE, 9 février 1847, Miaz, p. 78 ; CE, 30 juillet 1847, Schlumberger, p. 530 ; CE, 1er décembre 1860, Delcroix, p. 939 ; CE, 10 novembre 1862, Alderbert, p. 1001 ; CE, 11 novembre 1864, Rey de Bellonet, p. 1162 ; CE, 13 décembre 1864, Davoud, p. 1162 ; CE, 18 mars 1865, Laroche, p. 1186 ; CE, 7 janvier 1892, Herisset, p. 1011 ; CE, 7 août 1896, Archevêque de Cambrai, p. 915.

92 LANVERSIN (DE), (J.), L'appel comme d'abus dans la jurisprudence du Conseil d'État, RA 1962 p. 274-280, 384-388, et 487-494 ; RAMALHO (A.), L'appel comme d'abus et le recours pour excès de pouvoir, op. cit.

93 ARNAUD (A.–J.), et autres, Dictionnaire encyclopédique de théorie et de sociologie du droit, op. cit., voir validité, efficacité ; KELSEN (H.), Théorie générale des normes, PUF, 1996, voir p. 183 et s. et p. 288-291 ; en particulier la note 147 ; Comp. KELSEN (H.), Théorie pure du droit, traduit par EISENMANN (C.), Bruylant LGDJ, 1999, p. 206 et s., et p. 318 et s.

92.–La conception, au demeurant non homogène, des nullités (*« nullitas »*) en droit canon tendait à réduire l'acte à néant, en l'absence de toute intervention du juge, à le frapper d'inefficacité rétroactive, ceci supposant une intervention judiciaire par le moyen d'une simple sentence déclaratoire[94], à abroger l'acte à compter de la décision du juge, celui-ci conservant une certaine marge d'appréciation pour constater la nullité prévue par le législateur[95].

93.–En ce qui concerne les actes unilatéraux, l'inexistence a servi de fondement à l'élaboration des nullités textuelles de plein droit, applicables à certains actes des collectivités territoriales, dans la mesure où il résulte des travaux préparatoires qu'il convenait de transposer en droit public une nullité tendant à des effets assimilables à la nullité absolue. L'inexistence n'a cependant pas été consacrée à cette occasion, puisque les nullités de plein droit étaient à l'origine prononcées à l'issue d'un recours administratif dirigé contre les délibérations des conseils municipaux, lesquelles ne pouvaient être directement portées au contentieux. C'est cette lacune juridique qui a permis au juge administratif de justifier la création d'un recours *« prœter legem »* afin que les administrés puissent contester directement au contentieux, à l'image des délibérations des conseils généraux, les délibérations des conseils municipaux, même lorsque le vice dont elles pouvaient être affectées n'avait pas été prévu par la loi fixant le régime des nullités de plein droit.

94.–Il y a donc eu une autonomisation progressive du recours contentieux qui fut pleinement consacrée par le juge administratif lorsque le législateur mit fin au mécanisme des nullités de plein droit par l'instauration d'un recours en déféré du représentant de l'État, ce recours pouvant aboutir à une déclaration de l'inexistence[96].

95.–Une nullité sans texte des actes unilatéraux.– L'inexistence est une sanction des actes unilatéraux atteints d'une illégalité présentée comme grave et manifestement illégale. Cette illégalité est d'une telle intensité que la décision administrative en cause doit être considérée comme n'existant pas : le *« negotium »* de l'acte est censé faire obstacle à son *« instrumentum »* alors même que celui-ci a été concrétisé sous une forme quelconque. Cette problématique s'inscrit dans la question plus générale de la naissance d'un acte unilatéral qui, par définition, n'est pas fondé sur le consensualisme[97].

96.–Le juge administratif aurait pu, une fois un tel acte identifié, rejeter la requête comme irrecevable, faute de décision préalable, en constatant que l'acte était

---

94 Voir pour l'affirmation que toute déclaration de nullité dans le domaine du mariage est un constat : VERNAY (J.), Les dissolutions du lien matrimonial en droit canonique, Actes du colloque Droit canonique droit civil, Poitiers 20-22 avril 1989, Actes du colloque Droit canonique droit civil, Poitiers 20-22 avril 1989, L'année canonique, 32, 1989, p. 139 et s.

95 NAZ (R.), Op. cit., Fasc. 6, Voir Nullités.

96 CE, 28 février 1986, Commissaire de la République des Landes, n° 62206, p. 50, t. p. 113 ; note MOREAU (J.), L'inexistence des délibérations municipales, JDA 1986 p. 326 ; note DOUENCE (J.–C.) RFDA 1987 p. 219 ; note d'AUBY (J.–M.) RDP 1986 p. 1468.

97 SEILLER (B.), L'entrée en vigueur des actes unilatéraux, AJDA 2004 p. 1463 et s., voir « l'existence de l'acte » ; comp. SENERS, conclusions sur CE Sect., 30 juillet 2003, Groupement des éleveurs mayennais de trotteurs, RFDA 2003 p. 1134.

matériellement inexistant, comme il l'avait néanmoins fait dans certaines instances appliquant initialement une telle théorie de l'inexistence[98].

97.–Or, tel n'est pas le cas puisque le juge administratif a créé, en dehors de tout texte, une théorie juridique qui se manifeste par la déclaration de l'inexistence juridique. Celle-ci constitue pour les actes administratifs unilatéraux, une sanction puisqu'elle aboutit au prononcé d'une nullité encore que, jusqu'à une date récente, le Conseil d'État n'ait pas classé formellement les actes inexistants dans une catégorie d'actes dont la validité serait altérée d'une manière quelconque[99].

98.–L'acte inexistant, une catégorie « sui generis » ?– En droit administratif, l'acte inexistant est présenté parfois comme un acte administratif dénaturé, qui aurait *« perdu »* sa nature administrative[100]. Cette conception justifiait à l'origine la compétence du juge judiciaire dans le cadre de recours contre des actes administratifs fortement dénaturés lorsque le juge administratif ne disposait pas encore de pouvoirs suffisants pour faire cesser des atteintes aux droits et libertés.

99.–Pour certains membres de la doctrine, la problématique de l'inexistence, en ce qui concerne les actes unilatéraux, reposerait donc sur la question de savoir si l'acte inexistant constitue un acte juridique ou tout au moins en a l'apparence[101]. Celle-ci résidant en une manifestation de volonté, destinée à produire des effets juridiques (*« negotium »*), dont la preuve est rapportée, normalement, par un écrit (*« instrumentum »*). L'acte inexistant ne peut donc constituer un acte juridique que s'il représente la manifestation de volonté d'un acteur administratif, destinée à produire des effets de droit et ayant force obligatoire[102]. Il semble certain que tel est le cas de la majorité des actes qualifiés d'inexistants telles les nominations pour ordre, les décisions administratives constitutives de voies de fait[103], ou les délibérations des conseils municipaux entachées d'un vice présentant une certaine gravité.

100.–Plus discutable est l'hypothèse d'un acte édicté par une personne extérieure à l'administration : en effet, l'acte de cet *« usurpateur »* semble pouvoir difficilement constituer un acte juridique manifestant la volonté, même viciée, de l'administration.

---

98 Voir par exemple : CE, 30 juin 1893, Adam, p. 533.

99 WEIL (P.), Une résurrection : la théorie de l'inexistence en droit administratif, op. cit. ; WODIE (F.), L'inexistence des actes juridiques unilatéraux en droit administratif français, op. cit.

100 RIVERO (J.) et WALINE (M.), Droit administratif, op. cit., § 574 et s.

101 AUBY (J.–M.), La théorie de l'Inexistence des actes administratifs, thèse, 1951, Pédone, p. 235 et s. ; voir en particulier p. 251 et s.

102 ARNAUD (A.–J.), et autres, Dictionnaire encyclopédique de théorie et de sociologie du droit, op. cit., voir volonté.

103 Comme le mentionne le Professeur Delvolvé, ils peuvent comporter de véritables décisions, car un certain comportement volontaire implique préalablement la décision de l'adopter et constitue une véritable acte administratif ; DELVOLVE (P.), L'acte administratif, extrait du répertoire de contentieux administratif, Dalloz, 1983, p. 13 ; comp. DUGUIT (L.), Théorie générale de l'acte juridique, RDP 1919 p. 313 et s. ; DUPUIS (G.), Définition de l'acte administratif unilatéral, in Mélanges Charles Eisenmann, Cujas 1977, p. 205 et s.; SEILLER (B.), L'acte administratif, Répertoire de contentieux administratif, Dalloz, 2003, voir en particulier les § 455, 899, et 920.

101.–Dans l'application de l'inexistence deux réponses semblent être possibles : soit l'acte en cause a bien été rendu par une autorité administrative mais incompétente pour l'édicter ; soit, au contraire, l'acte aura été pris par une personne qui n'a jamais été dépositaire de l'autorité publique (*l'usurpateur, l'organisme dépourvu d'existence*) et, dans ce cas précis, n'a pas pu être mis en œuvre un pouvoir d'action unilatérale. Pourtant, le juge administratif peut connaître de la légalité d'une mesure prise par un *« usurpateur »* et prononce son illégalité, voire son inexistence. En effet, un tel vice est considéré comme étant constitutif d'incompétence mais avec un tel degré de gravité que cette illégalité s'en trouve accentuée. C'est d'ailleurs sur cette gradation que résident la qualification de l'inexistence en pareille hypothèse et son régime contentieux.

102.–En ce qui concerne le caractère unilatéral de l'acte, celui-ci n'est pas exclu pour un acte inexistant car il peut résulter d'une volonté unique et avoir des effets sur des tiers quelle que soit la forme de son auteur : organisme collégial ou autorité individuelle.

103.–Il peut sembler paradoxal de considérer qu'un acte inexistant pourrait avoir des effets sur les tiers, car lorsque le juge administratif déclare un acte inexistant *« nul et de nul effet »* ou *« nul et non avenu »*, il lui dénie toute efficacité juridique. C'est d'ailleurs cette même absence d'inefficacité qui autorise l'administration à le retirer à toute époque et l'administré à le contester hors du délai de recours contentieux. Toutefois, tant qu'il n'a pas été déclaré tel ou que le vice dont il est entaché n'a pas été *« découvert »*, l'acte demeure et est, par suite, exécutoire. L'acte inexistant a donc toutes les caractéristiques de l'acte administratif régulier tant qu'il n'a pas été reconnu comme inexistant.

104.–Il résulte de la jurisprudence du Conseil d'État, au travers du prisme des auteurs du Recueil Lebon, que les actes inexistants constituent une catégorie d'actes administratifs à part entière. Il s'est donc opéré un glissement : pour parvenir à identifier un tel acte, ont été recherchés ses éléments constitutifs, la gravité et l'illégalité, alors même que son caractère administratif pourrait lui-même être contesté.

105.–L'inexistence, vice affectant la validité d'un acte.– Envisager l'inexistence comme un vice, c'est affirmer qu'il existe des vices susceptibles d'affecter l'existence des actes administratifs et pas seulement leur légalité. L'intérêt d'un tel postulat est de déterminer les moyens juridiques qui sont invocables devant une juridiction et qui permettent de remettre en cause son existence même. Dans le cadre contentieux du recours en déclaration d'inexistence, le requérant va d'abord invoquer l'inexistence, en principe juridique, de l'acte, puis va invoquer, en sus, divers moyens de la légalité externe ou interne. Cependant, si l'inexistence est envisagée comme un degré de l'illégalité, il convient de préciser qu'elle présente nécessairement la particularité d'être d'ordre public. Elle est donc invocable lors de l'exercice d'un recours en excès de pouvoir. Il serait possible de s'interroger sur le point de savoir si un tel vice pourrait ne pas être d'ordre public mais être néanmoins soulevé d'office s'il se révélait aggravé. Le vice d'inexistence change-t-il finalement la nature même du moyen invoqué ?

106.–L'inexistence, vice « sui generis ».– L'inexistence, en soi, est un vice aggravé susceptible d'affecter la légalité de l'acte administratif. S'interroger sur les modalités de l'inexistence, c'est en réalité déterminer s'il est possible, par ce moyen juridique, de faire constater l'inexistence d'un acte. La difficulté réside en ce que le juge administratif ne cherchera pas à catégoriser le vice qui permet de prononcer l'inexistence d'un acte mais se limitera à le déclarer comme tel.

107.–Le moyen tiré de l'inexistence d'un acte n'est pas un cas d'ouverture autonome à un recours contentieux. En effet, outre le fait que l'inexistence d'un acte est un moyen d'ordre public classique (*mais ce n'est pas le cas de tous les vices*), il revient en réalité à une aggravation dans l'illégalité car les moyens invoqués en inexistence sont identifiés aux moyens *« classiques »*, simplement, ils en présentent une version aggravée.

108.–Il n'est pas possible de classer le vice d'inexistence comme étant un vice affectant la légalité externe ou la légalité interne. Ainsi le moyen tiré de l'incompétence de l'auteur d'un acte peut aboutir à la déclaration par le juge administratif de l'inexistence d'un acte. De même, un acte qui applique un acte qui n'existe pas, ou plus, sera déclaré inexistant alors qu'il s'agit d'un cas de méconnaissance du champ d'application de la loi. Le vice de forme peut aussi entrer dans la catégorie des moyens invocables à l'encontre d'un acte inexistant, ainsi l'apposition de la signature de son auteur peut être de nature à conditionner l'existence matérielle d'un acte. Par là, un vice de forme peut entacher l'*« instrumentum »* de l'acte sans que son *« negotium »* le soit. Il s'agira des cas de destruction de l'acte, de disparition physique de son support. Le *« negotium »* est, quant à lui, susceptible d'être atteint lorsque le contenant de l'acte est trop vicié ou encore lorsqu'est vicié ce qui semble être l'objet de l'acte.

109.–L'inexistence peut aussi résulter d'un vice affectant la légalité interne. La violation de la règle de droit, par exemple, sanctionne la méconnaissance par une norme inférieure d'une norme supérieure ; elle peut constituer une source de la déclaration d'inexistence. Il en est de même pour les motifs de l'acte, lorsque sa *« cause »* (*la raison en vertu de laquelle il a été édicté*), va au-delà de la simple erreur de droit, de fait ou de qualification juridique des faits, ou lorsque son but *(comme les nominations pour ordre)* est fortement illégal.

110.–Le vice d'inexistence peut encore être le produit de l'agrégation de plusieurs moyens classiques, invocables dans le cadre de la classification des recours contentieux. Dans ce cas, il ne sera pas réellement possible de déterminer avec précision à quelle catégorie le vice se rattache car le juge administratif, en raison du principe de l'économie des moyens, se bornera à identifier (*de manière factuelle*) le vice qui lui permet de déclarer l'acte inexistant.

111.–En outre, le vice d'inexistence est transversal à ces vices qui sont considérés comme étant, eux-mêmes, des moyens d'ordre public. Le critère d'applicabilité de l'inexistence est soit la volonté de sanctionner le comportement de l'administration, et donc de marquer le caractère particulièrement grave de la violation de l'illégalité, soit la volonté de déroger à la computation normale des délais, là encore parce que le vice à examiner est d'une particulière gravité. Il convient d'observer que quel que soit le vice, de légalité interne ou externe, déterminant en la matière, lorsque le juge administratif estime qu'il en découle l'inexistence de l'acte, il sera susceptible d'être soulevé d'office même si, en principe, en temps normal, il doit être invoqué expressément par les parties. Sans changer donc la nature du moyen retenu, l'inexistence, par l'effet du degré d'illégalité qu'il comporte, a pour conséquence de le transformer en moyen d'ordre public[104]. L'inexistence, conséquence d'une grave illégalité, retentit donc *« a posteriori »* sur la qualification du moyen, elle rétroagit en quelque sorte sur sa propre cause, ce qui n'est pas le moindre paradoxe.

112.–Les principes de sécurité juridique et de confiance légitime comme obstacles à une extension de l'inexistence.– Poser la question de l'inexistence, c'est poser aussi celle de la sécurité juridique dans la mesure où le caractère perpétuel du délai du recours en inexistence pourra y faire obstacle. Il s'agit de considérer que certaines situations juridiques ne peuvent demeurer acquises et qu'ainsi leur stabilité puisse être perpétuellement remise en cause. Si la sécurité juridique est un principe qui est désormais consacré en tant que tel, les origines de l'inexistence ont été posées à une époque où le droit administratif français privilégiait les principes de légalité et de mutabilité sur le respect des situations juridiques individuelles. Il s'agissait de rétablir l'équilibre avec les importants pouvoirs dont l'État avait doté l'administration pour lui permettre de pouvoir jouer son rôle régalien. Il était alors clair et évident que ces pouvoirs exorbitants sont les seuls à permettre la sûreté des relations sociales, selon la conception de Maurice Hauriou[105].

113.–La sécurité juridique n'est pas abordée dans la thèse de Jean-Marie Auby car il s'agit d'une notion plus prégnante aujourd'hui. En outre, le principe n'est envisagé de manière expresse comme élément de la légalité interne par le Conseil d'Etat que depuis son arrêt d'Assemblée *« KPMG »* du 24 mars 2006[106]. Un tel principe demeurait cependant sous-jacent à la jurisprudence de la Haute juridiction alors même qu'il avait déjà été consacré dans la jurisprudence communautaire[107]. En d'autres termes, poser la problématique inexistence/sécurité juridique, c'est poser celle des effets de l'inexistence sur

---

104 PISSALOUX (J.–L.), Réflexions sur les moyens d'ordre public dans la procédure administrative contentieuse, RDP 1999 p. 781 et s.

105 HAURIOU (M.), Précis de droit administratif et de droit public, 12ème éd., op. cit., p. 401 et s. ; SFEZ (L.), Essai sur la contribution du doyen Hauriou au droit administratif français, LGDJ, 1966, p. 124 ; WELTER (H.), Le contrôle juridictionnel de la moralité administrative, op. cit., p. 77.

106 CE Ass., 24 mars 2006, Sté KPMG et autres, n° 288460.

107 Il convient de mentionner que le principe de confiance légitime est différenciée en droit interne du principe de sécurité juridique en ce que le premier « tient à la croyance que les intéressés peuvent avoir dans l'existence et le maintien d'un certain état du droit » et est inopérant hors du champ d'application du droit communautaire alors que le second a un caractère objectif ; CJCE, 5 juin 1973, Commission c. Conseil, p. 575 ; CJCE, 4 juillet 1973, Westzicher, p. 723 ; CJCE, 25 janvier 1979, p. 69 ; même si le principe de confiance légitime et de sécurité juridique sont souvent associés, voir CJCE, 14 juillet 1972, Azienda Colori Nazionali c. Commission, p. 934 ; comp. CC, 7 novembre 1997, Loi portant mesures urgentes à caractère fiscal et financier, p. 232 ; CE Ass., 5 mars 1999, Rouquette, p. 37 ; CE, 9 mai 2001, Entreprise personnelle de transport Freymuth, p. t. 865.

la garantie de la stabilité des situations juridiques. Il ne s'agirait donc pas en réalité d'une question nouvelle mais d'un problème envisagé sous un intitulé nouveau et qui a été sous-jacent à toute la construction du mécanisme de l'inexistence. Cette règle pourrait être envisagée comme tempérament à une généralisation de son application par le juge administratif bien qu'il soit tout aussi possible d'envisager que c'est bien une politique jurisprudentielle de sécurité juridique qui cantonne l'inexistence à une sanction *« exceptionnelle »*.

114.–C'est pourquoi, tout d'abord, la théorie de l'inexistence n'a pas été consacrée de manière explicite par le Conseil d'État, en dehors de la sanction des actes unilatéraux. Celui-ci estime que nombre d'aspects du principe de sécurité juridique, sous-jacent aux règles de droit avant même sa consécration explicite, font obstacle à une utilisation sans limite du principe d'inexistence par le juge administratif. Il semble nécessaire que l'administré ait une confiance légitime envers la pérennité des actes normatifs ; ceci fait obstacle à une remise en cause perpétuelle des actes unilatéraux, des contrats administratifs ou des décisions de justice. Toutefois, une telle affirmation doit être nuancée car une norme doit aussi être intelligible, accessible et de bonne qualité. Or, il est certain qu'une norme atteinte dans sa qualité même contrevient, *« in fine »*, au principe de confiance légitime de l'administré dans l'administration en raison même de la contradiction qu'elle engendre. Comment serait-il alors possible de garantir un tel principe lorsqu'une norme non conforme à l'intérêt général, et présentant une gravité manifestement illégale, demeurerait dans l'ordonnancement juridique ?[108]

115.–En outre, ce même impératif de sécurité juridique impose que les effets radicaux de l'inexistence soient modulés, notamment pour la protection des droits des tiers, comme il en va pour toute illégalité constatée : par la théorie des fonctionnaires de fait, voire par une intervention du législateur, ou par la modulation des règles de droit applicables, lorsqu'un régime dit de crise est mis en œuvre. L'apparence de la légalité jouant ici pleinement[109]. Il y a ainsi, au cœur même de la notion, une tension et une contradiction permanentes. D'un côté, le principe de sécurité juridique, comme celui de confiance légitime, pousse à une stabilisation rapide des situations juridiques et une certaine garantie de pérennité. D'un autre côté, la gravité de certaines illégalités impose, toujours dans un souci de sécurité juridique et de confiance légitime, d'y mettre un terme *« à toute époque »* car elles ne peuvent jamais acquérir droit de cité dans l'ordonnancement juridique ni, non plus, dans

108 Conseil d'État, Rapport public 2006, Jurisprudence et avis de 2005, Sécurité juridique et complexité du droit, Etudes et Documents n° 57, Etudes et documents du Conseil d'État, 416 p. ; DONNAT (F.), Stabilité des situations juridiques : la jurisprudence du Conseil d'État vue dans le prisme de celle de la Cour de justice des Communautés européennes, Mélanges en l'honneur de Daniel Labetoulle, Dalloz, 2007, p. 281 et s. voir en particulier p. 281 à 285 ; HEERS (M.), La sécurité juridique en droit administratif français : vers une consécration du principe de confiance légitime, RFDA 1995 p. 963 ; VAPAILLE (L.), Le principe de sécurité juridique : réalité et devenir en droit administratif français, LPA 10 août 1999, p. 18 ; comp. CE, 24 mars 2006, KPMG et Société Ernst et Young et autres, in BRAIBANT (G.) et autres, GAJA, op. cit., commentaire n° 117.

109 DEROUSSIN (D.), Le sujet de croire dans l'ancien droit français, op. cit., 540 p. ; JOUVE (E.), Recherches sur la notion d'apparence en droit administratif français, RDP 1968 p. 283 ; WODIE (F.), L'inexistence des actes juridiques unilatéraux en droit administratif français, AJDA 1969 p. 76 et s.

l'opinion juridique commune. Or, pour ce faire, il faut bien *« égratigner »* et parfois même un peu plus, ce principe de sécurité juridique auquel, pourtant, la déclaration d'inexistence entend satisfaire.

116.–Afin d'identifier, avec précision, les manifestations de l'*« inexistence »*, il a d'abord été recherché une délimitation de l'origine de cette notion en particulier lors de sa transposition depuis le droit civil car cette origine a joué un rôle déterminant dans le façonnage de la notion, dans la détermination de son régime et, enfin, dans le rôle qu'on allait lui faire jouer. Puis, il s'est révélé nécessaire d'étudier les raisons de l'instauration d'un tel système en droit administratif. L'autonomie caractéristique du droit administratif et, en particulier, son application à un domaine très particulier, celui des administrations publiques, de la puissance publique et de l'intérêt général, ont conduit à rechercher comment s'est effectuée la conceptualisation de cette notion et quelles ont été les motivations de sa théorisation.

117.–Une fois l'objet de l'étude cerné avec plus précision, c'est son champ d'application qui devait être défini. Cela s'est révélé poser de nombreuses difficultés car il fallait prendre en compte le caractère multiple des manifestations de l'inexistence. L'étude des régimes juridiques et contentieux de l'inexistence s'imposait ensuite et cela ne pouvait être fait qu'au travers de ponctuels textes applicables en la matière et surtout de la jurisprudence qui a joué ici, comme tant d'autres notions du droit administratif, un rôle capital. Ceci a révélé à quel point le traitement et l'utilisation de l'inexistence semble le fruit d'une politique jurisprudentielle. Une fois de plus, est montré non seulement le rôle créateur de la jurisprudence administrative mais aussi sa fonction de *« directeur de conscience »* des personnes publiques. De là, évidemment, la nécessaire description du caractère hors du commun de l'inexistence en droit administratif. Cette originalité est considérable non seulement en droit interne, comparée aux solutions civilistes, mais elle ressort encore davantage de la comparaison avec les autres solutions retenues en droit communautaire par la jurisprudence, dans un contexte pourtant très favorable à la réception de la théorie de l'inexistence Cette originalité s'accentue encore davantage lorsque les solutions françaises sont confrontées aux autres solutions nationales.

118.–Naissance ancienne et progressive de la notion, réception chaotique de celle-ci, création aux multifonctions, multiformes, enfin assignation de ce concept à des rôles multiples, sont autant de facteurs qui, en s'imbriquant les uns dans les autres, ont contribué et continuent tout autant à faire surgir une notion hybride et transversale, surtout dominée par sa complexité, révélatrice d'incertitudes et de tensions (*Première partie*).

119.–Dans le même sens, l'inexistence constitue à la fois et un vice et la sanction (*ou correction*) de ce vice, le juge jouant sur ces deux registres. Pour cela, il lui confère tantôt le soin de n'être qu'une sanction, tantôt la mission d'être une nullité, pas seulement *« multiforme »* mais encore de caractère fonctionnel. Il en va de même dans les autres systèmes juridiques qui ne vont pas aussi loin que le *« modèle »* français. Cette fonctionnalité de la notion fait craindre l'arbitraire du juge. Toutefois, par là, se révèle la pleine instrumentalisation de la notion d'inexistence au service d'une politique jurisprudentielle (*Deuxième partie*).

120.–Dans toutes les hypothèses, l'étude de l'inexistence révèle également à quel point le juge administratif a construit le droit administratif et grâce à un instrument d'une remarquable souplesse, a pu nouer avec l'administration un dialogue fructueux, notamment lorsqu'elle commet des illégalités graves puisque l'inexistence, en effaçant la *« faute »*, offre les moyens de son *« rachat »*.

PREMIERE PARTIE : L'INEXISTENCE, UNE NOTION COMPLEXE

121.–Dès le premier chapitre de son étude, dans sa thèse sur la théorie de l'inexistence des actes administratifs unilatéraux, le Doyen Auby avait traité de l'aspect historique de l'inexistence pour en déterminer l'origine. Cependant, il ne l'avait envisagé, justement, que sous l'angle des actes administratifs unilatéraux, puisqu'il s'agissait de rechercher les sources de l'utilisation systématique par la doctrine et la jurisprudence d'une notion qui avait conduit à une théorie applicable uniquement aux actes administratifs unilatéraux, celle de l'inexistence, désormais familière, au juge administratif.

122.–Or, il faut bien le constater, la notion d'inexistence est appliquée également en contentieux contractuel en droit administratif et pour l'éradication des décisions de justice. De même, si en droit civil la question de l'inexistence a été l'objet de nombreux conflits doctrinaux pour son application à certains actes, elle est encore ponctuellement envisagée comme étant l'essence même en ce qui concerne certains mécanismes de procédure (*sans qu'elle soit en elle-même exprimée*), telle que le rabat d'arrêt, du fait qu'elle soit envisagée comme un effacement juridique *« de ce qui n'aurait pas du exister »* en raison d'une grave illégalité, comme elle l'avait été au XXème siècle.

123.–Se posait donc avec évidence la question de savoir si le vocable « inexistence » était apparu précédemment ou concomitamment à la théorie elle-même et dans l'affirmative se posait la recherche des origines de la notion et du concept lui-même.

124.–Il ressort que la notion d'acte inexistant est apparue tardivement en droit administratif alors que l'idée même d'inexistence est inhérente à la règle de droit. Le vocable même « inexistence » a été élaboré par la doctrine avant même que la jurisprudence civile puis administrative ne l'envisagent en tant que règle de droit ou en tant que concept (*Titre I*).

125.–Cette démarche empirique de recherches a du être réitérée dans la jurisprudence administrative elle-même afin de déterminer si le système conceptuel d'inexistence était apparu comme notion descriptive ou axiologique, nécessité par l'essence même de la justice administrative. Plus précisément, il s'agissait de déterminer si cette notion d'inexistence avait été mise en forme par la jurisprudence pour permettre l'édification d'une construction jurisprudentielle dont la typologie avait varié selon qu'elle soit appliquée aux actes administratifs unilatéraux, aux contrats ou aux décisions de justice, ou bien si elle avait été la transposition d'une théorie doctrinale civiliste, comme cela semble être le cas (*dans une certaine mesure*) pour la théorie de l'inexistence appliquée aux actes administratifs unilatéraux.

126.–Cette notion-vocable est donc progressivement devenue un concept, puis un mécanisme prétorien utilisé par le juge administratif. Cependant sa particularité principale est de n'avoir été créée, semble-t-il, qu'en vue de lui faire jouer un rôle fonctionnel, celle de l'éradication d'une illégalité présentant une certaine gravité (*Titre II*).

TITRE I LES ORIGINES DE L'INEXISTENCE, FACTEUR DE COMPLEXITE

127.–Il convenait donc, dans le cadre d'une étude à caractère scientifique, de rechercher, non pas *« le problème de l'acte administratif inexistant »* mais celui de la notion même d'inexistence afin de déterminer si cette dernière, appliquée désormais en droit administratif aux contrats et aux décisions de justice, était à l'origine – un instrument de sanction qui a permis d'abord de pallier les insuffisances de la nullité des actes administratifs unilatéraux puis, dans un moindre mesure d'autres types d'actes, – ou, au contraire, si la théorie des actes administratifs unilatéraux avait connu une évolution en parallèle d'autres applications de l'inexistence en tant que nullité. En effet, il s'agissait de rechercher si les applications ou les différentes notions (*nullité, inefficacité, ...*) avaient été systématisées, aggravées ou modifiées de manière à ce que soit créer l'inexistence.

128.–Il est apparu que l'indétermination des origines du vocable d'inexistence était liée au fait qu'il s'agissait en réalité d'une notion issue de la jurisprudence et de la doctrine romaine civile de l'ancien droit, ainsi que du code civil (*Chapitre I*) ; cette origine diverse et complexe expliquant la difficile transposition de l'inexistence en droit administratif (*Chapitre II*).

129.–L'existence d'un acte juridique est nécessaire pour qu'il puisse produire des effets. Son contraire, l'inexistence, apparaît lié intrinsèquement aux sources du droit (*Section I*). Pourtant cette notion est demeurée très controversée, même en droit civil moderne (*Section II*).

Section 1 L'émergence doctrinale de l'inexistence (droit romain et ancien droit)

130.–Le mot *« inexistence »*, bien que présent dans le vocabulaire romain et dans celui de l'ancien droit, est le résultat d'une interprétation doctrinale diversifiée des textes juridiques (*§. 1.*). En outre, l'apparition de l'inexistence fut d'autant plus difficile que la théorie même des nullités était alors en cours d'élaboration, bien que cette construction a permis une incorporation progressive de l'inexistence comme une sanction permettant de déclarer la nullité d'un acte juridique(*§. 2.*).

§. 1 L'herméneutique du *« corpus juris »* comme fondement de l'inexistence

131.–L'inexistence est envisagée tantôt comme une sanction analogue à la nullité (*A*), tantôt comme un mécanisme correctif qui pourrait permettre de différencier plusieurs gradations dans la nullité elle-même (*B*).

A. L'inexistence comme *« ultimum subsidium »* doctrinal

132.–Les sources du droit romain ne formaient pas un ensemble homogène spécialement en matière contractuelle. Ainsi en allait-il du contrat de mariage, conformément à la diversité des formalités nécessaires à l'existence de l'Institution, avant même qu'une telle convention ne soit requise[110]. S'agissant du contrat au sens moderne, il n'existe pas réellement de réflexion globale dans les *« Institutes »* de Gaius et de Justinien, ni de construction juridique[111], tandis que dans le *« Digeste »,* les règles juridiques sont présentées dans un désordre tout aussi arbitraire[112]. En effet, la conceptualisation du *« contrat »* n'avait, en réalité, pas encore été faite. La terminologie employée était d'ailleurs

---

110 LEVY (J.P.) et CASTALDO (A.), Histoire du droit civil, Dalloz, 2002, 1553 p. ; OURLIAC (P.), de MALAFOSSE (J.), Histoire du Droit privé, 2ème éd., 3 tomes, PUF, 1968-1971, 441 p., 452 p. et 554 p. ; GIFFARD (A.–E.) et VILLERS (R.), Droit romain et ancien droit français, 4ème éd., Dalloz, 1976, p. 26 et s. ; GAUDEMET (J.), Droit privé romain, 2ème éd., Montchrestien, 2000, 416 p. ; BEAUCHET (L.), Les formes de la célébration du mariage dans l'ancien droit romain français, nouvelle revue historique de droit français et étranger 1882 p. 351 et s ; Jeanclos (Y.), Le consentement dans le mariage à la française aux XVIIème et XVIIIème siècles, RDC 53/1 2003 p. 41 et s., LEFEBVRE (Ch.), Le mariage civil n'est-il qu'un contrat, nouvelle revue historique de droit français et étranger, 1902, p. 300 et s. ; MEYNIAL (E.), Le mariage après les invasions, nouvelle revue historique de droit français et étranger 1896 p. 514 et s., p. 737 et s., 1897, p. 117 et s. ; TUFFERY-ANDRIEU (J.–M.), Le mariage selon la conception de l'Église constitutionnelle française (1792-1801) RDC 53/1 2003 p. 77 et s.

111 C'est au titre « De actionibus » que les différents effets du contrat sont indiqués selon qu'ils produisent des actions fondées sur la bonne foi ou de droit strict et au titre « De exceptionibus » que la théorie du dol et de la violence est mentionnée.

112 Le titre « De obligationibus et actionis » présente une réunion de règles générales applicables à la plupart des contrats ou des autres sources d'engagements.

« pacte » ou *« convention »*. Le mot *« pacte »* est, à l'époque, le consentement de deux ou plusieurs personnes sur le même objet ; la *« convention »* est le consentement donné par plusieurs personnes sur l'objet d'un contrat ou d'une transaction.

133.–Les notions de pacte et de convention et leurs régimes juridiques sont essentiellement prévus dans les Pandectes (*livre II, t. XIV, s. I §. 1.*)[113] :
Il y est précisé que les conventions faites de mauvaise foi et les pactes contraires aux lois[114], aux constitutions et aux bonnes mœurs, comme *« permettre de faire un crime »*, ceux *« non conformes à l'honnêteté »*[115], ou encore ceux n'étant qu'*« une conséquence de l'erreur »*, sont radicalement nuls et de nul effet. Ils sont assimilés aux pactes dont la formation résulte d'une erreur.
C'est pour cette raison qu'ils ne peuvent être confirmés ni par l'office du juge, ni par l'autorité du prêteur, ni par celle de la loi. Le prêteur doit simplement déclarer que les pactes faits de mauvaise foi ne seront pas observés parce qu'il s'agit de manœuvres assimilées au dol telles que la ruse ou la fraude employées pour tromper. Il convient de préciser que, dans l'interprétation des conventions, en droit romain[116], lorsqu'il y a une ambiguïté dans le terme de convention, le doute doit profiter aux parties conformément aux usages en vigueur, ce qui restreint d'autant le rôle du juge dans le prononcé des nullités.

134.–Par la suite, les jurisconsultes[117] n'ont toutefois pas clairement élaboré de théorie juridique de l'inexistence, ou quelque chose pouvant y être assimilé. Il est trois raisons à cela. Tout d'abord, il n'existait pas de théorie générale des nullités. Ensuite, le droit romain n'utilisait pas le vocable même d'inexistence pour qualifier les sanctions juridiques. Enfin, il s'avérait impossible de créer une nullité prétorienne, *« ex nihilo »*.
Ainsi, dans le cas du mariage, son caractère institutionnel est prévu (*D. XXIII.2.1, livre XXIII, t. II, 1ère partie*) ; Cependant, si le consentement est requis pour l'essence même du mariage, il ne l'est pas pour le contrat de mariage en lui-même[118].

---

113 Livre II, titre XIV, Sect. V article 3 §. 1 et 4 des Pandectes Cf. MOREAU DE MONTALIN (M.), Analyse des Pandectes de Pothier en français servant de table analytique et alphabétique des matières également applicables au Digeste, Tome I, Warée, 1827, 724 p. ; POTHIER (R.-J.), Aurealianensi juris utriusque in Praesidiali Judicum Consessu Decano, Pandecte Justinae in novum ordinem Digestae, cum legibus codicis et novellis, quae jus pandectarum confirmant, expliquant, aut, abrogeant, 4 Tomes I, 4ème éd., Belin-Leprieur, 1818, 676 p. ; Tome II, livre XXI à XL, 1821, 952 p. ; Tome III, livre XLI à L, 1821, 893 p. ; Tome IV, livre XLI à L, 1ère éd., 1819, 375 p.

114 Parce qu'ils dérogent à ce que législateur prohibe, pour protéger une partie ou pour interdire un objet même. Il en est de même lorsqu'une ou plusieurs personnes s'obligent par contrat à une chose contraire à l'intérêt général, ce qui ne préjuge en rien de la licéité de clauses qui dérogeraient à des intérêts privés.

115 Un médecin qui se ferait promettre des libéralités en contrepartie de ses soins.

116 Livre II, titre XIV, Sect. IV des Pandectes.

117 MOREAU DE MONTALIN (M.), Analyse des Pandectes de Pothier en français, op. cit., p. 235 et s.

118 Les conditions nécessaires au mariage romain sont au nombre de cinq : le jus connubii, le consentement des parties et des chefs de famille sous la puissance desquels elles se trouvaient, la puberté, l'absence de parenté ou d'alliance entre les conjoints et enfin l'absence d'un autre mariage ou concubinat, voir ETIENNE (L.), Institutes de Justinien (traduites et expliquées), Tome 1, Cotillon et Richaud, 1847, 591 p.

135.–Le Digeste s'attache seulement aux actes nuls, *« nullum est negotium, nihil actum est »*. C'est la doctrine qui a envisagé l'acte inexistant comme une subdivision de la nullité ou comme une sanction alternative[119]. Il ne paraît toutefois pas possible alors de justifier l'absence de formation d'un mariage, et donc l'existence d'un défaut de *« manifestation extérieure de la volonté humaine »* par l'absence de volonté et faire de celle-ci la caractéristique principale des actes juridiquement inexistants. Quant à l'inexistence matérielle, le droit romain envisage l'acte inexistant comme un pur fait qui n'entraîne aucune conséquence juridique ni aucun effet puisque le consentement seul suffit à la formation du mariage.

136.–L'acte inexistant, en droit romain, avait, par certains aspects, un régime similaire à l'acte annulable, sauf en ce qui concerne le recours au juge. Ce recours n'est jamais nécessaire pour constater l'inexistence puisque cela touche à l'essence même de l'existence[120]. Cependant, ce n'est que lorsque l'acte a reçu une exécution qu'il est nécessaire de demander au prêteur de *« faire entrer dans le néant un acte qui jouit de la vie juridique »*.

137.–Certaines caractéristiques du régime des actes inexistants en droit moderne, tels que l'inopposabilité aux tiers, l'invocabilité d'un tel vice par tout intéressé, diffèrent du régime applicable en droit romain. Il était envisagé l'exécution d'un tel acte avec la possibilité d'intenter une action en revendication lorsque, par exemple, celui-ci a eu pour objet un transfert de propriété. Une confirmation, au moyen d'une nouvelle formulation, était possible car l'acte pouvait être refait ou purgé du vice l'entachant et cela grâce à la réalisation d'une condition, prise en tant qu'élément constitutif, qui faisait jusqu'alors défaut[121].

138.–Ainsi, certains auteurs tels que Bourgeon[122] ont soutenu que l'inexistence en droit romain était une nullité particulière et que la distinction romaine entre l'annulabilité et l'inexistence était parfaitement délimitée. Pour ces auteurs, l'acte inexistant serait, soit un acte juridique avec des éléments constitutifs viciés, soit un fait juridique, qui a l'apparence d'un acte juridique, susceptible de produire des effets, ce qui revient en réalité à faire référence à un acte fictif dont le but est de prendre acte de faits pouvant produire des effets juridiques[123].

---

119 ORTOLAN (J.), Explications historiques des institutes de l'Empereur Justinien, 10ème éd., Livres III et IV, 1876, Plon, 824 p. ; ACCARIAS (C.), Précis de droit romain contenant avec l'exposé des principes généraux le texte, la traduction, et l'explication des institutes de Justinien, 4ème éd., Tome II, 1ère partie Les obligations 2ème partie Les actions, 1891, 1334 p. ; MARCADE (O.), Eléments de droit civil français ou explications méthodique et raisonnée du code civil, Cotillon, Tome I, 1847, 663 p. ; Tome IV, 1846, 804 p.

120 Ils sont considérés « comme n'ayant pas pris rang dans la vie juridique ».

121 L'aliénation du fonds dotal par le mari est ainsi nulle et donc inexistante mais si la dot lui est attribuée plus tard, l'acte est réputé valable. Le mariage d'un impubère est inexistant, sauf si un nouveau mariage est célébré lorsqu'il atteint l'âge requis.

122 BOURGEON (Ph.), Distinction de l'inexistence et de l'annulabilité des actes juridiques en droit romain et en droit français, thèse Dijon, 1885, 312 p.

123 BELLANGER (F.), Les présomptions d'authenticité et de sincérité des actes administratifs, op. cit., p. 591à 595 ; JOUVE (E.), Recherches sur la notion d'apparence en droit administratif français,

139.–Selon Bourgeon, il existerait deux types d'*« inexistence »*[124], l'inexistence rationnelle des actes juridiques qui serait la manifestation extérieure de la volonté (*signes, jeu de la physionomie, attitudes, etc.*) et l'inexistence légale des actes juridiques qui serait l'omission des formes prescrites pour la manifestation extérieure de la volonté. Cette dernière hypothèse regroupe en réalité les actes solennels, tels que le testament[125] ou les inscriptions sur des registres[126], l'*« auctoritas tutoris »*, la stipulation, et les libéralités, qui ne sont pas sanctionnés dans les textes originaux par l'inexistence mais par la nullité. Par exemple, en cas de défaut de cause d'un testament, l'obligation n'a pas de cause et ne peut avoir aucun effet, il n'y a donc pas d'engagement. Ce sont précisément l'omission de cette condition essentielle et l'absence de tout effet juridique qui ont permis d'assimiler l'inexistence à un cas de nullité[127].

140.–L'*« inexistence rationnelle »* serait caractérisée par l'absence de raison, et l'*« inexistence légale »* par la violation d'un texte exprès, bien que dans ces deux cas les conventions inexistantes aient une cause qui vicient la volonté en l'anéantissant et se rejoignent par leur régime. Les deux catégories sont donc interdépendantes et se complètent.

141.–Cet auteur ne distinguera que le régime des actes inexistants et celui des actes annulables, ces derniers pouvant relever de l'action en nullité ou de l'action en rescision. Le vice conduisant à l'annulation ne pourra plus être invoqué avec le temps alors que tel n'est pas le cas des actes inexistants. Bourgeon complètera sa démonstration en opérant la distinction traditionnelle entre les deux catégories d'actes et en soulignant les incohérences de la jurisprudence (*qui assimilait en réalité l'inexistence et les nullités absolues*).

142.–L'*« inexistence rationnelle »* peut être tirée de l'*« erreur essentielle »*, qui est l'erreur sur la nature juridique de l'acte, sur le motif déterminant de l'acte, sur *« l'identité de la personne formant le second terme du rapport de droit, objet de l'acte »* (*contrats « intuitu personæ »*), sur l'identité même de la chose, ou sur la qualité dominante de la chose. Il s'agit également des contrats conclus par crainte et des actes commis par les sujets dépourvus de volonté (*« infans »*, *« mente captus »*[128], *« furiosus »*). Il convient de préciser qu'en ce qui concerne l'enfant, selon Bourgeon, doivent être distingués les actes qu'il peut valablement accomplir et les autres actes qui ne peuvent être valables qu'à sa majorité : ces derniers, déterminés par la loi, seront légalement inexistants s'ils sont conclus avant l'âge de la majorité.

---

op. cit., p. 285 à 293.

124 Les actes inexistants étant assimilables au néant.

125 FURGOLE (J.–B.), Traité des testaments, codicilles, donations à cause de mort et autres dispositions de dernière volonté suivant les principes et les décisions du droit romain, les ordonnances, les coutumes et les maximes du Royaume, tant de pays du droit écrit que coutumier et la jurisprudence des arrêts, Tome 4, Les libraires associés, 1777, 482 p.

126 MAYNZ (Ch.), Cours de droit romain, 4ème éd., Tome I, Bruylant-Christophe (Bruxelles), 1876, §. 34.

127 DROGOUL (F.), Essai d'une théorie générale des nullités en droit civil, Thèse, 1902, 269 p.

128 « Insanus », l'homme en état d'imbécillité ou d'idiotisme.

143.–L'inexistence légale pourrait ainsi avoir comme conséquence, dans les cas où la loi le reconnaît, que la volonté soit suffisante pour produire un acte juridique alors que rationnellement elle n'existe pas. Il en serait ainsi pour l'erreur sur la substance ou sur l'objet, pour le consentement obtenu par contrainte ou par dol.

144.–C'est reconnaître, en réalité, que les textes transforment des cas d'inexistence en simple nullité du contrat dans des hypothèses que le législateur juge choquantes et contraires à l'équité. Il en est de même en ce qui concerne l'erreur sur l'identité de la personne.

145.–Bourgeon rejoint ainsi en partie l'analyse de Van Wetter pour lequel un acte juridique qui ne réunit pas les conditions requises pour sa validité est soit inexistant, et donc nul, soit rescindable et simplement annulable[129]. En d'autres termes, l'absence d'une condition nécessaire à la validité d'un acte juridique rend cet acte inexistant si la condition est relative à l'objet de l'acte ou bien à sa conclusion, sauf en ce qui concerne le dol et la violence morale.

146.–Il convient de préciser que, pour Van Wetter, l'incapacité des parties est en général une simple cause de rescision de l'acte juridique et ne peut être invoquée que par l'incapable puisqu'une telle sanction n'est établie que dans son intérêt. Il s'agit ainsi, pour lui, d'une nullité relative sauf pour un acte de dernière volonté, qui, en cas d'incapacité de la partie en cause, est inexistant. Ainsi, tout testament dépourvu de l'une des conditions requises est inexistant. L'auteur mentionne les circonstances extérieures qui peuvent infirmer l'acte, confirmant de manière implicite que l'inexistence découle bien d'un vice qui entache l'acte[130].

147.–Le raisonnement est similaire chez Bourgeon, s'agissant des actes entre vifs[131]. Pour cet auteur, l'inaptitude légale de l'homme à accomplir des actes juridiques est un vice constitutif d'une catégorie d'actes se trouvant dans une situation intermédiaire entre l'existence parfaite et l'inexistence absolue. De sorte que, même viciés au moment de leur formation, de tels actes ne doivent être annulés que pour permettre *« de les faire entrer dans le néant »*, d'où leur *« inexistence absolue »* par opposition à ceux qui seraient simplement rescindables (*comme les actes accomplis par un mineur*).

148.–Bourgeon affirme qu'un effet de droit ayant pour but de créer, modifier ou éteindre un lien entre deux ou plusieurs personnes, constitue la base de tout acte juridique. Par suite, il constitue l'objet de l'acte et le but immédiat auquel il tend (*la cause ne constituant pas en tant que telle un élément de définition de l'acte pour cet auteur*[132]). Bourgeon précise qu'un acte doit être matériellement présent en tant que *« chose du monde*

---

129 VAN WETTER (P.), Cours élémentaire de droit romain, contenant l'histoire du droit Romain et de la législation de Justinien, 2ème éd., 2 tomes, Hoste, 1875-1876, 395 p. et 548 p.

130 cf. VAN WETTER (P.), op. cit., §668.

131 BOURGEON (Ph.), Distinction de l'inexistence et de l'annulabilité des actes juridiques en droit romain et en droit français, op. cit., 312 p.

132 L'absence de cause étant en réalité un défaut d'objet, de volonté ou de capacité, comme la fausse cause ou la cause illicite.

physique » et tente de démontrer que si l'un des éléments constitutifs de l'acte est vicié, celui-ci est simplement annulable, alors que s'il fait défaut, l'acte est inexistant dans son essence même et *« non avenu »*[133]. En outre, pour cet auteur, l'annulabilité serait une création prétorienne en droit civil alors que cette branche du droit ne connaissait que l'existence attaquable et l'inexistence absolue.

B. Les hésitations de la doctrine envers l'inexistence : degré de nullité ou nullité elle-même ?

149.–Bourgeon assimile les actes inexistants aux actes nuls pour démontrer que l'inexistence était déjà consacrée implicitement chez les Romains par la règle que tout acte, toute convention, tout contrat passé entre ceux à qui la loi défend de le faire, doivent être regardés comme *« radicalement nuls »* et donc non avenus[134].

150.–En réalité, une autre interprétation est possible, qui se trouve davantage en conformité avec les traductions qui peuvent être faites. Il s'agit de celle du comte Merlin[135], qui soutient que le mot de nullité *« désigne à la fois, l'état d'un acte qui est nul et comme non avenu, et le vice qui empêche cet acte de produire son effet »*[136]. Ce terme constitue donc une sanction qui ne peut être établie que par la loi qui, seule, a le droit de prononcer les nullités. Tout ce qui contreviendrait à ce que prohibe la loi devrait ainsi être considéré comme nul et de nul effet.
Pour Merlin, il s'agit en réalité non pas seulement d'une simple neutralisation des effets mais, mieux, d'un anéantissement de tout ce qui est contraire aux dispositions des lois prohibitives et d'éradiquer *« à la source »* un acte qui pourrait produire des droits ou des obligations. L'inexistence serait ainsi le résultat de la disparition rétroactive d'un acte juridique ce qui le rend impuissant à produire des effets de droit.
Déclarer un acte nul et de nul effet reviendrait à spécifier que sa formation a été entachée d'un vice tel qu'il n'est pas possible de le réformer. L'acte ne peut pas être simplement annulé mais il doit être anéanti ou éradiqué. Par exemple, en matière de théorie générale des obligations, il était reconnu que lorsque la stipulation[137] était *« inutile »* et donc nulle d'après les règles du droit civil, elle ne produisait aucun effet[138]. Il y avait donc une nullité radicale dès l'origine qui avait comme conséquence, qu'en cas d'inexécution, ni la somme convenue, ni les indemnités n'étaient dues.

151.–De même, Ortolan[139] et d'autres auteurs[140] distinguent le vice qui, par sa nature même, et de manière absolue, est un obstacle aux conventions, et les empêchements du vice

---

133 Les actes simplement annulables à raison de l'élément matériel, pour cet auteur, étaient relativement rares ; il cite d'ailleurs un exemple qui est plus que contestable puisqu'il mentionne l'obligation pour le vendeur de déclarer les vices rédhibitoires en matière de vente tendant à diminuer l'utilité ou la valeur de la chose : les vices cachés.

134 BOURGEON (Ph.), Distinction de l'inexistence et de l'annulabilité des actes juridiques en droit romain et en droit français, op. cit.

135 Répertoire universel et raisonné de jurisprudence, 4ème éd., par le comte Merlin, V° Nullités.

136 « Quod nullum est, confirmari nequit ».

137 Pour les Romains, il s'agit de la forme la plus classique et la plus étendue pour s'obliger.

138 « Inutilis, nullius momenti ».

139 ORTOLAN (J.), Explications historiques des instituts de l'Empereur Justinien, op. cit., 704 p. et

dit *« simplement accidentel »*. Toutefois, généralement, les seuls exemples donnés sont les choses hors du commerce sans d'autre précision[141]. En ce qui concerne les prohibitions matrimoniales[142] (*liens de parenté trop proches fût-ce sans risque de consanguinité, les mariages avec les personnes réputées viles et abjectes pour les sénateurs...*) il est fait référence à des nullités qui sont en réalité plutôt des empêchements (*« impedimentum »*) ou des prohibitions (*« prohibitio »*), car fondés sur des considérations politiques et non des unions contre nature (*pour l'époque*) car le droit romain n'impose pas un contrat de mariage[143] dont le formalisme était très souple[144]. Ainsi, ni les oppositions à mariage ni les empêchements prohibitifs ne pouvaient constituer de véritables obstacles au mariage conclu dès lors qu'il y avait accord, dans le respect des conditions requises pour la validité du mariage. En effet, l'absence d'un élément constitutif d'un acte ne le rend pas nécessairement inexistant, tout au moins au sens moderne. En effet, si l'inexistence s'entend au sens de *« non-existence »* tous les actes non formés sont inexistants, de même que tous ceux qui ont été annulés ou déclarés nuls parce qu'ils ne remplissaient pas les conditions requises[145], ce qui n'est pas la règle actuelle.

152.–Marcadé a développé une autre théorie en distinguant l'acte *« proprement nul »* ou acte inexistant, et l'acte *« nul improprement »* ou annulable[146].
L'acte nul est celui qui n'existe pas, en d'autres termes celui dont l'existence n'a qu'une apparence de réalité, tel que le mariage contracté par un fou ou encore celui de deux femmes : il n'y aurait pas, en réalité, de mariage[147]. Il n'est donc pas nécessaire d'indiquer dans les textes les causes de *« non-existence, parce qu'elles sont écrites dans la nature même des choses, à la différence des causes de simples nullités qui sont soumises « au caprice » du législateur. Ainsi, l'acte annulable est celui qui est vraiment formé, qui a une existence véritable, mais qui se trouve entaché d'un vice pour lequel la loi permet de le faire « briser, casser ou annuler » (comme les actes contractés par un mineur). Alors que l'acte nul demeure celui qui n'a point d'existence et qui ne peut pas se trouver « vivifié, validé, confirmé »*[148] *par une cause postérieure quelle que soit la cause, car le néant « n'est passible d'aucune amélioration ni de modification »*.

---

824 p.

140 ACCARIAS (C.), Précis de droit Romain, op. cit.,

141 cf. ORTOLAN (J.), op. cit.

142 Puisqu'en droit civil moderne, le domaine de prédilection de l'inexistence est le contrat de mariage.

143 En effet, chez les romains, le mariage légitime était le seul acceptable « justoe nuptioe, justium matrimonim » qui sous-tend l'union de l'homme et de la femme (libres puisque l'union des esclaves ne produisait que des liens naturels).

144 Le mariage n'était donc pas célébré selon des formes solennelles : par exemple, il n'était pas nécessaire qu'intervienne un officier public.

145 ACCARIAS (C.), Précis de droit romain contenant avec l'exposé des principes généraux le texte, la traduction, et l'explication des institutes de Justinien, op. cit., Tome I, 1ère partie : les personnes, p. 190.

146 MARCADE (O.), op. cit.

147 Souligne l'auteur en lettres majuscules et en gras dans le texte.

148 Le vocabulaire est alors semblable à celui utilisé pour un être vivant malade : « Nihili nulloe sunt proprietates ; quod nullum est, nullum producit effectum ».

153.–Autrement dit, pour de nombreux auteurs[149], quand un mariage est nul, entendu comme étant *« non existant »*, il n'est pas possible de le ratifier. Toutefois, si en principe le recours au juge n'est pas nécessaire pour faire constater cette *« non existence »*, lorsqu'une autre personne soutient que celui-ci est existant et valable, surgit un contentieux et la saisine du juge devient obligatoire. Cependant, il ne s'agit pas d'annuler le mariage ou l'acte qui y est relatif, mais de demander au juge la reconnaissance et la proclamation que ledit acte ou ledit mariage n'existait pas et n'a jamais existé.

154.–Il convient de noter que, pour Marcadé, un acte peut être *« nul au sens impropre du terme »*, car il a une existence réelle mais est seulement vicié. Cet acte existera tant qu'il ne sera pas *« cassé »*, par l'exercice d'un recours en nullité dans les conditions prévues par la loi. Il est donc susceptible de ratification voire de *« restauration »*.

155.–Si aucune systématisation n'avait été faite à Rome à propos des nullités des actes juridiques, il était cependant possible de soulever pour la première fois devant le juge certains moyens opérant *« ipso jure »*, de plein droit, sans que ceux-ci n'aient été mentionnés devant le prêteur[150]. Ces moyens se rapprochaient ainsi des nullités absolues modernes et frappaient les conventions lorsqu'il leur manquait un élément substantiel[151]. Ils présentaient des caractéristiques similaires à celles des nullités relatives modernes ; certaines incapacités étaient d'ailleurs considérées comme telles[152].

156.–Le comte Merlin[153] précise ainsi qu'il existait deux types de nullités, l'une absolue, l'autre relative : si la première pouvait être alléguée par toutes sortes de personnes, la seconde n'était invocable que par ceux en faveur desquels elle avait été instituée. Cet auteur s'appuyait sur l'opinion de Dunod selon qui la nullité absolue était nécessairement tirée d'une loi, dont l'intérêt public était le principal motif. En effet, selon Dunod, la nullité qui résulte de la prohibition est absolue parce que la loi résiste continuellement et par elle-même à l'acte qu'elle défend ; elle le réduit à un pur fait qui ne peut être ni confirmé ni autorisé, et qui ne produit aucun droit, aucune action, aucune exception. Cette nullité peut alors être soulevée d'office par le juge ou objectée, non seulement par la partie publique, mais encore par *« toutes sortes de personnes* », sans que le droit d'un tiers puisse leur être

149 ORTOLAN (J.), op. cit. voir Tome III, p. 537 ; ACCARIAS (C.), op. cit., Tome II, 1ère partie : les obligations 2ème partie : les actions, p. 853 n° 752. ; Bourgeon expliquera à ce sujet que le prêteur refusera de connaître l'action « denegatio actionis » comme il pouvait le faire lorsque la demande était irrecevable soit parcequ'il n'avait pas compétence pour examiner une telle requête sans d'autre précision que ce refus était motivé par le défaut de fondement juridique cf. BOURGEON (Ph.), Distinction de l'inexistence et de l'annulabilité, op. cit., voir p. 123 et s. ; MARCADE (O.), op. cit., V° Nullité.

150 PARIS-HARDY (A.), Nullités relatives et nullités absolues, histoire d'une distinction, (XVIe-XIXe), Annales de l'école doctorale de Paris II, n° 1, 2006, p. 155 et s.

151 L'objet impossible, le défaut de consentement ou encore lorsque l'objet est immoral ou illicite. Cf. Dioclétien pour la règle « contra bonos mores interposita stipulatio… nullius momenti » (C., 8, 38, 4). Autrement dit, la stipulation contraire aux bonnes mœurs est de nul effet.

152 Est nul de plein droit l'acte passé par un impubère, ou alors par une personne sans l'« auctoritas » requise, ou par un aliéné en dehors de ses intervalles de lucidité. En pareil cas le consentement était, en principe, considéré comme totalement absent. L'erreur était aussi assimilable à ce type de nullités alors qu'en droit moderne les vices du consentement sont sanctionnés par une nullité relative.

153 MERLIN (M.), op. cit., Tome VIII, Voir Nullités.

opposé ou puisse être invoqué par quiconque[154]. Les nullités absolues pouvaient ainsi être alléguées par tous et nul n'avait le pouvoir d'ôter à un autre la faculté d'exercer ses droits. Ainsi, les juges anéantissaient les actes *« infectés de nullités absolues »* sur la demande des parties, mêmes si elles en avaient pourtant reconnu la légitimité et avaient consenti à l'exécution ; en d'autres termes, aucun consentement ne pouvait couvrir cette nullité envers des tiers.

157.–Il convient de préciser que Bourgeon considérait que Dunod avait en réalité caractérisé l'inexistence par les nullités absolues et que ces dernières n'en étaient qu'une représentation[155], voire que l'inexistence avait en partie tiré ses éléments constitutifs et son régime de la catégorie des nullités absolues, en droit civil tout au moins[156]. Ainsi, deux types de nullités existaient pour ces auteurs : une relative à l'essence même du néant, et une autre qui peut être purgée de ces vices. Ce point de vue est particulièrement retranscrit dans la théorie du mariage qui, pour Merlin et d'autres membres de la doctrine, *« participe du droit naturel, du droit des gens et du droit civil »*[157], et a même perduré en doctrine lorsque cette institution a été codifiée par l'article 227 du code civil.

158.–Cette catégorie de nullités, assimilées aux nullités absolues, concerne donc des nullités ayant pour effet de vicier tellement les actes, que ceux-ci ne pourraient qu'être considérés comme non avenus, sans que rien ne puisse en résulter. La difficulté est qu'à l'époque se dessinent plusieurs notions aux effets indéfinis. Il est donc certain qu'il existe une différence entre l'*« acte nul de soi » (« ipso jure, ipso facto »)* et *« celui qui n'est nul que par accident et qui doit être annulé » (« qui venit annulandus, eo cujus interest conquerente »)*. Toutefois, la maxime de droit *« ce qui est nul de soi ne peut produire aucun effet »* (*« quod nullum est, nullum producit effectum »*) souffre des exceptions, parce que les juges peuvent quelquefois être dans l'obligation *« pour des raisons d'équité »* ou *« de bien public »* de laisser subsister des actes qu'ils devraient déclarer nuls. Ainsi, Merlin justifie le fragment du Digeste, disposant qu'un acte nul dès son origine dans le principe ne peut être validé dans la durée[158], par le fait que le temps n'étant pas un moyen d'éteindre ou d'établir de plein droit une obligation ou un droit, il ne doit pas non plus avoir la vertu de confirmer seul un acte nul en soi. Or, cette analyse est erronée car les modes d'acquisition

---

154 DUNOD (M.F.I.), Traités des prescriptions, de l'aliénation des biens d'Église et des dixmes suivant les droits civil et canon, la jurisprudence du Royaume, et les Usages du Comté de Bourgogne, De Fay, 1730, Voir en particulier le chapitre VIII de la Partie I.

155 BOURGEON (Ph.), Distinction de l'inexistence et de l'annulabilité des actes juridiques en droit romain et en droit français, op. cit., p. 161 et s.

156 JAPIOT (R.), Des nullités en matière d'actes juridiques, op. cit.

157 « Cet acte, dans ses rapports essentiels, embrasse à la fois l'homme physique et l'homme moral […] Dans notre législation actuelle, le défaut de consentement de l'officier civil compétent a les mêmes effets qu'avait autrefois le défaut de présence du propre curé. Le mariage était radicalement nul ; il n'offrait qu'un attentat aux droits de la société, et une infraction manifeste aux droits de l'État », discours de Portalis lors de l'exposé de la loi au corps législatif cité in DURANTON (M.), Cours de droit français suivant le code civil, Tome II, 4ème éd., 1844, Thorel et Guilbert, 586 p. L'auteur mentionne ainsi une jurisprudence qui attesterait que le mariage célébré par un autre prêtre que celui requis est nul et de nul effet, et l'Edit de 1697 qui autorisait une telle célébration à condition que la dispense requise ait été fournie.

158 « Quod ab initio vitiosum est non potest tractu temporis convalescere ».

« dérivés ou involontaires » existaient en droit romain. L'auteur reconnaît lui-même que des exceptions existent à cette règle, bien qu'il ne cite que les cas dans lesquels l'empêchement qui produisait la nullité cesse en raison de la survenance d'une cause nouvelle, propre à confirmer l'acte, et qui sont en réalité des hypothèses de nouveaux actes.

159.–La doctrine affirmait ainsi que le régime variait selon le type de nullités. Une *« nullité par prétérition »* était une *« nullité radicale »*, une *« nullité par exception qui dure toujours »* et s'opposait à la *« nullité par action qui ne peut être opposée que dans les trente ans »*[159]. Pour Merlin, il s'agissait dans le premier cas, d'une nullité absolue qui peut être *« opposée en tout temps »*[160] et distinguait celles entachées de *« défaut essentiel de formalité »*, imprescriptibles, et celles soumises à une prescription centenaire, dont les vices n'étaient pas substantiels. Dans la seconde hypothèse, les nullités relatives ou *« respectives »* ne pouvaient plus être opposées après l'écoulement d'un délai de trente ans et *« la nullité ne pourra alors, produire aucun effet »*. Ce dernier particularisme s'explique pour Dunod, par le fait que les nullités respectives produisent une obligation qu'il appartient au juge de moduler selon les circonstances.

160.–Pour lui, une prohibition sanctionnée par la nullité absolue, telle l'aliénation du domaine public ou la vente des choses hors commerce, réduisait l'acte à un pur fait ne pouvant ni être confirmé, ni produire aucun effet. De plus, observe-t-il, une telle nullité pouvait être opposée par tous ou soulevée d'office par le juge et ne pouvait se prescrire. C'est en effet l'intérêt public qui est la cause de cette interdiction car certaines choses doivent être imprescriptibles à condition toutefois que la loi prévoie un tel régime car Dunod ne semble envisager de telles nullités que prévues par voie législative[161].

161.–La doctrine mentionnait donc ponctuellement l'inexistence comme supposant une *« non-formation »* de l'acte. Pour autant, elle n'en déduisait nullement l'existence d'une véritable notion. Pas d'avantage n'était envisagée la construction d'un régime juridique autonome, si ce n'est le défaut absolu d'effets[162].

§. 2 L'inscription progressive de l'inexistence dans une théorie générale des nullités

162.–L'inexistence s'affirme donc comme le vice dirimant d'un acte (*A*), alors même que le code civil ne consacre pas cette notion (*B*).

A. L'inexistence, empêchement à la production d'effets de droit

163.–Merlin mentionne qu'un acte infirmé ou inexistant peut devenir valable dès lors que la cause de la nullité a cessé (*par exemple, l'action en rescision*) et que les parties sont

159 FURGOLE (J.–B.), Traité des testaments, op. cit., Tome 4, Les libraires associés, 1777, 482 p.
160 Voir dans le même sens DUNOD (M.F.I.), op. cit., partie 1, chapitre 12 ; FURGOLE (J.–B.), op. cit., 482 p.
161 « La loi fait toujours l'intérêt du public et de la société ».
162 MORTET (CH.), Etude sur la nullité des contrats dans le droit romain, l'ancien droit français et le code civil, thèse Bordeaux, 1878, 215 p.

d'accord. Une telle nullité ne constitue pas, alors, une illicéité (*« injustum »*) mais une *« invalidité qui viole le droit d'autrui »*.
En d'autres termes, en principe l'acte nul est réputé ne pas exister, il est assimilé au *« néant »*. Selon cet auteur, il est cependant possible de faire un acte nouveau, exempté du vice qui a conduit le juge à en prononcer la nullité. Or, parler de *« confirmation »* pour l'acte inexistant est difficile à admettre car la confirmation n'est que la réitération des mêmes éléments et donc des mêmes vices que ceux affectant l'acte primitif, ce qui exclut la *« purge »*[163].

164.–Au surplus, Merlin affirme curieusement que les nullités absolues ou les *« nullités de droit »* ne sont pas, en vertu de la distinction qu'il opère au sein des différents régimes régissant les actes nuls, susceptibles d'être proposées contre un contrat après dix ans. En réalité, les décisions invoquées par Merlin rendues à l'époque réfutent cette théorie[164] car elles appliquent la prescription trentenaire[165]. En outre, le code Napoléon assujettit les actions en nullité à la prescription auxquelles les actions rescisoires sont soumises (*article 1304*). Or, cette qualification est essentielle puisque le Tribunal de cassation a jugé dans un arrêt du 8 pluviôse an VIII[166] qu'il n'est pas possible de convertir une demande de nullité en première instance, en demande de rescision d'un contrat en appel et réciproquement : ainsi, lorsqu'un jugement, passé en force jugée, déclare des procédures régulières alors qu'elles étaient nulles, il n'est plus possible d'en faire prononcer la nullité.

165.–Certes, la doctrine romaine, n'ayant pas conceptualisé l'idée même de contrat[167], présentait de nombreux points faibles en ce qui concerne la théorie générale des obligations. Les jurisconsultes employaient les termes de *« pactes »* ou de *« conventions »* tantôt dans une acception large englobant tous les actes juridiques, tantôt dans une perspective restreinte en ne visant que les contrats synallagmatiques. Le point décisif étant que les Romains opposaient aux contrats le *« pactum »* c'est-à-dire le pacte, qui est un

---

163 BRILLON (P.–J.), Dictionnaire des arrêts ou jurisprudence universelle des parlements de France et autres tribunaux contenant par ordre alphabétique les matières bénéficiales, civiles et criminelles, les maximes du droit ecclésiastique, du droit romain, du droit public, des coutumes, ordonnances, Edits, et déclarations, 1727, Grand'Salle, Tome V ; Voir « nul, nullitez ».

164 Sentence du baillage de Troyes du 31 mars 1560, cité in Répertoire du comte Merlin, Répertoire universel et raisonné de jurisprudence, 4ème éd., 1813, Tome VIII, Voir nullités, et en particulier les p. 679-680.

165 In Répertoire Merlin, op. cit., voir Nullités, et en particulier les p. 679 et 680.

166 Cass., 29 juin 1812, Antoinette de Bair, cité in Répertoire du comte Merlin, op. cit., Tome VIII, voir Nullités.

167 Le point de départ de la théorie du contrat se situerait dans l'Édit du préteur, codification réalisée par le jurisconsulte Julien, de l'école sabinienne, dans les années 125-138. L'Édit utilise des termes synonymes « actum », « gestum », « negotium » et « contractum », sans distinction d'un régime juridique différent. Les juristes romains s'étaient scindés en deux écoles : Les Sabiniens qui considérèrent que les vocables étaient identiques, alors que les Proculiens, influencés par la philosophie grecque, réservent le nom de contractus à « l'obligation de part et d'autre », c'est-à-dire aux trois contrats synallagmatiques parfaits que sont la vente, le louage et la société. Dans ses Institutes, Gaius donne à peu près au terme de « contractus » le sens de la notion de contrat au sens moderne du terme puisqu'il reprend les deux thèses extrêmes précitées, à ceci près qu'il l'emploie pour les contrats unilatéraux et synallagmatiques (qui peuvent se former « verbis », « re », » litteris », ou « consensu », sans viser les contrats innommés ; LÉVY (J.–PH.) et CASTALDO (A.), Histoire du droit civil, op. cit., nos 438 et s.

accord de volonté informel. Ainsi tout accord de volontés n'est pas reconnu comme constituant un contrat au sens juridique du terme. L'assimilation entre les deux ne se fera qu'au Moyen-âge sous l'empire du droit canon.

166.–La définition de l'acte juridique n'étant pas elle-même précise, la notion de vice du consentement et donc la définition de la sanction de la méconnaissance des conditions de formation des contrats et des actes juridiques en général, oscillent entre deux conceptions : l'une, objective et abstraite, fixait à l'avance les cas dans lesquels le vice était admis ; l'autre, subjective et concrète, tendait à apprécier au cas par cas le degré de gravité du vice, ses effets sur la volonté, et la prescription envisagée[168].

167.–Savigny[169] estime que les effets du contrat peuvent être *« affaiblis »* par l'impossibilité d'exécuter, ce qui rendra irréalisable, et donc nulle, l'obligation qui en découle, mais il ajoute aussitôt que l'acte sera juridiquement et matériellement *« impossible »*[170] car la nature des choses ne peut qu'être objective alors que celle qui se fonde sur un rapport personnel au débiteur est subjective.

168.–Une telle appréciation doit, selon lui, se faire au moment de la naissance même de l'obligation, c'est-à-dire à la formation de la convention, tel le cas du *« cheval vendu »* qui *« mourrait avant d'avoir été livré »*, ce qui renvoie à la disparition des motifs mêmes de l'acte, de son objet mais aussi de sa cause[171]. Il s'agit d'une référence expresse aux obligations en tant que *« source première »* ou en tant que *« transformation »*, étant précisé que dans ce dernier cas, l'obligation persiste et demeure mais sous une *« forme modifiée »* quand bien même l'obligation serait née mais aurait été anéantie.

169.–Dans le premier cas, l'auteur cite comme exemples la dation impossible lorsque la chose n'a jamais eu d'existence (*comme un « animal fabuleux »*) ou a péri, l'acquisition de droits sur des choses hors du commerce (*un « homme libre »*), l'impossibilité spatio-temporelle d'exécuter certaines obligations (*achat à Rome et Carthage en même temps par la même personne*). La règle serait donc que toute obligation impossible doit être considérée comme inexistante (*« impossibilium nulla obligatio est »*), sans distinction entre les différentes conventions[172] ni prise en considération de la connaissance des parties[173]. Savigny réfute ainsi l'idée de certains jurisconsultes qui considéraient que l'ignorance du créancier était une condition de la nullité. Il précise, en outre, que lorsque le créancier, et non le vendeur, a connaissance de l'impossibilité ou s'est maintenu lui-même dans un état

168 Pour plus de précisions voir LEVY (J.–Ph.), CASTALDO (A.), Histoire du Droit Civil, op. cit., p. 836 et s. ; OURLIAC (P.) ; DE MALAFOSSE (J.), Histoire du Droit privé, op. cit., op. cit. ; GIFFARD (A.–E.) et VILLERS (R.), Droit romain et ancien droit français, 4ème éd., Précis Dalloz, 1976, nos 305 et s. ; GAUDEMET (J.), Droit privé romain, op. cit.

169 SAVIGNY (F.C.V.), Le droit des obligations, Tome II, 1863, Durand, §1 et 81.

170 Alors même qu'un acte contraire à la morale ou au droit le serait, alors même que la promesse d'actes contraires aux mœurs et aux lois ne le serait pas.

171 D'autres auteurs mentionnent l'absence d'objet comme étant un obstacle à la formation du contrat : le principe étant qu'il n'y a pas de vente sine re cf. ACCARIAS (C.), op. cit.

172 La règle porte sur les stipulations, les ventes ou les promesses afférentes qui portent sur une dation ou un fait impossible.

173 D.L.17.185.

d'ignorance *« grossière »*[174], il ne peut réclamer d'indemnité, alors même que l'obligation serait inexistante. Il reconnaît, toutefois, que son raisonnement est à la limite de la *« bonæ fidei »* d'autant plus que l'obligation n'existe pas non plus lorsque l'acheteur savait qu'un tiers a le droit de l'évincer. La fraude est donc sous-jacente à cette nullité prononcée en raison d'un vice qui ne pourra jamais être purgé, ce que Savigny nomme les prestations impossibles comme l'impossibilité naturelle et l'impossibilité juridique[175] : La première se présente lorsque les choses n'ont jamais eu d'existence ou ont cessé d'exister[176], voire ne peuvent en aucune façon exister ; la seconde se caractérise si une chose est aliénée, ou achetée, lorsqu'elle ne peut l'être, voire lorsque deux personnes se marient ensemble alors que cette union serait contraire à la loi ou à la morale. Savigny assimile ainsi la nullité et l'impossibilité alors que les textes originaux évoquent uniquement la nullité *« nulla »*.

170.–Un autre auteur, Maynz[177], affirme qu'en droit romain, l'acte juridique est formé par tout fait de l'homme qui se rattache à l'existence d'un droit et qui peut avoir pour effet soit de créer, soit d'éteindre, soit de conserver ou protéger un droit. En d'autres termes, le fondement de l'acte est la volonté de celui qui agit. *« A contrario »*, celui d'un *« insensé »*, et donc d'un individu qui n'est pas doué de raison, ne sera pas considéré comme un acte mais comme un fait, et c'est même le but vers lequel se dirige cette volonté qui va déterminer la nature particulière de l'acte. Toutefois, certaines conditions sont requises pour la validité des actes et leurs effets : les deux *« parties »*, au moins, pour un contrat ou les éléments essentiels pour un acte juridique : les *« essentialia negotii »* et les *« naturalia negotii »*. Les premières constituent la substance même de l'acte sans lesquelles il ne pourrait pas exister ; les secondes découlent de la nature même de l'acte, et sont les conséquences, voire les effets, qui ont lieu de plein droit sans que les parties n'aient besoin de les préciser. Ainsi, les conditions requises pour qu'un acte soit valide, se rapportent soit aux personnes qui agissent, soit à la manière dont leur volonté se manifeste, soit au but, soit à l'objet de l'acte, qui sont les conditions exigées actuellement dans le code civil. Pour cet auteur, si l'une des conditions fait défaut, l'acte n'a point d'existence juridique : il est inexistant et la sanction sera radicale car il sera considéré que rien n'a été fait, *« nullum est negotium, nihil actum est »*. Mais Maynz mentionne l'existence de nombreuses exceptions dans chaque cas[178]. Par exemple, si les testaments invalidés par certaines causes sont nuls[179], il convient de distinguer, en matière de legs, parmi les causes qui peuvent invalider les dispositions de dernière volonté, celles qui existent et agissent dès l'origine[180] et celles

174 Ainsi la confusion entre un homme libre et un esclave.

175 L'impossibilité peut donc avoir sa source dans des motifs naturels ou juridiques : « impossibile » ou « quod natura fieri non concedit ».

176 Comme la promesse de donner un cheval alors qu'il est mort.

177 MAYNZ (Ch.), Cours de droit romain, 4ème éd., op. cit.

178 Sauf quatre cas : le legs de la chose du légataire, le legs de matériaux de construction employés dans un bâtiment, le legs fait au fils de famille ou à l'esclave d'une personne instituée héritière, le legs que le testateur fait à son propre esclave. Dans ces cas le legs nul au moment de la confection du testament demeurera nul.

179 Fait par une personne dépourvue de testamenti factio, fait sans l'observation des formalités requises ou contenant institution d'un héritier ou d'héritiers qui manquent de testamenti factio, ou qui n'existent pas.

180 La nullité originaire du testament ou du codicille qui contient le legs, quelle qu'en soit la cause

qui surviennent par la suite car seule la disposition nulle dans son principe sera inexistante[181]. Cet auteur relève au surplus, qu'il y a toujours possibilité de confirmation ou de ratification (*« ratihabitio »*) avec une vertu curative telle qu'elle a un effet rétroactif au jour où l'acte a été édicté. Il ne s'agit pas en réalité d'une inexistence mais tout au plus d'une nullité relative.

171.–L'inexistence, en tant que théorie, n'est donc pas reconnue en droit romain, au mieux il y est fait référence en cas d'absence de toute obligation, ou lorsqu'il n'y a jamais eu de contrat soit que celui-ci n'ait pas pu produire d'obligation, soit qu'il n'ait pas été formé.

172.–Le cas qui se rapprocherait le plus de l'inexistence contemporaine serait alors l'*« obligatio ipso jure nulla »* qui ne peut jamais produire d'effet et qui présuppose une absence de lien obligatoire.
L'explication est que les textes, dans leur ensemble, emploient des termes plus variés et que ce sont les théories doctrinales qui ont constitué la genèse de la théorisation de l'inexistence. Au reste, celle-ci fut d'abord équivoque car le champ d'application de la nullité et de l'annulabilité n'était alors pas clairement défini. Il paraît un peu restrictif d'affirmer que les conventions ne pouvaient être que radicalement nulles, et donc inexistantes, ou valables, car, *« in fine »*, la référence à une nullité qui serait radicale est en réalité un renvoi aux nullités absolues au sens moderne du terme[182].

173.–L'avènement de la distinction moderne des nullités absolues et des nullités relatives a été fixé au XVIIIème par Dunod de Charnage[183] et le président Bouhier. Avant eux, Bertrand d'Argentré distinguait les nullités fondées sur une cause publique, qui constituaient les véritables nullités de droit (*elles n'exigent pas les lettres de rescision et sont opposables d'office, et les nullités qui ne concernent que les intérêts privés*) : celles-ci doivent être prononcées par un juge. Cependant, le système moderne lui-même s'est construit lentement car il convient de noter l'existence dans le nouveau code civil sous l'influence des membres de la doctrine tels que Merlin[184], d'une terminologie imprégnée d'ancien droit[185].

174.–Cette représentation protéiforme de la nullité est due à sa pluralité de fonctions : elle sanctionne le non-respect du droit positif, elle protège ceux dont les intérêts ont été

---

implique toujours la nullité du legs : le legs est également nul dès l'origine quand la disposition du testament ou du codicille qui contient le legs est atteinte de nullité pour cause d'erreur, de violence ou de dol.

181 Le legs fait en faveur d'une personne dénuée de testamenti factio passiva. Sont également nuls les legs qui ont pour objet une prestation physique ou légalement impossible ou une chose hors commerce.

182 MORTET (Ch.), Etude sur les nullités des contrats dans le droit romain, op. cit.

183 DUNOD (M.F.I.), Traités des prescriptions, de l'aliénation des biens d'Église et des dixmes suivant les droits civil et canon, la jurisprudence du Royaume, et les usages du Comté de Bourgogne, Antoine de Fay, 1730, 408 p.

184 Répertoire universel et raisonné de jurisprudence, 4ème éd., par le comte Merlin, 1813, Tome VIII, Voir nullités.

185 PICOD (Y.), Répertoire de droit civil, février 1998, voir Nullité.

violés et elle constitue un moyen de remise en état ou d'indemnisation d'une situation de fait ou juridique antérieure à la transgression. Il s'agit donc d'une notion très diversifiée dans ses modalités et dans ses applications[186], qui pour certains auteurs, devrait être ramenée à son unique but et à une unité absolue[187]. Au surplus, la nullité n'a fait l'objet d'une véritable théorie qu'après un long processus historique. Selon le répertoire Dalloz de 1855, la théorie des nullités en droit civil est *« l'une des plus compliquées de notre droit »* du fait notamment qu'elle résulte des efforts de la jurisprudence et de la doctrine pour suppléer les carences du législateur. De plus, plusieurs causes de nullités peuvent être invoquées. Celles prononcées par la loi, celles fondées sur le défaut des conditions essentielles à l'existence d'un acte, et celles découlant de ce que l'acte est contraire à l'ordre public ou aux bonnes mœurs[188]. C'est au sein de cette construction paradoxale que la doctrine a créé le vocable et la notion d'inexistence, tout en posant les bases de l'une des théories les plus radicales par ses effets.

B. L'absence de l'inexistence dans le code civil

175.–La complexité du système des nullités en droit romain explique que les rédacteurs du code civil[189] aient dû ébaucher une théorie des nullités[190]. Ils se sont donc inspirés des travaux de Pothier qui distinguait dans le contrat *« trois choses »* : celles qui sont de l'*« essence du contrat »*, celles qui sont simplement de la *« nature du contrat »* et

186 Elles sont classées en principe en plusieurs catégories, les nullités absolues ou relatives, les nullités de forme ou relatives i.e. fondées sur l'inobservation des formes légales ou d'ordre public, et donc absolues, fondées sur l'indisponibilité de la chose, les nullités extrinsèques (relatives à la forme extérieure de l'acte) ou intrinsèques (relatives à la forme intérieure de l'acte), les nullités sont encore appelées radicales pour exprimer qu'elles avaient toujours existé et l'acte qu'elles ont infecté n'a jamais pu avoir de « vie légale » à la différence des conventions simplement susceptibles de rescision ou de restitution, et peuvent être continues (en cas de cause absolue qui s'oppose à l'existence de l'acte) ou non continues (qui ne vicient que temporairement l'acte et qui finalement peuvent être purgées). Il est encore possible d'envisager de distinguer les nullités de plein droit (qui sont celles que la loi a expressément prononcées), des nullités par voie d'action (qui dépendent de l'appréciation du magistrat et qui ne sont pas un obstacle à ce que l'acte produise des effets), ainsi que les nullités virtuelles et textuelles, et les nullités continues qui ont une cause si grave et si absolue que la loi met un obstacle continuel de manière à ce que l'acte qui est vicié ne puisse jamais exister, et non continues qui sont celles qui ne font naître qu'une cause de nullité passagère. Voir CARPENTIER (A.) et FREREJOUANT DU SAINT (G.), Répertoire général alphabétique du droit français, Tome II8, Librairie du Recueil général des lois et des arrêts, 1901 V. Nullités ; PICOD (Y.), Répertoire de droit civil, op. cit., voir Nullité ; JAPIOT (R.), Des nullités en matière d'actes juridiques, op. cit.

187 Pour DROGOUL (F.), Essai d'une théorie générale des nullités en droit civil, op. cit.

188 DALLOZ (D.), Jurisprudence générale, Répertoire méthodique et alphabétique de législation, de doctrine et de jurisprudence en matière de droit civil, commercial, criminel, administratif, de droit des gens et de droit public, Tome XIII, 1855, Voir nullité.

189 Code civil des Français, Imprimerie de la République, An XII, 1804, 579 p.

190 L'unification du droit devenait cruciale depuis la Révolution. Ainsi en 1793, 1794 et 1796, Jean-Jacques Régis de Cambacérès présenta successivement trois projets de code civil qui échouèrent devant les assemblées révolutionnaires. Toutefois le 13 août 1800, le Premier consul Napoléon Bonaparte désigna une commission de quatre juristes (Tronchet, Bigot de Preameneu, Portalis et Malleville) sous la direction de Cambacérès, qui établit un projet de code civil des Français, qui fut soumis pour avis aux Tribunaux et ensuite examiné par le Conseil d'État en présence du premier consul.

celles qui sont *« accidentelles »*[191]. Par exemple, pour ces dernières, dans l'hypothèse d'un contrat de vente sans prix ou sans chose, et généralement pour les contrats réels, si la chose qui a été mise en gage n'a pas été remise au créancier ou à tiers détenteur, le débiteur a le droit d'invoquer la nullité ou plus exactement de faire déclarer l'inexistence du contrat[192].

176.–Carbonnier reprendra d'ailleurs cette idée, en expliquant que l'inexistence exprime une *« certaine nature des choses dans le mariage »*[193].

177.–Sur la base de cette distinction, les rédacteurs du code civil ont posé les traits généraux de ce qui allait devenir la distinction classique entre les nullités relatives et les nullités absolues, sans les mentionner réellement. Il n'était ainsi, et pour cause, pas plus fait mention de l'inexistence comme sanction[194]. Il en est de même en ce qui concerne le mariage inexistant car le code civil ne pose que les *« qualités et les conditions requises pour pouvoir contracter mariage »*, et par voie de conséquence celles qui sont prohibées. Les chapitres suivants qui traitaient *« des formalités relatives à la célébration du mariage »*, et des *« oppositions au mariage »* n'y faisaient pas non plus référence bien que le *Chapitre IV* traitait du régime des *« demandes en nullité de mariage »*.

178.–Cependant, même s'ils vont rendre possible la dualité des nullités, les rédacteurs ne les ont pas précisément envisagées en tant que telles. Ceci explique qu'aujourd'hui encore les qualifications de *« nullité absolue »* et de *« nullité relative »* soient elles-mêmes controversées[195] puisque la *« summa divisio »* du code civil n'est pas en réalité fondée sur leur différence d'intensité ou de cause (*comme au XX*ème *siècle*)[196] mais sur une différence de finalité : la nullité relative sanctionnant les règles édictées dans un intérêt particulier (*comme la protection des mineurs ou de la liberté du consentement*) et la nullité absolue sanctionnant les règles édictées dans un intérêt général (*ordre public et bonnes mœurs, cités à l'article 6 du code civil*). Toutefois le critère de la gravité du vice est toujours appliqué implicitement par la jurisprudence pour les nullités absolues[197], même s'il est certain que la personne à protéger est toujours prise en considération, ainsi que le respect de l'ordre

---

191 POTHIER (R.–J.), Traité des obligations selon les règles du for de la conscience, nouvelle éd., Tome Ier, Debure-Roouzeau-Montaut, 1758, 663 p.

192 SOLUS (L.), note sous Cass. Civ., 18 mai 1898, DP.1900.I.481.

193 CARBONNIER (J.), Droit civil, PUF, Coll. Quadrige, 2004, Tome I : Introduction, les personnes, la famille, l'enfant, le couple, nos 168 et 627.

194 PARIS-HARDY (A.), Nullités relatives et nullités absolues, histoire d'une distinction, (XVIe-XIXe), Annales de l'école doctorale de Paris II, op. cit., p. 182 et s. ; voir en particulier les p. 189 à 195.

195 TERRE (F.), SIMLER (S.) et LEQUETTE (Y.), Droit civil, les obligations, précis Dalloz, 9ème éd., 2005, voir §81 ; BENABENT (A.), Droit civil, les obligations, Montchrétien, 10ème éd., 2005, nos 206 et s. ; MALAURIE (Ph.), AYNES (L.), STOFFEL-MUNCK (Ph.), Les obligations, 2ème éd., Défrénois, nos 696 et s. ; SANA-CHAILLE DE NERE (S.), Contrats et obligations : Nullité ou rescision des conventions, généralités : nullité, Jurisclasseur Civil code, Art. 1304 à 1314, 2006, Fasc. 10.

196 Vivement critiquée dès le début du XXème siècle ; JAPIOT (R.), Des nullités en matière d'actes juridiques, op. cit. ; GAUDEMET (E.), Théorie générale des obligations, 5ème éd., Dalloz, 2004, 508 p.

197 Cass. Ass. plen., 28 mai 1982, Consorts Mégevand, D.1983.349, note GAILLARD (F.), voir contra Cass. Civ. 1ère, 25 mai 1992 Bull. civil, I, n° 156 ; Cass. Civ. 1ère, 17 décembre 1959, D.1960.294.

public. La jurisprudence retient une nullité absolue pour sanctionner le défaut de consentement ou de pouvoir de représentation alors que l'intérêt général n'est pas en cause. De la même façon, l'absence de cause, au sens objectif du terme, est sanctionnée par la nullité absolue, alors que la nullité relative est protectrice uniquement des seuls intérêts du cocontractant. Au surplus, en droit civil, cette notion d'ordre public est elle-même ambivalente car la protection des incapables ou de la liberté du consentement, relève de l'ordre public *« de protection »* c'est-à-dire qu'elle intervient en cas de méconnaissance d'intérêts privés, tandis que la nullité absolue sanctionne l'ordre public *« de direction »*, pour reprendre la même terminologie, c'est-à-dire les atteintes à l'intérêt général.

179.–La distinction entre les deux types de nullités ne s'est donc imposée que progressivement[198] car le code civil originaire, après avoir traité spécifiquement de chaque condition essentielle à la validité des contrats, ne précise que les cas où les conventions seront nulles ou rescindables[199], constituant ainsi une cause d'extinction des obligations avec la dissolution rétroactive du contrat[200] tout en mettant un terme au débat sur la distinction entre l'action en nullité et l'action en rescision[201]. L'action en nullité peut être au surplus prescrite[202] et est réservée seulement à certaines personnes, ce qui caractérise les nullités relatives.

C'est ainsi que les actes passés par les incapables ne sont pas en principe nuls de droit du seul fait de l'incapacité de l'auteur de l'acte[203] malgré l'emploi de cette expression à propos de l'*« interdit »*. De même, l'erreur sur la substance[204] ou sur la chose qui en est l'objet[205], la violence sur celui qui a contracté l'obligation[206], le dol[207], sont des causes de nullité viciant le consentement[208], mais non des nullités de plein droit[209]. Par exemple, le mariage

198 qui n'est qu'une classification spécifique des nullités.

199 Sect. VII in Titre III "Des contrats ou des obligations conventionnelles en général, Chapitre V « De l'extinction des obligations » ; l'article 1234 spécifie ainsi que l'action en nullité des conventions comme celle en rescision a pour conséquence l'extinction des obligations.

200 JOSSERAND (L.), Supplément au cours de droit civil positif français, Tome I (2ème éd., 1932), Sirey, 1936, 49 p.

201 Aujourd'hui le mot de « rescision » est souvent réservé aux cas où le juge ne peut prononcer l'annulation du contrat que s'il relève une lésion au détriment d'un des contractants ; elle est donc présentée comme une variante de la nullité relative.

202 L'article 1304 fixe ainsi le délai de dix ans pour exercer l'action en nullité ou en rescision.

203 L'article 1125 indique que « Le mineur, l'interdit et la femme mariée ne peuvent attaquer, pour cause d'incapacité, leurs engagements, que dans les cas prévus par la loi », qu'il faut combiner avec les dispositions de l'article 1304 qui ne leur donne que dix ans pour intenter l'action en nullité ou en rescision.

204 Article 1110.

205 L'erreur doit d'abord être considérée comme portant sur la substance de la chose lorsqu'elle est de telle nature que sans elle les parties n'auraient pas contracté. L'erreur sur la substance s'entend ensuite non seulement de ce qui porte sur la matière même dont la chose est composée mais aussi et plus généralement de celle qui a trait aux qualités substantielles en considération desquelles les parties ont contracté. Ainsi dans la vente l'erreur entraîne la nullité si elle porte sur les qualités de la chose vendue prise en considération et dont l'absence, si elle avait été connue, aurait été un obstacle à la conclusion du contrat. Il y a enfin erreur sur la substance lorsque le consentement de l'une des parties a été déterminé par l'idée fausse que cette partie avait de la nature des droits dont elle se croyait dépouillée ou qu'elle croyait acquérir par l'effet du contrat.

206 Articles 1111 et s.

207 Article 1116.

208 DURANTON (M.), Cours de droit français suivant le code civil, Tome II., 4ème éd., 1844, Thorel et

qui a été contracté par suite d'erreur ou de violence, par un impubère qui n'a pas obtenu le consentement de ses parents, se ratifie tacitement dans le laps de temps déterminé par les articles 182, 183 et 185.

180.–Des cas de nullité absolue au sens moderne de l'expression ont cependant été prévus avec les caractères habituels : absence de prescription et impossibilité de confirmation[210]. Il s'agit des mariages contractés entre parents ou alliés à un degré prohibé par le code ou avec une personne déjà mariée, des conventions fondées sur une cause illicite, contraire aux bonnes mœurs ou à l'ordre public, ou qui serait absolument sans cause ou dépourvue d'objet (*vente d'une chose hors commerce, défaut de puberté ou d'âge suffisant, incompétence de l'officier de l'État civil envisagée comme la plus grave de toutes les nullités avec le défaut de publicité du mariage*...). Le contrat, entaché d'un vice constituant une nullité *« réellement radicale »*, n'aura alors que l'apparence d'un contrat, en tant que la loi ou la nature des choses s'oppose à ce qu'il produise les effets possibles d'un contrat même annulable ou rescindable dans un délai déterminé[211].

181.–La nullité absolue, qualifiée de nullité d'ordre public[212], est tirée de la solution établie par les règles posées en droit romain[213], interprétée par les rédacteurs du code comme une *« contravention à la prohibition »* qui entraînerait une nullité de manière tellement radicale que le contrat serait censé n'avoir jamais existé et qu'il ne serait pas nécessaire de demander son annulation par les tribunaux. Toutefois ce principe est tempéré par le code civil puisque l'acte, qui, par définition, n'est même pas annulable, n'est pas considéré comme *« non avenu »*[214], bien que dans certains cas une peine puisse être tout de même prononcée[215].

Guilbert, 586 p.

209 Article 1117.

210 L'article 1304 précise en effet que dans tous les cas où l'action en nullité ou en rescision d'une convention, n'est pas limitée à un moindre temps, elle dure dix ans : pour les autres prescriptions le Chapitre V renvoie soit à d'autres délais soit à la partie du code en cause, mais surtout mentionne l'article 2262 qui traite de ce qu'il sera reconnu plus tard comme la prescription des nullités absolues, et donc que les actions, tant réelles que personnelles, sont prescrites par trente ans, sans que celui qui allègue cette prescription soit obligé d'en rapporter un titre ou qu'on puisse lui opposer l'exception déduite de la mauvaise foi.

211 DURANTON (M.), Cours de droit français suivant le code civil, Tome X., 4ème éd., 1844, Thorel et Guilbert, 588 p. ; Tome XI., 4ème éd., 1844, Thorel et Guilbert, 532 p.

212 DURANTON (M.), Cours de droit français suivant le code civil, Tome II., 4ème éd., 1844, Thorel et Guilbert, 586 p.

213 « Quae lege fieri prohibentur, si fuerint facta, non solum inutìlia, sed pro infectis etiam habeantur, licet legislator fieri prohibuerit tamtum, nec specialiter dixerit inutile esse debere quod factum est ».

214 Article 228 qui défend à la femme de contracter un nouveau mariage avant un délai de dix mois révolus suivant la dissolution du premier mariage.

215 Ex. : L'article 1597 prévoit que les juges, leurs suppléants, les magistrats remplissant le ministère public, les greffiers, huissiers, avocats, défenseurs officieux et notaires, ne peuvent devenir cessionnaires des procès, droits et actions litigieux qui sont de la compétence du tribunal dans le ressort duquel ils exercent leurs fonctions, à peine de nullité, et des dépens, dommages et intérêts, et ainsi la nullité de l'acte, la peine des dépens et des dommages et intérêts. L'article 193 précise que les peines prononcées par l'article 192 (i.e. une amende) seront encourues par les personnes qui y sont désignées, pour toute contravention aux règles prescrites par l'article 165, lors même que ces contraventions ne seraient pas jugées suffisantes pour faire prononcer la nullité du mariage. Ainsi en vertu des dispositions combinées des articles 156, 157 et 192, les officiers de l'état civil qui auraient

182.– *« A contrario »* Merlin[216] cite à cet égard Toullier qui critiquait une telle interprétation : il considérait qu'une telle analyse n'était ni conforme à la raison ni puisée dans la nature des choses en étant même, dans l'ancien régime, en contradiction avec d'autres lois. Or, ce fondement permettait de distinguer les lois impératives ou prohibitives des lois supplétives, et donc d'appliquer la loi romaine selon la nature des actes en cause dans certains cas[217], et de la proscrire dans d'autres[218]. Ceci a donc conduit quelques auteurs à distinguer les nullités d'ordre public proprement dites (*qui régissent l'ordre social*) des nullités d'ordre public secondaire (*pour la contravention aux lois*)[219].

183.–La doctrine[220] a appréhendé la théorie des nullités du code civil au travers du prisme des règles romaines[221]. Ainsi, alors que le code civil ne mentionne pas l'inexistence comme un vice source d'annulation ou de nullité[222], certains auteurs ont affirmé que c'est en réalité dès les origines du code civil que cette théorie a pris naissance. Pourtant la jurisprudence française judiciaire du XIXème et du XXème siècles n'y faisait pas référence en application du principe *« pas de nullité sans texte »*, sauf exceptions[223]. Ainsi le juge civil

---

procédé à la célébration des mariages contractés par des fils ou filles n'ayant pas atteint l'âge de dix-huit ans accomplis sans que le consentement des pères et mères, celui des aïeuls ou aïeules et celui du conseil de famille, dans le cas où il est requis, soit énoncé de telles mentions dans l'acte de mariage, ou qui n'auront exigé une telle justification prescrite par l'article 154 seront condamnés à une amende. Il est de même lorsque le mariage n'a point été précédé de la publication requise ou s'il n'a pas été obtenu des dispenses permises par la loi ou si les intervalles prescrits entre les publications et la célébration n'ont point été observés.

216 Recueil alphabétique des questions de droit qui se présentent le plus fréquemment dans les tribunaux, 4ème éd., Tome X, 1829, voir Nullités.

217 Ainsi l'article 1001 mentionne que les formalités auxquelles les divers testaments sont soumis doivent être observées à peine de nullité.

218 Ainsi l'article 196 mentionne que lorsqu'il y a possession d'état, et que l'acte de célébration du mariage devant l'officier de l'état civil est représenté, les époux sont respectivement non recevables à demander la nullité de cet acte ; de même en vertu de l'article 1318, l'acte qui n'est point authentique par l'incompétence ou l'incapacité de l'officier, ou par un défaut de forme, vaut comme écriture privée, s'il a été signé des parties ; « L'office de la loi est en réalité de nous protéger contre la fraude d'autrui, mais non de nous dispenser de faire usage de notre propre raison » S'il en était autrement […], cette surveillance dégénérait elle-même en inquisition » voir le discours préliminaire de Portalis au Conseil d'État lors de la présentation du projet du code civil rédigé par la commission du gouvernement et le discours de Tronchet au Conseil d'État, sur le livre 1er du code civil « Des personnes », Titre 6ème, Du divorce, à la séance du 16 vendémiaire an X – 8 octobre 1801, in EWALD (F.), Naissance du code civil. la raison du législateur, travaux préparatoires du code civil, Flammarion, 2004, p. 36 et s. et p. 191 et s.

219 SOLON (V.–H.), Traité des nullités des conventions et des actes, en matière civile, Nouvelle éd., augmentée de la législation de Belgique, Bruxelles, H. Tarlier, 1836, 328 p. ; CARPENTIER (A.) et FREREJOUANT DU SAINT (G.), Répertoire général alphabétique du droit français, op. cit., voir Nullités.

220 Répertoire universel et raisonné de jurisprudence, 4ème éd., par le comte Merlin, 1813, Tome VIII, voir nullités.

221 Voir le discours préliminaire de Portalis au Conseil d'État lors de la présentation du projet du code civil rédigé par la commission du gouvernement in EWALD (F.), Naissance du code civil. La raison du législateur, travaux préparatoires du code civil, Flammarion, 2004, p. 35 et s.

222 Pothier ne mentionnait déjà que la nullité des contrats entachés d'un vice qui touche à leur essence même, et la simple mention qu'un acte n'existe pas, si elle renvoie à une inexistence matérielle, et donc à une non matérialisation, ne pouvait être envisagée qu'au sens que le contrat n'a jamais été formé et non comme une aberration juridique.

223 CA Aix en Provence, 11 décembre 1933, DP.1936.II.57, note de NATS (M.) ; CA Lyon, 12 mai 1949 , JCP(G) 1950.IV.1353 ; RTD Civ. 1950 p. 222, observations HEBRAUD (P.).

se prononcera explicitement sur cette théorie en mentionnant dans les motifs mêmes de son jugement que le mariage inexistant n'a pas besoin d'être annulé par la justice pour être nul, et que toute personne est fondée en tout temps à en repousser par voie d'exception les effets, sans qu'on puisse lui opposer ni exception, ni ratification[224], bien que la distinction entre nullité et inexistence ne soit pas nette généralement.

184.–Par exemple, la Cour de cassation a admis implicitement l'inexistence lorsqu'une loi étrangère applicable l'institue[225]. Par ailleurs, les juridictions appliquent la théorie du mariage putatif aux mariages qualifiés d'inexistants[226] ou font mention de *« contrats inexistants »*[227] voire appliquent à l'inexistence des conséquence qui en réalité lui sont propres telle que l'imprescriptibilité[228]. La juridiction suprême de l'ordre judiciaire en 1902[229] a même évoqué l'inexistence comme une sorte de subdivision dans la théorie des nullités[230].

185.–En réalité, la terminologie employée prête à confusion car, dans de nombreuses décisions, le vocable d'inexistence est employé comme synonyme de nullité[231] à laquelle sont rattachés les effets de la nullité absolue[232]. Or, la doctrine s'accorde sur le fait qu'il

---

224 T. Civ. Blida, 31 décembre 1931, DP.1932.II.113, note CHAVEAU (P.).

225 Cass. Civ. 1ère, 16 juillet 1998, D.1999.J.51, note FAUVARQUE-COSSON (B.).

226 Cass. Civ., 21 janvier 1845, DP.1845.I. 97 ; Cass. Req., 10 février 1851, S.1851.I.202 ; Cass. Civ., 5 janvier 1910, DP.1911.I. 38.

227 Cass. Civ., 26 octobre 1915, S.1920.I.6 ; DP.1921.39, à propos d'une donation acceptée par une commune sans autorisation préfectorale ; ESMEIN (P.), note sous Cass., 16 novembre 1932, S.1934.I.1, DH.1933.4 ; Cass. Civ. 1ère, 4 août 1952, Bull. I n° 260, JCP(N) 1952.II.7592, note RECH ; Cass. Civ. 1ère, 20 octobre 1981, Bull.I n° 301 ; D.1983.73, note LARROUMET, RTD Civ. 1983 p. 171, observations PATARIN à propos de ventes consenties à vils prix ; Cass. Com., 30 novembre 1983, Bull., IV, n° 333, CA Paris, 2 mai 1986, JCP(E) 1986.II.14787, note GHESTIN, RTD Civ. 1987 p. 107 observations REMY (Ph.) à propos d'une vente dont le prix était déterminé, CA Paris, 1er décembre 1989, D.1990.IR.19.

228 Cass. Civ. 1ère, 10 juin 1986, Bull., I, n° 159 ; RTD Civ. 1987 p .535 observations MESTRE (J.) bien qu'en l'espèce la théorie de l'inexistence n'eût qu'une place résiduelle puisque l'application de la maxime « Quae temporalia sunt ad agendum, perpetua sunt ad excipendium » i.e. ce qui est temporaire au regard de l'exercice d'une action en justice, est perpétuel au regard de la défense et donc la voie de l'exception suffisait pour rendre la nullité imprescriptible ; Cass. Civ. 1ère, 5 mars 1991, D.1993.508, 1ère espèce, note COLLET (L.) ; Cass. Com., 17 novembre 1982, Bull. civ., IV, n° 357 ; D.1983.527, note CONTAMINE-RAYNAUD (M.) ; JCP(G) 1984.II.20216, note DELEBECQUE (Ph.) et MOULY (G.) ; Cass. Com., 13 juin 1989, Bull. Civ. IV, n° 183, p. 121.

229 Cass. Req., 30 décembre 1902, Epoux Godard, dits Van den Berck c. De Fougères, DP.1903.I.137, note GLASSON, S.1903.I.257, note TISSIER (A.) ; CAPITANT (H.), LEQUETTE (Y.), TERRE (F.), Les grands arrêts de la jurisprudence civile, 11ème éd., Tome I, Dalloz, 2000, 670 p.

230 JAPIOT (R.), Des nullités en matière d'actes juridiques, op. cit., 964 p.

231 Cass. Civ., 6 avril 1903, D.1904.I.395, conclusions BAUDOIN, S.1904.I.273, note de WAHL (A.) ; CA Bastia, 8 février 1888, DP.1888.II.317 ; ESMEIN (P.), note sous Cass., 16 novembre 1932, S.1934.I.1, DH.1933.4 ; Cass. Civ. 1ère, 4 août 1952, Bull., I, n° 260, JCP(N) 1952.II.7592, note RECH.

232 DROGOUL (F.), Essai d'une théorie générale des nullités en droit civil, op. cit. ; Cass., 8 novembre 1842, S.1843.I.33 ; Cass., 11 novembre 1845, S.1845.I.783 ; Cass. Req., 5 mai 1879, S.1879.I.313, D.1880.I.313 ; Cass., 1er mai 1855, S.1855.I.337, note DE LANZAC DE LABORIE (S.) ; Cass. Civ., 26 octobre 1915, S.1920.I.6 ; DP.1921.39, S.1920.I.6 ; Cass. Civ. 1ère, 20 octobre 1981, Bull., I, n° 301 ; D.1983.73, note LARROUMET, RTD civ. 1983 p. 171, observations PATARIN ; Cass. Com., 30 novembre 1983, Bull., IV, n° 333.

s'agit d'actes inexistants[233] et construira, sur de telles décisions, la théorie de l'inexistence[234]. Ainsi, en droit civil comme en droit administratif, l'inexistence traverse la jurisprudence *« en un filet mince, mais jamais tari »*[235] et s'applique de manière résiduelle, sans doute en raison de son caractère fonctionnel.

Section 2 Les fondements discutables de l'inexistence en droit civil

186.–Si, en droit civil, la théorisation des nullités, par la codification de 1804, s'est faite au prix de nombreuses difficultés, elle n'en a pas moins exclu l'inexistence (*§. 1.*) ; cette notion sera néanmoins affirmée, mais de manière controversée, comme une alternative à la conception classique des nullités (*§. 2.*).

§. 1 La critique d'une théorie d'application restreinte

187.–La principale critique formulée à l'encontre de l'inexistence par la doctrine (*A*) est qu'il s'agit d'une nullité sans texte (*B*).

A. La remise en cause doctrinale de la théorie de l'inexistence

188.–Le point de départ réside dans les débats sur le projet d'article 146 du code civil relatif au consentement en cas de mariage qui ont lieu au Conseil d'État[236]. La distinction entre nullité et inexistence aurait été proposée au cours des travaux préparatoires du code civil, mais repoussée par Tronchet et Réal car le Premier Consul avait affirmé qu'il ne faut pas mêler ensemble les cas où il n'y a pas mariage, et ceux où il peut être cassé[237]. En réalité, il ressort des discussions que les rédacteurs du code civil ont abordé la question de la nullité du contrat de mariage et de sa simple annulation, étant précisé que dans la première hypothèse, *« il n'y a pas de mariage »*, et donc il n'existe pas, alors que dans la seconde, sa validité est seule viciée[238]. Toutefois, la doctrine a généralement reconnu qu'incontestablement, la *« chose y était »*[239].

---

233 Voir BOURGEON (Ph.), Distinction de l'inexistence et de l'annulabilité des actes juridiques en droit romain et en droit français, thèse Dijon, 1885, p. 288 et s. ; ADIDA-CANAC (H.), Actualité de l'inexistence des actes juridiques, in rapport 2004 de la Cour de cassation, La Documentation française, 4 mai 2005, 544 p. ; CAPITANT (H.), LEQUETTE (Y.), TERRE (F.), Les grands arrêts de la jurisprudence civile, 11ème éd., Tome I, Dalloz, 2000, 670 p.

234 RAYMOND (G.), MARIAGE, Demandes en nullité. Domaine et mise en oeuvre in Jurisclasseur Civil (code), fascicule n° 100, Art. 180 à 193.

235 SEGUR (L.), L'inexistence en procédure civile, JCP(G) 1968.I.2129.

236 voir ADIDA-CANAC (H.), Actualité de l'inexistence des actes juridiques, in rapport 2004 de la Cour de cassation, La Documentation française, 4 mai 2005, 544 p.

237 FENET (P.–A.), Recueil complet des travaux préparatoires du code civil, Videcoq, 1836, p. 16.

238 DUCHESNE (J.–B.), Du mariage, examen comparatif des principes qui le régissent suivant le code civil français, le droit romain et le droit canonique, LGDJ, 1845, p. 35 ; EWALD (F.), Naissance du code civil. la raison du législateur, travaux préparatoires du code civil, Flammarion, 2004, p. 180 et s. ; FENET (P.–A.), Recueil complet des travaux préparatoires du code civil, Videcoq, Tome IX, 1836, p. 12 et s.

239 Voir ADIDA-CANAC (H.), Actualité de l'inexistence des actes juridiques, op. cit., p. 105 ; voir contra ESMEIN (A.), La juridiction de l'Église sur le mariage en Occident, étude historique, nouvelle revue historique de droit français et de droit étranger, 1890, Tome XIV, p. 198-199.

189.–C'est Demolombe[240] qui, le premier, va affirmer qu'un mariage nul est *« non existant »* par rapport au mariage existant ou simplement annulable, en rappelant que l'ancien droit ne faisait pas la distinction effectuée par Pothier[241].
Il est pourtant difficile de ne pas envisager, du moins en théorie, qu'il existe certaines conditions déterminantes sans lesquelles les conventions, dont le mariage n'en est qu'une expression particulière, ne peuvent se former.

190.–En outre, Demolombe constate que l'imperfection du langage juridique rend équivoque le vocable employé car *« les auteurs, les arrêts et les textes semblent partout confondre l'acte nul ou inexistant avec l'acte existant et annulable, la nullité et enfin l'annulabilité »* alors qu'un contrat inexistant devrait être déclaré comme nul alors même *« qu'il n'en a pas l'ombre ni l'apparence »* puisqu'*« il n'y a rien »*. En d'autres termes, pour cet auteur, il n'est pas possible de confondre la distinction entre les nullités absolues et les nullités relatives avec celle opérée entre les mariages nuls ou inexistants et ceux qui sont simplement annulables car un tel contrat, même entaché d'une nullité absolue[242], n'en existe pas moins légalement tant qu'il n'en a pas été déclaré autrement par le juge[243].
Comme beaucoup d'auteurs, Demolombe a donc une conception anthropomorphique du contrat, quelquefois malade mais guérissable (*susceptible de confirmation dans le cas de la nullité relative*), quelquefois gravement atteint jusqu'au pronostic vital (*en cas de nullité absolue*), et quelquefois mort-né (*inexistant*).
Ceci revient à distinguer deux catégories de conditions :

- Celles qui sont non-substantielles, leur absence ou irrégularité n'empêche pas la formation, ni l'existence du mariage ; elles ont seulement pour conséquence que le mariage est simplement annulable et non nul.
- Celles qui sont essentielles car leur absence empêche absolument le mariagede se former et donc d'exister. Ce sont à proprement parler les causes d'inexistence.

191.–La distinction n'est pas sans intérêt puisque l'acte nul ne nécessite pas en réalité l'office du juge sous réserve que nul ne peut se faire justice à soi-même[244] puisqu'il est difficile d'envisager d'annuler le néant[245]. Les magistrats se borneront alors *« à constater et à déclarer »* qu'il n'y a jamais eu de mariage et tout tribunal sera compétent à cet effet. Au

---

240 DEMOLOMBE (C.), Cours de droit civil, Tome III du mariage à la séparation de corps, Durand, 1846, p. 381 ; DALLOZ (D.), aîné, Jurisprudence générale, Répertoire méthodique et alphabétique de législation, de doctrine et de jurisprudence en matière de droit civil, commercial, criminel, administratif, de droit des gens et de droit public, Tome XIII, 1855, Voir nullité.

241 THEZARD (L.), De l'influence des travaux de Pothier et du chancelier d'Aguesseau sur le droit civil moderne, Durand, 1866, 105 p.

242 Perpétuelles et « insanables ».

243 La nullité absolue bien qu'en général perpétuelle peut se couvrir quelquefois (article 185) ou n'être pas indistinctement proposable par toute personne (articles 186 à 196).

244 AUBRY (C.) et RAU (C.), revue par BARTIN (E.), Cours de droit civil français d'après la méthode de Zachariae, 6ème éd., Tome 1er, Marchal et Billard, 1936, §. 37.

245 Alors qu'il résulte des anciens articles 184, 187, 188, 190, et 191 que le caractère de la nullité ne peut être invoquée que par les personnes qui y ont un intérêt : les époux eux-mêmes, les père et mère ou ascendants, ou de la même famille, tous ceux qui y ont un intérêt pécuniaire (article 184), l'époux au préjudice duquel a été contracté un second mariage, le ministère public.

surplus, ceci implique que l'acte peut être contesté à tout moment sans qu'il soit possible d'opposer une ratification ou une prescription[246].

192.–La limite de cette analyse doctrinale se retrouve en ce que la théorie des nullités présente de sérieuses difficultés, en elle-même. Certaines caractéristiques sont inhérentes aux nullités : ainsi, elles doivent constituer la sanction ultime de l'absence d'un élément constitutif d'un acte de manière à ce qu'il soit *« informe »,* ou procéder de la loi, même si la question de savoir si cet acte a un caractère impératif ou supplétif est discutable.
Pour Merlin, quand une loi emploie la négation dans une phrase, c'est en réalité pour prohiber et poser la règle qu'un tel acte *« ne peut être fait légalement »* voire *« le déclarer légalement infaisable »* mais il nuance ensuite son propos en précisant que de telles prohibitions sont dangereuses car il est à craindre que certaines dispositions de la loi soient interprétées comme impératives alors qu'elles ne sont que supplétives[247].

193.–Il ressort de l'analyse de Demolombe que la notion d'inexistence et le régime des nullités absolues ne présentent pas de caractéristiques qui seraient intangibles. Il précise cependant que l'objet et le consentement, lorsqu'ils sont viciés, présentent une gravité telle qu'ils empêcheraient la formation de l'acte même, et donc son existence alors que la capacité et la cause sont des conditions de validité qui affectent un contrat mais ne font pas obstacle à sa conclusion[248].

194.–Par la suite, ce sont deux autres membres de l'école de l'Exégèse qui vont compléter ce raisonnement, Aubry et Rau, en conceptualisant la distinction opérée par Zachariae, notamment à propos du mariage. Pour eux, l'acte qui ne réunit pas les éléments que suppose sa nature ou son objet, et en l'absence desquels il est logiquement impossible de concevoir son existence, doit être considéré non pas simplement comme nul mais comme non avenu. Il en est de même de l'acte qui n'a pas été accompagné des conditions de forme indispensables à son existence, d'après la lettre ou l'esprit du droit positif. L'inefficacité de pareils actes est alors indépendante de toute déclaration judiciaire. Elle ne se couvre ni par la confirmation, ni par la prescription, et il appartient à tout juge de la reconnaître même d'office[249]. La plupart des commentateurs de Zachariae appellent la non-existence : *« nullité propre »* et l'annulabilité : *« nullité impropre »*, l'inexistence étant une troisième hypothèse : *« la nullité invoquée »*[250].
Plus tard, le Doyen Carbonnier[251] synthétisera ainsi l'annulation du contrat en trois degrés selon un decrescendo d'énergie : inexistence[252], nullité absolue[253] ou nullité relative[254].

---

246 Cass., 16 mars 1808, Marotte c. Griffon, S.1808.I.297 ; CA Riom, 11 juin 1808, Destaing, S.1808.II. 322.

247 MERLIN, Recueil alphabétique des questions de droit qui se présentent le plus fréquemment dans les tribunaux, 4ème éd., Tome X, 1829, voir Nullités.

248 Le problème étant que les causes d'annulabilité touchent au consentement (dol, erreur, violence)...

249 AUBRY (C.) et RAU (C.), revue par BARTIN (E.), op. cit., 6ème éd., Tome 1er, Marchal et Billard, 1936, §. 37.

250 Comp. HOROY (C.–A.), Cours de droit canonique dans ses rapports avec le droit civil, traité du mariage, Chevalier-Marescq, 1886, p. 218, note 1.

251 CARBONNIER (J.), Droit civil, Tome II, op. cit., nos 168 et 1019.

252 Ou nullité absolue pour la doctrine qui n'admet pas la notion d'inexistence : absence de

195.–Pour ces auteurs, comme pour Loyer[255], il s'agissait de contourner la règle : pas de *« nullité sans texte »*[256] en vertu de laquelle une sanction ne peut être prononcée que dans les cas où la loi le prévoit expressément[257]. Ainsi, dans certains cas, non prévus initialement, il ne peut y avoir mariage : identité de sexe, absence de célébration par un officier de l'état civil, et absence totale de consentement (*et jusqu'à son abolition, la mort civile*)[258]. Ces hypothèses, pourtant ignorées du code civil, impliquaient que le mariage soit considéré comme non avenu indépendamment de tout jugement qui le déclarerait nul. La justification avancée était qu'en fin de compte peu importe que la nullité soit absolue ou relative, car, dans les deux cas, les *« époux se trouvent dans la même situation que s'ils s'étaient mariés sans contrat »* ; ce qui fait totalement abstraction des règles du mariage célébré, bien que celui-ci ait été envisagé comme nul et non comme inexistant[259].

196.–Certains membres de la doctrine partageront cette interprétation souple du code civil en mentionnant que, comme tout autre acte juridique, le mariage peut être non seulement nul, c'est-à-dire annulable, mais encore inexistant. Mais si le premier a une existence imparfaite et précaire, infecté de vices susceptibles d'en entraîner l'anéantissement, le second n'a pas d'existence et n'en aura jamais aucune : ce n'est qu'une simple apparence, le néant, car il lui manque jusqu'aux éléments sans lesquels il ne peut se concevoir. Et l'expression d'inexistence a précisément le mérite de dire clairement ce qu'il est, ou plutôt ce qu'il n'est pas, en lui déniant jusqu'à cette vie temporaire qui anime l'acte soumis à une action en nullité[260].

197.–L'inexistence était donc quasi-synonyme de la nullité absolue, voire assimilée à elle, à l'époque où la doctrine du XIXème siècle peinait à séparer la nullité absolue de la nullité relative en distinguant plutôt entre les actes nuls et les actes annulables, ce qui

---

consentement (défaut total de volonté, erreur sur l'identité de l'objet, ou sur la nature du contrat) ; absence d'objet, de cause ou fausse cause ; absence de forme dans les contrats solennels.

253 Ou d'ordre public : lorsque l'objet est impossible, indéterminable, illicite ou immoral.

254 Nullité relative : nullité relative stricto sensu (insanité d'esprit, erreur, dol, violence, incapacité, lésion) ou rescision.

255 Farouche opposant de l'inexistence LOYER (J.), Les actes inexistants, thèse Rennes 1908, p. 157 et s.

256 RAYMOND (G.), Mariage, demandes en nullité/domaine et mise en oeuvre in Jurisclasseur Civil code, Fasc. 100, articles 180 à 193.

257 Cf. pour le mariage les articles 180 à 193 du code civil.

258 BAUDRY-LACANTINERIE (G.), LE COURTOIS (J.) et SURVILLE (F.) Traité théorique et pratique de droit civil, Tome I, Du contrat de mariage, 1897, Librairie de la société du Recueil général des lois et des arrêts, p. 153 et s., qui consacrent seulement treize pages sur trois volumes aux nullités de contrat de mariage et 197 pages à la forme et aux conditions stricto sensu du contrat de mariage ; JOSSERAND (L.), Supplément au cours de droit civil positif français, Tome I, 2ème éd., Sirey, 1936, 49 p. ; Cass. Req., 12 novembre 1844, DP.1845.I.98 ; CA Paris, 3 mars 1987, DP.1897.II.439 ; CA Douai, 28 décembre 1908, DP.1909.II.102.

259 VIOLLET (P.), Historique du droit civil français accompagné de notions de droit canonique et d'indications bibliographiques, Larose et Forcel, 1893, p. 438 à 441.

260 BAUDRY-LACANTINERIE (G.), LE COURTOIS (J.) et SURVILLE (F.) Traité théorique et pratique de droit civil, Tome I, Du contrat de mariage, op. cit.nos 205 ; Voir dans le même sens, MARCADE (O.), Eléments de droit civil français ou explications méthodique et raisonnée du code civil, Tome I, 1847, op. cit., ref.

explique les arrêts qui, sur des cas d'inexistence, emploient le terme de nullité absolue, abstraction faite de l'expression *« radicalement nul »*[261].

198.–D'autres seront plus réticents[262], comme Planiol et Ripert, qui estiment que la théorie de l'inexistence ne doit pas être complètement rejetée mais maintenue dans les limites très étroites où elle conserve son utilité et son intérêt[263]. Il y aurait, dès lors, inexistence du mariage en présence d'un état tellement éloigné du mariage par sa nature qu'il ne présente même pas une apparence de mariage. Le problème étant alors d'en définir les hypothèses qui sont souvent celles déjà envisagées précédemment même si M. Cornu affirmait que dans l'arsenal des sanctions, il serait préférable de conserver cette défense potentielle, non seulement parce qu'elle est intellectuellement plus satisfaisante pour désigner un non-acte (*un non-mariage*), mais parce qu'il est plus prudent de pouvoir répondre à un rien par constat d'inexistence, sans forme de procès : par la seule force de l'évidence et de la raison. Pourquoi se démunir marginalement d'un *« ultimum subsidium »* ?[264]

199.–La doctrine *« pro-inexistence »* n'est donc pas homogène et les auteurs se contredisent sur certains points. Aujourd'hui, les derniers partisans notables de cette notion sont les professeurs Malaurie et Aynès[265], pour lesquels toutefois les cas classiques modernes d'inexistence (*mariage entre personnes de même sexe, défaut de consentement, défaut d'objet, défaut de cause, voire cause illicite*) sont en réalité *« des armes dangereuses »* créées par certains auteurs qui ont fait abstraction de la législation en vigueur et qui se contentent d'affirmations sans donner de véritables explications[266]. Ils développent ainsi une critique exacerbée du *« criterium »* employé pour distinguer les différentes nullités, d'autant plus que certains auteurs ne mentionnent pas l'inexistence comme sanction dans de telles hypothèses[267].

---

261 DURANTON (M.), Cours de droit français suivant le code civil, Tome XIII., 4ème éd., Thorel et Guilbert, 1844, 716 p. ; à tord selon Bourgeon, BOURGEON (Ph.), Distinction de l'inexistence et de l'annulabilité des actes juridiques op. cit. p. 233.

262 JOSSERAND (L.), Supplément au cours de droit civil positif français, Tome I, 2ème éd., Sirey, 1936, 49 p. ; LEGEAIS (R.), Droit civil, Introduction, personnes, famille, Cujas, 1971, p. 344 ; CARBONNIER (J.), Droit civil, 2 volumes, Coll. Quadrige, PUF, 2004, Tome I, Introduction, les personnes, la famille, l'enfant, le couple, nos 168, 427 et 627 et Tome II : les biens, les obligations, n° 1019 ; HAUSER (J.) et HUET-WEILLER (J.), Traité de droit civil, sous la direction de J. Ghestin, La famille, Fondation et vie de la famille, 2ème éd., LGDJ, 1993, n° 312 ; CORNU (G.), Droit civil La famille, 9ème éd., Montchrestien, 2006, nos 155 et 194 ; JAPIOT (R.), Des nullités en matière d'actes juridiques, op. cit.

263 PLANIOL (M.) et RIPERT (G.), Traité pratique de droit civil français, 2ème éd., LGDJ, 1952, Tome II, La famille, par ROUAST (A.), n° 256.

264 CORNU (G.), Droit civil La famille, op. cit., n° 194.

265 Bien que dans leur dernier ouvrage, ils s'interrogent sur le fait de savoir si à côté de la nullité, il est possible de prononcer l'inexistence d'un contrat lorsqu'il manque un élément essentiel, in MALAURIE (Ph.), AYNES (L.), STOFFEL-MUNCK (Ph.), Les obligations, op. cit., nos 671 et 672.

266 DROGOUL (F.), Essai d'une théorie générale des nullités en droit civil, op. cit. ; LOYER (J.), Les actes inexistants, thèse Rennes 1908, p. 133 et s. qui ne cantonne les cas d'inexistence qu'au mariage civil, p. 1 à 131.

267 RAYMOND (G.), Les effets du divorce en droit français, mariage français et indissolubilité, Actes du colloque droit canonique - droit civil, Poitiers 20-22 avril 1989, L'année canonique, 32, 1989,

200.–Au surplus, aucun article du code civil ne consacre cette notion alors que les nullités virtuelles ou tacites existent dans d'autres matières. Toutefois, il résulte des travaux préparatoires du code civil que l'intention des rédacteurs du code civil a été non de préciser les conditions de la nullité du mariage, mais de déterminer les personnes qui pouvaient intenter cette action en nullité : le silence du législateur sur la cause de l'invalidité d'un acte ne doit pas être confondu avec le silence sur la sanction de cette invalidité par la nullité[268].

201.–Il convient donc de différencier deux hypothèses : celle dans laquelle le législateur a sous-entendu la nullité comme sanction implicite mais nécessaire d'une condition de validité (*qui, elle, est en réalité l'hypothèse expressément visée par les textes*) et celle où c'est la validité qui est tirée du silence du législateur, permettant de décider *« virtuellement »* que c'est la nullité qui sanctionnera l'acte en cause. La nullité découlerait alors de l'interprétation donnée au texte considéré et, de cette herméneutique, il résulterait que l'inexistence serait née historiquement en droit du mariage[269].

202.–C'est sans doute pour ce motif que la jurisprudence n'a pas hésité à annuler le mariage dans des cas où la nullité ne résulte pas expressément d'une disposition légale, *« le moindre bon sens y suffisant »*[270]. L'arrêt fondateur a été rendu en 1903 par la Cour de cassation qui a utilisé l'inexistence comme mécanisme pour réfuter *« l'existence »* d'un mariage dont les époux n'étaient pas de sexe différent en affirmant, *« qu'en droit »,* un tel mariage ne pouvait être *« légalement »* contracté[271].

B. Le rejet d'une nullité sans texte

203.–La doctrine a toutefois très vite critiqué cette notion aux contours imprécis.

204.–MM. Leveneur, Mazeaud, et Chabas[272], évoquant Bonaparte, expliquent que la notion d'inexistence serait née sur un malentendu et identifient la genèse de l'inexistence

---

p. 159 et s. ; REMY (Ph.), Philosophie du mariage civil dans la législation contemporaine, Actes du colloque Droit canonique droit civil, Poitiers 20-22 avril 1989, L'année canonique, 32, 1989, p. 24 et s. ; RUBELLIN-DEVICHI (J.), Les causes du divorce en droit français dans leurs rapports avec les nullités du mariage, Actes du colloque Droit canonique droit civil, Poitiers 20-22 avril 1989, L'année canonique, 32, 1989, p. 24 et s.

268 EWALD (F.), Recueil complet des travaux préparatoires du code Civil, 1828, Tome IX, p. 40.

269 MARTY (G.) et RAYNAUD (P.), Droit civil, 3ème éd., Sirey, n° 113 ; COLIN (A.) et CAPITANT (H.), Cours élémentaire de droit civil français, Tome I, 11ème éd., revue et refondue par M. Léon JULLIOT de la MORANDIERE, 1144 p.

270 PLANIOL (M.) et RIPERT (G.), Traité pratique de droit civil français, 2ème éd., LGDJ, 1952, Tome II, La famille, par ROUAST (A.), n° 252 s. ; RIPERT et BOULANGER, op. cit. n° 981 ; EISMEIN et RAU, op. cit. §. 450 ; MALAURIE (Ph.), AYNES (L.), STOFFEL-MUNCK (Ph.), Les obligations, op. cit. n° 671 ; LEVENEUR (H.), Mazeaud (J.) et (L.) et (H.), CHABAS (F.), Leçons de droit civil, Monchrestien, Tome I, 3ème volume, mariage, filiation, autorité parentale, divorce et séparation de corps, 7ème éd., Montchrestien, 1995, n° 803 ; SALEILLES, La distinction entre l'inexistence et la nullité du mariage, Bull. Soc. Etudes Législatives, 1911 p. 365 et s.

271 La Cour de cassation a en effet posé que l'existence d'un mariage est subordonnée à la condition que le sexe de chaque époux soit reconnaissable et qu'il diffère du sexe de l'autre, mais dans l'espèce, il s'agissait de simples malformations qui furent jugées insuffisantes à justifier le prononcé de la nullité ; Cass. Civ., 6 avril 1903, D.1904.I.395, conclusions Baudoin.

272 LEVENEUR (H.), MAZEAUD (J.) et (L.) et (H.), CHABAS (F.), Leçons de droit civil, Monchrestien, Tome I, 3ème volume, mariage, filiation, autorité parentale, divorce et séparation de

dans la confusion qui réside dans le code civil lui-même, puisque tout le problème serait de savoir dans quelle partie du code les cas d'inexistence sont prévus, fût-ce implicitement. Ils expliquent que les *« prétendus »* cas d'inexistence se rattachent au bon sens et que le recours à une telle théorie n'était pas nécessaire puisqu'il suffisait de faire déclarer le mariage nul. En d'autres termes, le Premier Consul aurait seulement voulu opposer le défaut de consentement aux vices du consentement, et non une prétendue inexistence à de réelles nullités[273]. Saleilles résumait bien ainsi la critique en affirmant que *« s'il n'y a que le nom qui change, osons une bonne fois appeler nullité ce qui est nullité même si la loi n'en a rien dit »*[274].

205.–En réalité, il ressort des travaux préparatoires du code civil que les rédacteurs ont voulu distinguer deux sortes de nullités dont une aurait pour conséquence que la nécessité du recours au juge. Donc soit le contrat existerait et pourrait produire des obligations, et soit il n'existerait pas, ce qui aurait pour conséquence que sa nullité puisse être obtenue de plein droit en raison du fait que l'acte en cause serait dépourvu d'existence juridique. Pour parvenir à ce résultat, il n'était pas nécessaire de consacrer l'inexistence, ainsi que l'a soutenu Bourgeon[275], simplement il suffisait de distinguer plusieurs (*ou au moins deux*) types de nullités applicables aux contrats généraux et spéciaux, sauf à considérer que dans un cas le juge a un pouvoir d'appréciation et dans l'autre pas.

206.–Les rédacteurs du code ont écarté expressément la référence aux actes radicalement nuls au motif que la terminologie demeurait assez vague. A quoi, il convient d'ajouter le fait qu'à l'époque, l'inexistence était une notion peu usitée en doctrine, le législateur consacrant souvent ce qui a déjà été envisagé en théorie. Toutefois, c'est bien cette imprécision qui a motivé le refus d'incorporer un tel terme dans le code[276].

207.–C'est la doctrine qui a permis, par une voie pragmatique, l'interprétation des règles du code civil pour appréhender les effets propres à chaque nullité, dont spécialement l'inexistence, alors même qu'elle n'a classifié que tardivement les nullités en division bipartite[277].

Il est donc possible de constater que la nullité absolue a ainsi été dégagée comme notion autonome de la nullité relative *« prœter legem »*. Pareillement, l'inexistence est apparue

---

corps, 7ème éd., Montchrestien, 1995, n° 803.

273 Elle ne visait pas la distinction entre les mariages inexistants et les mariages nuls mais la distinction entre l'absence de consentement (article 146 du code civil) et les vices du consentement (article 180 du code civil).

274 SALEILLES, La distinction entre l'inexistence et la nullité du mariage, Bull. Soc. Etudes Législatives, 1911 p. 365 et s.

275 BOURGEON (Ph.), Distinction de l'inexistence et de l'annulabilité des actes juridiques en droit romain et en droit français, thèse Dijon, 1885, 312 p.

276 Voir le discours de Jaubert et celui de Mouricault, orateurs lors des travaux préparatoires du code civil cités in BOURGEON (Ph.), Distinction de l'inexistence et de l'annulabilité des actes juridiques en droit romain et en droit français, thèse Dijon, 1885, p. 187.

277 DALLOZ (D.), Jurisprudence générale, Répertoire méthodique et alphabétique de législation, de doctrine et de jurisprudence en matière de droit civil, commercial, criminel, administratif, de droit des gens et de droit public, Tome XIII, 1855, voir nullité. ; DROGOUL (F.), Essai d'une théorie générale des nullités en droit civil, op. cit., 269 p. ; LOYER (J.), Les actes inexistants, op. cit., p. 133 et s. ; JAPIOT (R.), Des nullités en matière d'actes juridiques, op. cit.

comme un troisième degré de nullité vidant peu à peu de son contenu la nullité absolue et applicable pour les cas les plus graves et/ou ceux non prévus expressément par le législateur.
La doctrine civiliste présente ainsi l'inexistence comme une sanction juridique et comme une forme particulière de nullité sanctionnant un vice particulièrement grave. Toutefois, cette nullité spécifique se trouverait alors cantonnée par essence à *« ce qui n'est rien »*, et n'aurait pas besoin d'être constatée par le juge ou par une quelconque action en justice alors que l'acte nul aurait une existence ne serait-ce qu'apparente, *« il y a quelque chose »*, ce n'est plus le néant[278].

208.–Se profilent ainsi plusieurs hypothèses.
Soit l'inexistence n'est envisagée que comme synonyme de *« néant »*, de *« non-existence »* et dans ce cas, il n'est pas possible d'envisager une sanction à l'acte *« mort-né »*, jamais formé et sans efficacité. Au contraire, la nullité ou l'annulabilité sanctionnera, elle, l'imperfectibilité d'un acte *« simplement malade »*[279].
Soit l'inexistence est l'antonyme de l'annulabilité et donc constitue l'équivalent, ou le synonyme de la nullité[280] ; laquelle ne peut s'envisager qu'absolue, ou de plein droit, pour sanctionner les actes radicalement nuls[281], ce qui implique une certaine gradation au sein des actes nuls[282]. L'acte nul produisant des effets tant qu'il n'a pas été annulé, l'acte inexistant n'en produisant aucun.

209.–La difficulté réside dans le fait que les définitions respectives d'un acte nul et d'un acte inexistant sont similaires. Cependant, la terminologie employée n'est pas d'une grande homogénéité, ce qui permet d'opérer un glissement perpétuel entre les deux conceptions civilistes de l'inexistence[283]. Un acte inexistant est un acte auquel il manque

---

278 DEMOLOMBE (C.), Cours de droit civil, Tome III du mariage à la séparation de corps, Durand, 1846, 606 p. ; JAPIOT (R.), Des nullités en matière d'actes juridiques, Essai d'une théorie nouvelle, thèse Dijon, 1909, 964 p.

279 COLIN (A.) et CAPITANT (H.), Cours élémentaire de droit civil français, Tome I, 11ème éd., revue et refondue par M. JULLIOT de la MORANDIERE, 1144 p. ; HARTEMANN (E.), Etude sur la distinction des actes inexistants et des actes annulables dans le droit romain, l'ancien droit français et le code civil, thèse Nancy, 1889, 347 p. ; PIZE (J.), Essai d'une théorie générale sur la distinction de l'inexistence et de l'annulabilité des contrats, Thèse Lyon, 1897, 126 p. ; PLANIOL (M.) et RIPERT (G.), Traité pratique de droit civil français, 2ème éd., LGDJ, 1952, Tome II, La famille, par ROUAST (A.) ; BEUDAN ; SALEILLES, La distinction entre l'inexistence et la nullité du mariage, Bull. Soc. Etudes Législatives, 1911 p. 365 et s.

280 MARCADE (O.), Eléments de droit civil français ou explication méthodique et raisonnée du code civil, Tome IV, 1846, Voir Nullités ; BAUDRY-LACANTINERIE (G.), LE COURTOIS (J.) et SURVILLE (F.) Traité théorique et pratique de droit civil, t. II, Du contrat de mariage, 1898, Librairie de la société du Recueil général des lois et des arrêts, 920 p.

281 JAPIOT (R.), Des nullités en matière d'actes juridiques, op. cit.

282 DEMOLOMBE (C.), Cours de droit civil, Tome III du mariage à la séparation de corps, Durand, 1846, 606 p. ; AUBRY (C.) et RAU (C.), Les obligations, Tome IV, 6ème éd., §332 et s. ; CARPENTIER (A.) et FREREJOUANT DU SAINT (G.), Répertoire général alphabétique du droit français, Tome II, librairie du Recueil général des lois et des arrêts, 1901 V. Nullités ; PICOD (Y.), V° Nullité, in Répertoire de droit civil, février 1998 ; JAPIOT (R.), Des nullités en matière d'actes juridiques, op. cit.

283 Marcadé appelle ainsi les actes inexistants : « actes non existants », « nuls », « nuls rigoureusement », « proprement nuls », « vraiment nuls », « nuls dans le sens propre », « rigoureux et philosophique du mot », « radicalement et éternellement nuls », et « actes frappés d'une nullité

une condition substantielle ou essentielle dans sa formation, d'où des expressions différentes de celles d'annulabilité telles que *« acte non existant »*, *« acte inexistant »*, *« radicalement nul »* ou *« substantiellement nul »*[284]. Il en est ainsi notamment lorsqu'une convention sans objet, reposant sur un défaut absolu de consentement, n'a pas de cause ou n'a qu'une fausse cause, voire une cause illicite, lorsque les formalités prescrites pour un acte solennel (*donation, contrat d'hypothèque, etc.*) ne sont pas respectées ou encore quand l'acte viole une prescription ou une prohibition d'ordre public[285]. Ainsi, Hartemann explique que le nom d'*« acte nul »* ou d'*« acte frappé de nullité »* est donné à l'acte juridique qui, pour n'avoir pas originairement satisfait aux conditions imposées par la loi, se trouve menacé de perdre ou a déjà perdu toute efficacité. Puis, il précise qu'est aussi inexistant l'acte juridique qui, pour le même motif, n'a jamais eu aucune efficacité. Pareillement est annulable l'acte juridique qui s'est légalement formé, mais qui, non conforme aux dispositions légales, pourra être ou aura été rétroactivement anéanti par une décision de justice d'office ou sur la demande des personnes autorisées par la loi à exiger cette annulation[286].

210.–Plus encore que la terminologie ou les questions de définition, le régime applicable à l'inexistence a lui-même posé problème car la jurisprudence, il est vrai peu précise, a été interprétée de manière contradictoire par la doctrine. Pour de nombreux auteurs, l'inexistence est indépendante de toute déclaration judiciaire et ne se couvre ni par confirmation ni par prescription, et de surcroît, les juges peuvent la prononcer d'office[287], alors qu'il a parfois été souligné l'inutilité de l'office du juge, car déclarer des actes nuls et/ou inexistants reviendrait à se prononcer sur le néant[288]. D'autres auteurs ont, en revanche, considéré que le juge devant lequel était invoqué un acte inexistant auquel il manquait des conditions substantielles, devait se borner à déclarer qu'il n'était susceptible d'aucune exécution[289].

211.–Pour les opposants à l'inexistence, tels que Drogoul et Loyer, il convient de s'en remettre à *« l'arbitraire du juge »* pour déterminer si les effets de la nullité se rattachent à

---

absolue » ou d'une « nullité rigoureuse » par opposition aux « actes annulables » ou « simplement nuls » voire entachés d'une « nullité imparfaite ».

284 La loi elle-même employant des termes tels que la nullité de droit ou de plein droit sans d'autre précision.

285 AUBRY (C.) et RAU (C.), Les obligations, Tome 4, 6ème éd., §332 et s. ; DEMOLOMBE (C.), Cours de droit civil, Tome III du mariage à la séparation de corps, Durand, 1846, 606 p. ; MARCADE (O.), Eléments de droit civil français ou explications méthodique et raisonnée du code civil, Tome IV, 1846, 804 p.

286 HARTEMANN (E.), Etude sur la distinction des actes inexistants et des actes annulables dans le droit romain, l'ancien droit français et le code civil, thèse Nancy, 1889, p. 7-8 §3.

287 BAUDRY-LACANTINERIE (G.), LE COURTOIS (J.) et SURVILLE (F.) Traité théorique et pratique de droit civil, 3 tomes, Librairie de la société du Recueil général des lois et des arrêts, 1898-1900, 724 p., 920 p. et 805 p.

288 DURANTON (M.), Cours de droit français suivant le code civil, Tome X., 4ème éd., 1844, Thorel et Guilbert, 588 p. ; Tome XI., 4ème éd., 1844, Thorel et Guilbert, 532 p., Tome II., 4ème éd., 1844, Thorel et Guilbert, 586 p. ; DROGOUL (F.), Essai d'une théorie générale des nullités en droit civil, Thèse, 1902, 269 p.

289 AUBRY (C.) et RAU (C.), revue par BARTIN (E.), Cours de droit civil français d'après la méthode de Zachariae, 6ème éd., Tome 1er, Marchal et Billard, 1936, §37.

la nullité absolue ou à la nullité relative puisque l'inexistence résulte d'une mauvaise interprétation des règles posées, même si, pour la nullité absolue, l'office du juge n'est plus justifié[290]. Loyer considère au surplus que le défaut de consentement doit se rattacher à la fois à la nullité relative (*défaut d'objet, de cause, mariage entre deux personnes de même sexe et l'absence de forme requise*) et à la nullité absolue dont toute personne peut se prévaloir au titre de l'inexistence, tirée des textes et synonyme d'inefficacité et de nullité[291].

212.–L'inexistence en droit civil souffre donc d'imprécision sémantique. Si la doctrine tente d'en définir les caractéristiques générales et de dégager certains traits communs entre les différentes hypothèses dans lesquelles cette théorie est applicable, ce n'est généralement qu'en faisant un amalgame entre inexistence juridique et inexistence matérielle.

213.–L'inexistence apparaît ainsi aujourd'hui comme une incidente dans la distinction nullité absolue/nullité relative[292], voire n'est pas mentionnée[293] alors qu'auparavant l'inexistence s'inscrivait comme une notion qu'il convenait de distinguer du régime des nullités proprement dit[294]. Seule une vague définition telle que *« l'acte qui ne répond pas à sa définition, à la conception de la loi, à l'idée générale que s'en fait la loi »* permet de faire l'unanimité[295]. Les auteurs qualifient aujourd'hui facilement cette théorie d'inutile, de *« compliquée »*[296], d'*« inexacte »*[297], sans *« réelle portée pratique »*[298] ou *« illogique »*[299]. Pour autant, la doctrine contemporaine[300] montre un mouvement d'*« attirance-répulsion »* au regard des effets de cette théorie[301], lui reconnaissant parfois un rôle qui va au-delà d'une simple précision qu'elle apporterait à la *« summa divisio »* classique[302].

---

290 DROGOUL (F.), Essai d'une théorie générale des nullités en droit civil, op. cit. ; PIEDELIEVRE (J.), Des effets produits par les actes nuls, thèse, Librairie nouvelle de droit et de jurisprudence, 1911, p. 204 et s.

291 CA Bordeaux, 25 juin 1884, S.1884.II.201.

292 Voir PICOD (Y.), V° Nullité, in Répertoire de droit civil, février 1998.

293 GHESTIN (J.), Traité de droit civil, La formation du contrat avec le concours de JAMIN (C.) et BILLIAU (M.), 3ème éd., LGDJ, 1993, n° 882.

294 Section A des nullités des actes en général, §. 1 Inexistence et nullité des actes, 1°) généralité 2°) nullité absolue/nullité relative voir CARPENTIER (A.) et FREREJOUANT DU SAINT (G.), Répertoire général alphabétique du droit français, Tome II8, Librairie du Recueil général des lois et des arrêts, 1901, voirNullités.

295 HARTEMANN (E.), Etude sur la distinction des actes inexistants et des actes annulables dans le droit romain, l'ancien droit français et le code civil, thèse Nancy, 1889, 347 p.

296 TERRE (F.) ; et FENOUILLET (D.), Droit civil : les personnes, la famille, les incapacités, Dalloz, 1996, 1170 p. ; TERRE (F.) ; WEILL (A.), Droit civil, Tome I, Dalloz, 1983, 981 p.

297 LEVENEUR (H.), Mazeaud (J.) et (L.) et (H.), CHABAS (F.), Leçons de droit civil, Monchrestien, Tome I, 3ème vol., 6ème éd., 1995, n° 803.

298 BENABENT, Droit civil, les obligations, 10ème éd., Montchrétien, 2005, n° 202.

299 LARROUMET (Ch.), Droit civil, Tome 3, 5ème éd., Economica, n° 532, in fine.

300 DURRY (G.), Rapport sur l'inexistence, la nullité et l'annulabilité des actes juridiques en droit civil français, Travaux de l'association Henri Capitant, Journées de Turin 4-7 juin 1962, dalloz 1965, p. 611 et s.

301 Cass. Civ. 3ème, 22 juin 1976, D.1977.619, note DIENER (P.).

302 JAPIOT (R.), Des nullités en matière d'actes juridiques, Essai d'une théorie nouvelle, thèse Dijon, 1909, 964 p. ; COHENDY (G.), Des intérêts de la distinction entre l'inexistence et la nullité d'ordre public, RTD Civ. 1914 p. 35 ; CARBONNIER (J.), Droit civil, op. cit., nos 168 et 1019.,

214.–La conception ambiguë de la théorie de l'inexistence provient en réalité de plusieurs facteurs. Elle est tantôt une cause d'inefficacité du contrat[303] (*comme il en va des causes de nullité*) tantôt une sanction de l'inefficacité du contrat, au même titre que les nullités absolues ou relatives. Elle est aussi quelquefois utilisée pour désigner le néant inhérent au contrat *« mort-né »*, la disparition rétroactive de l'acte nul ou les conséquences qui en découlent : certains arrêts indiquent même qu'une *« décision annulée doit être tenue pour inexistante »*[304]. Autrement dit, l'inexistence en droit civil est aujourd'hui une synthèse, revue et corrigée, des définitions et des critères donnés par le droit romain ; et elle demeure dans l'ancien droit envisagée en tant que constatation du néant ou d'une *« aberration juridique »* ayant l'apparence d'un acte dont l'élément essentiel fait défaut et qui doit être sanctionné en tant que tel[305].

§. 2 La recherche d'alternatives à la nullité, justification de l'inexistence

215.–L'inexistence est devenue un mécanisme de sanction des nullités des actes *« prœter legem »* (*A*) dont la création a été motivée par des nécessités pratiques (*B*).

A. L'inexistence, instrument d'équité

216.–La singularité de l'inexistence est renforcée et maintenue par le fait que le système des nullités lui-même est encore très controversé car la doctrine maintient l'idée qu'une catégorisation systématique est impossible à construire en raison de la quantité de règles de droit positif à envisager, mais également parce qu'une seule clé de lecture ne pourrait expliquer la totalité des choix d'un législateur opportunément pragmatique en la matière depuis 1804[306]. Toutefois, si l'autonomie des causes d'inexistence n'est pas nécessairement remise en question, la recherche d'un critérium est toujours d'actualité car si l'acte inexistant n'est pas *« plus que nul »*, il est *« autre chose que nul »*[307].

217.–Ainsi E. Gaudemet[308] expose l'idée d'une division tripartite des nullités (*nullité relative, nullité absolue, et inexistence*) mais mentionne immédiatement son inutilité. En effet, en cas d'inexistence, le recours au juge n'est pas nécessaire pour cet auteur, l'acte inexistant n'étant que le néant et le non avenu sauf en matière probatoire[309]. La sanction est

---

303 VEAUX (D.), Jurisclasseur civil, art. 1304 à 1314, Fasc. 20, n° 18, 55 et 60, qui, tout en estimant que la seule sanction possible de l'inexistence est la nullité, fait droit à l'idée d'un régime hybride.

304 Cass. Soc., 16 mars 1959, JCP(G) 1959.II.11079.

305 BELLANGER (F.), Les présomptions d'authenticité et de sincérité des actes administratifs, op. cit., p. 591à 595 ; JOUVE (E.), Recherches sur la notion d'apparence en droit administratif français, op. cit., p. 285 à 293.

306 JAPIOT (R.), Des nullités en matière d'actes juridiques, Essai d'une théorie nouvelle, thèse Dijon, 1909, 964 p. et GAUDEMET (H.) et MAZEAUD (L. et S.), Cours de droit civil, par M. de JUGLART, Tome I, vol. 3, 6ème éd., n° 803 ; COLIN (A.) et CAPITANT (H.), Cours élémentaire de droit civil français, Tome I, 11ème éd., revue et refondue par M. Léon JULLIOT DE LA MORANDIERE, 1144 p. ; n° 616 ; Jcl. Civil, articles 180 à 193, Fasc. 100, n° 9 ; Cass. Civ. 3ème, 15 avril 1980, Bull., III, n° 73, p. 53 ; TERRE (F.), SIMLER (S.) et LEQUETTE (Y.), Droit civil, les obligations, précis Dalloz, 9ème éd., 2005, 1474 p.

307 VEAUX (D.), Jurisclasseur civil, art. 1304 à 1314, Fasc. 20, n° 15.

308 GAUDEMET (E.), Théorie générale des obligations ; Sirey, 1937, 508 p.

309 BAUDRY-LACANTINERIE (G.), LE COURTOIS (J.) et SURVILLE (F.) Traité théorique et

la même pour l'inexistence et pour la nullité absolue. Il opte donc pour une division bipartite entre nullité de plein droit et annulabilité[310].

218.–Il convient d'observer, à cet égard, l'importance du choix fait sur cette question[311]. Longtemps, l'inexistence d'un acte d'huissier ou d'un acte de procédure a été une notion étrangère au Nouveau code de Procédure Civile[312] et elle est restée d'application rarissime[313], classique, voir même, n'est pas évoquée ni appliquée dans des domaines au sein desquels elle est un instrument du juge en contentieux administratif[314]. Il en est de même en procédure pénale[315], bien que, dans ce domaine aussi, l'inexistence complète ou concurrence les nullités : ainsi des cas anciens d'inexistence pour irrégularité de forme sont entrés dans le giron des nullités[316] car il était considéré, qu'au-delà d'une certaine gravité dans les irrégularités, il était nécessaire de frapper d'inefficacité totale et absolue un tel acte de procédure[317].

219.–Le recours à l'inexistence était très critiqué[318], s'agissant de sanctionner, dans certaines hypothèses, les actes de procédure[319] et la validité des jugements[320] car cela faisait obstacle à l'adage *« voies de nullité n'ont pas lieu contre les jugements »*[321]. En d'autres termes, le recours à l'inexistence ne permettait que l'application d'une fausse inexistence. En réalité, le juge sanctionnait par ce mécanisme des irrégularités non visées par la loi et privait d'existence un acte comportant des irrégularités justiciables du système des nullités

---

pratique de droit civil, t. I, Du contrat de mariage, Librairie de la société du Recueil général des lois et des arrêts, 1897, 724 p.

310 L'inexistence est d'ailleurs mentionnée à « nullité » dans la table des matières de son manuel.

311 SEGUR (L.), L'inexistence en procédure civile, JCP(G) 1968.I.2129 ; Jcl. Procédure civile, Fasc. 136, 1996, Nullité des actes de procédure (Généralités), n° 17 à 25 ; Rép. Dalloz Procédure civile, V° Nullités, n° 33 à 49.

312 CA Toulouse, 31 mars 1980, D.1980.558, note LOBIN (Y.).

313 BARRE (X.), Nullité et inexistence ou les bégaiements de la technique juridique, LPA 30 juillet 1993, p. 12 ; ROGER, note sous Cass. Crim., 4 janvier 1983, D.1983.564.

314 Cf. article 462 du code de procédure civile et ATIAS (Ch.) et BOULTON SENIOR (F.), Le rabat d'arrêt, de la rectification d'erreur matérielle de procédure au repentir du juge, D.2007.1156.

315 Cass. Crim., 4 janvier 1983, D.1983.562 note ROGER, JCP(G) 1984.II.20203, note CHAMBON ; Cass. Crim., 14 décembre 1961, Bull. Crim., n° 526, p. 1006.

316 Cass. Civ., 30 novembre 1939, JCP(G) 1940.II.1392 ; Cass. Civ. 2ème, 19 janvier 1977, D.1977.IR.174 ; TOMASIN (D.), Remarques sur la nullité des actes de procédure, Mélanges Hébraud, p. 853.

317 TOMASIN (D.) Remarques sur la nullité des actes de procédure, in Mélanges Hébraud, p. 869-870 ; 40. Rép. Dalloz Procédure civile, V° Nullités, n° 42.

318 Surtout par les juridictions du fond ; voir CA Angers, 6 avril 1849, JCP(E) 1949.IV.1222 ; CA Douai, 3 novembre 1952, Gaz. Pal. 1953.I.150 ; Trib. Civil de la Seine ord., 19 juin 1957, JCP(E) 1957.IV.359 obs. MADROZ, RTD Civ. 1958 p. 122 obs. HEBRAUD (P.).

319 SEGUR (L.), L'inexistence en procédure civile, JCP(G) 1968.I.212 ; Cass. Civ. 2ème, 11 juillet 1977, Bulletin civil II, n° 182, p. 128, D.1978.II.57, observations JULIEN, RTD Civ. 1978 p. 419, obs. PERROT (R.).

320 Rép. Dalloz Procédure civile, V° Nullités, n° 46 ; SEGUR (L.), L'inexistence en procédure civile, JCP(G) 1968.I.2129.

321 H. ROLAND et L. BOYER, Adages du droit français, n° 468, p. 956 et s., qui écartent expressément le jeu de l'adage en cas d'inexistence, p. 958 ; Cass. Civ., 12 juillet 1949, RJPUF 1950 p. 419, note HEBRAUD (P.) ; Cass. Civ. 1ère, 15 novembre 1967, JCP(G) 1968.II.15344, note R.L., RTD Civ. 1968 p. 410, obs. HEBRAUD (P.) ; comp. AUBY (J.–M.), La théorie de l'inexistence des actes administratifs, op. cit., p. 228-230.

de procédure, dont il souhaite s'affranchir[322] pour échapper au régime restrictif de certaines nullités de forme[323] ou de fond[324]. Si ce recours à de fausses inexistences est *« manifestement un instrument d'équité »*, il doit se borner à corriger le droit strict quand il est injuste : *« summum jus, summa injuria »*. En revanche, si cette notion conduit à tirer des conséquences démesurées d'une irrégularité formelle somme toute bénigne, c'est l'*« équité »* elle-même qui devient injuste : *« summa æquitas, summa injuria »*[325]. Pour ce, la Cour de cassation[326] a appliqué de manière restrictive le principe *« pas de nullité sans texte »*, en affirmant que, quelle que soit la gravité des irrégularités alléguées, seuls affectent la validité d'un acte de procédure soit les vices de forme faisant grief, soit les irrégularités de fond limitativement énumérées par le code. Elle réfute donc désormais l'autonomie de l'inexistence en procédure civile car celle-ci ne saurait être une sanction non textuelle ; la théorie de l'inexistence cesserait-elle d'osciller entre réalité et imagination ?[327]

220.–A cette première, et capitale, difficulté d'identifier entre inexistence et nullité, s'en joint une seconde, non moins complexe, il s'agit de la distinction entre inexistence juridique et inexistence matérielle. Sur ce second point, la principale critique qui pouvait être faite en droit civil et en procédure civile est que la division bipartite entre inexistence matérielle et inexistence juridique n'a pas été faite par la doctrine civiliste ni au XIXème ni au XXème siècle[328]. La Cour de cassation semble pourtant se rallier, dans le principe tout au moins, à cette conception duelle de l'inexistence[329]. Lorsque la jurisprudence fait référence à un acte *« dépourvu d'existence légale »*[330], l'expression correspond alternativement à l'idée d'inexistence juridique (*lorsqu'une condition de validité requise « ad validitatem » fait purement et simplement défaut*) ou à celle d'inexistence matérielle qui s'impose d'elle-même, *« par la seule force de la raison »* (*lorsqu'un vice préexiste à l'acte lui-même et fait*

322 Articles 114, 451, 452, 458 et 117 du code de procédure civile ; PUTMANN (E.), note sur Cass. Ch. mixte, 7 juillet 2006, Société Kinetics Technology international, BV (KTI) et autres c. Société Schanker BTL et autres, n° 03-20.026 , La cour de cassation met fin à la notion jurisprudentielle d'inexistence, JCP(G) 2006.II.10146 ; Cass. Com., 4 janvier 2005, Société Calberson armorique c. SA Asica, n° 03-16.486.

323 CA Paris, 1er juin 1979, GP 1979.II.357.

324 Cass. Civ. 2ème, 15 mars 1989, Bull., II, n° 72, D.1989.SC.275, obs. JULIEN (P.).

325 PUTMANN (E.), note sur Cass. Ch. mixte, 7 juillet 2006, Société Kinetics Technology international, BV (KTI) et autres c. Société Schanker BTL et autres, n° 03-20.026, La Cour de cassation met fin à la notion jurisprudentielle d'inexistence, JCP(G) 2006.II.10146 ; PUTMANN (E.), Cinq questions sur les nullités en procédure civile, justices 1995 n° 2, p. 198.

326 Cass. Ch. mixte, 7 juillet 2006, Société Kinetics Technology international, BV (KTI) et autres c.Société Schanker BTL et autres, n° 03-20.026, note de PUTMANN (E.), La Cour de cassation met fin à la notion jurisprudentielle d'inexistence, JCP(G) 2006.II.10146.

327 MOURALIS (D.), L'inexistence des actes juridiques en droit privé entre réalité et imagination, Mémoire de DEA en droit privé sous la direction de M. Le pr. Atias, p. 137 ; Pellerin (J.), L'omission de l'acte de procédure in Mélanges Buffet (J.), La procédure dans tous ses états, Montchrestien, 2004, p. 379 ; Cass. Soc., 6 février 2003, Pion c. Urssaf Marne, n° 01-20.534, Juris-Data n° 2003-017535, RTD Civ. 2003 p. 350, obs. PERROT (R.).

328 Voir notamment, PUTMANN (E.), note sous Cass. Ch. mixte, 7 juillet 2006, Société Kinetics Technology international, op. cit. et CA Versailles, 3 mars 1989, Trouvé et autres c. Trésorier de Clichy, D.1990.J.51, note PREVAULT (J.).

329 ADIDA CANAC (H.), Actualité de l'inexistence des actes juridiques op. cit.

330 ESMEIN (P.), note sous Cass., 16 novembre 1932, S.1934.I.1 ; DH.1933.4 ; Cass. Civ. 1ère, 17 décembre 1959, D.1960.294 ; Cass. Civ. 1ère, 20 octobre 1981, Bull., I, n° 301 ; Cass. Civ. 1ère, 30 novembre 1983, Gaz. Pal. 1984.II.675.

obstacle à sa formation, ce qui recouvre en grande partie les cas d'inexistence du droit romain)[331].

221.–Les cas d'inexistence juridique fondés sur l'ancienne gravité subjective du vice obligent à une appréciation du *« degré d'illégalité »* et la gravité objective du vice invalide l'acte comme s'il s'agissait d'une inexistence matérielle. Il existerait donc deux types d'inexistences juridiques : 1°) celles qui peuvent être isolées des causes de nullité[332] (*ce sera alors la gravité, nécessairement objective, qui justifiera le recours à l'inexistence et non le « degré de gravité », ce qui serait le résultat d'une appréciation subjective*[333]) et, 2°) celles qui viennent en concurrence avec les causes de nullité, sans en suivre le régime procédural[334].

222.–L'inexistence matérielle, seule forme d'inexistence admise par Gaudemet comme cas d'inexistence[335], se définit comme le manquement à une exigence physique ou concrète voire palpable[336]. C'est à cette catégorie d'inexistence que fait référence l'emprunt à la conception anthropomorphique du contrat[337] et *« la reconnaissance de la nature des choses dans l'ordre juridique »*[338] comme l'acte inaccompli[339]. De fait, l'inexistence matérielle n'est pas discutée en droit commun des contrats ni en procédure civile[340], bien qu'elle soit parfois implicite en jurisprudence[341]. Ont même été inclus dans cette catégorie les actes accomplis dans une forme autre que celle prévue par les textes[342].

---

331 Cass. Civ. 1ère, 26 février 1962, Bull., I, n° 125. ; VEAUX (D.), Jurisclasseur civil, art. 1304 à 1314, Fasc. 20, n° 54. ; GHESTIN (J.), L'indétermination du prix de vente et la condition potestative, D.1994.chron.293 et s.

332 Voir pour l'alternative entre la clause réputée non écrite, in Actualité de l'inexistence des actes juridiques, in rapport 2004 de la Cour de cassation, La Documentation Française, 4 mai 2005, 544 p. ; toutefois la majorité de la doctrine considère, comme la Cour de cassation qu'elles sont entachées de nullité BENABENT, Droit civil, les obligations, op. cit., n° 202 comp. n° 204 et s. ; voir particulièrement KULLMANN (J.), Remarques sur les clauses réputées non écrites, D.1993.chron.59 ; Cass. Civ. 3ème, 9 mars 1988, D.1989.143 ; Cass. Civ. 3ème, 26 avril 1989, Bull., III, n° 93 ; TEYSSIE (B.), Réflexions sur les conséquences de la nullité d'une clause d'un contrat, D.1976.chron.281.

333 Voir cependant, CA Pau, 3 mars 1909, DP.1911.II.171, pour l'inexistence (d'ailleurs critiquée) d'un contrat de mariage passé par acte authentique dont la date est postérieure à la célébration du mariage.

334 C'est tout au moins la sous-division proposée par M. ADIDA-CANAC, in Actualité de l'inexistence des actes juridiques, in rapport 2004 de la Cour de cassation, La Documentation Française, 4 mai 2005, 544 p.

335 GAUDEMET (E.), Théorie générale des obligations, Sirey, 1937, p. 139 et s.

336 COHENDY (G.), Des intérêts de la distinction entre l'inexistence et la nullité absolue, RTD Civ. 1914 p. 37 et 38.

337 « contrat mort-né ».

338 HAUSER, (J.), Objectivisme et subjectivisme dans l'acte juridique, LGDJ, p. 108, n° 73.

339 Si une partie forme un pourvoi en cassation contreune décision rendue à charge d'appel, le pourvoi sera irrecevable et l'appel inexistant, faute de saisine de la Cour d'appel.

340 CA Paris, 1er juin 1979, GP 1979.II.357, pour une ordonnance juridictionnelle rendue par un auditeur de justice.

341 Jcl. Procédure civile, Fasc. 136, 1996, Nullité des actes de procédure (Généralités), n° 20 ; Rép. Dalloz Procédure civile, V° Nullités, n° 35 ; Mégacode Nouveau code de procédure civile, Dalloz, 1999, note 011, b), sous art. 121, et la jurisprudence citée.

342 Cass. Com., 5 mai 1982, Bull., IV, n° 159 ; Cass. Soc., 9 mars 1989, Bull., V, n° 205 ; Cass. Civ. 2ème, 15 mars 1989, Bull., II, n° 72.

223.–Dans un système juridique, dominé par le consensualisme[343], le défaut de consentement confine à l'inexistence matérielle[344] car avant d'être une condition juridique posée à l'article 1108 du code civil, le consentement est synonyme de contrat. L'ambiguïté est donc née de l'interprétation par la doctrine d'une jurisprudence qui affirme que la convention passée par un individu en état de démence doit être considérée comme conclue sans consentement. Un tel défaut a pour conséquence que le contrat doit être considéré comme nul. L'inexistence qualifiée de *« rationnelle »*[345] résulte ainsi de la fusion terminologique entre défaut de consentement et inexistence ; c'est-à-dire entre une condition et un élément. Or, l'inexistence ne doit pas être confondue avec le vice du consentement car dans le premier cas le contrat est nul de plein droit tandis que dans le second cas il est simplement annulable[346]. Un acte doit être considéré comme nul pour défaut de consentement[347] ou absolument nul car il n'est pas possible de donner vie au néant, il est donc inexistant[348] tout comme les actes qui en découlent fût-ce *« un jugement d'expédient »* ou *« convenu »*[349]. Il convient de noter que l'inexistence dans ce sens précis est similaire aux nullités virtuelles[350].

224.–Pour certains auteurs, l'article 1108 du code civil viserait seulement les conditions de validité du contrat et il convient de les différencier de l'existence même d'un contrat[351] ; c'est d'ailleurs là tout le problème car il est nécessaire que soit concrétisé le consentement pour qu'il prenne forme. En effet, dans le cas contraire, il se révèle difficile de distinguer l'acte inexistant c'est-à-dire celui qui ne s'est jamais formé et l'acte entaché d'une nullité dont le juge déclare qu'elle est la conséquence d'un vice qui a empêché la formation de l'acte. Il doit être précisé que, dans le cas de l'inexistence, la formation n'a jamais pu être opérée alors que dans l'hypothèse de la nullité l'acte s'est formé mais une condition essentielle à sa formation fait défaut. Cependant il ne s'agit là que d'une ligne directrice car la distinction est parfois ténue, voire n'est pas opérée par la jurisprudence. Il y aurait ainsi une forme incontestée d'inexistence qui réparerait la négation de l'existence, qui correspondrait à une confusion entre la preuve et l'impossibilité en matière probatoire[352]. En effet, en l'absence de toute forme d'expression, l'acte n'aura même pas un début d'apparence et ne pourra exister. Mais s'il en va ainsi en cas d'inexistence

---

343 Le code civil ne consacre pas expressément. Voir cependant les articles 1101, 1107, 1138, et 1583.

344 En droit des personnes, le consentement est un fait juridique.

345 Par opposition aux nullités légales ou positives prévues par un texte voir LOYER (J.), Les actes inexistants, op. cit., p. 133 et s.

346 Cf. GLASSON (E.), note sous CA Toulouse, 21 janvier 1885, Rey c. Rey, D.1886.II.73.

347 Inexistence ou nullité absolue de plein droit : la confusion se résumerait-elle à un problème de vocabulaire ?

348 Voir pour une position contraire : DROGOUL (F.), Essai d'une théorie générale des nullités en droit civil, Thèse, 1902, 269 p.

349 Décision par laquelle un tribunal donne la forme d'un jugement à un contrat intervenu entre les parties.

350 C'est-à-dire des nullités qui n'ont pas été expressément prévues par la loi mais découlant de l'objectif poursuivi par le législateur.

351 MARCADE (O.), Eléments de droit civil français, op. cit.

352 CA Douai, 22 novembre 1951, note G. M. JCP(G) 1952.II.6698 ; observations HEBRAUD (P.), RTD Civ. 1952 p. 103.

matérielle[353], en revanche, l'acte inexistant juridiquement a au moins une apparence[354]. En outre, certaines hypothèses d'inexistence reconnues par la jurisprudence comme illégalités tirées d'une condition de forme mettent en réalité en cause des conditions de fond car le consensualisme n'a pas la même portée pour tous les actes. Pour les actes solennels, le consensualisme joue un rôle substantiel, d'où la sanction de la nullité, sauf si le défaut d'accomplissement d'une solennité dans la formation de l'acte lui ôte toute apparence[355]. Une partie de la doctrine a ainsi considéré que l'apparence constituait la limite de l'inexistence : dès lors qu'un acte a l'apparence d'un acte, il existe[356]. Sera ainsi affirmée l'inexistence dans certains cas[357] alors que dans d'autres, il sera décidé que le même vice constitue une nullité absolue[358] voire une simple nullité[359], et donc que l'acte n'est pas dépourvu d'existence. L'application de l'inexistence se fera donc au cas par cas, *« in concreto »*.

225.–L'existence d'une doctrine classique anti-causaliste suffit à empêcher que l'absence de cause puisse constituer un cas d'inexistence matérielle[360]. Donc, le défaut de *« causa remota »*, c'est-à-dire, en d'autres termes, le motif impulsif et déterminant, dont le juge judiciaire contrôle la conformité à l'ordre public des contrats[361], ne peut être un cas d'inexistence juridique[362]. Au contraire, le défaut de *« causa proxima »* ou l'existence d'une cause fausse peut être un cas d'inexistence juridique[363] car l'acte aura une apparence.

226.–En réalité, la théorie de l'inexistence n'est appliquée que lorsque *« ce concept apporte réellement quelque chose par rapport à la nullité »*[364] comme l'imprescriptibilité[365]

---

353 Les auteurs ne font en général pas la distinction ; voir BENABENT (A.), Droit civil, les obligations, 10ème éd., Montchrétien, 2005, n° 202.

354 ADIDA-CANAC (H.), Actualité de l'inexistence des actes juridiques, in rapport 2004 de la cour de cassation, La Documentation Française, 4 mai 2005, 544 p.

355 Cass. Req., 30 décembre 1902, Epoux Godard, dits Van den Bercck c. De Fougères, RTD Civ. 1903 p. 887-888 ; D.1903.I.137, note TISSIER (A.), S.1882.II.23 ; DP.1903.I.137, note GLASSON, S.1903.I.257, note TISSIER (A.) ; CAPITANT (H.), LEQUETTE (Y.), TERRE (F.), Les grands arrêts de la jurisprudence civile, 11ème éd., Tome I, Dalloz, 2000, 670 p.

356 PLANIOL, RIPERT et ESMEIN, STARCK (B.), ROLAND (H.), BOYER (L.), GUERRIERO (M.–A.), L'acte juridique solennel, thèse, LGDJ, 1975, 520 p. ; SEGUR (L.), L'inexistence en procédure civile, JCP(G) 1968.I.2129.

357 ESMEIN (P.), note sous Cass., 16 novembre 1932, S.1934.I.1 ; DH.1933.4 ; Cass. Civ. 1ère, 20 octobre 1981, Bull., I, n° 301 ; Cass. Civ. 1ère, 30 novembre 1983, Gaz. Pal. 1984.II.675.43 ; en est de même du défaut d'acceptation de l'offre de contrat, où la nullité absolue semble dominer ; VEAUX (D.), Jurisclasseur civil, art. 1304 à 1314, Fasc. 20, n° 42.

358 CA Paris, 8 juillet 1966, RTD Civ. 1967 p. 382, obs. Chevallier (J.).

359 CA Rouen, 4 mars 1969, JCP(G) 1969.II.15911.

360 La théorie « anticausaliste » : sur le plan conceptuel, la cause ne s'impose pas nécessairement comme un élément essentiel du contrat, la définition classique n'est pas réaliste et ne tient pas compte du motif. La théorie « causalistes » : la cause est le but immédiat que les parties ont en vue lors du contrat : il y a la cause finale de l'obligation, la causa proxima, et les motifs ou causes impulsives qui ont pu influencer la volonté ou « causa remota ».

361 Un contrat illicite ou immoral existe simplement, les prohibitions rendues par l'article 6 du code civil le rendent annulable.

362 DIENER (P.), A propos d'une prétendue absence de cause, D.1994.chron.347.

363 VEAUX (D.), Jurisclasseur civil, art. 1304 à 1314, Fasc. 20, n° 49.

364 MESTRE (J.), RTD Civ. 1987 p. 535 ; Cass. Civ. 1ère, 5 mars 1991, D.1993.508, 1ère espèce, note COLLET (L.).

365 Cass. Civ. 1ère, 5 mars 1991, D.1993.508, 1ère espèce, note COLLET (L.).

ou l'inexistence des actes qui découlent d'un contrat lui-même inexistant[366]. L'inexistence s'apparenterait en effet à une sorte de donnée morale qui serait une sanction de la validité de la norme juridique en cas d'illégalité. Ainsi l'inexistence est la manifestation de la conception selon laquelle une illégalité serait si grave qu'il conviendrait de passer outre les règles de procédure classique qui font obstacle, passé un certain délai, à l'office du juge administratif. En effet, il ne peut demeurer dans l'ordre juridique une norme manifestement entachée d'une grave illégalité car le droit positif perdrait de sa juridicité en atteignant un certain seuil contraire à la légalité qui entrainerait une injustice, selon la conception jus-naturaliste de la légalité. Mais il convient toutefois d'affirmer que si, selon la conception des séparatistes, une telle sanction morale peut être intégrée dans un système juridique c'est parce qu'un tel mécanisme a lui-même été introduit en droit dans une règle procédurale tendant à encadrer la reconnaissance d'une nullité tirée d'une certaine invalidité d'une acte[367].

227.–De là découle le raisonnement tendant à envisager nécessairement le rattachement de l'équité comme mécanisme suppléant le droit positif qui s'est révélé insuffisant : le *« caractère injuste »* entraîné par certains actes gravement illégaux, mais devenus insusceptible de recours en raison de forclusion, a nécessité une correction de la règle contentieuse. Il convient de préciser qu'un tel raisonnement ne peut concerner qu'une équité objective qui est la seule qui puisse être envisagée comme sous-jacente dans un système juridique. L'inexistence serait donc un mécanisme qui permettrait une *« espèce de justice équitable »* par un tempérament apporté à une sanction juridique, sans qu'elle puisse être confondue avec une *« justice supérieure »* : l'inexistence peut donc être considérée comme révélatrice d'une conception juridique sur laquelle repose le recours en excès de pouvoir en tant que sanction aggravée des normes juridiques illégales. L'inexistence ne serait alors qu'une sorte de *« régulateur »* permettant l'office du juge lorsque l'illégalité présente un certain degré ; ainsi la stabilité des situations juridiques ne permet plus de justifier une forclusion d'un recours en annulation par application de l'inexistence[368]. Dès lors, force est de constater que le champ d'application de l'inexistence en droit civil se réduit comme une peau de chagrin.

B. Le recours à l'inexistence justifié par des nécessités conjoncturelles

228.–Certains mécanismes utilisés en droit civil ont un effet assimilable à la théorie de l'inexistence sans que le mot soit expressément prononcé : il s'agit ainsi d'un recours

---

366 MESTRE (J.), observation sur Cass. Civ. 1ère, 10 juin 1986, Bull., I, n° 159 ; Conclusions de WEBER (J.–F.), sous Cass. Civ. 3ème, 15 décembre 1999, JCP(G) 2000.II.10236.

367 ARNAUD (A.–J.), et autres, Dictionnaire encyclopédique de théorie et de sociologie du droit, op. cit., voir sanction, voir morale ; ALLAND (D.) et RIALS (S.), Dictionnaire de culture juridique, PUF, 2003, voir morale et droit, par O. Pfersmann.

368 ARNAUD (A.–J.), et autres, Dictionnaire encyclopédique de théorie et de sociologie du droit, op. cit. voir équité ; ALLAND (D.) et RIALS (S.), Dictionnaire de culture juridique, op. cit., voir équité, par Ch. Jarrosson et F.–X. Testu ; BRUNET (P.), in CAUDAL (S.), Les principes en droit, op. cit., p. 175 ; AGOSTINI (E.), L'équité, D.1978.Chron.7 ; BELLET (P.), Le juge et l'équité, Etudes offertes à Réné Rodière, Dalloz, 1981, p. 9 ; KAYSER (P.), L'équité modératrice et créatrices de régles juridiques en droit privé français, RRJ 1999-1, p. 13.

implicite à l'inexistence[369]. La Cour de cassation préférait ainsi retenir l'inopposabilité de l'acte consécutive à l'inexistence[370] plutôt que sa nullité relative[371] pour sanctionner le défaut de pouvoir et le défaut de droit.
Toutefois, le défaut de capacité n'est plus appréhendé en tant que tel par le moyen de l'inexistence, car le défaut de pouvoir ou de droit, et la démence, correspondent au défaut du consentement[372] : la Cour de cassation les assimile désormais au vice du consentement qui est sanctionné par une simple nullité relative[373]. Seul peut être réservé le cas du mineur non encore doté de discernement[374] qui peut être assimilé à un défaut de consentement aussi radical que celui résultant de l'abolition de la volonté du majeur aliéné.

229.–Doivent être aussi mentionnés, d'une part, le défaut de capacité consécutif à l'absence de personnalité juridique, qui ne concerne, depuis l'abolition de la mort civile, que les personnes morales (*ainsi une personne morale inexistante ne peut conclure qu'un contrat inexistant*)[375] et, d'autre part, le défaut d'*« affectio societatis »* dans la formation du contrat de société[376].
Cette dernière hypothèse a cependant été abandonnée par la Cour de cassation qui refuse que le défaut d'*« affectio societatis »*[377], qui est *« de l'essence de toutes les sociétés »*[378], puisse constituer un cas d'inexistence de la société elle-même[379] (*une société qui n'avait*

369 Dans une affaire rendue sur un recours en cassation et après renvoi, une mère, ex-tutrice de sa fille, avait vendu des parts indivises que celle-ci détenait dans un immeuble issu de la succession du père, après émancipation de la mineure : le premier arrêt de cassation, rendu le 23 novembre 1976 par la première chambre civile faisait état d'une action tendant à faire déclarer la vente « inexistante ou inopposable » alors que l'arrêt d'Assemblée plénière du 28 mai 1982 n'évoque qu'une action en inopposabilité soustraite à l'article 1304 du code civil, qui ne constitue que le « voile pudique de l'inexistence » L'expression, remarquée par plusieurs commentateurs, est du professeur Gaillard, in note sous Cass. Ass. plén., 28 mai 1982 Cass. Ass. plen., 28 mai 1982, Consorts Mégevand, D.1983.349, note GAILLARD (F.)

370 Cass. Civ. 1ère, 23 novembre 1976, Bull., I, n° 361, p. 284 ; Cass. Civ. 1ère, 30 juin 2004, Bull., I, n° 193, p. 160 (hypothèse d'un co-indivisaire donnant à bail le bien indivis sans le consentement des autres indivisaires : le défaut de pouvoirs et le défaut de droits se cumulent).

371 Cass. Civ. 1ère, 25 mai 1992, Bulletin, I, n° 156, p. 107.

372 sans en être les seules hypothèses.

373 Cass. Civ., 9 novembre 1887, D.1888.I.161, note PONCET, S.1887.I.416 Voir a contrario un arrêt du 6 novembre 1895 a constaté l'inexistence d'un contrat de mariage passé en l'absence de la future épouse, représentée par son père, Cass. Civ., 6 novembre 1895, S.1896.I.5 ; DP.1897.I.925.

374 CARBONNIER (J.), Droit civil, Coll. Quadrige, 2 volumes, PUF, 2004, Tome I, n° 427.

375 Cass. Req., 5 mai 1879, S.1879.I.313, D.1880.I.313 pour une donation consentie à une congrégation religieuse non autorisée ; Cass. Com., 14 juin 2000, Bulletin Joly sociétés 2000, p. 1078 et s. ; Cass. Civ. 3ème, 8 janvier 1975, Rev. sociétés 1976 p. 301. ; Cf. cependant Cass. Civ. 1ère, 21 mai 1990, Bulletin, I, n° 121, p. 86 : la Cour retient la nullité absolue, faute de consentement, d'une vente immobilière passée par un notaire n'ayant pas vérifié l'identité du vendeur, déjà décédé au jour de la formation du contrat.

376 Cass. Civ. 3ème, 22 juin 1976, D.1977.619, note DIENER (P.).

377 En effet depuis l'adoption de la loi du 24 juillet 1966, l'inexistence de la société n'est plus la conséquence naturelle de la fictivité.

378 HOUIN (R.), RTD Civ. 1974 p. 105, n° 2.

379 L'article 11 de la directive du 9 mars 1968 précise qu'en dehors des cas de nullité, les sociétés commerciales de capitaux ne sont soumises à aucune cause d'inexistence, de nullité absolue, de nullité relative ou d'annulabilité ». L'inexistence ne semble pas ici posée comme une notion synonyme de la nullité absolue, mais comme une technique autonome.

« jamais existé »)[380]. Elle prononce alors une nullité pour violation de l'article 1832 du code civil ; ainsi seule *« une société fictive est une société nulle et non inexistante »*[381].
Il y aurait peut-être un intérêt à rattacher le défaut d'*« affectio societatis »*, non au consentement, mais à la notion de cause[382]. Toutefois, dans ce cas, l'inexistence concurrencerait la nullité et il s'agirait alors d'une nullité absolue[383]. L'inexistence est, notamment, un état de fait permettant de considérer comme inexistante une situation juridique, conformément à la réalité.

230.–L'inexistence juridique, tirée de causes tendant au prononcé de l'inefficacité du contrat liée à l'absence d'une condition posée par le législateur pour la validité de l'acte, est encore ponctuellement envisagée[384]. Toutefois, le défaut de consentement n'est plus un cas d'inexistence depuis que l'article 146 du code civil est sanctionné par la nullité absolue (*loi n° 93-1027 du 19 février 1933, article 31*)[385].

231.–L'identité de sexe, depuis un jugement du 27 juillet 2004 du Tribunal de Grande Instance de Bordeaux[386], est désormais une cause de nullité absolue du mariage au motif que la loi du 19 février 1933 a fait des principaux cas d'inexistence juridique du mariage des cas de nullités absolues[387].

232.–En ce qui concerne le mariage, lorsque celui-ci était déclaré inexistant, l'intérêt résidait dans l'application ou l'éviction des règles relatives au mariage putatif, tirées des articles 201 et 202 du code civil[388]. Selon les décisions en cause, soit le mariage était nul, subsistant tant qu'il n'avait pas été déclaré comme tel, et dans ce cas de telles règles s'appliquaient[389] ; soit il s'agissait d'un mariage inexistant *« stricto sensu »*, le mariage ne

---

380 Cass. Com., 11 octobre 1988, Bull. Joly sociétés 1988, p. 939 et s., note LE CANNU (P.).

381 Cass. Com., 16 juin 1992, D.1993.508, 2ème espèce, note COLLET (L.) : c'est le terrain de la nullité et le refus de la règle du néant consécutif par application de l'article 1844-16 du code civil qui préservent les tiers de bonne foi.

382 En ce sens, VEAUX (D.), Jurisclasseur civil, articles 1304 à 1314, Fasc. 20, n° 48.

383 Le législateur pouvait en effet être difficilement plus clair que dans l'article 1844-10 du code civil pour exclure du droit commun des sociétés toute velléité de nullité virtuelle.

384 CARBONNIER (J.), Droit civil, 2 volumes, Coll. Quadrige, PUF, 2004, Tome II : les biens, les obligations, n° 1019 ; MALAURIE (Ph.) et AYNES (L.), Droit civil, la famille, 6ème éd., 1998-1999, n° 221 voir contra : Droit de la famille, Dalloz Action, 2001/2002, n° 170 et 171.

385 JOSSERAND (L.), Supplément au cours de droit civil positif français, Tome I (2ème éd., 1932), Sirey, 1936, 49 p. : Désormais la démence de l'un des époux n'est plus sanctionnée par la nullité relative du mariage : Cass. Civ., 9 novembre 1887, D.1888.I.161, note Poncet, S.1887.I.416.

386 TGI Bordeaux, 27 juillet 2004, D.2004.2392, note Agostini (E.) ; PICOD (Y.), V° Nullité, in Répertoire de droit civil, février 1998.

387 DROGOUL (F.), Essai d'une théorie générale des nullités en droit civil, Thèse, 1902, 269 p.

388 Si l'un des époux est de bonne foi, l'annulation du mariage produit des effets analogues à ceux du divorce en ce qui le concerne. La rétroactivité de la nullité disparaît, le mariage produit ses effets légaux, mais il ne les produira plus dans l'avenir ; HAUSER (J.) et HUET-WEILLER (J.), sous la direction DE GHESTIN (J.), La famille, fondation et vie de la famille, 2ème éd., LGDJ,1993, n° 312 ; Cass. Civ., 30 juillet 1900, DP.1901.I.317, S.1902.I.225, note WAHL (A.) ; CAPITANT (H.), LEQUETTE (Y.), TERRÉ (F.), Les grands arrêts de la jurisprudence civile, 11ème éd., Tome I, Dalloz, 2000, 670 p.

389 VIOLLET (P.), Historique du droit civil français accompagné de notions de droit canonique et d'indications bibliographiques, L. Larose et Forcel, 1893, p. 438 à 441 ; COHENDY (G.), Des intérêts de la distinction entre l'inexistence et la nullité d'ordre public, RTD Civ 1914 p. 35 et s. ;

pouvait produire aucun effet[390], et les dispositions susvisées ne pouvaient être invoquées, à moins que la bonne foi des époux ne le justifie[391].
Ce raisonnement est obsolète depuis que la loi n° 72-3 du 3 janvier 1972 a réformé l'article 202 du code civil qui exigeait que l'époux qui revendiquait les effets du *« pseudo-mariage »* soit de bonne foi[392]. Désormais, seule demeure la condition que la célébration du mariage soit établie[393]. En d'autres termes, lorsqu'un mariage ne peut être prouvé du fait qu'il n'y a eu aucune célébration, son inexistence s'impose[394], même si les arrêts et la doctrine ne font référence dans leur grande majorité qu'à la nullité[395].
Le juge devra donc apprécier le seuil de l'existence du mariage car il n'est pas possible de faire produire ses effets au néant. Autrement dit, l'application de la putativité est conditionnée par la célébration du mariage ou tout au moins par l'apparence de célébration[396] qui s'assimile en réalité à une célébration solennelle[397] ; dans le cas contraire, le mariage n'existe pas car il n'a pas d'apparence et l'application de l'article 202 doit être écartée[398].

233.–Dès lors, l'inexistence est une sanction qui rend l'acte inefficace dans un but de protection de la *« paix des familles »*, d'ailleurs plus fréquemment utilisée par les juges du fond que par la Cour de cassation. Certains actes juridiques sont ainsi déclarés *« nuls et de nul effet »* afin de conserver l'intégrité de la cellule familiale, quand bien même ils correspondraient à une vérité factuelle non établie juridiquement (*par exemple, une reconnaissance ultérieure d'un enfant abandonné, sans lien de filiation, dont le processus d'adoption était largement entamé*[399]). Cette finalité de protection a eu comme conséquence que le régime spécifique de l'inexistence emprunte certaines caractéristiques aux deux principaux régimes de nullité. En effet, le juge utilise l'inexistence comme un mécanisme correctif des actes illégaux quand la sanction traditionnelle par les textes se révélerait moins efficace que la sanction par un système prétorien plus souple, car l'inexistence neutralise

---

Cass. Civ. 1ère, 9 octobre 1991, Bull. I, n° 256, p. 169.

390 et le mariage putatif ne s'applique pas.

391 HARTEMANN (E.), Etude sur la distinction des actes inexistants et des actes annulables dans le droit romain, l'ancien droit français et le code civil, thèse Nancy, 1889, 347 p.

392 Cass., 5 janvier 1910, note de NAQUET (E.), S.1912.I.249, DP.1911.I.338.

393 V. Cass. Civ., 21 janvier 1845, DP.1845.I.97 ; Cass. Req., 10 février 1851, S.1851.I.202 ; Cass. Civ., 5 janvier 1910, op. cit. ; Cass. Civ. 1ère, 14 juin 1957, D.1957.557, RTD Civ. 1958 p. 229 observations NERSON.

394 CA Lyon, 13 novembre 1924, D.1925.II.73 note ROUAST (A.) ; CA Aix en Provence, 11 décembre 1933, D.1936.II.57 note Nast ; CA Aix en Provence, 19 novembre 1947, S.1948.II.4254 note J. S.

395 Cass. Civ., 7 août 1883, S.1884.I.5, note LABBE (J. E.) ; MERLIN (M.), Recueil alphabétique des questions de droit qui se présentent le plus fréquemment dans les tribunaux, 4ème éd., Tome X, voir mariage ; DEMOLOMBE (C.), Cours de droit civil, Tome III du mariage à la séparation de corps, Durand, 1846, 606 p.

396 Cass. Civ., 7 août 1883, S.1884.I.5, note LABBE (J. E.) ; Cass. Civ., 30 juillet 1900, DP.1901.I.317 ; S.1902.I.225, note Wahl.

397 Voir le célèbre arrêt Cousin de Lavallière, CA Nîmes, 17 juin 1929, DH 1929, p. 50, Cass. Req., 14 mars 1933, DP.1933.I.28 ; S.1934.I.161.

398 MALAURIE (Ph.), AYNES (L.), STOFFEL-MUNCK (Ph.), Les obligations, op. cit., n° 671 ; Cass. Req., 14 mars 1933, DH.1933.219, S.1934.I.1 ; pour un mariage célébré par un voisin CA Douai, 3 février 1989, Mégacode civil 2003, note 100 sous art. 184.

399 Trib. Civ. d'Epernay, 22 mai 1946, note de HOLLEAUX (G.), D.1947.J.76.

les effets d'un acte déclaré inexistant à raison du vice qui l'affecte. L'autonomie de la notion d'inexistence[400] est donc essentiellement justifiée par le fait qu'elle est un mécanisme fonctionnel, d'une *« pratique incontestable »*[401] dont les effets ont parfois été assimilés à ceux de la nullité absolue.

234.–Tout d'abord, héritage de l'époque où l'inexistence revêtait le visage de la nullité *« radicalement absolue »*, l'action tendant à déclarer un acte inexistant est tantôt imprescriptible[402], tantôt prescriptible[403]. L'imprescriptibilité de l'inexistence demeure l'unique exception (*avec la perpétuité de l'exception de nullité*) aux règles de prescription[404] car il paraît difficile de concevoir qu'un jour le néant ne puisse plus être constaté[405].

235.–En revanche, n'est pas tranchée la question de savoir si la prescription de droit commun s'applique aux autres actions nées du succès de l'action en inexistence. En effet, la disparition du contrat peut impliquer des restitutions, voire une action en responsabilité civile extracontractuelle. Or de telles actions restent, *« a priori »*, soumises à leur propre délai de forclusion, ce qui présente le paradoxe que l'inexistence est dans certains cas un obstacle aux actions qui seraient ouvertes aux intéressés si l'acte avait été simplement illégal[406]...

236.–Ensuite, l'inexistence, à l'instar de la nullité absolue, peut être invoquée par tout intéressé[407] car il n'y a pas lieu en la matière d'appliquer la maxime *« Nemo auditur... »*[408] : la fraude n'est pas un obstacle à l'action de celui qui en est l'auteur. Ce particularisme, source d'insécurité juridique, est peu conforme à l'équité, et explique, pour partie, les cas rarissimes d'application de l'inexistence.

---

400 Trib. Civil de la Seine ord., 19 juin 1957, RTD Civ. 1958 p. 121.

401 « En procédure civile, le jugement inexistant n'est pas susceptible de voies de recours puisqu'il est dénué de toute efficacité ; il n'est donc pas possible d'interjeter appel de ce qui n'existe pas ; toutefois la voie de recours pourra être exercée lorsqu'un plaideur peut avoir intérêt à saisir la cour d'appel afin de s'entendre déclarer irrecevable en son appel du fait de l'inexistence de la décision attaquée » ; voir Répertoire Dalloz Procédure civile, V° Nullités.

402 Cass. Com., 28 avril 1987, RTD Civ. 1987 p. 746 ; CA Paris, 17 février 1961, JCP(G) 1961.II.12020 ;

403 MESTRE (J.), De la prétendue imprescriptibilité de l'action en nullité absolue, RTD Civ. 1986 p. 764 ; VEAUX (D.), Jcl. Civil, articles 1304 à 1314, Fasc. 20, n° 12 ; Cass. Req., 5 mai 1879, S.1879.I.313, D.1880.I.313 ; voir aussi à propos du contrat de mariage passé en l'absence de la future épouse, Cass. Req., 6 avril 1858, DP.1859.I.224, S.1889.I.17

404 En matière civile, la généralité des termes de l'article 2262 du code civil (« Toutes les actions… ») implique de considérer que rien de ce qui relève des droits patrimoniaux et qui fait l'objet d'un traitement judiciaire ne peut échapper à la prescription extinctive de droit commun.

405 Voir pour une interprétation « a contrario » : Conclusions de WEBER (J.–F.), sous Cass. Civ. 3ème, 15 décembre 1999, JCP(G) 2000.II.10236.

406 La Cour d'appel de Lyon considère que l'action en divorce est irrecevable lorsque le mariage est inexistant : CA Lyon, 12 mai 1949, JCP(G) 1950.IV.1353 ; RTD Civ. 1950 p. 222, observations HEBRAUD (P.).

407 T. Civ. Blida, 31 décembre 1931, DP.1932.II.113, note CHAVEAU (P.).

408 Cass. Civ. 3ème, 22 juin 1976, D.1977.619, note DIENER (P.).

237.–Au surplus, l'acte inexistant n'est pas, en principe, susceptible de confirmation ni de ratification[409] et ne peut produire d'effet ni entre les parties ni vis-à-vis des tiers. Il a été soutenu que la confirmation ne serait pas totalement impossible du seul fait de la gravité du vice qui atteint l'acte. En effet, si l'acte qui a besoin d'un élément pour exister est véritablement dépourvu d'existence juridique[410], il ne serait pas impossible de poser que les parties concrétisent l'acte inexistant selon les conditions de fond et de forme de l'acte-modèle dont il avait l'apparence[411].

238.–Enfin alors que les mécanismes juridiques qui s'appliquent de plein droit sont souvent dispensés du recours au juge, s'est longtemps posée la question de savoir ce qu'il en était pour l'inexistence. La nullité, qui impose un recours au juge pour la prononcer, peut être de plein droit si ce dernier ne dispose d'aucun pouvoir d'appréciation pour la refuser. Il en est de même pour l'inexistence, par une sorte de *« plein droit de fait »*[412] car c'est le désaccord entre les parties, et non la nature intrinsèque ou juridique de l'acte, qui impose le recours au juge[413]. L'intervention du juge semble cependant inutile lorsque l'acte n'a aucune apparence et, au contraire, elle est fondamentale dans le cas contraire. La difficulté vient de ce que l'acte inexistant peut être atteint de plusieurs degrés d'imperfection[414], et son inexistence n'est pas toujours manifeste. Par ailleurs, la différence entre le constat d'une inexistence et l'utilisation d'un tel mécanisme pour sanctionner des vices dont l'illégalité est flagrante relève uniquement d'une volonté prétorienne.

239.–Le juge peut prononcer l'inexistence alors même que les parties ne l'avaient pas demandée[415], et cela alors même que le moyen tiré de l'inexistence d'un acte ne soit incontestablement pas d'ordre public en droit civil[416], sauf pour les actes inexistants en procédure civile[417]. La solution est inverse en droit administratif. Il nous semble que tout juge pourrait constater l'inexistence lorsque la solution du litige dont il est saisi dépend d'une telle décision[418], car l'irrégularité est *« d'une gravité si évidente »* que sa constatation

---

409 Cass. Com., 30 novembre 1983, Bull., IV, n° 333 ; T. Civ. Blida, 31 décembre 1931, DP.1932.II.113, note CHAVEAU (P.).

410 DUPEYRON (Ch.), La régularisation des actes nuls, thèse Toulouse, 1972, LGDJ 283 p.

411 ADIDA-CANAC (H.), Actualité de l'inexistence des actes juridiques, op. cit.

412 ADIDA-CANAC (H.), Actualité de l'inexistence des actes juridiques, op. cit.

413 M. Japiot lui-même, qui avait contesté un temps la nécessité d'une action fût-ce en matière de nullité, avait fini par l'admettre ; voir contra GUERRIERO (M.–A.), L'acte juridique solennel, thèse, LGDJ, 1975, 520 p. qui précise que l'inexistence ne peut remettre en cause que la nature de l'acte.

414 BENABENT (A.), Droit civil, les obligations, 10ème éd., Montchrétien, 2005, nos 202 et 203.

415 CHEVALLIER (J.), Inexistence, nullité et annulabilité des actes juridiques, Travaux de l'Association Henri Capitant, Tome 14, Dalloz, p. 513 et s. ; CA Paris, 8 juin 1954, D.1954.577 ; RTD Civ. 1914 p. 676.

416 Ainsi la première chambre civile ne l'admet pas toujours en droit des contrats lorsque l'ordre public en cause est de protection, celui-ci ne pouvant être opposé qu'à la demande de celui qu'il est censé protéger, voir Cass. Civ. 1ère, 10 juillet 2002, D.2003.549, note GOUT.

417 Cass. Civ. 1ère, 20 janvier 1993, Bull., I, n° 31 ; RTD Civ. 1993 p. 843 ; Mégacode Procédure civile Dalloz, 1999, note 11 ; Paris, 13 octobre 1979, GP 1980.151.

418 « Par analogie avec l'article 111-5 du code pénal concernant l'appréciation de la légalité des actes administratifs dont dépend la solution du procès pénal », in ADIDA-CANAC (H.), Actualité de l'inexistence des actes juridiques, in rapport 2004 de la Cour de cassation, La Documentation Française, 4 mai 2005, 544 p.

entre dans les pouvoirs de tout juge[419], quand bien même une action en constatation de l'inexistence proprement dite n'existe pas en droit civil. Demeure le problème, pour la partie qui l'invoque, de prouver l'inexistence (*article 1315 du code civil*)[420].

240.–Il conviendrait ainsi de revenir à la conception préconisée par Japiot[421], déjà en germe dans la doctrine dès l'apparition de l'inexistence en droit civil[422]. Il s'agirait de ne faire appel que restrictivement à la théorie de l'inexistence et de ne l'appliquer que de manière pragmatique dans des *« cas extrêmes »*. Ce qui marque bien son caractère relatif et contingent, même lorsqu'elle repose sur des considérations d'ordre public[423].

---

419 Trib. Civil de la Seine ord., 19 juin 1957, RTD Civ. 1958 p. 121.

420 BENABENT, Droit civil, les obligations, 10ème éd., Montchrétien, 2005, n° 202.

421 JAPIOT (R.), Des nullités en matière d'actes juridiques, Essai d'une théorie nouvelle, thèse Dijon, 1909, p. 668-669.

422 Ainsi l'inexistence « véritable » ne peut se concevoir que distincte de la nullité absolue ou de la nullité relative et doit être cantonnée au défaut absolu de volonté (mariage) et le défaut de forme pour les actes solennels (donation) voir TISSIER (A.), note sous Cass. Req., 30 décembre 1902, Epoux Godard, dits Van den Bercck c. De Fougères, S.1903.I.257.

423 CARPENTIER (A.) et FREREJOUANT DU SAINT (G.), Répertoire général alphabétique du droit français, Tome II8, librairie du Recueil général des lois et des arrêts, 1901 V. Nullités (n° 20).

Conclusion du Chapitre 1

241.–La recherche de la construction de l'inexistence en droit civil s'imposait, comme pour le Doyen Auby précédemment, pour identifier la naissance de l'inexistence. Il s'agissait donc de savoir si, en fin de compte, cette nullité particulière avait été dès l'origine envisagée comme une sanction pour des actes de nature différente (*contrats administratifs, décisions de justice*), ne serait-ce que pour constater, qu'à défaut de théorie proprement dite, l'inexistence en tant que mécanisme modulateur des nullités existantes avait été envisagée comme une entrave à la production d'effets de droit.

242.–Il a donc été relevé que le *« corpus juris »* n'avait pas envisagé l'inexistence à l'origine comme nullité pour un acte déterminé, mais que c'est bien une interprétation, parfois assez discutable, par la doctrine civiliste, qui en était la source. La jurisprudence n'ayant élaboré que postérieurement un mécanisme prétorien de manière à permettre une perfectibilité des systèmes de nullité qui existaient.

243.–Si l'analyse de ces différentes orientations peut paraître hétéroclite au premier abord, ces différentes conceptions tracent en réalité les sources des fondements de l'inexistence et le paradoxe d'une notion appliquée avec parcimonie mais dont aucun mécanisme alternatif aussi radical et aussi souple qu'il soit n'a été substitué ou envisagé par la jurisprudence.

244.–La stratification des opinions des différents auteurs a ainsi contribué à complexifier la notion de l'inexistence par la *« nébulosité »* qui a entouré ses éléments constitutifs, sans que pour autant ces composantes, une fois partiellement reprises par le droit administratif, ne fassent l'objet d'une identification précise.

245.–Sous l'influence de la doctrine et de la jurisprudence civilistes, l'apparition de la notion d'inexistence dans la jurisprudence administrative s'est faite progressivement et tardivement. La controverse sur l'utilisation d'un tel système, a d'abord retardé son application par le juge administratif (*Section I*). Ensuite, cette transposition prétorienne fut motivée par l'apparition progressive du contentieux administratif (*Section II*).

Section 1 Les atermoiements et les imprécisions du Conseil d'État

246.–Le juge administratif a élaboré un concept, puis construit un mécanisme sanctionnant le vice d'un acte administratif (*§. 1.*) en lui appliquant une notion volontairement équivoque (*§. 2.*).

§. 1 Une conceptualisation jurisprudentielle empirique

247.–Une fois la notion et la théorie de l'inexistence élaborées (*A*), le juge administratif les a cantonnées à des cas d'espèce (*B*).

A. L'apparition du vocable et la consécration de la théorie d'inexistence

248.–L'analyse des tables du Recueil des décisions du Conseil d'État (*Lebon*) est fondamentale pour appréhender correctement l'évolution de la jurisprudence administrative. Outre le fait que le Conseil d'État ait été la première véritable juridiction administrative créée, il est la juridiction suprême de l'ordre administratif chargée d'uniformiser le droit.

249.–Avant 1905, la théorie de l'inexistence en tant que telle n'est pas présente dans la jurisprudence. C'est la période de l'apogée des nullités de droit prévues par les textes des (*prétendues*) délibérations des conseils municipaux[424]. Certes, quelques décisions pourraient être mentionnées comme s'inscrivant dans la construction d'une conception des actes inexistants, mais il s'agissait en réalité très souvent de cas isolés et non d'une véritable consécration de l'inexistence. Ainsi un arrêt du Tribunal des conflits du 30 juillet 1873, *« Pelletier »*[425] ou une décision du Conseil d'État du 30 juin 1893, *« Adam »*[426]. Dans la première affaire, il était demandé qu'une saisie de journaux effectuée par l'autorité militaire soit déclarée *« arbitraire, illégale et nulle »* par le tribunal civil. Le déclinatoire ayant été repoussé par le juge, le Tribunal des conflits a déclaré l'autorité administrative compétente pour connaître de ce litige. La deuxième affaire portait sur la

---

424 Table du Recueil périodique des arrêts du Conseil d'État, jurisprudence du Conseil d'État statuant au contentieux et du Tribunal des conflits (coll. Macarel, Lebon, et Hallays-Dabot), analyse des arrêts rendus depuis le 1er janvier 1849 jusqu'au 31 décembre 1858 ; Tables du Recueil périodique des arrêts du Conseil d'État, jurisprudence du Conseil d'État statuant au contentieux et du Tribunal des conflits et de la Cour des comptes (coll. Macarel), analyse des arrêts rendus depuis le 1er janvier 1885 jusqu'au 31 décembre 1894 ; et analyse des arrêts rendus depuis le 1er janvier 1895 jusqu'au 31 décembre 1904 ; CE, 7 novembre 1919, Bonnafé, p. 809.

425 TC, 30 juillet 1873, Pelletier, p. 117.

426 CE, 30 juin 1893, Adam, p. 533.

recevabilité d'un recours contentieux alors que le requérant ne produisait pas la copie de la décision (*du conseil de révision*) attaquée mais simplement la lettre du préfet en contenant l'analyse sommaire. Ceci a conduit le juge administratif à s'interroger sur l'existence (*matérielle*) de la décision (*solution implicite*), et à reconnaître que le requérant avait été dans l'impossibilité de produire la pièce manquante mais qu'il avait en revanche rapporté la preuve de son existence, et qu'un tel recours était recevable.

250.–En revanche, à compter de 1905, dans la rubrique *« actes législatifs et administratifs »* des tables vicennales du Conseil d'État, il est mentionné, dans une sous-partie relative aux effets des actes de l'administration (*Section VIII*), quatre arrêts relatifs à des *« actes nuls et de nul effet »*[427], distincts à la fois des *« actes qui ne créaient pas de droit »* et des *« actes irréguliers »*.

251.–L'inexistence apparaît donc en tant que telle dans la jurisprudence du Conseil d'État au début du XXème siècle, fût-ce par une périphrase. Ont ainsi été déclarés nuls et de nul effet : tout d'abord une promotion à un poste pour lequel aucune vacance n'existait (*et qui ne pouvait dès lors conférer à l'intéressé de droit à une augmentation de traitement*)[428], ensuite la décision d'un lieutenant de sapeurs pompiers prononçant une rétrogradation que seul un Conseil d'administration pouvait décider[429], enfin un arrêté préfectoral approuvant une délibération par laquelle la commission administrative des hospices avait nommé son secrétaire, alors que, d'une part, l'intéressé exerçait des fonctions incompatibles avec l'emploi en question et que, d'autre part, aucune disposition légale n'exigeait que cette nomination fût approuvée par le préfet[430].
Le juge administratif, dans une quatrième espèce mentionnée dans les tables, n'a pas déclaré un acte nul et de nul effet. Il a, au contraire, reconnu l'acte comme légal au motif que le préfet n'avait pas excédé ses pouvoirs en refusant l'autorisation d'ouvrir des baies dans un mur pignon riverain de la voie publique, car les demandeurs n'avaient pas recueilli l'accord de la ville de Paris, copropriétaire du mur mitoyen. Toutefois, la décision mentionne qu'à défaut du consentement de la ville, l'autorisation aurait été inopérante (*et non nulle et de nul effet*)[431]. L'acte aurait été donc inefficace, bien qu'à l'époque, existât assez probablement une confusion de vocabulaire entre inopérance, inefficacité et inexistence.

252.–Les prémisses d'une théorie de l'inexistence sont donc en germe dans la jurisprudence. Le terme d'inexistence est utilisé pour la première fois dans le Recueil Lebon dans un arrêt du 23 mars 1923, *Blanchard*[432], mentionné dans la rubrique relative à *« l'objet, la cause, et les motifs des actes administratifs »*[433].

427 Table du Recueil périodique des arrêts du Conseil d'État, jurisprudence du Conseil d'État statuant au contentieux et du Tribunal des conflits et de la Cour des comptes.
428 CE, 5 août 1921, Ladam, n° 69910, p. 820 et 821.
429 CE, 28 juillet 1911, Gillot, p. 286.
430 CE, 7 novembre 1919, Bonnafé, p. 809.
431 CE, 19 mars 1919, Rambaud et consorts, tables p. 29 ; p. 276.
432 CE, 20 janvier 1922, Trépont et CE, 23 mars 1923, Blanchard, S.1925.III.51, HAURIOU (M.) ; S.1925.III.51, conclusions RIVET, note JEZE (G.).
433 Sect. IV, p. 12 et s. des tables vicennales de 1905 à 1924.

En l'espèce, un fonctionnaire affirmait, sans être contredit, qu'il n'avait jamais manifesté l'intention d'abandonner l'administration préfectorale alors même qu'un décret, prétendument pris sur sa demande, le privait de sa qualité de sous-préfet de 1ère classe. Le Conseil d'État a annulé l'acte litigieux comme fondé sur un *« fait matériellement inexact »* et comme ayant été, par voie de conséquence, pris sur une *« cause juridiquement inexistante »*.

Le vocable *« inexistence »* est donc consacré, en tant que catégorie juridique, par un début de conceptualisation de la notion de cause. Concomitamment, certaines décisions mentionnées dans la Section IX, *« rectification, notification, abrogation, retrait »* (*§. 3. « retrait des décisions individuelles »*) précisent que le retrait de décisions individuelles irrégulières, telles que des nominations irrégulièrement intervenues, donc non créatrices de droit, peuvent intervenir sans délai. Ainsi, se constituent les lignes directrices de ce qui sera ensuite la théorie de l'inexistence[434].

253.–Curieusement, la table décennale du Recueil Lebon pour la période de 1925 à 1934 ne comporte pas de décisions relatives à l'inexistence, alors pourtant que le vocable était mentionné précédemment et que sera élaborée durant cette dizaine d'années, de manière sous-jacente, la théorie de l'inexistence.

254.–Après la Seconde Guerre mondiale, les décisions de la Section du contentieux du Conseil d'État relatives aux actes inexistants ne sont signalées qu'en raison de la spécificité du régime qui leur est applicable[435], et plus particulièrement des conditions de leur retrait. Les arrêts en cause sont donc mentionnés dans la table au §. 3. (*« les règles applicables aux actes non créateurs de droits »*), de l'article 2 (*« légalité du retrait »*), de la Section 2 (*« le retrait »*), du *Chapitre* III (*« abrogation, retrait »*), situé dans le *Titre* III (*« entrée en vigueur, durée, modification »*), incorporé dans la partie qui traite des actes législatifs et administratifs. Les actes en cause sont mentionnés comme susceptibles d'être rétroactivement annulés au même titre que les actes frauduleux dont ils sont distingués. Se profile ainsi le particularisme des actes inexistants, par leur détachement de la question de la validité des actes administratifs (*Titre II : « Validité des actes administratifs »*) comme de leur reconnaissance comme actes *« stricto sensu »* (*Titre I : « Différentes catégories d'actes »*).

La Haute juridiction semblait ainsi refuser à ces actes à la fois le caractère d'actes administratifs et le traitement de leurs vices par une simple illégalité.

255.–Quatre espèces sont mentionnées dans les tables du Recueil Lebon de 1935 à 1954 au titre des actes inexistants. Toutefois, la Haute juridiction n'y fait expressément référence que dans deux d'entre elles, et pour rejeter une telle qualification. Le Conseil d'État confirme tout d'abord qu'une nomination créatrice de droit, faite par une autorité incompétente, n'est pas inexistante. Elle était donc devenue définitive à l'expiration du

---

434 CE, 12 mars 1915, Nardal, p. 71 ; CE, 27 juin 1919, Delmas, p. 559 ; CE, 31 mars 1922, Delmas, p. 594.

435 Table du Recueil périodique des arrêts du Conseil d'État, jurisprudence du Conseil d'État statuant au contentieux et du Tribunal des conflits et de la Cour des comptes (coll. Lebon), analyse des arrêts rendus de 1935 à 1954.

délai de retrait classique[436]. *« A contrario »*, un acte inexistant serait un acte administratif entaché d'un vice tel, qu'il ne pourrait créer de droit, d'où la possibilité de le retirer à tout moment. Le Conseil d'État juge ensuite qu'une décision déléguant un fonctionnaire de l'administration des finances dans un emploi relevant d'une autre administration est irrégulière mais non inexistante[437].
La Haute juridiction préparait, en outre, le cadre de ce qui sera la consécration de l'inexistence et établit, en filigrane, les caractéristiques définissant le régime juridique de cette notion en particulier : les actes inexistants sont nuls et de nul effet, ils ne peuvent conférer de droits à l'intéressé[438], (*nomination pour ordre par exemple*[439]). La notion d'inexistence est ainsi apparentée à un acte fondé sur des motifs fictifs, contrevenant à la logique des actes de la puissance publique[440]. Ainsi peut être contestée l'affirmation de R. Odent selon laquelle le Conseil d'État n'employait le terme *« inexistence »* dans ses arrêts que pour répondre aux moyens invoqués par les requérants[441].

256.–Entre 1955 et 1964[442], la catégorie des actes inexistants évolue et est appréhendée par les tables du Lebon comme une question touchant à la *« validité des actes administratifs »* (*Titre II*) bien qu'ils ne soient toujours pas expressément mentionnés comme étant une subdivision possible des actes administratifs (*Titre I « différentes catégories d'actes administratifs »*) voire comme une autre catégorie d'actes (*Chapitre VIII du Titre I, « actes administratifs » ; Section 1 « notion », article 1 « distinction entre les actes administratifs et les autres catégories d'actes »*) ou comme une sanction de l'existence matérielle (*article 2 « existence d'une décision »*).
En revanche, l'inexistence ne représente qu'une question annexe à la validité et non un moyen de légalité invocable lors d'un recours contentieux au même titre que la compétence (*Titre II précité, Chapitre 1 « questions générales », Section 1 « actes inexistants »/ Chapitre II « compétence »*) bien que les actes inexistants semblent présenter autant d'importance dans la jurisprudence du Conseil d'État que le pouvoir discrétionnaire du juge, la compétence liée, ou les circonstances exceptionnelles (*Titre II précité, Chapitre 1 précité, Sections 1, 2 et 3*).
Le Conseil d'État confirme donc que les nominations[443], les promotions[444], les désignations[445] ou les mesures pour ordre[446] et plus généralement les emplois fictifs[447], sont

436 CE, 22 janvier 1954, Dardant, p. 163 ; CE, 18 décembre 1953, Welter, chron. GAZIER (F.) et LONG (M.) AJDA 1954 p. 5 ; CE, 22 janvier 1954 Pacha, op. cit.
437 CE, 22 janvier 1954, Pacha, op. cit. ; CE, 18 décembre 1953, Welter, op. cit.
438 CE, 20 avril 1951, Houdaille du Meix, p. 208 ; Tables p. 77.
439 CE Sect., 30 juin 1950, Massonnaud, p. 400, conclusions DELVOVE (J.) ; S.1951.III.57 note F. M.
440 CE, 20 avril 1951, Houdaille du Meix, p. 208 ; Tables p. 77.
441 ODENT (R.), Cours de contentieux administratif, 1980, fascicule n° 3, p. 953.
442 Table du Recueil périodique des arrêts du Conseil d'État, jurisprudence du Conseil d'État statuant au contentieux et des décisions du Tribunal des conflits et des jugements des tribunaux administratifs (coll. Lebon), analyse des arrêts rendus de 1955 à 1964.
443 CE, 20 décembre 1957, Association des fonctionnaires du Ministère de l'Intérieur c. Saincierge, p. 699, conclusions GULDNER, RA, mars-avril 1958, p. 149, Tables p. 50.
444 CE, 12 novembre 1958, Sabiani, p. 549, Tables p. 51.
445 CE, 15 juillet 1959, Syndicat C.G.T., C.F.T.C., C.G.T.–F.O. du Ministère de l'Education nationale et sieur André, req. nos 40758 et 40759, p. 462-463, Tables, p. 50.
446 CE Sect., 9 mars 1962, Douzans, p. 159, Tables p. 51.

des actes inexistants, nuls et de nul effet. Ne sont en revanche pas reconnues comme telles les révocations par mesure d'épuration de fonctionnaires antérieurement mis à la retraite[448]. En outre, c'est durant cette période que sera rendu l'arrêt *« Rosan Girard »* qui est tenu comme le *« grand arrêt »* du Conseil d'État et qui consacre la théorie des actes inexistants[449]. Il synthétise en effet la jurisprudence antérieure en donnant les traits caractéristiques définissant un acte juridiquement inexistant, ainsi que le régime qui lui est applicable, notamment concernant les actes subséquents qui, de ce seul fait, sont illégaux[450]. Quelques mois plus tard, la Haute juridiction affirmera explicitement que le recours contre un acte inexistant n'est pas soumis à une condition de délai[451].

257.–A compter de 1965[452], la construction jurisprudentielle se stabilise et les actes inexistants sont désormais mentionnés comme une subdivision parmi les différentes catégories d'actes. La jurisprudence du Conseil d'État précise ainsi le domaine d'application de tels actes : c'est véritablement le caractère fictif de l'acte qui semble sanctionné par une nullité radicale ; celle-ci en neutralise tout effet.
Le Conseil d'État confirmera ainsi sa jurisprudence antérieure[453] en précisant que, lorsqu'un acte est pris pour favoriser un agent public dans un but autre que l'intérêt général et hors des prévisions statutaires et réglementaires, voire contractuelles, qui lui sont applicables, il est inexistant[454].

258.–Pour préciser la distinction entre les moyens invocables en cas d'un recours en annulation contre un acte administratif et ceux dirigés contre des actes prétendus inexistants, le Conseil d'État a jugé que les illégalités invocables traditionnellement (*incompétence, une atteinte aux droits des requérants*), ne constituent pas normalement des vices de nature à faire regarder une décision comme inexistante[455].

259.–Par la suite[456], la propension des requérants à vouloir faire prononcer par le juge administratif des contestations d'inexistence, a conduit le Conseil d'État à consacrer définitivement la catégorie des actes inexistants comme un concept juridique aussi important (*qualitativement*) que celui des actes administratifs (*Titre I « différentes*

---

447 CE, 15 février 1961, Debet, requête n° 42684, Tables p. 51.
448 CE, 6 juillet 1956, Pierre-Alype, p. 305, tables p. 50.
449 CE Ass., 31 mai 1957, Rosan Girard, op. cit.
450 CE, 31 mai 1957, Lansier et Herem, p. 359, note Fournier et Braibant, AJDA 1957 p. 273.
451 CE, 27 novembre 1957, Leroy, requête n° 15734, Table p. 51.
452 Table du Recueil périodique des arrêts du Conseil d'État, jurisprudence du Conseil d'État statuant au contentieux et des décisions du Tribunal des conflits et des jugements des tribunaux administratifs (coll. Lebon), analyse des arrêts rendus de 1965 à 1974.
453 CE Sect., 3 février 1956, De Fontbonne, op. cit.
454 CE, 31 mai 1957, Chavannaz, n° 65 788, Tables, p. 69 ; CE, 13 juillet 1967, Lourmet, p. 309, Tables p. 69. RDP 1968 p. 437.
455 CE, 18 novembre 1966, Lamiche, requête n° 63516, tables p. 69.
456 Table du Recueil périodique des arrêts du Conseil d'État, jurisprudence du Conseil d'État statuant au contentieux et des décisions du Tribunal des conflits et des jugements des tribunaux administratifs (coll. Lebon), analyse des arrêts rendus de 1975 à 1984 ; Table du Recueil périodique des arrêts du Conseil d'État, jurisprudence du Conseil d'État statuant au contentieux et des décisions du Tribunal des conflits, arrêts des Cours administratives d'appel et des jugements des tribunaux administratifs (coll. Lebon), analyse des arrêts rendus de 1985 à 1994.

catégories d'actes », Chapitre 5 les « actes administratifs-notion », Chapitre 6 les « actes administratifs-classification »), tout en leur refusant la qualité d'actes administratifs. Il spécifiera également les hypothèses dans lesquelles il refuse de déclarer ou, au contraire, de prononcer le caractère inexistant d'un acte (*Section 1 « absence » et Section 2 « existence »*).

B. Le maintien d'une application résiduelle

260.–La jurisprudence a donc voulu tout à la fois préciser et cantonner le domaine de l'inexistence. C'est ainsi qu'elle a confirmé comme étant nuls et de nul effet les nominations pour ordre[457], le maintien en service d'un agent au-delà de la limite d'âge[458] ; elle a, en revanche, refusé de reconnaître inexistants l'élection du maire d'une commune par des conseillers municipaux proclamés à tort élus par le bureau de vote[459], une mesure interdisant d'incinérer des déchets en haute mer prise par une autorité incompétente[460] ou un décret pris par un gouvernement démissionnaire en dehors de sa compétence[461]. Elle s'est donc efforcée d'empêcher que l'inexistence ne devienne une catégorie susceptible d'englober tous les moyens invocables en excès de pouvoir pour ne pas ouvrir la porte à une certaine insécurité juridique.
La Haute juridiction ne précisera cependant pas s'il s'agit pour elle de cas d'inexistence juridique et ne mentionnera que ponctuellement les cas d'inexistence matérielle. Souvent d'ailleurs ces termes n'apparaissent ni dans les visas, ni dans les motifs, ni dans le dispositif des décisions mais dans le chapeau introductif des arrêts au Recueil Lebon, dans la liste des mots-clefs thématiques. Ceci permet d'affirmer que la distinction entre inexistence juridique et inexistence matérielle ne se fait qu'*« a posteriori »*, et que le juge administratif ne s'interroge, pour statuer, que sur les éléments constitutifs de cette notion[462].

261.–Toutefois, le Conseil d'État innovera, peu de temps après la suppression des nullités de plein droit, en consacrant officiellement dans un arrêt de principe cette idée que la délibération d'un conseil municipal est inexistante dès lors qu'elle n'a pas été prise par les autorités compétentes[463]. De même, alors que les textes qui prévoyaient les nullités de plein droit avaient été abrogés, le Conseil d'État a consacré la recevabilité, sans délai, d'un déféré préfectoral qui n'avait pas été initialement prévu par les textes, le déféré en

---

457 CE, 15 mai 1981, Maurice et Pruvost, p. 221, AJDA 1982 p. 86, conclusions BACQUET (A.) ; D.1981.IR.523 observations DELVOLVE (P.) ; D.1982.147, note BLONDEL (Ph.) et JULIEN-LAFERRIERE (F.).

458 CE, 5 juillet 1978, Ministère délégué à l'Economie et aux Finances et Ministère d'État, Ministre de l'intérieur c. Alavandane Ramassamy, Tables, p. 678.

459 CE, 21 décembre 1983, Election du maire de Limeil-Brévannes, p. 520, tables p. 98 n° 309, AJDA 1984 p. 347, RDP 1984 p. 206, note de DRAGO (R.).

460 CE, 5 juin 1981, Ministre de la culture et de l'environnement c. Société Incimer, p. 244, D.1981.IR.520, observations DELVOLVE (P.).

461 CE Ass., 16 avril 1986, Roujansky, n° 78169, tables, p. 531 et p 113.

462 CE, 9 mai 1990, Commune de Lavaur c. Lozar, p. 115, Tables mensuelles p. 113, D.1991.SC.135, observations LLORENS et SOLER–COUTEAUX.

463 CE Sect., 30 novembre 1979, Martin, p. 443 ; CE Sect., Lafitte et autres, 28 octobre 1932, p. 882 ; note de MESTRE (A.), S.1933.III.65 ; CE, 9 novembre 1983, Saerens, p. 453, tables, p. 98 n° 311.

déclaration d'inexistence[464]. Enfin, aussi contestable que puisse être cette décision, la Haute juridiction affirme qu'un arrêté complétant la motivation d'un arrêté d'autorisation dérogatoire d'ouverture d'officine pharmaceutique annulé par un jugement, frappé d'appel, doit être déclaré nul et de nul effet et, par conséquent, inexistant[465].

262.–Entre 1994 et 2000, et durant les années suivantes, il est mentionné au Recueil Lebon plusieurs décisions relatives aux actes inexistants. Ainsi, l'arrêt de la Cour administrative d'appel de Lyon, *« Syndicat mixte du musée de Moulins »*, du 28 janvier 1997[466] précise que la nomination d'un fonctionnaire dans un emploi inexistant est nulle et de nul effet, même si le poste a été ultérieurement créé. Une décision du Conseil d'État, *« Commune de Franconville-la-Garenne »*, du 13 mai 1996, rejette une demande en déclaration d'inexistence d'une décision de préemption prise hors du délai prévu à l'article L. 213-2 du code de l'urbanisme[467]. L'arrêt *« Ministre de l'Intérieur contre Madame Auger »* décide que l'acte constitutif d'une voie de fait doit par suite être regardé comme nul et non avenu[468]. Dans l'affaire *« Khellil »*, le juge statue sur les conséquences tirées de l'autorité de la chose jugée[469]. La décision *« Préfet de la Drôme »*, du 10 novembre 1999[470], réitère l'affirmation selon laquelle les arrêtés d'un maire intervenus sur la base d'une *« délibération »* déclarée nulle et de nul effet par le Conseil d'État sont eux-mêmes inexistants. La décision *« Assistance publique-Hôpitaux de Marseille »* pose le principe que si un acte administratif obtenu par fraude ne crée pas de droits, il n'est pas pour autant un acte inexistant[471]. Enfin, dans l'affaire *« Wirbel »*, du 3 février 2003, le juge apporte des précisions sur la qualité du requérant susceptible de lui donner intérêt à formuler un recours en déclaration d'inexistence[472].

263.–Il convient de mentionner que si certains arrêts sont indiqués dans la catégorie des actes inexistants, il arrive qu'ils soient également signalés dans d'autres rubriques : ainsi l'arrêt de la Cour administrative d'appel de Lyon, *« Syndicat mixte du musée de Moulins »*[473], est à la fois répertorié dans l'entrée des *« nomination pour ordre »* (*dans la division « Fonctionnaires et agents publics »*) et dans celle des *« actes inexistants »* (*dans la division « actes législatifs et actes administratifs/classification »*). *« A contrario »*, d'autres décisions relèvent, dans leurs dispositifs, que la décision attaquée est nulle et de nul effet, sans être cependant mentionnées dans le Recueil Lebon comme déclarant un acte inexistant. Cette situation est d'autant plus surprenante que la catégorie des nominations pour ordre est une des catégories les plus répandues d'actes inexistants.

464 CE, 28 février 1986, Commissaire de la République des Landes, op. cit.
465 CE, 20 mai 1988, Madame Nardin, p. 198, tables, p. 1.
466 CAA Lyon, 28 janvier 1997, Syndicat mixte du musée de Moulins, n° 94LY00110 table, p. 631.
467 CE, 13 mai 1996, Commune de Francoville-la-Garenne, 152472, p. 178, tables p. 669 ; conclusions MAUGUE, BJDU 1996 p. 267.
468 CE, 11 mars 1998, Ministre de l'Intérieur c. Madame Auger, tables, p. 676.
469 CE, 18 mars 1998, Khellil, p. 91, T. p. 676.
470 CE, 10 novembre 1999, Préfet de la Drôme, n° 126382.
471 CE, 29 novembre 2002, Assistance publique-Hôpitaux de Marseille, p. 414, tables, p. 582, AJDA 2003 p. 276 ; conclusions BACHELIER.
472 CE, 3 février 2003, Wirbel, n° 240630, Tables p. 619, AJDA 2003 p. 1294.
473 CAA Lyon, 28 janvier 1997, Syndicat mixte du musée de Moulins, n° 94LY00110, table, p. 631.

Ainsi, par exemple, il est mentionné dans les tables du Recueil Lebon qu'un jugement déclarant trois arrêtés nuls et de nul effet[474] doit être rapproché de l'arrêt d'Assemblée du Conseil d'État en date du 15 mai 1981, *« Maurice »* qui affirme que le juge de l'excès de pouvoir, saisi d'un recours dirigé contre un acte nul et non avenu, est tenu d'en constater la nullité à toute époque[475]. En d'autres termes, les caractéristiques de l'inexistence sont mentionnées implicitement dans le dispositif alors même que la décision en cause n'est pas mentionnée comme faisant application du mécanisme des actes inexistants.

264.–L'inexistence, en tant que catégorisation juridique, n'est donc pas une notion couramment usitée par le juge administratif qui l'envisage essentiellement par ses effets, qui permettront une identification lors de la lecture des décisions.
La création des tribunaux administratifs (*décret du 30 septembre 1953*) et des cours administratives d'appel (*loi du 31 décembre 1987*) a nécessité une réforme de la source documentaire utilisable, le Recueil Lebon ne pouvant plus remplir correctement cet office. Des bases de données ont donc été constituées (*« JADE »*[476] *complétée par « Ariane web », « Ariane archives juridictions », « Lexisnexis-Jurisdata » et « Légifrance »*).

265.–Sur la base du fonds *« archives »*[477] des juridictions administratives[478], qui est un des plus complets systèmes de catalogage de décisions de justice (*qui répertorie en principe les décision à compter de 1875, bien que l'intégralité de la production juridictionnelle n'y soit versée qu'à compter de 1987*), il est seulement recensé au 1er novembre 2007, 88 arrêts de Cours administratives d'appel mentionnant les termes d'*« actes inexistants »* rendus entre mai 2000 et juin 2007 : soit 17 arrêts pour la CAA de Bordeaux, 4 arrêts pour la CAA de Douai, 9 arrêts pour la CAA de Nancy, 23 pour la CAA de Paris, 3 arrêts pour la CAA de Lyon, 21 pour la CAA de Marseille, et 10 pour la CAA de Nantes ; une unique décision étant répertoriée pour la CAA de Versailles.

266.–De même, seuls 5 arrêts de cours administratives d'appel et 5 jugements de tribunaux administratifs, sont relatifs à la notion de *« contrat inexistant »*, entre juillet 1994 et juin 2007.

267.–En ce qui concerne les 38 tribunaux administratifs, le même constat peut être dressé : en effet, il n'est répertorié que 179 jugements rendus entre mai 2000 et juin 2007 relatifs aux actes inexistants. Les TA de Nouméa, Caen, Cayenne, Nîmes et Châlons-en-Champagne, ont rendu une seule décision chacun sur un acte inexistant ; les TA d'Amiens et de Pau, deux chacun, les TA de Bordeaux, Bastia, Saint-Denis, et Dijon trois jugements chacun ; le TA de Cergy-Pontoise quatre, celui de Rouen cinq, les TA de Clermont-Ferrand, Nancy, Melun, Poitiers, et Besançon six chacun ; les TA d'Orléans et de Rennes, huit, et les TA de Nice et de Nantes, neuf chacun ; le TA de Montpellier dix, et les TA de

474 TA Lille, 4 novembre 1997, Préfet du Nord, nos 96-839 et 96-1398, tables, p. 882.
475 CE, 15 mai 1981, Maurice et Pruvost, p. 221, AJDA 1982 p. 86, conclusions BACQUET (A.).
476 Le fonds documentaire de la jurisprudence administrative comprend plus de 155 000 décisions, toutes juridictions administratives confondues.
477 « Ariane-Archives ».
478 Le Conseil d'État possédant son propre fond « archive » à usage interne.

Marseille, Lille, Grenoble, Lyon, Versailles et Paris, ont rendu respectivement quinze, seize, dix-huit, dix-neuf, vingt-deux et vingt-neuf jugements.

268.–Un seul jugement (*du TA de Clermont-Ferrand*) tous tribunaux confondus mentionne le *« déféré en déclaration d'inexistence »* dans les motifs de sa décision, cela en 1998.

269.–Sur cette base, il convient d'affirmer que moins d'une centaine de décisions de justice, toutes juridictions confondues, traitent (*et non déclarent*) de l'inexistence alors que les juridictions administratives de droit commun rendent en moyenne 220 000 à 250 000 décisions par an[479]. En d'autres termes, la théorie de l'inexistence (*en ce qui concerne les actes unilatéraux, les contrats administratifs et les décisions de justice*) est susceptible d'être appliquée dans 0,01 % (*soit 1 pour 10 000*) de la production juridictionnelle. Ceci représente 35 dossiers par an en moyenne toutes juridictions confondues et donc un peu moins d'un dossier par an et par juridiction. En revanche, la déclaration même d'inexistence est plus rare et représente moins d'une dizaine de déclarations par an, soit environ 0,004 % (*soit 4 pour 100 000*) par an.

479 En 2007, la production juridictionnelle a été la suivante : TA : 173907 décisions de justice, CAA : 25890 et CE : 12700 ; voir Rapport du Conseil d'État de 2007, disponible à l'URL : http://www.conseil-État.fr/ce/rappor/rapport2007/rap07.pdf.

Bases : - Ariane Web - Ariane Archives	Nombre d'arrêts ou de jugements contenant les termes : « acte(s) inexistant(s) » entre mai 2000 et juin 2007	Nombre d'arrêts ou de jugements contenant les termes : « contrat(s) inexistant(s) »	Nombre d'arrêts ou de jugements relatifs à un(e) (des) acte(s)/ contrat(s), décision(s) « nul(s) et de nul effet »	Nombre d'arrêts ou de jugements relatifs à un(e) (des) acte(s)/ contrat(s), décision(s) « nul(s) et non avenu(s) ou nulle (s) et non avenue(s) »		Nombre d'arrêts ou de jugements contenant les termes : « acte(s) inexistant(s) » entre mai 2000 et juin 2007	Nombre d'arrêts ou de jugements contenant les termes : « contrat(s) inexistant(s) »	Nombre d'arrêts ou de jugements relatifs à un(e) (des) acte(s)/ contrat(s), décision(s) « nul(s) et de nul effet »	Nombre d'arrêts ou de jugements relatifs à un(e) (des) acte(s)/ contrat(s), décision(s) « nul(s) et non avenu(s) ou nulle (s) et non avenue(s) »
Conseil d'État	54	1	45	108	TA de Lille	16	0	24	21
					TA de Limoges	0	0	4	3
CAA de Bordeaux	17	2	26	23	TA de Lyon	19	0	1	10
CAA de Douai	4	0	7	9	TA de Mamoudzou	0	0	0	0
CAA de Lyon	3	0	16	32	TA de Marseille	15	0	35	21
CAA de Marseille	21	0	23	31	TA de Melun	6	0	9	10
CAA de Nancy	9	1	9	9	TA de Montpellier	10	0	32	8
CAA de Nantes	10	1	9	11	TA de Nancy	6	0	18	7
CAA de Paris	23	3	32	27	TA de Nantes	9	0	16	25
CAA de Versailles	1	0	2	24	TA de Nice	9	1	3	24
					TA de Nîmes	0	0	5	4
TA d'Amiens	2	0	16	6	TA de Nouvelle-Calédonie	0	0	8	5
TA de Basse-Terre	0	0	2	2	TA d'Orléans	8	0	17	8
TA de Bastia	3	0	1	1	TA de Paris	29	0	35	53
TA de Besançon	6	0	16	2	TA de Pau	2	0	6	3
TA de Bordeaux	3	0	2	9	TA de Poitiers	6	0	17	9
TA de Caen	1	0	3	3	TA de Polynésie-française	0	0	8	5
TA de Cayenne	1	0	0	0	TA de Rennes	8	0	23	21
TA de Cergy- Pontoise	4	1	7	4	TA de Rouen	5	0	6	4
TA de Chalons en Champagne	1	0	10	3	TA de St-Denis	3	0	1	6
TA de Clermont Ferrand	6	0	7	10	TA de St-Pierre	0	0	0	0
TA de Dijon	3	0	5	6	TA de Strasbourg	4	0	3	1
TA de Fort-de-France	0	0	0	11	TA de Toulouse	0	0	5	17
TA de Grenoble	18	2	28	15	TA de Versailles	22	1	32	24

270.–Ce sont des chiffres qu'il convient cependant de relativiser en raison de l'imprécision relative du contenu du fonds car l'essentiel des archives dites *« sur papier »* ne sont accessibles qu'au greffe de chaque juridiction. Certes, le fonds a été créé avec pour finalité que tous les arrêts, jugements, et toutes les ordonnances des Cours administratives d'appel et des Tribunaux administratifs depuis leur création, soient mis en ligne et consultables par toute personne, ainsi que les conclusions des commissaires du gouvernement. Toutefois, la mise en ligne des décisions dépend de chaque juridiction, et si certaines d'entre elles ont systématisé l'archivage informatique des arrêts, décisions et ordonnances dès leur notification, d'autres, au contraire, font primer la célérité de la justice sur la mise à disposition de la documentation sous forme numérique. Ainsi les arrêts ou jugements contenant les termes *« acte(s) inexistant(s) »* ont été rendus uniquement entre mai 2000 et juin 2007 pour les juridictions du fond et avril 1969 et février 2007 pour le Conseil d'État, ceux contenant les termes *« contrat(s) inexistant(s) »* entre juillet 1994 et juin 2007, ceux contenant les termes *« nul(s) et de nul effet »* entre août 1993 et septembre 2007 pour les juridictions du fond, et juin 1967 et février 2002 pour le Conseil d'État, et enfin ceux contenant les termes *« nul(s) et non avenu(s) ou nulle (s) et non avenue(s) »* entre décembre 1992 et juin 2007 pour les CAA et les TA et mai 1957 et mars 2006 pour le Conseil d'État.

271.–La recherche par le mot-clef *« actes inexistants »* sur la base *« Ariane »*, qui permet l'exploitation des données de l'ensemble des juridictions administratives, n'a permis de ne recenser que 104 arrêts et jugements entres 1969 et 2007, la recherche pour *« contrats inexistants »*, 3 arrêts et celle relative aux décisions traitant du recours en déclaration d'inexistence, 25. Or, comme l'arrêt dit de principe, *« Rosan Girard »*, n'est même pas mentionné dans cette liste obtenue par *« termes »*, il convenait de faire une recherche thématique grâce au plan de classement de la jurisprudence administrative (*PCJA*). Celui-ci permet une observation plus fiable car il comporte un titrage, composé d'un numéro de plan de classement de la jurisprudence administrative auquel un intitulé est attribué. Élaboré par le Centre de documentation du Conseil d'État et destiné au classement de la jurisprudence administrative, il est structuré actuellement en 71 rubriques principales et plusieurs subdivisions, elles-mêmes divisées en catégories qui peuvent s'articuler encore en plusieurs sous-rubriques arborescentes.

272.–Le PCJA des actes inexistants est ainsi répertorié sous le numéro 01-01-07 : Il s'agit de la 7ème catégorie (*« actes inexistants »*) de la 1ère subdivision (*« différents actes administratifs »*) de la première rubrique (*01 : Actes législatifs et administratifs*). Il relève du pouvoir d'appréciation du juge administratif de choisir le titrage en fonction de la réalité du moyen invoqué et non de celui allégué par le requérant, et donc en conformité avec une requalification éventuelle des conclusions et des demandes formulées dans un mémoire contentieux lors de la phase de jugement[480]. Par exemple, alors que dans le mémoire introductif d'instance il peut être argué de l'inexistence de l'acte et du détournement de pouvoir commis par l'auteur de la décision, l'acte peut être annulé uniquement sur le

---

480 Bien que dans certaines juridictions, de facto, cette fonction puisse être déléguée au greffier en chef.

fondement de cette unique illégalité : ce sera donc uniquement le titrage de ce moyen qui sera mentionné et non celui de l'inexistence. Néanmoins, ce mode de recherche présuppose que la numérotation du plan de classement soit suffisamment précise, or certains jugements, arrêts ou ordonnances relatifs à l'inexistence ou aux actes inexistants ont été catalogués sous une numérotation autre que 01-01-07 car les PCJA sont combinables entre eux. Ainsi le contrat inexistant peut être mentionné dans la catégorie n° 39 correspondant aux *« contrats administratifs »*, la subdivision n° 39-01-01 étant relative à l'*« existence d'un contrat »* et la sous-catégorie n° 39-04-01 à la *« fin du contrat »* et plus particulièrement à sa nullité. Pareillement, la catégorie n° 135 traite des collectivités territoriales, et la subdivision 135-01-015, du contrôle de la légalité des collectivités territoriales, étant précisé que le déféré préfectoral est répertorié par le n° 135-01-015-02 et ses modalités au n° 135-01-015-02-03 et qu'il n'existe pas de catégorie propre au déféré en déclaration d'inexistence. De même, le retrait d'un acte inexistant pourrait être classé sous le PCJA 01-09-01-01 (*01-09 étant la catégorie relative à la disparition de l'acte et 01-09-01 au retrait*), et dans la catégorie générale du *« retrait des actes non créateurs de droit »*.

273.–En effet, si la rédaction de la décision devrait être en principe mentionnée le PCJA[481], la méconnaissance de l'indexation n'est pas sanctionnée et plusieurs divisions sont de création récente tandis que d'autres ont changé d'attribution au cours du temps. Il est donc indispensable de compléter toute recherche *« PCJA »* par l'emploi de termes pertinents et réciproquement, car le plan de classement 01-01-07 ne contient que 24 arrêts du Conseil d'État, 8 arrêts de cours administratives d'appel et aucun jugement relatif à l'inexistence.

274.–La base *« Légifrance »*, entre 1956 et 2007, ne contient ainsi que 64 arrêts du Conseil d'État se référant à un acte inexistant proprement dit et une ordonnance de référé concernant un contrat inexistant, 59 arrêts de CAA dont deux traitent de la problématique du *« contrat inexistant »* (*en 2003 et 1994*), et, entre 1965 et 1999, 11 jugements sans référence se rapportant au contrat inexistant. Il convient d'ajouter un arrêt de CAA traitant du déféré en déclaration d'inexistence.

275.–Quant à la base *« Lexisnexis - Jurisdata »,* elle mentionne, entre 1971 et 2007, 40 arrêts du Conseil d'État, entre 1994 et 2006, 40 arrêts de CAA, et, entre 1965 et 1993, 11 jugements qui indiquent *« acte inexistant »* dans le corps de la décision et deux arrêts de CAA, datant respectivement de 1994 et de 2003, qui traitent des conséquences d'un contrat inexistant.

276.–Il convient d'ajouter que la recherche est encore rendue délicate lorsque les termes *« inexistant »*, *« inexistence »*, figurent dans les mémoires mais non *« expressis verbis »* dans le jugement.

277.–Il n'existe donc pas de bases de données qui permettent une recherche exhaustive d'une notion juridique bien qu'*« Archives juridictions »*, grâce à l'analyse du Centre de

---

481 Ainsi pour le retrait d'un acte inexistant il devrait être spécifié : 01-09-01-01 et 01-01-07.

documentation du Conseil d'État, soit un panorama concis et réel de ce que doit être le droit et dans quel sens les juridictions du fond doivent l'appliquer. Celui-ci mentionne ainsi 20 arrêts du Conseil d'État, un arrêt de Cour administrative d'appel et six jugements de tribunaux administratifs qui se révèlent en réalité être les fondements de la théorie de l'inexistence.

278.–Les différentes bases ne donnent ainsi aucune indication précise permettant de quantifier réellement les décisions de justice qui traitent de l'inexistence : en revanche, les indications croisées des différentes bases de données permettent d'affirmer avec certitude que la théorie de l'inexistence est d'application mesurée, étant donné qu'elle est circonscrite surtout à l'annulation des délibérations, qu'elle est peu invoquée par les parties, sauf lorsque leur recours est entaché de forclusion, et qu'elle est prononcée parcimonieusement par les juges.

§. 2 L'ambiguïté persistante de la notion par une assimilation entre inexistence juridique et inexistence matérielle

279.–La jurisprudence applique l'inexistence sans distinguer entre ses deux formes classiques présentées par la doctrine (*A*) ; l'inexistence juridique et l'inexistence matérielle (*B*).

A. Le constat d'un refus de toute distinction par la jurisprudence

280.–Un acte administratif matériellement inexistant pourrait être défini comme une volonté administrative n'ayant jamais été concrétisée et donc jamais édictée au sens physique du terme. L'acte serait dépourvu d'*« instrumentum »* et d'objet (*sans « negotium »*) car un acte juridique n'a pas l'obligation d'être pris sous la forme d'un écrit ; il peut être oral, donc immatériel, et produire des effets en tout point identiques aux autres actes administratifs.

281.–L'inexistence matérielle résulterait ainsi du constat qu'une décision administrative ne pourrait ni être appliquée ni créer de droit car elle n'a jamais été ni concrètement matérialisée, ni édictée par un auteur quelconque[482].

282.–Toutefois, il convient de distinguer plusieurs hypothèses dans lesquelles l'acte administratif n'existe pas ou bien n'existe plus[483]. Tout d'abord, se rencontre le cas

482 AUBY (J.–M.), La théorie de l'inexistence des actes administratifs, thèse, op. cit., p. 6 ; DEBARY (M.), préface de EISENMANN (Ch.), La voie de fait en droit administratif français, thèse, Paris, 1960, LGDJ, p. 112 ; EISENMANN (Ch.), Cours du droit, 1983 Tome II, LGDJ, p. 60 et s. ; BOULOUIS (J.), L'inexistence, l'annulation des actes juridiques en droit public français, in Travaux de l'association Henri Capitant, Des amis de la culture juridique française, Journées de Turin, 4-7 juin 1962, Dalloz, 1962, p. 771 et s. ; WEIL (P.), Une résurrection : la théorie de l'inexistence en droit administratif, D.1958.chron.49 ; WODIE (F.), L'inexistence des actes juridiques unilatéraux en droit administratif français, AJDA 1969 p. 76.

483 CHAPUS (R.), Droit administratif général, Tome I, op. cit., n° 1280 et s., in chapitre II Le régime des décisions ; CHAPUS (R.), Contentieux administratif, 12ème éd., op. cit., voir annulation nos 231, 1060, 1121, 1216 et 1251 ; CROUZATIER-DURAND (F.), La fin de l'acte administratif unilatéral, L'Harmattan, 2003, 434 p.

particulier d'un acte administratif (*ou d'un contrat*) appliqué par l'administration, revendiqué par des usagers, voire des tiers par rapport à un service public, et plus généralement par des administrés, qui n'a en réalité jamais été pris par une autorité administrative. Ensuite, doit être envisagé le cas de la disparition d'un acte, c'est-à-dire la fin de l'acte administratif (*toujours volontaire : annulation, caducité, modification, abrogation, retrait...*), ce qui implique, parfois, de considérer artificiellement que l'acte qui doit être considéré n'a jamais juridiquement existé (*bien qu'il ait pu produire des effets*). Enfin, il faut signaler le cas de la destruction physique de l'acte qui doit être considéré comme un cas d'inexistence matérielle (*en principe involontaire*). La première supposition est cependant le seul cas incontestable d'inexistence matérielle, car la destruction d'un acte n'implique pas qu'il ne produise plus d'effet ; en outre, la validité d'un acte s'appréciant au moment de son édiction, sauf changement de circonstance de droit ou de fait, un acte détruit peut être et demeurer légal.

283.–La difficulté réside donc en ce que l'inexistence matérielle d'un acte ne se rattache pas en réalité nécessairement à la théorie de l'inexistence, car l'absence de toute concrétisation matérielle ne va pas forcément de pair avec le défaut de formation de l'acte juridique, notamment dans le cas des décisions implicites qui n'existent pas matériellement mais qui produisent tout de même des effets et dont la preuve peut être rapportée juridiquement, sans compter l'introduction des nouvelles technologies qui pourrait conduire à ce que l'*« instrumentum »* de l'acte administratif soit –toujours– dématérialisé[484]. Or, l'amalgame entre une inexistence juridique (*vice substantiel empêchant la formation de l'acte*) et la *« non-existence »* de celui-ci, sa dématérialisation, qui signifie que celui-ci a pu valablement (*ou concrètement*) exister, tel un acte détruit, ne peut être fait puisque dans la seconde hypothèse l'acte peut produire encore ses effets s'il est possible de rapporter la preuve sinon de sa matérialité du moins de son contenu (*« negotium »*). En d'autres termes, dans le cas de la dématérialisation électronique, l'acte existe bien dans la mesure où il est possible de se le procurer concrètement par la matérialisation d'un exemplaire en version *« papier »* ; l'acte est donc palpable, quand bien même il ne l'a été que temporairement de manière virtuelle. L'inexistence matérielle proprement dite, et donc entendue dans un sens strict, suppose que ni l'auteur, ni le destinataire de la décision administrative ne sont capables d'en exhiber une représentation sous une forme quelconque.

284.–En d'autres termes, si cette disparition (*ou cette destruction*) a pour conséquence que l'acte est qualifié d'*« inexistant matériellement »*, cette *« non-existence »*, résultat de la dématérialisation, ne peut être comprise que *« comme n'existant pas »* ou *« n'existant plus »*. Toutefois, il convient de s'interroger sur cette notion d'inexistence matérielle. Doit-elle être envisagée comme une simple conséquence de faits ou d'actes juridiques ? Dans cette dernière hypothèse, elle sera considérée comme concernant tous les cas de disparition de l'acte. Ou bien cette inexistence doit-elle être envisagée comme le résultat d'un obstacle dirimant à la formation de cet acte ; ce qui explique alors qu'il n'a jamais pu produire ses effets ? Ou bien encore, l'inexistence matérielle est-elle une conséquence de l'inexistence

484 SOMMA (Th.), Rapport du Conseil d'État, mettre en oeuvre les télé-procédures devant la juridiction administrative, 2003, 105 p. ; Cf. Ord. n° 2005-650 du 6 juin 2005.

juridique ? Ce qui permettrait, fictivement, d'anéantir l'*« instrumentum »* d'un acte qui a produit des effets mais dont l'objet serait entaché d'un certain degré d'illégalité grave ; en ce cas, seul un anéantissement de l'acte pourrait rétablir la légalité. Ceci revient à chercher un *« criterium »* pour distinguer entre l'acte inexistant juridiquement et l'acte inexistant matériellement, *« criterium »* qui doit être autre que la simple vérification de la réalité matérielle de l'acte à laquelle se livre le juge administratif en cas de recours[485].

285.–Le problème est d'autant plus complexe que les décisions des juridictions administratives ne mentionnent pas la nature de l'inexistence retenue[486] ; seule la doctrine opère une distinction, qui n'est, au demeurant, pas toujours homogène quant à la qualification à donner à l'acte (*inexistence matérielle ou inexistence juridique*) déclaré inexistant déclaré comme tel par le Conseil d'État.

286.–Parmi les décisions topiques en la matière, il convient de citer les arrêts de Section du Conseil d'État du 26 janvier 1951, *« Galy et Tibayrenc »*[487], qui posent le principe que plusieurs arrêtés ministériels, notifiés aux fonctionnaires concernés, doivent être regardés comme n'ayant jamais existé au motif qu'ils n'ont jamais été signés par le ministre compétent. En effet, la jurisprudence antérieure a reconnu, parfois, qu'une signature apposée par une autorité administrative incompétente était un cas d'inexistence et même d'usurpation de pouvoir[488]. Ainsi, pour le commissaire du gouvernement R. Odent, le motif réel de cette sanction est qu'il s'agit d'actes littéralement inexistants sur le plan matériel et non pas sur le plan juridique car ils ne sont en fait jamais intervenus, bien qu'ils aient été notifiés aux requérants par des ampliations authentifiées[489]. Pourtant, le défaut de signature, même si l'acte devient applicable à compter de la signature, ne signifie pas que celui-ci n'a jamais été concrétisé.

287.–Dans ses conclusions sur l'arrêt, J. Delvolvé[490] considère que, en l'espèce, le constat de l'inexistence matérielle s'impose de lui-même, étant donné que nulle trace de l'acte n'a pu être trouvée dans les archives de l'administration[491], mais il relève que les originaux des arrêtés en question semblaient avoir été retrouvés postérieurement à la décision du Conseil d'État ; ce qui ne peut surprendre dans la période de troubles caractérisant l'époque de l'épuration administrative. Toutefois, il n'est pas possible de connaître les conséquences qui en ont été tirées, mais vraisemblablement l'acte de retrait

---

485 Pour un avis : CE Ass., 30 mai 1952, Dame Kirkwood, p. 291 ; conclusions LETOURNEUR, note WALINE (M.), RDP 1952 p. 781 ; note BOUZAT, S.1953.III.33 ; CE Sect., 20 novembre 1964, Ministre de la Santé publique c. Josselin, p. 566.

486 Il en est de même dans les juridictions civiles.

487 CE, 26 janvier 1951, Tibayrenc, non publié, mentionné sous CE Sect., 26 janvier 1951, Galy, p. 46.

488 ALCINDOR (L.), Des différentes espèces de nullités des actes administratifs, Thèse, Briard, 1912, 130 p.

489 Conclusions ODENT sur CE, 26 janvier 1951, Tibayrenc, non publiés ; Odent (R.), Cours de contentieux administratif, 1980, fascicule n° 1, Cours du droit, p. 443 et fascicule n° 3, p. 951/953.

490 S.1951.III.52, conclusions sur CE Sect., 26 janvier 1951, Galy, p. 46., S.1951.III.52, conclusions DELVOLVE (J.)

491 CE, 26 janvier 1951, Tibayrenc, conclusions ODENT, non publiés, mentionnées sous CE Sect., 26 janvier 1951, Galy, p. 46 ; CE Sect., 26 janvier 1951, Galy, p. 46. S.1951.III.52, conclusions DELVOLVE (J.).

aurait été déclaré illégal par le juge administratif du fait qu'il ne comportait pas de signature.

288.–Cependant, dans cette espèce, le juge administratif affirme qu'il ressort des pièces du dossier contentieux que l'arrêté litigieux en cause tendant à admettre d'office à la retraite un fonctionnaire, n'existait pas en réalité, alors même qu'il avait pour objet de retirer un autre acte édicté antérieurement qui prononçait la même sanction. Le juge a tout de même considéré être dans l'obligation d'examiner la légalité de la sanction prononcée et il a jugé que, dès lors que celle-ci était fondée en droit, les effets de la mesure, contestée initialement, devaient être maintenus. La rédaction de l'arrêt laisse percevoir implicitement que ce type de contrôle s'exerce indépendamment du fait que le requérant excipe lui-même de l'illégalité du premier acte. En effet, ce n'est pas l'objet ou la finalité de l'acte qui est illégal, mais l'absence de toute forme de cet acte alors que le fait qu'il prononce une sanction implique qu'il doit nécessairement comporter un *« instrumentum »* et donc être matérialisé. Il s'agit d'une inexistence, uniquement matérielle, car le *« negotium »* existe ; simplement il est considéré, à l'instar de l'acte lui-même, comme ayant été révélé par une décision administrative postérieure. Est-il alors possible de cantonner les actes inexistants matériellement à la seule absence d'*« instrumentum »*, et de décider *« a contrario »* que l'inexistence juridique ne pourrait être constatée qu'en cas d'absence d'un *« negotium »* et non d'un *« instrumentum »* ; cette absence de *« negotium »* une fois déduite, pourrait-elle alors être, le cas échéant, un vice entachant l'objet ou la cause de l'acte en cause ?

289.–Ce raisonnement impliquerait alors d'inclure dans la catégorie des actes matériellement inexistants les actes détruits, alors que de tels actes auraient pu produire ou ont effectivement produit des effets, soit parce qu'il existe un autre acte, légal, réitérant leur objet, soit parce que la preuve est rapportée que celui-ci a existé : l'acte qui n'existe plus physiquement pouvant être légal. Il est alors possible de se demander ce qu'il advient de l'acte légal à un instant *« t »*, qui ne l'est plus à l'instant *« t +1 »* du fait que le choix a été fait de l'annuler en raison de la modification de l'ordonnancement juridique. S'il est possible d'envisager qu'un acte juridiquement inexistant le devienne matériellement du fait de son éradication, il convient de rapprocher cette conséquence des effets de l'annulation qui impliquent que l'acte devienne inexistant dans le passé[492]. Il est certain qu'en pratique la notion d'inexistence matérielle demeure *« controversée en doctrine »*[493].Il convient de noter que sont aussi des actes inexistants les actes qui n'ont pas encore été pris tels qu'un acte antidaté[494]. De même, le législateur a ainsi assimilé aux actes nuls et de nul effet les actes non publiés dans les formes requises[495].

---

492 LAFERRIERE (E.), Traité de la juridiction administrative et des recours contentieux, 1896, 2ème éd. Berger-Levrault, Tome II, p. 545 ; WEIL (P.), Les Conséquences de l'annulation d'un acte administratif, thèse, 1952, p. 136 et s.

493 Odent (R.), Cours de contentieux administratif, 1980, fascicule n° 3, p. 953 et s. WODIE (F.), L'inexistence des actes juridiques unilatéraux en droit administratif français, AJDA 1969 p. 76 et s. ; AUBY (J.–M.), note sur CE, 28 février 1947, Megevand, S.1948.III.41 ; MESTRE (A.), note sur CE Sect., Lafitte et autres, 28 octobre 1932, note de S.1933.III.65.

494 CE, 4 mars 1949, Rau, p. 103 ; ODENT (R.), Cours de contentieux administratif, 1980, fascicule n° 2, Cours du droit, p. 443.

495 Ainsi l'article 34 de la loi du 31 janvier 1954 (abrogée par l'ordonnance du 4 février 1959 n° 59-

290.–La période d'épuration administrative qui suivit la Seconde Guerre mondiale a ainsi été propice à l'apparition d'une telle situation. Le nouveau gouvernement pour la République a annulé rétroactivement, par ordonnance du 31 mars 1945, les textes établis par *« le gouvernement de Vichy »*[496]. Le juge administratif les a donc frappés d'une nullité rétroactive en application du texte en cause, afin de rétablir la légalité républicaine[497]. N'était-ce pas un cas d'inexistence juridique, un vice qui touche à l'objet de l'acte ? La réponse semble avoir été positive. Les actes détruits seraient les seuls actes matériellement inexistants puisqu'ils ont eu un *« instrumentum »* (*détruit ou altéré*) et un *« negotium »* (*hormis le cas particulier des actes immatériels*) ; les actes fictifs mais concrétisés sur un support avec l'apparence d'un acte légal plus ou moins formalisé constitueraient donc le noyau de l'inexistence matérielle[498].

291.–Dans de nombreux cas, la frontière entre inexistence juridique et matérielle est ténue puisqu'un acte administratif non formalisé selon les modalités requises peut être dans certains cas assimilé à un acte inexistant matériellement[499]. Ainsi, dans l'affaire *« Commissaire de la République des Landes »*[500], il résultait des pièces du dossier qu'une délibération avait bien eu lieu et que la discordance de date entre celle figurant sur l'extrait transmis à la préfecture et celle réelle de la réunion ne résultait que d'une erreur de retranscription matérielle. Mais deux autres délibérations litigieuses en cause étaient, elles, irrégulières du fait de leur caractère informel et de ce que leur contenu n'avait jamais fait l'objet d'un débat au sein de l'assemblée délibérante de la commune[501]. Le juge administratif a donc déclaré que devaient être déclarées inexistantes ces deux prétendues délibérations du conseil municipal qui étaient en réalité des décisions du maire et ne se rattachaient à aucune séance régulièrement tenue par le conseil municipal[502] ; il n'a pas précisé à quel type d'inexistence appartenaient les deux délibérations nulles et de nul

---

244, relative au statut général des fonctionnaires, JO, p. 1747), prévoyait que les nominations qui n'avaient pas reçu la publicité requise prévue par le statut général de 1946 (Loi n° 46-2294 du 19 octobre 1946 relative au statut général des fonctionnaires, JO 20 octobre 1946), à savoir n'avaient pas été publiées au journal officiel, étaient nulles et de nul effet ; CE, 17 janvier 1973, Guès, AJDA 1974 p. 40.

496 et notamment le décret du 18 novembre 1939 sur l'internement administratif.

497 ODENT (R.), Cours de contentieux administratif, 1980, fascicule n° 3, p. 1337 ; CE, 4 mai 1948, Reilles, Tables p. 79 N° 554, T. p. 526, T. p. 654.

498 BELLANGER (F.), Les présomptions d'authenticité et de sincérité des actes administratifs, RDP 1968 p. 543 et s. ; GANDREAU (S.), La théorie de l'apparence en droit administratif français : vertus et risques de l'importation d'une tradition de common Law, RDP 2005 p. 319 et s. ; JOUVE (E.), Recherches sur la notion d'apparence en droit administratif français, RDP 1968 p. 283 et s.

499 CE Sect., 26 janvier 1951, Galy, p. 46, S.1951.III.52, conclusions DELVOVE (J.), dans la mesure où la décision en fin de compte avait bien été prise mais simplement égarée.

500 CE, 28 février 1986, Commissaire de la République des Landes, n° 62206, RDP 1986 p. 1468 et s., note de AUBY (J.-M.), l'inexistence des délibérations municipales, MOREAU (J.), AJDA 1986 p. 326/327, RFDA 1987 p. 219 note de DOUENCE (J.–C.), p. 50, T. p. 113 ; com. CAA Marseille, 1er mars 2004, Commune d'Apt, n° 00MA00067.

501 C'est à dire la construction d'un tennis et l'aménagement d'un parc de stationnement sur la place publique de la commune.

502 Cette décision est d'autant plus fondamentale qu'il s'agit du premier arrêt du Conseil d'État sur l'inexistence après l'introduction des dispositions relatives aux collectivités territoriales bouleversées par les réformes introduites par les lois du 2 mars et 22 juillet 1982.

effet[503]. La doctrine n'est pas unanime sur le sens de cet arrêt, y voyant tantôt la sanction d'une inexistence juridique tantôt celle d'une inexistence matérielle. Ainsi J.-M. Auby écrit que lorsque le maire établit des actes qualifiés de délibérations, cette irrégularité se rattache à l'inexistence juridique et non pas à l'inexistence matérielle[504], tandis que d'autres auteurs considèrent qu'une *« prétendue »* délibération, qui n'était en fait qu'une motion, est un acte qui n'a jamais été pris et ne peut donc exister matériellement[505].

292.–Plusieurs hypothèses sont donc à envisager :
La plus simple est celle où la décision n'a jamais été matériellement prise, et dont l'objet n'a même jamais existé. Il s'agit donc d'un acte qui n'existe pas au sens concret du terme car dépourvu de *« negotium »* (*vicié*) et d'*« instrumentum »*, tel est le cas de l'acte inventé par exemple.

293.–Ensuite se rencontre le cas de la décision qui n'a jamais été prise, elle est illégale car son *« negotium »* n'a jamais été envisagé par l'autorité compétence ; cela a fait obstacle à la formation de l'*« instrumentum »* de l'acte, alors même que l'acte aurait été pris. L'idée, sous-jacente en ce cas, est que l'absence de caractère décisoire est un obstacle à la formation de l'acte : il n'existe pas et il est donc inexistant matériellement car il est dépourvu d'*« instrumentum »* car l'intention de son auteur n'a jamais été de réaliser l'objet de cet acte (*« negotium »*), même s'il a été concrétisé ; c'est ce raisonnement qui prévaut en matière de nullité contractuelle et qui fait obstacle à la formation de la relation contractuelle.

294.–Enfin, il peut être soutenu que le *« negotium »* est contestable (*car vicié*) mais qu'il existe matériellement par certaines modalités (*de publicité ou de forme, comme une inscription sur un registre*), car il a été pris par une autorité qui a, en principe, vocation à prendre de tels actes juridiques, mais qui simplement, en l'espèce, n'était pas compétente. Il serait donc considéré par une fiction juridique qu'il n'y a pas de matérialisation et que l'acte est entaché d'inexistence matérielle car aucune volonté exécutoire n'émane de l'auteur qui, seul, eût été compétent pour l'édicter. Or, il ne s'agirait pas d'un cas d'inexistence matérielle classique comme cela est ordinairement invoqué car dans une telle hypothèse l'acte n'a jamais eu d'apparence ni de début de concrétisation physique même fictive. Ce serait donc une situation où l'inexistence matérielle serait prononcée par défaut de *« negotium »* et ferait obstacle à la formation de l'*« instrumentum »*. C'est dans cet *« espace »* que se nicherait l'inexistence juridique. Dès lors que l'acte aurait eu un semblant d'existence physique, de concrétisation, même falsifiée, il ne pourrait être déclaré inexistant que juridiquement. Une telle conception ramènerait à une peau de chagrin le champ d'application de l'inexistence matérielle alors que la doctrine considère cette forme d'inexistence comme la plus répandue[506]. L'artifice auquel le juge aurait ici recours ne

---

503 Conclusions sur CE, 28 février 1986, Commissaire de la République des Landes, n° 62206.

504 Note de AUBY (J.–M.), RDP 1986 p. 1468 et s, sous CE, 28 février 1986, Commissaire de la République des Landes.

505 §13 sous CE Ass., 31 mai 1957, Rosan Girard, in BRAIBANT (G.) et autres, GAJA, op. cit.

506 Commentaire n° 77 sous CE Ass., 31 mai 1957, Rosan Girard, BRAIBANT (G.) et autres, GAJA, op. cit.

serait pas sans logique puisque le juge administratif ne saurait laisser subsister au sein de l'ordonnancement juridique, sous prétexte d'expiration des délais de recours, des actes administratifs qui n'ont jamais été réellement décidés, quand bien même ils auraient fait l'objet de certaines formalités[507].

B. Une différenciation controversée en doctrine

295.–De ce point de vue, l'arrêt du Conseil d'État du 9 mai 1990, *« Commune de Lavaur »*, apporte un éclaircissement car, en l'espèce, l'inexistence matérielle ne faisait aucun doute puisque les actes attaqués sont d'ailleurs qualifiés comme tels dans le Recueil Lebon. Le Conseil d'État a ainsi confirmé le jugement du Tribunal administratif de Toulouse déclarant nulle et non avenue la délibération du conseil municipal opérant l'acquisition d'un château pour la commune, car il ressortait des pièces du dossier, et notamment de l'enquête ordonnée par les premiers juges, que si la question de l'achat éventuel du château de Clauzades et de son parc avait bien été évoquée au cours d'une séance du conseil municipal, ni le principe de cette acquisition ni ses modalités n'avaient été soumis à la délibération du conseil[508]. De plus, le projet ne figurait pas au budget primitif voté au cours de la séance. Enfin à supposer même qu'aucune objection formelle n'ait été exprimée et que l'assentiment des membres du conseil ait pu apparaître général lorsque des informations leur avaient été fournies, aucune délibération du conseil municipal n'avait décidé cette acquisition, ni autorisé le maire à y procéder. Ainsi cette *« prétendue délibération »* devait être regardée comme un acte nul et de nul effet dont l'inexistence peut être constatée à tout moment. Il est certain que les actes attaqués sont des réunions fictives, retranscrites dans des procès verbaux, qui n'ont jamais été prises formellement. Toutefois, leur objet est ambigu car il aurait pu être décidé par l'assemblée délibérante de procéder à une telle acquisition puisqu'elle avait été antérieurement évoquée : comme cette question n'a pas été réellement délibérée par le conseil municipal, la délibération est considérée comme n'ayant aucun contenu et, en raison d'un *« negotium »* vicié, comme inexistante matériellement[509]. Elle est donc considérée comme dépourvue d'*« instrumentum »* par voie de conséquence, n'ayant qu'un caractère fictif.

296.–L'inexistence matérielle ne peut être que constatée lorsqu'il ressort des pièces du dossier et, notamment de la copie de la convocation adressée aux membres du conseil municipal pour une séance et de son compte rendu, qu'aucune délibération du conseil municipal prise à cette date n'a eu pour objet celui qui est allégué. La prétendue délibération qui aurait été prise à cette date ne peut, dans ces conditions, qu'être regardée

507 CE, 22 janvier 1960, Sieur Fichot, p. 50 ; CE, 16 décembre 1983, Elections des adjoints au maire de La Baume-de-Transit, p. 64 ; CE, 18 mars 1994, Commune de Cestas, p. 147 ; conclusions FRATACCI, AJDA 1994 p. 649.

508 CE, 9 mai 1990, Commune de Lavaur c. Lozar, p. 115, T. p. 113, D.1991.SC.136, observations LLORENS et SOLER–COUTEAUX, RFDA 1990 p. 467 ; Quot. jur. n° 105, 6 septembre 1990 p. 3, CORNET (C.), FERSTENBERT (J.), TOUVET (L.), Les grands arrêts du droit de la décentralisation, 2ème éd., Dalloz, 2002, 673 p.

509 CE, 13 juin 1986, Toribio et Bideau, n° 59578, p. 161 ; Conclusions ROUX, AJDA 1986 p. 503 ; CE, 29 décembre 1997, Commune d'Hautmont, n° 139317, table, p. 710 ; conclusions GOULARD ; comp. TA Lyon, 3 juillet 2008, Hron, AJDA 2008 p. 1974 et s.

comme n'ayant jamais été adoptée par le conseil municipal et constitue un acte nul et de nul effet[510]. Il convient de noter que la doctrine et la jurisprudence étendent la qualité d'actes inexistants à ceux des actes qui ont été pris en application d'un acte inexistant sans qu'ils soient matériellement inexistants[511]. En d'autres termes, le caractère d'actes inexistants matériellement entraîne l'inexistence juridique des actes pris sur leur fondement.

297.–L'inexistence matérielle est ainsi constatée lorsqu'une autorité administrative a pris une décision alors qu'elle n'avait pas compétence pour le faire, à condition cependant qu'il y ait une certaine gravité au delà de celle qui est susceptible de constituer simplement une illégalité censurable par la voie de l'excès de pouvoir. L'absence de *« negotium »* est un obstacle dirimant à la formation de l'*« instrumentum »* puisque la délibération ne prend réellement forme que lors de sa retranscription exacte sur le registre par procès-verbal à condition cependant qu'elle soit réelle et non falsifiée. Seront ainsi considérés comme inexistants matériellement tous les actes *« fabriqués »* par l'autorité exécutive[512].

298.–La ligne de démarcation entre l'inexistence juridique et l'inexistence matérielle se situerait ainsi parmi les actes qui sont pris volontairement par une autorité compétente, sanctionnés sur la base du *Titre* IV du code pénal punissant les atteintes à la confiance publique (*faux et usage de faux*), ce qui tendrait à l'usurpation de pouvoir. De tels actes seraient inexistants juridiquement[513].

299.–Ainsi, dans les arrêts postérieurs à 1905, le Conseil d'État précise notamment que l'acte pris par une commission départementale de classement des établissements de luxe, composée irrégulièrement, au moment de son édiction, *« n'existe pas en réalité »* : de ce fait, la commission supérieure compétente pour statuer en appel, doit *« se borner à constater »* que ledit acte est inexistant[514]. Autrement dit, durant la période susvisée, lorsqu'un organe ayant une composition irrégulière édictait des actes, ceux-ci devaient être déclarés d'office inexistant par le juge d'appel. La doctrine s'accorde toutefois sur le fait qu'il s'agissait dans ces espèces d'inexistence matérielle[515]; c'est-à-dire d'actes qui n'ont pas été formellement adoptés, dépourvus d'*« instrumentum »*[516]. Ceci explique qu'une grave irrégularité dans le processus d'élaboration vicie l'acte au point de faire obstacle virtuellement à sa matérialisation, même si celle-ci revêt une certaine apparence car elle ne peut être que fictive. Il ne s'agit donc plus de l'objet de l'acte mais de son auteur, c'est ce qui fait obstacle à son existence.

---

510 CE, 2 octobre 1996, Préfet de la Drôme, n° 122321.

511 CORNET (C.), FERSTENBERT (J.), TOUVET (L.), Les grands arrêts du droit de la décentralisation, 2ème éd., Dalloz, 2002, Voir cité n° 38, CE, 9 mai 1990, Commune de Lavaur c. Lozar, commentaire sur CE, 2 octobre 1996, Préfet de la Drôme, n° 122321 ; TA Lyon, 3 juillet 2008, AJDA 2008 p. 1974.

512 Voir note sous CE, 9 mai 1990, Commune de Lavaur c. Lozar, in CORNET (C.), FERSTENBERT (J.), TOUVET (L.), Les grands arrêts du droit de la décentralisation, 2ème éd., Dalloz, 2002, 673 p.

513 CE, 13 juin 1986, Toribio et Bideau, n° 59578, p. 161 ; Conclusions ROUX, AJDA 1986 p. 503.

514 CE, 18 mars 1921, Viandier et Gaubert (deux espèces), p. 327 et s.

515 AUBY (J.–M.), note sous CE, 28 février 1947, Megevand, p. 85, S.1948.III.41.

516 Voir Commentaire n° 13 sous CE Ass., 31 mai 1957, Rosan Girard, BRAIBANT (G.) et autres, GAJA, op. cit.

300.–Dans l'arrêt du 22 juin 1932, *« Munio »*[517], le Conseil d'État statue sur la nomination d'un employé à vie faite dans des conditions la rendant inexistante matériellement. Il s'agissait en fait de deux procès verbaux d'une délibération d'une commission administrative (*en l'occurrence celle de la caisse de crédit municipal de Strasbourg*) relatant en *« termes formellement contradictoires »* la décision prise sur la situation de M. Munio. Le Conseil d'État précise bien que la nomination en cause doit être regardée comme inexistante au motif que le contenu réel de la délibération n'est pas établi car les deux procès verbaux sont contradictoires. C'est pourquoi la *« commission administrative »* n'a pas excédé ses pouvoirs lorsqu'elle a pris sa décision et elle devait se prononcer à nouveau selon une procédure adéquate. La Haute juridiction constate ainsi que le vice affectant une procédure, qui a pour origine le contenu contradictoire de l'acte, doit être sanctionné par une inexistence matérielle et non une inexistence juridique. Ici, c'est le résultat erroné d'un processus décisionnel qui révèle qu'il n'y a pas eu de réelle volonté de prendre une décision. Dès lors qu'il n'y a pas un processus décisionnel volontaire, le *« negotium »* fait obstacle à l'*« instrumentum »* et donc la délibération ainsi que l'acte qui aurait été pris sur le fondement de cette délibération, n'existent pas, peu importe l'apparence de légalité qu'ils ont pu avoir et donc les supports matériels en cause. En d'autres termes, c'est le caractère fictif de l'acte qui constitue le vice dirimant pour sa formation, peu importe s'il existe un support faisant office d'*« instrumentum »* dès lors que celui-ci a été obtenu par des manœuvres frauduleuses. Toutefois ce même raisonnement est applicable aussi bien dans le cas d'inexistence matérielle ou juridique, ce qui confirme l'opinion de J.-M. Auby selon laquelle la distinction entre les deux formes d'inexistence est assez subtile et donne lieu souvent à des hésitations[518]. En effet si l'inexistence matérielle d'un acte serait ainsi réalisée lorsqu'il est dépourvu de caractère décisoire et/ou lorsque l'une de ses caractéristiques principales intrinsèques y ferait défaut, il convient de reconnaître que ce critère ne permet en réalité que de différencier l'inexistence matérielle de la disparition mais non de l'inexistence juridique.

301.–Le juge administratif ne distingue pas entre les deux types d'inexistence par leurs effets puisque, dans les deux cas, les décisions administratives visées sont considérées comme nulles et sans effet. Du reste, la doctrine ne fait pas unanimement de distinction systématique entre inexistence juridique et inexistence matérielle, parfois même, elle qualifie l'une pour l'autre[519].

---

517 CE, 22 juin 1932, Munio, p. 609.

518 AUBY (J.–M.), La théorie de l'inexistence des actes administratifs, op. cit., 351 p.

519 Elle s'accordait à mentionner ces actes comme une catégorie d'actes dont l'illégalité résultait du moyen de légalité externe tiré de l'incompétence de l'auteur de l'acte : il s'agissait de sanctionner l'exercice par une autorité administrative d'un pouvoir qui n'appartient pas à l'administration, soit l'empiètement d'une autorité administrative sur les attributions d'une autre autorité, soit, « a contrario » le refus d'une autorité d'exercer les pouvoirs qui lui sont dévolus et d'agir dans le cadre de sa propre compétence. Cette définition pouvant avoir comme conséquence, à l'époque, que l'acte soit qualifié d'inexistant ou de voie de fait ; c'est à dire que la sanction portait en réalité sur le contenu et l'objet de l'acte, donc sa légalité interne alors qu'elle était analysée comme un défaut de base légale ou de violation de la loi. Il est donc possible de constater une attraction de la légalité externe qui englobait (implicitement) des moyens de légalité interne afin que le juge administratif ne sanctionne pas l'administration que sur un plan formel.

302.–Ainsi le commissaire du gouvernement Savoie, dans ses conclusions sur l'arrêt de Section du Conseil d'État, *« Ville de Narbonne »*, du 7 octobre 1994[520], interroge la formation de jugement sur les conséquences à tirer de l'incompétence d'un comité de pilotage, et notamment sur le point de savoir si les actes, compte tenu de leur auteur, ne devraient pas *« s'analyser comme des décisions inexistantes »*, sans toutefois préciser s'il s'agissait, pour lui, d'une inexistence juridique ou d'inexistence matérielle. Après un rappel de la jurisprudence du Conseil d'État[521] et de la doctrine[522], le commissaire du gouvernement relève tout d'abord que, parmi les actes inexistants, il existe une catégorie d'actes émanant d'organismes dépourvus de toute existence légale ou d'autorités dépourvues de tout pouvoir de décision. Ensuite il précise qu'en l'espèce il s'agit du cas le plus classique d'inexistence, car le comité de pilotage est intervenu dans des domaines relevant de la compétence d'autorités administratives régulièrement investies : le conseil municipal et les organes délibérants des collèges et des écoles[523]. Enfin, il rappelle que pour traiter de tels actes, émanant d'une autorité administrative de fait, la jurisprudence a été tentée, à une époque où la théorie du recours pour excès de pouvoir n'était pas aussi bien établie qu'aujourd'hui, de juger qu'il ne s'agissait pas de décisions administratives faisant grief susceptibles d'être attaquées par la voie du recours pour excès de pouvoir[524] ou qu'il s'agissait d'actes qualifiés alors d'inopérants[525]. Aujourd'hui, soit ces positions jurisprudentielles sont abandonnées, soit il n'y est plus fait appel pour des actes qualifiés désormais d'inexistants.

303.–La décision *« Ville de Narbonne »* opère un revirement par rapport à la jurisprudence du 9 novembre 1983, *« Saerens »*, du Conseil d'État[526]. Le juge administratif avait en effet posé le principe que lorsqu'aucune disposition de la loi ou des règlements *« légalement faits »*, ne donne compétence à la réunion du maire et des adjoints d'une commune pour prendre collégialement, à la place du conseil municipal ou du maire, des décisions relatives à l'administration municipale, la décision de ce pseudo *« conseil d'administration »* émanait d'un organisme dépourvu d'existence légale. Ainsi, les requérants étaient, dans ces conditions, fondés à demander au juge d'en constater la nullité. Par le mécanisme de l'évocation, la Haute juridiction avait donc annulé le jugement du

---

520 SAVOIE, conclusions sous CE, 7 octobre 1994, Ville de Narbonne c. Madame Arditi, p. 427, RDP 1995 p. 251.

521 Notamment CE Sect., 3 février 1956, De Fontbonne, op. cit. ; CE Ass., 31 mai 1957, Rosan Girard, op. cit., conclusions GAZIER p. 355 et s., T. p. 50 ; CE, 27 novembre 1957, Leroy, op. cit. ; CE Sect., 10 octobre 1969, Consorts Muselier, p. 432 ; D.1969.669, note BERTRAND (F.G.) ; D.1970.chron.29, BOCKEL (A.) ; JCP(G) 1969. II. 16098, note p. L. ; JCP(G) 1970.I.2337, chron. DE LANVERSIN (J.) ; RDP 1970 p. 774, note de WALINE (M.) ; AJDA 1969 p. 686 chronique DENOIX DE SAINT MARC (R.) et LABETOULLE (D.) ; RA 1970 p. 29, conclusions Braibant.

522 WEIL (P.), Une résurrection : la théorie de l'inexistence en droit administratif, D.1958.chron.49.

523 Pour rappel « un groupe de travail constitué de représentants de la commune, de parents d'élèves, de chefs d'établissements scolaires et de professeurs a fixé les conditions dans lesquelles se déroulerait l'élection, parmi les élèves des classes de CM2, de 6ème et de 5ème des écoles et collèges de la commune, des quarante-trois membres de ce conseil municipal d'enfants dont la constitution avait été décidée antérieurement ».

524 CE, 30 juin 1893, Adam, p. 533 ; CE, 26 avril 1901, Seyve c. Ministre de la Guerre, p. 408.

525 CE, 20 janvier 1911, Naudet, p. 52.

526 CE, 9 novembre 1983, Saerens, p. 453, Tables, p. 98 n° 311.

27 juin 1978 du Tribunal administratif de Lille *« en tant qu'il rejette les conclusions de la demande de M. Saerens et autres, dirigées contre la décision du 16 juin 1975, du "conseil d'administration" de la ville de Lille »* et a déclaré ladite décision *« nulle et non avenue »* en application des jurisprudences *« Lafitte »* et *« Martin »*[527], consacrant l'inexistence d'actes administratifs.

304.–L'arrêt *« Ville de Narbonne »*[528] aurait pu déclarer une inexistence matérielle : le *« negotium »* (*vicié*) ayant été pris par une autorité incompétente aurait, dès lors, fait obstacle à la formation matérielle de l'acte[529]. En réalité, le Conseil d'État a préféré maintenir sa jurisprudence qui tend à cantonner les actes inexistants dans une catégorie résiduelle du droit administratif en utilisant, en l'espèce, le mécanisme classique du recours pour excès de pouvoir, car la requête avait été formulée dans les délais.

Section 2 L'émergence d'une théorie prétorienne

305.–Si l'origine du vocable d'inexistence est liée à l'essence même du droit, l'apparition du terme et du concept en droit administratif est en réalité motivée par une nécessité juridique (*§. 1.*) liée elle-même à la volonté du Conseil d'État de neutraliser les effets de certains actes selon un modèle emprunté au droit canon ou au droit ecclésiastique (*§. 2.*).

§. 1 La recherche controversée d'un mécanisme correctif

306.–La nécessité d'un mécanisme prétorien pour sanctionner, sans délai, les actes illégaux, s'est imposée pour des raisons d'équité (*A*) et de rétablissement de la légalité (*B*).

A. La nécessité d'un instrument d'équité

307.–La naissance du concept d'inexistence et de la théorie des actes inexistants est étroitement liée à l'histoire du Conseil d'État car cette construction jurisprudentielle n'a pu être possible que grâce aux membres de cette juridiction alors même que le code civil interdisait au juge de rendre des arrêts de règlement. Ainsi, envisager l'inexistence comme un instrument d'équité conduit à s'interroger sur l'origine de ce mécanisme prétorien utilisé pour permettre une sanction évitant le maintien vigueur d'un acte gravement illégal[530].

308.–Par la loi du 24 mai 1872, le Conseil d'État a subi une réforme majeure, qui a permis le passage de la justice retenue à la justice déléguée : la jurisprudence du Conseil d'État va ainsi permettre de poser progressivement les fondements du droit administratif, par exemple en révélant à ses membres la nécessité de déclarer certaines règles juridiques

527 CE Sect., 28 octobre 1932, Lafitte et autres, op. cit. ; CE Sect., 30 novembre 1979, Martin, p. 443.
528 SAVOIE, conclusions sous CE, 7 octobre 1994, Ville de Narbonne c. Madame Arditi, op. cit.
529 Bien que toute incompétence de l'auteur d'une décision ne donne pas à un acte le caractère d'inexistant : CE, 14 juin 1993, Commune de Sainte-Marie-de-la Réunion c. Mme Clain, p. 648.
530 DION (S.), Le juge et le désir du juste, D.1999.chron.195.

inexistantes afin de pallier les difficultés rencontrées pour sanctionner certains actes illégaux[531].

309.–Après l'*« épuration »* de 1879, l'activité du Conseil d'État va changer d'orientation, puisque l'activité législative va être amoindrie au bénéfice de l'activité juridictionnelle dans un climat pourtant hostile. L'institution passe pour être l'instrument du gouvernement en place malgré la volonté du Garde des Sceaux, Le Royer, d'insuffler un esprit nouveau en imposant des conditions de diplôme pour en devenir membre[532]. Dès lors, si la position traditionnelle du Conseil d'État a été maintenue, l'argumentation juridique porte la marque de l'influence des juristes tel Laferrière dans la création de l'inexistence pour remédier aux nominations pour ordre qui avaient entaché le Conseil d'État lui-même.

310.–De même, entre 1872 et 1879, de nombreux pourvois concernèrent l'annulation des délibérations des conseils généraux, et donc les nullités de droit, et très vite la comparaison entre ce mécanisme et celui applicable aux conseils municipaux permit aux membres du Conseil d'État de prendre conscience de la nécessité d'un système plus complet[533].
L'enjeu était en réalité de donner une sanction effective à l'article 33 de la loi du 10 août 1871 relatif aux nullités de plein droit[534]. Les membres des différentes sections se sont montrés majoritairement favorables au projet initial du gouvernement, sans doute motivés par le fait qu'une délibération annulée par le Conseil d'État ne pouvait demeurer inscrite dans le Recueil des actes. Cependant, plusieurs opinions dissidentes, auxquelles se rallièrent suffisamment de membres au moment du vote, firent valoir que la mention de la décision rendue par le Conseil d'État à la suite du procès-verbal de la délibération annulée était une sanction suffisante. Il était ainsi précisé, tout d'abord, qu'il ne s'agissait que d'une sanction *« matérielle »*, dont la portée *« morale »* ne pouvait qu'être soulignée. Ensuite, était retenue l'idée que l'annulation de la délibération ne pouvait intervenir que si elle existait, nonobstant le fait qu'un tel acte soit déclaré nul et de nul effet. En effet, l'esprit de la loi de 1871 imposait que les séances des conseils généraux soient retranscrites intégralement et seul une norme de valeur législative pouvait modifier ce texte.
Il ressort donc des archives du Conseil d'État que certains de ses membres affirmaient que des décisions, déclarées textuellement nulles et de nul effet, devaient être éradiquées définitivement de l'ordre normatif. Ainsi l'acte en cause devait être considéré, dès sa formation, comme inexistant alors même que son existence matérielle ne pouvait être contestée. Dès lors, sans recevoir une dénomination, apparaissait la nécessité d'une notion pragmatique permettant de prononcer l'inexistence d'une délibération entachée d'un certain type de vice alors même qu'elle existerait matériellement[535].

---

531 Hormis la décision « Prince Napoléon » du 19 février 1875, p. 155, conclusions DAVID.

532 Voir le procès-verbal établi par Laferrière aux archives du Conseil d'État, annexes à la séance du 13 août 1879, p. 462 et s., cité in Institut français des sciences administratives, Le Conseil d'État, son histoire à travers les documents d'époque 1799-1974, CNRS, 1974, p. 601-611.

533 Cf. page 213.

534 JO, Lois et Décrets, du 29 août 1871, p. 3041 (texte totalement abrogé par le code général des collectivités territoriales).

535 Archives du Conseil d'État, procès-verbal, annexes séance 9 septembre 1880, p. 1442-1254, cité

311.–Béquet, conseiller d'État, mentionnera ainsi dans son Répertoire, lors de l'exposé sur le fonctionnement des conseils généraux des Antilles[536], que, comme en métropole, les délibérations des conseils généraux étaient déclarées nulles et non avenues lorsque ceux-ci excédaient leurs pouvoirs. Il précisera incidemment qu'*« on a pensé à une certaine époque que lorsqu'un conseil général, se méprenant par erreur ou de propos délibéré sur l'étendue de ses attributions, se servait d'expressions impropres et décidait au lieu de délibérer simplement en vertu de l'article 3, il n'était pas indispensable d'annuler la délibération et [qu']il appartenait au Ministre, en pareil cas, d'empêcher ou d'autoriser l'exécution de la délibération, celle-ci tombant d'elle-même ».* Il réfute cependant cette opinion, en mentionnant que si la délibération bien ou mal fondée existe, elle devient exécutoire en vertu même de la forme que le conseil général lui a donnée, sauf si le gouvernement la fait tomber par une annulation ou une déclaration de nullité[537]. L'auteur ne précise pas si son raisonnement est applicable à tous les types de nullités. Il est cependant vraisemblable qu'il ait fait, dans ces quelques lignes, référence aux débats susmentionnés sur le fait que le recours au système de la nullité serait insuffisant pour permettre de sanctionner un vice entraînant en réalité l'inexistence d'un acte ou sa nullité de plein droit.

312.–Lorsque Laferrière devient vice-président du Conseil d'État le 19 janvier 1886, la construction de ce qui deviendra les actuelles *« grandes théories du droit administratif »* commence[538]. L'essor du contentieux administratif se consolidera grâce au *« progrès de la jurisprudence »* et aux *« constructions de la doctrine »*. Il y a donc eu un *« développement quantitatif »* dû à *« un afflux des pourvois »* ; ceux-ci doublent en raison de plusieurs réformes législatives, provoquant *« un accroissement du rendement »*[539] et une *« augmentation du nombre des formations de jugement »*, celles-ci passant de deux à six en quarante ans[540].

313.–L'évolution, amorcée sous la période antérieure avec la dispense du ministère d'avocat (*décret du 2 novembre 1864*)[541], a ainsi permis une *« extension et la systématisation de la compétence de la juridiction administrative »*[542], puis un *« renforcement du contrôle de la légalité sur les actes »*[543], en même temps que le Conseil

---

in Institut français des sciences administratives, Le Conseil d'État, son histoire à travers les documents d'époque 1799-1974, CNRS, 1974, p. 609.

536 Qui relevaient d'une législation spéciale résultant des sénatus-consultes des 3 mai 1854, 4 juillet 1866, des décrets des 26 juillet 1854, 3 décembre 1870, 16 février 1877, et 12 juin 1879 bien que les dispositions soient essentiellement la transposition de la loi du 10 août 1871.

537 BEQUET (L.), Répertoire du droit administratif, Tome V, colonie-commune, avec le concours de DUPRE (P.), 1886, Voir Colonie, p. 495 §. 394.

538 Voir BRAIBANT (G.), DELVOVE (P.), GENEVOIS (B.), LONG (M.), WEIL (P.), Les grands arrêts de la jurisprudence administrative, 15ème éd., Dalloz, 2005, 974 p. ; Colloque de l'AFDA, Les grands arrêts de la jurisprudence administrative, le 29 novembre 2006, RFDA 2007 n° 2.

539 1530 dossiers traités par an entre 1879-1888 pour 3760 entre 1898-1908.

540 Institut français des sciences administratives, Le Conseil d'État, son histoire à travers les documents d'époque 1799-1974, CNRS, 1974, p. 677.

541 PACTEAU (B.), Le Conseil d'État et la fondation de la justice administrative française au XIXème siècle, PUF, 2003, p. 157.

542 CE, 13 décembre 1889, Cadot, p. 1148 ; TC, 29 février 1908, Feutry, p. 208 ; CE, 4 mars 1910, Thérond, p. 193 ; CE, 31 juillet 1912, Société des granits porphyroïdes des Vosges, p. 909.

543 CE, 19 février 1875, Prince Napoléon, p. 155 ; CE, 6 décembre 1907, Compagnie des chemins de

d'État précisait le développement de la *« théorie des contrats administratifs »*. Il inverse même le principe en vertu duquel *« la responsabilité de la puissance publique n'est ni générale ni absolue »*[544] et crée un système de mise en jeu de la responsabilité des personnes publiques plus avantageux entre 1879 et 1919[545] pour aboutir à un élargissement de la *« responsabilité de la puissance publique »*[546].

314.–Cet élargissement du prétoire conduit le Conseil d'État à approfondir son contrôle sur les motifs et sur les faits avec cette spécificité qu'il ne vérifie plus uniquement la régularité formelle des actes administratifs mais aussi leur justification en fonction des mesures d'ordre public[547]. En d'autres termes, pour reprendre la rédaction des arrêts de l'époque, *« il appartient au Conseil d'État »*, dans le cas où les faits seraient établis, de rechercher s'ils pouvaient légalement motiver l'application des sanctions prévues[548] et de vérifier la matérialité des faits qui ont motivé les mesures déférées[549]. Le juge administratif définit donc lui-même ses pouvoirs en conservant une conception rigoureuse des intérêts supérieurs de l'État[550].

315.–C'est dans ce développement du contentieux que la théorie de l'inexistence a été construite, au même titre que les bases essentielles de ce qui sera le droit administratif[551].

B. La volonté du maintien de la sécurité juridique par le rétablissement de la légalité

316.–La théorie des actes inexistants et la notion même d'inexistence sont rarement étudiées par la doctrine administrative car elles ne constituent pas, encore, un intérêt juridique particulier pour les auteurs. Hauriou, dans les premières éditions de son précis, fait ainsi référence à l'historique du recours pour excès de pouvoir et à la délimitation de la

---

fer de l'Est, p. 913.

544 TC, 8 février 1873, Blanco, p. 61.

545 Voir BRAIBANT (G.), DELVOVE (P.), GENEVOIS (B.), LONG (M.), WEIL (P.), Les grands arrêts de la jurisprudence administrative ; 15ème éd., Dalloz, 2005, voir pour les « grands arrêts » rendus durant cette période et sur ce thème p. 36 à 220.

546 Par une extension du domaine de la responsabilité, la distinction de la faute de service et de la faute personnelle, la théorie du cumul de responsabilités, et le développement de la responsabilité sans faute.

547 CE, 19 février 1909, Abbé Olivier, p. 181.

548 CE, 4 avril 1914, Gomel, p. 488.

549 CE, 14 janvier 1916, Camino, p. 15.

550 Institut français des sciences administratives, Le Conseil d'État, son histoire à travers les documents d'époque 1799-1974, CNRS, 1974, p. 689 ; CE, 7 août 1909, Winkell, p. 827.

551 AUCOC (L.), Une page de l'histoire, M. Boulatignier, Revue critique de législation et de jurisprudence, 1895, p. 3 ; HAURIOU (M.), Le développement de la jurisprudence administrative depuis 1870, in Société de législation comparée, les transformations du droit dans les principaux pays depuis cinquante ans, 1869-1919, livre du cinquantenaire de la Société de législation comparée. Tome II, LGDJ, 1923, p. 7 ; MESTRE (A.), Rapport sur l'évolution du droit administratif (doctrine), in Société de législation comparée, les transformations du droit dans les principaux pays depuis cinquante ans, 1869-1919, livre du cinquantenaire de la Société de législation comparée, Tome II, LGDJ, 1923, p. 19.

compétence de la juridiction administrative, il n'évoque pas les actes nuls et de nul effet[552], tout comme Ducrocq[553] ou Batbie[554].

317.–La doctrine administrative, à la différence de la doctrine civiliste du XIXème siècle, ne mentionne donc pas la théorie des actes inexistants[555] ; les ouvrages étant axés sur *« la description qui prend nettement le pas sur la construction juridique »*. Comme le faisait observer Achille Mestre, le contentieux administratif n'a pu connaître de véritables développements qu'à partir de la loi du 24 mai 1872 car les essais antérieurs de systématisation du droit administratif étaient faits soit en transposant les principes du droit civil, soit en le présentant comme un droit limitatif des intérêts privés (*cf. : l'école de Poitiers*[556]), soit en étudiant les bases du contrôle du recours pour excès de pouvoir[557].

318.–Ainsi Aucoc souligne tout d'abord qu'en se fondant sur le principe général de la séparation de l'autorité administrative et de l'autorité judiciaire posé notamment par la loi des 16-24 août 1790, la jurisprudence a établi une série de règles de compétence sur les cas controversés entre l'administration et les tribunaux de l'ordre judiciaire. Cet auteur estime ensuite que le Conseil d'État, toutes les fois qu'il a allégué qu'un droit fondé sur un texte de loi, de règlement ou de contrat était violé par un acte administratif, a ouvert un recours, alors même que la loi ne l'avait pas expressément autorisé. Il constate, enfin, qu'il est nécessaire, pour que le débat puisse avoir une conclusion pratique, que l'acte contesté devant la Haute juridiction soit véritablement de nature à porter actuellement atteinte à un droit et ne soit pas une simple menace, une prétention, une autorisation, sans efficacité immédiate[558]. L'élaboration du droit administratif a ainsi été facilitée par deux circonstances : l'absence de codification et l'existence d'une justice administrative[559], et a justifié un développement du contrôle de la légalité des actes pris par l'administration, voire une émancipation du recours que pouvait exercer le Conseil d'État[560] dans un souci d'*« équité »* pour les administrés[561].

---

552 HAURIOU (M.), Précis de droit administratif et de droit public, 4ème éd., Larose, 1900-1901, 894 p.
553 DUCROCQ (T.), Cours de droit administratif, 6ème éd., 2 tomes, Thorin, 1881, 808 p.
554 BATBIE (A.), Traité théorique et pratique de droit public et administratif, 7 tomes, Cotillon, 1861-1868, 491 p., 754 p., 584 p., 580 p., 624 p., 587 p. et 770 p.
555 AUCOC (L.), Des recours pour excès de pouvoirs devant le Conseil d'État, op. cit., 52 p. ; CORMENIN (L.) dit Timon, Oeuvres de Cormenin t. I et II, livre des orateurs, 18ème éd., Pagnerre, 1869, Tome I, 411 p., Tome II, 409 p. ; DARESTE DE LA CHAVANNE (A.), Etudes sur les origines du contentieux administratif en France, Durand, 4 fascicules reliés, « I. Les intendants et les commissaires départis » ; « II. Le Conseil d'État » ; « III. Les anciennes juridictions domaniales et financières », 1855 et « IV. Les juridictions administratives depuis 1789 », 857, 127 p.
556 MESTRE (A.), Rapport sur l'évolution du droit administratif (doctrine), op. cit., p. 19.
557 AUCOC (L.), Des recours pour excès de pouvoirs devant le Conseil d'État, op. cit., p. 52.
558 AUCOC (L.), Des recours pour excès de pouvoirs devant le Conseil d'État, op. cit., p. 10.
559 MESTRE (A.), Rapport sur l'évolution du droit administratif (doctrine), op. cit. p. 25.
560 AUCOC (L.), Des recours pour excès de pouvoirs devant le Conseil d'État, op. cit., p. 27.
561 CE, 14 janvier 1865, Ville de Marseille, cité par HAURIOU (M.), Le développement de la jurisprudence administrative depuis 1870, op. cit., p. 7 ; LAFERRIERE (E.), Traité de la juridiction administrative et des recours contentieux, 1887, 1ère éd., Berger-Levrault, préface, p. VII.

319.–Cette évolution a permis l'inauguration de *« procédures hardies »*[562] qui ont familiarisé le Conseil d'État avec l'introduction prétorienne de principes contentieux de manière à ce que le droit administratif puisse devenir un protecteur des droits et libertés des administrés[563] et que *« l'esprit de justice pénètre davantage dans l'esprit de nos lois »*[564]. Et surtout, cette juridiction, critiquée et remise en cause à plusieurs reprises au cours du XIXème siècle, sera définitivement installée et généralement acceptée aussi bien par les milieux juridiques que par l'opinion publique, grâce à l'influence de plusieurs membres du Conseil d'État dont Léon Blum[565].

320.–L'inexistence est ainsi apparue grâce au pouvoir de modulation du juge administratif pour garantir les intérêts du justiciable et plus précisément pour pallier l'effet de l'expiration des délais de recours contentieux qui faisait obstacle à la sanction de vices graves entachant un acte administratif, ce qui portait par là-même atteinte aux droits des administrés. Les premiers actes déclarés nuls et de nul effet, assimilables aux actes inexistants, mais non mentionnés comme tels, concernent ainsi des nominations qui n'auraient jamais dû être prononcées[566] ou des atteintes à la propriété[567]. Par suite, ils seront utilisés pour remédier à des situations juridiques tirées de décisions fondées sur des motifs matériellement inexacts[568]. Le Conseil d'État opérera, à partir de ce moment, un glissement de l'inexistence d'un acte nul et de nul effet en raison de son objet, à la déclaration d'un acte comme étant inexistant du fait de l'inexistence de sa cause[569]. Le début de cette théorie fit ainsi écho au scandale de l'affaire des fiches qui éclata sous la présidence de Georges Coulon et eut pour conséquences une réforme en profondeur de la fonction publique. Elle fut l'occasion de faire apparaître la nécessité du rôle joué par le Conseil d'État dans les litiges relatifs aux agents publics : sa finalité était la prévention contre les nominations politiques qui n'auraient jamais dû être faites[570].

321.–Ainsi, les seuls membres de la doctrine administrative à mentionner les actes inexistants avant le XXème siècle sont Léon Béquet, Conseiller d'État[571], et Edouard

---

562 HAURIOU (M.), Le développement de la jurisprudence administrative depuis 1870, op. cit., p. 16.

563 Institut français des sciences administratives, Le Conseil d'État, son histoire à travers les documents d'époque 1799-1974, CNRS, 1974 p. 695 et s. ; HAURIOU (M.), Le développement de la jurisprudence administrative depuis 1870, op. cit., p. 9 et s. ; MESTRE (A.), Rapport sur l'évolution du droit administratif (doctrine), op. cit., p. 19 et s.

564 Conclusions de Léon Blum sous l'affaire « Le Monnier », cité in Institut français des sciences administratives, Le Conseil d'État, son histoire à travers les documents d'époque 1799-1974, CNRS, 1974 p. 704.

565 Motion de confiance adoptée par la ligue des droits de l'Homme réunie en congrès à Bordeaux en 1907, cité in Institut français des sciences administratives, Le Conseil d'État, son histoire à travers les documents d'époque 1799-1974, CNRS, 1974 p. 699-704 ; APPLETON (J.), Traité élémentaire du contentieux administratif (compétence-juridictions-recours), Dalloz, 1927, p. 5-15.

566 CE, 28 juillet 1911, Sieur Gillot, p. 887, conclusions PICHAT ; tables p. 29 ; CE, 7 novembre 1919, Bonnafé, p. 809 ; p. tables p. 29 ; CE, 5 août 1921, Ladam, p. 820 ; tables p. 29.

567 CE, 19 mars 1910, Rambaud et consorts, p. 276.

568 CE, 23 mars 1923, Blanchard, p. 302, tables p. 12.

569 Cf. page 405 et s.

570 LAFERRIERE (E.), Traité de la juridiction administrative et des recours contentieux, 1888, 2ème éd. Berger-Levrault, Tome II, p. 415 ; HAURIOU (M.), note sous CE, 11 décembre 1903, Sieur Lot, S.1904.III.113.

571 BEQUET (L.), Répertoire du droit administratif, Tome VIII Voir contentieux administratif avec le

Laferrière[572] qui fut commissaire du gouvernement, puis président de la Section du contentieux et vice-président du Conseil d'État, et dont l'influence sur la jurisprudence n'est plus à démontrer[573].

322.–L'apparition de la notion s'est effectuée grâce à l'adoption de l'expression des *« actes nuls et de nul effet »* et par l'utilisation du concept de *« cause juridiquement inexistante »*[574] dans la table vicennale de 1905-1924 avant que la rubrique des *« actes inexistants »* ne soit mentionnée en tant que telle à compter de 1935 ; la table vicennale de 1925 à 1934 ne comportant pas de référence à l'inexistence dans son index.

323.–Ce n'est en réalité qu'à compter de la première guerre mondiale, alors que les projets de réforme tentaient de pallier les difficultés d'encombrement du Conseil d'État statuant au contentieux et du recrutement de ses membres[575] : une partie de la doctrine, dont Dareste[576] et Bonnard[577], a commencé à tenter de dégager les traits principaux et spécifiques des actes inexistants[578]. D'autres, comme Berthélémy, font référence de manière implicite aux actes inexistants en les assimilant aux actes illégaux contre lesquels un recours pour violation de la loi est possible en raison d'une cause juridique inexistante tirée elle-même de faits matériellement inexacts[579]. Ils s'appuient pour cela sur une décision commentée par Hauriou[580]. Ce dernier élaborera plus tard une théorie de la cause inexistante mais sans en tirer de conclusions à propos des actes inexistants[581]. Ces mêmes auteurs ont par la suite contribué d'ailleurs à élaborer la théorie des actes inexistants[582], comme certains présidents de la Section du contentieux du Conseil d'État dont Romieu (*1918-1932*). C'est au cours de sa présidence que fut développée l'applicabilité du régime des actes nuls et de nul effet et plus précisément des actes inexistants. Il a pu influencer les esprits, notamment au travers de ses conclusions en qualité de commissaire du gouvernement. C'est donc surtout par lui que s'est faite la transmission des principes du droit administratif posés par Laferrière. Appleton mentionne ainsi que le Conseil d'État

---

concours de M. Dupré, 1891, p. 302 §. 590-591.

572 LAFERRIERE (E.), Traité de la juridiction administrative et des recours contentieux, 1896, 2ème éd. Berger-Levrault, Tome II, p. 497.

573 Institut français des sciences administratives, Le Conseil d'État, son histoire à travers les documents d'époque 1799-1974, CNRS, 1974 p. 697 ; GONOD (P.), Edouard Laferrière, un juriste au service de la République, Thèse, 1992, LGDJ, 1997,446 p.

574 En sens inverse, cf DESGRANGE (E.) essai sur la notion de voie de fait, thèse Poitiers p. 117 et s.

575 Institut français des sciences administratives, Le Conseil d'État, son histoire à travers les documents d'époque 1799-1974, CNRS, 1974 p. 715 et s.

576 DARESTE (P.), Les voies de recours contre les actes de la puissance publique, Challamel, 1914, p. 153 §44.

577 BONNARD (R.), Précis élémentaire de droit administratif, Sirey, 1926, p. 130.

578 JEZE (G.), Les principes généraux du droit administratif, 2ème éd., Tome I, La technique juridique, la notion de service public, les individus au service public, 1914, Giard et Brière, p. 21 et 444.

579 Berthèlemy (H.), Traité élémentaire de droit administratif, 12ème éd., Rousseau, 1930, p. 1125.

580 HAURIOU (M.), note sous CE, 22 janvier 1926, Lefranc, S.1926.III.25.

581 HAURIOU (M.), Précis de droit administratif et de droit public, 12ème éd., Sirey, 1933, p. 450.

582 JEZE (G.), Cours de droit public, Théorie générale de la fonction publique, les fonctionnaires de fait, l'entrée au service public (nomination, élection, tirage au sort), l'avancement, Giard, 1927, 292 p.

tentait de construire une théorie jurisprudentielle pour, à d'équité, remédier aux actes contre lesquels les délais de recours contentieux auraient expiré[583].

324.–C'est ainsi que, durant cette période, il est apparu nécessaire d'édifier un thème de l'inexistence comme correctif aux mécanismes en vigueur, en permettant de sanctionner un acte gravement irrégulier en le déclarant nul et de nul effet. L'inexistence contribuait donc à la recherche d'une certaine sécurité juridique, notamment à une période où le recours pour excès de pouvoir n'avait pas acquis sa forme définitive[584]. La création et la construction d'une telle théorie s'inscrira en définitive dans le courant jurisprudentiel tendant à sanctionner la méconnaissance par des organes représentatifs de leurs attributions. Le Conseil d'État sera ainsi particulièrement explicite lorsqu'il affirme que le décret du Président de la République qui prononce la dissolution d'un conseil municipal est justifié dès lors que le motif est tiré de ce que cette assemblée municipale a subi une *« perte d'autorité morale dans des conditions telles qu'il se trouvait hors d'état de gérer les affaires de la commune »*[585] *:* il s'agissait de délibérations municipales inexistantes.

325.–Après la Seconde Guerre mondiale, dans la table vicennale 1935-1954, les décisions de la Section du contentieux du Conseil d'État relatives aux actes inexistants ne sont signalées qu'en raison de la spécificité du régime qui leur est applicable[586], sans doute sous l'influence de MM. Braibant et Fournier, auditeurs au Conseil d'État, qui en tant que chroniqueurs à l'Actualité juridique du droit administratif, et en tant que participants aux séances de jugement, ont dû mesurer l'impact et l'utilisation pratique des actes inexistants. A ce *Titre*, ils commenteront l'arrêt Rosan Girard[587] qui fera partie des grands arrêts du droit administratif[588] et sera mentionné au Recueil Lebon dans la table suivante alors qu'ils n'ont participé que de 1935 à 1954 aux tables du Recueil Lebon.

326.–A compter de cette date[589], la catégorie des actes inexistants évolue ; le centre de coordination et de documentation du Conseil d'État détache ces actes de la question de la validité des actes administratifs (*Titre II « Validité des actes administratifs »*) voire les reconnaît en tant qu'actes à *« part entière »* (*Titre I « Différentes catégories d'actes »*).

583 APPLETON (J.), Traité élémentaire du contentieux administratif (compétence-juridictions-recours), Dalloz, 1927, §. 318.

584 APPLETON (J.), Traité élémentaire du contentieux administratif (compétence-juridictions-recours), op. cit., §. 318 ; CE, 8 décembre 1899, Ville d'Avignon, p. 720.

585 Comp. CE Ass., 14 janvier 1977, Perrault et autres, n° 5142 ; comp. : CE Ass., 31 mai 1957, Rosan Girard, op. cit. ; et pour les motifs d'une dissolution d'un conseil municipal : CE, 12 janvier 1912, Sieurs Mondolini et autres, n° 44454 et CE Ass., 23 décembre 1976, Perrault et autres, n° 5142.

586 Table du Recueil périodique des arrêts du Conseil d'État, jurisprudence du Conseil d'État statuant au contentieux et du Tribunal des conflits et de la Cour des comptes (coll. Lebon), analyse des arrêts rendus de 1935 à 1954.

587 FOURNIER et BRAIBANT, chronique générale de jurisprudence administrative, Actes administratif/ de l'inexistence - De l'inexistence, note sur CE Ass., 31 mai 1957, Rosan Girard, op. cit., AJDA 1957 p. 270.

588 BRAIBANT (G.), DELVOVE (P.), GENEVOIS (B.), LONG (M.), WEIL (P.), Les grands arrêts de la jurisprudence administrative, 15ème éd., Dalloz, 2005, n° 78.

589 Table du Recueil périodique des arrêts du Conseil d'État, jurisprudence du Conseil d'État statuant au contentieux et du Tribunal des conflits et de la Cour des comptes (coll. Lebon), analyse des arrêts rendus de 1935 à 1954.

§. 2 La recherche d'un mécanisme d'inapplicabilité des normes

327.–Le juge administratif a adapté les particularités de la notion telle qu'elle était envisagée par le droit canon et le droit ecclésiastique en transposant un mécanisme qui préexistait déjà et dont il avait à connaître (*A*). Les membres du Conseil d'État se sont donc inspirés de la doctrine ecclésiastique qui leur avait été enseignée et qui avait posé les bases d'une théorie des nullités (*B*).

A. La transposition des *« appels comme d'abus »* à la théorie de l'inexistence

328.–Le Conseil d'État a joué un rôle important dans la résolution pacifique de la question religieuse sous la IIIème République. Il résultait des articles organiques qui ont suivi le Concordat de 1801 conclu entre le pape Pie VII et le Gouvernement français que les actes édictés par l'autorité pontificale étaient soumis pour leur entrée en vigueur en France à l'autorisation du gouvernement[590], après avis du Conseil d'État. C'est devant lui qu'étaient portés les *« appels comme d'abus »* qui devaient assurer le respect par les autorités civiles et religieuses de leurs obligations réciproques[591]. En principe, tous les textes du Saint-Siège devaient être soumis à la procédure prévue à l'article 1er des articles organiques[592].

329.–Les projets de décrets du Conseil d'État en matière d'abus, dont la décision finale revenait au chef de l'État en raison du système de la justice retenue, pouvaient conclure au rejet de la requête lorsqu'il n'y avait pas d'abus dans l'acte attaqué ou à son admission si l'existence d'un abus était retenue. Les *« appels comme d'abus »* contre les actes des autorités civiles formés par les catholiques furent généralement rejetés[593].

330.–Les déclarations d'abus demeurèrent ponctuelles et concernèrent le plus souvent les demandes du gouvernement dirigées contre des cardinaux, archevêques, évêques et curés[594] : une telle position de la Haute juridiction procède de la volonté d'appliquer les textes au profit du Gouvernement. Elle est, au surplus, motivée par *« un gallicanisme toujours soucieux d'assurer le respect des droits et des prérogatives du pouvoir civil vis-à-*

590 Article 1er.
591 Articles 6 et 8.
592 MESSNER (F.), PRELOT (P.–H.) et WOEHRLING (J.–M.), Traité de droit français des religions, Litec, 2003, 1317 p.
593 Cf. Recueil périodique des arrêts du CE, jurisprudence du CE, statuant au contentieux et du Tribunal des conflits (coll. Macarel, Lebon, et Hallays-Dabot), analyse des arrêts rendus depuis 1922 ; Recueil périodique des arrêts du CE, jurisprudence du CE, statuant au contentieux et du Tribunal des conflits (coll. Macarel, Lebon, et Hallays-Dabot), analyse des arrêts rendus depuis le 1er janvier 1849 jusqu'au 31 décembre 1858 ; Recueil périodique des arrêts du CE, statuant au contentieux et du TC du 1er janvier 1859 au 31 décembre 1874, 2ème table, 1er volume p. 96 et suivant ; Table du Recueil périodique des arrêts du CE, jurisprudence du CE, statuant au contentieux et du Tribunal des conflits et de la Cour des comptes (coll. Macarel), analyse des arrêts rendus depuis le 1er janvier 1885 jusqu'au 31 décembre 1894, 4ème table, 1er volume p. et s. ; Table du Recueil périodique des arrêts du CE, jurisprudence du CE, statuant au contentieux et du Tribunal des conflits et de la Cour des comptes (coll. Macarel), analyse des arrêts rendus depuis le 1er janvier 1895 jusqu'au 31 décembre 1904.
594 MESSNER (F.), PRELOT (P.–H.) et WOEHRLING (J.–M.), Traité de droit français des religions, Litec, 2003, 1317 p.

vis du pouvoir religieux ainsi que l'indépendance de l'Église de France vis-à-vis de la Cour de Rome ».

331.–Mme le Professeur Basdevant-Gaudemet[595] affirme dans une importante étude sur le sujet que la déclaration de l'abus rendait les décisions en cause inexistantes du fait que l'*« acte était déclaré abusif »* et citait Portalis pour argumenter son propos. Cet auteur avait, en effet, posé le principe qu'un acte pouvait être constitutif d'un délit même si aucune sanction précise ne venait frapper son auteur puisque la déclaration d'abus comportait un blâme qui constituait une sanction morale.

332.–Or, lorsque le Conseil d'État reconnaît le caractère abusif de l'acte, il n'emploie pas les termes *« nul et de nul effet »*, et se limite à *« déclarer l'abus »*[596]. Pour ce, il procède à une *« neutralisation »* de l'acte en le rendant totalement inefficace.

333.–En réalité, il convient de distinguer deux mécanismes qui procèdent d'un même texte, la loi du 18 germinal an X, qui demeurent identiques dans leur finalité et qui sont sanctionnés dans le cadre du recours pour abus au XIXème siècle[597]. D'une part, il y a un mécanisme d'intégration des normes religieuses dans le droit interne français par le prisme de l'article 1er qui permit la réintroduction d'un gallicanisme *« dérivé »* en France, dit *« gallicanisme administratif »*[598]. Cette solution était justifiée par la gestion étatique du service public du culte reposant sur un contrôle *a priori* de la part des autorités étatiques. Ainsi, la publication et l'exécution des actes de l'Église romaine étaient soumis à autorisation[599] avant de pouvoir produire des effets de droit dans l'ordre interne français. Il s'agissait d'assurer la primauté formelle du droit étatique en conditionnant l'effectivité des normes religieuses à leur réception dans l'ordre juridique interne. Dès lors, le Conseil d'État avait précisé que lorsque le gouvernement refusait d'accorder l'autorisation prévue par l'article 1er à une décision romaine, celle-ci ne pouvait produire d'effet en France[600]. Les normes non susceptibles d'être ou d'avoir été reçues pouvaient donc être sanctionnées *a posteriori* soit par une déclaration de l'abus soit par l'application des procédures disciplinaires contre les agents des services publics, soit par le recours à une action en responsabilité pénale[601]. D'autre part, il y a le recours pour abus, proprement prévu par l'article 6 des articles organiques du culte catholique rétablissant l'*« appel comme*

595 BASDEVANT-GAUDEMET (B.), Le Jeu concordataire dans la France du XIXème siècle, Le Clergé devant le Conseil d'État, PUF, 1988, p. 25 et s.

596 Voir notamment : CE, 3 mars 1894, Iteney, p. 752 ; CE, 13 août 1895, Abbé Lesage et autres, p. 896 ; CE, 14 août 1903, Jourdain, Tison et autres, p. 854 ; CE, 9 avril 1904, Abbés Poirier et Berthier, p. 96.

597 BATBIE (A.), Traité théorique et pratique de droit public et administratif, Tome II, Cotillon, 1862, p. 33 et s., et p. 150, n° 140.

598 NEVEU (B.), « Pour une histoire du Gallicanisme administratif », in Jean Gaudemet et al., Administration et Église, Droz, 1987, p. 57-107 ; TAWIL (E.), Du gallicanisme administratif à la liberté religieuse. Le Conseil d'État et le régime des cultes depuis la loi de 1905, Th. post-doc. EPHE, 2005, 273 p.

599 La seule exception au principe du contrôle de l'État sur les actes romains fut prévue par l'article 1er du Décret du 28 octobre 1810 qui permettait l'exécution des « brefs de la Pénitencerie, pour le for intérieur seulement », sans qu'il soit besoin de demander l'autorisation du Gouvernement.

600 CE, 20 juin 1867, Abbé Roy, D.1867.III.68.

601 TAWIL (E.), Norme religieuse et droit français, PUAM, 2005, p. 165 et s.

d'abus »[602], en le confiant au Conseil d'État, en tant qu'héritier du Conseil du Roi. Il permettait de sanctionner les critiques du gouvernement par des autorités religieuses[603]. De telles décisions sont mentionnées au Recueil Lebon comme *« des recours pour abus formés par le gouvernement contre les autorités ecclésiastiques »*.

334.–Si aucun des avis du Conseil d'État qui prononcent la déclaration d'abus, ne qualifie les actes en cause nuls et de nul effet[604], le Conseil d'État assortissait parfois la déclaration d'abus d'une annulation des dispositions constitutives d'abus au motif qu'elles étaient entachées d'excès de pouvoir[605].

335.–La doctrine assurait que seuls certains actes pouvaient être annulés. Laferrière affirmait que l'acte étranger à l'exercice des pouvoirs spirituels, et reconnu abusif comme entaché d'usurpation, d'excès de pouvoir, d'infraction aux lois de la République, peut être supprimé par le décret d'abus après avoir été censuré. En revanche, poursuit cet auteur, si l'acte est fait dans l'exercice des pouvoirs spirituels lorsqu'il est reconnu abusif comme contraire aux canons reçus en France et aux règles à observer entre les Ministres du culte et le clergé inférieur ou les fidèles, le décret d'abus se borne à le censurer. Hauriou note que si les actes purement spirituels n'étaient pas annulés, les actes d'administration ecclésiastiques pouvaient l'être.

336.–Le juge administratif, dès lors qu'il est saisi d'un tel recours, recherche si l'intervention de l'autorité ecclésiastique dans le pouvoir civil constitue un excès de pouvoir qui rentre dans les cas d'abus énumérés dans la loi du 18 germinal an X. Dans l'affirmative, l'acte *« est et demeure supprimé »* et non annulé ; parfois, il est simplement mentionné qu'il y a *« abus »* voire *« abus déclaré »*[606]. Ceci conduit à l'utilisation de l'expression *« faits constitutifs d'excès de pouvoir »*. Autrement dit, une décision émanant d'une autorité ecclésiastique, et qui contrevenait aux lois de l'Empire, pouvait *« troubler arbitrairement la conscience des citoyens »*, intervenait hors de son champ de compétence (*le domaine spirituel*) et ne pouvait constituer un acte administratif susceptible d'être annulé. Il était donc simplement pris en compte comme un élément factuel dont l'auteur pouvait être sanctionné[607].

---

602 RAMALHO (A.), L'appel comme d'abus et le recours pour excès de pouvoir, RGA 1900 p. 129.

603 CE, 16 mai 1879, Archevêque d'Aix, p. 897 ; CE, 16 mars 1886, Evêque de Séez, p. 949 ; CE, 1er décembre 1902, Ministre de l'Intérieur et des Cultes c. Soixante-quatorze archevêques et évêques, p. 814.

604 CE, 8 novembre 1843, Evêque de Chalons, p. 541 ; CE, 7 février 1845, Torride c. Ritouret, p. 152 ; CE, 30 juillet 1847, Schlumberger, p. 530 ; CE, 10 novembre 1862, Alderbert, p. 1001 ; CE, 13 décembre 1864, Davoud, p. 1162 ; CE, 18 mars 1865, Laroche, p. 1186 ; CE, 7 août 1896, Archevêque de Cambrai, p. 915.

605 LANVERSIN (De), (J.), L'appel comme d'abus dans la jurisprudence du Conseil d'État, RA 1962 p. 274-280, 384-388, et 487-494 ; RAMALHO (A.), L'appel comme d'abus et le recours pour excès de pouvoir, RGA 1900 p. 129.

606 CE, 7 février 1845, Torride c. Ritouret, p. 152 ; CE, 26 avril 1892, Evêque de Mende, p. 1012.

607 CE, 30 mars 1861, Evêque de Poitiers, p. 1062 ; CE, 19 février 1886, Evêque de Pamiers, p. 948 ; CE, 5 mai 1892, Archevêque d'Avignon et ses suffragants, op. cit. .

337.–Il ressort d'un rapport établi lors d'un litige relatif au mandement du Cardinal de Bonald, fait au Conseil d'État et élaboré par Vivien, vice-président du comité de législation[608], que l'article 1er de la loi organique était contesté au motif que la puissance royale, en devant vérifier les bulles, rescrits, et autres actes du Saint-Siège, violerait les véritables droits et libertés de l'Église. L'abus du mandement fut prononcé ainsi que sa suppression. Ce fut l'occasion pour Vivien de rappeler que l'expression *« nuls et de nul effet »* était utilisée par les ecclésiastiques lorsqu'ils exerçaient un contrôle de conformité entre le droit issu du Saint-Siège et celui de l'autorité civile, pour neutraliser les effets des actes de cette dernière en cas de non-conformité. C'est ainsi qu'en l'espèce, la bulle *« Auctorem fidei »* (*Pie VI, 28 août 1794, condamnant les actes du Synode de Pistoie, 1786*) qui n'avait jamais été reçue en France et dont la publication n'y avait point été autorisée, rappelait dans ses dispositions le bref d'Innocent XI du 11 avril 1682 improuvant, abrogeant et déclarant nuls et de nul effet les actes de l'assemblée du clergé en France dite Déclaration des quatre articles, rédigée par Bossuet[609]. Le pape qualifiait les articles organiques complétant unilatéralement la loi du 18 germinal an X *« comme un des plus grands abus qu'on ait fait de la puissance temporelle, comme un empiètement très coupable de l'autorité civile sur l'autorité religieuse »*[610]. Se trouveraient ainsi confirmées, d'une part, l'existence de l'expression utilisée et déjà évoquée sous la forme *« nulle, abusive et non avenue »* afin qu'un tel empiètement *« disparaisse »* totalement[611] et, d'autre part, l'existence d'une technique de prévention, alternative du recours contentieux, qui permettait à une autorité ecclésiastique d'annuler les actes d'une autre autorité ecclésiastique incompétente pour les prendre[612].

338.–Or, ce raisonnement va être réfuté en deux temps. D'une part, le contrôle exercé par les appels d'abus est plus une sanction avec *« une autorité morale imposante et efficace »* qu'un véritable et pur contrôle d'empiètement sur des domaines réservés, dont le prononcé supposait une gravité suffisante[613]. D'autre part, il s'agit d'éviter un système *« réversif de l'ordre social »* en instaurant non un contrôle de conformité de la norme religieuse mais un contrôle d'applicabilité de cette norme par le moyen de la vérification de sa validité laquelle est conditionnée par sa réception en France (*article 1er, précité*). Cette procédure permet ainsi de constater *« le plus évident excès de pouvoir »* contrevenant aux lois[614]. Il s'agit donc, ici, d'une condition substantielle à l'exécution des actes des autorités

---

608 Voir rapport fait par le Conseiller d'État Vivien, vice-président du comité de législation, sous CE, 9 mars 1845, Mandatement du Cardinal de Bonald, n° 8676, Macarel, p. 154 et s.

609 Cité in rapport du Conseiller d'État Vivien, op. cit. p. 155.

610 Voir in rapport fait du Conseiller d'État Vivien, op. cit., p. 156.

611 Voir notamment une ordonnance du 2 novembre 1845 de l'official métropolitain d'Aix, cité in BATBIE (A.), Traité théorique et pratique de droit public et administratif, Tome III, Cotillon, 1862, p. 79 note n° 4 du n° 84.

612 BATBIE (A.), Traité théorique et pratique de droit public et administratif, Tome III, Cotillon, 1862, p. 79 n° 84, et en particulier note n° 4 p. 79 in fine.

613 Pour un seul exemple mentionnant la condition de gravité : CE, 8 octobre 1863, Mercier c. Seydel, n° 62581, p. 1006 (diffamation envers un ecclésiastique dans l'exercice de ses fonctions sacerdotales ; rejet).

614 voir aussi CE, 30 mars 1861, Evêque de Poitiers, p. 1062 ; CE, 7 août 1896, Archevêque de Cambrai, p. 915.

ecclésiastiques, sans laquelle ils ne peuvent ni être exécutés ni être efficaces nonobstant leur existence[615].

339.–L'assimilation entre inexistence et recours pour abus trouve sa source dans l'admission de la recevabilité d'un recours pour abus, contre un arrêté du maire de la commune de Douzy du 17 mars 1882, formé en 1896 par l'Abbé Bailly[616]. Pour ce faire est transposé le raisonnement établi dans un ancien avis du Conseil d'État du 19 juin 1851 qui posait le principe qu'aucune déchéance de délai ne peut être opposée, à défaut de texte, à un recours pour abus[617]. Cette position prend le contre-pied de l'opinion de certains membres du Conseil d'État qui préconisaient la prescription trentenaire, et d'autres membres qui soutenaient que devait s'appliquer le délai de recours contentieux, bien que Batbie soutînt que la forclusion dans le recours pour abus, impliquant un acquiescement implicite à un acte, était une question de fait appréciable *« in concreto »* laissée à l'appréciation du juge administratif[618].

340.–La procédure extraordinaire du recours d'appel a perduré en matière de mariage célébré uniquement dans l'ordre religieux[619]. Or cette cérémonie, dépourvue d'efficacité[620], a été considérée par la jurisprudence de la Cour de cassation comme un acte inexistant puis comme un acte nul, dépourvu d'effet après avoir été admis comme mariage putatif[621].

341.–Le mécanisme de l'*« appel comme d'abus »* a sans nul doute servi de fondement au moins indirect à celui des actes inexistants.

B. La transposition du droit canon : la théorie des nullités, fondement de l'inexistence

342.–La notion d'inexistence, pour devenir une théorie en droit administratif, a nécessité une transposition par le juge administratif de mécanismes qui préexistaient dans d'autres branches du droit. Ainsi, les membres du Conseil d'État ont transposé *mutadis mutandis* un système de nullité dont la caractéristique essentielle était de frapper l'acte concerné d'inefficacité et qui a son origine historique, notamment, dans le Concile de

---

615 CE, 24 mars 1886, Evêque de Saint-Dié, p. 949.

616 CE, 24 mars 1897, L'Abbé Bailly c. le maire de Douzy, p. 860.

617 LAFERRIERE (E.), Traité de la juridiction administrative et des recours contentieux, 1896, 2ème Berger-Levrault, Tome II, p. 95 ; Note anonyme, CE, 24 mars 1897, L'Abbé Bailly c. le maire de Douzy, p. 860.

618 BATBIE (A.), Traité théorique et pratique de droit public et administratif, Tome III, Cotillon, 1862, p. 171 nos 153-154 et p. 42, note n° 1 ; Note anonyme, CE, 24 mars 1897, L'Abbé Bailly c. le maire de Douzy, p. 860.

619 GUIMEZANES (N.), « Le mariage religieux et son efficacité civile en France », in Marriage and religion in Europe, Les effets civils du mariage religieux en Europe, in recueil des actes du colloque d'Augsburg, 28-29 novembre 1991, Giuffrè (Milan), 1993, p. 155.

620 TAWIL (E.), Norme religieuse et droit français, PUAM, 2005, p. 248 et s.

621 HARTEMANN (E.), Etude sur la distinction des actes inexistants et des actes annulables dans le droit romain, l'ancien droit français et le code civil, thèse Nancy, 1889, 347 p. ; COHENDY, Des intérêts de la distinction entre l'inexistence et la nullité d'ordre public, RTD Civ 1914 p. 35 et s. ; comp. Cass. Civ. 1ère, 9 octobre 1991, Bull. I, n° 256, p. 169.

Trente (*1545-1563*)[622]. Ce texte mentionne que sont nuls tous les mariages lorsqu'ils ne sont pas célébrés en présence d'un prêtre, d'un Évêque, ou de toute autre personne habilitée à cet effet et de deux ou trois témoins. Benoît XIV a ainsi déclaré dans son bref aux catholiques de Hollande qu'un mariage contracté contre de telles dispositions ne valait ni comme contrat, ni comme sacrement, et que ceux qui *« oseraient »* se marier ainsi ne seraient pas des époux légitimes, mais de simples concubins. De même, Pie VI exposa à l'Évêque de Varsovie, en 1808, qu'il n'y avait *« point de mariage »* s'il n'était pas contracté selon les formes établies par l'Église pour le rendre valide. Devait ainsi être *« tenu pour nul de toute nullité »* tout mariage contracté malgré un empêchement dirimant posé par le droit canonique, alors même que cet empêchement aurait été abrogé par le Souverain. Tout catholique devait, en conscience, regarder comme nul un tel mariage jusqu'à ce qu'il ait été validé par l'Église par une dispense légitime, à condition que cette dérogation soit possible[623]. Plus que comme un mariage nul, invalide ou illicite, cette cérémonie aurait été envisagée comme inexistante par la doctrine ecclésiastique en cas de méconnaissance des préceptes canoniques comme l'absence de consentement ou en cas de consentement fictif[624]. Il convient d'observer que cette doctrine fait indifféremment référence à l'inexistence d'un mariage qu'à sa nullité, à un défaut de lien matrimonial ou encore à un vice radical tel l'absence de consentement mutuel[625].

343.–Au sens du droit canon, les actes inexistants sont ceux auxquels un élément issu du droit naturel fait défaut tel que le consentement dans le cas du mariage. Une analogie rigoureuse avec la nullité de plein droit doit être soulignée sous cette réserve que la théorie de l'inexistence au XIXème siècle est issue de la doctrine civiliste, alors que la théorie des nullités de plein droit est d'origine proprement canonique[626].

344.–Il était donc affirmé qu'un mariage, célébré civilement et conclu conformément au droit canon mais en méconnaissance des règles civiles, serait dépourvu d'effet civil tout en constituant un mariage réel, véritable et indissoluble aux yeux de l'Église. Réciproquement, si un mariage est dépourvu d'effet en droit canon, il pourrait être valide et

---

622 XXIVème session, Exposition de la Doctrine touchant le Sacrement de Mariage, http ://lesbonstextes.ifastnet.com/trentetabledeschapitres.htm ; Vering, (F. H.), Bibliothèque théologique du XIXème siècle, Société générale de librairie catholique, 2001, p. 133 et s.

623 DE CLERCQ (Ch.) et autres, publié sous la direction de NAZ (R.), Traité de droit canonique, Letouzey et Ané, Tome II, Des sacrements (livre III), §. 418 à 433 ; DUCHESNE (J.–B.), Du mariage, examen comparatif des principes qui le régissent suivant le code civil français, le droit romain et le droit canonique, LGDJ, 1845, p. 98-99 et 111 /112 ; ESMEIN (A.), Le mariage en droit canonique, L. Larose et Forcel, 1891, Tome II, p. 121 et s. ; NAZ (R.), Dictionnaire de droit canonique contenant tous les termes du droit canonique avec un sommaire de l'histoire et des institutions de l'état actuel de la discipline, Librairie Letouzay et Ané, Fasc. 6, 1957, Voir Nullités ; Fasc. XIX, 1944, Voir consentement matrimonial.

624 ESMEIN (A.), Le mariage en droit canonique, op. cit., Tome II, p. 161 et p. 219 et s.

625 ABBE BOUDINHON (A.), Le mariage et les fiançailles, nouvelle législation canonique, p. Lethieleux, 1907, §. 43 ; Welschinger (H.), Le divorce de Napoléon, 1889, Plon-Nourrit et Cie, 1889, p. 92-99-105-108-110 et SANCHEZ, De sacr.matr. Tome II, disp. XLV et XLVI, cités in ESMEIN (A.), Le mariage en droit canonique, op. cit., Tome II, p. 219, Voir notamment notes 1 et 2.

626 NAZ (R.), Fasc. 6, op. cit., Voir Nullités.

donc produire des effets en droit civil[627]. Il y aurait ainsi deux mécanismes dont la méconnaissance serait susceptible d'entraîner l'invalidité d'un contrat de mariage, son illicéité et sa nullité voire son inexistence même, mais toujours et seulement dans un unique système normatif. Ceci revient à les envisager comme deux systèmes normatifs totalement indépendants l'un de l'autre. Or, il est fait mention dans la jurisprudence de l'époque, au demeurant assez confuse, et notamment dans un arrêt du Parlement de Paris rendu après le Concile de Trente, que le mariage contracté en la simple présence d'un curé mais sans son concours et sa bénédiction est nul même civilement, car le sacrement lui-même est mal administré, ce qui contredit l'indépendance des deux systèmes et prouve qu'il existe bien en réalité une stratification des règles étatiques et canoniques applicables dans ce domaine et qu'elles sont des sources de revendications concurrentes[628].

345.–Toutefois, le droit canonique n'envisageait pas en réalité de conflit *« ratione materiœ »* puisqu'il excluait expressément la compétence des juridictions autres qu'ecclésiastiques en cas de mariage entre chrétiens[629].

346.–Le raisonnement est similaire à celui applicable aujourd'hui en droit italien et fondé sur des principes dualistes. Au terme d'une évolution historique, l'article 7 de la Constitution italienne, du 27 septembre 1947, reconnaît l'existence d'autres ordres normatifs dont l'effectivité ne dépend pas de l'ordre juridique étatique, ce qui implique que les confessions religieuses ont un ordre juridique propre et ont une compétence normative. Ainsi, le mariage religieux a des effets civils mais uniquement si celui-ci satisfait à des conditions civiles de fond et de forme dont la rigueur diffère selon les religions. Les époux doivent ainsi entendre lecture notamment des dispositions du code civil, quitte à ce que ce soit le Ministre du culte qui procède à cette formalité. Réciproquement, les déclarations de nullité prononcées par les tribunaux de l'Église catholique deviennent effectives selon une procédure d'*« exequatur »* (*« delibazione »*) devant la Cour d'appel, sous réserve que la compétence du juge ecclésiastique dans l'affaire en litige et les droits fondamentaux des parties en cause aient bien été respectés durant la procédure et ne contreviennent pas à ceux en vigueur dans l'ordre public italien. Toutefois, il semble difficile d'affirmer que des lois

---

627 ABBE ANDRE (M.), Cours alphabétique et méthodique de droit canon mis en rapport avec le droit civil ecclésiastique ancien et moderne, J.–P. Migne, 1844-1845, Tome II, p. 953 et s.

628 Cité in LANJUINAIS, Rapport sur la nécessité de supprimer les dispenses de mariage, de supprimer ou de modifier les obstacles qui le retardent ou l'annulent afin d'établir une forme purement civile pour constater l'état des personnes, imprimerie nationale, 1791, p. 17 et s. ; Voir en particulier p. 24. ; TAWIL (E.), Les revendications concurrentes de compétence de l'Église et de l'État en matière matrimoniale : perspective canonique, RDC 53/1, 2003, p. 135 et s.

629 DE CLERCQ (Ch.) et autres, publié sous la direction de NAZ (R.), Traité de droit canonique, op. cit., Tome IV (livres IV et V), Des procès, des délits et des peines, 1948, §. 695-703, §. 743-745, §. 953 et s. ; ESMEIN (A.), La juridiction de l'Église sur le mariage en Occident, étude historique, op. cit., p. 203 et s. ; HOROY (C.–A.), Cours de droit canonique dans ses rapports avec le droit civil, traité du mariage, Chevalier-Marescq, 1886, p. 58 ; LANJUINAIS, Rapport, op. cit., p. 8 et s. ; LEFEBVRE (Ch.), Le mariage civil n'est-il qu'un contrat, conférence faite à la Sorbonne au nom de la société des amis de l'Université de Paris, nouvelle revue historique de droit français et étranger, 1902, p. 314 et s. ; TUFFERY-ANDRIEU (J.–M.), Le mariage selon la conception de l'Église constitutionnelle française (1792-1801), Revue de droit canonique, 2003, p. 77 et s.

générales étatiques et des lois spéciales telles que des lois ecclésiastiques, se complèteraient car ces dernières n'entrent pas en concurrence avec les lois étatiques[630].

347.–Il a été soutenu que la justification en France de telles théories résidait en une confusion entre le mariage et le sacrement du mariage tel qu'il a été envisagé par le droit canonique, résultat d'une conception duale du mariage qui serait ainsi à la fois un contrat civil et un contrat naturel[631]. Le contrat de mariage, envisagé en tant qu'acte juridique religieux issu du droit divin, aurait ainsi eu comme conséquence une *« équivoque de langage »*, en raison d'une terminologie inadéquate qualifiant une cérémonie d'acte juridique, alors qu'il ne s'agit que d'un simple fait dont la seule sanction ne peut être la nullité mais une condamnation morale[632].

348.–La nullité en droit canonique est une sanction édictée par une loi qui enlève à un acte son efficacité juridique et serait toujours abrogative, sauf si pour un motif très grave le législateur décide qu'elle sera rétroactive, comme dans le cas d'un acte délictueux[633]. En droit canonique, les termes employés pour la désigner sont à la forme directe ou indirecte (*« actus est nullus, matrimonii promissio irrita est, inhabiles sunt, impedimentum dirimens ... impedit quominus matrimonium valide contrahatur, effectus suos sortiuntur, nullum parit vel habet judicum effectum, nihil est actum, novitiatus ut valeat »*) mais aucun terme ne fait référence à l'inexistence proprement dite, alors même que le vocabulaire est plus diversifié dans le *« codex juris canonici »* que dans le code Justinien. Ainsi, le vocable *« æquivalenter »* est présenté comme synonyme d'une nullité (*dite implicite*) qui sanctionne

---

630 ABBE ANDRE (M.), op. cit., Tome II, Voir Mariage ; ESMEIN (A.), Le mariage en droit canonique, op. cit., Tome II p. 130 -245 ; HOROY (C.–A.), op. cit., p. 27, 62 et s. ; Voir en particulier les p. 98 et s. pour des exemples donnés sur le mariage civilement efficace des prêtres en Italie ; TAWIL (E.), Les relations conventionnelles entre l'État et les confessions catholiques, cahier de la recherche sur les droits fondamentaux, Presses universitaires de Caen, n° 4, 2005, p. 139 et s.

631 CHAMOINE ALLEGRE, Le code civil commenté à l'usage du clergé dans ses rapports avec la théologie morale, le droit canon et l'Économie politique, second volume, 1ère partie, Delhomme et Briguet, 1888, p. 406 ; BEAUCHET (L.), Les formes de la célébration du mariage dans l'ancien droit romain français, nouvelle revue historique de droit français et étranger, 1882, p. 365-369 ; HOROY (C.–A.), op. cit., p. 40 et s. ; NAZ (R.), Dictionnaire de droit canonique contenant tous les termes du droit canonique avec un sommaire de l'histoire et des institutions de l'état actuel de la discipline, Letouzay et Ané, Fasc. 6, 1957, Voir Nullités ; Fasc. XXV, 1950 Voir For ; LEFEBVRE (Ch.), Le mariage civil n'est-il qu'un contrat, op. cit., p. 308 et s. ; POTHIER (R.–J.), Traité du contrat de mariage par l'auteur du Traité des obligations, Orléans, La veuve Rouzeau-Montaut, Debure père, 1772, nos 11 et 15 ; VILLIEN (A.) et MAGNIN (E.), Dictionnaire de droit canonique contenant tous les termes du droit canonique avec un sommaire de l'histoire et des institutions de l'état actuel de la discipline, Letouzay et Ané, 1924, Fasc. 1, Voir Actes.

632 DUCHESNE (J.–B.), Du mariage, examen comparatif des principes qui le régissent suivant le code civil français, op. cit., p. 178 et s. ; ESMEIN (A.), Le mariage en droit canonique, L. Larose et Forcel, 1891, Tome I, p. 78 et s. ; et Tome II, p. 121 et s., et p. 151 et s., p. 198-199 ; GROCHOLEWSKI (Z.), Fondements théologiques du mariage dans le droit canonique, Actes du colloque Droit canonique/Droit civil, Poitiers 20-22 avril 1989, L'année canonique, 32, 1989, p. 35 et s. ; HOROY (C.–A.), op. cit., p. 50 ; NAZ (R.), Op. cit., Fasc. 6, Voir Nullités.

633 DE CLERCQ (Ch.) et autres, publié sous la direction de NAZ (R.), Traité de droit canonique, op. cit., Tome I (livres I et II°), introduction générale des personnes, §. 101 et 132 ; Voir contra MONETA (P.), Les causes de nullité de mariage en droit canonique, Actes du colloque Droit canonique droit civil, Poitiers 20-22 avril 1989, L'année canonique, 32, 1989, p. 124.

l'inobservation grave de prescriptions. De même les effets de la *« nullitas latæ sententiæ plenissima »* sont assimilés au mécanisme de l'inexistence[634].

349.–La loi édictant la nullité peut être de deux natures différentes :

- soit irritante : en réalité il est considéré que le texte ne fera que constater l'inefficacité de l'acte pris en violation de ses prescriptions, violation qu'il sanctionne. Cette sanction sera : 1°) *directe* quand elle sera prévue formellement, 2°) *soit indirecte et intrinsèque* quand elle sanctionne l'absence d'un élément essentiel à l'existence de l'acte comme le consentement dans le mariage, 3°) enfin *indirecte et extrinsèque* lorsqu'elle sanctionne seulement l'absence d'un élément essentiel (*comme l'assentiment du supérieur pour l'aliénation d'un bien de l'Église*) ;
- soit inhabilitante, car elle sanctionne l'incompétence de l'auteur de l'acte[635].

350.–Il existe ainsi, en droit canon, trois types de nullités (*« nullitas »*) :

- *« latæ sententiæ plenissima »* qui consiste à réduire l'acte à néant, tant au for interne qu'au for externe, en l'absence de toute intervention du juge bien que l'interprétation qui peut en être faite doit être confirmée par une autorité officielle (*mariage conclu sans les formalités requises*),
- *« latæ sententiæ »*, identique à la précédente puisqu'elle a une inefficacité rétroactive, sauf qu'elle nécessite une intervention judiciaire qui ne prononcera cependant pas une simple sentence déclaratoire[636],
- *« ferendæ sententiæ »* qui abrogera l'acte à compter de la décision du juge, lequel conserve une certaine marge d'appréciation pour constater la nullité prévue par le législateur[637].

351.–La doctrine n'est cependant pas homogène sur cette catégorisation et il a été envisagé d'autres catégories, notamment : une première catégorie issue du droit naturel ou des lois ecclésiastiques (*vices dirimants*), une seconde catégorie fondée sur l'intervention du législateur canonique qui sanctionne les vices du consentement, et une ultime catégorie dont la cause réside dans le défaut ou l'irrégularité du mariage, ses caractéristiques diffèrent de la précédente catégorie sauf en ce qu'elles sont imprescriptibles[638].

---

634 NAZ (R.), Op. cit., Fasc. 6, Voir Nullités ; SCHOUPPE (J.–P.), Le droit canonique, introduction générale et droit matrimonial, E. Story-Scientia, 1991, §243 ; CIPROTTI (P.), Nullité et dissolution du mariage aspects anciens et récents, Actes du colloque Droit canonique/ Droit civil, Poitiers 20-22 avril 1989, L'année canonique, 32, 1989, p. 194.

635 DE CLERCQ (Ch.) et autres, publié sous la direction de NAZ (R.), Traité de droit canonique, Tome I, op. cit., §. 101 et 132 ; NAZ (R.), Op. cit., Fasc. 6, Voir Nullités.

636 Voir pour l'affirmation que toute déclaration de nullité dans le domaine du mariage est un constat VERNAY (J.), Les dissolutions du lien matrimonial en droit canonique, Actes du colloque Droit canonique droit civil, Poitiers 20-22 avril 1989, Actes du colloque Droit canonique droit civil, Poitiers 20-22 avril 1989, L'année canonique, 32, 1989, p. 139 et s.

637 NAZ (R.), Op. cit., Fasc. 6, Voir Nullités.

638 Voir pour une théorie plus générale DE CLERCQ (Ch.) et autres, publié sous la direction de NAZ (R.), Traité de droit canonique, Letouzey et Ané, Tome IV (livres IV et V), Des procès, des délits et des peines, 1948, §. 279 à 285 ; ESMEIN (A.), Le mariage en droit canonique, op. cit., Tome I, p. 239 et s. ; MONETA (P.), Les causes de nullité de mariage en droit canonique, op. cit., p. 124 ; Voir pour envisager la nullité sous un angle processuel : SERIAUX (A.), Droit canonique, coll. droit fondamental, PUF, 1996, §. 338 et 354 ; VALDRINI (P.), DURAND (J.–P.),

352.–Il est également possible de mentionner l'action en nullité contre un jugement qui se confond avec l'appel, et plus exactement ce que certains nomment la plainte en nullité[639]. Celle-ci peut être exercée lorsque la sentence est affectée d'un vice irréparable violant un droit public tel que la violation de la loi canonique, ou lorsque le jugement avait été rendu par un nombre insuffisant de juges ou sous l'effet de la violence ou de la crainte grave. La pratique a réduit ces cas aux défauts 1°) de compétence du juge, 2°) de mandat du représentant des parties, 3°) du pouvoir d'ester en justice, 4°) de citation du défendeur, 5°) et lorsque la sentence n'a pas dirimé complètement le litige. Il s'agit d'une incompétence absolue et évidente qui ne peut être suppléée, et qui implique que le procès soit entièrement refait. Mais ce recours est imprescriptible et ne peut s'exercer que par voie d'exception[640].

353.–Le droit canon n'utilise pas ce système de neutralisation des effets d'un acte uniquement en droit du mariage. Ainsi, est envisagé un mécanisme de ce type en cas de pluralités d'offices ecclésiastiques dites *« unions de bénéfices »* pouvant se définir comme un office ecclésiastique auquel est attaché l'usufruit d'un bien ecclésiastique[641]. Celles conclues à perpétuité ou faites depuis quarante ans, peuvent être examinées par les ordinaires, comme délégués du Siège Apostolique ; et celles qui se trouveront subreptices, ou obreptices, seront déclarées nulles ou invalides. Or, il convient de présumer subreptices toutes celles qui, ayant été accordées depuis plus de quarante ans, n'ont jamais été effectives ou celles prévues pour l'avenir lorsqu'elles ne sont pas faites pour des causes légitimes et raisonnables, vérifiées devant l'Evêque du lieu, après avoir appelé ceux qui y ont intérêt. Ainsi le Concile de Trente mentionne que de telles *« unions de bénéfices »* demeuraient sans force, et sans effet, si le Siège Apostolique ne le déclare autrement sur un recours simplement dévolutif[642]. Il s'agissait d'une condition de fond pour la validité d'une union de bénéfices en raison de la gravité de l'acte[643]. Mais, tout comme le mariage il s'agit d'une nullité au sens du droit canonique, assimilable à l'inexistence[644], ce qui confirme que le droit canon a fortement contribué à la création de cette théorie en droit administratif.

354.–Il s'agit en réalité d'un conflit de normes : les deux normes (*religieuse et étatique*) sont chacune valides mais dans deux systèmes d'ordres normatifs différents. Certes, comme l'a affirmé Kelsen, du point de vue des règles édictées par chacun des deux

---

ECHAPPE (O.), VERNAY (J.), Droit canonique, Dalloz, 1999, §. 714.

639 DE CLERCQ (Ch.) et autres, publié sous la direction de NAZ (R.), Traité de droit canonique, Tome IV, op. cit., §. 597 à 602 ; SCHOUPPE (J.–P.), Le droit canonique, introduction générale et droit matrimonial, op. cit., §. 273 ; SERIAUX (A.), Droit canonique, op. cit., §. 338 (e) ; VALDRINI (P.), DURAND (J.–P.), ECHAPPE (O.), VERNAY (J.), Droit canonique, op. cit., §. 706.

640 « Gravatum non debet remetti ad judicem gravantem ».

641 WERCKMEISTER (J.), Petit dictionnaire de droit canonique, les Éd. du Cerf, 1993, Voir Bénéfice.

642 VIIème session, tenue le 3 mars 1547, http ://lesbonstextes.ifastnet.com/trentetabledeschapitres.htm.

643 DE CLERCQ (Ch.) et autres, publié sous la direction de NAZ (R.), Traité de droit canonique, op. cit., Tome III (livre III), Lieu et temps sacrés, culte divin, magistère, bénéfices ecclésiastiques, biens temporels de l'Église, 1948, §. 230-231.

644 NAZ (R.), Dictionnaire de droit canonique contenant tous les termes du droit canonique avec un sommaire de l'histoire et des institutions de l'état actuel de la discipline, Librairie Letouzay et Ané ; Fasc. 2, 1937, Voir bénéfices et en particulier le droit commun d'après le code.

ordres normatifs, la norme d'un ordre qui est en conflit avec une norme de l'autre ordre n'est pas valide, et *« vice versa »*, cependant elle existe. Contrairement à la norme qui ne serait pas conforme à celle qui règle sa création, elle ne peut donc pas en ce sens être nulle dans l'autre ordre de juridiction, et elle y serait simplement inefficace. Un tel conflit constitue *« une absurdité »*[645].

355.–Il n'est donc pas possible d'affirmer qu'un mariage, qui serait valide car conforme au droit civil, comme un mariage entre deux représentants de la religion catholique par exemple un prêtre et une religieuse, soit supprimé en raison de son conflit avec les règles du droit ecclésiastique. Kelsen mentionne qu'il est prescrit à un ordre juridique positif posant une prescription de n'appliquer les règles morales, voire du droit naturel, que si elles sont déléguées par l'ordre juridique. Mais une inapplicabilité ne signifie pas une *« non-validité »* car la norme morale, la norme de droit naturel, est valide ; simplement elle est considérée comme dépourvue d'effet dans un système normatif différent de celui dont elle est issue. Le problème est d'autant plus aigu que le conflit entre normes de deux systèmes n'est examiné que lorsqu'un des deux ordres envisage la validité de l'autre ordre par rapport à son propre système normatif.

356.–L'inexistence serait donc, dans cette interprétation, un mécanisme tendant à la neutralisation des effets d'un acte (*dans un des deux ordres*), ce qui doit être distingué de sa validité (*envisagée dans l'autre ordre normatif et réciproquement*), alors que dans un même système normatif, l'efficacité est une condition de sa validité ; étant précisé qu'en tant que sanction, elle permet de garantir l'efficacité de l'ordre en cause[646].

---

645 KELSEN (H.), Théorie pure du droit, traduit par EISENMANN (C.), Bruylant, LGDJ 1999, p. 206 et s., comp. p. 318 et s.

646 KELSEN (H.), Théorie générale des normes, PUF, 1996, voir p. 183 et s. et p. 288-291 ; en particulier la note 147.

Conclusion du Chapitre 2

357.–L'essence proprement dite de l'inexistence était donc déjà posée en droit civil et c'est sa création *« ex nihilo »* de toute règle juridique écrite dans cette matière qui a permis une modulation dans ses applications par le juge administratif qui a, ainsi transposé un mécanisme dont l'adaptabilité n'était plus à prouver.

358.–De là, il serait donc possible d'affirmer que la naissance d'une telle notion, qui a été empreinte de considérations d'équité et d'un pragmatisme certain, a eu comme conséquence de créer une sanction hybride appliquée selon des modalités variables selon qu'il s'agisse des contrats, des actes administratifs unilatéraux et des décisions de justice. Mais l'ambigüité ne s'arrête pas là, car la jurisprudence n'envisage pas réellement au sein de l'inexistence une nature duale, la cantonnant ainsi à sa plus simple acception, contrairement à la doctrine, qui n'a, en outre, jamais été unanime dans ce domaine.

359.–En d'autres termes, avant même d'être une théorie qui avait fait l'objet d'une étude par le Doyen Auby, l'inexistence a été envisagée aussi comme une fin (*et non uniquement comme un moyen*) tendant à l'inapplicabilité de la norme dont la connotation morale, sans doute due à ses fondements en droit canon et la volonté de rétablissement de la légalité, a guidé le juge administratif.

360.–Enfin, la doctrine administrative a elle-même contribué au maintien de la complexité de l'inexistence en l'aggravant ou en la différenciant, contrairement aux auteurs civilistes, selon s'il s'agissait d'une inexistence matérielle ou juridique. Dès lors, l'application empirique de l'inexistence par le juge administratif a conforté les difficultés d'identifier l'inexistence comme mécanisme de sanction à part entière pour les décisions de justice ou les contrats.

CONCLUSION DU TITRE I

361.–La naissance des grandes théories juridiques, du droit privé comme du droit public, puise sa source dans le droit romain. Les principes juridiques ainsi édictés intéressaient essentiellement les rapports des individus entre eux ou des groupements privés de personnes (*« jus privatum »*) et non les rapports avec la puissance publique (*« jus publicum »*). L'inexistence n'était pas un vocable juridique employé en droit romain. Certes, le *« Corpus juris civilis »* mentionne des formes et des solennités du mariage et ébauche des sanctions juridiques en cas d'inexécution en matière d'obligations, mais sans que soit réellement envisagée une théorie des nullités et encore moins de l'inexistence. Cependant, cette notion est implicite dans les textes de droit romain qui prévoient l'absence de formation de l'acte juridique en cause lorsque fait défaut l'un de ses éléments constitutifs.

362.–A cette difficulté, liée à son caractère implicite, s'ajoute une autre provenant de ce que, en droit romain comme dans l'ancien droit, les voies de nullité n'avaient pas fait l'objet d'une systématisation. Il est toutefois certain que l'inobservation de l'erreur, de l'objet, de la capacité ou des formes fait obstacle à la formation du contrat en cause. Les jurisconsultes disaient que l'acte était nul et qu'il n'avait aucune valeur et qu'en conséquence il était réputé ne pas exister *« nullum est negotium ; nulla obligatio ; nihil agitatur ; res pro infect habetur »*. Au contraire, lorsque l'acte était dit *« parfait »* rien ne pouvait le remettre en cause. L'équité introduisit la *« restitutio in integrum »* et permit au prêteur d'intervenir lorsque les personnes subissaient un préjudice résultant d'un acte. Cependant, cette action correspondait à l'annulabilité au sens que l'entendent les auteurs classiques.

363.–C'est en réalité la doctrine civiliste qui va, la première, expressément faire référence à l'inexistence, soit comme un terme synonyme de nullité absolue, soit encore comme une nullité qui serait d'une gradation plus élevée dans la nullité absolue, constituant ainsi une sanction qui ne pourrait qu'être assimilée au *« néant »*, ou à *« l'impossible »*. Il semble cependant difficile de désigner avec certitude les membres de la doctrine qui ont contribué à l'élaboration de l'inexistence comme nullité.

364.–C'est dans les écrits des juristes du XVIIème et du XVIIIème siècles que les théories relatives à l'inexistence vont commencer à être élaborées. C'est dire que l'inexistence n'est pas née du *« corpus juris »* mais du processus d'une interprétation fonctionnelle des textes juridiques par les auteurs eux-mêmes. Leurs différentes théories peuvent donner l'impression d'une certaine confusion, mais ce n'est en réalité que la conséquence classique de plusieurs analyses d'un même énoncé, même si les auteurs ne décrivent, en fin de compte, qu'une seule et même norme délimitée par une signification prescriptive. Il semble, en tout état de cause, difficile de hiérarchiser les différents sens donnés et d'opérer un choix quant à l'importance du rôle des différentes interprétations sur la signification d'une *« nullité / inexistence »* érigée par la suite en standard par la jurisprudence[647].

365.–Mais il est constant que c'est à cette époque que le système moderne commencera à se préciser en distinguant les nullités absolues et les nullités relatives au sein duquel les partisans de l'inexistence, tel que Pize, vont argumenter leur théorie. Il existerait ainsi une nullité qui serait plus grave que la nullité absolue. Il faut bien reconnaître que la difficulté pour les auteurs fut d'établir avec certitude les caractéristiques de l'inexistence comme nullité en tant que telle alors même que la distinction entre la nullité absolue et la nullité relative n'est elle-même pas établie avec certitude. La doctrine était donc divergente sur la définition des éléments constitutifs de l'inexistence, contribuant certes à enrichir mais aussi à complexifier une notion qui, en outre, se révèle être une nullité sans texte.

366.–La seule affirmation certaine est alors que la notion d'inexistence permet de sanctionner l'absence d'un élément constitutif d'un contrat et qu'elle est devenue un concept venant compliquer la distinction des nullités en ce qu'elle oscille entre une nullité absolue et une nullité qui irait *« au-delà »*. Il s'agit donc de sanctionner de manière particulière un acte nul ou encore d'envisager une gradation dans la nullité.

367.–L'instauration par le code civil d'une théorie générale des obligations n'a cependant pas permis de poser également une théorie générale des nullités constituée d'une catégorisation précise des sanctions selon le vice en cause et en particulier le vice d'inexistence. Plusieurs hypothèses sont avancées pour expliquer cet état de fait : l'inexistence n'aurait pas été envisagée par les rédacteurs du code civil car il résulterait des travaux préparatoires qu'elle était implicite comme sanction. Une telle interprétation reste sujette à discussion, d'autant plus que la jurisprudence civile a continué à appliquer la théorie de l'inexistence. Pourtant dans le même temps, la doctrine a commencé à élaborer une critique constructive de ce concept qui ne faisait en réalité que complexifier une théorie des nullités déjà complexe. Il s'est alors opéré un glissement vers une conception étroite et quasi-résiduelle de l'inexistence en droit civil et en procédure civile, car la jurisprudence tend à abandonner une conception tripartite des nullités, qu'elle juge inutile.

368.–Les critiques exacerbées de la doctrine contre cette *« nullité sans texte »* ont conduit à réduire son champ d'application à une peau de chagrin en droit civil et en procédure civile : ainsi le mariage inexistant n'est désormais plus cantonné qu'à l'absence totale de célébration et, pareillement, quelle que soit la gravité des irrégularités alléguées, seuls affectent la validité d'un acte de procédure, soit les vices de forme faisant grief, soit les irrégularités de fond limitativement énumérées par le code de procédure civile.

369.–Toutefois, la complexité de cette notion aux contours mal définis en droit civil, n'a pas détourné le Conseil d'État d'utiliser un tel concept. Il est à cela des raisons d'équité et de bonne administration de la justice, jointes à un souci d'efficacité du rétablissement de

647 ARNAUD (A.–J.), et autres, Dictionnaire encyclopédique de théorie et de sociologie du droit, op. cit., voir herméneutique, interprétation juridique ; ALLAND (D.) et RIALS (S.), Dictionnaire de culture juridique, op. cit., voir interprétation, par TROPER (M.).

la légalité et d'autonomisation du droit administratif. Il s'agissait de ne pas laisser subsister dans l'ordonnancement juridique un acte administratif qui n'aurait jamais dû être pris et, en même temps, sanctionner l'administration.

370.–La construction de la théorie de l'inexistence des actes administratifs unilatéraux ne s'est cependant faite que progressivement car il convenait de ménager ce que l'on n'appelait pas encore la sécurité juridique.

371.–L'identification de la notion d'inexistence au travers de la jurisprudence du Conseil d'État a rencontré de nombreuses difficultés. L'apparition même du vocable dans les décisions du Conseil d'État ne date explicitement que du début du XXème siècle, lors de l'incorporation en jurisprudence des théories de la doctrine classique en droit administratif.

372.–Il est constant que cette notion n'a été créée que pour déroger à la computation classique du délai de retrait puis des délais de recours contentieux. La recherche d'un mécanisme permettant de neutraliser les effets d'un acte administratif hors des délais de recours contentieux a donc eu comme conséquence que le juge administratif recherche un *« instrumentum technicum »* efficace comme sanction.

373.–La liaison étroite avec la doctrine et la jurisprudence civilistes est indéniable, mais la spécificité de la dualité entre l'inexistence juridique et l'inexistence matérielle a, elle, pour origine les mécanismes qui préexistaient en droit canon ou que préconisait la doctrine ecclésiastique. Ainsi la construction de la notion d'inexistence fut composite, lente, cahotante d'où sa complexité. Cela explique combien elle est marquée par des considérations pragmatiques.

TITRE II L'EVOLUTION PRAGMATIQUE DE LA NOTION D'INEXISTENCE, SOURCE DE COMPLEXITE

374.–En réalité, l'inexistence est né d'applications ponctuelles et pragmatiques, sous l'influence de la doctrine et de la jurisprudence civiliste. Cependant, chaque application, en droit administratif, a été systématiquement étendue pour être en quelque sorte appliquée à chaque affaire posant une question de la même nature, tout en étant perfectionnée dans un souci d'autonomie de la jurisprudence administrative, pour finalement créer un système plus vaste et cohérent permettant une évolution vers la construction d'un instrument souple pour le juge administratif.

375.–La théorie de l'inexistence est ainsi apparue assez tardivement en droit administratif. Toutefois, si ce vocable n'y était pas utilisé, le *« criterium »* ainsi que l'ébauche des traits caractéristiques du régime des actes inexistants étaient déjà sous-jacents dans la jurisprudence du Conseil d'État. Cette inexistence était, en outre, déjà envisagée comme une sanction des actes unilatéraux et des contrats assimilables à des actes nuls ; assimilation qui a perduré (*Chapitre I*)

376.–Il convient de relever, qu'en ce qui concerne les actes unilatéraux, les *« nullités de plein droit »* textuelles, en concurrençant la notion d'inexistence, ont retardé la définition des éléments constitutifs de l'inexistence. Pareillement, leur régime, comparable en partie à celui des actes inexistants, a complexifié la théorie de l'inexistence tout en contribuant – paradoxalement– à sa construction prétorienne (*Chapitre II*).

377.–L'inexistence matérielle a été assimilée à la nullité pour les contrats, à l'instar des origines romaines de la notion (*Section I*). En revanche, pour les actes unilatéraux, le juge administratif a contribué à complexifier ce concept en le perfectionnant par le mécanisme textuel des nullités de droit, alors que, paradoxalement, l'inexistence est, en partie, à l'origine de ces nullités de droit (*Section II*).

Section 1 L'assimilation de la nullité à l'inexistence en matière contractuelle

378.–La méconnaissance de la légalité externe en droit des contrats est un vice qui fait obstacle à la formation du contrat ; celui-ci n'existe pas matériellement (*§. 1.*). Ceci explique, par suite, le rejet, en cette matière, de la deuxième forme d'inexistence, l'inexistence juridique (*§. 2.*).

§. 1 L'inexistence matérielle du contrat

379.–Le juge contrôle l'existence même d'un contrat (*A*) avant d'en prononcer, le cas échéant, la nullité, pour méconnaissance des règles de forme ou de compétence (*B*).

A. La vérification juridictionnelle de l'existence matérielle du contrat

380.–L'action en déclaration de nullité contractuelle présente la particularité de n'être souvent introduite qu'à l'occasion d'un recours formé contre une mesure d'exécution du contrat ou aux fins de mise en jeu de la responsabilité contractuelle de l'une des parties. Ce n'est que dans certaines hypothèses particulières que le juge administratif reconnaît, s'il y a lieu, l'inexistence du contrat, et par voie de conséquence constate que cette convention est nulle et de nul effet[648].

381.–Les parties au contrat ont la faculté, si elles s'adressent au juge compétent en la matière, de faire constater la nullité du document contractuel. Celle-ci peut être relative ou absolue, en fonction de l'importance des règles qui ont été méconnues. Un contrat sera ainsi nul et de nul effet, et donc inexistant, s'il méconnaît la compétence de l'autorité contractante ou les modalités de passation prévues par le code des marchés publics, si son objet ou sa cause sont illicites ou encore si un vice de consentement a affecté l'engagement des parties contractantes. Selon Mme Ch. Maugüe et M. R. Schwartz, et la doctrine antérieure[649], la nullité sera absolue dans ces cas alors qu'elle ne sera que relative dans les

---

648 CE, 17 janvier 1936, Ligues des consommateurs d'électricité et ville de Tonneins, p. 76 ; CE, 26 janvier 1947, Michaux, p. 30 ; CE, 4 mai 1990, Cie industrielle maritime CIM, p. 113 ; RFDA 1990 p. 591, conclusions DE GUILLENCHMIDT.

649 LAROMBIERE (L.), Théorie et pratique des obligations : ou Commentaire des titres III et IV, livre III du code civil, articles 1101 à 1386, Nouv. éd., tenue au courant de la jurisprudence, A. Durand et Pedone-Lauriel, 1885 ; DE LAUBADERE (A.), Traité théorique et pratique des contrats administratifs, distinction des contrats administratifs et des contrats de droit commun, la formation des contrats administratifs, op. cit., nos 173 et en particulier 248/249, comp. n° 147 ; LEVAVASSEUR DE PRECOURT conclusions sur CE, 15 juillet 1887, Carlier, D.1888.III.118.

autres cas[650]. Cependant dans les motifs de ses décisions, le juge administratif ne distingue pas entre ces deux types de nullités[651].

382.–Il existerait donc, semble-t-il, deux nullités du contrat en droit administratif la nullité absolue et la nullité relative ; la première sanctionnant son inexistence et la seconde sa validité alors qu'au contraire en droit civil, l'existence est sanctionnée par la nullité et la validité par l'annulation. Ainsi en droit administratif un contrat peut être *« nul »* ou *« nul et de nul effet »,* et c'est dans cette dernière hypothèse seulement qu'il sera dit inexistant.

383.–Il y a donc, du fait de la terminologie employée par le Conseil d'État dans le contentieux contractuel[652], une référence ponctuelle à l'inexistence qui devient une notion interchangeable avec la nullité. Certes, le contrat en droit administratif existe sous des formes diverses y compris un accord verbal ou un accord tacite. Il est considéré comme conclu même s'il n'a pas été encore matérialisé et, par suite, concrétisé. Les règles de compétence et de formalisme sont donc une protection du consensualisme ; elles permettent de s'interroger sur la volonté réelle des parties contractantes de signer un contrat. Le juge administratif va, de manière pragmatique, par un faisceau d'indices, apprécier si des éléments constitutifs de la formation d'un contrat (*règles de compétence et de forme*) existent. En cas de réponse négative, il jugera qu'il y a absence d'accord et donc inexistence de stipulations contractuelles, quand bien même certains supports auraient été concrétisés, et certaines obligations auraient reçu un commencement d'exécution. A défaut d'engagement réel de l'administration, le contrat n'a pas été formé car un élément constitutif fait défaut ; il n'est alors pas formé et, par suite, n'existe pas[653].

384.–La principale difficulté réside sur ce point en ce que la constatation de l'existence, ou de l'inexistence d'un contrat (*comme d'un acte*), peut n'être qu'implicite. En effet, cette question n'est évoquée le plus souvent que de manière incidente, par exemple en tant que conséquence de l'inexistence de la délibération d'un conseil municipal[654]. Cette problématique s'inscrit alors dans la recherche de l'inexistence des actes issus d'une délibération déclarée nulle et de nul effet par le juge administratif, et en particulier par le

650 MAUGÜE (CH.), SCHWARTZ (R.), Nature d'un jugement rendu sur déféré préfectoral lorsque le préfet défère un contrat administratif, note sur CE Sect., 26 juillet 1991, Commune de Sainte-Marie, AJDA 1991 p. 693.

651 CE, 26 avril 1950, Domergue, p. 816 ; comp. CE, 6 juin 1958, Ayissi, p. 323, conclusions Long, pour une nullité tirée d'une simple erreur matérielle.

652 CE, 22 janvier 1930, Vuitton c. Commune de Valancia, p. 81 ; CE, 16 novembre 1939, Bonifacy, p. 562.

653 BRACONNIER (S.), Formation du contrat administratif, Fasc. 610 ; OLIVIER (F.), Conclusions du marché public, Fasc. 640 PEPY, note sur Conseil de Préfecture de Grenoble, 24 février 1927, Société civile des souscripteurs d'actions de la société viennoise de distribution d'énergie c. Ville de Vienne, D.1928.III.25 et note sur CE, 24 juin 1938, Commune d'Huos c. société électricité et gaz des Pyrénées, D.1939.III.25 ; PEQUIGNOT (G.), Contribution à la Théorie générale du contrat administratif, op. cit., p. 210 ; POUYAUD (D.), La nullité des contrats administratifs, op. cit., p. 400 et s. ; voir contra AUBY (J.–M.), La théorie de l'inexistence des actes administratifs, thèse, op. cit., p. 116.

654 CE, 9 mai 1990, Commune de Lavaur c. Lozar, op. cit.

juge du contrat, seul compétent pour en prononcer l'éventuelle nullité lorsqu'il s'agit d'actes de nature contractuelle ou pris dans le cadre de la conclusion d'un contrat[655].

385.–Les arrêts dans lesquels le juge administratif a appliqué la théorie de l'inexistence ne mentionnent pas l'inexistence du contrat lui-même. Ils retiennent l'inachèvement de l'établissement du lien contractuel. Il le font par l'emploi d'une terminologie diversifiée : *« simples pourparlers »*[656], *« projets de marché »* ou de *« concession »*[657], *« convention provisoire »*[658], *« non définitive »*[659], *« contrat prétendument conclu »*[660] ou même *« virtuel »*, *« en germe »*, voire *« qui n'est pas arrivé à son plein épanouissement »*[661]. Il s'agit donc bien d'une vérification de l'existence matérielle d'un acte.

386.–Le vice à l'origine de l'inexistence des contrats, a comme conséquence d'entraîner le constat d'inexistence matérielle de l'acte litigieux car l'anéantissement des effets du contrat n'est que l'application en la matière du principe général selon lequel l'acte juridique nul est censé n'avoir jamais existé[662]. Le vice est en lui-même un obstacle à la formation du contrat sans que le juge ait à mentionner la gravité et l'illégalité manifestes pour prononcer la nullité du contrat. La confusion entre inexistence juridique, inexistence matérielle et nullité, est le plus souvent implicite.

387.–Il en va par exemple ainsi lorsque le juge administratif déclare la nullité d'un contrat du fait de l'incompétence du signataire puis relève que celui-ci demeure nul et de nul effet[663] ou lorsqu'une juridiction de première instance déclare un contrat nul et non

---

655 DEBEYRE (G.), Le recours pour excès de pouvoir et le contrat, RDP 1938 p. 225 et s. ; PREBISSY (C.) et TOUZEIL-DIVINA (M.), juge de l'excès de pouvoir et contrat administratif : le retour à un contrat « ouvert » ?, in revue droits, territoires, cultures, sur les fondements du droit public de l'anthropologie au droit, sous la direction de KOUBI (G.) et MULLER-QUOY (I.), Bruylant (Bruxelles), 2003, p. 235 et s. ; CE, 29 décembre 1997, Commune d'Hautmont, table, p. 710 ; conclusions Goulard.

656 CE, 2 décembre 1925, Société Régina, p. 64 ; CE, 29 avril 1977, Société d'aménagement de Bray-Dunes, n° 96558.

657 CE, 7 mai 1909, Ville de Guérande, DP 1911.III.23 ; CE, 28 février 1947, Société des glacières de l'alimentation, p. 85.

658 CE Sect., 11 avril 1913, Dame veuve Lachambre, p. 441 ; CE Sect., 29 novembre 1929, Chatelot, op. cit.

659 CE, 17 mars 1934, Compagnie nouvelle de voies ferrées de Saumur, p. 370 ; CE, 20 octobre 1954, Pithois, AJDA 1954 p. 492.

660 PEQUIGNOT (G.), Contribution à la Théorie générale du contrat administratif, op. cit., p. 210 ; POUYAUD (D.), La nullité des contrats administratifs, thèse Paris, LGDJ, 1991, p. 400 et s. ; CE, 6 août 1897, Phosphate de Tebessa, p. 601 ; CE, 27 avril 1923, Consorts de Fallois, p. 367 ; CE, 1er octobre 1969, Société des établissements privés, p. 411 ; CE Sect., 13 mai 1970, Larue, p. 331, AJDA 1970 p. 493 chronique DENOIX DE SAINT-MARC (R.) et LABETOULLE (D.).

661 PEPY, note sur Conseil de Préfecture de Grenoble, 24 février 1927, Société civile des souscripteurs d'actions de la société viennoise de distribution d'énergie c. Ville de Vienne, et sur CE, 24 juin 1938, Commune d'Huos c. société électricité et gaz des Pyrénées, op. cit.

662 JEZE (G.), Essai d'une théorie générale de la compétence pour l'accomplissement des actes juridiques en droit public français, RDP 1913 p. 312.

663 CAA Nancy, 23 mars 2006, de Jarny, n° 04NC00095 ; TA Montpellier, 20 octobre 2006, Commune d'Alès, n° 01000319 ; CAA Paris, 2 avril 2003, Toure, op. cit. ; CAA Marseille, 3 mai 2006, MM. Cardin et Fremolle, SCP Cardin et Fremolle, Société Beterem Batiment, nos 02MA01929-02MA01937.

avenu. Ce dernier mécanisme présente des similitudes avec celui rencontré lorsque les nullités de droit étaient encore en vigueur, ce qui provoquait l'assimilation des conventions viciées par une fraude contraire à la loi, à des actes *« radicalement nuls »* sans aucune existence légale[664]. Cependant, le Conseil d'État n'a pas entériné expressément cette solution et a préféré lui substituer la règle *« Fraus omnia corrumpit »*. Ceci permet à l'action de la commune d'être recevable même après la réception définitive des travaux, et de faire courir à nouveau le délai de recours contentieux[665]. La notion d'usurpation de pouvoir est ainsi sous-jacente aux contrats qualifiés d'inexistants, comme cela est également le cas pour les actes administratifs unilatéraux[666].

388.–Un des premiers cas mentionnés au Recueil Lebon, mais non au titre des actes inexistants, fait référence à deux délibérations, approuvées par un préfet, qui spécifiaient que le maire devait conclure une concession pour la distribution publique d'éclairage électrique aux habitants de Valancia. Le concessionnaire en cause demandait la résiliation d'un contrat passé avec cette commune pour l'établissement d'une ligne de transport d'énergie électrique ; le juge administratif a prononcé le rejet de la demande d'indemnité fondée sur la responsabilité car, après vérification des pièces, il avait constaté que le prétendu contrat était en réalité inexistant, faute d'avoir été conclu du fait de l'ajournement pendant deux ans de la conclusion du contrat de la part du futur concessionnaire alors que la commune s'efforçait de conclure[667].

389.–Cette décision est topique car le juge y vérifie la réalité même du contrat en cause[668], comme il le faisait précédemment pour des actes tels que les décisions des organes délibérants locaux[669]. En effet, il n'est pas possible au juge administratif d'examiner la légalité d'un acte dépourvu d'existence car celui-ci ne peut pas produire d'effets juridiques ; par voie de conséquence, il ne peut pas fonder une action tendant à la mise en jeu de la responsabilité contractuelle dans le cadre de l'exécution d'une convention.

---

664 BONNARD (R.), La théorie de la formation du droit par degrés dans l'œuvre d'A. Merkl, RDP 1928 p. 668 et sa note sous CE, 9 janvier 1929, Société générale thermale et balnéaire, S.1930.III.58 ; WALINE (M.), observations sur la gradation des normes juridiques établie par M. Carré de Malberg, RDP 1934 p. 521 et s. et en particulier p. 537.

665 BOULOUIS (J.), L'inexistence, l'annulation des actes juridiques en droit public français, Travaux de l'association Henri- Capitant, t. XIV, 1961-1962, p. 771 ; CHEVALLIER (J.), Inexistence, nullité et annulabilité des actes juridiques, Travaux de l'Association Henri Capitant, Tome I4, Dalloz, p. 513 et s. ; JAEGERSSCHMIDT, conclusions contraires sur CE, 14 février 1890, Roussey, p. 178 ; voir en ce sens AUBY (J.–M.), La théorie de l'inexistence des actes administratifs, thèse, op. cit., p. 224 ; POUYAUD (D.), La nullité des contrats administratifs, op. cit., p. 403.

666 JEZE (G.), Cours de droit public, op. cit., p. 62 et p. 45 et s. ; DE Laubadère (A.), Traité théorique et pratique des contrats administratifs, distinction des contrats administratifs et des contrats de droit commun, la formation des contrats administratifs, Tome I, LGDJ, 1956, n° 168 et s. ; JEZE (G.), Cours de droit public, op. cit., p. 62 et p. 45 et s. ; DE LAUBADERE (A.), Traité théorique et pratique des contrats administratifs, distinction des contrats administratifs et des contrats de droit commun, la formation des contrats administratifs, Tome I, LGDJ, 1956, n° 168 et s. ; POUYAUD (D.), La nullité des contrats administratifs, thèse, LGDJ, 1991, p. 404 ; CE, 14 février 1873, Cibille, p. 169 ; CE, 25 mai 1877, Thimel , p. 500.

667 CE, 22 janvier 1930, Vuitton c. Commune de Valancia, p. 81.

668 CE ord., 15 septembre 2003, Yves V., n° 259772, op. cit.

669 Cf. p. 123 et s.

390.–L'examen de la formation du contrat peut être aussi implicitement effectué à l'occasion de l'examen de conclusions aux fins d'indemnisation fondées sur des stipulations contractuelles. En effet, en ce cas, l'admission de ces conclusions est nécessairement conditionnée par l'existence même de la convention[670].
Il en va d'ailleurs ainsi toutes les fois que la solution du litige est conditionnée par l'existence ou l'inexistence d'un contrat, notamment pour :

- les contrats d'agents publics non statutaires[671],
- la contestation d'un ordre de service par un maître d'œuvre émis sur la base de clauses administratives générales d'un contrat prétendument inexistant pour remettre en cause l'engagement même d'une collectivité[672],
- les sanctions à la violation des exigences de publicité et de mise en concurrence préalable[673],
- les opérations financières irrégulières de natures contractuelles conclues par le maire en méconnaissance de l'article L. 2122-20 du code général des collectivités territoriales. Toutefois, le juge administratif, dans ce dernier cas, n'a assimilé qu'une seule fois la nullité à l'inexistence, en constatant que l'absence de contrat à raison d'une faute de l'administration entraîne un préjudice indemnisable tiré de l'inexistence même du contrat[674].

391.–En d'autres termes, ce contrôle de l'existence de l'acte, et *« a contrario »* de son inexistence, est rarement expressément signalé en tant que tel dans les motifs des décisions puisqu'il s'agit d'une exigence liée à l'une des conditions de recevabilité de la requête. Si cette recevabilité n'est pas discutée, elle ne sera pas mentionnée, et en cas d'irrecevabilité manifeste, pourra même être rejetée par ordonnance[675].

392.–Un tel contrôle de l'existence d'un acte sera toutefois mentionné expressément dans le cadre de certaines procédures juridictionnelles spécifiques qui nécessitent obligatoirement la recherche et la discussion de l'existence du contrat, ce qui peut poser des difficultés.

393.–L'exemple type est fourni par le mécanisme du référé précontractuel qui ne peut être exercé qu'avant la conclusion du contrat, et donc, avant sa signature[676]. En effet, le défaut de signature empêche la formation d'un contrat administratif ; celui-ci demeure alors un simple document préparatoire dont la nullité ne saurait être prononcée et le juge

---

670 CE, 22 janvier 1930, Vuitton c. Commune de Valancia, op. cit. ; CE, 29 septembre 1982, Perez et Silvent, n° 26814.

671 CAA Bordeaux, 27 mars 2006, Annick Goasguen, n° 02BX00473-02BX00563 ; TA Nîmes, 21 décembre 2006, Commune de Nîmes, n° 0406173.

672 CAA Nantes, 30 décembre 2003, Madec, n° 99NT02244.

673 TA Marseille, 17 janvier 2006, Société Neige, soleil, tourisme, loisirs, n° 00303309 ; TA Marseille, 29 février 2000, Sociétés MIC et CIM c. CNRS, n° 95-4306.

674 CAA Nancy, 13 juillet 1994, Commune de Sedan, n° 93 NC00319.

675 DREYFUS (J.–D.), Le Conseil municipal ne peut pas donner son blanc-seing au maire pour transiger, AJDA 2006 p. 2125.

676 Articles L.551-1 et R.551-1 du code de justice administrative ; Conclusions CHANTEPY sous CE Sect., 3 novembre 1995, Société Stenfoson communications, p. 394 ; JO, débat, 13 novembre 1991, p. 3698.

administratif doit déclarer irrecevable toute conclusion en ce sens[677]. Le juge conclut donc à l'inexistence d'un lien contractuel en précisant qu'en l'espèce, il n'y a eu, en réalité, que de simples pourparlers en vue de la négociation d'un éventuel contrat. Ce référé peut être formé tant que le contrat n'est pas signé[678], même si le défaut de signature est volontaire et serait susceptible de constituer une faute. Pour ce, le référé précontractuel ne peut être introduit contre un contrat déjà signé quand bien même la signature serait viciée car le juge du référé précontractuel ne peut contrôler sa validité[679]. Le problème reste donc de savoir si, au-delà de la simple sanction d'un vice affectant la régularité de l'acte, le juge des référés peut considérer que l'imperfection du lien contractuel doit s'analyser comme révélant l'absence d'une condition nécessaire à l'élaboration même de la convention.

394.–Le Conseil d'État a ainsi refusé de déclarer inexistante la signature d'un contrat réalisée en méconnaissance des dispositions imposées par l'article 76 du code des marchés publics, applicable alors, en vertu desquelles un délai d'au moins dix jours doit être respecté entre la notification de la décision de rejet de leurs offres aux candidats évincés et la date de signature du marché. Ce vice ne suffit pas à faire regarder la signature du contrat comme inexistante, et donc le contrat lui-même comme inexistant, alors même qu'il s'agit d'une formalité substantielle[680]. Le juge des référés a, au surplus, ajouté qu'il en va de même pour la circonstance, à la supposer établie, que eu égard aux conditions dans lesquelles elle est intervenue, la décision de signer le marché aurait eu pour seul but de faire obstacle à la saisine, par les candidats évincés, du juge des référés précontractuels et serait ainsi entachée de détournement de pouvoir. Le juge administratif a donc refusé d'étendre les pouvoirs du juge, fondés sur l'article L. 551-1 du code de justice administrative, contrairement à ce que préconisait la doctrine qui voulait éviter que *« la course à la signature continue »*[681]. Comme le souligne le Commissaire du Gouvernement, N. Boulouis[682], la méconnaissance de la garantie essentielle posée par l'article 76 du code des marchés publics, ici applicable, n'est pas une illégalité d'une gravité telle qu'elle doit être regardée comme rendant inexistante la décision de signer le marché. En effet, pour lui, la jurisprudence sur les actes inexistants demeure pragmatique et le juge administratif ne saurait y assimiler tous les cas d'incompétence[683]. Dans cette hypothèse précise, quand bien même la méconnaissance du délai fixé par le code des marchés publics serait considéré comme une incompétence *ratione temporis*, elle ne peut être envisagée comme étant une grave violation de la chronologie du processus de formation du contrat. Le Commissaire du

677 CAA Paris, 2 avril 2003, Toure, n° 00PA02246.

678 Afin de lutter contre « la course à la signature », le juge des référés peut enjoindre, à titre conservatoire, de différer cette signature sur le fondement de l'article R. 551-1 du code de justice administrative.

679 CE, 8 février 1999, Société Campenon Bernard, n° 188100 ; CE, 30 juin 1999, SA Demathieu et Bard, n° 198993.

680 VINCENT-LEGOUX (M.–C.), Clarification dans le droit des marchés publics. La signature des marchés : précipitation et référé précontractuel, note sous CE, 7 mars 2005, Société Grandjouan-Saco, RFDA 2005 p. 1094.

681 MARTIN (J.), NAULEAU (P.–Y.), Référé précontractuel : la course à la signature continue !, CP-ACCP, février 2005, n° 41, p. 56.

682 Conclusions BOULOUIS, sous CE, 7 mars 2005, Société Grandjouan-Saco.

683 Le commissaire cite à cet égard : CE, 9 novembre 1983, Saerens, p. 453, tables p. 98 n° 311 et CE, 8 décembre 1982, Commune de Dompierre-sur-Besvre, tables, p. 555, DA 1983, n° 31.

Gouvernement ajoute, au surplus, qu'une telle signature ne prive pas les candidats de tout recours à l'encontre de la décision de passation litigieuse. Toutefois, s'il reconnaît que l'accélération de la procédure tendant à signer de tels contrats a pour finalité de faire échec aux pouvoirs du juge des référés précontractuels, il affirme qu'il s'agit d'un risque connu et assumé, et précise, comme l'indiquait M. C. Chantepy, qu'une telle procédure doit demeurer conçue pour corriger les irrégularités tant qu'il est temps et non pour des irrégularités consommées[684].

395.–M. Boulouis conclut que le respect de la chronologie dans ce processus décisionnel fait obstacle à l'irrecevabilité d'une telle procédure mais qu'il peut être remis en cause par la théorie de l'inexistence. Cependant, l'application d'un tel mécanisme remettrait en cause la jurisprudence *« Société Campenon »*[685]. Or, le contrôle de la validité de la signature de l'acte implique celui de l'existence d'un contrat et tend à remettre en cause le caractère simplement exécutoire des ordonnances de référés. Celles-ci pourraient ainsi méconnaître l'autorité de la chose jugée d'une éventuelle action en nullité devant le juge du contrat, mais, selon M. Boulouis, il ne s'agit là que d'une pure hypothèse d'école.

396.–Le raisonnement utilisé est caractéristique de celui appliqué pour tous les contrats par le juge administratif : il n'y a pas à proprement parler d'application de la théorie de l'inexistence juridique alors même qu'il y a bien, dans la majorité des cas, *« apparemment »* un contrat. Si les éléments constitutifs sont réunis, le contrat existe, et sera considéré comme valablement formé, faisant ainsi obstacle au mécanisme du référé précontractuel. En revanche, si les conditions dans lesquelles le contrat litigieux a été signé ont entaché ce dernier d'un vice de nature à priver le contrat d'un élément constitutif, ce dernier n'est pas constitué, il est même inexistant. Cette *« pseudo convention »* sera insusceptible, par voie de conséquence, de créer des droits à compter de l'accomplissement de la formalité de la signature qui l'a constituée[686]. L'inexistence sera matérielle alors que pour les actes unilatéraux, une telle hypothèse pourrait être constitutive d'une inexistence juridique[687]. Cette solution supprime toute difficulté de remise en cause du contrat puisqu'il est considéré comme n'ayant été, en définitive, jamais formé[688]. Autrement dit, le début d'une matérialisation n'est pas ici pris en compte, quel que soit le stade du processus contractuel : soit il existe, soit, entaché d'une irrégularité, il est inexistant.

397.–Dans le contentieux contractuel, l'existence de l'acte est conditionnée, non pas par un début de matérialisation, mais par la légalité des opérations de passation du contrat et, par voie incidente, par la compétence des agents pour le conclure. La validité de

---

684 CHANTEPY, conclusions sur CE Sect., 3 novembre 1955, Société Stenfoson communications, p. 394.

685 CE, 8 février 1999, Société Campenon Bernard SGE, T. p. 890, conclusions BERGEAL, BJCP 1999 p. 361.

686 TA Toulouse, 20 janvier 1998, Syndicat intercommunal d'amenée d'eau potable du Ségala, AJDA 1998 p. 271.

687 CE, 22 janvier 1930, Vuitton c. Commune de Valancia, p. 81 ; CE ord., 15 septembre 2003, Yves V., n° 259772, AJDA 2003 p. 2098.

688 DELVOLVÉ (P.), Nouveaux juges, nouveaux pouvoirs ?, in Mélanges Perrot, Dalloz 1995, p. 83, n° 83 ; POUYAUD (D.), Contentieux des contrats administratifs, formation du contrat, Fasc. 1126.

l'ensemble des actes formant le processus de passation du contrat, peut alors être viciée, et à un certain degré, ce ne sera pas une nullité qui sera prononcée car le vice en cause ayant fait obstacle à la formation du contrat fait que celui-ci n'existe pas et qu'il ne peut qu'être nul et sans effet[689].

B. L'inexistence matérielle, sanction de l'incompétence de l'autorité signataire

398.–Le raisonnement du juge administratif, ici utilisé, est identique à celui adopté en cas de marchés verbaux conclus alors que la forme écrite est requise[690]. Il est, de manière caractéristique, formulé en deux temps : le juge administratif doit tout d'abord vérifier l'existence concrète d'un tel contrat[691] puis, une fois celle-ci établie, il va rechercher si les éléments constitutifs de sa formation sont réunis. C'est alors qu'il va vérifier si l'accord est entaché d'un vice de nature à le faire regarder comme inexistant, notamment les conditions dans lesquelles le contrat litigieux a été signé, cette signature conditionnant l'existence du contrat[692].

399.–Dans l'hypothèse où le contrat a été vicié par une irrégularité affectant sa conclusion, l'administration est considérée comme n'ayant jamais passé une telle convention : il n'est donc pas possible d'annuler un contrat qui n'a jamais existé. Il doit être précisé que la nullité entraîne l'anéantissement du contrat, fût-il immatériel, car les parties contractantes doivent être remises dans la situation dans laquelle elles se trouvaient avant la conclusion de la prétendue convention[693]. Seul l'enrichissement sans cause peut alors le cas échéant être invoqué pour fonder une demande d'indemnité au titre de l'exécution des obligations tirées du *« pseudo »* contrat.

400.–Ce raisonnement, expressément mentionné dans les motifs de la décision, diffère donc de celui applicable pour les actes unilatéraux. Ainsi, dans l'arrêt *« Larue »*[694], le Conseil d'État estime que la lettre par laquelle l'un des intendants, désignés comme animateurs de groupements sans personnalité juridique, déclare (*de manière erronée*) retenir l'offre d'un fournisseur pour approvisionner l'ensemble des établissements scolaires membres dudit groupement, ne crée pas de lien contractuel entre l'État et ce fournisseur. Il est donc fait obstacle à l'existence d'un contrat car cette personne n'avait pas compétence

---

689 CE, 21 octobre 1949, Ministre du travail c. entreprise Berp, p. 432 ; CE Sect., 13 juillet 1961, Société d'entreprise générale et de travaux publics, p. 473 ; AJDA 1961 p. 548, conclusions NICOLAY ; RDP 1961 p. 535, note Waline (M.) ; CE, 26 février 1964, Société L. Segrette, p. 148.

690 CE, 1er octobre 1969, Société des établissements privés, p. 411.

691 CE Sect., 20 avril 1956, Epoux Bertin, p. 167 ; RDP 1956 p. 869, conclusions LONG, note WALINE ; BRAIBANT (G.) et autres, GAJA, op. cit., commentaire n° 74.

692 CE, 1er octobre 1969, Société des établissements privés, op. cit. ; TA Toulouse ord., 20 janvier 1998, Compagnie de services et d'environnement, n° 97-3452, AJDA 1998 p. 271.

693 PEQUIGNOT (G.), Contribution à la Théorie générale du contrat administratif, op. cit., p. 210 ; POUYAUD (D.), La nullité des contrats administratifs, op. cit., p. 400 et s. ; CE, 31 janvier 1973, Société X., n° 78161 ; CE, 1er octobre 1969, Société des établissements privés, p. 411.

694 CE Sect., 13 mai 1970, Larue, p. 331 ; Chronique DENOIX DE SAINT-MARC (R.) et LABETOULLE (D.) AJDA 1970 p. 493; D.1971.10 note PIERROT (R.).

pour passer des marchés pour le compte des établissements autres que celui auquel elle appartenait.

401.–Il convient de noter que, dans ce cas, un document qui aurait dû former le contrat existe en réalité matériellement ; cependant un vice l'entache. Il aurait pu donc s'opérer un glissement entre l'inexistence juridique et l'inexistence matérielle comme il en va pour les actes unilatéraux[695]. Or, le juge administratif, en recherchant si les éléments constitutifs pour former un contrat sont réunis, constate le caractère non définitif d'un contrat et, partant, l'inexistence de celui-ci du fait du vice d'incompétence dont il est entaché[696].

402.–Le juge administratif fera également référence à l'inexistence dans le motif même de sa décision lorsqu'il sanctionnera le défaut d'approbation du contrat en cause par une autre autorité alors que celle-ci était requise[697]. La compétence est, dans ce dernier cas, fractionnée entre plusieurs agents ou organes qui ne peuvent accomplir chacun qu'un ou plusieurs actes dont la *« somme »* seule constituera la manifestation de volonté qui fera pleinement exister le contrat[698].

403.–En cas d'approbation, le raisonnement tenu par le juge est le suivant : il peut arriver qu'une autorité administrative donne délégation à l'un de ses subordonnés pour négocier ou conclure un contrat. A défaut, le contrat n'existe pas juridiquement car le contrat ne peut exister qu'avec le concours de deux autorités : l'une est l'autorité contractante qui négocie et qui signe le contrat ; l'autre, donne son approbation au contrat, accord qui se manifeste concrètement par une signature apposée au bas de l'acte constituant un acte administratif distinct (*arrêté préfectoral, décret etc.*) ; lequel doit remplir les conditions de légalité qui lui sont propres. Cette approbation peut être expresse ou tacite, mais ces formalités de passation et de conclusion puis d'approbation sont une manifestation de la volonté unique des parties contractantes.

404.–Il s'agit là d'une survivance du mécanisme des nullités de plein droit issu des dispositions de l'article 63 de la loi du 5 avril 1884 pour sanctionner la méconnaissance de certains articles de cette même loi. Il était ainsi posé le principe général selon lequel le conseil municipal devait prendre une délibération spéciale sur chaque projet de contrat de la commune. Lorsque la délibération était privée de son caractère exécutoire pour défaut de transmission au préfet, elle existait tout de même mais elle était simplement dépourvue d'effets ; elle n'était donc pas, de ce seul fait, entachée d'illégalité ou d'inexistence[699]. En revanche, le contrat passé sans délibération spéciale du conseil municipal était inexistant,

---

695 Cf. p. 315 et s.

696 CE Sect., 26 mai 1933, Société industrielle des métaux et du bois, p. 577 ; CE, 17 mars 1934, Compagnie nouvelle de voies ferrées de Saumur, op. cit. ; CE, 1er février 1946, Société des HBM de Marseille, op. cit. ; CE, 28 février 1947, Société des glacières de l'alimentation, op. cit. ; CE, 19 mai 1954, Givonne, p. 293 ; CE, 20 octobre 1954, Pithois, op. cit.

697 DRAGO (R.), Paradoxe sur les contrats administratifs, in Mélanges Jacques Flour, Defrénois, 1979, p. 151 et s. ; POUYAUD (D.), Contentieux des contrats administratifs, formation du contrat, op. cit.

698 PEQUIGNOT (G.), Contribution à la Théorie générale du contrat administratif, op. cit., p. 190 et s.

699 CAA Marseille, 24 octobre 2005, M. et Mme Chadouet, n° 03MA01595.

ou déclaré nul et non avenu par le juge administratif[700]. Dans le cas où le contrat était conclu par approbation d'une délibération déclarée par la suite nulle de plein droit, il existait et sa nullité ne pouvait être prononcée que par le juge du contrat, mais cela demeurait une simple faculté[701].

405.–De même, en application des dispositions du code général des collectivités territoriales, la légalité de la décision d'un maire de signer un contrat s'apprécie en principe à la date où intervient la signature et non à celle à laquelle elle devient exécutoire (*c'est-à-dire sa transmission au préfet*) car la décision du maire ne devient pas légale du seul fait de l'accomplissement de cette formalité.
Un maire ne peut légalement engager sa commune en l'absence de transmission de la délibération l'autorisant à signer un contrat, et ce vice ne peut être régularisé ultérieurement car il est constant en jurisprudence que l'absence de transmission de la délibération autorisant le maire à signer un contrat avant la date à laquelle le maire procède à sa conclusion, entraîne la nullité dudit contrat ou, s'agissant d'un contrat privé, la nullité de la décision de signer le contrat[702].
La régularisation de tels contrats de droit public ou, s'agissant de contrats de droit privé, des décisions de les signer, ne peut intervenir que pour l'avenir[703].

406.–Ainsi une délibération n'ayant pas, à la date de signature d'un contrat, été transmise au représentant de l'État, n'est pas exécutoire[704], et la transmission ultérieure d'une délibération autorisant le maire à signer une transaction n'a pas pour effet de couvrir le vice d'incompétence qui entache la transaction de nullité. Par suite, une telle convention, signée par une personne qui n'avait pas qualité pour ce faire, est en elle-même déclarée nulle et de nul effet (*et non nulle et non avenue*) par le juge administratif : ainsi ne peut naître aucune relation contractuelle entre les parties[705]. Il doit être précisé que l'inexistence du contrat implique que toute conclusion qui aurait pour effet de faire revivre le contrat entaché de nullité, telle qu'une demande d'annulation de la décision de résiliation de cette convention, ne peut pas être accueillie[706]. Il convient de mentionner que cette jurisprudence,

---

700 CE, 16 novembre 1939, Bonifacy, p. 562 ; CE Sect., 20 octobre 2000, Société Citecable Est, p. 457 ; RFDA 2001 p. 359, CJEG janvier 2001, n° 572, conclusions SAVOIE ; Comp. avec CE, 28 novembre 2008, Sté SOGEA Sud, AJDA 2008 p. 2257 et s.

701 JEZE (G.), Cours de droit public, Théorie générale des contrats de l'administration, formation et exécution, 1931, Giard, p. 58 et s. ; CE, 4 août 1905, Martin, D.1907.III.49, conclusions ROMIEU ; S.1906.III.49, note HAURIOU (M.) ; RDP 1906 p. 249, note JEZE (G.) ; CE, 30 mars 1906, Ballande, p. 280, RDP 1906 p. 668.

702 DOUENCE (J.–C.), Les conséquences de la non-transmission des délibérations des assemblées locales ; conclusions CHANTEPY ; RFDA 1997 p. 83, CAA Lyon, 4 octobre 1999, Société civile du Port de Sausset-les-Pins c. Commune de Saussset-Les-Pins, n° 95LY01163 ; CE Sect. Avis, 10 juin 1996, Préfet de la Côte-d'Or et autres, nos 176873 à 176875.

703 CE, 20 décembre 1963, Commune de Battigny, T. p. 927 ; CASAS, conclusions sur CE, 16 novembre 2005, Commune de Nogent sur Marne et M. Auguste, nos 26309 et 263709, deux espèces.

704 En application des termes de l'article L. 2131-1 du code général des collectivités territoriales, issu de la loi du 2 mars 1982.

705 TA Montpellier, 28 juin 2006, Gayrard, n° 0205737.

706 CAA Lyon, 25 mai 1999, SA Domaine et golf du Lavandou c. Commune du Lavandou, n° 95LY00614 ; CAA Nancy, 8 décembre 2005, Commune de Charleville-Mézières,

désormais classique, constate indifféremment dans les motifs des décisions de justice l'illégalité du contrat ou sa nullité et non son inexistence alors même qu'il est lui-même nul et de nul effet[707].

407.–Selon l'interprétation de Mme Ch. Maugüé, et de M. Schwartz, il ne s'agit que d'une nullité absolue et non d'une inexistence tirée de la non réalisation de l'acte-condition (*d'une formalité juridique accomplie dans le processus d'élaboration devant conduire à la conclusion du contrat administratif*) en vertu duquel l'auteur signataire de l'acte acquiert compétence pour le faire. La délibération n'a pas pu devenir exécutoire pour défaut de transmission au représentant de l'État dans le département ; ceci a pour corollaire que l'autorité signataire demeure incompétente[708]. Or, ladite délibération, prise dans les conditions prévues par les dispositions législatives applicables, a acquis son existence juridique le jour de son adoption par le conseil municipal[709], mais, dépourvue d'effets, elle ne peut être appliquée en vue de la réalisation de l'objet pour lequel elle a été adoptée : la signature d'un contrat. Si le maire signe un contrat, un vice fait obstacle à sa formation, nonobstant la circonstance tirée de ce que le conseil municipal aurait donné son accord puisque le maire n'avait pas encore été autorisé à représenter la commune dans cette convention. Le contrat est nul et de nul effet, et par voie de conséquence inexistant, du fait de l'incompétence de l'un des signataires et non en raison de son objet ou de sa cause[710]. La légalité externe étant seule ici appréciée et sanctionnée par la nullité ou par l'inexistence[711].

408.–Le contrat est donc déclaré par le juge administratif provisoire ou non encore parfait, voire non définitif ou encore formé[712], ce qui est synonyme d'un contrat qui n'est pas devenu effectif car il est inexistant[713]. A contrario, les deux parties peuvent désormais

---

n° 01NC01042.

707 CAA Lyon, 25 mai 1999, SA Domaine et golf du Lavandou c. Commune du Lavandou, n° 95LY00614 ; CAA Lyon, 4 octobre 1999, Société civile du port de Sausset-les-pins c. Commune de Sausset-les-pins, n° 95LY01163 ; CAA Nancy, 23 mars 2006, Commune de Jarny, n° 04NC00095.

708 MAUGÜE (Ch.), SCHWARTZ (R.), Nature d'un jugement rendu sur déféré préfectoral lorsque le préfet défère un contrat administratif, op. cit.

709 Voir par exemple : CAA Paris, 22 septembre 2005, Ministre de l'équipement, des transports, du logement, du tourisme et de la mer c. SCI soixante-trois, n° 02PA03745.

710 JEZE (G.), Les principes généraux du droit administratif, Tome III, p. 207 ; DE Laubadère (A.), Traité théorique et pratique des contrats administratifs, distinction des contrats administratifs et des contrats de droit commun, la formation des contrats administratifs, Tome I nos 1 à 122, LGDJ, 1956, p. 224 et s. ; PEQUIGNOT (G.), Contribution à la Théorie générale du contrat administratif, op. cit., p. 230 et s. ; POUYAUD (D.), La nullité des contrats administratifs, op. cit., nos 201 et 218-219 ; DUGUIT (L.), Traité de droit constitutionnel, Tome I, La Règle de droit, le problème de l'État, 3ème éd., Boccard, 1927, p. 337 et s. ; BONNARD (R.), Précis de droit administratif, p. 29.

711 CAA Lyon, 3 avril 2003, Société d'exploitation des téléphériques Tarentais, n° 97LY01127 ; CAA Lyon, 24 juillet 2003, Ministre de l'agriculture de l'alimentation et de la pêche, n° 97LY02460 ; CAA Nancy, 8 décembre 2005, Communecommune de Charleville Mezieres, n° 01NC01042 ; CAA Nancy, 23 mars 2006, Commune de Jarny, n° 04NC00095.

712 CE, 6 août 1897, Phosphate de Tebessa, op. cit. ; CE Sect., 11 avril 1913, Dame veuve Lachambre, p. 441 ; CE, 16 mars 1921, Société industrielle et commerciale de Kapok, p. 302 ; CE, 26 février 1930, Société Française des grands travaux, p. 219 ; CE, 1er octobre 1969, Société des établissements privés, p. 411.

713 CE, 8 août 1899, Cotard, DP 1901.III.6 ; CE, 16 décembre 1936, Raymond, p. 1111 ; CE, 21 juillet 1948, Société immobilière toulousaine, p. 340.

invoquer l'absence d'effet juridique du contrat non approuvé. Cette possibilité n'est donc plus réservée uniquement à l'administration puisqu'a été définitivement abandonnée, en ce domaine, la nullité relative qui retranscrivait la théorie de la protection des incapables, assimilant les communes à des incapables du fait de l'existence du contrôle de tutelle de l'État[714].

409.–L'application de la théorie de l'inexistence par le juge administratif, en qualité de sanction, a donc en réalité les mêmes effets que lorsque le juge administratif déclare la nullité du contrat puisque pour certains vices ces deux notions demeurent synonymes, du moins à considérer leurs effets[715].

Il semble donc exact d'affirmer que la distinction entre l'inexistence et la nullité, dans le domaine des contrats, n'est finalement que théorique. En effet, dans un cas le juge administratif sanctionnera le processus de formation du contrat *stricto sensu*, et dans l'autre cas, la conclusion du contrat elle-même, une fois achevée[716].

Seuls les cocontractants bénéficient, en principe, d'une option entre la nullité et la résiliation, même en cas d'annulation juridictionnelle de la délibération du conseil municipal[717]. Cette jurisprudence est la traduction du principe du consensualisme en vertu duquel, dès lors que le contrat remplit les conditions de forme nécessaires à sa formation, telle que l'approbation par une autorité administrative, il est définitif entre les parties et sa validité ne peut être contestée que devant le juge compétent, à l'initiative des contractants[718].

410.–Dans le cas particulier des référés, il convient de relever que la signature d'un avenant à une convention de délégation de service public ou d'un contrat rend irrecevable toute demande postérieure tendant à la suspension de la délibération ayant autorisé cette signature car le juge des référés n'a pas à examiner, dans de telles hypothèses, la régularité de la signature de l'avenant au regard des conditions posées par l'article L. 2131-1 du code général des collectivités territoriales[719]. Dès lors, la circonstance que le contrat ainsi conclu apparaisse entaché de nullité est un moyen inopérant s'agissant de contester son existence matérielle alors qu'en principe, il devrait être réputé n'avoir jamais existé en droit. Le juge des référés ne peut ainsi contrôler la validité de la signature du contrat, et doit prononcer un

---

714 DE LAUBADERE (A.), Traité théorique et pratique des contrats administratifs, distinction des contrats administratifs et des contrats de droit commun, la formation des contrats administratifs, op. cit., n° 173 voir en particulier la note n° 12 ; AUBY (J.–M.), La théorie de l'inexistence des actes administratifs, thèse, op. cit., p. 227 ; DUCROCQ (T.), Cours de droit administratif, Tome I, 6ème éd., Thorin, 1881, p. 385 et s. ; PEPY, note sur Conseil de Préfecture de Grenoble, 24 février 1927, Société civile des souscripteurs d'actions de la société viennoise de distribution d'énergie c. Ville de Vienne, et sur CE, 24 juin 1938, Commune d'Huos c. société électricité et gaz des Pyrénées, op. cit. ; LEVAVASSEUR DE PRECOURT conclusions sur CE, 15 juillet 1887, Carlier, D. 1888.III.118 ; CE, 15 juin 1877, Société du gaz, DP 1877.III.199.

715 CE, 13 octobre 1972, Société de Banque et Crédit du Nord, AJDA 1973 p. 213.

716 POUYAUD (D.), La nullité des contrats administratifs, op. cit., 1991, p. 386 et p. 406 et s.

717 CE, 14 mai 2001, Avrillier, n° 194410.

718 BRUERE (J.–C.), Le consensualisme dans les contrats administratifs, RDP 1996 p. 1732 et s. ; voir contra : PEQUIGNOT (G.), Contribution à la Théorie générale du contrat administratif, op. cit., p. 260 et s. ; CE, 6 août 1897, Phosphate de Tebessa, op. cit.

719 CE, 27 novembre 2002, Région centre, n° 248050, tables du Recueil Lebon à paraître ; CE, 30 décembre 2002, Société Canale 3, n° 247062.

non-lieu, contrairement à l'office normal du juge du contrat qui l'oblige à soulever d'office la nullité du contrat tirée de l'illégalité de la décision de le signer[720].

411.–En d'autres termes, au lieu de prendre acte de l'illégalité ainsi constatée et d'en tirer les conséquences qui s'imposent à lui en déclarant la nullité du contrat, le juge des référés déclare qu'une des conditions de formation du contrat fait défaut et qu'aucune situation définitive n'a pu se constituer et qu'il y a lieu, dans ces conditions, pour les parties, d'exécuter un contrat alors même que cette convention n'aurait jamais dû être conclue et sera sans doute déclarée nulle et de nul effet par le juge du fond.

412.–Le cas particulier de l'intervention d'une autorité différente de celle qui est juridiquement compétente pour signer le contrat n'entraîne pas uniquement la nullité de la convention pour incompétence de l'une des parties signataires, mais une inexistence matérielle bien que la convention puisse apparaître comme légalement conclue et puisse avoir même reçu un début d'exécution[721].

§. 2 Le refus d'admettre l'inexistence juridique du contrat

413.–L'amalgame de la nullité et de l'inexistence matérielle, comme sanction de l'illégalité des contrats (*A*), se comprend parce que les effets contentieux des deux qualifications juridiques sont similaires, ce qui ôte tout intérêt à l'application de la notion d'inexistence juridique en ce domaine (*B*).

A. La reconnaissance de la seule inexistence matérielle du contrat

414.–Pour la doctrine, la problématique des contrats inexistants a curieusement posé moins de difficultés d'analyse que pour les actes unilatéraux inexistants : l'inexistence d'un contrat administratif n'est même pas abordée par certains membres éminents de la doctrine[722].

415.–Les auteurs font, pour la plupart, référence à la recherche d'un critère pour déterminer le caractère administratif du contrat uniquement pour justifier la compétence du juge administratif[723]. De même, ils cantonnent le régime contentieux à la distinction entre le

720 CE Sect., 27 novembre 1942, Société Bongrand et Dupin, p. 335 ; CE, 26 février 1964, Société L. Segrette, op. cit. ; CE Sect., 29 janvier 1982, Martin, p. 44 ; CE, 6 mai 1985, Association Eurolat et Crédit foncier de France, p. 141 ; LPA, 23 octobre 1985, p. 4, note LLORENS (F.) ; RDP 1985 p. 1700 ; RFDA 1986 p. 21, conclusions GENEVOIS (B.) ; AJDA 1985 p. 620, note FATOME (E.) et MOREAU (J.) ; CE, 8 février 1999, Commune de Cap d'Ail, n° 185749 ; CE, 8 février 1999, Société Campenon Bernard SGE, T. p. 890, conclusions BERGEAL, BJCP 1999 p. 361 ; CE, 29 février 2004, SEM de la Lozère, n° 2583699, conclusions LE CHATELIER ; CE, 30 juin 2004, Société Martoia, n° 26357, conclusions CASAS ; CE, 7 mars 2007, Société Grandjouan-Saco, n° 270778, conclusions BOULOUIS (sol. impl.).

721 CE Sect., 28 janvier 1977, Ministre de l'Economie et des Finances c. Société Heurtey, n° 99449 ; CE, 13 octobre 2004, Commune de Montélimar, n° 254007.

722 GAUDEMET (Y.), DE LAUBADERE (A.), Traité de droit administratif, Droit administratif général, organisation et action de l'administration, la juridiction administrative, Tome I, 16ème éd., LGDJ, 2001, titre III, Les contrats administratifs, p. 663 et s.

723 JEZE (G.), Les contrats administratifs de l'État, des départements, des communes et des établissements publics, Tome I, étude des principaux contrats administratifs, 1927, Giard, p. 7 et s.

recours pour excès de pouvoir, ouvert contre les actes détachables du contrat, et le recours en déclaration de nullité contre cet acte lui-même[724].

416.–Pour d'autres auteurs, tels que Duguit et M. De Soto[725], soit le contrat existe (*au sens juridique du terme*), soit il est matériellement inexistant car les conditions de validité ne sont pas remplies. Et lorsqu'un tel accord est conclu, son illégalité ne peut être sanctionnée que par une action en déclaration de nullité et non en inexistence. Prônant le monisme entre les deux systèmes juridiques, Duguit considère qu'une identité existe entre le contrat administratif et le contrat civil. Ainsi il convient, pour cet auteur, de vérifier l'existence du contrat puis, lorsque son inexistence matérielle n'a pas été constatée, sa validité[726].

417.–La distinction entre nullité et inexistence a été posée en doctrine essentiellement par G. Jèze, A. de Laubadère, J. Péquinot et Mme la Professeure Pouyaud. Toutefois si R. Odent ne traite, lui, que de la nullité du contrat et ne fait référence qu'indirectement à l'inexistence en mentionnant que dans l'hypothèse où le contrat n'est *« jamais intervenu »*, la responsabilité ne peut être qu'extracontractuelle, il fait un quasi-amalgame entre les deux notions puisqu'il mentionne dans la catégorie des actes inexistants la nullité des contrats, sans d'autre précision[727].

418.–Pour G. Jèze, le contrat administratif est une opération juridique bien déterminée dont les éléments essentiels sont au nombre de quatre : il faut nécessairement un accord de volontés, au moins bilatéral, en vue de créer une situation juridique qui ne peut être envisagée qu'individuellement. Toutefois, il opère dans sa démonstration une fusion entre la formation du contrat et son caractère administratif en soulignant, curieusement, la prépondérance de ce dernier élément pour qu'une convention existe[728]. Les règles juridiques qui régissent un contrat impliquent nécessairement que l'agent public le concluant soit compétent, que son consentement soit libre, exempt de vices, que le contrat ait un objet réel et licite, qu'il soit conclu pour l'intérêt général (*théorie des motifs déterminants*) et dans les formes requises.

---

724 DEBEYRE (G.), Le recours pour excès de pouvoir et le contrat, RDP 1938 p. 225 et s. ; PREBISSY (C.) et TOUZEIL-DIVINA (M.), juge de l'excès de pouvoir et contrat administratif : le retour à un contrat « ouvert » ?, in revue droits, territoires, cultures, sur les fondements du droit public de l'anthropologie au droit, sous la direction de KOUBI (G.) et MULLER-QUOY (I.), Bruylant (Bruxelles), 2003, p. 235 et s. ; PREVOST (J.–F.), A la recherche du critère du contrat administratif (La qualité des contractants), RDP 1971 p. 817 et s.

725 DUGUIT (L.), Traité de droit constitutionnel, Tome I, op. cit., p. 331 et §. 31 à 66 ; Traité de droit constitutionnel, Tome III, la théorie générale de l'État (suite et fin), 3ème éd., 1930, Cujas, p. 41 et s. ; DE SOTO (J.), Cours de droit administratif, Les cours du droit, 1981-1982, p. 233 et s.

726 LAFERRIERE (E.), Traité de la juridiction administrative et des recours contentieux, 2ème éd., Tome II, Berger-Levrault, 1896, p. 141 ; HAURIOU (M.), Précis de droit administratif et de droit public, op. cit., p. 23 et s.

727 ODENT (R.), Cours de contentieux administratif, fascicule n° 2, Les Cours de droit, 1980, p. 956-563, note 1 ; CE, 1er mars 1957, Commune de Pertuis, p. 133, voir aussi p. 18-1346 ; CE Sect., 2 décembre 1938, Laily, p. 905 ; CE Sect., 27 novembre 1942, Société Bongrand et Dupin, p. 335 ; CE, 30 octobre 1953, Carrère, p. 463 ; CE, 25 mars 1960, Siuer Huertas, p. 226 ; CE, 31 janvier 1962, Ministre des armées c. Sieur Bolle, p. 80.

728 JEZE (G.), Les contrats administratifs, RDP 1925 p. 163 et s.

Pour De Laubadère, il s'agit de conditions de validité et non de conditions de formation du contrat[729]. Ainsi, la sanction juridique d'un contrat conclu par une autorité publique en méconnaissance des règles de compétences aurait pour conséquence que le contrat serait inexistant. Dans l'hypothèse où le contrat n'aurait pas été encore conclu, sa conclusion serait rendue juridiquement impossible.

419.–Toutefois, ce raisonnement est problématique dans la mesure où G. Jèze envisage une distinction entre nullité, inexistence et annulation en formulant deux hypothèses : soit la délibération est annulable, et dans ce cas le contrat qui en est issu peut être lui-même annulable, soit la délibération est nulle, et dans ce cas le contrat déjà conclu est nul alors que le contrat qui n'a pas été encore conclu est inexistant matériellement. G. Jèze précise que seuls sont juridiquement inexistants les contrats passés sans délibération spéciale : ils ont l'apparence d'un contrat mais il leur manque un élément de formation[730]. Cet auteur instaure ainsi une graduation dans la sanction par le juge de l'incompétence d'un des cocontractants : l'inexistence étant alors une nullité aggravée, ses effets y sont assimilables. Cependant, si la distinction était possible à l'époque où elle a été formulée par A. Laubadère puisque l'annulation, ou la nullité, d'une délibération était alors prévue par un texte législatif, aujourd'hui une telle différenciation serait délicate car la délibération d'un conseil municipal ne peut être contestée que par la voie du recours pour excès de pouvoir ou par voie de déféré. Surtout, à l'heure actuelle, l'annulation d'une délibération n'entraîne pas ipso facto la nullité du contrat[731].

420.–J. Péquignot et A. de Laubadère ont formulé une critique constructive à l'encontre de l'application classique de la théorie de l'inexistence en ce qu'ils ne la considèrent comme applicable qu'en cas de vice particulièrement grave qui affecte la formation du contrat[732]. Ils affirment que lorsqu'il n'y a que de simples pourparlers, le contrat n'a pas été réellement conclu par l'autorité administrative et il est alors exact de dire que le contrat est inexistant puisque l'un des éléments essentiels de sa formation n'est pas encore présent, le contrat n'est pas *« vicié »* à proprement parler. Tout au plus, existe un projet de contrat et, selon les circonstances, une apparence de contrat mais le contrat n'existe pas ; ces auteurs ne citent d'ailleurs pour étayer leur propos, que des espèces relatives à des contrats non conclus, donc matériellement inexistants et dont la seule apparence résulte de la croyance en l'existence d'une conclusion d'un contrat[733]. Ainsi, ils

---

729 JEZE (G.), Cours de droit public, Théorie générale des contrats de l'administration, formation et exécution, Giard, 1931, p. 1 et s. ; DE LAUBADERE (A.), traité théorique et pratique des contrats administratifs, distinction des contrats administratifs et des contrats de droit commun, la formation des contrats administratifs, op. cit. ; n° 177 et s.

730 JEZE (G.), Cours de droit public, op. cit., p. 45 et s. et p. 53 et s.

731 Cf. supra, les développpements de la première partie.

732 DE LAUBADERE (A.), Traité théorique et pratique des contrats administratifs, distinction des contrats administratifs et des contrats de droit commun, la formation des contrats administratifs, op. cit., p. 172/173, n° 147, voir en particuliers les notes nos 8/9/10 ; PEQUIGNOT (G.), Contribution à la Théorie générale du contrat administratif, op. cit., p. 205 et s.

733 BELLANGER (F.), Les présomptions d'authenticité et de sincérité des actes administratifs, op. cit. ; GANDREAU (S.), La théorie de l'apparence en droit administratif français : vertus et risques de l'importation d'une tradition de common Law, op. cit. ; JOUVE (E.), Recherches sur la notion d'apparence en droit administratif français, op. cit. ; CE, 17 mars 1934, Compagnie nouvelle de

n'envisagent en matière contractuelle que l'inexistence matérielle comme réelle hypothèse d'inexistence.

421.–Pour De Laubadère, il n'est pas concevable que l'illégalité d'un acte signé par une autorité incompétente soit considérée comme un cas d'inexistence sauf à affirmer que tous les cas d'incompétence seraient des cas d'inexistence. Ce qui, selon lui, serait une erreur. Il estime qu'il s'agit d'un vice constitutif d'une nullité absolue, donc d'ordre public et pouvant être soulevé d'office par le juge. Ce disant, l'auteur omet de mentionner qu'il en est de même pour l'inexistence[734]. Cette démonstration veut prouver que seules les incompétences résultant d'une grossière usurpation de pouvoir seraient susceptibles de constituer des cas d'inexistence juridique et surtout que la théorie de l'inexistence juridique ne serait envisageable que pour les actes administratifs unilatéraux et non pour les contrats. Toutefois, il est regrettable que l'auteur n'ait pas envisagé de tenir compte du degré éventuel de gravité de l'usurpation en cause ou le fait qu'un contrat signé pourrait être déclaré nul et de nul effet en raison d'un tel vice de forme[735].

422.–En outre, G. Jèze et A. de Laubadère soutiennent, conformément à l'esprit de la jurisprudence, que lorsqu'un acte d'approbation nécessaire à un contrat a été donné à une autorité incompétente, cette incompétence constitue le défaut d'une formalité substantielle, faisant ainsi obstacle à ce que le contrat puisse exister. En effet, cette condition est nécessaire à l'entrée en vigueur de la convention et à la formation du lien contractuel. A défaut, le contrat n'existerait pas et les rapports juridiques entre les deux cocontractants ne seraient pas de nature contractuelle. Il y aura lieu, en ce cas, de recourir à d'autres formes d'actions contentieuses telle l'enrichissement sans cause[736]. Un contrat non encore approuvé n'a pas acquis un caractère définitif n'étant qu'un projet de convention et les intéressés n'ont pas acquis la qualité de cocontractants[737]. Le contrat ne serait pas juridiquement parfait et ne pourrait pas faire naître d'obligations contractuelles[738].

423.–Toutefois, de nombreux auteurs contestent, avec raison, la pertinence de cette affirmation ou la nuancent, tels que Pepy, en distinguant l'existence du contrat et son

---

voies ferrées de Saumur, op. cit. ; CE, 1er février 1946, Société des HBM de Marseille, op. cit. ; CE, 28 février 1947, Société des glacières de l'alimentation, op. cit. ; CE, 20 octobre 1954, Pithois, op. cit.

734 CE, 26 février 1964, Société L. Segrette, op. cit.

735 PEPY, note sur Conseil de Préfecture de Grenoble, 24 février 1927, Société civile des souscripteurs d'actions de la société viennoise de distribution d'énergie c. Ville de Vienne, et sur CE, 24 juin 1938, Commune d'Huos c. société électricité et gaz des Pyrénées, op. cit. ; CE, 14 février 1873, Cibille, p. 169.

736 JEZE (G.), Cours de droit public, op. cit., p. 62 et p. 45 et s. ; DE LAUBADERE (A.), Traité théorique et pratique des contrats administratifs, distinction des contrats administratifs et des contrats de droit commun, la formation des contrats administratifs, op. cit., n° 168 et s.

737 JEZE (G.), Cours de droit public, op. cit., p. 61/62 ; CE, 7 mai 1909, Ville de Guérande, DP 1911.III.1923 ; CE, 27 avril 1923, Consorts de Fallois, p. 367.

738 CE Sect., 29 novembre 1929, Chatelot, op. cit. ; CE, 26 février 1930, Société Française des grands travaux, p. 219 ; CE Sect., 11 avril 1913, Dame veuve Lachambre, p. 441 ; CE, 28 février 1947, Société des glacières de l'alimentation, op. cit. ; CE, 8 août 1899, Cotard, DP.1901.III.6 ; CE, 7 mai 1909, Ville de Guérande, DP.1911.III.23 ; Commune d'Huos c. société électricité et gaz des Pyrénées D.1939.III.25, note PEPY ; CE, 21 juillet 1948, Société immobilière toulousaine, p. 340.

caractère exécutoire. Pepy toutefois, mentionne que s'il n'est pas possible, avant l'approbation, de constater *« un néant juridique »*, l'engagement ainsi conclu n'en demeure pas moins extérieur au contrat lui-même. Il affirme donc que l'acte même de conclusion est un processus d'élaboration complexe entre l'autorité signataire et l'autorité chargée d'approuver la convention bien qu'il considère que le défaut d'approbation ne rend pas le contrat nul mais seulement inapplicable, parce qu'imparfait[739].

424.–En effet, comme l'ont souligné A. de Laubadère ainsi que d'autres auteurs, si l'approbation rend le contrat définitif, c'est en ce sens qu'elle constitue une condition nécessaire à son application, et non une condition de son existence, comme il en va également pour les actes unilatéraux. Il est alors possible d'envisager une opération complexe composée de deux phases : l'acte de conclusion du contrat par l'autorité signataire, résultant d'un concours de volontés, et l'acte d'approbation par celle chargée de contrôler la convention. Ce qui permet, *« in fine »*, de distinguer l'inapplicabilité d'une convention de l'inaccomplissement d'une formalité nécessaire à son entrée en vigueur, ce dernier cas pouvant entraîner, par suite, sa nullité[740]. En effet, un contrat qui serait exécuté alors qu'il n'aurait pas été approuvé par l'autorité compétente est considéré comme entaché d'un vice relatif au consentement de l'autorité signataire et ouvre droit à réparation du fait de l'exécution d'un acte dépourvu d'effet. Il en est de même lorsque des clauses contractuelles, non approuvées, sont introduites dans le contrat, auquel l'approbation requise a été donnée, lorsque de telles stipulations sont indivisibles de la convention[741].

425.–Donc un contrat qui n'est pas définitif, du fait d'un défaut d'approbation, est inapplicable (*« inopérant »*), non-exécutoire et sans effet, et n'est pas pour autant inexistant car il existe bien matériellement. Cette solution s'inscrit dans la logique de contrôle des normes soumises à transmission. La nullité ne pourrait être invoquée que dans l'hypothèse de l'exécution prématurée du contrat, toute conclusion en ce sens serait irrecevable tant que l'application de la convention litigieuse n'a pas débuté[742]. L'approbation n'est donc pas une condition de la formation du contrat mais une condition de son entrée en vigueur et de l'obligation de l'exécuter, bien que la formation du lien contractuel résulte directement de l'acte de conclusion[743]. Les droits issus du contrat ne sont définitivement acquis que par l'approbation.

---

739 PEPY, note sur Conseil de Préfecture de Grenoble, 24 février 1927 et sur Commune d'Huos c. société électricité et gaz des Pyrénées, op. cit.

740 AUBY (J.–M.), La théorie de l'inexistence des actes administratifs, thèse, op. cit., p. 226/227 ; DE LAUBADERE (A.), Traité théorique et pratique des contrats administratifs, distinction des contrats administratifs et des contrats de droit commun, la formation des contrats administratifs, op. cit., n° 170 ; MASPETIOL (R.) et LAROQUE (P.), La tutelle administrative : le contrôle des administrations départementales, communales, coloniales et des établissements publics, Sirey, 1930, p. 110 ; PEPY, note sur Conseil de Préfecture de Grenoble, 24 février 1927, Société civile des souscripteurs d'actions de la société viennoise de distribution d'énergie c. Ville de Vienne, et sur CE, 24 juin 1938, Commune d'Huos c. société électricité et gaz des Pyrénées, op. cit. ; CE, 17 janvier 1951, Ville de Joinville-le-Pont, p. 24.

741 CE, 23 mars 1992, Martin, n° 87601-87604-87664 (sol.impl.).

742 CE, 7 mai 1909, Ville de Guérande, DP 1911.III.1923 ; CE, 27 avril 1923, Consorts de Fallois, p. 367 ; CE, 18 octobre 1929, Bonvéhi, S.1930.III.9, note MONSARRAT (G.).

743 DE LAUBADERE (A.), Traité théorique et pratique des contrats administratifs, distinction des

426.–Le parallélisme entre les notions d'inexistence et de nullité serait donc une évidence puisque tant que l'approbation n'est pas donnée, le contrat n'est pas définitif et ne produit donc pas d'effet tout comme s'il n'existait pas (*droits non définitivement acquis*)[744]. Lorsque le contrat est conclu il semble difficile d'appliquer, dans ce cas précis, la théorie de l'inexistence même si en tout état de cause, les droits éventuels du cocontractant *« évincé »* à indemnités, du fait de la non approbation, sont identiques à ceux du cocontractant d'un contrat déclaré nul, de nullité absolue et non relative, nullité que les parties pourront invoquer sans délai. La thèse selon laquelle les conditions de validité des contrats administratifs seraient sanctionnées par une nullité relative, thèse qui prévalait dans certaines décisions judiciaires au XIXème siècle[745], doit donc, au moins dans ce cas précis, être rejetée.

427.–La théorie de l'inexistence (*matérielle*) se cantonnera alors au défaut d'intervention d'une des autorités compétentes dans la formation du contrat, et donc au défaut de consentement requis. Pour le Professeur Delvolvé, il s'agit d'un vice qui a pour conséquence de faire obstacle à la formation du contrat. Comme il le souligne, il n'y a pas eu encore de contrat lorsqu'une autorité, qui ne pouvait contracter que moyennant l'habilitation d'un organe délibérant, a signé un engagement sans cette délibération. Il en est de même si le maire passe un contrat sans avoir été préalablement habilité par le conseil municipal, ou si un ministre accorde une concession qui aurait exigé une approbation par décret en Conseil d'État[746]. Dans tous les autres cas, il y a eu nécessairement contrat et le vice affectant le consentement entraîne simplement une nullité du contrat car il n'est pas un obstacle à sa formation, ce qui l'aurait vicié au point de le rendre nul et de nul effet. Cet auteur fait ainsi référence à une distinction entre la nullité relative et la nullité absolue qui prévalait au XIXème siècle, alors que le juge administratif ne retient pas, tout au moins explicitement, une telle distinction. Celle-ci sera reprise par la doctrine administrative, et en particulier les membres du Conseil d'État, Mme Ch. Maugüé et de M. R. Schwartz[747].

428.–De nombreux membres des juridictions administratives comme MM. Chabanol, Jouguelet, Bourrachot, Casas et Goulard[748], assimilent les conséquences de la nullité et celles de l'inexistence du contrat et ne différencient pas réellement ces deux notions[749].

---

contrats administratifs et des contrats de droit commun, la formation des contrats administratifs, op. cit., n° 169 ; PEPY, note sur Conseil de Préfecture de Grenoble, 24 février 1927, et sur CE, 24 juin 1938, op. cit. ; CE, 17 janvier 1951, Ville de Joinville-le-Pont, op. cit.

744 CE, 1er juin 1883, Fabrique de l'Église de Saint-Etienne de Marans, DP.1885.III.5 ; CE, 28 novembre 1913, Commune de Langogne, p. 1166 ; CE, 18 janvier 1928, Villes de Cannes, p. 85 ; CE, 20 décembre 1933, Chamfrault, p. 1202 ; CE, 20 février 1935, Barrière, p. 217 ; CE, 24 juin 1938, Commune d'Huos c. société électricité et gaz des Pyrénées, D.1939.III.25, note Pépy ; CE, 17 janvier 1951, Ville de Joinville-le-Pont, op. cit.

745 DE LAUBADERE (A.), Traité théorique et pratique des contrats administratifs, distinction des contrats administratifs et des contrats de droit commun, la formation des contrats administratifs, op. cit., nos 173 et en particulier 248/249 ; LEVAVASSEUR DE PRECOURT conclusions sur CE, 15 juillet 1887, Carlier, D. 1888.III.118.

746 DELVOLVE (P.), Les contrats de l'administration, FNSP, 1981-1982, p. 81.

747 MAUGÜE (Ch.), SCHWARTZ (R.), Nature d'un jugement rendu sur déféré préfectoral lorsque le préfet défère un contrat administratif, op. cit.

748 CASAS, conclusions sur CE, 16 novembre 2005, Commune de Nogent sur Marne et M. Auguste ;

429.–Il y a bien un amalgame opéré par la jurisprudence entre les notions d'inexistence et de nullité pour les contrats passés en violation des règles d'appel à la concurrence[750] ou pour les contrats que rendrait leur défaut d'approbation inopposables[751]. La doctrine contemporaine constate cependant qu'il ne coexiste pas une théorie autonome de l'inexistence des contrats administratifs avec une théorie autonome de la nullité des contrats administratifs car elle affirme qu'il est toujours difficile de déterminer si une condition est nécessaire à la validité du contrat ou plutôt à son existence[752].

B. L'inefficience de l'inexistence juridique du contrat

430.–La distinction entre inexistence et nullité en matière contractuelle ne présente donc qu'un intérêt relatif car le recours ouvert à l'encontre d'un contrat est un recours de plein contentieux[753], sauf en cas de déféré préfectoral[754]. Le régime contentieux du contrat présente certaines caractéristiques identiques au régime du recours en déclaration d'inexistence[755].

431.–Tout d'abord, le contrat déclaré nul perd toute efficacité, tant pour l'avenir que pour le passé. Ni l'administration, ni le cocontractant ne peuvent s'en prévaloir[756]. Un tel contrat est censé n'avoir jamais existé et prive les ex-cocontractants *« potentiels »* du droit de se placer sur le terrain contractuel pour une indemnisation éventuelle. Il est réputé n'avoir fait naître aucune obligation entre les parties du fait de l'absence de tout lien contractuel[757]. L'acte litigieux est censé n'avoir jamais existé et les parties doivent retrouver le même patrimoine qu'auparavant. Elles doivent remettre les choses *« en l'état »*, comme si la convention n'avait jamais été conclue[758]. Toutefois, si en ce cas seule la

---

GOULARD, conclusions sur CE, 29 décembre 1997, Commune d'Hautmont.

749 CHABANOL (D.), JOUGUELET (J.–P.), BOURRACHOT (F.), Le régime juridique des marchés publics, 4ème éd., Moniteur, 2005, p. 81-82 et p. 248 et s.

750 Pour l'inexistence d'un tel contrat TA Marseille, 17 janvier 2006, Société Neige, soleil, tourisme, loisirs, n° 00303309 ; TA Marseille, 29 février 2000, Sociétés MIC et CIM c. CNRS, n° 95-4306 ; comp. Avec la nullité d'un tel contrat ; CE Sect., 29 janvier 1982, Martin, n° 19926 ; CE, 28 juillet 2000, Jacquier, n° 202792.

751 CE, 19 octobre 1973, Sieur Patris d'Uckermann et association centre artistique et culturel Hebert-Uckermann, p. 576.

752 POUYAUD (D.), La nullité des contrats administratifs, op. cit., p. 76 et s.

753 CHAPUS (R.), Contentieux administratif, 12ème éd., op. cit., n° 843.

754 CE, 2 avril 1985, Pinault, RDP 1986 p. 1687, note AUBY (J.–M.).

755 CE, 21 octobre 1949, Ministre du travail c. entreprise Berp, op. cit. ; CE Sect., 11 février 1972, OPHLM du Calvaldos, p. 135, AJDA 1972 p. 245, conclusions GUILLAUME (G.) ; CE, 14 décembre 1988, Etablissement public d'aménagement de la ville nouvelle de Saint-Quentin en Yvelines, LPA 7 juillet 1989, p. 4 et moderne (f.), RDP 1989 p. 1828, n° 76.

756 CE, 8 août 1899, Cotard, p. 602 ; CE, 7 mai 1909, Ville de Guérande, DP.1911.III.1923 ; CE, 16 décembre 1921, Société industrielle de Kapok, p. 302 ; CE, 1er mai 1925, Société française d'éclairage, p. 420 ; CE, 6 août 1928, Mouné, DH 1928, p. 547.

757 CE Sect., 27 novembre 1942, Société Bongrand et Dupin, p. 334 ; CE Sect., 11 février 1972, OPHLM du Calvaldos, p. 135, AJDA 1972 p. 245, conclusions GUILLAUME (G.) ; CE Sect., 29 janvier 1982, Martin, RDP 1983 p. 234 ; CE Sect., 20 octobre 2000, Société Citecable Est, p. 457 ; CE, 16 novembre 2005, Commune de Nogent sur Marne et M. Auguste, nos 26309 et 263709, deux espèces, conclusions CASAS.

758 POUYAUD (D.), Contentieux des contrats administratifs, formation du contrat, Fasc. 1126 ; n° 746, notamment note n° 138).

responsabilité quasi-délictuelle est en cause, la question se pose, en droit administratif, de savoir si cette responsabilité est fondée sur la faute ou sans faute à prouver[759]. Si, généralement, l'indemnisation se fait dans le cadre de la responsabilité sans faute au titre de l'enrichissement sans cause, il ne serait pas inenvisageable que le juge administratif indemnise l'ex-cocontractant sur le fondement de la responsabilité pour faute. Cette faute, que révèle l'inexistence du contrat, engagerait la responsabilité du fait de la conclusion d'un contrat par une autorité incompétente. Cependant, la distinction entre ces deux fondements juridiques n'a en pratique que peu d'intérêt. Le barème d'indemnisation légale en cas de mise en jeu de la responsabilité pour faute du défendeur ne sera pas plus avantageux que l'action repose sur une faute tirée de l'inexistence du contrat ou sur une faute tirée d'un vice faisant obstacle à la formation du contrat du fait d'un cocontractant.

432.–Ensuite, l'inachèvement du lien contractuel fait obstacle à l'invocation du bénéfice d'une quelconque prescription puisque en ce cas l'action en nullité peut être intentée à tout moment. Le contrat n'est pas nul mais matériellement inexistant. Ainsi, comme il n'est pas véritablement conclu, la constatation de son inexistence est soustraite à toute condition de délai tout comme pour les actes administratifs unilatéraux[760]. Or, le droit administratif ne déroge pas, en matière de contrat, aux délais de prescription du droit commun, sauf texte contraire.

433.–En effet, le délai de droit commun est la prescription trentenaire de l'article 2262 du code civil applicable aux nullités absolues, pour une action en nullité fondée sur le caractère illicite de l'objet ou de la cause du contrat[761] et la prescription quinquennale de l'article 1304 du code civil en ce qui concerne les nullités relatives[762]. Or, comme la nullité absolue court, en principe, à compter de la conclusion du contrat, et plus exactement à partir du jour où les parties ont entamé cette formalité, la computation des délais de recours contentieux en cas d'un vice faisant obstacle à la formation d'une convention, impose que les délais de recours contentieux ne soient pas opposables. De plus, la prescription de l'action en nullité n'entraîne pas celle de l'exception fondée sur ce même vice. Ceci permet au contractant, au delà de la prescription trentenaire, de soulever l'exception de nullité pour échapper à ses obligations contractuelles. Les délais sont ainsi prorogés au même titre que si la théorie de l'inexistence était applicable.

---

759 Voir a contrario : PEQUIGNOT (G.), Contribution à la Théorie générale du contrat administratif, op. cit., p. 207 à 209 ; PEPY, note sur Conseil de Préfecture de Grenoble, 24 février 1927, Société civile des souscripteurs d'actions de la société viennoise de distribution d'énergie c. Ville de Vienne, et sur CE, 24 juin 1938, Commune d'Huos c. société électricité et gaz des Pyrénées, op. cit.

760 AUBY (J.–M.), La théorie de l'inexistence des actes administratifs, thèse, op. cit., p. 24 ; DE SOTO (J.), Contribution à la théorie des nullités des actes administratifs, thèse, 1942, p. 9 ; POUYAUD (D.), Contentieux des contrats administratifs, formation du contrat, op. cit. ; CE Ass., 26 janvier 1940, Commune d'Agos-Vidalos, p. 34 ; S.1941.III.16, note anonyme.

761 POUYAUD (D.), La nullité des contrats administratifs, op. cit., n° 666 ; DREYFUS (J.–D.), Prescription trentenaire pour une nullité d'ordre public, AJDA 2006 p. 1674 ; CE, 9 juillet 1937, Commune d'Arzon, p. 680.

762 Elle n'est mentionnée que dans des arrêts très anciens. Ce qui a conduit la doctrine à s'interroger sur la survivance des nullités relatives en droit public : Cass. Req., 12 janvier 1874, DP.1874.I.161, conclusions REVERCHON ; CE, 15 juin 1877, Société du gaz , DP.1878.III.99.

434.–En ce qui concerne le cas particulier de la prescription quadriennale, en cas de déclaration de l'inexistence d'un contrat, et donc de sa nullité, le fait générateur de la créance disparaît[763]. Cependant, lorsque la nullité (*absolue*) d'un contrat apparaît en cours d'exécution à l'initiative de l'administration, le cocontractant de l'administration doit en principe être regardé comme ignorant l'existence de sa créance, par application de l'article 3 de la loi du 31 décembre 1968, jusqu'à la date à laquelle l'administration se prévaut pour la première fois, notamment devant le juge, de la nullité de la concession en cause[764]. En effet, le juge administratif a fait obstacle à ce que la prescription quadriennale permette à l'administration de conclure un contrat vicié à un tel degré qu'il puisse être déclaré un jour nul et non avenu ou nul et de nul effet par le juge administratif. En effet, l'administration ne peut se prévaloir ensuite d'une telle nullité, une fois que l'exécution du contrat a commencé, pour éviter de payer la créance au cocontractant qui ignorait ce vice et a exécuté ses obligations qu'il pensait découler d'un contrat régulièrement conclu. Lorsque le fait générateur de la créance est initialement un contrat apparemment légal, le raisonnement est le même que pour la constatation de la nullité du contrat : le terrain se déplace sur l'enrichissement sans cause, et éventuellement sur la mise en jeu de la responsabilité de l'administration pour faute. Il est cependant toujours possible aux parties à un contrat de conclure un accord postérieur constatant la nullité ou l'inexistence, et d'en tirer elles-mêmes toutes les conséquences comme le ferait un juge[765].

435.–Pour les cas de nullités relatives (*lorsque l'incompétence de l'autorité signataire a cessé ou bien lorsque le vice du consentement est connu des parties*), les règles jurisprudentielles donnent la possibilité aux cocontractants de se prévaloir à tout moment de l'illégalité des actes préparatoires[766] car le juge du contrat connaît de toute la légalité du contrat[767].

436.–Également, comme il n'existe pas de lien contractuel, la réparation du préjudice subi de ce chef est fondée sur la responsabilité extracontractuelle, c'est-à-dire sur la responsabilité de droit commun. D'où il suit que :

- sont inopposables toutes limitations de responsabilité contenues dans le contrat (*par exemple par l'exclusion de la responsabilité pour les fautes simples*),
- pour les règles de délai et de procédure, sont applicables à cette action en responsabilités celles du droit commun existant à la date de conclusion du contrat ou à celle de la proclamation du caractère vicié du contrat.

---

763 Loi n° 68-1250 du 31 décembre 1968, relative à la prescription des créances sur l'État, les départements, les communes et les établissements publics, CJA 2007 p. 1834 et s.

764 CE, 16 novembre 2005, Commune de Nogent sur Marne et M. Auguste, nos 262360 et 263709.

765 CHAPUS (R.), Droit administratif général, tome I, op. cit., n° 1392 ; RICHER (L.), Droit des contrats administratifs, 3ème éd., LGDJ, 2002, voir le chapitre 2 sur le contentieux de la formation des contrats et notamment les nos 250 et s.

766 LEFOULON (J.), Contribution à l'étude de la distinction des contentieux. Le problème de la compétence du juge du contrat en matière administrative, AJDA 1976 p. 396.

767 CE Sect., 29 novembre 1929, Sieur Chatelot, op. cit. ; CE Sect., 13 juillet 1961, Société d'entreprise générale et de travaux publics, op. cit. ; CE, 19 octobre 1973, Sieur Patris d'Uckermann et association centre artistique et culturel Hebert-Uckermann, op. cit. ; CAA Marseille, 7 juillet 2008, AP-HM, AJDA 2008 p. 2245 et s.

437.–Enfin, tout comme le moyen tiré de l'inexistence juridique d'un acte administratif unilatéral[768], la nullité du contrat doit, le cas échéant, être soulevée d'office[769]. La nullité est invocable au cours de la procédure à tout moment, en raison du défaut de conclusion véritable du contrat[770]. Cette conception, notamment en ce qui concerne les vices affectant la passation des contrats, s'inscrit dans une logique de protection de l'intérêt général[771]. L'inexistence est une sanction de la nullité. Dans ce contentieux, l'inexistence veut neutraliser les effets d'un accord qui, apparemment formé, ne pouvait en réalité avoir été conclu, d'où l'absence de production de quelque effet contractuel[772].

438.–Il convient de souligner que la disparition du contrat par la nullité (*inexistence matérielle*) est en quelque sorte aussi *« artificielle »* que la théorie de l'inexistence juridique pour les actes unilatéraux. Toutefois, en raison des pouvoirs du juge administratif et de l'allongement des délais de recours contentieux, il n'est pas apparu équitable de construire de manière prétorienne un mécanisme correctif de l'illégalité par l'application de critères tels que la gravité et l'illégalité manifestes afin de permettre de pallier la forclusion des délais de recours contentieux, celle-ci, en matière contractuelle, ne se produisant pas au bout de deux mois.

439.–Ainsi que l'a affirmé le Commissaire du gouvernement R. Schwartz, dans ses conclusions sur l'arrêt *« Lopez »* du 7 octobre 1994, *« le juge administratif souffre depuis*

---

768 Pour le moyen tiré de l'inexistence juridique d'un acte CE, 5 mai 1971, Préfet de Paris et Ministre de l'intérieur c. Syndicat chrétien de la préfecture de la Seine, de l'Assistance publique à Paris et autres, p. 329 ; CE, 15 mai 1981, Maurice et Pruvost, op. cit.

769 CE, 16 mai 1924, Jourda de Vaux, p. 483 ; CE, 15 février 1961, Alfred-Joseph, p. 114 ; AJDA 1961 p. 548, conclusions NICOLAY, RDP 1962 p. 535, WALINE (M.) ; CE Sect., 28 janvier 1977, Société Heurtey-Métallurgie, AJDA 1977 p. 394, conclusions MORISOT (M.) ; CE, 8 février 1999, Commune de Cap d'Ail, AJDA 1999 p. 283 ; comp. en particulier avec CE, 25 janvier 1957, Keinde Serigne, p. 63 ; CE Sect., 28 mai 1971, Association des directeurs d'instituts et de centres universitaires d'études économiques régionales, p. 390 ; CE, 19 juin 1981, Confédération nationale des groupes autonomes de l'enseignement public, RDP 1981 p. 872 ; CE, 6 décembre 1991, Cierco, p. 419, RFDA 1992 p. 146 ; CE Ass., 2 juillet 1993, Louvrier, p. 207.

770 CE, 13 juin 1984, Communauté urbaine de Bordeaux, DA 1984 n° 301 ; CE Sect., 13 juillet 1961, Société d'entreprise générale et de travaux publics, op. cit. ; CE Sect., 28 janvier 1977, Société Heurtay-Métallurgie, n° 99449 ; CE, 8 février 1999, Commune de Cap d'Ail, AJDA 1999 p. 283 ; CE Sect., 27 novembre 1942, Société Bongrand et Dupin, p. 335 ; CE Sect., 26 mars 1965, Moulinet, 26 mars 1965, p. 209 ; CE Sect., 29 janvier 1982, Martin, RDP 1983 p. 234 ; CE, 28 juillet 2000, Jacquier, n° 202792 ; CE Sect., 11 février 1972, OPHLM du Calvaldos, p. 135, AJDA 1972 p. 245, conclusions GUILLAUME (G.) ; CE, 6 mai 1985, Association Eurolat, op. cit. ; CE, 1er octobre 1993, Société Le Yacht-Club international de Bormes-les-Mimosas, op. cit.

771 POUYAUD (D.), La nullité des contrats administratifs, LGDJ, 1991, 598 p. ; GARTNER (F.), Les contrats administratifs et leur évolution ; des rapports entre contrats administratifs et intérêt général, RFDA 2006 p. 19.

772 CHABANOL (D.), JOUGUELET (J.–P.), BOURRACHOT (F.), Le régime juridique des marchés publics, op. cit., p. 81-82 et p. 248 et s. ; CE Sect., 27 novembre 1942, Société Bongrand et Dupin, p. 335 ; CE, 26 février 1964, Société L. Segrette, op. cit. ; CE Sect., 29 janvier 1982, Martin, p. 44 ; CE, 6 mai 1985, Association Eurolat et Crédit foncier de France, op. cit. ; CE Sect., 3 novembre 1995, Société Stenfoson communications, p. 394, conclusions CHANTEPY ; CE, 8 février 1999, Commune de Cap d'Ail, n° 185749 ; CE, 8 février 1999, Société Campenon Bernard SGE, T. p. 890, conclusions BERGEAL, BJCP 1999 p. 361 ; CE, 29 février 2004, SEM de la Lozère, conclusions Le CHATELIER ; CE, 30 juin 2004, Société Martoia, n° 26357, conclusions CASAS ; CE, 7 mars 2007, Société Grandjouan-Saco, n° 270778, conclusions BOULOUIS (sol. impl.).

bientôt un siècle d'une schizophrénie bénigne, car réfléchie et assumée »[773]. En effet, à la fin du XIXème siècle, l'acte unilatéral préalable à la signature du contrat et le contrat lui-même, formaient un tout indivisible qui pouvait faire l'objet d'un recours pour excès de pouvoir, notamment sous le visa de la loi des 7 et 14 octobre 1790[774]. Ensuite, le Conseil d'État a exclu un tel recours à l'encontre d'un contrat et de tous les actes de support ou de soutien ayant contribué à sa formation, qui, incorporés à une convention, ne pouvaient faire l'objet d'une contestation autonome en raison de l'existence d'un recours parallèle[775]. Cette conception fut abandonnée en plusieurs étapes et le juge administratif a admis la technique de la détachabilité des actes car désormais tout intéressé peut exercer un recours direct contre les actes illégaux détachables d'un contrat administratif[776].

440.–Cette technique, largement pratiquée aujourd'hui, conduit la doctrine à s'interroger sur la remise en cause du principe de l'exclusion du recours pour excès de pouvoir contre un contrat[777]. Il s'agit, d'une part, des décisions relatives à la conclusion du contrat comme la décision même de conclure le contrat[778], l'acte de passation lui-même[779], l'autorisation de conclure[780], les décisions d'approbation du contrat comme l'adjudication

---

773 Conclusions SCHWARTZ (R.) sur CE Sect., 7 octobre 1994, Époux Lopez, RFDA 1994 p. 1090 ; AJDA 1994 p. 867, chronique Touvet (L.) et STAHL (J.H.) ; et RFDA p. 1098, note POUYAUD (D.). ; voir aussi DAEL (S.), Les métamorphoses de la distinction des contentieux : essai d'une histoire vraisemblable d'un concept évolutif, in Mélanges en l'honneur de Daniel Labetoulle, Dalloz, 2007, p. 207 et s.

774 CE, 30 avril 1863, Ville De Boulogne, p. 404, conclusions ROBERT.

775 DELVOLVE (P.), MODERNE (F.) DE LAUBADERE (A.), Traité des contrats administratifs, LGFJ, 1984, Tome II, p. 1035 et s. comp. p. 995 à 1029 ; CE, 19 mai 1899, Levieux, p. 401 ; CE, 24 juillet 1903, Sieur Morand, p. 540 ; voir pour un débat sur le sujet : BONNARD (R.), La théorie de la formation du droit par degrés dans l'œuvre d'A.Merkl, op. cit. et sa note sous CE, 9 janvier 1929, Société générale thermale et balnéaire, op. cit.

776 CE, 11 décembre 1903, Commune de Gorre, p. 770 ; CE, 18 mars 1904, Callier, Beccarad et Fabre, p. 222 ; CE, 29 avril 1904, Commune de Messé, p. 349 ; CE, 3 août 1904, Gilbert et autres, p. 664 ; CE, 29 décembre 1905, Sieur Petit, p. 1011, note anonyme.

777 DELVOLVE (P.) et VEDEL (G.), Droit administratif, 12ème éd., 1992, PUF, Tome I, p. 369 et s. ; DELVOLVE (P.), L'acte administratif, Sirey, 1983, p. 75 et s. ; POUYAUD (D.), Contentieux des contrats administratifs, formation du contrat, op. cit.DE BECHILLON (D.), Le contrat comme norme dans le droit public positif, RFDA 1992 p. 15 ; WACHSMANN (P.), Les contrats administratifs et leur évolution, La recevabilité du recours pour excès de pouvoir à l'encontre des contrats. Pour le centenaire de l'arrêt Martin, RFDA 2006 p. 24 ; POUYAUD (D.), La recevabilité du recours pour excès de pouvoir contre les contrats administratifs : une nouvelle avancée ; AJDA 1998 p. 969, chronique RAYNAUD (P.) et FOMBEUR (P.) ; RFDA 1999 p. 139, CE, 4 août 1905, Martin, op. cit. ; CE Ass., 10 juillet 1996, Cayzeele, AJDA 1996 p. 807, chronique de. CHAUVAUX (D.) et GIRARDOT (T.–X.) ; RFDA 1997 p. 89, DELVOLVE (P.), Le recours pour excès de pouvoir contre les dispositions réglementaires d'un contrat ; CE Sect., 30 octobre 1998, Ville de Lisieux ; AJDA 1998 p. 969, chronique RAYNAUD (F.) et FOMBEUR (P.) ; D.1998.IR.258 ; RFDA 1999 p. 128, conclusions STAHL (J.–H.) et 139, note POUYAUD (D.) ; AJFP 1999 p. 5, observations BOUTELET (P.).

778 HAURIOU (M.) note CE, 11 décembre 1903, Commune de Gorre et CE, 4 août 1905, Martin, S.1906.III.49 ; CE, 8 avril 1911, Commune de Ousse-Suzan, S.1913.III.50, conclusions Pichat, note Hauriou (M.) ; CE Sect., 8 novembre 1974, Époux Figueras, p. 545.

779 CE, 30 avril 1937, Fédération nationale des fleuristes de France, p. 456 ; CE, 20 janvier 1978, Syndicat national de l'enseignement technique agricole public, p. 22 ; conclusions DENOIX DE SAINT-MARC, AJDA 1979 p. 37.

780 CE, 29 décembre 1905, Sieur Petit, p. 101, note anonyme ; CE, 26 novembre 1954, Syndicat de la raffinerie du soufre français, DA 1955 p. 7, conclusions MOSSET ; D.1955.472, note TIXIER (G.) ;

(*supprimée en 2001*)[781], et d'autre part les décisions relatives à son exécution qui sont susceptibles d'un recours pour excès de pouvoir tant de la part des parties que de la part des tiers[782].

441.–Dans ces hypothèses, la nullité du contrat n'est pas prononcée par voie de conséquence mais eu égard au motif ayant justifié l'annulation. Le juge administratif appréciera si la nullité doit être prononcée selon le degré de relation avec l'acte : l'annulation n'emporte la nullité du contrat que si l'acte détachable a été annulé en raison de l'illégalité de stipulations contractuelles ; le juge, dans ce cas précis, ne fera que la constater ou la déclarer[783].

442.–Cette problématique doit être différenciée de celle du régime des actes inexistants et des actes qui en procèdent. En effet, un acte inexistant qui s'inscrit dans une opération complexe de formation d'un contrat n'a pas pour effet de rendre ce contrat inexistant. Ainsi, lorsqu'un conseil municipal ne s'est pas en réalité réuni le jour où aurait été prise une prétendue délibération par laquelle il aurait autorisé le maire à souscrire un emprunt, sa *« délibération »* doit être regardée comme inexistante. Le conseil municipal est compétent pour constater cette inexistence ; en revanche, seul le juge du contrat, éventuellement judiciaire dans le cas d'un contrat de droit privé, pourra en tirer les conséquences[784]. Le juge administratif appréciera si l'accord conclu a respecté le consensualisme des parties[785]. L'inexistence d'une délibération affecte normalement les contrats subséquents, mais s'il y a eu réellement consentement des deux parties, le contrat n'est pas inexistant. Par exemple, dans le cas d'un avenant au contrat ayant pour principal objet de différer le terme de la convention afin de permettre d'organiser la mise en concurrence imposée par la loi, le juge ne déclare pas son inexistence par voie de conséquence, cela d'autant plus si le contrat est entièrement exécuté[786].

CE Sect., 5 décembre 1958, Secrétaire d'État à l'agriculture c. Union des pêcheurs à la ligne et au lancer de Grenoble et du département de l'Isère, p. 620 ; AJDA 1959 p. 57, conclusions Kahn.

781 CE Ass., 30 décembre 1996, Mme Wajs et Monnier, p. 387 ; AJDA 1996 p. 973, chronique CHAUVAUX (D.) et GIRARDOT (T.–X.), CJEG 1997 p. 52, RFDA 1997 p. 726 conclusions Combrexelle.

782 ALIBERT (R.), Le contrôle juridictionnel de l'administration par le recours pour excès de pouvoir, op ; cit., p. 43 et s. ; PEQUIGNOT (G.), Contribution à la Théorie générale du contrat administratif, op. cit., p. 579 et s. ; DEBEYRE (G.), Le recours pour excès de pouvoir et le contrat, RDP 1938 p. 283 et s. ; WALINE (M.), Vers un reclassement des recours du contentieux administratif, RDP 1935 p. 205 et s. et en particulier p. 214 ; WALINE (J.), Contrat et recours pour excès de pouvoir, in Mélanges en l'honneur de Daniel Labetoulle, p. 859 et s.

783 CHAPUS (R.), Contentieux administratif, 12ème éd., op. cit., n° 812 et s ; CE Ass., 2 décembre 1983, Confédération des syndicaux médicaux français, p. 468 ; CE, 1er octobre 1993, Société Le Yacht-Club international de Bormes-les-Mimosas, op. cit. ; CE Sect., 7 octobre 1994, Époux Lopez, AJDA 1994 p. 867, chronique TOUVET (L.) et STAHL (J.H.) ; RFDA 1994 p. 1098 note POUYAUD (D.), conclusions SCHWARTZ (R.) et p. 1098, note POUYAUD (D.) ; CE, 10 décembre 2003, Institut de recherche pour le développement, AJDA 2004 p. 394, note DREYFUS (J.–D.).

784 CE, 29 décembre 1997, Commune d'Hautmont, tables, p. 710 ; conclusions GOULARD.

785 CAA Douai, 27 septembre 2005, Commune de Saint-Amand-les-eaux, n° 03DA01318.

786 CAA Marseille, 10 novembre 2003, Louis Lequette, n° 03MA00121.

443.–La dichotomie des actions contentieuses (*plein contentieux/excès de pouvoir*) ouvertes contre le contrat est donc bien délimitée, hormis le cas particulier du déféré. Il est parfaitement établi que l'annulation de l'acte détachable par le juge de l'excès de pouvoir n'a pas en elle-même d'effet direct sur le contrat. Celui-ci demeure *« la loi des parties »* jusqu'à ce que l'un des contractants saisisse le juge d'une action en nullité du contrat, ce qui est une hypothèse rarissime, ou jusqu'à ce que sa nullité soit soulevée lors d'un contentieux relatif à son exécution[787]. Cette position jurisprudentielle fait obstacle à ce que le juge annule un contrat, par voie de conséquence et automatiquement lorsqu'un acte ayant contribué à sa formation est déclaré inexistant sur requête d'un tiers.
Cette hypothèse pose le problème de la distinction entre le défaut de consentement et le consentement simplement vicié des parties.

444.–M. Schwartz concluait en 1994 que le juge du contrat ne pourrait que prendre acte de l'autorité de la chose jugée afin que soient tirées les conséquences de la décision d'excès de pouvoir, car à la date à laquelle il rendrait ses conclusions aucune jurisprudence ne traitait de cas de saisine du juge par une partie suite à l'annulation d'un acte détachable[788]. Il est vraisemblable que la déclaration du caractère inexistant d'un acte de conclusion ou de formation d'un contrat, acte en principe nécessairement détachable de ce dernier, aurait pour conséquence de rendre le contrat inexistant. Cela est logique puisque dans le cas d'une délibération inexistante, et de la conclusion subséquente d'un contrat par le maire, le conseil municipal n'aurait, en réalité, pas donné son consentement à l'engagement de la commune. Ce raisonnement est ainsi la transposition de celui applicable en cas d'annulation d'un acte détachable mais relatif à la passation du contrat ce qui engendre *« ipso facto »* la nullité de ce dernier. Par une subtile construction jurisprudentielle, dans l'hypothèse d'une demande en nullité d'un contrat par un tiers, le recours est irrecevable puisque d'une part cette action est réservée aux seules parties, et, d'autre part, le recours en excès de pouvoir est irrecevable contre le contrat lui-même[789]. La seule possibilité est alors un recours en nullité formé par l'une des deux parties ou une demande devant le juge de l'exécution[790].

---

787 DE LAUBADERE (A.), Traité théorique et pratique des contrats administratifs, distinction des contrats administratifs et des contrats de droit commun, la formation des contrats administratifs, op. cit., n° 1273 ; POUYAUD (D.), La nullité des contrats administratifs, op. cit., n° 470 ; WEIL (P.), Les Conséquences de l'annulation d'un acte administratif, thèse, 1952, p. 201 à 208 ; LEFOULON (J.), Contribution à l'étude de la distinction des contentieux. Le problème de la compétence du juge du contrat en matière administrative, op. cit., p. 396 ; CE, 20 décembre 1963, Commune de Battigny, T. p. 927 ; RDP 1964 p. 728 ; CE, 1er octobre 1993, Société Le Yacht-Club international de Bormes-les-Mimosas, op. cit.

788 Conclusions SCHWARTZ (R.) sur CE Sect., 7 octobre 1994, Époux Lopez, op. cit.

789 CE Ass., 16 juillet 2007, Société Tropic travaux signalisation, AJDA 2007 p. 1577, Recours des tiers contre les contrats et modulation dans le temps des effets des changements de jurisprudence : « Never say never », chronique LENICA (F.), BOUCHER (J.).

790 CHAPUS (R.), Contentieux administratif, 12ème éd., op. cit., nos 820 et s. ; DELVOLVE (P.), DE LAUBADERE (A.), les contrats, nos 1778 et s. ; POUYAUD (D.), La nullité des contrats administratifs, thèse, LGDJ, 1991, 598 p. ; WEIL (P.), Les Conséquences de l'annulation d'un acte administratif, thèsen 1952, p. 204 ; CE, 19 novembre 1926, Decuty, p. 993 ; CE Sect., 29 novembre 1929, Chatelot, op. cit. ; CE, 17 janvier 1936, Ligues des consommateurs d'électricité et ville de Tonneins, p. 76 ; CE, 7 juillet 1937, Commune d'Arzon, p. 680 ; CE, 29 janvier 1947, Michaud, p. 35 ; CE, 15 juillet 1959, Vauzello, p. 466 ; CE, 4 mai 1990, Compagnie industrielle

445.–Aucune décision de justice connue ne fait référence, à ce jour, à la déclaration d'inexistence d'un contrat suite à celle, préalable, d'un acte détachable sauf l'arrêt *« Lequette »* rendu par la Cour administrative d'appel de Marseille, le 10 novembre 2003. En l'espèce, il était invoqué que l'exécution d'un jugement du Tribunal administratif de Marseille déclarant inexistante une délibération, impliquait également de déclarer nulle la convention postérieure signée et autorisée par une délibération qui n'avait jamais existé. Or, s'agissant d'un simple avenant entièrement exécuté à la date à laquelle le juge se prononçait, le juge d'appel a considéré, dans ce cas, *« que la demande d'exécution présentée n'appelait aucune mesure particulière »*[791].

446.–Il est donc envisageable de considérer que serait recevable le recours en déclaration d'inexistence contre un contrat, en exécution d'un jugement ayant déclaré inexistante la délibération autorisant à conclure ce contrat. Cela aurait comme conséquence de faire déclarer nul et de nul effet un tel contrat, sans pour autant que cela soit préjudiciable aux parties dans la mesure où les actions classiques, dont celle fondée sur l'enrichissement sans cause, demeureraient ouvertes. Ce serait même là l'un des seuls moyens utilisables en l'état actuel du contentieux pour que le tiers ne soit pas absent de cette analyse. En effet, en cas de demande en nullité contre un contrat fondée sur un acte inexistant, il se trouve cantonné à un rôle d'intervenant. A moins que le juge de l'exécution fasse obligation aux parties de dénoncer le contrat entaché d'un vice qui ne pourrait être purgé, à la différence de ce qui se produit en matière de nullité[792].

447.–Enfin, un tiers pourrait avoir intérêt à former un recours en déclaration d'inexistence contre un contrat. Le juge administratif pourrait, en ce cas, constater que le contrat n'a jamais existé à la condition que le vice n'ait jamais été purgé ; cette convention serait ainsi déclarée nulle et de nul effet à titre de sanction. Cette solution ferait clairement apparaître une similitude avec la nullité. Une différence subsisterait cependant car dans le cadre d'une action en nullité *« stricto sensu »*, le recours du tiers contre un contrat serait déclaré irrecevable car il ne dispose pas d'un droit direct et autonome d'action pour former une action principale contre une telle convention[793].

448.–Un autre exemple topique de cette similitude entre inexistence et nullité est fourni par l'arrêt *« Roujansky »*. Le Conseil d'État, confronté à un accord des parties sur une mise à néant rétroactive du contrat, précise que les contractants ayant convenu, sans aucune réserve, de tenir pour nul et non avenu le contrat de concession, il n'y avait pas lieu à statuer sur la requête tendant à l'annulation de la décision de signer le contrat, dès lors

---

maritime, p. 113 ; CE, 14 juin 1993, Commune de Sainte-Marie-de-la Réunion c. Mme Clain, p. 648 ; conclusions LEGAL, RFDA 1991 p. 966 ; CE, 1er octobre 1993, Société Le Yacht-Club international de Bormes-les-Mimosas, op. cit.

791 CAA Marseille, 10 novembre 2003, Louis Lequette, n° 03MA00121.

792 Conclusions SCHWARTZ (R.) sur CE Sect., 7 octobre 1994, Époux Lopez, op. cit. ; CE Sect., 26 avril 1985, Commune de Larrau, nos 31752 ; 44482 ; 45259 ; 48725 ; 48727.

793 CE Ass., 16 juillet 2007, Société Tropic travaux signalisation, op. cit.

que cet accord ne se bornait pas à mettre fin pour l'avenir à l'exécution du contrat de concession mais avait pour objet de le déclarer nul et de nul effet dès l'origine[794].

449.–Cependant la Haute juridiction a abandonné ce concept de *« nullité »* convenue entre les parties au profit du terme de *« résolution »* qu'elle emploie également pour la disparition rétroactive prescrite par le juge de la pleine juridiction et permet d'anéantir le contrat nul dès son origine[795]. Il serait cependant envisageable de soutenir conformément à une conception civiliste, que la résolution aurait un fondement très différent de la nullité ou de la rescision. Il s'agirait d'une sanction consistant dans l'effacement rétroactif des obligations nées d'un contrat synallagmatique, lorsque l'une des parties n'exécute pas ses prestations. Comme la nullité, la résolution aurait alors un effet rétroactif, mais à la différence de la première, elle sanctionnerait un défaut d'exécution et non pas un vice existant lors de la formation du contrat[796].

450.–Il convient de noter que l'incorporation du concept d'inexistence n'équivaudrait pas, en principe, à ce que le juge de l'exécution, saisi en application du livre IX du code de justice administrative, soit dans l'obligation de déclarer nul et non avenu le contrat. En effet, la décision qui serait prononcée n'impliquerait pas nécessairement que le contrat soit anéanti[797]. Ce qui revient à dire que la bipolarité entre juge du contrat et juge de l'exécution permettrait, du moins actuellement, d'éviter que l'inexistence d'un acte détachable d'un contrat ait pour corollaire mécanique l'inexistence de la convention en cause. En outre, il faut rappeler que *« la résolution rétroactive »* (*ayant pour effet de tenir le contrat pour nul et de nul effet*) ne peut résulter que d'un accord entre les parties ; ce n'est qu'en cas de désaccord que le juge du contrat doit être saisi pour faire disparaître rétroactivement le contrat[798]. Ceci s'articule avec la jurisprudence selon laquelle lorsqu'un acte détachable d'un contrat, et dépourvu de tout lien avec le contrat lui-même, a été annulé pour excès de pouvoir, en raison d'un vice propre, l'effet de cette annulation ne sera cependant pas rétroactif lorsqu'une telle annulation serait de nature à emporter des conséquences manifestement excessives au regard du motif de l'annulation. Dans ce cas, la collectivité concernée peut, à titre exceptionnel, valider cet acte en lui substituant rétroactivement un nouvel acte, apuré du vice qui l'affectait[799].

451.–Il convient de relever, comme M. le Président Chabanol, les difficultés d'une telle solution. Des décisions de justice peuvent ne pas recevoir d'exécution[800]. La jurisprudence *« Moreau »*, ainsi que l'ont indiqué de nombreux membres de la doctrine,

794 CE Ass., 16 avril 1986, Roujansky, p. 113.
795 RICCI (J.–C.), Droit administratif général, 2ème éd., Hachette, 2007, §413 ; CE Sect., 26 mars 1999, Société Hertz France et autres.
796 POUYAUD (D.), Note sous CE Sect., 26 mars 1999, Société Hertz-France et autres, L'injonction de résoudre un contrat, RFDA 1999 p. 977.
797 CE, 14 mai 2001, Avrillier, n° 194410.
798 ERSTEIN (L.), SIMON (O.), L'exécution des décisions de justice, Berger-Levrault, nos 130 et s. voir n° 134 en particulier ; STAHL, Conclusions sur CE Sect., 26 mars 1999, Société Hertz-France et autres.
799 CAA Lyon, 13 juillet 2004, Moreau, n° 99LY00005.
800 CHABANOL (D.), JOUGUELET (J.–P.), BOURRACHOT (F.), Le régime juridique des marchés publics, Editions du Moniteur, op. cit., p. 72 à 75.

aboutit à ce qu'une telle régularisation fasse naître une décision qui fonderait juridiquement le contrat, alors que la loi elle-même exige une toute autre formalité : *« ne purge-t-on pas un vice par un autre vice ? »*.

452.–Les auteurs concluent ainsi à l'impossibilité qu'une seconde délibération permette de régulariser effectivement la passation du contrat. En effet, la jurisprudence maintient, dans le cas des collectivités territoriales, que l'autorité exécutive d'une telle collectivité n'est pas compétente pour conclure un contrat tant qu'elle n'y est pas autorisée par une délibération de l'assemblée locale, elle même rendue exécutoire par sa transmission au préfet. Lorsque le vice entachant la délibération n'a pas affecté la validité du contrat, la disparition rétroactive de cette délibération entache le contrat d'une incompétence qui n'est pas susceptible de régularisation. Ainsi, aucune régularisation rétroactive n'est possible et le juge, saisi de conclusions en ce sens, se verra dans l'obligation de prescrire que soient prises les mesures propres à faire disparaître le contrat[801].

Section 2 L'inexistence et la nullité de plein droit des actes unilatéraux

453.–Le champ d'application analogue de l'inexistence et des nullités de plein droit, la référence expresse à ce dernier mécanisme comme la nécessité d'un système de sanction des vices graves entachant des délibérations administratives ainsi que l'utilisation simultanée de ces deux notions par le juge administratif, conduisent à s'interroger sur l'amplitude de l'interaction entre le concept d'inexistence et celui de nullité de droit (*§. 1.*). Il ressort de cette analyse que le concept de nullité de plein droit est clairement identifié en droit public et se distingue bien de celui de l'inexistence ; ceci permet d'affirmer qu'il n'est pas possible de considérer l'inexistence comme une simple transposition de la nullité de plein droit (*§. 2.*).

§. 1 L'interpénétration de deux notions comparables

454.–Le mécanisme des nullités de plein droit repose sur le refus de reconnaître toute nullité qui ne trouverait pas sa source dans un texte légal, ce qui le différencierait du mécanisme de l'inexistence (*A*). Pourtant, force est de constater que ces deux systèmes ont des effets analogues (*B*).

A. L'exigence d'un fondement textuel pour toute nullité, motif du rejet initial de l'inexistence ?

455.–Le système de la déclaration de nullité de plein droit ou de droit contre les délibérations des conseils municipaux est l'aboutissement d'un long processus qui a débuté

---

801 BAUX (A.), conclusions sur TA Montpellier, 21 janvier 2005, Lacan, Quand l'illégalité d'une délibération autorisant un contrat ne peut être régularisée, AJDA 2005 p. 1352 ; BOURRACHOT (F.), note sur CAA Lyon, 13 juillet 2004, La régularisation possible, à titre exceptionnel, d'un acte détachable annulé, AJDA 2004 p. 1824 ; VINCENT-LEGOUX (M.–C.), note sur CAA Marseille, 12 septembre 2002, Association Gap Club, Quand l'annulation de l'acte détachable demeure platonique, AJDA 2003 p. 1615.

à la Révolution avec les lois des 14 et 30 décembre 1789 et du 8 janvier 1790 instaurant une organisation municipale, et qui s'est terminé avec la fin d'un tel mécanisme en 1982[802].

456.–L'expression *« nullité de droit »* apparaît pour la première fois dans le projet relatif à l'organisation communale et départementale déposé à la chambre des députés par Siméon, Ministre de l'intérieur, le 22 février 1821[803]. L'article 48 du projet déclare nulles de plein droit d'une part, les délibérations de tout conseil qui serait réuni sans convocation légale ou qui est resté en session après le terme fixé par la convocation, et d'autre part, celles par lesquelles il statue sur des objets étrangers à ses attributions.

457.–Lors des débats sur le projet de loi relatif à l'administration municipale et à l'organisation des conseils d'arrondissement et des conseils généraux déposé à la Chambre des députés par Martignac, le 9 février 1829[804], un amendement fut déposé à la Chambre des députés, le 16 février 1831 ; il confiait au Conseil de préfecture le pouvoir de déclarer la nullité d'une délibération[805]. Cet amendement fut néanmoins repoussé.

458.–Les dispositions des articles 28 et 29 de la loi du 23 mars 1831 ont ainsi instauré le premier système explicite et complet de recours contre les délibérations des conseils municipaux en nullité de droit ou de nul effet. Les termes de cette loi furent repris en substance par les lois des 5 mai 1855[806] et 24 juillet 1867 qui rendirent certaines délibérations (*dites délibérations réglementaires*)[807] des conseils municipaux, limitativement énumérées, exécutoires immédiatement, tout en apportant un assouplissement de la tutelle qui sera largement repris et étendu par la suite.

459.–Les délibérations des conseils municipaux n'étaient à l'origine que des actes de simple administration qui ne pouvaient être déférés qu'à l'autorité administrative lorsque, entachées de l'un des vices visés par la loi, elles étaient considérées comme *« nulles de plein droit ou de nul effet »*. Cette sanction ne pouvait qu'être prononcée par le préfet en conseil de préfecture, sans condition de délai[808].

---

802 Depuis un arrêt d'assemblée en date du 15 avril 1996, Syndicat CGT des hospitaliers de Bédarieux (p. 130), le recours pour excès de pouvoir contre les délibérations constituant de simples mesures préparatoires est désormais irrecevable alors même que le déféré préfectoral demeure ouvert en vertu de la loi du 2 mars 1982.

803 Projet de loi relatif à l'organisation communale et départementale déposé à la chambre des députés par M. Siméon, Ministre de l'intérieur, le 22 février 1821, Le Moniteur du 23 février 1821, p. 241 ; Archives parlementaires, Tome 30, p. 130.

804 Le Moniteur du 10 février 1821, p. 172 ; Archives parlementaires, Tome 57, p. 64.

805 Amendement Dupin, Archives parlementaires, Tome 66, p. 726.

806 Loi du 5 mai 1855, loi sur l'organisation communale, Recueil général des lois et des arrêts, 1855, p. 76 et s.

807 Inialement, le législateur énumérait quatre cas : le mode d'administration des biens communaux, les conditions des baux à ferme ou à loyer dont la durée n'excède pas 18 ans pour les biens ruraux et 9 ans pour les autres biens, le mode de jouissance et la répartition des pâturages et fruits communaux autres que les bois, ainsi que les conditions à imposer aux parties prenantes, les affouages en se conformant aux lois forestières. La loi de 1867 en rajouta neufs autres qui se rattachaient tous à la gestion du patrimoine communal ou aux droits et place dans les marchés et lieux publics, avec cette différence que la délibération ne sera exécutoire qu'après approbation du préfet en cas de dissidence entre le maire et le conseil municipal.

808 CE, 15 mars 1926, Virotte, n° 6450, p. 181 ; CE, 28 février 1831, Zoepffel c. Commune d'Oswald,

460.–Toutefois, indépendamment du cas général de nullité applicable à toutes les délibérations[809], le préfet avait, à l'égard des délibérations réglementaires un droit d'annulation, soit d'office (*pour violation d'une disposition de la loi ou d'un règlement d'administration publique*), soit sur la réclamation des intéressés, en opportunité. Les critiques contre un tel mécanisme furent à l'origine de l'instauration d'un système qui ne conduirait pas à l'application de délibérations illégales et donc, à ce que les délais de recours ne soient pas un obstacle à la disparition d'un acte illégal. L'idée sous-jacente est la construction progressive d'une sorte de notion *« salvatrice de la légalité »*[810]. C'est elle qui sera, sans doute, à l'origine de l'apparition du vocable d'inexistence en droit administratif par transposition du *« non-sens »* qui était un obstacle à la formation d'un acte en droit romain[811].

461.–Ce système demeurera en vigueur jusqu'à la loi du 5 avril 1884[812] qui confirma le mécanisme antérieur de distinction entre une nullité juridique, ou de plein droit, et une simple annulabilité qui devait être demandée.

462.–L'article 63 de la loi du 5 avril 1884 déclare que sont désormais considérées comme *« nulles de plein droit les délibérations d'un conseil municipal portant sur un objet étranger à ses attributions ou prises hors de sa réunion légale et comme prises en violation d'une loi ou d'un règlement d'administration publique »*. L'article 65 reconnaît expressément que les délibérations nulles de droit peuvent être prononcées, comme telles, sans condition de délai, tout comme les délibérations inexistantes, alors que les autres délibérations restaient simplement annulables par le préfet dans le délai prescrit[813].

463.–Les formalités que les conseils municipaux devaient accomplir dans l'adoption de décisions lors de leurs réunions sont donc, pour l'ensemble, substantielles sous peine de nullité de plein droit[814]. Ceci a pour effet de limiter/d'empêcher que le préfet ne décide au vu des seules considérations d'opportunité. Le pouvoir du préfet est une compétence liée et son contrôle de la légalité des délibérations des conseils municipaux n'est plus discrétionnaire comme sous l'empire du mécanisme instauré par la loi de 1867[815].

---

n° 8311, p. 101

809 Loi du 23 mars 1831 sur l'Organisation municipale, in Recueil général des lois et des arrêts en matière civile, criminelle, administrative et de droit public 1831, Tome 31, p. 107 et s.

810 BATBIE (A.), Traité théorique et pratique de droit public et administratif, Tome IV, Cotillon, 1863, p. 344 ; DALEM (L.), Les recours contre les délibérations des conseils municipaux, thèse, 1904, p. 85.

811 Cf. p. 47.

812 Plusieurs projets avaient été déposés mais ont échoué en raison des difficultés politiques de la Troisième République et notamment ceux en date du 25 mars et 20 mai 1882 ayant pour objet le premier les attributions des conseils municipaux et le second l'organisation de conseils municipaux (doc. parl. mai 1882 p. 1007 et doc. parl. juin 1882 p. 4465).

813 Article 66 de la Loi du 5 avril 1884, loi sur l'organisation communale, Recueil général des lois et des arrêts, 1884, p. 553 et s., Journal officiel du 6 avril 1884, p. 1557.

814 Sénat, séance du 8 février 1884, Journal officiel du 9 février 1884, débat parlementaire, p. 292.

815 Alors même que le préfet exerçait en la matière un contrôle de tutelle dont l'exercice ne pouvait donner lieu à un recours par la voie contentieuse.

464.–La concision des dispositions de l'article 63 a permis que l'essentiel des irrégularités qui sont susceptibles d'entacher les délibérations ont été considérées comme étant des nullités de droit, à partir d'une analogie réalisée par la doctrine[816] et la jurisprudence[817]. Alors même que seuls trois cas de nullités étaient initialement prévus, et en raison de l'ambiguïté de la rédaction même de la loi de 1884, la notion a été appliquée de manière extensive, permettant à la fois un amalgame avec les actes inexistants et la consécration prétorienne de cette théorie. En effet, dans la plupart des cas où les délibérations sont déclarées irrégulières pour des formalités qu'elles n'ont pas accomplies, il y a une violation substantielle et donc une nullité de plein droit[818].

465.–Tout d'abord est envisagée par les articles 61 et 63, la nullité de droit de toute délibération ou de tout avis d'un conseil municipal portant sur un objet étranger à ses attributions, tels la plupart des vœux. Le conseil municipal n'a pas le droit d'émettre des vœux. Or la loi, en se bornant à énoncer que le conseil municipal doit régler les affaires de la commune, a donné une grande latitude au juge pour déterminer les vices qu'il sanctionne par la nullité de droit. Ont donc été déclarées de nul effet, les délibérations les plus diverses dans un domaine ne relevant pas de la compétence du conseil municipal[819].

466.–Ensuite, l'article 63-1 prévoit un second cas de nullité, celui où une délibération serait prise par un conseil municipal hors de sa réunion légale. Enfin, peuvent être déclarées nulles de droit, les délibérations prises en violation d'une loi ou d'un règlement d'administration publique, ainsi que les délibérations prises par un nombre de membres insuffisant, ou celles entachées d'irrégularité dans les modalités de votation ou de convocation, lorsque de telles méconnaissances constituent une violation substantielle des règles de forme et de procédure.

En outre, il convient de mentionner que sont sanctionnés d'une part, les actes des conseils municipaux tendant à la publication de proclamations et adresses, à l'émission de vœux politiques, et hors des cas expressément prévus par la loi, à la mise en communication d'un ou de plusieurs conseils municipaux, d'autre part, les délibérations injurieuses ou diffamatoires[820].

---

816 MAYER (P. -G.), Recours contre les délibérations des conseils municipaux, 1910, 253 p. ; MOREAU (F.), Le fonctionnement pratique de la nullité de droit établie par les articles 63, 65 et 67 de la loi du 5 avril 1884, RDP 1912 p. 649 et s.

817 Cf. p. 229.

818 Ainsi la circonstance que la délibération, par laquelle un conseil municipal a voté une imposition extraordinaire, n'a pas été transcrite sur le registre tenu à cet effet, n'est pas de nature à entraîner la nullité de la délibération ; CE, 5 février 1886, Dommanget, p. 118 ; CE, 11 juin 1886, El De Duvivier, p. 521.

819 CE, 11 décembre 1885, Ville de Limoges, p. 942. ; CE, 1er février 1901, Déservik, S.1901.III.41. ; JEZE (G.), Les principes généraux du droit administratif, Tome I, La technique juridique, la notion de service public, les individus au service public, 2ème éd., Giard et Brière, 1914, 543 p. ; CE, 7 avril 1905, Aigre, p. 345 ; CE, 15 janvier 1909, Brugens, p. 35.

820 HAURIOU (M.), note sous CE, 19 mai 1899, Maire de Bucquoy, S.1900.III.9 ; CE, 2 mai 1890, Moinet, p. 435, tables p. 103.

467.–Cette extension des nullités de droit, bien que critiquable[821], a perduré dans les dispositions qui ont succédé à la loi du 5 avril 1884[822].

468.–La loi du 5 avril 1884[823] innovera en posant le principe inverse des textes antérieurs : ce sont les délibérations elles-mêmes qui sont soumises à un contrôle et ceci dans un but d'intérêt général.

469.–La combinaison des dispositions de certains articles (*63, 65, et 67 à 69*) est problématique car la nullité de droit s'étend aux délibérations réglementaires des conseils municipaux et à celles qui ne sont exécutoires qu'après homologation par l'autorité supérieure[824], conformément à la jurisprudence antérieure[825]. Juridiquement, l'approbation donnée par un préfet à une délibération en réalité nulle de droit ne fait pas obstacle à ce qu'il en déclare ultérieurement la nullité[826] ainsi que celle des actes pris sur son fondement, bien que leur nullité ne soit pas elle-même de plein droit[827].

470.–Toutefois, dans le cadre des hypothèses prévues par l'article 66[828], lorsqu'une délibération soumise à approbation n'a pas encore été approuvée, le préfet ne pourra se prononcer sur cet acte qu'après que le juge ait statué sur la demande en annulation éventuelle adressée par un administré au préfet. En d'autres termes, même si une délibération est dépourvue de caractère exécutoire, elle peut cependant faire l'objet d'un recours devant le préfet, la décision de ce dernier pouvant, à son tour, être arguée d'excès de pouvoir[829].

---

821 LABETOULLE, conclusions sur CE, 17 octobre 1980, M. Barrois, (classé en A).

822 Loi n° 82-213 du 2 mars 1982 relative aux droits et libertés des communes, des départements et des régions, Publication, JORF du 3 mars 1982 ; loi n° 82-623 du 22 juillet 1982 modifiant et complétant la loi n° 82-213 du 2 mars 1982 relative aux droits et libertés des communes, des départements et des régions et précisant les nouvelles conditions d'exercice du contrôle administratif sur les actes des autorités communales, départementales et régionales, JORF 23 juillet 1982.

823 Pour la législation antérieure voir la loi du 18 juillet 1837, articles 18 et 19 et la loi du 24 juillet 1867, article 1er qui sont les premiers textes à instaurer certaines délibérations limitativement énumérées exécutoires immédiatement (dites délibérations réglementaires).

824 MOREAU (F.), le fonctionnement pratique de la nullité de droit établie par les articles 63, 65 et 67 de la loi du 5 avril 1884, RDP 1912 p. 649 et s. ; MORGAND (L.), Commentaire de la loi municipale du 5 avril 1884 sur l'organisation et les attributions des Conseils municipaux, Berger-Levrault, Tome I-L'organisation, 1884, 476 p. ; Tome II-attributions 1885, 646 p. ; Voir contra conclusions du Commissaire du gouvernement MARGUERIE sous CE, 22 janvier 1886, Castex, p. 51et s. qui soutenait que la nullité de droit ne s'appliquait qu'aux délibérations dispensées d'approbation ; la question n'avait pas alors été résolue par la Haute juridiction dans cet arrêt.

825 CE, 16 février 1870, Maugane, p. 106.

826 CE, 6 janvier 1888, Commune de Charmoille, 1ère espèce, p. 4 et s ; CE, 16 février 1894, Commune de Brieulles-sur-Meuse, p. 130.

827 De MOUY et BLANCHE (A.), Dictionnaire général d'administration, Tome I A-E, Dupont, 1904, 1024 p. p. V° commune, département.

828 De MOUY et BLANCHE (A.), Dictionnaire général d'administration, Tome I A-E, Dupont, 1904, 1024 p. V° commune, département.

829 ODENT (R.), Cours de contentieux administratif, fascicule n° 3, Cours du droit, 1980, 1337 p. ; MOREAU, conclusions sur CE, 11 juillet 1988, M. André, n° 76250.

B. Des notions pourtant similaires

471.–Si les textes susvisés ne font pas référence à l'inexistence mais uniquement à la nullité de droit ou à la nullité de plein droit, on constate cependant que la jurisprudence ne s'arrête pas à ce silence. D'une part, positivement, la jurisprudence, soit mentionne explicitement qu'une délibération inexistante (*d'un point de vue matériel généralement*) ne peut pas être nulle de droit[830], soit applique les textes qui se réfèrent à la nullité de droit sans recourir à la théorie de l'inexistence. Ainsi est clairement opposée une distinction entre les deux notions. D'autre part, négativement, ce n'est que très ponctuellement et de manière implicite que les deux notions sont assimilées en jurisprudence.

472.–Ainsi, la Haute juridiction distingue la notion d'actes inexistants et celle d'actes nuls de plein droit. Les exemples jurisprudentiels tendant à présenter la nullité de droit comme étant *« stricto sensu »* une inexistence sont rarissimes car peu de décisions comportent une référence simultanée aux deux concepts. Le principe est donc qu'une telle assimilation est rejetée par la jurisprudence.

473.–Cependant certains cas de nullités de plein droit prononcées par le Conseil d'État, nombreux avant 1905, date de l'apparition du vocable dans la jurisprudence administrative, auraient pu fonder une action en inexistence : mais elles n'ont pas donné lieu à des recours en inexistence du fait de la prévalence des nullités d'origine textuelle. Ainsi, comme la majorité des actes déclarés nuls de plein droit ne pouvaient être déclarés inexistants du fait que le vice les entachant ne pouvait permettre une telle qualification, lorsque les normes édictant ce type de nullités ont cessé d'être en vigueur, le juge administratif n'a pas pour autant déclaré quantitativement plus de cas d'actes inexistants.

474.–Il convient de noter que la notion d'actes inexistants n'est apparue explicitement qu'à partir de 1934, date à laquelle l'expression figure dans les tables du Recueil Lebon. Il n'est pas réellement possible d'affirmer avec certitude que la théorie des actes inexistants a pour origine les nullités de plein droit. Cependant à compter de 1905, les arrêtés préfectoraux prononçant les nullités de plein droit qui sont contestés devant le Conseil sont un peu moins nombreux[831]. Cet état de fait ne semble pas forcément lié à un développement de la théorie des actes inexistants[832]. Simplement on doit y voir une stabilisation de la

---

830 AUBY (J.–M.), note sur CE, 28 février 1947, Megevand, S.1948.III.41.

831 Une soixantaine de cas entre 1895 et 1904.

832 Table du Recueil périodique des arrêts du Conseil d'État, jurisprudence du Conseil d'État statuant au contentieux et du Tribunal des conflits (coll. Macarel, Lebon, et Hallays-Dabot), analyse des arrêts rendus depuis le 1er janvier 1849 jusqu'au 31 décembre 1858 ; Table du Recueil périodique des arrêts du Conseil d'État, jurisprudence du Conseil d'État statuant au contentieux et du Tribunal des conflits et de la Cour des comptes (coll. Macarel), analyse des arrêts rendus depuis le 1er janvier 1885 jusqu'au 31 décembre 1894 ; Table du Recueil périodique des arrêts du Conseil d'État, jurisprudence du Conseil d'État statuant au contentieux et du Tribunal des conflits et de la Cour des comptes (coll. Macarel), analyse des arrêts rendus depuis le 1er janvier 1895 jusqu'au 31 décembre 1904 ; Table du Recueil périodique des arrêts du Conseil d'État, jurisprudence du Conseil d'État statuant au contentieux et du Tribunal des conflits et de la Cour des comptes, analyse des arrêts rendus de 1905 jusqu'en 1924 ; Table du Recueil périodique des arrêts du Conseil d'État, jurisprudence du Conseil d'État statuant au contentieux et du Tribunal des conflits et de la Cour des comptes, analyse des arrêts rendus de 1905 à 1924 ; Table du Recueil périodique des arrêts du

jurisprudence en raison d'un abaissement du nombre de recours. Ceci s'explique tout d'abord par le fait que les principes directeurs ont été posés par le juge administratif et par le fait que les organes locaux ont sans nul doute mieux cerné leurs compétences.

475.–Avant 1934, les décisions du Conseil d'État qui mentionnent des actes inexistants sont rarissimes (*il n'y a même pas d'entrée spécifique dans le Recueil Lebon*) alors que les litiges relatifs aux nullités de droit ont été nombreux et sont référencés comme tels. Ainsi une soixantaine d'arrêts relatifs aux nullités de droit ont été rendus par le Conseil d'État entre 1895 et 1904, plus de deux cents entre 1905 et 1934 (*soit moitié moins que chaque décennie précédente*). La notion de nullité de droit a servi de fondement à l'élaboration d'un contrôle des actes frauduleux par le juge administratif ; or ces actes étaient proches voire assimilés, jusqu'en 2001, à des actes inexistants. Au surplus, la notion de nullité de plein droit s'est juxtaposée de manière implicite à certaines hypothèses d'actes inexistants.
C'est donc essentiellement durant cette période qu'il est possible de délimiter les points communs et les différences entre les actes inexistants et les nullités de droit ainsi que les interactions entre ces deux concepts.

476.–Le vocable alors employé pour désigner la nullité de plein droit ou la nullité de droit se résume généralement à *« la nullité »*[833]. Il a permis une confusion terminologique avec celle employée par la Haute juridiction pour les actes inexistants[834], dont le point culminant fut l'arrêt *« Lafitte »*. Le juge y prononce l'inexistence de délibérations en mentionnant l'articles 61 de la loi du 5 avril 1884 sanctionnant en principe des délibérations par l'annulation. Par combinaison avec l'article 82 de la dite loi cette disposition a permis au juge de déclarer l'inexistence d'un organisme et par voie de conséquence des prétendues délibérations qu'il avait prises[835].

477.–Il semblait, dans les premiers arrêts relatifs à ce concept, que lorsque l'arrêté du préfet était attaqué, il pouvait être déclaré annulable et que ce n'est qu'ensuite que la délibération litigieuse était par voie de conséquence déclarée nulle de plein droit ou, au contraire, légale[836]. Or le raisonnement du juge administratif est tout autre. En cas de recours contentieux tendant à demander au Conseil d'État l'annulation d'un arrêté préfectoral refusant de déclarer la nullité d'une délibération ou au contraire la déclarant, le juge administratif examine dans un premier temps si la délibération est nulle de droit et dans un second temps, vérifie si le préfet l'a légalement sanctionnée. Dans l'hypothèse où

Conseil d'État, jurisprudence du Conseil d'État statuant au contentieux et du Tribunal des conflits et de la Cour des comptes (coll. Macarel et Lebon), analyse des arrêts rendus de 1925 à 1934.

833 Par exemple : CE, 16 février 1894, Commune de Brieulles-sur-Meuse, p. 130 ; CE, 6 janvier 1888, Commune de Charmoille, p. 4 ; CE, 26 avril 1888, Commune de Ploërmel, p. 350.

834 MESTRE (A.), note sur CE Sect., Lafitte et autres, 28 octobre 1932, op. cit.

835 CE Sect., Lafitte et autres, 28 octobre 1932, op. cit.

836 Table du Recueil périodique des arrêts du Conseil d'État, jurisprudence du Conseil d'État statuant au contentieux et du Tribunal des conflits (coll. Macarel, Lebon, et Hallays-Dabot), analyse des arrêts rendus depuis le 1er janvier 1849 jusqu'au 31 décembre 1858 ; Table du Recueil périodique des arrêts du Conseil d'État, jurisprudence du Conseil d'État statuant au contentieux et du Tribunal des conflits et de la Cour des comptes (coll. Macarel), analyse des arrêts rendus depuis le 1er janvier 1885 jusqu'au 31 décembre 1894.

un préfet avait refusé de déclarer une délibération nulle de droit alors qu'il y était tenu, le juge administratif constatait que celle-ci était nulle de droit et ensuite annulait la décision du préfet refusant de la déclarer comme telle[837] alors que pour les actes inexistants, le juge administratif exerce simplement un contrôle sur l'acte lui-même et éventuellement sur les actes pris pour son application et que *« le Conseil d'État au lieu de rendre l'acte inefficient par un arrêt d'annulation déclare qu'il est inefficient par lui-même »*[838].

478.–Certaines décisions de la Section du contentieux du Conseil d'État méritent d'être mentionnées car elles déclarent nulles de plein droit des délibérations inexistantes[839]. Cette affirmation doit cependant être nuancée par le contexte historique puisque durant la période antérieure à 1934 la théorie des actes inexistants n'était pas encore parfaitement élaborée en droit administratif français, même si certaines décisions du Conseil d'État sont interprétées par la doctrine comme instituant des cas d'inexistence.

479.–Ainsi, dans un arrêt du 20 mars 1896, *« commune d'Auxy »*[840], le Conseil d'État a refusé de considérer comme légales trois délibérations qui n'avaient pas été prises par le conseil municipal en séance régulière, mais qui avaient été rédigées par le maire et retranscrites sur le registre des délibérations sous une date fictive puis ultérieurement contresignées par les conseillers municipaux. Les allégations de la commune tendaient à demander l'annulation de l'arrêté du préfet de Saône-et-Loire les ayant déclarées nulles de droit au motif qu'elles auraient été renouvelées et donc confirmées par le conseil municipal à une date ultérieure.

480.–Le Conseil d'État a débouté de sa demande la *« commune d'Auxy »*, au motif que c'est à bon droit que le préfet avait déclaré nulles de droit ces prétendues délibérations qui ne constituaient pas des actes susceptibles de confirmation. La Haute juridiction relève l'impossibilité de pouvoir constater l'existence matérielle d'une délibération au motif que l'assemblée délibérante ne s'était pas réunie à la date indiquée. Cela présuppose une discordance entre la retranscription des délibérations mentionnées par procès-verbaux et la réalité.

481.–Le Conseil d'État ne pouvait que constater que les délibérations litigieuses n'existaient pas, qu'elles étaient donc inexistantes avec un *« negotium »* étranger à celui qui aurait dû être mentionné et malgré la tentative de leur donner l'apparence d'un *« instrumentum »*[841].

---

837 « La délibération susvisée du conseil municipal d'Olmeto en date du 4 novembre 1897 est déclarée nulle de droit et, par voie de conséquence, l'arrêté du Préfet de la Corse du 15 novembre 1897 est annulé. », cf. CE, 29 mars 1901, Casanova, n° 94580, S.1902.III.73 note HAURIOU.

838 LAFERRIERE (E.), Traité de la juridiction administrative et des recours contentieux, 2ème éd., Berger-Levrault, 1896, Tome II.

839 Voir les conclusions du commissaire ROMIEU dans la note de HAURIOU (M.), sur CE, 1er février 1901, Descroix et autres boulangers de Poitiers, S.1901.III.41.

840 p. 277 et s.

841 BELLANGER (F.), Les présomptions d'authenticité et de sincérité des actes administratifs, op. cit. ; GANDREAU (S.), La théorie de l'apparence en droit administratif français : vertus et risques de l'importation d'une tradition de common Law, op. cit. ; JOUVE (E.), Recherches sur la notion d'apparence en droit administratif français, op. cit.

482.–Les actes de l'assemblée délibérante de la commune ont été déclarés nuls de droit, et non inexistants, pour plusieurs raisons : outre le fait que le déféré en déclaration d'inexistence n'existait pas à l'époque, ni d'ailleurs même la théorie des actes inexistants, les sanctions prévues par un texte prévalent sur celles créées jurisprudentiellement. Il est ainsi constamment rappelé que la nullité de droit est une simple technique de contrôle du préfet sur les délibérations des conseils municipaux mais qu'elle ne doit être exercée que pour vérifier que le conseil municipal a pris des décisions dans la limite de ses compétences : il ne s'agit donc pas pour le préfet d'exercer un contrôle d'opportunité qui constituerait un excès de pouvoir intrinsèquement sanctionné par le juge[842].

483.–Ainsi les critères de l'acte administratif inexistant ont été utilisés, bien avant qu'ils ne soient identifiés comme tels par la jurisprudence et la doctrine, pour prononcer des cas de nullités de plein droit. Ceci peut expliquer que, par la suite, une assimilation entre nullité de plein droit et nullité tirée de l'inexistence ait été faite, et que les nullités de droit aient servi de base à une construction jurisprudentielle qui ne sera reconnue en tant que telle qu'en 1934 par le Conseil d'État.

484.–Ceci peut se justifier par le fait que les critères de l'acte inexistant n'ont pas été immédiatement définis et ont d'ailleurs évolué dans le temps. Ainsi, un des éléments constitutifs d'un acte inexistant, à un moment donné, pourrait aussi bien constituer un moyen de légalité à l'appui d'un recours en excès de pouvoir, ou un cas de nullité de plein droit, selon la date à laquelle a été introduit le recours contentieux ou pris l'arrêté du préfet déclarant la nullité de l'acte litigieux.

485.–Ces deux notions sont étroitement liées par leur similitude et leurs caractéristiques communes, et permettent de justifier l'amalgame, voire la confusion, opérés par une partie de la doctrine[843].

486.–Il doit être précisé que l'inexistence, d'après la jurisprudence, peut être prononcée en raison de la qualité de l'auteur de l'acte (*usurpation des fonctions administratives ou du pouvoir de décision*) ou en cas d'empiètement sur la compétence d'une autorité administrative, bien qu'en principe, il conviendrait plutôt de se référer à la notion d'incompétence[844]. Or ces hypothèses correspondent aux nullités de droit prévues par la loi du 5 avril 1884 (*reprise dans les codes successifs*).

487.–Ce sont vraisemblablement les délibérations nulles de droit qui sont le plus comparables aux actes inexistants car elles ont permis l'extension du champ d'application des nullités de plein droit en particulier à des délibérations dont l'objet illégal n'était pas *« a priori »* prévu par les hypothèses de nullité de plein droit instaurées à l'article 63 de la loi de 1884.

842 CE, 19 novembre 1886, Commune de la Bastidette, p. 796.

843 MESTRE (A.), note sur CE Sect., Lafitte et autres, 28 octobre 1932, note S.1933.III.65.

844 Bien que toute incompétence de l'auteur d'une décision ne donne pas à un acte le caractère d'inexistant : CE, 14 juin 1993, Commune de Sainte-Marie-de-la Réunion c. Mme Clain, p. 648.

488.–Ainsi ont été sanctionnés, sur le fondement de cet article, les vœux pris sur des objets étrangers à l'intérêt local, les délibérations formulant un blâme à l'encontre du Ministre de l'intérieur ou d'un sous-préfet, ou celles demandant la révocation d'un commissaire de police[845]. Ces hypothèses ne constituent pas systématiquement des cas d'inexistence juridique car l'absence de *« negotium »* n'est pas telle qu'elle vicie l'acte au point que celui-ci soit déclaré inexistant. L'acte existe matériellement et son objet aussi, même s'il ne correspond pas à celui pour lequel il aurait dû en principe être édicté.

§. 2 Une analogie controversée

489.–Le besoin d'un mécanisme plus souple à utiliser est apparu rapidement comme une nécessité contentieuse afin de disposer d'un recours subsidiaire aux nullités de plein droit (*A*) alors même que le juge administratif appliquera, de manière prépondérante et jusqu'à ce qu'elles soient abrogées, ces nullités textuelles (*B*).

A. La prédominance jurisprudentielle de la nullité textuelle

490.–L'article 63 (*dans son ensemble*) de la loi du 5 avril 1884 a donc permis de sanctionner tous les vices entachant les délibérations des conseils municipaux et donc tous les excès de pouvoir qui peuvent être commis lors des délibérations des conseils municipaux. De tels vices auraient pu d'ailleurs entraîner le prononcé de l'inexistence de l'acte ou son annulation par le juge administratif si un recours direct contre ces délibérations avait été possible à l'époque.

491.–Les cas d'ouverture du recours pour excès de pouvoir (*incompétence, vice de forme, détournement de pouvoir*) voire des cas d'inexistence, ont donc été assimilés à des nullités de plein droit s'agissant des délibérations des conseils municipaux qui ne nécessitent pas la formation d'un recours contentieux mais simplement une demande au préfet, dans le cadre de l'exercice de son contrôle de tutelle sur les conseils municipaux.

492.–C'est la diversification de ces nullités et le caractère général des dispositions législatives qui ont permis l'autonomisation de la théorie des nullités de droit par rapport aux textes ainsi que l'extension de leur champ d'application à des hypothèses qui n'entraient initialement pas dans ce régime. Ainsi, la nullité de droit des délibérations prises en violation d'une loi ou d'un règlement, prévue par l'article 63-2, a permis à la fois la création de nombreuses autres théories proches de celle des actes inexistants (*actes frauduleux*), et le développement des moyens invocables dans un recours pour excès de pouvoir.

493.–En effet, le Conseil d'État a explicitement élaboré une véritable théorie de la *« fraude à la loi »*[846] en considérant que le mécanisme des articles 63 et 65 permettait de sanctionner des abus commis par le préfet[847]. Le Conseil d'État a ainsi confirmé les arrêtés

---

845 Voir respectivement CE, 3 février 1888, Commune de Saint-Orse, p. 110 et CE, 27 juin 1890, Ville d'Apt, (1ère, 2ème et 3ème espèces), p. 619 et s.

846 CE Avis, 30 juillet 1884, Ministre de l'intérieur, Sirey 1887, p. 244.

847 Note de HAURIOU (M.), sous : - CE, 1er juillet 1892, Commune de Quarante, S.1894.III.65, -CE,

pris par les préfets déclarant de nul effet les délibérations des conseils municipaux accordant un traitement au ministre du culte de leur commune, car elles constitueraient une fraude à la loi, étant des subventions déguisées à un culte, prohibées par les lois du 9 décembre 1905 et du 2 janvier 1907[848].

494.–Ainsi dans un arrêt du 22 janvier 1886, *« commune de Saint-Martial »*[849], le Conseil d'État confirme la déclaration préfectorale de nullité de plein droit d'une délibération du conseil municipal de la commune de Saint–Martial qui supprimait le traitement du garde champêtre pour la période restant à courir pour l'année 1884 au motif que celui-ci avait refusé plusieurs fois d'obéir au maire.
Le Conseil d'État, conformément aux observations du Ministre de l'intérieur, précisait qu'il n'appartient jamais à l'Assemblée municipale d'empiéter sur le pouvoir disciplinaire du préfet par une révocation déguisée sous forme de suppression d'emploi. Or doit être tenue pour telle, à quelque époque qu'elle soit votée et quelle que soit la période à laquelle elle s'applique, la suppression d'emploi motivée non sur des raisons d'intérêt général comme l'insuffisance des ressources de la commune ou l'inutilité du service créé, mais sur des considérations qui visent, comme dans l'espèce, la personne du garde[850].
Dans une autre espèce, *« commune de Soustons »*, le conseil municipal avait supprimé l'emploi du garde champêtre pour le rétablir sous un autre nom en faveur d'un autre titulaire, ce qui révélait une révocation déguisée ; le préfet avait fait cesser les effets de cette décision en inscrivant d'office au budget communal le traitement du garde abusivement révoqué[851].

495.–Il convient de relever que dans l'arrêt *« commune de Saint-Martial »* il a été jugé à la fois la nullité de droit de la délibération litigieuse et le fait que le préfet était fondé à prononcer, en conseil de préfecture, l'annulation de cette délibération en raison de *« l'excès de pouvoir »* commis par le conseil municipal. Au contraire, dans l'arrêt *« commune de Soustons »*, la même annotation était faite mais uniquement dans le résumé de titrage mentionné sur l'arrêt[852], car ni les motifs ni le dispositif même de l'arrêt ne mentionnait expressément une nullité de droit.

496.–Ainsi, la Haute juridiction a étendu de manière prétorienne les hypothèses de nullité de plein droit aux articles 102 alinéa 1 et 136 alinéa 6 qui précisent que seul le préfet peut révoquer le garde champêtre et que le traitement et autres frais du personnel de la

---

17 novembre 1893, Lavardin, S.1895.III.73, - CE, 12 mars 1909, Commune de Charmauvillers, 1ère espèce, S.1911.III.33, - CE, 9 juillet 1909, Conseil municipal et Commune de Villards-sur-Thônes, 2ème espèce, S.1911.III.33.

848 JO, « Lois et Décrets » du 11/12/1905, p. 7205 ; JO, « Lois et Décrets » du 03/01/1907, p. 34.

849 p. 54

850 Anonyme, note sous CE, 22 janvier 1886, Commune de Saint-Martial, p. 54.

851 CE, 16 juillet 1886, Commune de Soustons, p. 611 ; CE, 19 novembre 1886, Commune de la Bastidette, p. 796.

852 « Lorsqu'une délibération du conseil municipal a supprimé l'emploi du garde champêtre, dans des termes qui constituent une révocation détournée, le préfet en conseil de préfecture est-il fondé à prononcer l'annulation de cette décision pour excès de pouvoir ? Rép. aff. ».

police municipale et rurale et des gardes des bois relèvent des dépenses obligatoires pour les communes.

497.–Les affaires relatives aux arrêtés préfectoraux, contre lesquels un recours contentieux était formé, démontrent que ce type de contentieux est porteur à la fois d'un contentieux qui sera celui des actes inexistants et des moyens de légalité invocables en cas d'un recours en excès de pouvoir devant le juge administratif.
Le juge administratif confirmera ainsi que le préfet est fondé à prononcer l'annulation (*et donc la nullité*) d'une délibération révoquant un garde champêtre sous l'apparence d'une suppression d'emploi car celle-ci a commis un excès de pouvoir, n'étant pas compétente pour prononcer une révocation[853]. En revanche, lorsqu'une telle délibération a supprimé l'emploi dans un but d'économie[854], ou parce qu'une telle dépense n'est plus nécessaire[855], il s'agit bien d'hypothèses comparables à des usurpations de pouvoir et, dans certains cas, à l'inexistence.

498.–Ainsi, il ressort d'un jugement du 7 juin 1996 du Tribunal administratif de Versailles[856] que le juge administratif avait soulevé d'office l'inexistence juridique d'arrêtés portant recrutement en qualité de stagiaire et titularisation de M. Millet en qualité de *« bureauticien »*[857]. La Cour administrative d'appel de Paris, par un arrêt du 2 juin 1998, a annulé ce jugement en précisant que les deux actes à caractère individuel, devenus définitifs et créant des droits au profit de M. Millet, étaient fondés sur une délibération du conseil municipal d'Argenteuil, elle-même devenue définitive. Ainsi, si ces actes de recrutement et de nomination étaient illégaux, cette illégalité n'était pas de nature à les entacher d'inexistence juridique[858] : les révocations illégales ne sont pas déclarées automatiquement inexistantes par le juge administratif[859]. Enfin, quand bien même les faits fondant la révocation seraient inexistants, cela n'aurait pour conséquence que de priver l'acte litigieux de base légale, il serait donc illégal sans pour autant être inexistant[860].

499.–Toutefois, les nullités de droit prononcées en cas d'usurpation de pouvoir, de fonction, ou d'atteinte au principe de la séparation des pouvoirs pourraient être assimilées à l'inexistence, mais elles pourraient tout aussi bien constituer un moyen d'incompétence de

---

853 CE, 6 janvier 1888, Commune de Charmoille, p. 4 et s. ; CE, 20 avril 1888, Commune de Ploërmel, 1ère espèce, p. 350, conclusions Le Vavasseur de Précourt.

854 CE, 18 novembre 1887, Commune de Saint-Saturnin-lés-Apt, p. 718 ; CE, 6 janvier 1888, Commune d'Asnières, p. 5 ; CE, 2 mars 1888, Commune de Marignac, p. 210 ; CE, 2 mars 1888, Commune d'Angles, p. 235 ; CE, 19 novembre 1886, Commune de la Bastidette, p. 796 ; CE, 22 juin 1888, Commune de Chuslan, p. 539.

855 CE, 22 juin 1888, Commune de Chusclan, p. 539.

856 Un seul cas a pu être recensé parmi les juridictions de 1ère instance car il n'a été possible que d'accéder au fond informatisé des archives des juridictions, les autres décisions ne pouvant être accessibles qu'en cas de présence physique dans la juridiction en cause. En sus, l'essentiel des Tribunaux administratifs et des cours administratives d'appel classent leurs décisions de manière linéaire en fonction de la date de lecture.

857 et a rejeté la demande dont il était saisi, et dirigée uniquement c. l'arrêté du maire de la commune d'Argenteuil en date du 1er juin 1995 prononçant la révocation de l'agent en cause.

858 CAA Paris, 2 juin 1998, M. Millet, n° 96PA03418.

859 CAA Nancy, 24 mai 2006, Fisher, n° 00NC01275.

860 solution implicite CE, 5 juillet 1918, Sieur Gérard, ancien maire de Port-sur-Seille, n° 62383, p. 665.

l'auteur de l'acte, ce qui justifierait une demande d'annulation par la voie du recours pour excès de pouvoir.
D'ailleurs, après 1982, lorsque les nullités de droit ont été remplacées par le dispositif actuel, certains moyens invocables à l'encontre de délibérations pour les faire qualifier comme inexistantes auraient pu constituer des cas de nullité de plein droit[861]. Il s'agit des délibérations adoptées dans les limites du pouvoir du conseil municipal, ou empiétant sur les pouvoirs d'une autre autorité administrative, ou bien qui portent atteinte à la séparation des pouvoirs[862].

500.–La distinction entre les actes inexistants et les nullités de droit a toujours été opérée par la jurisprudence et elle a été maintenue même quand les conclusions du requérant tendaient au prononcé d'une délibération uniquement pour nullité de droit (*grâce au déféré*) lorsque cela était encore possible, ou uniquement pour inexistence même si de nombreuses décisions sont ambiguës dans leur rédaction.

501.–Un exemple topique peut être relevé dans la décision rendue le 2 décembre 1977[863] qui semble assimiler implicitement l'inexistence et la nullité de droit[864] en rejetant le moyen tiré de *« l'inexistence ou la nullité de droit de la délibération »* en cause, au motif que l'objet de la séance était réel : sans doute s'agit-il d'une rédaction par trop laconique. Certes le Conseil d'État se réfère à un seul moyen et donc implicitement à un seul fondement, mais cette décision n'est pas mentionnée dans les tables du Recueil Lebon à la rubrique *« Actes inexistants »*.

502.–Par la suite, l'arrêt du Conseil d'État du 9 mars 1979 *« Comité de défense de l'environnement de Mâcon-Nord »* (*classé en A*), confirme le jugement du tribunal administratif de Dijon qui avait rejeté la demande d'annulation de la décision préfectorale refusant de déclarer nulle de droit[865] ou inexistante la délibération attaquée[866].
Le requérant a donc demandé que le Tribunal constate l'inexistence ou, à défaut, déclare la délibération litigieuse nulle de droit. Après examen de ses conditions d'élaboration et de son contenu, le Conseil d'État a confirmé qu'elle était bien légale.
Dans cet arrêt, le juge administratif n'a certes pas refusé d'assimiler les deux notions mais

---

861 CE, 30 mai 2001, Election du maire et des adjoints de Bouchemaine, conclusions MAUGÜE (Ch.).

862 Sont ainsi nulles de droit les délibérations par lesquelles un conseil municipal empiète :
- sur les pouvoirs du maire (CE, 28 juin 1912, Guislain, p. 269 ; CE, 16 juillet 1915, Abbé Couvenhes, p. 239) ;
- sur les pouvoirs du préfet en procédant à une révocation déguisée du garde champêtre (CE, 16 juin 1915, Nicolas, p. 239) ;
- sur la compétence de l'autorité judiciaire (CE, 22 novembre 1933, Emperaire et Gra, p. 1076 ; CE, 2 août 1927, Rivière, p. 889 ; CE, 28 janvier 1931, Société Le Foyer rémois, p. 93).

863 CE, 2 décembre 1977, Comité de défense de l'environnement de Mâcon-Nord, p. 474.

864 Ainsi même si l'ordre du jour d'une séance d'un conseil municipal (en l'occurrence celui de Mâcon) et le compte rendu établi par le maire ne mentionnent pas que le conseil municipal ait été appelé à délibérer, au cours de cette séance, sur une modification du périmètre d'une zone d'aménagement concerté, il résulte notamment d'une copie certifiée conforme d'une délibération prise le jour de cette séance ainsi que de délibérations ultérieures du conseil municipal que celui-ci avait bien demandé au cours de la séance en cause la modification de ce périmètre.

865 Au vu des dispositions du code de l'administration communale.

866 CE, 9 mars 1979, Comité de défense de l'environnement de Mâcon-Nord.

il a toutefois examiné dans deux considérants distincts si la délibération en cause était inexistante ou, alternativement, nulle de droit, et a donc implicitement rappelé qu'il s'agissait de deux fondements distincts. Il y confirme sa jurisprudence qui constate l'inexistence, en prenant acte de la réalité d'une situation ou d'un fait, alors que pour déclarer les nullités de droit il relève qu'un acte atteint d'un certain vice doit être reconnu comme tel. Il y a donc une différence essentielle entre ces deux types d'actes, qui ont une apparence de légalité[867] ou tout au moins *« une apparence plausible de validité »*[868], à savoir que l'acte inexistant ne saurait être considéré comme ayant existé dans l'ordonnancement juridique alors que l'acte nul subsiste tant que la nullité qui l'entache n'a pas été déclarée ou prononcée[869]. Ce point est corroboré par les effets que déploie un acte nul dont le juge tirera des conséquences éventuelles, alors qu'un acte inexistant ne saurait, en principe, produire d'effet[870].

503.–Il apparaît ainsi clairement que le Conseil d'État, dans l'arrêt de 1977, distingue les deux notions, en rappelle les caractéristiques et ne fait référence aux deux notions à la fois que pour répondre aux conclusions telles qu'elles sont formulées. La rédaction retenue doit être lue comme traitant de deux types distincts de nullités.

504.–Le juge administratif va même préciser sa jurisprudence dans un arrêt de Section du 25 juillet 1980, *« Mme Courtet »*[871]. Le préfet du Morbihan avait été sollicité pour prononcer la nullité de plein droit d'une délibération au motif que si la question de l'expropriation d'un terrain appartenant à la requérante figurait bien à l'ordre du jour de la séance, ce sujet n'avait été que simplement évoqué par le maire en séance publique sans qu'il ait fait l'objet d'un rapport ni même d'un vote. Le Tribunal administratif de Rennes a rejeté la requête pour tardiveté. Mme Courtet a formé un recours devant le Conseil d'État au motif que la délibération litigieuse était inexistante et qu'ainsi une forclusion ne pouvait être opposée. La Haute juridiction a précisé tout d'abord, en conformité avec sa jurisprudence traditionnelle, *« que la circonstance que cette délibération ait été considérée comme inexistante par le Tribunal administratif n'avait pas pour effet de rendre la demande de Mme Courtet tardive, le recours contre un acte inexistant n'étant pas soumis à une condition de délai »*[872].

505.–Le juge administratif a ensuite précisé *« que la circonstance qu'un large consensus ait existé au sein du conseil municipal à ce sujet ne pouvait suppléer la délibération prévue »* et qu'*« ainsi, la délibération contestée du conseil municipal de Guidel est nulle de droit comme prise hors d'une réunion légale du conseil municipal »*. Le Conseil d'État annule le jugement du Tribunal administratif au motif que le préfet du

867 Ainsi une délibération aura pour apparence une suppression d'emploi motivée pour des motifs économiques alors qu'il s'agissait en réalité d'une révocation voir CE, 6 janvier 1888, Commune de Charmoille, 1ère espèce, p. 4 et s.

868 MESTRE (A.), note sur CE Sect., Lafitte et autres, 28 octobre 1932, note de S.1933.III.65.

869 DUCROCQ (T.), Cours de droit administratif, Tome I, 6ème éd., Thorin, 1881, 808 p.

870 JEZE (G.), Les principes généraux du droit administratif, 2ème éd., Tome I, La technique juridique, la notion de service public, les individus au service public, Giard et Brière, 1914,543 p.

871 n° 12021.

872 Le TA n'ayant pas, en effet, tiré les conséquences contentieuses de cette notion…

Morbihan n'était pas saisi valablement d'une demande d'expropriation et a déclaré la délibération du conseil municipal de Guidel du 28 juillet 1975 nulle de droit. Le Conseil d'État a ainsi substitué à la qualification retenue par le Tribunal de première instance (*c'est-à-dire l'inexistence de la délibération*), celle de nullité de plein droit, nullité textuelle qui prévaut nécessairement sur les solutions prétoriennes.

506.–Il s'agit de la seule décision répertoriée qui, implicitement, assimile la notion d'acte inexistant et la nullité de droit en opérant une substitution de ces deux concepts. Toutefois, cela ne signifie pas une réelle confusion des notions car il y a en réalité uniquement des effets communs ; et ce n'est que pour l'identité de ces effets que certaines hypothèses de nullité de plein droit peuvent être dites analogues à des actes inexistants.

507.–Le dernier cas d'application des nullités de droit[873] en métropole, pouvant être mentionné dans le cadre d'une étude sur l'inexistence, est un arrêt du 27 octobre 1982. Le Conseil d'État nonobstant le dispositif (*confirmation de la nullité de droit de la délibération*), n'a pas contesté l'inexistence (*juridique cette fois*) de la décision, ce qui pourrait être analysé comme une assimilation entre ces deux concepts. En effet, toutes les conditions étaient réunies puisqu'il s'agissait d'un conseil municipal infligeant un blâme à un conseiller municipal[874] pour des faits ne se rattachant pas à l'exercice de ses fonctions, et ayant ainsi délibéré sur un objet étranger à ses attributions légales, la décision comportait un *« instrumentum »* et pas de *« negotium »*, ce qui caractérise l'inexistence juridique. Le juge administratif a ordonné que ladite délibération soit rayée du registre des délibérations, la reléguant dans la catégorie des actes inexistants d'un point de vue matériel[875].

508.–Cette décision est caractéristique puisque l'ensemble des arrêts postérieurs à 1934 portant sur des nullités de droit ne mentionne pas l'inexistence d'une délibération alors même que dans nombre de cas la délibération aurait tout aussi bien pu être déclarée inexistante juridiquement ou matériellement. La raison en est que la nullité de droit des délibérations des conseils municipaux est une institution légale aux conditions clairement définies, alors que l'inexistence est une théorie purement prétorienne. Cependant, une fois que la théorie de l'inexistence a été élaborée, elle a interféré avec celle de la nullité de droit, ce qui a eu comme conséquence que le concept prétorien ait modulé un mécanisme légal.

509.–Le chapeau introductif de l'arrêt au Recueil Lebon lui-même fait d'ailleurs mention de cette méconnaissance (*« actes inexistants. absence »*). Pourtant la décision figure dans les tables du Recueil Lebon à la rubrique *« actes législatifs et administratifs »* au sein de la catégorie des *« actes inexistants »*[876] et dans la catégorie *« registre des délibérations »* et non plus dans celle de *« la preuve de l'existence des délibérations »*[877].

---

873 Répertorié à ce jour dans les bases de données.
874 Comportant des mentions portant atteinte à la considération de l'intéressé.
875 CE, 27 octobre 1982, Commune de Parigny-les Vaux, p. 551.
876 p. 669.
877 Tables p. 1129, n° 54 et n° 55.

510.–La commissaire du gouvernement Ch. Maugüé a d'ailleurs rappelé dans ses conclusions sur la requête présentée par la commune de Franconville que ce n'est qu'à titre exceptionnel, et en raison des vices qui l'entachent, que l'illégalité d'un acte se traduit par son inexistence. En l'espèce l'illégalité ne présentait pas une gravité particulière susceptible de la faire relever de la théorie de l'inexistence[878].

B. Le refus jurisprudentiel de reconnaître une base légale à l'inexistence

511.–La thèse selon laquelle les articles 33 et 34 de la loi du 10 août 1871, et 63 et 65 de la loi du 5 avril 1884 donnaient une base légale à la théorie de l'inexistence, soutenue par Dalem[879], F. Moreau[880], G. Jèze[881], J.-M. Auby[882] et Dareste[883], paraît donc devoir être rejetée[884].

512.–Pour Dalem *« la nullité de droit ou nullité absolue est celle entachée d'un vice radical, tel que l'incompétence, qui aux yeux du législateur entraîne en quelque sorte son inexistence »*[885]. Cette nullité serait donc automatique, en ce sens que l'administrateur, ou le juge, devrait se borner à la déclarer, sans avoir à la prononcer.

513.–Moreau adhère à la position développée par Solon qui distingue les nullités de plein droit, et les nullités par voie d'action qui ont pour point commun que l'intervention du juge administratif est inévitable parce que, d'une part, personne ne peut se faire justice à lui-même et, d'autre part, une contestation ne peut être tranchée que par un juge. Cependant en ce qui concerne les nullités de droit, le juge n'a aucun pouvoir d'appréciation : il se borne à reconnaître la nullité en la constatant[886]. Les nullités de plein droit des conseils municipaux sont alors citées comme exemple[887].

514.–Ce raisonnement ne tient pas compte du travail juridique qu'opère le juge lorsqu'il doit rendre une décision de justice : établissement d'une majeure puis transcription de la mineure dans les motifs et enfin, solution dans le dispositif. Le juge ne joue donc pas

878 MAUGUE, conclusions sur CE, 13 mai 1996, Franconville-La-Garenne, BJDU 1996 p. 267.
879 DALEM (L.), Les recours contre les délibérations des Conseils municipaux, thèse, 1904, 249 p.
880 MOREAU (F.), Manuel de droit administratif, Fontemoing, 1909, 1268 p.
881 JEZE (G.), Les principes généraux du droit administratif, 2ème éd., Tome I, La technique juridique, la notion de service public, les individus au service public, Giard et Brière, 1914, p. 57.
882 AUBY (J.–M.), note sur CE, 28 février 1986, Commissaire de la République des Landes, n° 62206, p. 50, T. p. 113, RDP 1986 p. 1468.
883 Voir notamment : CE, 14 février 1849, Commune de Cénon-la-Bastide c. Letellier, p. 102 et s. ; CE, 2 février 1912, Neveux, p. 909 ; CE, 26 janvier 1912, Maire de Monistrol, p. 111 ; CE, 2 février 1912, Legrand, p. 147 ; CE, 9 février 1912, Gonod, p. 178, cités in DARESTE (P.), Les voies de recours contre les actes de la puissance publique, Challamel, 1914, p. 153, note 1 et p. 154, notes 1 et 2 ; et CE, 20 mars 1896, Commune d'Auxy, p. 277 et s ; tables p. 165 n° 153 ; AUBY (J.–M.), note sur CE, 28 février 1986, Commissaire de la République des Landes, Requête n° 62206, p. 50, T. p. 113, RDP 1986 p. 1468.
884 APPLETON (J.), Traité élémentaire du contentieux administratif (compétence-juridictions-recours), op. cit., §. 327-331.
885 DALEM (L.), Les recours contre les délibérations des Conseils municipaux, Thèse, 1904, p. 98 et s.
886 SOLON (V.–H.), Traité des nullités des conventions et des actes, en matière civile, Nouv. éd., augm. de la législation de Belgique, Bruxelles, H. Tarlier, 1836, 328 p.
887 CARPENTIER (A.) et FREREJOUANT DU SAINT (G.), Répertoire général alphabétique du droit français, Tome II8, Librairie du Recueil général des lois et des arrêts, 1901 V. Nullités.

un simple rôle passif d'enrôlement mais contrôlera par exemple que la déclaration de nullité du préfet a été correctement prononcée. De plus, Moreau constate que le préfet, lorsqu'il déclare la nullité, n'annule rien mais constate l'inexistence de l'acte[888] alors que l'acte a bien une existence même s'il est entaché d'une illégalité.

515.–Berthélémy[889] et Morgand[890] ont affirmé que la nullité de droit devait être obligatoirement prononcée dès que sa cause était reconnue et Ducrocq[891] a précisé que la délibération devait subsister tant qu'elle n'avait pas été déclarée nulle par le préfet en conseil de préfecture. Moüy estimait pour sa part qu'il n'existait pas en réalité de nullité de plein droit car la nullité prévue devait toujours être prononcée[892]. Jèze assimilait les nullités de droit des délibérations des conseils municipaux et des conseils généraux aux actes inexistants en affirmant que *« certaines irrégularités entraînent l'inexistence même de l'acte juridique : l'acte doit être tenu pour inexistant en tant qu'acte juridique : il n'est pas besoin qu'une autorité publique, un juge constate cette inexistence. L'acte ne produira aucun des effets juridiques voulus par son auteur. [...] Naturellement, le législateur ou la jurisprudence peuvent estimer que la sanction sera encore plus énergique si une autorité publique, agent administratif ou tribunal, vient déclarer solennellement que l'acte est inexistant. Cette déclaration d'inexistence n'a aucune importance, cela ne change absolument rien au régime juridique de l'inexistence. Ainsi, les lois du 10 août 1871 (article 34), du 5 avril 1884 (articles 63 et 65) chargent le préfet de proclamer l'inexistence de certaines délibérations de conseils généraux et de conseils municipaux »*. Cet éminent auteur justifiait qu'un tel rapprochement n'avait pas été possible du fait de la jurisprudence *« timorée »* du Conseil d'État quant à la reconnaissance de l'inexistence et du vocabulaire de la doctrine qu'il jugeait trop *« imprécis »*[893]. Quant à Dareste, il citait comme exemple pour étayer sa démonstration sur les actes inexistants, certains des cas de nullité de plein droit[894]. J.-M. Auby estimait que le recours en déclaration d'inexistence devait être distingué du recours contentieux contre l'arrêté préfectoral[895] rapprochant ainsi le recours contentieux des actes inexistants du recours administratif instauré par le mécanisme des nullités de plein droit[896].

---

888 MOREAU (F.), Les caractères de la nullité de plein droit édictés par les articles 63 et 65 de la loi du 5 avril 1884, RDP 1912 p. 231 et s.

889 BERTHELEMY (J.), Traité élémentaire de droit administratif, 12ème éd., Rousseau, 1930, p. 190.

890 MORGAND (L.), Commentaire de la loi municipale du 5 avril 1884 sur l'organisation et les attributions des Conseils municipaux, Berger-Levrault, Tome I-L'organisation, 1884, 476 p. ; Tome II-attributions 1885, 646 p.

891 DUCROCQ (T.), Cours de droit administratif, 6ème éd., 2 tomes, Thorin, 1881, 808 p.

892 DE MOUY et BLANCHE (A.), dictionnaire général d'administration, Tome I A-E, et Tome II E-Z, Dupont, 1904, 1024 p. et 1958 p. plus annexe 62 p. V° commune, département.

893 JEZE (G.), Les principes généraux du droit administratif, 2ème éd., Tome I, La technique juridique, la notion de service public, les individus au service public, Giard et Brière, 1914, p. 51, 57 note 2, et 58.

894 Voir notamment : CE, 14 février 1849, Commune de Cénon-la-Bastide c. Letellier, p. 102 et s. ; CE, 2 février 1912, Neveux, p. 909 ; CE, 26 janvier 1912, Maire de Monistrol, p. 111 ; CE, 2 février 1912, Legrand, p. 147 ; CE, 9 février 1912, Gonod, p. 178, cités in DARESTE (P.), Les voies de recours contre les actes de la puissance publique, Challamel, 1914, p. 153, note 1et p. 154, notes 1 et 2.

895 CE, 4 février 1955, Lods, p. 67, D.1955.J.616, note AUBY (J.–M.).

896 Auby (J.–M.), note sur CE, 28 février 1986, Commissaire de la République des Landes, n° 62206,

516.–En revanche, Achille Mestre avait bien posé le problème[897] puisqu'il avait indiqué que la nullité de droit apparaissait historiquement comme *« un moyen de politique administrative »* destiné à tempérer la légitimité des conseils municipaux nouvellement élus, un *« antidote »* en somme, ainsi que l'avaient démontré Moreau[898] et d'autres membres de la doctrine[899]. Pour lui, ce n'est qu'en raison de la transposition de la dualité de la théorie civiliste des nullités que la théorie de l'inexistence a pu apparaître comme une application générale des dispositions spéciales de l'article 63 de la loi de 1884 et donc comme une consécration de cette théorie. Mestre rejette toutefois cette conception en se fondant sur la nécessité d'avoir un régime similaire pour tous les vices qui entachent les actes administratifs et dont la sanction est nécessaire, mais en relevant aussitôt que cela lui semble impossible, soit qu'il n'existe pas de texte servant de fondement juridique, soit en raison d'un obstacle processuel[900]. Le régime applicable de manière prétorienne, identique à celui utilisé pour les nullités de droit, aurait alors eu pour corollaire un rapprochement des notions utilisées, et aurait conforté l'idée que les nullités de droit seraient postérieures au concept d'inexistence. Or si l'étude d'une notion suppose que son essence précède son existence, il n'est pas démontré que la théorie de l'inexistence a précédé toutes les autres et cela d'autant plus que le vocable même n'est apparu en droit administratif que tardivement.

517.–Il en résulte que l'ambiguïté de la notion et du régime des nullités de droit procède essentiellement de l'étendue du pouvoir d'appréciation du juge dans le prononcé d'une telle sanction et du fait que celui-ci ne doit se livrer qu'à une simple déclaration lors de l'exercice de son contrôle. En effet, la distinction entre de telles nullités de droit et les délibérations simplement annulables, a été calquée sur celle établie en droit civil entre les nullités absolues et les nullités relatives, afin de marquer à la fois une différence de degré et de régime. Or les nullités absolues en droit civil peuvent se définir comme celles que la loi a expressément prononcées par opposition aux nullités par voie d'action qui dépendent de l'appréciation du magistrat et qui ne sont pas un obstacle à la production des effets de l'acte[901]. Certains auteurs civilistes considèrent cependant que la nullité de plein droit est tirée d'une mauvaise interprétation des textes romains[902] et qu'il s'agit d'une catégorie de nullité inutile car il ne conviendrait en réalité de distinguer qu'entre les nullités relatives et les nullités absolues. Mais, même en droit privé, doit être récusée l'idée que le juge puisse

---

p. 50, T. p. 113, RDP 1986 p. 1469, note 1.

897 MESTRE (A.), note sur CE Sect., Lafitte et autres, 28 octobre 1932, note de S.1933.III.65.

898 MOREAU (F.), Les caractères de la nullité de plein droit édictés par les articles 63 et 65 de la loi du 5 avril 1884, RDP 1912 p. 231 et s.

899 ROUCHON (L.), La décentralisation municipale et la loi du 5 avril 1884, projets de réformes, Thèse Lyon, 1900, 117 p. ; MAYER (P.–G.), Recours contre les délibérations des Conseils municipaux, thèse, 1910, 253 p.

900 MESTRE (A.), Rapport sur l'évolution du droit administratif (doctrine), in Société de législation comparée, Les transformations du droit dans les principaux pays depuis cinquante ans, 1869-1919, livre du cinquantenaire de la Société de législation comparée. Tome II, Librairie générale de droit et de jurisprudenceLGDJ, 1923, p. 22-23.

901 DALLOZ (D.), aîné, Jurisprudence générale, Répertoire méthodique et alphabétique de législation, de doctrine et de jurisprudence en matière de droit civil, commercial, criminel, administratif, de droit des gens et de droit public, Tome XIII, 1855, 786 p. voir nullités.

902 DROGOUL (F.), Essai d'une théorie générale des nullités en droit civil, Thèse, 1902, 269 p.

être réduit à une simple fonction d'enregistrement : soit les actes ne peuvent être contrôlés, soit ils peuvent l'être, fût-ce *« a minima »*.

518.–De plus, la nullité de plein droit devait par la suite être distinguée de l'annulabilité. Les débats parlementaires à ce sujet firent ressortir que certaines sanctions ne pouvaient relever uniquement du préfet et devaient pouvoir être prononcées à l'initiative de tout intéressé. M. Léon Clément[903], sénateur, critiquait ainsi la nullité de droit des actes contraires à la loi[904], tout en reconnaissant que les actes adoptés par les conseils municipaux sans respect des formes légales n'avaient que l'apparence de délibérations et étaient des *« actes absolument irréguliers »* ou entachés d'*« une illégalité manifeste »*[905]. Pour lui, il n'existait pas réellement de nullités de droit mais seulement des vices plus graves que les autres. Cependant, au cours des débats au Sénat, lors de la séance du 8 février 1884, il exposa que le recours contre les délibérations réglementaires de la loi de 1837 laissait demeurer un acte illégal dans l'ordonnancement juridique si le préfet avait *« oublié de l'annuler »*. Ainsi elle devenait *« exécutoire »* et acquérait *« sa pleine autorité »*[906]. C'est pourquoi, dans la séance du 7 juillet 1883 à la Chambre des députés, *« la chambre sur la proposition de M. Lorois, fit de la violation de la loi une cause de nullité absolue, proposable et opposable à toute époque »*[907].

519.–L'esprit de la loi était donc que deux types de nullités devaient être invocables à l'encontre des délibérations des conseils municipaux selon la gravité du vice dont elles étaient entachées : les plus graves devaient être sanctionnées par les nullités de droit du fait qu'elles portaient atteinte à l'intérêt général et à l'ordre public alors que pour de simples illégalités, des sanctions moins vigoureuses paraissaient suffisantes[908].

520.–Cela n'a pas été un obstacle à ce que dans de nombreux cas où les conseils municipaux ont outrepassé leur compétence, le juge administratif a affirmé qu'un tel dépassement pouvait être sanctionné par le préfet sur le fondement d'une nullité de plein droit, c'est-à-dire à toute époque, alors qu'une telle sanction n'avait pas été prévue

---

903 Intervention du sénateur Clément, Séance du 8 février 1884, sénat doc. parl., 1884, n° 23, p. 25.

904 « Il m'est impossible, dit-il, de comprendre qu'on puisse considérer comme étant nulles de plein droit des délibérations dont la nullité, non seulement n'apparaît pas au premier coup d'œil, mais peut être extrêmement douteuse et donner lieu à un débat très complexe. Et en effet, pour savoir si un conseil municipal a pris une délibération en violation d'une loi ou d'un règlement d'administration publique, il faut d'abord être parfaitement assuré, et souvent la controverse est permise, du sens et de la portée exacte de la loi et du règlement d'administration publique. ».

905 « Il y a donc là matière à un différent sérieux, et ce n'est certainement pas le cas d'une de ces nullités évidentes, comparables à celle d'une délibération prise dans une réunion illégale, qui n'aurait que l'apparence d'une délibération de conseil municipal, mais qui en réalité serait un acte absolument irrégulier. Il y a une différence entre ce cas d'une illégalité manifeste et le cas au contraire où le conseil municipal a très loyalement, étant la limite de ses attributions, statué sur une affaire qu'il lui appartenait de résoudre et s'est trompé dans le sens d'une loi ou d'un règlement ».

906 DALEM (L.), Les recours contre les délibérations des Conseils municipaux, thèse Paris, 1904, p. 86.

907 « Quand une délibération est prise en violation de la loi ou d'un règlement d'administration publique, ce qui revient au même, il n'y a pas de délai qui puisse couvrir cette illégalité. Elle ne peut pas devenir valable parce que le préfet aura oublié de l'annuler » ; position toujours confirmée par la jurisprudence voir par exemple : CE Sect., 22 octobre 1976, Société compagnie française Thomson-Houston-Hotchkiss-Brandt, p. 437.

908 DALEM (L.), Les recours contre les délibérations des Conseils municipaux, thèse Paris, 1904, p. 87.

explicitement par la loi. Il ne ressort pas d'ailleurs des travaux préparatoires que le législateur ait voulu étendre le champ d'application des nullités de droit et que la liste des hypothèses puisse être considérée comme non exhaustive. Le fait que les nullités de plein droit soient opposées aux actes annulables en droit civil, a conduit à les assimiler implicitement aux nullités absolues, lesquelles ont servi de base à l'inexistence voire y ont été assimilées.

521.–Le rôle du juge administratif est, dans le cas des actes inexistants, très différent de celui qu'il a lors du contrôle des nullités de plein droit puisqu'il ne peut, dans le cadre de l'inexistence, que vérifier si l'acte litigieux est bien entaché d'une irrégularité telle qu'il n'a pas d'existence juridique, ou s'il n'a jamais été pris et donc n'existe pas au sens formel du terme. Au contraire, pour les nullités de droit, c'est véritablement l'application d'un texte qu'il réalise en se prononçant solennellement sur l'acte déféré, d'autant plus que toute nullité de droit doit être prévue par un texte. L'inexistence d'un acte administratif n'est en effet *« que »* constatée par le juge administratif alors que la nullité de droit est déclarée par le préfet dans l'exercice de son contrôle de tutelle[909]. Toutefois, si le juge administratif n'intervient que pour contrôler la légalité des décisions du préfet qui a déclaré une délibération nulle de droit, dans le cas d'une déclaration d'inexistence, ses pouvoirs sont accrus du fait qu'ils ne sont pas encadrés par un texte juridique et que cette déclaration constitue un moyen d'ordre public qui peut être soulevé d'office.

522.–Il convient de mentionner que la déclaration de nullité est indépendante de l'approbation de la délibération par le conseil municipal. Car la nullité de droit peut être prononcée alors que la délibération en cause a été prise de manière régulière sur le plan formel. La délibération est dans ce cas nulle de droit eu égard à son objet. C'est ce dernier point qui a permis d'assimiler cette nullité aux actes inexistants puisqu'une délibération doit exister matériellement et nécessite un *« instrumentum »* pour pouvoir être déclarée nulle de plein droit[910]. Il en va ainsi même quand l'*« instrumentum »* est fictif car ce raisonnement implique que le vice affectant un acte et conduisant à sa nullité de plein droit, soit identique à celui qui aurait permis au juge de le déclarer inexistant. Or une délibération qui n'aurait pas de *« negotium »* mais posséderait une existence matérielle, peut être difficilement déclarée nulle de plein droit sauf dans le cas d'une délibération mentionnée dans un procès-verbal comme ayant eu lieu alors qu'en réalité, aucune réunion du conseil municipal n'avait eu lieu. Toutefois cela ne fait pas nécessairement obstacle à ce que l'acte existe concrètement : en effet la délibération pourrait avoir eu lieu à une autre date que celle mentionnée, par erreur. Ainsi, si un rapprochement entre les actes inexistants et les nullités de droit est possible, c'est en raison des similitudes entre ces dernières et l'inexistence juridique mais non avec l'inexistence matérielle[911], et cela alors qu'il serait possible d'affirmer que certains actes existent uniquement en apparence et non matériellement[912].

---

909 MOREAU (F.), Les caractères de la nullité de plein droit édictés par les articles 63 et 65 de la loi du 5 avril 1884, RDP 1912 p. 231 et s. ; MOREAU (F.), Le fonctionnement pratique de la nullité de droit établie par les articles 63, 65 et 67 de la loi du 5 avril 1884, RDP 1912 p. 649 et s.

910 CE, 28 février 1947, Megevand, p. 85, note de AUBY (J.–M.) S.1948.III.41.

911 CE, 27 octobre 1982, Commune de Parigny-les Vaux, p. 551.

912 Cf. p. 110 et s.

523.–Après 1982, les nullités de droit ayant été supprimées, la possibilité d'un recours sans condition de délai contre une délibération entachée d'un vice *« radical »* permet au juge administratif de ne pas laisser perdurer un tel acte dans l'ordre juridique même si le fait qu'une décision administrative susceptible à tout moment d'être déclarée nulle et de nul effet peut porter atteinte à la sécurité juridique. Ainsi, lorsque le contrôle de légalité s'est substitué au contrôle de tutelle, les actes qui, traditionnellement, auraient été déclarés nuls de plein droit ont été annulés après transmission au préfet dans le cadre du contrôle de légalité et, dans certains cas, déclarés inexistants par l'instauration du déféré en déclaration d'inexistence, mécanisme non prévu par le législateur de 1982.

524.–Le juge a déclaré certains actes administratifs inexistants soit parce qu'ils auraient dus être déclarés nuls de plein droit par le préfet (*et ne l'avaient pas été*) et que le délai de recours contentieux était expiré, soit en raison du vice dont ils étaient entachés qui impliquait leur annulation, celle-ci étant désormais impossible, les nullités de plein droit ayant été abrogées par la réforme de 1982. Le juge a, de manière prétorienne, opéré une assimilation entre les cas d'inexistence et les anciennes hypothèses d'actes nuls de plein droit.

525.–C'est ainsi que la théorie de l'inexistence a perduré après l'abrogation des textes en cause relatifs à la nullité de droit[913].

913 CE, 13 mai 1996, Commune de Francoville-la-Garenne, p. 178. Il s'agissait en l'espèce, d'un propriétaire qui se prévalait devant le Tribunal de grande instance d'une décision de préemption prise par une commune. Le Tribunal administratif, saisi par la commune, sur renvoi du juge judiciaire, d'un recours en appréciation de validité de cette décision devait se prononcer sur le point de savoir si la décision était inexistante du fait qu'elle soit intervenue après l'expiration du délai prévu au troisième alinéa de l'article L.213-2 du code de l'urbanisme.

Conclusion du Chapitre 1

526.–Il convient donc de constater que l'inexistence avant d'être une théorie proprement dite est une notion qui a été en quelque sorte *« greffée »* sur des mécanismes qui existaient déjà. Ainsi, il s'agit de la transposition d'un mécanisme civiliste imparfait dont l'utilisation par le juge administratif n'a eu que pour seule finalité l'éradication d'un acte de l'ordonnancement juridique.

527.–Le juge administratif aurait pu poser une définition stricte de l'inexistence en énumérant des conditions ; or il est maintenu une application pragmatique de l'inexistence, à savoir qu'un tel système n'est mis en œuvre que lorsqu'il apparaît au juge administratif nécessaire d'utiliser un système correctif et qu'il constate qu'aucun mécanisme existant ne lui permet soit de rétablir la légalité, soit de sanctionner l'administration en manifestant une désapprobation quant à l'élaboration d'un acte *« monstrueux »*.

528.–Dès lors, le juge administratif a tantôt appliqué l'inexistence comme une nullité aggravée en matière contractuelle, tantôt sanctionné par une déclaration en inexistence des actes unilatéraux afin de compléter, voire de suppléer la nullité (*textuelle*) de plein droit, par définition moins souple.

529.–Ce caractère fonctionnel de l'inexistence a donc été l'une des causes directes de la complexification de la notion qui n'a jamais été reconnue en tant que théorie autrement que pour les actes unilatéraux. Ainsi l'inscription dans une théorie générale des nullités n'a jamais été confirmée de manière constante et/ou explicite en droit administratif ; ce qui a eu comme conséquence de maintenir une ambigüité dans la mise en œuvre de cette notion.

530.–Si les actes nuls de plein droit et les actes inexistants sont des notions différentes, ils sont en revanche, les uns et les autres, nuls et de nul effet (*Section I*). La similitude de leur régime a permis que l'inexistence devienne une théorie autonome avec des règles spécifiques qui a survécu à l'abrogation des nullités de droit (*Section II*).

Section 1 L'assimilation des effets de la « nullité de plein droit » et de ceux de l'inexistence

531.–Les actes inexistants sont une notion composite dont les effets sont identiques à ceux produits par le mécanisme des nullités de droit (*§. 1.*), qui a lui-même contribué à l'émergence de la théorie de l'inexistence (*§. 2.*).

§. 1 Une analogie ponctuelle entre les deux notions

532.–Alors que les nullités de droit pour les conseils municipaux ont été comparées aux actes inexistants (*A*), pour celles des conseils généraux, paradoxalement, aucune similitude n'a été expressément affirmée (*B*).

A. L'amalgame entre inexistence et nullité de plein droit des délibérations des conseils municipaux

533.–Les décisions du Conseil d'État qui mentionnent des actes inexistants ne sont pas très nombreuses. En revanche, le nombre de litiges relatifs aux nullités de droit, a permis à la Haute juridiction de définir avec précision le régime des actes nuls de plein droit[914]. Le parallélisme entre les notions d'inexistence et de nullité de droit s'explique par leurs modalités d'application qui présentent certes des différences mais surtout des similitudes[915] : une procédure peu formaliste, absence de délai pour présenter une demande[916]. Il convient de noter que l'analogie entre ces deux notions a été relevée à propos des nullités de plein droit des conseils municipaux et non des conseils généraux, alors même qu'il résulte des archives du Conseil d'État que ce sont en réalité ces dernières qui ont été essentiellement à l'origine du mécanisme théorique de l'inexistence.

534.–La déclaration de nullité de droit d'une délibération avait pour corollaire, outre un effet *« erga omnes »*, que les actes administratifs pris pour sa mise en œuvre demeuraient valables et que les droits qui en découlaient pouvaient bénéficier aux

---

914 Table du Recueil périodique des arrêts du Conseil d'État, jurisprudence du Conseil d'État statuant au contentieux et du Tribunal des conflits (coll. Macarel, Lebon, et Hallays-Dabot), analyse des arrêts rendus depuis le 1er janvier 1849 jusqu'au 31 décembre 1858 ; Table du Recueil périodique des arrêts du Conseil d'État, jurisprudence du Conseil d'État statuant au contentieux et du Tribunal des conflits et de la Cour des comptes (coll. Macarel), analyse des arrêts rendus depuis le 1er janvier 1885 jusqu'au 31 décembre 1894.

915 Ainsi la déclaration de nullité est exclusive du préfet, elle peut être prononcée soit d'office soit sur demande, elle est indépendante de l'approbation de la délibération du conseil municipal, et est limitée dans sa portée.

916 J.S., La nullité de droit des délibérations des Conseils municipaux, AJDA 1964 p. 617 et s.

intéressés. Ainsi, lorsque les délais de recours contentieux étaient écoulés, les actes de mise en œuvre ne pouvaient plus être attaqués ni même rapportés par l'autorité administrative compétente. Ce n'est pas le cas lorsqu'une délibération a été déclarée *« nulle et de nul effet »* et donc, par suite, inexistante.

535.–L'arrêté du maire pris en application d'une délibération d'un conseil municipal déclarée ultérieurement nulle de droit, ne devenait pas, de ce fait, caduc, fût-il lui-même illégal. Ensuite, si cet acte était créateur de droits pour l'intéressé, il ne pouvait être retiré après l'expiration du délai de recours contentieux. Enfin le préfet ne pouvait déclarer la nullité d'une décision litigieuse par le simple fait qu'elle avait pour fondement juridique une délibération nulle de plein droit au sens des dispositions textuelles applicables[917]. Au contraire, la déclaration par le juge administratif qu'un acte est inexistant implique des conséquences radicales puisque tous les actes pris pour son application sont nuls[918], voire inexistants.

536.–L'expression de *« nullité de droit »* est consacrée dans la loi du 23 mars 1831[919], bien que dans la jurisprudence antérieure le mécanisme fût déjà en cours de conceptualisation dans le cadre du contrôle du préfet. Ainsi le Conseil d'État a examiné dès le 30 décembre 1822[920] le recours d'une commune contre un arrêté du préfet qui avait annulé la *« délibération de la commune ainsi que l'enquête qui l'a suivie »*, pour pouvoir se prononcer sur le point de savoir si de telles décisions devaient être *« déclarées nulles, comme étant illégales et [...] considérées comme non avenues, par le motif que le conseil municipal, autorisé à s'assembler, ne l'avait pas été à délibérer sur les faits imputés au sieur Meyville »*, ancien maire accusé de malversations dans la gestion de la commune[921]. Le Conseil d'État annula ledit arrêté, la délibération en cause ayant reçu *« l'approbation la plus formelle »* et l'enquête administrative ayant été diligentée sur demande expresse du sous-préfet afin de découvrir la vérité des faits.

537.–L'expression *« nulle et non avenue »* est donc utilisée ici comme synonyme de la légalité tant externe qu'interne au sens moderne de ces expressions. Le Conseil d'État vérifie la légalité externe de la décision ordonnant une enquête puis sa légalité interne.
Le problème qui se pose est de déterminer la nature de la nullité des délibérations car les termes employés pour la prononcer, *« nulles et non avenues »* ne peuvent ni recouvrir les cas de nullités de plein droit que le législateur n'avait pas encore consacrées, ni la théorie de l'inexistence qui ne sera élaborée que beaucoup plus tard. Il est vraisemblable que le Conseil d'État ait voulu instaurer une catégorie particulière de nullités sanctionnant la

---

917 CE, 26 novembre 1954, Crouzet, p. 622.

918 De surcroît l'acte ne peut être ni confirmé ni prescrit voir ALCINDOR (L.), Des différentes espèces de nullités des actes administratifs, Thèse, 1912, 130 p.

919 Loi du 23 mars 1831 sur l'Organisation municipale, in Recueil général des lois et des arrêts en matière civile, criminelle, administrative et de droit public 1831, Tome 31, p. 107 et s.

920 CE, 30 décembre 1822, Commune de Gonès c. Meyville, n° 4562, Macarel, p. 531.

921 Les dispositions textuelles relatives aux nullités de droit, telles que les délibérations se prononçant dans un domaine étranger ou hors de leur réunion légale, sont donc implicites et en cours de construction.

méconnaissance de la légalité par une assemblée bénéficiant d'une représentation démocratique.

538.–Il convient de rappeler que l'un des éléments de la distinction entre les actes inexistants et les nullités de plein droit réside dans le fait que le requérant, dans le premier cas, peut saisir directement la juridiction administrative alors que dans le second cas, un recours administratif préalable au recours contentieux doit obligatoirement être formé devant une autorité administrative[922].

539.–C'est là une jurisprudence constante[923] : *« les délibérations des conseils municipaux, contre lesquelles sont ouvertes les voies de recours prévues aux articles 63 et suivants de la loi du 5 avril 1884 ne sont pas susceptibles d'être déférées directement au Conseil d'État par la voie du recours pour excès de pouvoir »*[924].
Cette irrecevabilité était également applicable, dans le silence de la loi, aux textes qui étaient interprétés comme étant des hypothèses de nullité de droit[925].

540.–Ainsi le Conseil d'État[926] devait statuer sur un appel dirigé contre un jugement ayant rejeté la demande des requérants tendant à ce que soient déclarées inexistantes, et donc de nul effet, plusieurs délibérations d'un conseil municipal. La Haute juridiction a rejeté le pourvoi au motif qu'en application des dispositions des articles 42 et 44 du code de l'administration communale, il appartenait aux requérants de déférer au préfet préalablement à tout recours au juge, aux fins de déclaration de nullité de droit, les délibérations qu'ils attaquaient et qui n'étaient pas inexistantes. Autrement dit, les conclusions qu'ils avaient présentées directement devant la juridiction administrative à l'encontre de ces délibérations n'étaient pas recevables car le recours préalable devant le préfet n'avait pas été exercé[927]. Il en eût été différemment, on vient de le dire, si les délibérations avaient été arguées d'inexistence.

541.–Ainsi, dans tous les cas où existe un recours administratif préalable obligatoire, le défaut d'un tel recours rend la requête contentieuse irrecevable, sans possibilité de

922 Les autres délibérations, régies par les articles 64 et 66 de la loi de 1884 restaient simplement annulables par le préfet dans le délai « de trente jours à partir du dépôt du procès-verbal de la délibération à la préfecture ou à la sous-préfecture » et lorsque l'annulation était demandée par toute personne intéressée et tout contribuable local, elle devait être faite « à peine de déchéance, à la sous-préfecture ou à la préfecture, dans un délai de quinze jours à partir de l'affichage à la porte de la mairie ».

923 CE, 12 mai 1933, Association pour la défense des administrés et contribuables de Marseille, p. 507 ; CE, 5 janvier 1934, Bodard, S.1934.III.52, M.P. de F.–R. ; CE, 1er avril 1898, Pillon de Saint-Philibert c. Commune de Bouzeval, p. 872.

924 « la requête n'est pas recevable ».

925 CE, 17 octobre 1980, M. Barrois, n° 11832 (classé en A), conclusions LABETOULLE.

926 CE, 23 janvier 1981, Mme Courtet, et autres, n° 15147-15275.

927 Pour deux délibérations, le Tribunal administratif de Rennes avait jugé, par l'article 1er de son jugement en date du 26 février 1975, devenu définitif et revêtu de l'autorité absolue de la chose jugée, qu'elles étaient nulles et de nul effet. Dès lors, la Haute juridiction a déclaré que les conclusions dirigées contre ces deux délibérations devant être regardées comme n'ayant jamais existé, n'étaient pas recevables et donc que les requérants n'étaient pas fondés à se plaindre de ce que le Tribunal administratif les avait rejetées.

régularisation[928], sauf dans le cas où la délibération en cause est inexistante. C'est dans le cadre des pouvoirs exercés par une autorité administrative dans une procédure administrative non contentieuse que sont prononcées, au préalable, les décisions sur les demandes de nullité de droit alors que, pour un acte inexistant, il appartiendra au juge administratif de sanctionner directement le vice même si l'administration pouvait retirer spontanément l'acte litigieux. Toutefois, les administrés ont tenté de se faire *« ouvrir »* le prétoire par le Conseil d'État en formulant des requêtes directement devant le juge administratif aux fins d'annulation de délibérations litigieuses pour contourner l'exigence de recours administratif préalable obligatoire devant le préfet.

542.–Ainsi, le juge qui n'occupait initialement qu'un rôle second dans le contentieux des nullités de plein droit, est intervenu pour poser les limites des matières dans lesquelles les délibérations exécutoires peuvent intervenir, opérant ainsi un véritable parallèle entre la voie de nullité contre les délibérations des conseils municipaux et le recours pour excès de pouvoir. Celui-ci devint un prolongement naturel de la déclaration de nullité par la formulation d'une demande d'annulation contre l'arrêté préfectoral en cause[929].

543.–En revanche, si un rapprochement entre le recours contentieux et la voie administrative est concevable, ne peut être retenue la thèse selon laquelle le recours devant le préfet aurait été un appel au *« premier degré »*[930]. Il ne s'agit nullement d'un premier degré de juridiction comme nombre d'auteurs l'ont soutenu[931] ; bien qu'un tel parallélisme eût été concevable jusqu'à la mise en place de la justice déléguée[932].

544.–Certes, sont évidents et le parallélisme ici évoqué et le lien entre les cas d'ouverture du recours administratif et ceux du recours contentieux en annulation. Cependant la loi se borne simplement à faire référence aux règles édictées par le droit commun quant à la forme des requêtes en excès de pouvoir (*délais*[933], *motivation, dispense du ministère d'avocat, etc.*) et quant aux conclusions et moyens qui peuvent être formulés et qui ne doivent tendre qu'à l'annulation de la décision litigieuse pour illégalité[934]. La

928 Alors que la recevabilité du recours contre une délibération inexistante n'est pas conditionnée par une demande préalable au préfet.

929 HAURIOU (M.), note sous CE, 1er février 1901, Descroix et autres boulangers de Poitiers, S.1901.III.41 « c'est donc au juge qu'il appartient de délimiter, beaucoup plus par l'examen des espèces que par voie de théorie générale, les pouvoirs des conseils municipaux. Il faut tenir compte de la législation générale, des intentions du législateur au moment du vote de la loi municipale actuelle, des nécessités auxquelles ils sont légitimement amenés à pourvoir, ou des considérations théoriques, étrangères à leur mission, par lesquelles ils se laissent dominer ».

930 p. 153, HAURIOU (M.), note sous CE, 1er février 1901, Descroix et autres boulangers de Poitiers, S.1901.III.41 in HAURIOU (M.), La jurisprudence administrative de 1892 à 1929, d'après les notes d'arrêts du Sirey réunies et classées par André Hauriou, Tome I, Sirey, 1929, 742 p.

931 DALEM (L.), Les recours contre les délibérations des Conseils municipaux, thèse, 1904, 249 p. ; MAYER (P.–G.), Recours contre les délibérations des Conseils municipaux, Thèse, 1910, 253 p.

932 CE, 13 décembre 1889, Cadot, p. 1148.

933 Et s'il n'y a aucun délai pour demander à l'autorité administrative, un recours au-delà du délai légal à l'encontre du refus d'un préfet refusant de déclarer une nullité de droit ou d'un arrêté la prononçant est tardif.

934 MOREAU (F.), le fonctionnement pratique de la nullité de droit établie par les articles 63, 65 et 67 de la loi du 5 avril 1884, RDP 1912 p. 649 et s.

formule de la loi de 1884 doit ainsi être entendue comme signifiant que le pourvoi pouvait donc être adressé au Conseil d'État sans l'intermédiaire d'un avocat et non que les arrêtés préfectoraux ne pourront être attaqués que pour excès de pouvoir. Pour les actes inexistants, il ne peut être opposé au requérant une irrecevabilité tirée de la tardiveté de la requête car aucun délai n'est prescrit à peine de forclusion. En revanche, la computation des délais s'applique aux nullités de droit lorsque la phase administrative devient juridictionnelle. C'est là une importante différence avec le régime des actes inexistants quant à la nature du recours mais non dans l'esprit de la loi ou du juge administratif, car la finalité est bien de refuser le maintien dans l'ordonnancement juridique d'un acte entaché d'un vice grave.
Il résulte des débats parlementaires que si cette dernière interprétation était admise, le Conseil d'État ne pourrait relever que la violation de la loi ou d'un règlement d'administration publique ; il ne pourrait pas se prononcer sur les erreurs d'appréciation ou de fait commises par le préfet. Or il résulte des discussions du Sénat que le juge administratif devait avoir la compétence la plus large et la plus étendue[935].

B. La distinction de principe entre inexistence et nullité de plein droit des délibérations des conseils généraux

545.–En ce qui concerne les sanctions contre les délibérations des conseils généraux, le raisonnement est le même sauf que la doctrine n'a pas porté grand intérêt aux nullités de plein droit des délibérations des conseils généraux (*si ce n'est pour l'application du mécanisme lui-même*)[936]. Ainsi, il n'y a pas eu de comparaison entre les actes inexistants et les nullités de plein droit ou absolues[937] alors même que l'expression employée pour qualifier leur effet était identique[938]. Il faut voir là sans doute une conséquence du caractère beaucoup moins abondant du contentieux des départements que ne l'est le contentieux communal.

546.–Ainsi, il n'a été fait qu'un usage très ponctuel de ce mécanisme en raison de ce caractère peu abondant[939], les conseils généraux étant plus respectueux de leurs

935 Sénat, séance du 8 février 1884, JO débat Sénat.

936 LAFERRIERE (E.), Traité de la juridiction administrative et des recours contentieux, 1896, 2ème Berger-Levrault, Tome I, 724 p. et Tome II, 709 p. ; BEQUET (L.), Répertoire du droit administratif, Tome IX culte-département, avec le concours de M. Dupré (P.), 1891, 560 p. ; BLOCK (M.), Dictionnaire de l'administration française, 2ème éd., Berger-Levrault, 1878, 1856 p., Voir département ; FILATRE-LONGCHAMP (A.), Commentaire de la loi du 10 août 1871 sur les conseils généraux, Thèse Rennes, 1873, 146 p.

937 Bien qu'une déclaration de nullité doive être faite.

938 Nul et de nul effet.

939 Dans chaque table du Recueil d'État, seules quelques affaires sont mentionnées sans qu'une rubrique particulière ne soit consacrée aux articles 33 et 34 de la loi du 10 août 1871 ; Table du Recueil périodique des arrêts du Conseil d'État, jurisprudence du Conseil d'État statuant au contentieux et du Tribunal des conflits (coll. Macarel, Lebon, et Hallays-Dabot), analyse des arrêts rendus depuis le 1er janvier 1849 jusqu'au 31 décembre 1858 ; Table du Recueil périodique des arrêts du Conseil d'État, jurisprudence du Conseil d'État statuant au contentieux et du Tribunal des conflits et de la Cour des comptes : - (coll. Macarel), analyse des arrêts rendus depuis le 1er janvier 1885 jusqu'au 31 décembre 1894 ; - (coll. Macarel), analyse des arrêts rendus depuis le 1er janvier 1895 jusqu'au 31 décembre 1904 ; - analyse des arrêts rendus de 1905 à 1924 ; - (coll. Macarel et Lebon), analyse des arrêts rendus de 1925 à 1934.

compétences[940]. Par ailleurs, il n'a jamais été contesté que tout acte (*ou toute délibération*) d'un conseil général relatif à un objet non compris dans ses attributions[941], ou pris hors des réunions prévues par la loi, était nul et de nul effet, en vertu de la loi[942].

547.–La loi du 10 août 1871 relative aux conseils généraux[943] a confirmé les nullités de droit antérieurement instaurées par la loi du 22 juin 1833[944] qui étaient la reprise de celles prévues pour les conseils municipaux par la loi du 23 mars 1831. Ce texte visait à anticiper un coup de force du pouvoir exécutif en encadrant la dissolution des conseils généraux et à confirmer la sanction des nullités de droit même si la Constitution de 1791 en ses articles 5 et 6[945], avait conféré au Roi le droit d'annuler les actes des administrations de département contraires à ses ordres ou à des dispositions législatives. Il était fait une distinction : tout acte ou toute délibération d'un conseil général relatif à des objets qui n'étaient pas légalement compris dans ses attributions était nul et de nul effet. Cette nullité était prononcée par le roi (*article 14*) alors que les délibérations prises hors de la réunion légale du conseil général étaient nulles de droit (*article 15*). Il résulte des travaux préparatoires que l'article 15 avait été prévu pour instaurer la nullité de certains actes en raison de leur nature alors que dans l'autre hypothèse il ne s'agissait que de prononcer l'illégalité de la réunion. Dans le cadre de l'article 14, les rédacteurs avaient envisagé qu'il n'y avait de nullité dans une telle délibération que pour la partie qui porterait sur des objets hors de la compétence du conseil général ; tandis qu'au contraire il y aurait nullité radicale et absolue de la délibération entière qui aurait été prise dans le cadre d'une réunion illégale[946]. Les rédacteurs du texte entendaient que les dispositions de l'article 15 sanctionnent des usurpations de pouvoir incontestables.

548.–La réunion illégale d'un conseil général constitue *« un état de quasi-rébellion »*, et *« un véritable danger public »*, ce qui justifie la répression du pouvoir central et une intervention énergique et immédiate de l'exécutif. La réunion hors des sessions légales est

---

940 Anonyme, Les conseils généraux, interprétation de la loi organique du 10 août 1971, Recueil des lois, décrets, arrêts ou avis du Conseil d'État, arrêts de la cour de cassation, instructions et décisions ministérielles, classées par ordre chronologique, Berger-Levrault, 1878, Tome I, 1203 p.

941 Articles 33 et 34 de la loi du 10 août 1871, publié(e) au Journal officiel « Lois et Décrets » du 29/08/1871, page 3041. Ce texte a été totalement abrogé par le code général des collectivités territoriales ; ont également été abrogés à compter du renouvellement du conseil général en 2004 les articles 31, 33, 47 et 47 bis de la présente dans sa rédaction applicable à Mayotte.

942 BEQUET (L.), Répertoire du droit administratif, Tome IX culte-département, avec le concours de M. Dupré (P.), 1891, Voir Département.

943 JO, « Lois et Décrets » du 29/08/1871, p. 3041. Ce texte a été totalement abrogé par le code général des collectivités territoriales ; ont également été abrogés à compter du renouvellement du conseil général en 2004 les articles 31, 33, 47 et 47 bis de la présente dans sa rédaction applicable à Mayotte.

944 Rendant le mandat de conseiller électif, ce qui rendit nécessaire d'instaurer un contre-pouvoir prévu par les nullités de droit à l'article 15 de la loi du 22 juin 1833 : Loi du 22 juin 1833 sur l'organisation des conseils généraux de département et des conseil d'arrondissements, DUVERGIER (J.–B.), Coll. complète des lois, décrets, ordonnances, réglements et avis du Conseil d'État, Guyot-Scribe-Bousquet, 1833, p. 201 et s.

945 Titre III chapitre IV.

946 Loi du 22 juin 1833, Loi sur l'organisation des conseils généraux de département et des conseil d'arrondissements, DUVERGIER (J.–B.), Coll. complète des lois, décrets, ordonnances, réglements et avis du Conseil d'État, Guyot-Scribe-Bousquet, 1833, p. 107 et s. et p. 208 et s., notes 3 et 4.

un fait matériel que le préfet peut constater sans difficultés particulières. De plus, les dispositions de l'article 33 de la loi du 10 août 1871 prévoient l'intervention du chef de l'État, alors que celles de l'article 34 spécifient que c'est le préfet qui, par un arrêté motivé, déclare la réunion illégale ou prononce la nullité des actes, voire prend toute mesure nécessaire pour que l'assemblée se sépare immédiatement, et transmet immédiatement son arrêté au procureur général du ressort pour l'exécution des lois et l'application, s'il y a lieu, des peines déterminées par le code pénal[947]. Il convient de préciser que la nullité de l'acte initial comme des actes d'application peut être prononcée à toute époque et en *« bloc »* par un décret dans la forme des règlements d'administration publique[948].

549.–En revanche, et contrairement aux délibérations des conseils municipaux, les parties intéressées peuvent attaquer devant le Conseil d'État statuant au contentieux les délibérations des conseils généraux contenant un excès de pouvoir lésant leurs droits[949]. Ainsi, le recours contentieux est ouvert aux intéressés devant le Conseil d'État et aux membres de la minorité d'un conseil général ayant qualité pour agir contre une décision prise en excès de pouvoir par la majorité. Il n'en irait autrement que pour les délibérations prises normalement avec autorisation législative (*emprunt, imposition extraordinaire*) car l'appréciation de la légalité de la délibération relève en ce cas de la compétence du pouvoir législatif exerçant son contrôle lors de la demande d'autorisation qui lui était soumise[950].

550.–Pour les délibérations des conseils généraux d'outre-mer, la déclaration de nullité était prononcée soit par un arrêté du gouverneur en conseil privé, soit par un décret rendu en Conseil d'État ; elle présentait avec l'annulation la même différence qu'en métropole à savoir que *« l'effet de la nullité remontait à la date même de l'acte tandis que l'annulation ne pouvait produire d'effet qu'à partir du décret même qui la prononce »*. Les déclarations de nullité prises par les gouverneurs étaient susceptibles d'un recours contentieux au Conseil d'État[951].

551.–Curieusement, les auteurs ont fait un parallèle dans un cas mais non dans l'autre. Ils ont aperçu un parallélisme entre le recours pour excès de pouvoir contre les délibérations entachées des vices prévus par les articles 33 et 34 et l'annulation administrative opérée par le préfet et prévue à l'article 47. Le Conseil d'État intervenait à

---

947 En cas de condamnation, les membres condamnés sont déclarés par jugement exclus du conseil général et inéligibles pendant les trois années qui suivent la condamnation (article 34 de la loi du 10 août 1971). Le droit au préfet ne s'étend pas au cas où, contrairement à l'article 30 de la loi de 1871, le conseil général régulièrement réuni aurait pris une délibération sans que la moitié plus un de ses membres fût présente.

948 BLOCK (M.), Dictionnaire de l'administration française, 2ème éd., Berger-Levrault, 1878, 1856 p., Voir département.

949 Anonyme, Les conseils généraux, interprétation de la loi organique du 10 août 1971, Recueil des lois, décrets, arrêts ou avis du Conseil d'État, arrêts de la cour de cassation, instructions et décisions ministérielles, classées par ordre chronologique, Berger-Levrault, 1878, Tome I, 1203 p.

950 BLOCK (M.), Dictionnaire de l'administration française, 2ème éd., Berger-Levrault, 1878, 1856 p., Voir département ; MAGUET (E.), Des conseils généraux dans les colonies françaises autres que l'Algérie, thèse, 1911, 250 p.

951 BEQUET (L.), Répertoire du droit administratif, Tome V. colonie-commune avec le concours de DUPRE (P.), 1886, p. 495 §. 394 ; FRANÇOIS (G.) et MARIOL (H.), Législation coloniale, Larose, 1929, p. 89.

l'origine dans les deux cas comme conseiller du Gouvernement. En revanche, ils n'ont pas relevé ce parallélisme dans le cas de l'inexistence[952] alors même que les effets étaient identiques : les actes étant nuls et de nul effet ou non avenus. Toutefois, cela s'explique par la manière dont s'est construite la théorie des actes inexistants, concernant du moins les délibérations des conseils municipaux.

552.–En effet, le juge administratif a eu à connaître de ce mécanisme en tant que conseil du gouvernement. Une fois qu'il a développé sa fonction juridictionnelle, il a repris les grands principes des nullités de droit pour les adapter et les théoriser sous la forme d'un système construit de manière prétorienne. Ce système héritait à la fois des caractéristiques des nullités de plein droit en droit public et de celles des nullités absolues dans la doctrine civiliste, survivance du droit romain. Puis le Conseil d'État a élaboré la théorie de l'inexistence[953].

553.–En ce qui concerne les délibérations des conseils généraux, l'historique diffère de celui des conseils municipaux. En effet, comme le département n'est pas la cellule élémentaire du corps politique[954], il n'est apparu, sous sa forme *« moderne »*, qu'avec la loi du 28 pluviôse an VIII[955].Le raisonnement est identique à celui tenu pour les conseils municipaux. Les délibérations des conseils généraux n'étaient exécutoires qu'après approbation expresse par le représentant de l'État, ce dernier voyant son pouvoir limité par de nombreuses exceptions qui neutralisaient en partie le principe. Il était recouru à un système de nullités limitativement énumérées car il convenait de trouver un certain équilibre pour éviter toute fronde à l'avenir. Quant aux nullités de droit applicables aux conseils généraux des colonies, la loi du 10 août 1871 a connu une extension certaine pour les territoires qui avaient une organisation, dite à conseils généraux ou à conseils coloniaux[956], au moyen de l'édiction de textes d'organisation très proches du droit commun.

554.–Les disparités législatives prendront fin lors de l'édiction de la Constitution du 27 octobre 1946 qui marquera le point de départ de l'applicabilité de plein droit dans les départements d'Outre-mer de tous les textes législatifs et réglementaires postérieurs[957].

---

952 BETTINGER (R.), De la nullité des délibérations des conseils généraux, contrôle administratif et contrôle juridictionnel, Thèse, 1902, 251 p.

953 Institut français des sciences administratives, Le Conseil d'État, son histoire à travers les documents d'époque 1799-1974, CNRS, 1974.

954 Il convient de noter que si les États provinciaux aux XII et XIVème siècle dépassaient la simple autonomie administrative notamment par la détention de compétences législatives (détermination de l'assiette et répartition de l'impôt), une centralisation les supprima au XVIIIème siècle, pour tenter de réintroduire un système similaire avec les assemblées provinciales qui fut mis en échec par la Révolution.

955 Loi du 28 pluviôse an VIII, S., lois annotées, 1789-1830, p. 526 et s. ; comp. Loi des 22 décembre 1789 - 8 janvier 1790, DUVERGIER (J.–B.), Coll. compléte des lois, décrets, ordonnances, réglements, avis du Conseil d'État, 1788-1790, A.Guyot et Scribe, Libraires-éditeurs, p. 73 et s.

956 BEQUET (L.), Répertoire du droit administratif, Tome V colonie-commune avec le concours de M. Dupré (P.), 1886, p. 415 ; FRANÇOIS (G.) et MARIOL (H.), Législation coloniale, Larose, 1929, 392 p.

957 sauf en ce qui concerne une loi modifiant une norme antérieure inapplicable ; DOUENCE, (J.–C.), Les départements d'Outre-mer, in Répertoire collectivités locales sous la direction de Francis-Paul

555.–Les dispositions textuelles instaurant la nullité des délibérations des conseils généraux sont donc en contradiction directe avec l'esprit de la loi tel qu'il résultait des discussions parlementaires, celles-ci voulant instaurer une nullité de droit de ces délibérations identique à celle des nullités applicables aux conseils municipaux[958]. En effet, au cours des débats, il avait été suggéré[959] que le délai de contestation des délibérations réglementaires ne soit pas limité. Cet amendement avait été rejeté car il créait *« une incertitude perpétuelle »*. Les délibérations furent déclarées devenir exécutoires deux mois après la clôture de la session et ce n'est que pendant ce délai qu'elles pouvaient être annulées par décret en Conseil d'État pour excès de pouvoir ou pour violation d'une disposition de loi ou d'un règlement d'administration publique[960].

556.–Cette position parlementaire fut présentée, à tort, comme implicitement entérinée par le Conseil d'État dans un arrêt en date du 17 novembre 1876, *« Ville de Dieppe »*, qui a été interprété comme consacrant implicitement l'absence de toute forclusion devant le juge administratif pour exercer un recours contre les délibérations des conseils municipaux, et, par extension, des conseils généraux. Or, dans cette décision, le Conseil d'État posait simplement le principe que les délibérations des conseils municipaux qui contrevenaient aux dispositions de l'article 17 de la loi du 18 juillet 1837 et de l'article 1er de la loi du 24 juillet 1867 ne pourraient être déclarées nulles de plein droit par le préfet après l'expiration du délai fixé par l'article 18 de la loi du 18 juillet 1837, sans envisager implicitement un type de recours sans computation des délais[961].

§. 2 La parenté entre les régimes respectifs de l'inexistence et de la nullité de plein droit des délibérations des conseils municipaux

557.–Les nullités de droit ont eu des interférences sur la théorie de l'inexistence en raison de leurs effets similaires. En effet, les deux régimes se caractérisent par l'absence de délai de recours (*A*) et la nécessité de sanctionner des délibérations illégales (*B*).

Benoît, Dalloz, fascicules n° 1908-1, n° 1910-1, 1913-1, 1918-1.

958 Article 3 de la loi du 24 juillet 1866, DUVERGIER (J.–B.), Coll. complète des lois, décrets, ordonnances, réglements et avis du Conseil d'État, Charles Noblet, 1866, p. 326 et s., voir en particulier p. 333, 336 et 339.

959 Séance de la chambre des députés, du 7 juillet 1883, cité in DALEM (L.), Les recours contre les délibérations des Conseils municipaux, thèse, 1904, p. 87 et s.

960 Article 18 de la loi du 22 juillet 1837, voir Loi du 22 juillet 1837 sur l'administration municipale, DUVERGIER (J.–B.), Coll. complète des lois, décrets, ordonnances, réglements et avis du Conseil d'État, Bousquet, 1837, p. 227 et s.

961 DALEM (L.), Les recours contre les délibérations des Conseils municipaux, thèse, 1904, p. 87 et s. ; CE, 17 novembre 1876, Ville de Dieppe, D.1877.III.12.

A. La nécessité d'une faculté de remise en cause perpétuelle des délibérations des conseils municipaux

558.–L'article 65 de la loi du 5 avril 1884 en son alinéa 2 mentionne que la nullité de plein droit des décisions des conseils municipaux peut être *« proposée »* ou *« opposée »* par les parties intéressées (*citoyen personnellement lésé, ou contribuable*[962]) *« à toute époque »*[963] et non, comme le prévoyait la législation antérieure, uniquement par le préfet. L'intérêt à agir, comme dans le cadre d'un recours contre un acte inexistant, est ainsi entendu largement[964]. De la sorte, l'arrêté du préfet peut être contesté au Conseil d'État par ceux qui vont également pouvoir l'invoquer devant le préfet[965].

559.–Ainsi, les dispositions des lois antérieures qui ne reconnaissaient qu'implicitement qu'une telle demande était possible à tout moment, ont été explicitement entérinées par la consécration de l'absence de délai par la loi du 5 avril 1884. C'est ainsi que la commune intéressée à invoquer la nullité d'un engagement pris par une délibération irrégulière de son conseil municipal pouvait à toute époque invoquer la nullité de cet acte[966].

560.–C'est sans doute cette faculté de remise en cause perpétuelle des délibérations nulles de plein droit, motivée par un souci de ne conserver dans l'ordre juridique que des normes légales, qui a permis à certains auteurs d'apercevoir une analogie entre les actes inexistants et ce type de nullités[967], d'autant plus que ces dernières sont susceptibles d'être soulevées d'office par le Conseil d'État, comme moyen d'ordre public, du moins lorsque la délibération visée entre dans l'une des catégories énumérées à l'article 63[968].

561.–Le principal point commun des actes nuls de plein droit, avec les actes inexistants, réside, outre cette particularité procédurale, en ce qu'un certain degré de gravité du vice est requis pour pouvoir sanctionner l'acte[969], hormis les cas limitativement énumérés par un texte[970].

---

962 Alors que cela n'est pas possible pour les délibérations simplement annulables voir CE, 8 août 1892, Fabre-Perrin, p. 701 et s.

963 CE, 6 janvier 1888, Commune de Charmoille, 1ère espèce, p. 4 et s.

964 La conséquence immédiate du fait que la nullité de droit des délibérations des conseils municipaux pouvait être prononcée par le préfet soit d'office soit sur la demande des parties intéressées était que cette déclaration de nullité était, notamment, peu formaliste.

965 CE, 22 janvier 1886, Castex, note anonyme, p. 961 ; conclusions Marguerie S.1887.III.45 ; CE, 8 mars 1889, Vedier, p. 310 ; CE, 4 février 1898, Debrotonne, p. 71.

966 CE, 24 février 1893, Commune d'Orches, p. 164.

967 Voir notamment : CE, 14 février 1849, Commune de Cénon-la-Bastide c. Letellier, p. 102 et s. ; CE, 2 février 1912, Neveux, p. 909 ; CE, 26 janvier 1912, Maire de Monistrol, p. 111 ; CE, 2 février 1912, Legrand, p. 147 ; CE, 9 février 1912, Gonod, p. 178, cités in DARESTE (P.), Les voies de recours contre les actes de la puissance publique, Challamel, 1914, p. 153, note 1 et p. 154, notes 1 et 2.

968 CE, 14 février 1849, Commune de Cénon-la-Bastide c. Letellier, p. 102 et s. : le défaut d'approbation d'une délibération du conseil municipal par l'autorité compétente est un moyen d'ordre public qui peut être opposé en tout état de cause et même pour la première fois devant le Conseil d'État nonobstant tous actes d'exécution ou d'acquiescement postérieurement intervenus.

969 Voir a contrario pour les nullités de droit : CE, 17 juin 1981, M. Schneider, n° 30973.

970 Dans l'hypothèse où une demande serait faite au représentant de l'État alors que le vice dont elle

562.–Il convient aussi de constater une certaine symétrie entre les nullités du droit civil et celles du droit administratif. Comme cela avait été affirmé dans les travaux parlementaires[971], il est possible d'affirmer que les vices dont peuvent être entachées les délibérations des conseils municipaux, permettent de distinguer les délibérations nulles de droit des délibérations annulables. Ceci revient à dire que les délibérations nulles de plein droit et les délibérations simplement annulables rejoignent respectivement le régime des nullités absolues et celui des nullités relatives en droit civil[972], puisque les premières peuvent être relevées à toute époque alors que les autres sont couvertes après un certain délai[973].

563.–La nullité de plein droit est ainsi assimilée à la nullité absolue et les hypothèses de l'article 63 de la loi du 5 avril 1884 constituent toutes un vice radical qui manifeste *« aux yeux du législateur en quelque sorte son inexistence »*[974]. Ce raisonnement est justifié tout d'abord par le fait que la nullité de plein droit est imprescriptible car elle est invocable à toute époque, soit par voie d'action, soit par voie d'exception (*mais en ce cas, uniquement par le préfet*). Ce développement trouve une autre justification dans le fait que la nullité est de plein droit c'est-à-dire que l'autorité administrative ou le juge doivent se borner à la déclarer sans avoir à la prononcer. Enfin, cette solution se justifie par l'effet rétroactif de la déclaration de nullité, l'acte nul étant censé ne jamais avoir existé, ce qui confirme encore davantage l'assimilation de la nullité de plein droit à une nullité absolue.

564.–Or, si la déclaration de nullité peut être prononcée à toute époque par le préfet, le recours contre l'arrêté déclarant ou refusant de déclarer la nullité de plein droit d'une délibération d'un conseil municipal, est enfermé dans le délai du recours pour excès de pouvoir. L'intervention du juge, en ce cas, ne saurait être *« superflue »* puisqu'il ne constate pas purement ou simplement la nullité comme le préfet, lequel a une compétence liée (*article 63*), mais il porte une appréciation, d'après les éléments du dossier, sur le point de savoir si l'irrégularité en cause est de nature à entraîner la nullité[975].

565.–Enfin l'assimilation entre les actes annulés et la nullité de plein droit, en raison de leur caractère rétroactif, ne supprime pas la différence fondamentale de nature entre les deux notions. Alors que le vice peut être purgé dans le cas des actes annulables, ce n'est pas

---

serait entachée ne serait pas expressément prévu par des dispositions textuelles, ce dernier ne se reconnaîtrait pas compétent pour prononcer la nullité, voir par exemple CE, 28 janvier 1987, Mme Courtet, n° 56531, classé en A.

971 Loi du 5 avril 1884, loi sur l'organisation communale, Recueil général des lois et des arrêts, 1884, p. 553 et s., JO du 6 avril 1884, p. 1557.

972 PICOD (Y.), V° Nullité, in Répertoire de droit civil, février 1998 ou CARPENTIER (A.) et FREREJOUANT DU SAINT (G.), Répertoire général alphabétique du droit français, Tome XVIII, librairie du Recueil général des lois et des arrêts, 1901, Voir Nullités ; VERGE (Ch.) et GRIOLET (G.), Supplément au Répertoire pratique de législation, de doctrine et de jurisprudence, Tome I abandon-enquête, Dalloz, 1927 V°Commune.

973 MOREAU (F.), Le fonctionnement pratique de la nullité de droit établie par les articles 63, 65 et 67 de la loi du 5 avril 1884, RDP 1912 p. 649 et s.

974 DALEM (L.), Les recours contre les délibérations des Conseils municipaux, thèse, 1904, 249 p.

975 « Il n'y a pas de nullités de plein droit en ce sens qu'il n'y a pas de nullités qui s'imposent toutes seules. Toutes les nullités de droit doivent être prononcées par un juge quelconque », M. Demôle, rapporteur de la commission, séance du sénat du 8 février 1883.

le cas pour les actes nuls comme pour les actes inexistants. Surgit alors la question de savoir si les actes inexistants n'ont pas finalement les mêmes effets que les actes nuls de nullité absolue puisqu'un recours est toujours possible à leur encontre. Ou alors est-il possible d'envisager des nullités qui auraient des effets *« plus qu'absolus »* ? L'inexistence ne serait-elle qu'un dérivé des nullités de plein droit calquées elles-mêmes sur le régime civiliste des nullités absolues et adaptées au droit administratif ?

566.–La spécificité du délai de recours a été vivement critiquée car, de ce fait, une délibération ne peut jamais acquérir une autorité certaine et est toujours attaquable. Ceci serait une source d'insécurité juridique, notamment quand la nullité de droit est sollicitée alors que la délibération a reçu exécution. Pour tenir compte de cette objection, a été instituée un renvoi devant un juge aux fins de confirmation de la délibération litigieuse en considérant la demande de nullité *« irrecevable »*. Ainsi l'article 67 de la loi de 1884 précise que toute personne intéressée, non membre du conseil municipal, en sus dudit conseil, peut se pourvoir contre l'arrêté du préfet devant le Conseil d'État par un recours pour excès de pouvoir. Ce *« pourvoi »* n'était à l'origine envisagé que pour les délibérations annulables prévues à l'article 64, c'est-à-dire dans le cas où auraient pris part à la délibération des membres du conseil municipal intéressés[976] alors même qu'il résulte desdits débats que le juge devait pouvoir connaître de tous les litiges relatifs aux nullités de droit en cas de contestation trop tardive, y compris dans le cas où une partie intéressée aurait préalablement appliqué la délibération litigieuse[977].

567.–Il a ainsi été rapidement et expressément fait référence à un recours contentieux contre l'arrêté pris en conseil de préfecture[978], contrairement à l'opinion selon laquelle le législateur aurait entendu exclure tout recours. Au reste, les lois antérieures prévoyaient déjà un recours contre les décisions prises par le préfet, en Conseil de préfecture (*article 28 de la loi du 23 mars 1831, article 23, aliéna 2, de la loi du 5 mai 1855*). L'arrêté pris par le préfet pour déclarer la nullité de plein droit[979] n'était susceptible que d'un recours à l'initiative du conseil municipal, par la voie administrative, en la forme indiquée par l'article 23 de la loi de 1855 : soit un décret impérial pris *« le Conseil d'État, entendu »*[980].

---

976 soit en leur nom personnel, soit comme mandataire à l'affaire qui en a fait l'objet ; Loi du 5 avril 1884, loi sur l'organisation communale, Recueil général des lois et des arrêts, 1884, op. cit., p. 553 et s.

977 Sénat, séance du 8 février 1884, J.O. du 9 février 1884, débat parlementaire, p. 289 et p. 292 ; Sénat, séance du 9 février 1884, J.O. du 10 février 1884, débat parlementaire, p. 304 : Il s'agit sans doute d'une erreur de terminologie car, en réalité est concerné ici un rejet au fond résultant de l'examen du bien fondé de la requête.

978 Sénat, séance du 9 février 1884, J.O. du 10 février 1884, débat parlementaire, p. 304.

979 Une réserve doit être faite dans le cas particulier des délibérations réglementaires, prises en violation d'une loi ou d'un règlement d'administration publique qui furent uniquement envisagées par la loi du 18 juillet 1837 venant compléter la loi de 1831 ; il s'agissait d'une nullité relative qui se prescrivait par l'expiration du délai imparti à l'exercice du recours auquel elle pouvait donner naissance.

980 Avant la loi du 5 avril 1884, l'arrêté par lequel un préfet en conseil de préfecture, avait déclaré nulle, par application de l'article 23 de la loi du 5 mai 1855, la délibération prise par un conseil municipal sur un objet étranger à ses attributions n'était susceptible que d'un recours émanant du conseil municipal lui-même par la voie administrative en la forme indiquée par l'article précité de la loi de 1855 et non par la voie contentieuse pour excès de pouvoir en vertu de la loi des 7-14 octobre 1790.

L'arrêté du préfet qui annulait une délibération d'un conseil municipal sur un objet étranger à ses attributions ne pouvait donc être attaqué devant le Conseil d'État par la voie contentieuse, et cela à peine d'irrecevabilité du recours contentieux[981]. Ce recours administratif sera transformé en recours contentieux par les articles 63 et suivants de la loi du 5 avril 1884[982], et les tables du Recueil en Conseil d'État mentionneront dès 1885 que les réclamations formées devant le préfet en Conseil de préfecture contre les délibérations nulles de droit sont fondées sur les dispositions combinées des articles 63, 65 et 67.

568.–L'analogie entre inexistence et nullité de plein droit quant au régime applicable, trouve donc sa source dans l'inopposabilité d'un délai pour constater une telle illégalité. La catégorie *« sui generis »* des actes inexistants résulte du mécanisme des nullités de droit dont le fondement légal est calqué sur une notion civiliste, elle-même adaptée par le juge administratif pour pallier les carences textuelles dont la conséquence a été en quelque sorte *« une émancipation de la notion »*.

569.–Ainsi le Conseil d'État[983], a déclaré recevables des conclusions à l'encontre d'un arrêté, bien qu'elles aient été déposées plus de trois mois après sa notification[984], au motif qu'un tel recours introduit contre un acte qui prononce l'annulation d'une délibération, se voit appliquer le même régime contentieux que celui visant un arrêté purement confirmatif au fond, pris postérieurement en Conseil de préfecture pour régulariser l'arrêté originaire attaqué entaché de vice de forme. Le juge administratif affirme de manière significative, quoique implicite, qu'une délibération nulle de plein droit ne peut être confirmée, mais surtout, *« contra legem »*, il a modulé le délai de recours contentieux en fonction du recours administratif[985] : c'est en réalité ce raisonnement qui, poussé à son extrême conséquence, a provoqué la création d'un nouveau concept : l'inexistence.

B. La nécessité d'instaurer un recours direct contre les délibérations des conseils municipaux

570.–Le texte de 1884 a été pris à une époque où le juge administratif a cherché à ouvrir plus largement son prétoire. Il y a eu, d'une part, la généralisation du suffrage universel qui a eu pour conséquence d'accroître la légitimité des organes en place et d'étendre leur sphère d'action, et d'autre part le passage de la justice retenue à la justice déléguée qui a contribué à ce que le Conseil d'État développe le contentieux dans une procédure qui n'ignorait pas le recours direct devant le juge. En effet, les délibérations pouvaient être contestées directement en application des dispositions de l'article 60 de la loi

---

981 CE, 9 février 1870, De Parseval et autres, p. 51 et autres ; CE, 2 février 1870, Pagès-Lavondès et autres, p. 52 et s. ; CE, 21 juillet 1876, Dilhan, p. 700.

982 MORGAND (L.), Commentaire de la loi municipale du 5 avril 1884 sur l'organisation et les attributions des Conseils municipaux, Berger-Levrault, Tome I-L'organisation, 1884, 476 p. ; Tome II-attributions 1885, 646 p. ; Table du Recueil périodique des arrêts du Conseil d'État, jurisprudence du Conseil d'État statuant au contentieux et du Tribunal des conflits et de la Cour des comptes (coll. Macarel), analyse des arrêts rendus depuis le 1er janvier 1885 jusqu'au 31 décembre 1894 p. 104 et s.

983 CE, 2 mars 1888, commune de Marignac, p. 210.

984 Délai imparti pour introduire un recours pour excès de pouvoir à cette date.

985 CHAPUS (R.), Contentieux administratif, 12ème éd., op. cit., nos 497, 511 et 747.

des 14-22 décembre 1789[986] ouvrant un recours aux particuliers lésés par un acte des corps municipaux alors même qu'un tel recours n'était pas ouvert au préfet lui-même[987].

571.–Cet article a connu une évolution intéressante car le caractère contentieux du recours a été discuté par la doctrine[988] avant d'être confirmé par le Conseil d'État qui a accepté de se reconnaître juge du fond[989]. En vertu de l'article 60, il appartenait à l'administration de connaître du délit de diffamation, lorsque celui-ci résultait d'une délibération de conseil municipal avec, pour sanction administrative, la radiation des registres[990].

572.–Ces dispositions seront à l'origine de l'article 121-34 du code des communes puis de l'article L. 2137-9 du code général des collectivités territoriales. Elles resteront, après la suppression de la nullité de droit des délibérations, distinctes de l'article L. 2131-8 du code général des collectivités territoriales qui prévoit à la fois le recours direct d'une personne lésée et le déféré préfectoral sur demande.

573.–En effet, les dispositions de l'article 4 de ladite loi permettent à toute personne physique ou morale lésée par une délibération de conseil municipal de demander au représentant de l'État dans le département de mettre en œuvre la procédure de saisine du tribunal administratif (*articles L. 2131-6 et L. 2131-7 du CGCT*). Ce n'est cependant plus là une obligation, les intéressés ayant la faculté de présenter directement un recours devant cette juridiction[991]. De surcroît, aux termes de la loi (*article 16, alinéa 3, de la loi du 22 juillet 1982*), les délibérations des conseils municipaux, même antérieures aux lois de décentralisation[992], peuvent être déférées directement à la juridiction administrative par les personnes ayant intérêt à leur annulation. Celles-ci ayant perdu le pouvoir de les faire déclarer nulles de droit par le représentant de l'État[993].
Ces solutions jurisprudentielles et textuelles lient recours direct aux juges et fin des nullités de plein droit.

574.–Il convient de constater que le juge a ainsi contribué à l'élaboration d'une théorie, l'inexistence, dont les modalités pallient la carence des requérants. Le principal trait de l'inexistence est le constat d'un vice particulièrement grave qui aurait été suffisant

986 HAURIOU (M.), note sous CE, 19 mai 1899, Maire de Bucquoy, S.1900.III. 9.
987 CE, 19 juin 1885, Villes de Mantes, p. 582, tables p. 103 ; CE, 2 mai 1890, Moinet, p. 435.
988 MAYER (P.–G.), Recours contre les délibérations des Conseils municipaux, 1910, 253 p. ; LEVAVASSEUR DE PRECOURT conclusions sur CE, 2 mai 1890, Moinet, p. 435.
989 CE, 14 juin 1901, Doinel, p. 532 ; CE, 24 juillet 1903, Gayral, p. 538 ; CE, 22 juin 1906, Dorat, p. 537 ; CE, 2 avril 1909, Varzy, p. 379.
990 BATBIE (A.), Traité théorique et pratique de droit public et administratif, Tome VII, I maniéré d'acquérir (suite) et compétence, juridictions et procédure, Cotillon, 1868, 754 p.
991 Alors même qu'en principe « les règles relatives au contrôle administratif prévues par les articles précédents sont également applicables aux actes des autorités communales intervenues avant l'entrée en vigueur de la loi du 2 mars 1982 ».
992 Pour les délibérations prises antérieurement à l'application de la loi du 5 avril 1884 : CE, 11 décembre 1885, Ville de Limoges, p. 942.
993 CE, 28 janvier 1987, Mme Courtet, n° 56531.

pour que l'acte soit déclaré nul de plein droit[994]. Ainsi le préfet peut déclarer nulles de droit de *« prétendues »* délibérations qui n'ont aucune existence, leur inscription sur le registre ayant été faite à une date où ce conseil ne s'était pas réuni et n'avait pu, par suite, délibérer, quand bien même lesdites délibérations auraient été renouvelées et confirmées[995], car comme en matière d'inexistence[996] la purge d'un tel vice n'est pas possible.

575.–Toutefois ce n'est pas uniquement le défaut de transcription d'une délibération sur le registre qui peut faire déclarer sa nullité de droit ou son inexistence[997], c'est le défaut de volonté de l'assemblée délibérante de statuer sur le domaine visé à un instant précis. Peu importe finalement qu'il résulte des pièces versées au dossier contentieux que la primo-délibération ait été confirmée ultérieurement par une autre délibération, car la Haute juridiction affirme qu'une telle circonstance ne fait pas obstacle au droit du préfet de prononcer la nullité de la délibération originale car du fait qu'elle n'existe pas, la délibération est nulle de droit et ne peut être confirmée, ce raisonnement étant identique à celui applicable à un acte inexistant[998].

576.–Au surplus, lorsqu'un acte ne peut être annulé de plein droit, le juge va examiner s'il ne remplit pas les conditions de l'acte inexistant[999], et cela même si ce moyen n'est pas allégué par les parties. Plus précisément le juge[1000], et non le préfet[1001], contrôlera si la délibération est, ou non, inexistante, pour examiner si elle est fictive ou pas, si elle a, ou non, une existence matérielle concrète et conforme à la réalité. Implicitement, le Conseil d'État aurait donc, dès l'origine, distingué les notions de nullité de droit et d'inexistence, l'une ne pouvait être déclarée que par le préfet et l'autre que par le juge administratif. Normalement, l'absence de *« negotium »* d'une délibération d'un conseil municipal constituant potentiellement un acte inexistant est un des cas de nullité de plein droit dont la liste est prédéterminée par la loi. Toutefois, le Conseil d'État, saisi d'un recours à l'encontre d'un jugement rejetant une demande en constatation d'inexistence au motif qu'il s'agissait en réalité de délibérations qui auraient dû être déclarées nulles de plein droit par le préfet, précise que celles-ci n'étaient pas inexistantes[1002]. Il s'ensuit que pour lui, les deux notions sont exclusives l'une de l'autre. Si une délibération entre dans la catégorie de nullité de plein droit, elle ne peut être qualifiée d'inexistante car une nullité textuelle prévaut toujours sur une nullité instituée par la jurisprudence.

577.–La théorie de l'inexistence connaît un nouvel essor avec un arrêt du 9 mai 1990 qui parachèvera la jurisprudence. La Haute juridiction juge qu'une prétendue délibération

994 MASSOT, conclusions sur CE, 3 mars 1979, Comité de défense de l'environnement de Mâcon-Nord, n° 06213.
995 CE, 20 mars 1896, Commune d'Auxy, p. 277 et s.
996 CE, 3 mars 1979, Comité de défense de l'environnement de Mâcon-Nord, n° 06213, « a contrario ».
997 CE, 3 mars 1979, Comité de défense de l'environnement de Mâcon-Nord, n° 06213.
998 CE, 27 juin 1890, Ville d'Apt, p. 618-619 ; CE, 20 mars 1896, Commune d'Auxy, p. 277 et s.
999 CE, 28 février 1947, Megevand, p. 85, note de Auby (J.–M.), S.1948.III.41.
1000 CE, 26 janvier 1940, Commune d'Agos-Vidalos, p. 34 ; CE Sect., 7 décembre 1934, Commune-de-Saint-Paul-du-Var, p. 1161.
1001 CE Sect., 7 décembre 1934, Commune-de-Saint-Paul-du-Var, op. cit.
1002 CE, 23 janvier 1981, Mme Courtet, M. Le Chaton, et MM. Lannio L. et Lanni Jean, nos 15147-15275.

doit être regardée comme un acte nul et de nul effet dont l'inexistence peut être constatée à tout moment[1003]. Elle rappelle que les délibérations ne sont pas soumises à des formalités particulières, si ce n'est une volonté consensuelle des conseillers municipaux. En l'absence de satisfaction d'une telle exigence, l'acte ne peut produire d'effet et doit être déclaré inexistant quand bien même la délibération aurait été concrétisée par la formalisation d'un *« instrumentum »*, dès lors que son auteur n'avait pas compétence pour intervenir sur cet objet.

578.–L'acte existe matériellement mais ses conditions d'élaboration font obstacle à ce qu'il obtienne *« sa nature d'acte administratif »*[1004]. Dans l'hypothèse où le conseil municipal aurait été réduit à une simple chambre d'enregistrement qui se réunissait pour entériner les décisions du maire, il sera par la suite compétent pour constater cette inexistence, bien que le seul juge administratif pourra en tirer les conséquences, y compris le juge du contrat lorsque les actes qui ont procédé d'une délibération inexistante sont des contrats[1005].

579.–C'est donc en réalité par l'intervention du régime qu'il désire appliquer que le Conseil d'État qualifie l'acte d'inexistant. Les actes nuls sont des actes nuls de plein droit et c'est de cette nullité qu'est née l'inexistence, matérielle ou juridique. En effet, soit il convient de considérer que le caractère fictif d'une délibération empêche la concrétisation de son *« instrumentum »*, soit au contraire l'apparence qu'elle a eue donne un *« instrumentum »* qui n'aurait jamais dû être créé. Le *« negotium »* est illicite car il est atteint par un vice affectant sa légalité externe ou sa légalité interne[1006].

580.–Les actes nuls de plein droit sont donc circonscrits aux catégories énumérées par les textes, mais, en sus, il en résulte qu'il n'est pas possible d'appliquer la nullité de droit à des matières qui, par leur nature, relèvent du contentieux de pleine juridiction[1007], tels les contrats[1008].

581.–Au demeurant, si le Conseil d'État refuse de connaître directement des demandes en annulation des délibérations des conseils municipaux[1009], il s'est déclaré, *« a contrario »* compétent pour examiner la demande d'une commune tendant à faire déclarer inexistant l'acte pris par son assemblée délibérante. Le juge administratif a toutefois précisé qu'une

1003 CE, 9 mai 1990, Commune de Lavaur c. Lozar, p. 115, Tables, p. 113, D.1991.SC.135, observations LLORENS et SOLER-COUTEAUX.

1004 CAA Marseille, 6 décembre 2005, Lequette, n° 020476, conclusions BONNET (A.), AJDA 2006 p. 1220.

1005 CE, 29 décembre 1997, Commune d'Hautmont, n° 139317, table, p. 710 ; conclusions GOULARD.

1006 Bien que toute incompétence de l'auteur d'une décision ne donne pas à un acte le caractère d'inexistant : CE, 14 juin 1993, Commune de Sainte-Marie-de-la Réunion c. Mme Clain, p. 648.

1007 CE, 30 avril 1930, Sieur Labosse, n° 77959, classé en A ; CE Sect., 17 mars 1961, Ducout c. Commune du Mont-Dore, p. 189, AJDA 1961 p. 194 chronique Galabert et Gentot ; CE, 19 mars 1971 Commune d'Amanlis, T. p. 951 ; CE, 15 janvier 1975, Société pour le développement touristique de Pralognan la Vanoise et Commune de Pralognan la Vanoise, T. p. 896 ; CE, 26 janvier 1940, Commune d'Agos-Vidalos, p. 34.

1008 CE, 29 décembre 1997, Commune d'Hautmont, table, p. 710.

1009 CE, 12 mai 1933, Association pour la défense des administrés et contribuables de Marseille p. 507 ; CE, 5 janvier 1934, Bodard, S.1934.III.52, M.P. de F.–R.

telle demande, n'étant pas au nombre de celles que des textes spéciaux ont autorisé les parties à présenter elles-mêmes devant le Conseil, par dérogation aux prescriptions de l'article 1er du décret du 22 juillet 1806, la requête introduite sans le ministère d'avocat n'est pas recevable[1010].

582.–L'intérêt pratique de la solution consacrée par le Conseil d'État est qu'il n'est pas possible pour la commune, par voie d'action, de demander au préfet de prononcer la nullité de droit de l'acte de son assemblée délibérante auquel elle est partie. Elle ne peut pas, non plus, utiliser par voie d'exception le recours pour excès de pouvoir pour invoquer la nullité du contrat pris sur le fondement de la délibération. Car ce serait détourner les règles applicables en la matière[1011].

583.–Le Conseil d'État précise que la demande d'annulation d'un arrêté préfectoral refusant de déclarer nulles de droit des délibérations qui seraient inexistantes, n'entre pas dans les hypothèses des nullités de droit[1012] car ce n'est pas le caractère fictif de la délibération qui fait obstacle au pouvoir du préfet d'en prononcer la nullité, c'est l'acte qui en procède[1013]. Plus précisément, tout détournement de procédure est ainsi évité car dès lors que les droits en cause, fondés sur une délibération nulle de droit, sont eux-mêmes litigieux, le préfet ne peut prononcer la nullité des actes du conseil municipal[1014]. Un acte nul de droit donnant lieu à la passation d'un contrat de droit privé, comme un bail ou une vente, ne peut pas rendre ce contrat nul *« ipso facto »* car cette nullité ne peut résulter que d'une décision juridictionnelle se prononçant sur la validité du contrat lui-même.
Les intéressés doivent saisir l'autorité judiciaire sauf si celle-ci décide de renvoyer les parties devant l'*« autorité administrative »* pour obtenir la déclaration de nullité[1015].

584.–L'essentiel du contentieux relatif à l'inexistence est aujourd'hui celui des délibérations des conseils municipaux : il y a donc eu un glissement de l'inexistence des délibérations nulles de plein droit à toutes les délibérations entachées d'un vice et surtout à celles qui font l'objet d'un recours hors délais.
L'intérêt principal réside en ce que le juge administratif a une appréciation beaucoup plus libre des critères pour constater qu'une délibération est inexistante. Ceci contraste avec les nullités de droit dont il ne pouvait examiner la légalité qu'à l'occasion du contrôle de légalité et encore seulement au travers de l'arrêté du préfet déclarant la nullité de droit.
Le juge administratif joue un rôle prépondérant dans le contrôle des délibérations même en cas de transmission obligatoire au préfet (*article L.2131-1 du CGCT*). Ceci se produit d'une part en raison de l'absence de texte en la matière, et d'autre part en raison de l'absence de recours préalable obligatoire devant le préfet.

1010 Anonyme, note sous CE Ass., 26 janvier 1940, Commune d'Agos-Vidalos, p. 34, S.1941.III.16.
1011 CE Sect., 7 décembre 1934, Commune-de-Saint-Paul-du-Var, p. 1161.
1012 CE, 26 janvier 1940, Commune d'Agos-Vidalos, p. 34.
1013 CE, 20 mars 1896, Commune d'Auxy, p. 277 et s.
1014 CE, 10 décembre 1909, Sect. de Vaux c. Commune de Sairy, conclusions TARDIEU, p. 957.
1015 CE, 26 janvier 1940, Commune d'Agos-Vidalos, p. 34 ; CE, 29 avril 1955, Consorts Noual, p. 228.

585.–Le juge administratif contrôlera ainsi l'existence des délibérations des conseils municipaux, pour s'assurer qu'elles ne sont pas fictives ; il le fera à partir des divers éléments figurant au dossier : copies *« certifiées conformes »*, attestations des conseillers municipaux ayant pris part au vote, transcription sur le registre des délibérations, comptes-rendus parus dans la presse, du moins si la délibération a été transmise à la préfecture ou visée par des délibérations ultérieures[1016]. Une délibération peut être déclarée inexistante si elle n'était pas inscrite à l'ordre du jour ou si elle n'a pas été mentionnée dans un registre des séances. Cette inexistence sera constatée même si la délibération a été néanmoins adoptée à la majorité des présents, lorsqu'il résulte de l'instruction que l'un des prétendus votants n'était pas présent lors des débats (*aucune signature n'apparaissant sur le registre*), que le texte présenté a été modifié postérieurement à la réunion. Le juge, saisi par le représentant de l'État ou par un simple citoyen[1017], utilisera en quelque sorte la technique du faisceau d'indices, car l'inexistence ne *« va jamais de soi »*, pour savoir, *« in concreto »*[1018], si une prétendue délibération est entachée d'une illégalité constituant un vice suffisamment grave. Dès lors que les éléments constitutifs de l'inexistence seront identifiés, la délibération devra être regardée comme un acte nul et de nul effet, c'est-à-dire inexistante[1019].

586.–C'est en réalité le raisonnement justifiant que le préfet puisse déclarer la délibération nulle de droit[1020] qui est ici transposé *« mutatis mutandis »* pour déclarer inexistantes des délibérations fictives sauf que, dans cette dernière hypothèse, l'autorité compétente est le juge administratif.

1016 CE, 2 décembre 1977, Comité de défense de l'environnement de Mâcon-Nord, p. 474 ; CE, 3 mars 1979, Comité de défense de l'environnement de Mâcon-Nord, n° 06213, p. 103, conclusions MASSOT.

1017 Commissaire de la République des Landes, n° 62206, L'inexistence des délibérations municipales, MOREAU (J.), AJDA 1986 p. 326 et s., RFDA 1987 p. 219 note de DOUENCE (J.–C.) ; RDP 1986 p. 1468 note de AUBY (J.–M.) p. 50, tables, p. 113.

1018 Le commissaire Bonnet sera ainsi circonspect dans cette affaire.

1019 CAA Marseille, 6 décembre 2005, Lequette, n° 020476, conclusions BONNET (A.), AJDA 2006 p. 1220 ; CE, 9 mai 1990, Commune de Lavaur c. Lozar, p. 115, tables p. 113, D.1991.SC.135, observations LLORENS et SOLER-COUTEAUX ; CE, 28 février 1986, Commissaire de la République des Landes, op. cit.

1020 CE, 20 mars 1896, Commune d'Auxy, p. 277.

Section 2 Le mécanisme de la nullité de plein droit : origine de l'inexistence

587.–La fin des nullités de plein droit a eu comme corollaire la création par le juge administratif du déféré en déclaration d'inexistence (*§. 1.*), confirmant ainsi la nécessité d'un mécanisme prétorien, nécessairement plus souple que les voies de recours textuelles classiques (*§. 2.*).

§. 1 La nullité de droit, fondement historique du déféré en déclaration d'inexistence

588.–L'instauration d'un mécanisme sanctionnant les délibérations graves et manifestement illégales est apparue comme une nécessité (*A*). Un système prétorien largement inspiré des nullités de plein droit a donc été élaboré par le juge administratif pour pallier la forclusion résultant de l'expiration du délai du recours pour excès de pouvoir (*B*).

A. La sanction des délibérations graves et manifestement illégales

589.–Une fois que la délibération avait été adoptée, le fait qu'elle ait été soumise à approbation ou non, alors qu'elle devait l'être, ou qu'elle soit exécutoire immédiatement, n'était pas un motif pour que le préfet puisse prononcer la nullité de droit. La décision préfectorale de prononcer cette nullité de droit fait grief et ne constitue donc pas un simple avis[1021], lequel serait insusceptible de faire l'objet d'un recours contentieux[1022]. Il n'en n'allait autrement qu'en cas de vice propre à la délibération litigieuse[1023]. Lorsque le juge constatait le vice propre affectant les conditions de forme et de procédure, il déclarait le requérant recevable à contester la décision du préfet refusant ladite délibération ou la déclarant nulle de droit[1024].

590.–C'est vraisemblablement de ces vices propres qu'est tirée l'essence même du recours en déclaration d'inexistence qui a évolué depuis pour prendre son autonomie par rapport au déféré préfectoral classique. En effet, nonobstant l'institution par la loi du 2 mars 1982 d'un nouveau déféré préfectoral comme faculté reconnue aux citoyens de former directement un recours pour excès de pouvoir[1025], le Conseil d'État a maintenu sa jurisprudence sur les vices propres[1026] pour le déféré préfectoral[1027]. Il considère que

---

1021 CE, 17 mai 1935, Union commerciale et industrielle de la Ville d'Oullins, p. 562 ; CE, 12 mai 1944, Sieur Lerouxel, p. 136.

1022 Qui contrairement à ce que soutient M. Chapus (n° 684 3°) n'est pas un recours immédiat puisqu'un recours administratif préalable est obligatoire auprès du préfet : CHAPUS (R.), Droit du contentieux administratif, 12ème éd., op. cit.,1512 p.

1023 CE, 9 janvier 1952, Sieur Vidal, p. 22 ; CE, 12 mai 1944, Sieur Lerouxel, p. 136 « a contrario ».

1024 CE Sect., 24 mai 1957, Chougny, p. 339, note WALINE (M.), RDP 1958 p. 292 et s. ; CE, 12 décembre 1973, Bocholier, p. 719.

1025 CE, 28 janvier 1987, Mme Courtet, n° 56531.

1026 CE, 21 février 1986, Gilles, p. 42 ; CE, 22 mai 1987, Tête, p. 179, AJDA 1987 p. 664, conclusions VIGOUROUX ; TA Nice, 6 octobre 1987, SCP Le Tahiti, RFDA 1989 p. 325, conclusions CALDERARO ; CE, 25 novembre 1988, Commune de Plessis-Feu-Aussous, p. 421, obs. AUBY (J.-B.), AJDA 1989 p. 191 ; CE, 13 novembre 1995, Poperen et autres, conclusions MAUGÜE, AJDA 1996 p. 77 et s.

1027 CE, 2 décembre 1991, Commune de La Chaussée-Tirancourt, p. 744, conclusions ABRAHAM, RFDA1992 p. 892.

l'édiction d'une nouvelle loi ne doit pas se traduire par un recul de l'État de droit[1028]. Afin d'être conforme à l'esprit des travaux préparatoires de la loi du 2 mars 1982 (*soumissions au contrôle de légalité de toutes les délibérations qu'elles fassent grief ou pas*[1029]) le Conseil d'État a assimilé aux termes de *« vice propre »* la légalité externe[1030] largement entendue puisqu'elle comprend les vices propres tenant aux conditions de forme et de procédure dans lesquelles le conseil municipal a délibéré[1031].

591.–Ainsi l'idée perdure qu'une délibération illégale ne saurait demeurer dans l'ordonnancement juridique car elle est l'expression de la démocratie locale bien qu'il ait toujours été envisagé qu'elle puisse être déclarée illégale du fait du vice qui l'entache sans être nécessairement qualifiée d'acte inexistant[1032]. Ainsi, en 1986[1033], le Conseil d'État a affirmé que la triple circonstance que la délibération en litige, qui n'avait pas à être motivée, aurait porté sur une question non inscrite à l'ordre du jour, qu'elle aurait été votée dans la confusion et que le registre des délibérations aurait été signé avec retard par les conseillers municipaux, ne peut avoir pour effet de faire regarder cette délibération comme un acte inexistant dont le juge administratif pourrait constater la nullité sans condition de délai. C'était aussi l'avis du Commissaire du Gouvernement Roux pour qui, nonobstant *« la confusion la plus totale qui a régné à la fin de la séance [...], il n'en résulte pas néanmoins que la délibération n'ait pas, en fait, été adoptée ; l'huissier appelé ne constatant rien de tel à l'issue de la séance à 13 h. 45, ni qu'elle soit inexistante en droit »*[1034].

592.–En réalité, la typologie des vices propres est calquée sur celle des moyens invocables à l'appui d'un recours pour excès de pouvoir : atteinte à la séparation des pouvoirs et incompétence. Pour autant il convient de critiquer la thèse selon laquelle aurait ainsi eu lieu *« l'éclosion progressive »* d'un nouveau contentieux de l'excès de pouvoir appliqué aux actes non exécutoires[1035]. En réalité, depuis les arrêts d'Assemblée, *« Syndicat CGT des hospitaliers de Bédarrieux »*[1036] et de Section, *« Société à responsabilité limitée*

1028 VIGOUROUX conclusions sur CE, 22 mai 1987, Tête, p. 179, AJDA 1987 p. 664.

1029 Proposition de loi modifiant et complétant la loi n° 82-213 du 2 mars 1982 relative aux droits et libertés des communes, des départements et des régions et tendant à préciser les nouvelles conditions d'exercice du contrôle administratif sur les actes des autorités communales, dit « rapport Schiélé 1981-1982 numéro 308 », de la commission des Lois constitutionnelles, de la législation, du suffrage universel, du Règlement et d'administration générale, voir 2ème partie p. 11.

1030 CE, 10 mars 1989, Moutardier, p. 229 ; CE, 22 mai 1987, Tête, p. 179, AJDA 1987 p. 664, conclusions VIGOUROUX ; CE, 2 décembre 1991, Commune de La Chaussée-Tirancourt, p. 744, conclusions ABRAHAM, RFDA 1992 p. 892 ; CE, 17 novembre 1993, Association Atlantique, n° 93744.

1031 COMBREXELLE, conclusions sur CE Ass., 15 avril 1995, Syndicat CGT des hospitaliers de Bédarrieux, n° 120273 ; CE Sect., 8 octobre 1976, Blant, conclusions GUILLAUME, AJDA 1977 p. 101.

1032 MESTRE (J.–L.), Un droit administratif à la fin de l'Ancien régime : Le contentieux des communautés de Province, LGDJ, 1976, p. 73 et s.

1033 CE, 13 juin 1986, Toribio et Bideau, n° 59578, p. 161.

1034 Conclusions Roux, CE, 13 juin 1986, Toribio et Bideau, n° 59578, AJDA 1986 p. 503.

1035 KOUBI (G.), Le « vice propre à la délibération » dans le droit de la décentralisation, AJDA 1992 p. 779 et s.

1036 CE Ass., 15 avril 1995, Syndicat CGT des hospitaliers de Bédarrieux, n° 120273, p. 130, RFDA 1996 p. 1169, conclusions COMBREXELLE, DA 1998 n° 165, obs. L.T., RFDA 1998 p. 533, note TOUVET (L.).

ENLEM »[1037], le principe demeure qu'un requérant n'est pas recevable à attaquer par la voie du recours pour excès de pouvoir un acte préparatoire tel qu'une délibération à caractère préparatoire d'une collectivité territoriale et de ses établissements publics, même à raison de vices propres, seul un déféré préfectoral est possible à son encontre[1038].

593.–Hauriou estimait que les délibérations nulles de droit devaient être assimilées aux actes inexistants car *« du point de vue de la formation de l'acte qui est celui de la délibération, toute violation de la loi entraîne nullité juridique parce que les formes et conditions imposées à l'acte sont censées l'être à peine de nullité, parce que l'acte est solennel, parce que si les conditions voulues ne sont pas réalisées, il est en somme inexistant ; du point de vue de l'effet de droit qui est celui de la décision entachée d'excès de pouvoir l'acte existe en soi, par conséquent ce dont il s'agit c'est de le faire annuler rétroactivement et alors il faut une action ».*

594.–Ainsi, selon cet auteur, la véritable distinction qui devait être opérée était celle entre une illégalité entraînant une nullité juridique, et celle qui avait pour conséquence que l'acte ne pouvait être annulable que sur recours. C'était la distinction entre le recours pour excès de pouvoir et la voie de la nullité de droit[1039], prononçable à l'origine uniquement pour défaut de respect des formes requises pour des actes solennels. Toutefois, pour Hauriou, le Conseil d'État s'est affranchi de cette *« rigueur primitive »* pour se préoccuper de la rédaction même de l'acte et des conditions dans lesquelles la délibération a été adoptée, sans prononcer de nullité juridique, ce qui a engendré *« une déviation sensible »* de la procédure prévue initialement par les textes. On doit compléter le raisonnement d'Hauriou en relevant que de cette émancipation est née une création prétorienne, la théorie de l'inexistence qui n'apparaîtra *« expressis verbis »* dans les motifs des décisions que quelques années plus tard.

595.–Hauriou a tout d'abord démontré que le recours à l'encontre d'une délibération ne pouvait être que spécifique en raison de la nature même de l'acte lequel émane d'un organisme délibérant : il s'y trouve à la fois un acte exécutoire et l'opération délibérative par laquelle l'organisme collégial a pris une décision[1040].
La conséquence de cette particularité résidait en ce que la voie de la nullité des articles 63 et suivants ne pouvait être intentée contre les délibérations qui n'avaient pas été approuvées et qui n'étaient pas encore *« exécutoires »*. Il en allait de même, selon lui, de celles qui contenaient ce qu'Hauriou nommait des *« mesures exécutoires »* définies comme étant une notion plus large que celle des *« décisions exécutoires »* ; ceci permettant d'englober les

---

1037 CE Sect., 29 décembre 1997, Sté Anlem, p. 500, DA 1998 n° 165 obs. L.T., RFDA 1998 p. 553, note TOUVET (L.).

1038 CHAPUS (R.), Droit du contentieux administratif, 12ème éd., op. cit.,1512 p.

1039 in HAURIOU (M.), note sous CE, 1er février 1901, Descroix et autres boulangers de Poitiers, S.1901.III.41 ; résumé des conclusions du commissaire du gouvernement ROMIEU, p. 10 et s. in HAURIOU (M.), La jurisprudence administrative de 1892 à 1929, d'après les notes d'arrêts du Sirey réunies et classées par André Hauriou, TI, Sirey, 1929, 742 p. ; HAURIOU (M.), note sous CE, 4 décembre 1903, Barthe, Gaudet et autres, S.1904. III.137.

1040 HAURIOU (M.), note sur CE, 1er février 1901, Descroix et autres boulangers de Poitiers, S.1901.III.41.

hypothèses de blâme adressé au préfet, au maire ou à un ancien maire, voire à des conseillers municipaux[1041]. C'est la distinction entre les délibérations constituant de simples mesures préparatoires et celles contre lesquelles un *« vice propre »* pouvait être invoqué, conception abandonnée en 1996[1042]. Hauriou affirme donc que la délibération n'était pas *« absorbée »* par l'acte d'approbation du préfet et que, par suite, elle pouvait être attaquée en tant qu'acte distinct. Il différencie de cette manière définitivement l'acte de tutelle administrative et l'acte d'approbation de la décision contrôlée. Conformément à la jurisprudence du Conseil d'État[1043], Hauriou considère que lorsqu'une délibération, pour pouvoir être exécutoire, est soumise nécessairement à l'approbation du préfet et que des personnes veulent arguer de sa nullité, elle doit être déférée au préfet (*articles 63, 65, et 67, la loi du 5 avril 1884*).

596.–En revanche, pour Hauriou le Conseil d'État aurait admis, par l'arrêt *« Burelle »*[1044], le recours hiérarchique contre un acte d'approbation dans le cadre du contrôle exercé par le préfet. Ainsi, les personnes qui arguent de la nullité de droit d'une délibération auraient le choix, en présence d'une délibération approuvée, soit *« d'attaquer la délibération par la voie de nullités spéciales des articles 63 et s., [soit] d'attaquer l'acte d'approbation par le recours hiérarchique [soit] par le recours pour excès de pouvoir »*. Toutefois, le Doyen de Toulouse n'apporte pas d'exemples concrets à l'appui de sa démonstration.

597.–Hauriou ajoute que l'intérêt de cette solution est que le résultat diffère selon l'option de la voie de droit choisie. La voie de nullité de la loi de 1884 anéantit la délibération, alors que seul l'acte d'approbation le sera en cas de recours en annulation direct, ce qui, pour Hauriou, avait l'effet pervers que la délibération pouvait acquérir tout de même force exécutoire par autorisation du préfet (*l'autorité de la chose jugée n'étant donc pas envisagée...*)[1045]. Ce détournement de procédure n'a pas été abordé par la jurisprudence sans doute parce qu'il ne s'est pas posé ; le juge administratif, lors de son examen de l'arrêté, prononçant ou refusant de déclarer la nullité de droit, contrôle également la régularité de la délibération. Il se prononce donc sur sa légalité, ce qui, en cas de confirmation de la délibération par le préfet postérieurement à l'arrêt, reviendrait à

1041 CE, 10 mai 1895, Commune de Saint-Yrieix, p. 384 ; CE, 3 mars 1899, Commune de Thonon-les-Bains, p. 392 ; CE, 19 mai 1899, Commune de Fort-de-L'eau, p. 397 ; CE, 28 juillet 1899, Ville de Constantine, p. 543 ; CE, 18 janvier 1901, Huchard, note anonyme p. 31 ; CE, 21 mars 1902, Colas, p. 225.

1042 CE Ass., 15 avril 1996, Syndicat CGT des hospitaliers de Bédarieux, p. 130 ; AJDA 1996 p. 366, chronique STAHL (J.–H.) et CHAUVAUX (D.), RFDA 1996 p. 1169, conclusions COMBREXELLE.

1043 CE, 1er février 1901, Descroix et autres boulangers de Poitiers, note de HAURIOU (M.), S.1901.III.41 ; HAURIOU (M.), note sous CE, 4 décembre 1903, Barthe, Gaudet et autres, S.1904. III.137.

1044 CE, 5 juillet 1901, Burelle, p. 605.

1045 HAURIOU (M.), note sous CE, 1er février 1901, Descroix et autres boulangers de Poitiers, S.1901.III.41 ; HAURIOU (M.), note sous CE, 5 juillet 1901, Burelle ; HAURIOU (M.), note sous CE, 4 décembre 1903, Barthe, Gaudet et autres, S.1904. III.137.

méconnaître une décision de justice et l'esprit de la loi, tout au moins tel qu'il était envisagé dans les travaux préparatoires[1046].

598.–Hauriou avait ainsi envisagé que les deux voies de droit prévues respectivement aux articles 63 et 64 tendraient à s'unifier autour de la recevabilité du recours en déclaration de nullité lorsqu'une telle demande serait formulée avant l'approbation du préfet dans les cas où elle serait obligatoire, mais non encore exécutoire.
Hauriou considérait donc que les recours prévus aux articles 63 et 67 (*en vue de la déclaration de nullité devant le préfet et recours en la forme du recours pour excès de pouvoir*) de la loi du 5 avril 1884 étaient identiques et ne formaient qu'une seule et unique procédure avec deux degrés de contrôles différents[1047]. Ainsi le préfet pouvait être saisi à la fois de la délibération à approuver et de la demande de nullité, et s'il approuvait la délibération cela équivalait à un rejet de la demande en nullité. Dans le cas contraire, s'il refusait d'approuver la délibération, cela revenait à prononcer la nullité : donc, la même autorité avait à statuer sur la légalité d'une décision en se fondant sur deux dispositions différentes, instaurant deux contrôles distincts mais de même nature administrative.

599.–Hauriou justifiait cette interprétation, confortée au demeurant par le commissaire du gouvernement Le Vavasseur de Précourt[1048], par une explication historique. La procédure de nullité et celle d'annulabilité des articles 63 et 64 n'étaient en réalité qu'une seule voie de nullité puisque les deux types de recours avaient des régimes similaires[1049] (*cristallisation des moyens invocables au moment de la demande formulée au préfet*[1050]*, irrecevabilité d'un recours hiérarchique devant le ministre contre l'arrêté du préfet, élargissement des deux procédures au contribuable depuis l'arrêt du 29 mars 1901 « Casanova »*[1051]*, annulation, s'il y a lieu, par voie de conséquence de la délibération annulée ou annulable*[1052]).

600.–Dans les deux premières affaires où cette question s'était rencontrée, le Conseil d'État ne s'est pas expressément prononcé[1053], bien que dans la première espèce, le

---

1046 DALEM (L.), Les recours contre les délibérations des Conseils municipaux, thèse, 1904, 249 p. ; MAYER (P.–G.), Recours contre les délibérations des Conseils municipaux, thèse, 1910, 253 p.

1047 HAURIOU (M.), note sous CE, 1er février 1901, Descroix et autres boulangers de Poitiers, S.1901.III.41 ; HAURIOU (M.), note sous CE, 5 juillet 1901, Burelle ; HAURIOU (M.), note sous CE, 4 décembre 1903, Barthe, Gaudet et autres S.1904. III.137.

1048 cf. ses célèbres conclusions sur l'arrêt Commune de Fagnières, in RGA 1890 Tome III, p. 435.

1049 MORGAND (L.), Commentaire de la loi municipale du 5 avril 1884 sur l'organisation et les attributions des Conseils municipaux, Berger-Levrault, Tome I-L'organisation, 1884, 476 p. ; Tome II-attributions 1885, 646 p. ; MOREAU (F.), les caractères de la nullité de plein droit édictés par les articles 63 et 65 de la loi du 5 avril 1884, RDP 1912 p. 231 et s. ; MOREAU (F.), le fonctionnement pratique de la nullité de droit établie par les articles 63, 65 et 67 de la loi du 5 avril 1884, RDP 1912 p. 649 et s.

1050 CE, 23 décembre 1898, Godard, p. 828, S.1901.III.55.

1051 CE, 29 mars 1901, Casanova, n° 94580, S.1902.III.73 note HAURIOU (M.) ; voir commentaire n° 8 in BRAIBANT (G.), DELVOVE (P.), GENEVOIS (B.), LONG (M.), WEIL (P.), Les grands arrêts de la jurisprudence administrative 2005, 15ème éd., Dalloz, p. 51.

1052 CE, 14 décembre 1888, Syndicat des brasseurs de Cambrai, p. 962 ; CE, 1er mai 1891, Bernard, p. 322 ; CE, 11 novembre 1892, Mahé, Ruben de Couder, S.1894.III.83.

1053 CE, 24 juillet 1885, Fabrique de Ginouilhac, p. 706 ; CE, 22 janvier 1886, Castex, S.1887.III.45, note P. (Ch.).

commissaire Le Vavasseur de Précourt ait conclu à la recevabilité de la voie de nullité alors que dans la deuxième espèce, la Haute juridiction a déclaré qu'une délibération non encore approuvée ne faisait pas grief[1054], conformément aux conclusions du commissaire du gouvernement Marguerie[1055]. Le Conseil d'État a affirmé pour la procédure des articles 63 et suivants[1056], que les délibérations à caractère préparatoire des collectivités territoriales et de leurs établissements publics ne sont pas susceptibles de faire l'objet d'un recours pour excès de pouvoir, même à raison des vices propres dont elles seraient entachées. On sait que, par la suite, il a jugé que les dispositions de la loi du 2 mars 1982 font exception à cette règle en faveur du préfet, celui-ci étant ainsi recevable à déférer de telles délibérations[1057].

601.–Les préfets, en cas de demande de nullité de plein droit d'une délibération alors qu'ils n'avaient pas encore accordé leur approbation, déclaraient *« qu'il ne serait pas donné de suite »* à la délibération qui leur était déférée[1058]. Or, à défaut d'annulation expresse, une telle déclaration d'intention ne pouvait empêcher la décision de produire son plein et entier effet[1059]. Hauriou soulignait ainsi que par la nullité des articles 63 et suivants sanctionnait bien la décision du conseil municipal, et non le procès-verbal de la délibération, qui devait être écrit sur le registre des délibérations, or elle ne l'avait pas été ou l'avait été que d'une façon mensongère[1060].

602.–L'éclaircissement qui est proposé est que le recours contentieux qui est désormais possible en vertu de l'article 67 de la loi du 5 avril 1884, ne peut être un recours pour excès de pouvoir car il s'agit en réalité de l'ancien recours hiérarchique administratif instauré par l'article 23 de la loi du 5 mai 1855 simplement transposé au contentieux. Hauriou a complété sa démonstration en affirmant que s'il en avait été autrement, il n'y avait aucune raison que ce recours ne soit pas en réalité un recours pour excès de pouvoir… Il cite, à tort nous semble-t-il, un arrêt du Conseil d'État du 1er avril 1898, *« Pillon de Saint-Philibert contre commune de Bouzeval »*[1061], pour démontrer que le recours pour excès de pouvoir n'est pas recevable, car il existe un autre recours contre les délibérations des conseils municipaux prévu par l'article 67 de la loi de 1884. L'exception de recours parallèle ferait obstacle à l'admission du recours pour excès de pouvoir. Ce recours serait

---

1054 CE, 1er février 2001 Ville du Blanc, p. 123.

1055 CE, 22 janvier 1886, Castex, S.1887.III.45, note P. (Ch.).

1056 HAURIOU (M.), note sous CE, 1er février 1901, Descroix et autres boulangers de Poitiers, S.1901.III.41 ; HAURIOU (M.), note sous CE, 4 décembre 1903, Barthe, Gaudet et autres, S.1904. III.137 ; CE, 14 décembre 1900, Calmus, Durand et autres, p. 243 ; S.1903.III.53 ; CE, 24 mars 1899, Petit, p. 755.

1057 CE Ass., 15 avril 1995, Syndicat CGT des hospitaliers de Bédarrieux, n° 120273, conclusions COMBREXELLE.

1058 HAURIOU (M.), note sous CE, 1er février 1901, Descroix et autres boulangers de Poitiers, S.1901.III.41 ; HAURIOU (M.), note sous CE, 4 décembre 1903, Barthe, Gaudet et autres, S.1904.III.137.

1059 CE, 4 décembre 1903, Barthe, Gaudet et autres S.1904. III.137, note de HAURIOU (M.).

1060 CE, 27 juin 1890, Ville d'Apt, (3 espèces), p. 618-619 ; CE, 20 mars 1896, Commune d'Auxy, p. 277 et s. ; HAURIOU (M.), note sous CE, 4 décembre 1903, Barthe, Gaudet et autres, S.1904.III.137.

1061 Cité par HAURIOU (M.) dans sa note sur CE, 1er février 1901, Descroix et autres boulangers de Poitiers, S.1901.III.41.

un recours *« plus compliqué, dont les ouvertures sont de nature différente »* que le recours pour excès de pouvoir[1062]. En réalité, le Conseil d'État ne se prononce ici que sur l'irrecevabilité des recours directs contre de tels actes, ce qui n'exclut pas la formation d'un recours pour excès de pouvoir contre l'arrêté du préfet pris sur la base des articles 63 et suivants de la loi du 5 avril 1884.

603.–En revanche, Hauriou précise justement qu'une telle exclusion du recours pour excès de pouvoir n'est motivée que par l'organisation d'une voie particulière de nullité ou bien lorsque la voie de nullité est trop restreinte[1063]: en d'autres termes, lorsqu'un tel recours n'est pas prévu, le recours pour excès de pouvoir contre les délibérations est direct[1064]. Mais Hauriou n'a pas mentionné que cette finalité permet d'assurer le contrôle des actes d'organismes collégiaux uniquement par l'intervention du juge administratif, même s'il indique qu'en réalité le recours pour excès de pouvoir n'est que subsidiaire par rapport à la voie de nullité. Certes, en pratique, pour Hauriou, le résultat est identique puisque l'acte est annulé mais en théorie *« la voie de nullité s'attaque particulièrement à l'élément formel de l'acte »* alors que *« le recours pour excès de pouvoir, au contraire, vise l'élément matériel ou fondamental de la délibération, lorsqu'il est de nature à produire un effet de droit »*. La forme de l'acte, son processus d'élaboration, serait donc contrôlée par la nullité prononcée par le préfet et le fond de la délibération ainsi que ses motifs par le juge administratif. Le raisonnement d'Hauriou culmine lorsqu'il s'interroge sur l'éventualité d'une modification des cas d'ouverture de la voie de nullité prévue aux articles 63 et suivants de la loi du 5 avril 1884 au motif qu'il s'était opéré une fusion du recours pour excès de pouvoir et du recours contentieux en annulation pour violation de la loi par application du décret du 2 novembre 1864… Il finit par conclure que le recours pour excès de pouvoir *« n'a pas absorbé toute l'illégalité et que l'illégalité n'a pas absorbé l'excès de pouvoir »*[1065].

604.–Hauriou démontre alors qu'il existe une différence de conception juridique entre recours pour excès de pouvoir et recours administratif en nullité, alors que les deux recours tendent à prononcer l'illégalité de l'acte. Le problème est qu'il fait une analyse de la nullité prononcée par une autorité administrative en la distinguant de l'annulabilité, tout en opérant une confusion avec son raisonnement en matière de recours contentieux et cela sans tenir compte des travaux préparatoires de la loi. Il assimile alors les délibérations qui peuvent être déclarés nulles à des actes solennels dont des éléments constitutifs font défaut ce qui empêche leur formation et permet de prononcer leur inexistence. En réalité, lorsque de tels actes sont formés, ils existent mais ils peuvent être affectés d'un vice qui permettra qu'ils soient annulés pour excès de pouvoir. Hauriou cite ainsi tous les actes des autorités exécutives comme n'étant pas des actes solennels dont la forme peut être sanctionnée. Cependant un tel raisonnement revient à nier la distinction entre ce qui constituera plus tard

1062 HAURIOU (M.), note sur CE, 1er février 1901, Descroix et autres boulangers de Poitiers, S.1901.III.41.
1063 Article 88 de la loi du 10 août 1871.
1064 CE, 9 février 1900, Bonsignorio, S.1901.III.17, note HAURIOU (M.).
1065 HAURIOU (M.), note sur CE, 1er février 1901, Descroix et autres boulangers de Poitiers, S.1901.III.41.

la distinction entre la légalité externe et la légalité interne. Cet auteur précise que si le recours pour excès de pouvoir ne permet pas le même contrôle que lorsque le recours peut avoir comme conséquence la nullité juridique du processus d'élaboration de la délibération, la jurisprudence est cependant en train d'évoluer sur ce point car le juge administratif tend à rechercher plus avant si l'ensemble de l'opération est légal ou pas[1066]. Ce mécanisme est en réalité à l'origine du nouveau régime entré en vigueur avec la loi du 2 mars 1982 qui distingue nettement le recours du préfet et le recours pour excès de pourvoi de tout citoyen.

B. La consécration d'un recours *« prœter legem »*

605.–Cette construction historique fait qu'il subsiste désormais deux types de déférés. En premier lieu, le déféré d'office, en vertu duquel *« les actes pris au nom de la commune sont exécutoires de plein droit, dès qu'il a été procédé à leur publication ou affichage ou à leur notification aux intéressés »*[1067]. En second lieu, le déféré sur demande ou provoqué par les différents administrés lésés par des actes administratifs pris par les autorités décentralisées, que ces actes, estimés illégaux, soient soumis ou non à l'obligation de transmission.

606.–Toutefois, il convient de relever que le mécanisme de la nullité de droit n'est à l'origine que de la seule procédure du déféré préfectoral d'office. Ainsi la création par le législateur d'un type particulier de déféré préfectoral n'a pas empêché la jurisprudence de créer, *« prœter legem »*, les conditions du recours en déclaration d'inexistence d'un acte ou *« recours en constatation d'inexistence d'un acte »*, et donc d'instaurer une véritable procédure indépendante du contrôle de légalité normalement prévu par le code général des collectivités territoriales[1068].

607.–Le principe même d'un tel recours a été posé par le Conseil d'État, dans un arrêt *« commissaire de la République des Landes »*[1069] qui a ainsi consacré la recevabilité d'un recours en déclaration d'inexistence sur demande du représentant de l'État dans le département, dans le cadre du contrôle des actes[1070] qu'il estime contraires à la légalité dans les deux mois suivant leur transmission[1071]. Le représentant de l'État peut, bien qu'aucun texte ne le précise expressément, déférer sans délai au juge administratif des actes locaux en

---

1066 LAFERRIERE (E.), Traité de la juridiction administrative et des recours contentieux, 1896, 2ème Berger-Levrault, Tome II, 709 p. ; HAURIOU (M.), note sur CE, 1er février 1901, Descroix et autres boulangers de Poitiers, S.1901.III.41.

1067 Article L. 2131-3 ; Loi n° 2002-276 du 27 février 2002 art. 6 II JO 28 février 2002 ; Loi n° 2004-809 du 13 août 2004 art. 140 IV, JO du 17 août 2004 en vigueur le 1er janvier 2005.

1068 Article L. 2131-6 (Loi n° 2000-597 du 30 juin 2000 art. 16 JO du 1er juillet 2000 en vigueur le 1er janvier 2001. Pour rappel l'article L. 2131-2, initialement l'article 11 de la loi n° 2001-1168 du 11 décembre 2001 JO du 12 décembre 2001, l'article 16 de l'ordonnance n° 2004-559 du 17 juin 2004, JO du 19 juin 2004 ; l'article 140-I de la loi n° 2004-809 du 13 août 2004, JO du 17 août 2004 en vigueur le 1er janvier 2005.

1069 CE, 28 février 1986, Commissaire de la République des Landes, n° 62206, RDP 1986 p. 1468 et s., note de AUBY (J.–M.), l'inexistence des délibérations municipales, MOREAU (J.), AJDA 1986 p. 326/327, RFDA 1987 p. 219 note de DOUENCE (J.–C.), p. 50, T. p. 113.

1070 Mentionnés au paragraphe II de l'article 2 de la même loi.

1071 Posé par l'article 3 de la loi du 2 mars 1982 modifiée.

vue de faire constater leur inexistence[1072]. En l'occurrence, il s'agissait de prétendues délibérations jamais adoptées formellement par le conseil municipal que le commissaire du gouvernement Dominique Latournerie proposait de déclarer inexistantes en s'appuyant sur les articles 3 et 4 de la loi du 2 mars 1982 qui ne prévoyaient, en réalité, que le contrôle *« classique »* de légalité.

608.–Le Conseil d'État, après avoir souligné que de telles décisions[1073] ne se rattachaient à aucune séance régulièrement tenue par le conseil municipal, a admis la recevabilité du déféré préfectoral pour constater l'inexistence des actes en cause non sans avoir mentionné au préalable que les communications ultérieurement faites au conseil municipal sur ces deux projets, pas plus que leur examen en commission des travaux, ne pouvaient tenir lieu de délibérations régulières. La recevabilité d'un tel recours semblait d'autant plus évidente que tout intéressé, voire toute personne, peut demander au juge (*sans condition de délai*)[1074] de déclarer une délibération inexistante (*et donc nulle et de nul effet*) et que juger le contraire reviendrait à refuser le même droit au représentant de l'État.

609.–Toutefois, dans l'arrêt *« Commissaire de la République des Landes »*, la réalité de l'*« instrumentum »* était incertaine puisqu'il n'est pas possible de savoir, *« in concreto »*, s'il s'agissait d'une inexistence matérielle ou d'une inexistence juridique. Il semble qu'un tel déféré soit recevable autant dans un cas que dans l'autre.

610.–Par la suite, la jurisprudence a confirmé cette création prétorienne[1075]. Ainsi un conseil municipal avait interdit les expulsions locatives et les saisies immobilières sur le territoire de la commune, portant ainsi atteinte tant aux attributions du législateur qu'à la force exécutoire des décisions de justice Il s'agissait bien d'une décision prise formellement (*« instrumentum »*) par une autorité qui a, en principe, vocation à prendre des actes juridiques, cependant celle-ci n'avait pas compétence pour le faire s'agissant de l'acte précisément en cause. Par conséquent elle avait empiété sur le domaine de compétence d'une autre autorité. Le *« negotium »* ne pouvait qu'être étranger à l'objet de la délibération et le Conseil d'État ne pouvait que constater, sur demande du préfet, que cette délibération était nulle et non avenue.

611.–Il s'agit vraisemblablement d'une inexistence juridique bien que la décision de justice relative à ce cas d'espèce mentionne que le préfet de la Région Auvergne a déféré *« cette délibération au contrôle du juge de l'excès de pouvoir »* (*sic*) alors qu'en principe un recours en constatation d'inexistence n'est pas par nature, un recours pour excès de pouvoir. Cette rédaction est sans doute incidente car elle a été réitérée par la suite lors de l'annulation d'un jugement constatant l'inexistence de délibérations *« qui ne sauraient être*

1072 Lors de cette solution, le Conseil d'État a réaffirmé qu'un acte inexistant ne peut être confirmé ni rapporté.

1073 Par lesquelles il a été décidé de construire un tennis et d'aménager un parc de stationnement sur la place publique de la commune.

1074 CE, 27 novembre 1995, Commune de Floing, n° 150035.

1075 TA Clermont-Ferrand, 24 avril 1990, Préfet de la région d'Auvergne c. Commune de Cendre, p. 509, Gaz. Pal. 2-3 novembre 1990, note BRISEUL (J.–P.).

regardées comme des actes nuls et de nul effet susceptibles d'être déférés au juge de l'excès de pouvoir sans condition de délai »[1076].

612.–Il est vrai qu'une telle interprétation est *« a contrario »*. Il est possible de considérer que cette formulation signifie qu'un acte nul et de nul effet est susceptible d'être déféré au juge de l'excès de pouvoir sans condition de délai quand son régime contentieux est calqué en tout point sur le recours pour excès de pouvoir comme c'est le cas pour le déféré préfectoral classique. Ce référé, sans être totalement assimilable au recours pour excès de pouvoir, en reste un succédané. Toutefois le parallélisme avec le recours pour excès de pouvoir demeure ponctuel[1077] en ce qui concerne les déférés en déclaration d'inexistence. Il trouve cependant sa justification par le fait que le déféré préfectoral *« classique »* est souvent utilisé, à tort, pour constater l'inexistence d'un acte[1078] ou d'une délibération[1079] en lieu et place du déféré spécial aux fins de déclaration d'inexistence.

613.–Ainsi, le recours en déclaration d'inexistence est spécifique sur deux points : le délai du recours et la condition de gravité des illégalités entachant la délibération. Le recours du préfet peut être exercé sans condition de délai contre une délibération prise en application d'un acte inexistant car elle est, elle-même, par voie de conséquence, nulle et de nul effet[1080]. Puisque l'inexistence d'une décision s'étend à tous les actes pris pour son application, le juge administratif[1081], saisi d'un recours dirigé contre un acte dans le cadre du contrôle de la légalité pris en application d'un autre acte nul et de nul effet, est tenu d'en constater la nullité (*au sens d'inexistant*) à toute époque, alors même que les recours dirigés contre ces actes ont été introduits après expiration du délai de recours contentieux. Il refuse donc de constater la légalité d'un acte (*fût-il régularisé par la suite*) pris sur le fondement d'un acte inexistant comme la ratification d'un acte pris sur le fondement d'un acte inexistant et, enfin, par voie de conséquence d'un acte inexistant même.

614.–Il convient de mentionner le cas particulier du déféré préfectoral ayant pour objet de demander l'annulation d'une délibération tendant à constater l'inexistence d'une autre délibération[1082].

615.–Une seule espèce peut être citée. Il s'agissait d'un déféré tendant à l'annulation d'une délibération constatant l'inexistence d'une autre prétendue délibération par laquelle le conseil municipal d'Hautmont aurait autorisé son maire à souscrire un emprunt auprès de la Caisse des Dépôts et Consignations en vue de la réhabilitation d'un site. Nonobstant le fait qu'il s'agisse d'un déféré préfectoral d'office visé par les textes, le Conseil d'État a

1076 CE, 27 novembre 1995, Commune de Floing, n° 150035.
1077 Deux espèces dans les bases de données.
1078 Pour un emploi inexistant CAA Lyon, 28 janvier 1997, Syndicat mixte du musée de Moulins, table, p. 631.
1079 TA Clermont-Ferrand, 24 avril 1990, Préfet de la région d'Auvergne c. Commune de Cendre, p. 509, Gaz. Pal. novembre 1990 BRISEUL (J.P.), p. 618 et s.
1080 Pour un emploi inexistant CAA Lyon, 28 janvier 1997, Syndicat mixte du musée de Moulins, table, p. 631 ; CE, 10 novembre 1999, Préfet de la Drôme, op. cit.
1081 (de l'excès de pouvoir).
1082 CE, 29 décembre 1997, Commune d'Hautmont, table, p. 710.

jugé, sur conclusions contraires, qu'il n'appartenait *« toutefois qu'au juge du contrat d'apprécier les conséquences de cette constatation d'inexistence sur les engagements découlant pour la commune d'Hautmont de l'emprunt souscrit, en son nom, auprès de la Caisse des Dépôts et Consignations »*. La déclaration d'inexistence d'une délibération d'un conseil municipal peut être obtenue par la voie du déféré préfectoral en constatation d'inexistence, ou par ledit conseil municipal lui-même par une réunion régulière, les effets qui en découlent ne pouvant être prononcés que par le juge du contrat lorsque cette nullité aurait des conséquences sur des avances ou emprunts et donc sur un litige mettant en jeu des droits subjectifs. Le juge compétent pour juger de l'acte qui a été pris sur le fondement de la délibération inexistante, est le juge du recours au fond. Ce type de *« déféré mixte »* a la particularité de présenter des similitudes avec le recours pour excès de pouvoir, lors de sa formation, et avec le recours de plein contentieux quant à ses effets car les actes qui sont des contrats seront nuls et de nul effet, ce qui implique que les sommes versées devront être restituées.

616.–De plus, le Conseil d'État admet la possibilité pour un conseil municipal de constater lui-même l'inexistence d'une délibération. Mais plus qu'une résurgence des nullités de droit par la déclaration de l'inexistence d'un acte administratif, il convient d'analyser une telle délibération comme le retrait d'un acte inexistant qui peut avoir lieu à tout moment[1083] de la part de l'autorité qui, initialement, aurait dû prendre la primo-délibération.

617.–Cette argumentation est identique à celle que la Haute juridiction faisait pour les nullités de droit quand le Conseil d'État refusait d'examiner la légalité des actes qui procédaient de la délibération lorsqu'ils ne pouvaient être contestés que dans le cadre du plein contentieux[1084]. Ainsi le Conseil d'État avait déclaré irrecevable, pour défaut de constitution d'avocat, en spécifiant qu'il intervenait dans le cadre du recours de plein contentieux, la demande d'annulation d'un arrêté préfectoral qui refusait de déclarer nulles de droit des délibérations soi-disant inexistantes. Par ces délibérations, un bail avait été conclu et la commune était appelée en garantie par le cocontractant devant le tribunal civil[1085].

618.–En revanche, le déféré en déclaration d'inexistence conserve la spécificité du déféré préfectoral classique et permet au préfet de déférer, selon les modalités de l'excès de pouvoir, les contrats administratifs des collectivités décentralisées au titre du contrôle administratif de légalité, qui ne devait concerner initialement qu'un certain nombre de contrats et de conventions soumis à transmission[1086]. Les autres contrats auraient dû ne pouvoir être déférés par le préfet qu'à la condition qu'il en soit saisi par la demande d'un

1083 CE, 9 mai 1990, Commune de Lavaur c. Lozar, p. 115, Tables p. 113, D.1991.SC.135, observations LLORENS et SOLER-COUTEAUX.

1084 CE Sect., 17 mars 1961, Ducout c. Commune du Mont-Dore, p. 186, tables p. 156 n° 41 et p. 158 n° 82 ; CE, 15 janvier 1975, Société pour le développement touristique de Pralognan-la-Valoise et Commune de Pralognan-la-Valoise, n° 8765387733, tables p. 1136, n° 81.

1085 CE, 26 janvier 1940, Commune d'Agos-Vidalos, p. 34.

1086 Articles 2, 45 et 68 de la loi du 2 mars 1982.

administré[1087]. Mais le Conseil d'État a systématisé le droit pour le représentant de l'État de contester des contrats en l'étendant aux contrats non soumis à l'obligation de transmission[1088], créant ainsi une nouvelle dérogation en matière de recours dirigés contre des contrats[1089], dont le déféré préfectoral[1090].
Un préfet peut ainsi déférer au juge administratif une délibération concluant un contrat au juge administratif pour qu'il la déclare inexistante ainsi que la décision prise pour son application[1091]. Ceci est la transposition du droit du préfet de déférer au juge administratif toute convention de nature administrative[1092] conclue par une commune[1093].

619.–L'inexistence, dans le cadre du contrôle de la légalité, présente ainsi cette particularité d'être un *« ersatz »* du déféré préfectoral, qui est lui-même un succédané du recours pour excès de pouvoir. Elle est par là l'élément constitutif d'un *« recours de substitution »* qui n'intervient qu'à titre subsidiaire lorsque le préfet défère l'acte hors délais. En ce cas, il saisira explicitement le juge d'un déféré en déclaration en inexistence. Ou bien le juge le requalifiera ou le renommera comme tel[1094] quand le préfet, pour demander l'annulation d'un acte prétendu inexistant, utilise le déféré classique[1095], ce qu'il faisait quand le déféré en déclaration d'inexistence n'avait pas encore été créé[1096]. Le juge

---

1087 TA Poitiers, 19 novembre 1983, Préfet de la Vienne, LPA 18 juill. 1984, p. 13, note MELLERAY (G.) ; TA Versailles, 17 janvier 1986, Préfet de la Seine-et-Marne, p. 303 ; TA Clermont-Ferrand, 19 juin 1986, Préfet de la région Auvergne, AJDA 1986 p. 589, note BRISEUL (J.–P.) ; CE, 2 novembre 1988, OPHLM de Malakoff, p. 659 ; CE, 8 janvier 1992, Préfet des Yvelines, RDP 1992 p. 1567, RFDA 1993 p. 247, conclusions POCHARD.

1088 CE, 4 novembre 1994, Département de la Sarthe, p. 1109, AJDA 1994 p. 898, conclusions MAUGÜE, DA 1994 n° 640, observation C.M. ; CE, 14 mars 1997, Département des Alpes-Maritimes, n° 143800 ; CE, 28 juillet 1995, Société de gérance Jeanne d'Arc, RDP 1996 p. 569, conclusions FRATACCI, JCP(G) 1996.II.22577, note HAÏM (V.) ; CE, 3 avril 1998, Département de la Vendée, RFDA 1998 p. 642.

1089 CE Ass., 10 juillet 1996, Cayzeele, p. 274 ; CE Sect., 30 octobre 1998, Ville de Lisieux, AJDA 1998 p. 969.

1090 CE Sect., 26 juillet 1991, Commune de Sainte-Marie, p. 302 ; conclusions LEGAL, RFDA 1991 p. 966 ; CE, 4 novembre 1994, Département de la Sarthe, t.1045 ; AJDA 1994 p. 898, conclusions MAUGÜE ; CE Sect., 27 février 1987, Commune de Grand-Bourg de Marie-Galante, p. 79 ; RFDA 1987 p. 12 conclusions STIRN ; AJDA 1987 p. 148, observations PRETOT.

1091 CE, 29 décembre 1997, Commune d'Hautmont, n° 139317, table, p. 710 ; conclusions GOULARD ; CAA Marseille, 7 décembre 1999, Préfet de la Corse-du-Sud, n° 99MA01680,

1092 CE Sect., 27 février 1987, Commune de Grand-Bourg de Marie-Galante, deux arrêts, p. 79 et p. 80, AJDA 1987 observation PRETOT (X.), RFDA 1987 p. 212 conclusions STIRN ; CHAPUS (R.), Contentieux administratif, 12ème éd., 2006, Montchrestien, nos 239-2, 488 et 642.

1093 CE, 4 novembre 1994, Département de la Sarthe, p. 1109, AJDA 1994 p. 898 conclusions MAUGÜE, DA 1994 n° 640 observation C.M. ; CE, 14 mars 1997, Département des Alpes-Maritimes, p. 79, RFDA 1997 p. 660.

1094 CE, 28 février 1986, Commissaire de la République des Landes, n° 62206, p. 50, l'inexistence des délibérations municipales, MOREAU (J.), AJDA 1986 p. 326 et s., RFDA 1987 p. 219 note de DOUENCE (J.–C.) ; RDP 1986 p. 1468 note de AUBY (J.–M.), tables p. 113.

1095 CE, 27 novembre 1995, Commune de Floing, n° 150035 ; CAA Lyon, 28 janvier 1997, Syndicat mixte du musée de Moulins, n° 94LY00110 table, p. 631 ; CE, 29 décembre 1997, Commune d'Hautmont, n° 139317, table, p. 710 ; conclusions GOULARD ; CAA Marseille, 7 décembre 1999, Préfet de la Corse-du-Sud, n° 99MA01680.

1096 CE Ass., 31 mai 1957, Rosan Girard, op. cit.

prononcera alors l'inexistence sans requalifier le recours tout en soulignant la gravité de l'illégalité[1097], voire soulèvera d'office un tel moyen.

§. 2 Le recours en déclaration d'inexistence, succédané des nullités de plein droit

620.–L'assouplissement des caractéristiques exigées des nullités de plein droit pour qu'elles soient invoquées (*A*) a eu pour conséquence d'aboutir à la création d'une voie de droit prétorienne (*B*).

A. L'assouplissement du régime des nullités de plein droit à l'origine du recours en déclaration d'inexistence

621.–Le juge administratif a assoupli les critères d'applicabilité de la nullité de droit pour que cette théorie soit, dans certains cas, également applicable à des moyens invocables à l'appui d'un recours pour excès de pouvoir (*incompétence ou détournement de pouvoir*). Il fallait que des cas de nullité de plein droit, qui n'auraient pas été déférés au préfet en temps utile, puissent néanmoins être sanctionnés par l'utilisation de la technique des actes nuls et de nul effet, donc, implicitement, de l'inexistence. Cela explique que certains arrêts traitant des nullités de droit aient été présentés parfois comme des cas d'application de l'inexistence[1098].

622.–La Haute juridiction, en 1905, marquait une nouvelle évolution dans la reconnaissance des actes inexistants. Elle ne déclarait plus les recours contre de telles décisions irrecevables du fait que ces décision ne pouvaient faire l'objet d'un recours contentieux, elle affirmait, dans le cadre d'un recours pour excès de pouvoir, qu'une délibération prise par une autorité incompétente était nulle et de nul effet[1099].

623.–Postérieurement à 1934, date à laquelle la théorie de l'inexistence commence à apparaître en tant que telle, les cas dans lesquels des délibérations des conseils municipaux sont déclarées nulles de droit sont maintenus. Cependant les motifs des arrêts relatifs à de telles nullités n'énonçaient pas la nécessité du caractère de gravité de l'atteinte à la légalité que devaient comporter de tels actes. Cette évolution eut pour conséquence que les requérants tentèrent d'élargir l'accès au prétoire en essayant de faire sanctionner par la

---

1097 TA Clermont-Ferrand, 24 avril 1990, Préfet de la région d'Auvergne c. Commune de Cendre, p. 509, note RISEUL (J.P.) Gaz. Pal. 1990 p. 618 et s. ; CAA Lyon, 28 janvier 1997, Syndicat mixte du musée de Moulins, table, p. 631.

1098 Voir notamment : CE, 14 février 1849, Commune de Cénon-la-Bastide c. Letellier, p. 102 et s. ; CE, 2 février 1912, Neveux, p. 909 ; CE, 26 janvier 1912, Maire de Monistrol, p. 111 ; CE, 2 février 1912, Legrand, p. 147 ; CE, 9 février 1912, Gonod, p. 178, cités in DARESTE (P.), Les voies de recours contre les actes de la puissance publique, Challamel, 1914, p. 153, note 1 et p. 154, notes 1 et 2.

1099 JEZE (G.), Les principes généraux du droit administratif, 2ème éd., Tome I, La technique juridique, la notion de service public, les individus au service public, Giard et Brière, 1914, p. 57, note 2, in fine ; CE, 21 février 1890, Mimieux, p. 200 ; CE, 2 décembre 1892, Mogambury, S.1894.III.97, conclusions ROMIEU ; CE, 10 janvier 1908, Legouez, p. 8.

procédure des nullités de droit de simples méconnaissances par un conseil municipal de ses pouvoirs[1100].

624.–Le juge administratif n'avait donc pas à motiver le degré de gravité de l'illégalité et faisait un contrôle moins poussé que celui qu'il doit effectuer pour constater l'inexistence même si, implicitement, dans les arrêts relatifs aux délibérations nulles de droit, l'illégalité devait déjà être suffisamment caractérisée pour que le juge y trouve un des cas de nullité de plein droit.

625.–Ainsi la délibération d'un conseil municipal contraire aux engagements contractés par une commune n'est pas au nombre des délibérations qu'un préfet peut déclarer nulle de droit[1101] alors qu'a été déclarée nulle et de nul effet, la décision d'une commission départementale décidant que le conseil général du Var se réunirait à Draguignan et non à Toulon pour la deuxième session ordinaire de l'année 1974. Une telle décision se prononce sur un objet qui n'était pas légalement compris dans les attributions de l'organe en cause et, en outre, aucune disposition législative ni d'ailleurs, réglementaire, ne donnait compétence à la commission départementale pour fixer le lieu de réunion du conseil général[1102].

626.–L'étude de la jurisprudence établit clairement que l'empiètement par l'administration sur la compétence de l'autorité judiciaire ou portant atteinte à la séparation des pouvoirs, est sanctionnée par une nullité de droit, dès lors que l'acte en cause est une délibération telle celle d'un conseil municipal fixant la dénomination de voies privés[1103] ou celle qui a été prise, non dans un but d'intérêt communal, mais pour faire échec à une décision de l'autorité judiciaire, voire pour mettre fin à un litige d'ordre privé[1104]. Il s'agissait donc bien de sanctionner des délibérations ayant un objet étranger aux attributions du conseil municipal, voire entachées de détournement de pouvoir ou de procédure. Dans tous les cas, il s'agit de contentieux où le juge administratif a recherché l'influence d'un vice suffisamment grave pour que la nullité soit prononcée.

627.–Ainsi, dans sa décision du 13 juin 1952, *« Demoiselle Armand »*[1105], le Conseil d'État a affirmé que l'inscription tardive et incomplète sur le registre des délibérations, d'une délibération d'un conseil municipal ne comportant pas la signature de tous les

---

1100 CE Ass., 13 janvier 1967, Elections municipales d'Aix-en-Provence, p. 16 ; CE, 22 novembre 1967, Société générale technique, n° 67433, tables p. 94 n° 32 ; CE, 29 octobre 1969, Commune de Labeuvrière, p. 459 ; CE, 29 janvier 1971, Commune de Lescun, p. 78 ; CE Sect., 21 mai 1971, Philippon, p. 376 ; CE, 17 janvier 1973, Morali, pour la société « Les Sablières de Vimpelles », n° 84763, tables p. 94 n° 34.

1101 CE Ass., 13 janvier 1967, Elections municipales d'Aix-en-Provence, p. 16 ; CE, 22 novembre 1967, Société générale technique, n° 67433, tables p. 94 n° 32 ; CE, 29 octobre 1969, Commune de Labeuvrière, p. 459 ; CE, 29 janvier 1971, Commune de Lescun, p. 78 ; CE Sect., 21 mai 1971, Philippon, p. 376 ; CE, 17 janvier 1973, Morali, pour la société « Les Sablières de Vimpelles », n° 84763, tables p. 94 n° 34.

1102 CE Ass., 26 novembre 1976, Soldani et autres, nos 97328, 98256, 98259, 99036, 00108 et 00565.

1103 CE, 19 juin 1974, Broutin, p. 346.

1104 CE, 16 décembre 1970, Dame veuve Huc, p. 767.

1105 CE, 13 juin 1952, Demoiselle Armand, p. 308.

conseillers municipaux présents à la séance, n'était pas de nature à entraîner la nullité de la délibération. En conséquence, le maire pouvait légalement prendre un arrêté pour son exécution antérieurement à la date où celle-ci avait été régulièrement transcrite sur le registre : la seule réserve est qu'il n'apparaissait pas qu'une fraude fût à l'origine du défaut de mention du motif d'empêchement de certaines signatures et de l'absence de la date de la transcription du compte-rendu qui avait été affiché (*solution implicite*).

628.–Le juge administratif souligne ainsi que son contrôle n'intervient que dans un second temps puisque le préfet a toujours été reconnu exclusivement compétent pour prononcer la nullité de droit[1106]. Il affirmait ainsi qu'une délibération ainsi que la délibération antérieure qu'elle confirmait étaient nulles de plein droit alors que la première délibération ne pouvait plus être contestée devant le juge administratif en raison de ce que le refus du préfet de la déclarer nulle de plein droit n'avait pas été déféré dans le délai du recours contentieux. Cette jurisprudence revenait à détourner la procédure initiale des nullités de plein droit en neutralisant la disposition qui affirmait qu'un recours contentieux ne pouvait être intenté à l'encontre d'un arrêté préfectoral que dans un délai de deux mois puisque *« le jugement par lequel un tribunal a annulé le refus du préfet de déclarer une délibération nulle de droit implique la nullité de cette délibération »*[1107]. Toutefois, si ce mécanisme, qui doit être distingué de l'exception d'illégalité[1108], permettait d'assouplir le délai de recours contentieux, celui-ci demeurait traditionnellement de deux mois à compter de la décision rendue sur recours administratif préalable obligatoire[1109].

629.–Entre 1955 et 1966, le Conseil d'État consacre une importante différence dans la définition de la notion de nullité de droit et aux principes qui gouvernent leur régime[1110]. Les affaires qui sont mentionnées au Recueil Lebon comme étant susceptibles de présenter un intérêt juridique[1111] sont marquées par une construction prétorienne qui doit être interprétée plus comme une tentative d'assouplissement d'une procédure, héritée en partie de l'Ancien Régime, que comme une élaboration *« contra legem »* : le développement de plusieurs mécanismes de substitution des nullités de droit (*le recours pour excès de pouvoir et l'inexistence*) justifiait une telle évolution.

630.–Ainsi le Conseil d'État a opéré un revirement de jurisprudence[1112], à compter de l'arrêt du 17 mars 1961, *« Ducout contre commune du Mont-Dore »*. Il y juge que le recours préalable au préfet pour faire déclarer la nullité de plein droit ou faire prononcer

1106 CE, 14 mai 1943, Dana, p. 121 ; CE, 9 mars 1956, Jeanselme, tables p. 156, n° 38.

1107 CE, 14 juin 1968, Ministre de l'économie et des finances c. Société André Citroën, p. 371, tables p. 97, n° 48.

1108 CE, 9 janvier 1959, Ville de Nice, p. 26 ; CE, 9 mai 1962, Commune de Montfermeil c. Foittier, p. 304.

1109 CE, 27 mai 1981, Desplanques, nos 13824 et 13825, tables p. 1136, n° 83.

1110 Table du Recueil périodique des arrêts du CE, jurisprudence du CE, statuant au contentieux et du Tribunal des conflits et de la Cour des comptes (coll. Lebon), analyse des arrêts rendus de 1935 à 1954.

1111 Table du Recueil périodique des arrêts du CE, jurisprudence du CE, statuant au contentieux et des décisions du Tribunal des conflits et des jugements des tribunaux administratifs (coll. Lebon), analyse des arrêts rendus de 1955 à 1964.

1112 CE, 26 janvier 1940, Commune d'Agos-Vidalos, p. 34.

l'annulation des délibérations d'un conseil municipal n'est pas obligatoire quels que soient les moyens invoqués à l'appui de la demande dans le cas où le litige né de la délibération litigieuse relève, par sa nature, du contentieux de pleine juridiction[1113]. Il a ensuite précisé, qu'en cas de recours contentieux formé contre la délibération d'un conseil municipal résiliant un contrat conclu entre la commune et une société, le requérant qui entend se prévaloir de la violation des dispositions de l'article 42 du code de l'administration communale, ne peut utilement invoquer, à l'appui de ses conclusions en nullité de cette délibération, des moyens qui conduisent nécessairement à se prononcer sur la nature et la portée des stipulations du contrat[1114].

631.–Toutefois, si un recours direct était recevable devant la juridiction administrative, cela ne signifiait pas que le juge administratif disposait d'un pouvoir de réformation de nature à changer le contrôle instauré par le système des nullités de droit en l'amenant à apprécier, non pas la délibération elle-même, mais l'acte qui en procédait. Plus précisément la question relative à l'arrêté pris par le préfet, dans la limite de ses pouvoirs, est distincte de la question relative à la validité du bail conclu en exécution dudit acte[1115]. Ainsi, le juge administratif de la légalité refuse d'examiner les moyens au motif qu'*« il n'appartient pas au préfet de s'immiscer dans l'appréciation de la validité d'un contrat de droit commun »*[1116].

632.–Toutefois, c'est à cette occasion que le juge administratif a opéré, *« de facto »*, une assimilation entre l'inexistence et la nullité de plein droit. Une délibération, par laquelle un conseil municipal consentait à une société d'enseignement secondaire libre un bail stipulant un loyer infime de manière à lui accorder une subvention indirecte, cela sans que le conseil académique ait été appelé à donner son avis préalable obligatoire sur son opportunité, n'a pas pu être déclarée nulle de plein droit par le préfet afin qu'il ne puisse s'immiscer dans l'appréciation de la validité du contrat de droit privé en se fondant sur ce que le conseil a ainsi porté atteinte aux droits de jouissance sur lesdits immeubles, antérieurement concédés à l'évêque et à ses successeurs.

633.–L'ouverture par voie d'action devant le juge administratif, en ce qui concerne le mécanisme des nullités de droit, ne saurait être facilement justifiable car il demeure que légalement, un tel système était initialement un contrôle du juge administratif sur une décision préfectorale prise dans l'exercice de son contrôle administratif[1117].

634.–Ainsi, cette compétence purement administrative ne doit pas être similaire à celle des juridictions. Paradoxalement, en vertu des textes *(articles L. 121-32 et L. 121-33 du code des communes)*, le juge administratif était compétent pour statuer sur la légalité du

1113 CE Sect., 17 mars 1961, Ducout c. Commune du Mont-Dore, p. 186, tables p. 156 n° 41 et p. 158 n° 82 ; CE, 15 janvier 1975, Société pour le développement touristique de Pralognan-la-Valoise et Commune de Pralognan-la-Valoise, n° 87653 87733, tables p. 1136, n° 81.

1114 CE, 31 octobre 1973, Sieur Giordano et société des carrières du Ponteil, n° 85346, A.

1115 CE, 11 décembre 1903, Commune de Gorre, p. 770 ; CE, 29 avril 1904, Commune de Messé (Deux-Sèvres), p. 349.

1116 CE, 13 mai 1910, Société d'Enseignement Libre de Saint-Lô, 13 mai 1910 n° 32736, A, p. 389.

1117 CE, 13 mai 1910, Commune de Steenwoorde, p. 389.

refus du préfet de déclarer nulle de droit une délibération d'un conseil municipal, alors même que cette délibération concerne les rapports entre un usager et le service communal de distribution d'eau potable, rapports qui relèvent de la compétence des tribunaux judiciaires[1118].

635.–La nullité de droit justifierait donc que la répartition jurisprudentielle des compétences n'entraîne plus un dessaisissement de la juridiction administrative au motif que l'autorité administrative a pris un acte administratif sanctionnant l'illégalité dans la mise en œuvre de rapports de droit privé. En principe, même pris par une autorité administrative, leur contentieux devrait relever en principe de l'autorité judiciaire. Ainsi, la curieuse et antinomique expression de vices propres a permis de distinguer le vice propre de la délibération attaquée du vice qui peut notamment entacher la décision finale qui clôt la procédure administrative[1119].

636.–L'élaboration de la théorie de l'inexistence des délibérations des conseils municipaux trouverait ainsi sa justification dans la solennité de l'élaboration d'une décision collégiale dont le législateur avait d'abord prévu de sanctionner l'irrégularité par une nullité juridique et sur laquelle le juge administratif aurait greffé une création prétorienne. La seule justification de cette façon de faire est la volonté d'anéantir un acte qui, parce qu'il traduit la légitimité démocratique, doit être sanctionné quand bien même, *« in fine »*, c'est le juge judiciaire qui devrait être compétent. Ceci justifierait que l'acte puisse être déclaré inexistant et que, de manière générale, l'empiètement de l'administration sur des compétences qui relèvent du juge judiciaire puisse être constaté par le juge administratif. Le mécanisme des nullités de droit est ainsi à l'origine de l'opposition en droit administratif d'un système déjà préexistant en droit civil. Il aurait permis une évolution du système légal pour permettre au juge administratif de contrôler l'activité administrative[1120] en corrigeant de manière pragmatique les illégalités qui n'étaient pas sanctionnables par le moyen des nullités de plein droit[1121]. Ce mécanisme n'a concerné initialement que les délibérations matériellement inexistantes[1122].

B. L'inexistence comme substitut aux nullités de plein droit

637.–Certaines hypothèses d'application de la théorie de l'inexistence sont communes avec celles où sont appliquées les nullités de droit et elles posent le problème de l'existence matérielle des délibérations[1123]. Ainsi, lorsque la preuve de cette inexistence matérielle

1118 CE, 27 mai 1981, Desplanques, nos 13824 et 13825, tables p. 1136, n° 83.

1119 COMBREXELLE, conclusions sur CE Ass., 15 avril 1995, Syndicat CGT des hospitaliers de Bédarrieux, n° 120273.

1120 AUBY (J.–M.), note sur CE, 28 février 1986, Commissaire de la République des Landes, n° 62206, p. 50, T. p. 113, RDP 1986 p. 1469, note 1 ; AUBY (J.–M.), note sur CE, 4 février 1955, Lods, p. 67, D.1955.616.

1121 CE, 26 janvier 1940, Commune d'Agos-Vidalos, p. 34 ; S.1941.III.16, note anonyme.

1122 CE Sect., 7 décembre 1934, Commune-de-Saint-Paul-du-Var, p. 1161 ; CE, 14 mai 1943, Commune de Joinville-le-Pont, p. 123 ; CE, 28 février 1947, Megevand, p. 85, note de AUBY (J.–M.) S.1948.III.41.

1123 CE, 2 décembre 1977, Comité de défense de l'environnement de Mâcon-Nord, p. 474 ; CE, 3 mars 1979, Comité de défense de l'environnement de Mâcon-Nord, 06213, p. 474, tables p. 1128

n'était pas rapportée, la délibération pouvait être déclarée soit inexistante, soit nulle de plein droit. En effet, la nullité de droit peut recouvrir des délibérations illégalement adoptées[1124], ou intervenues à la suite d'une procédure irrégulière[1125], ou portant sur un objet étranger aux attributions légales du conseil municipal[1126] ou contraires à la loi. Il convient de noter que, dans certains cas, de tels vices ne remettaient pas en cause l'existence des délibérations. Pourtant leur nullité de plein droit résultait d'une irrégularité substantielle, répondant à un *« criterium »* de gravité. Ce degré d'illégalité n'était mentionné d'ailleurs que rarement mentionné de façon explicite dans les motifs des décisions de justice[1127]. Au reste, il n'est pas possible de soutenir que toutes les formes de nullité de plein droit étaient des hypothèses d'actes inexistants même lorsque la rédaction des arrêts est telle[1128] qu'elle laisse persister l'ambiguïté[1129].

638.–Il convient donc de se montrer réservé sur la pertinence des exemples donnés par J.-M. Auby dans sa thèse, (*article 4 de la loi constitutionnelle du 16 juillet 1875, issu de l'article 26 de la Charte du 4 juin 1814 lui-même repris de l'article 22 de la Charte du 14 août 1830*). Selon lui, la sanction aurait été la perte du caractère juridique de la session parlementaire sans qu'elle soit déclarée pour autant illicite et nulle[1130], voire inexistante. Il convient de considérer avec prudence les cas d'inexistence réellement prononcés par des textes, puisque dès que les conditions posées par la loi sont remplies, le juge doit prononcer la nullité, et en tirer toutes les conséquences. Les actes atteints de nullités de plein droit sont ainsi nuls et de nul effet comme les actes inexistants, ces deux mécanismes permettant de prononcer une nullité identique dans ses effets.

639.–Il apparaît possible d'envisager que les nullités de droit sont une forme d'inexistence consacrée légalement. En d'autres termes, au lieu d'une nullité de plein droit, le législateur aurait pu consacrer certaines hypothèses tendant à ce que des actes soient considérés comme nuls et non avenus ou nuls et de nul effet. Il est ainsi exposé dans les motifs de l'ordonnance du 9 août 1944, relative au rétablissement de la légalité républicaine sur le territoire continental[1131], que les actes constitutionnels devaient être considérés

---

nos 51 et 52.

1124 CE Sect., 25 juillet 1980, Mme Courtet, n° 12021, CE, tables, p. 625, T. p. 1131 n° 65 ; CE, 19 janvier 1983, Chaure, p. 7.

1125 CE, 12 mai 1976, Bauchet, p. 242.

1126 CE, 27 octobre 1982, Commune de Parigny-les-Vaux, T. 551.

1127 Voir interprétation « a contrario » : CE, 27 octobre 1976, Demoiselle Prat, p. 447, tables p. 1135, n° 77 ; CE, 2 décembre 1977, Comité de défense de l'environnement de Mâcon-Nord, p. 474 ; CE, 3 mars 1979, Comité de défense de l'environnement de Mâcon-Nord, 06213, p. 474, tables p. 1128 nos 51 et 52.

1128 AUBY (J.–M.), La théorie de l'inexistence des actes administratifs, thèse, op. cit., p. 35 ; JEZE (G.), Les principes généraux du droit administratif, 2ème éd., Tome I, La technique juridique, la notion de service public, les individus au service public, Giard et Brière, 1914, p. 51.

1129 Loi du 21 mars 1905 sur le recrutement dans l'armée article 73 alinéa 3 disposait ainsi que « toute nomination non insérée au journal officiel est nulle et non avenue sans que cette nullité puisse être opposée aux tiers ».

1130 Voir pour une position contraire sans toutefois envisager que de telles réunions puissent être déclarées inexistantes : Duguit, traité de droit constitutionnel, 2ème éd., Tome IV, p. 245.

1131 Ordonnance du 9 août 1944, portant rétablissement de la légalité républicaine sur le territoire continental, publié(e) au JO du 10 août 1944, p. 688 ; BERLIA (G.), Ordonnance du 9 août 1944

comme émanant d'un gouvernement de fait[1132], et que dès lors, les lois ou règlements que l'autorité de fait qui s'est imposée à la France, a promulgués, les dispositions administratives individuelles qu'elle a décrétées ou arrêtées, ne peuvent tirer de sa volonté aucune force obligatoire et sont appelés à demeurer inefficaces. C'est l'objet de l'article 2, alinéa 1er, qui a fixé le point de départ dans le temps des textes et des actes nuls. Il mentionnait ainsi que tout ce qui est postérieur à la chute, dans la journée du 16 juin 1940, du dernier gouvernement légitime de la République a été considéré comme *« évidemment frappé de nullité »*. Donc, *« sont [...] nuls et de nul effet tous les actes législatifs ou réglementaires, ainsi que les arrêtés pris pour leur exécution, promulgués sur le territoire continental postérieurement au 16 juin 1940 et jusqu'à l'établissement du Gouvernement provisoire de la République française »*. Toutefois, comme certains de ces actes ont été pris dans *« l'intérêt de la bonne marche des services »*, est apparue *« la nécessité de décider que la nullité doit être expressément constatée »*[1133]. Ainsi, le principe énoncé emporte cette conséquence nécessaire que tant qu'une nullité n'a pas été expressément constatée, les actes de l'autorité de fait quels qu'ils soient, continuent à recevoir *« provisoirement application »*. Puis, l'ordonnance prononce la nullité expresse d'un certain nombre d'actes qui, à raison de leur caractère et de leur origine manifeste, devaient être, avant tous autres, exclus de toute validation. La nullité qui atteignait leurs effets dans le passé (*article 3*) était désignée par référence à des tableaux annexés. Les actes *« inconciliables avec les principes rétablis »*, dès la mise en vigueur de l'ordonnance (*« dès maintenant »)*, et dont la validation a dû nécessairement (*« doit être »*) également écartée, ont été considérés comme *« effacés »* (*article 4*). Il est cependant apparu *« opportun [de les] énumérer individuellement, [...] en les distinguant alors avec soin »*[1134].

640.–L'application de ce texte par la jurisprudence a été modulée selon les effets de la nullité tels que définis par l'ordonnance elle-même. Ainsi le mécanisme instauré par l'ordonnance, en ce qui concerne l'annulation rétroactive des textes établis par le gouvernement modifiant un texte antérieur au 16 juin 1940, a été considéré par le Conseil d'État comme impliquant l'*« inexistence des mesures prises en application du texte, tel qu'il a été modifié par les dispositions annulées »* tirée du *« retrait d'un décret du 18 novembre 1943 sur l'internement administratif, modifié par les lois des 3 septembres 1940 et 15 octobre 1941 dont l'ordonnance du 31 mars 1945 a constaté la nullité rétroactive »*[1135]. Toutefois, dans certaines décisions, le Conseil d'État décide que des décrets pris sur la base de la loi du 16 août 1940 ont *« été implicitement et rétroactivement annulés »*, et ne s'est donc pas référé à la nullité/inexistence de ce texte[1136]. La doctrine estimait généralement que *« l'illégalité d'un acte pris en vertu d'une législation*

relative au rétablissement de la légalité républicaine sur le territoire continental, RDP 1944 p. 313 et s.

1132 BONNARD (R.), Les actes constitutionnels de 1940, RDP 1942 p. 46 et s.

1133 Ordonnance du 9 août 1944, portant rétablissement de la légalité républicaine sur le territoire continental, JO du 10 août 1944, p. 688.

1134 BERLIA (G.), Ordonnance du 9 août 1944 relative au rétablissement de la légalité républicaine sur le territoire continental, RDP 1944 p. 315 et 316.

1135 CE, 4 mai 1948, Reilles, n° 79075, tables p. 79.

1136 CE, 22 juin 1945, Confédération française des travailleurs chrétiens et CE, 21 septembre 1945, Département du Rhône, note de M. M., D.1946.J.22.

rétroactivement annulée est logiquement une chose inconcevable. Il n'y a pas illégalité mais inexistence » et donc que l'inexistence était tirée de la fiction de la rétroactivité[1137]...

641.–Selon G. Berlia, *« dès lors que les particuliers auront pu croire, de bonne foi, que compte tenu par ailleurs des circonstances, ils agissaient valablement parce que les apparences de la légalité étant sauves, l'illégalité des investitures n'[étant] pas patente. Si cette dernière est flagrante, il y aura usurpation de fonction [...] En définitive, les divers actes promulgués par le gouvernement de fait instauré en juin 1940 ne sont pas nécessairement soit inexistants, soit frappés d'une nullité systématique, mais seulement annulables »*[1138]. Ils nécessitent donc l'intervention du juge administratif alors même que pour Maurice Hauriou les actes entachés *« d'usurpation de pouvoir sont inexistants, du moins en tant qu'actes administratifs »*, sans qu'il soit besoin d'un recours contentieux[1139].

642.–Toutefois, G. Berlia précise que la distinction entre l'inexistence et l'annulation est posée par l'article 4 de cette même ordonnance *« qui annule les actes visés au tableau I jusque dans leurs effets antérieurs à la mise en vigueur de l'ordonnance et ceux énumérés au tableau II à la date seulement de cette mise en vigueur »*[1140]. Cela signifie que des actes nuls et de nul effet sont anéantis rétroactivement sans pouvoir créer de droit alors que des actes simplement annulables le pourraient.

643.–Le raisonnement de G. Berlia distingue la nullité systématique de l'inexistence. Ces deux notions sembleraient ne pas nécessiter le recours au juge même si seule une nullité de plein droit peut être prononcée par l'administration. Selon Jèze, une telle argumentation serait justifiée par le fait que l'État de Vichy avait une apparence de légalité et que, dès lors, seule une nullité radicale pouvait être prononcée, caractérisée par le fait que *« l'acte existe tant qu'il n'a pas été annulé par l'autorité compétente »*[1141], ce qui le rapprocherait de l'acte simplement irrégulier qu'Alcindor mentionne comme devant être nécessairement constaté comme tel par une juridiction[1142]. En d'autres termes, seuls *« les actes d'un gouvernement qui n'a jamais eu même les apparences d'un gouvernement légitime doivent être tenus pour nuls et non avenus »*[1143]. Ce serait un gouvernement nécessairement *« usurpateur*[1144] *et non un gouvernement de fait »*[1145], non entaché d'une irrégularité d'origine fût-elle inconstitutionnelle[1146]...

1137 M. M., note sous CE, 21 septembre 1945, Département du Rhône et CE, 22 juin 1945, Confédération française des travailleurs chrétiens, D.1946.J.22.

1138 BERLIA (G.), Ordonnance du 9 août 1944 relative au rétablissement de la légalité républicaine sur le territoire continental, RDP 1944 p. 320.

1139 HAURIOU (M.), Précis de droit administratif et de droit public, 12ème éd., op. cit., p. 25, note 3.

1140 BERLIA (G.), Ordonnance du 9 août 1944 relative au rétablissement de la légalité républicaine sur le territoire continental, RDP 1944 p. 321, note numéro 1.

1141 JEZE (G.), Les principes généraux du droit administratif, 2ème éd., Tome I, La technique juridique, la notion de service public, les individus au service public, Giard et Brière, 1914, p. 59.

1142 ALCINDOR (L.), Des différentes espèces de nullités des actes administratifs, op. cit.

1143 DARESTE (P.), Les voies de recours contre les actes de la puissance publique, Challamel, 1914, p. 153 note 1 et p. 14, notes 1-2.

1144 HAURIOU (M.), Précis de droit administratif et de droit public, 12ème éd., op. cit., p. 25, note 3.

1145 WOLF (E.), La validité des actes d'un gouvernement de fait, RDP 1952 p. 50 ; voir pour une opinion contraire sur le régime vichyssois BERLIA (G.), La loi constitutionnelle du 10 juillet 1940,

644.–Il résulte de ce texte que les nullités ainsi énoncées sont *« à géométrie variable »* selon la valeur juridique des actes intervenus et de leur objet. Elles ont d'ailleurs été prononcées de manière pragmatique par le Conseil d'État qui a affirmé qu'*« il résultait de la combinaison des articles 2 et 5 de l'ordonnance rétablissant la légalité républicaine que les décisions prises par les autorités allemandes pendant l'occupation de l'Alsace et de la Lorraine sont dépourvues de valeur juridique au regard de la loi française, à moins qu'une disposition législative ne les ait expressément validées »*[1147]. Ce qui est en contradiction directe avec les motifs de ladite ordonnance, d'autant plus que l'article 5 renvoie à un tableau qui énumère les actes immédiatement exécutoires sur le territoire.

645.–R. Odent présente la problématique entre les actes nuls et les actes inexistants comme un aspect de la théorie des nullités en droit public au même titre que la distinction entre les nullités relatives et les nullités absolues[1148], alors que pour Hauriou[1149] c'est véritablement la loi du 5 avril 1884 qui a réalisé un *« progrès remarquable »* en organisant une nullité absolue, une *« nullité juridique pour illégalité »* en ce qu'elle est proposable ou opposable. Par voie d'action, elle est invocable devant le préfet en conseil de préfecture, et par voie d'exception elle l'est également au moyen d'un recours ouvert pour contester l'arrêté de ce dernier. *« On ne saurait »*, précise Hauriou, *« imaginer une nullité plus absolue »*, car, selon lui, il n'a pas été organisé une nullité aussi générale par la loi du 10 août 1871 pour les conseils généraux, puisque finalement la loi n'a prévu une nullité de plein droit que dans deux hypothèses[1150]. De plus, affirme-t-il, il n'a pas été créé à leur sujet de voie d'action ; mais il nuance cependant son propos en précisant qu'un recours par voie d'exception est toujours possible contre les nullités[1151]. Hauriou a d'ailleurs, sur cette base, justifié l'assimilation des délibérations nulles de droit aux actes inexistants car il estime que l'acte n'existe pas puisque les formes et conditions imposées à un acte solennel, tel qu'une délibération, sont censées l'être à peine de nullité en ce sens qu'à défaut de celles-ci l'acte est en somme inexistant. L'acte n'a ainsi jamais été formé, contrairement aux actes susceptibles de recours pour excès de pouvoir[1152].

RDP 1944 p. 4 et s. ; BONNARD (R.), Les actes constitutionnels de 1940, RDP 1942 p. 46 et s.

1146 BELLANGER (F.), Les présomptions d'authenticité et de sincérité des actes administratifs, op. cit. ; GANDREAU (S.), La théorie de l'apparence en droit administratif français : vertus et risques de l'importation d'une tradition de common Law, op. cit. ; JOUVE (E.), Recherches sur la notion d'apparence en droit administratif français, op. cit. ; LECLERCQ (C.), Les mécanismes juridiques de disparition de la République, RDP 1986 p. 1040 ; LIET-VEAUX (G.), La « Fraude » à la Constitution, RDP 1945 p. 421.

1147 CE, 4 mai 1956, Société Reck et cie, p. 183 ; CE Sect., 18 avril 1958, Kempf, p. 212.

1148 ODENT (R.), Cours de contentieux administratif, fascicule n° 3, Cours du droit, 1980, voir p. 138 et p. 142.

1149 HAURIOU (M.), Précis de droit administratif et de droit public général, 4ème éd., librairie de la société du Recueil général des lois et des arrêts, 1901, 896 p.

1150 En cas d'incompétence et de session illégale qui avaient été déjà organisées en 1833 ; Loi du 10 août 1871 relative aux conseils généraux, JO, Lois et Décrets, du 29 août 1871, p. 3041.

1151 CE, 24 février 1893, Commune d'Orches, p. 164.

1152 in HAURIOU (M.), note sous CE, 1er février 1901, Descroix et autres boulangers de Poitiers, S.1901.III.41 ; résumé des conclusions du commissaire du gouvernement Romieu, p. 10 et s. in HAURIOU (M.), La jurisprudence administrative de 1892 à 1929, d'après les notes d'arrêts du Sirey réunies et classées par André Hauriou, T. I, Sirey, 1929, 742 p. ; HAURIOU (M.), note sous 4 décembre 1903, Barthe, Gaudet et autres S.1904.III.137.

646.–Au total, la catégorie des actes inexistants a parfois été confondue avec celle des actes nuls et parfois confondue avec celle des actes entachés de nullité absolue, alors qu'en réalité *« en droit public et sur le plan des principes, il serait inadmissible, l'acte administratif réglant des problèmes d'intérêt général, d'admettre une distinction entre la nullité relative et la nullité absolue »*. De plus, *« seules les formes substantielles intéressent la légalité d'un acte, tandis que le respect des formes non substantielles ne rentre pas dans les conditions de validité de l'acte administratif ; c'est donc un problème de légalité et non pas de distinction entre nullité absolue et nullité relative. Finalement, une telle distinction doit être écartée »*[1153].

647.–En fait, lorsque l'inexistence est appliquée[1154], le juge administratif prononce une inapplicabilité effective, ou une ineffectivité totale des actes, qui, dépourvus des formalités légales nécessaires, sont dénués de toute force obligatoire. Cela explique et justifie que cette théorie ait été assimilée aux nullités de plein droit par Dalem[1155], Moreau[1156], Jèze[1157], Hauriou[1158], et dans une certaine mesure à la déclaration d'abus par Mme la Professeure Basdevant-Gaudemet[1159].

648.–Selon A.–J. Arnaud et G. Koubi, *« la notion d'application du droit suppose la préexistence de la règle de droit qui est appliquée et l'application consiste dans la création de la norme »*[1160]. Ainsi l'effectivité juridique ne se confond pas avec l'effectivité sociale de la norme : la validité juridique commande son effectivité. Pour ces auteurs, la notion d'acte exécutoire se comprend comme une qualité intrinsèque de l'acte administratif unilatéral. La liaison entre validité et effectivité est donc, à leur avis, nécessaire et indispensable pour faire état de l'existence juridique d'un acte. En d'autres termes, *« la notion d'acte exécutoire se rapporte aux fonctions du couple validité/effectivité parce qu'elle saisit l'acte au moment de son entrée en vigueur, donc en rapport avec le respect des formalités de publicité par l'autorité administrative, et s'abstrait de l'efficacité »*[1161] qui se réfère à *« la production des effets attendus »*[1162]. Ainsi, en ce qui concerne les actes des autorités locales, l'acte existe mais n'est pas effectif car il doit être transmis pour être

---

1153 ODENT (R.), Cours de contentieux administratif, 1980, fascicule n° 3, Cours du droit, p. 143.

1154 ARNAUD (A.–J.), et autres, Dictionnaire encyclopédique de théorie et de sociologie du droit, LGDJ, 1988, p. 23, voir application du droit.

1155 DALEM (L.), Les recours contre les délibérations des Conseils municipaux, Thèse, 1904, 249 p.

1156 MOREAU (F.), Manuel de droit administratif, Pontemoing, 1268 p.

1157 JEZE (G.), Les principes généraux du droit administratif, 2ème éd., Tome I, La technique juridique, la notion de service public, les individus au service public, Giard et Brière, 1914, p. 57, note 2.

1158 in HAURIOU (M.), note sous CE, 1er février 1901, Descroix et autres boulangers de Poitiers, S.1901.III.41 ; résumé des conclusions du commissaire du gouvernement Romieu, p. 10 et s. in HAURIOU (M.), La jurisprudence administrative de 1892 à 1929, d'après les notes d'arrêts du Sirey réunies et classées par André Hauriou, TI, Sirey, 1929, 742 p. ; HAURIOU (M.), note sous CE, 4 décembre 1903, Barthe, Gaudet et autres, S.1904.III.137.

1159 BASDEVANT-GAUDEMET (B.), Le Jeu Concordataire dans la France du XIXème siècle, op. cit., p. 25 et s.

1160 ARNAUD (A.–J.), et autres, Dictionnaire encyclopédique de théorie et de sociologie du droit, LGDJ et juridiques et fiscales, 1988, p. 23, Voir application du droit.

1161 KOUBI (G.), Actes exécutoires et actes des autorités locales, RDP 1990 p. 1496.

1162 ARNAUD (A.–J.), et autres, Dictionnaire encyclopédique de théorie et de sociologie du droit, LGDJ et juridiques et fiscales, 1988, p. 133, voir efficacité.

exécutoire. Ceci ferait référence aux conséquences pratiques de la norme, à son opposabilité aux administrés et donc à sa force obligatoire[1163], et, surtout à la condition nécessaire pour qu'il puisse produire des effets sans que soit affectée sa validité[1164]. L'acte existe parce que l'acte est exécutoire pour ces auteurs puisque *« la définition de l'acte exécutoire peut se circonscrire dans la coïncidence de deux facteurs inhérents à l'action administrative : modalités de l'entrée en vigueur des normes unilatérales et privilège du préalable, conçu en une présomption de légalité de l'acte. L'acte administratif exécutoire est l'acte qui, ayant été édicté suivant les formes de publication ou de notification requises par la loi, produit directement et immédiatement son effet dans l'ordre juridique, et dont les normes reçoivent application tant que son illégalité n'a pas été formellement constatée par le juge, lors de son recours contentieux (et évidemment, tant qu'il n'a pas été abrogé ou retiré par l'autorité administrative) »*[1165]. Ce qui revient à reléguer le caractère de décision exécutoire au second rang[1166].

649.–L'assimilation entre la notion d'acte administratif et celle de décision exécutoire doit être plus qu'atténuée[1167] car elle correspond à une conception normativiste de l'acte administratif unilatéral qui conduit à restreindre celui-ci à la seule catégorie des actes décisoires exécutoires. L'acte décisoire est l'acte dont l'objet est de modifier ou de maintenir l'ordonnancement juridique tel qu'il a déjà été formé et ne représente, en réalité, qu'une catégorie de décisions administratives[1168]. Toutefois, une décision peut exister dès qu'elles manifestent la volonté de modifier l'ordonnancement juridique alors qu'elles paraissent sans portée effective (*simple mention...*), et le juge refuse de qualifier de décision un acte administratif unilatéral auquel fait défaut la volonté de modifier l'ordonnancement juridique (*actes n'exprimant qu'une opinion*)[1169]. En définitive la définition la plus en conformité avec la jurisprudence actuelle est celle du Professeur Ricci qui définit toute décision comme *« un acte administratif unilatéral au moyen duquel une personne publique (ou une personne privée expressément habilitée à cet effet par une personne publique) manifeste la volonté d'apporter une modification à l'ordonnancement juridique existant*

1163 DUCLOS (J.), L'opposabilité, essai d'une théorie générale, LGDJ, 1984, p. 294.

1164 KELSEN (H.), Théorie pure du droit, traduit par EISENMANN (C.), Dalloz, 1982, p. 255 et s.

1165 KOUBI (G.), Actes exécutoires et actes des autorités locales, op. cit., p. 1497 ; DELVOLVE (P.), L'acte administratif, Sirey, 1983, p. 23 ; LACHAUME (J.–F.), La hiérarchie des actes administratifs exécutoires en droit public français, LGDJ, 1966 ; MOREAU (J.), Droit administratif, PUF, 1989, p. 208 et s., et p. 310 et s.

1166 DUPUIS (G.), Définition de l'acte administratif unilatéral, in Mélanges Charles Eisenmann, Cujas, 1977, p. 205 ; EISENMANN (C.), Sur l'entrée en vigueur des normes administratives unilatérales, in Mélanges M. Stassisnopoulos, LGDJ, 1974, p. 201 et s.

1167 SFEZ (L.), Essai sur la contribution du Doyen Hauriou au droit administratif français, LGDJ, 1966, p. 405.

1168 DUPUIS (G.), Définition de l'acte administratif unilatéral, in Mélanges Charles Eisenmann, Cujas, 1977, p. 205 ; DUPUIS (G.), GUEDON (M.–J.), CHRETIEN (P.), Droit administratif, Sirey, 2006, 10ème éd., 696 p. ; EISENMANN (Ch.), Tome II, Les cours du droit, LGDJ, 1983, 908 p. ; KELSEN (H.), Théorie pure du droit, traduit par EISENMANN (C.), LGDJ, 1999, 376 p.

1169 CHAPUS (R.), Droit administratif général, tome I, 15ème éd., Montchrestien, 2001, n° 1280 et s. ; nos 706 et s. CHAPUS (R.), Contentieux administratif, 12ème éd., Montchrestien, 2006, voir annulation nos 644-3°et s., et 1625 et s.

antérieurement, sans qu'il soit besoin ou utile de s'interroger sur le caractère exécutoire de cette décision »[1170].

650.–En ce qui concerne les actes des collectivités territoriales, *« la transmission »* est *« une formalité intégrée dans le jeu idéologique de la centralisation, qui fonde désormais le caractère exécutoire des actes des autorités locales. Le jeu de l'entrée en vigueur de l'acte est modifié » ;* en revanche son existence, pour être remise en cause, exigerait que l'acte administratif ne soit pas valide, un vice faisant obstacle à son effectivité et par là même à son caractère exécutoire. L'acte pourra être déclaré nul et de nul effet, et donc inexistant, en ce sens qu'il n'est jamais en réalité entré en vigueur puisque *« la transmission est un moyen de constatation de l'existence de l'acte »*[1171]. Dans l'hypothèse où le contrôle de l'autorité administrative ne serait pas obligatoire ou n'aurait pas été correctement effectué, le recours en déclaration d'inexistence demeurerait toujours possible.

651.–Ainsi, dans certaines affaires, il a pu arriver qu'un cas d'inexistence entre également dans le champ d'application des nullités de droit car il constitue une nullité ayant un fondement textuel.

652.–En revanche, il est certain que les nullités de droit ont permis au juge administratif de construire plusieurs autres théories de nullités pour sanctionner des actes administratifs illégaux ou inexistants qui ne pouvaient demeurer dans l'ordonnancement juridique au nom de la sécurité juridique. Ces nullités ont participé à l'élaboration de certains mécanismes du droit administratif dont l'inexistence. D'où ce paradoxe qu'un recours administratif a fondé et modulé un recours contentieux particulier[1172] et a justifié l'application de l'inexistence après la réforme de 1982 qui a pourtant entraîné la disparition des nullités de plein droit[1173].

1170 RICCI (J.–C.), Droit administratif général, Hachette supérieur, 2007, § 273 et s. ; voir en particulier § 276 in fine.

1171 KOUBI (G.), Actes exécutoires et actes des autorités locales, op. cit., p. 1499 et 1507.

1172 AUBY (J.–M.), note sur CE, 28 février 1986, Commissaire de la République des Landes, n° 62206, p. 50, T. p. 113, RDP 1986 p. 1469, note 1.

1173 CE, 9 novembre 1983, Saerens, p. 453, tables, p. 98 n° 311 ; CE, 28 février 1986, Commissaire de la République des Landes, n° 62206, l'inexistence des délibérations municipales, MOREAU (J.), AJDA 1986 p. 326 et s., RFDA 1987 p. 219 note de DOUENCE (J.–C.) ; RDP 1986 p. 1468 note de AUBY (J.–M.) p. 50, Tables p. 113.

Conclusion du Chapitre 2

653.–L'inexistence a donc été complexifiée d'une part avant son introduction en droit administratif, par son origine en droit civil et en droit canonique puisque ses contours étaient initialement mal définis en jurisprudence et controversés en doctrine et d'autre part postérieurement à son application par le juge administratif puisque l'inexistence connaît des variations selon la nature de l'acte et qu'elle n'a jamais été réellement reconnue comme une nullité autonome permettant d'introduire un degré dans la nullité prononcée.

654.–Le juge administratif a cependant construit une théorie qui lui permettait de déroger à des règles contentieuses qui faisaient obstacle à la disparition d'un acte qui n'aurait jamais dû exister tant il présente un défaut dans son élaboration, et dont le Doyen Auby avait déjà posé les contours.

655.–Cette construction *« prœter legem »* a abouti à la création d'un recours en déclaration d'inexistence dont la similitude avec le recours en excès de pouvoir demeure cependant incontestable dans la rédaction même des décisions de justice. En effet, cette construction prétorienne est le résultat de la volonté du juge administratif de bénéficier, d'office, d'un pouvoir de sanction spécifique dont l'application est conditionné par un faisceau d'indices (*gravité/illégalité manifeste*).

CONCLUSION DU TITRE II

656.–Au terme de ce titre, il apparaît que l'inexistence peut être envisagée comme la non-incorporation matérielle d'un acte administratif dans l'ordre juridique. Cependant, on constate que très souvent, lorsque l'inexistence d'un acte est relevée, le juge administratif en examine le fond et déclare le recours recevable, sans qu'il ne puisse être établi avec certitude de quelle inexistence il s'agit, même s'il semble logique de considérer qu'est en cause l'inexistence juridique. On doit supposer que l'inexistence matérielle d'un acte entraînerait l'irrecevabilité de la requête.

657.–En ce qui concerne les actes unilatéraux, l'inexistence juridique serait un type particulier de nullité sanctionnant un vice qui affecte la validité d'un acte. Le paradoxe de l'inexistence juridique est justement qu'elle conduit à affirmer qu'un acte n'a jamais existé du fait du vice qui entache son *« negotium »* alors même que cet acte a été concrétisé par un *« instrumentum »*.

658.–L'inexistence juridique consisterait alors en un vice sanctionnant une illégalité d'une certaine intensité. C'est celle-ci qui justifierait qu'un des éléments constitutifs de l'acte faisant défaut, il fait obstacle à l'existence de l'acte ; celui-ci sera dit *« inexistant »*, alors qu'en réalité il a été concrétisé, voire formé. De la sorte, c'est parce que cet acte revêt l'apparence d'un acte légal que son inexistence ne peut être prononcée que juridiquement. En effet, envisagé matériellement, cet acte existe mais parce que son *« negotium »* est atteint d'un vice de grande intensité il sera possible de le déclarer inexistant. Cette inexistence juridique constitue donc une fiction juridique qui est propre aux actes administratifs unilatéraux.

659.–En ce qui concerne les contrats, l'utilisation de l'expression *« nul et non avenu »* correspondrait à une application de l'inexistence en tant que sanction similaire à la nullité quant au régime et aux effets en cause, et plus particulièrement à la nullité absolue. Il s'agit bien d'une inexistence matérielle et non d'une inexistence juridique. Il sera fait obstacle à la relation contractuelle dès lors qu'un des éléments substantiels du contrat fait défaut. Dans le cas contraire, il s'agira d'une *« simple nullité »*, comparable à la nullité relative. L'inexistence n'est toutefois qu'implicite en ce domaine et ne nécessite pas la recherche ou l'application empirique d'un certain degré de nullité par le juge administratif.

660.–Il existe donc une utilisation différente du concept d'inexistence selon les actes sanctionnés car la théorie de l'inexistence (*juridique*) n'est envisagée que pour les actes administratifs unilatéraux.

661.–Cette spécificité s'explique par le fait que le concept d'inexistence a été utilisé à l'origine pour sanctionner les délibérations des conseils municipaux lorsque le vice en cause n'était pas sanctionnable au moyen des textes instaurant les nullités de plein droit. Cette notion d'inexistence a ainsi d'abord été appliquée pour combler une lacune de la loi. Elle a, ensuite, permis en réalité que de tels actes soient directement contestables devant le juge administratif sans qu'il soit nécessaire que le requérant formule un recours administratif préalable. En pratique, on est ainsi passé de l'obligation de saisir préalablement le préfet afin d'obtenir une annulation pour nullité de plein droit à un recours contentieux direct devant le juge administratif. En effet, s'est imposée la nécessité de pouvoir remettre en cause des actes portant atteinte à la démocratie locale et ayant été édictés dans un but autre que l'intérêt général.

662.–Le juge administratif a ainsi appliqué aux délibérations des conseils municipaux, le mécanisme qui résultait de la loi du 10 août 1871 sur les conseils généraux. Celui-ci déclarait nuls et de nul effet les actes qui n'avaient pas un objet légalement compris dans les attributions de ces conseils. Les requérants pouvaient, en outre, contester directement au contentieux de telles délibérations. Cependant, on le sait, cette mention textuelle n'est que le résultat d'une maladresse rédactionnelle puisqu'il résulte des travaux préparatoires de la loi que ses rédacteurs entendaient instituer une sanction analogue à celle qui préexistait pour les conseils municipaux. Ils n'avaient donc pas la volonté d'instaurer un mécanisme fondé sur la théorie de l'inexistence.

663.–Si les notions d'inexistence et de nullité de droit présentent des similitudes, elles ne peuvent en aucun cas être systématiquement considérées comme étant identiques ou interchangeables, même si les décisions des juridictions administratives se référant à l'annulation de délibérations de conseils municipaux pour nullité de plein droit peuvent présenter une relative analogie avec celles recourant à la théorie des actes inexistants. Ainsi, de nombreuses décisions juridictionnelles ont été adoptées sur le fondement des nullités de plein droit alors que la construction doctrinale des actes inexistants avait déjà commencé à être élaborée. La prédominance statistique des nullités de plein droit se justifie car elles reposent sur des textes ; les nullités textuelles prévalant sur les nullités issues de critères jurisprudentiels.

664.–Le système des nullités de droit applicable aux délibérations des conseils municipaux et des conseils généraux a cessé d'exister en droit commun depuis 1982 mais il faut constater qu'il n'y a pas eu d'inflation du nombre de délibérations déclarées inexistantes par le juge administratif. Ceci s'explique surtout par le fait que l'inexistence n'est invoquée que lorsque le requérant intente un recours en excès de pouvoir hors des délais contentieux.

665.–Par suite, le Conseil d'État, après la réforme instaurant le contrôle de la légalité[1174], a confirmé l'autonomie de la théorie de l'inexistence, en proclamant, au profit du préfet, le recours en déclaration d'inexistence.

666.–La théorie de l'inexistence juridique constitue donc une véritable construction prétorienne, exclue en tant que telle en droit des contrats où n'existe que la sanction, de l'inexistence matérielle, et admise pleinement dans le contentieux de l'acte unilatéral. En

1174 CE, 9 novembre 1983, Saerens, p. 453, tables, p. 98 n° 311 ; CE, 28 février 1986, Commissaire de la République des Landes, op. cit.

d'autres termes, l'inexistence juridique constitue un concept original permettant une graduation des sanctions de l'illégalité des actes administratifs unilatéraux par le juge administratif.

CONCLUSION DE LA PREMIERE PARTIE

667.–Lorsqu'un acte administratif est illégal, il n'est pas obligatoirement nul. De la même manière, il n'est pas nécessaire que celui-ci, lorsqu'il est nul, soit déclaré inexistant. En droit civil, un acte est simplement annulable lorsqu'il est invalide, et donc, lorsqu'il est atteint d'un vice non substantiel. *« A contrario »*, un acte auquel fait défaut un de ses éléments essentiels est nul car son existence même est remise en cause.

668.–S'il est constant que les principes civilistes ont influencé la jurisprudence administrative, il ne ressort pas cependant de l'étude qu'une telle théorie des nullités ait été élaborée en droit administratif. Ainsi un acte vicié est illégal et donc annulable et, dans certaines hypothèses, il sera déclaré nul, non du fait de la nature du vice qui l'entache, mais en raison de la nature même du recours contentieux et des pouvoirs du juge administratif qui y sont afférents : l'annulation d'un contrat tend donc à demander sa nullité. Au sein même des actes dits nuls, peu d'auteurs font ainsi la distinction entre la nullité absolue et la nullité relative, car la jurisprudence elle-même demeure elliptique. En effet, l'inexistence est née d'une interprétation controversée des textes romains. Elle est perçue comme une complication inutile en droit civil et en procédure civile. D'où le souci du juge de la cantonner strictement. Elle est, par suite, devenue une notion pleine et entière en droit administratif.

669.–L'inexistence apparaît dans la langue du Conseil d'État, au début du XXème siècle. Cette analyse est confirmée par les tables du Recueil Lebon. Ceci doit être souligné car il est de tradition que le(*s*) responsable(*s*) du service de documentation soi(*en)*t un ou plusieurs maîtres des requêtes qui désigne(*nt*) l'orientation que les membres du Conseil d'État entendent donner aux décisions rendues. Les tables sont ainsi la représentation d'une standardisation abstraite des règles juridiques dégagées par le Conseil d'État ; étant précisé en outre que ne sont mentionnées que les décisions de justice qui ont une valeur pédagogique, celles susceptibles de *« faire œuvre de précédent »*.

670.–L'inexistence s'est manifestée bien antérieurement car elle était l'héritage de la doctrine civiliste. Elle a été élaborée notamment grâce aux écrits de L.–A. de Macarel, E. Laferrière, L. Béquet, M. Hauriou, G. Jèze, et A. Mestre. Ils ont réalisé une organisation et une systématisation de la jurisprudence, dépassant le simple stade descriptif et empirique. Ainsi l'apparition de la notion juridique d'inexistence en droit administratif semble se situer au moment de la classification des recours contentieux, et plus généralement lors de la conceptualisation des grandes théories doctrinales et des catégories juridiques. Le concept juridique sera conforté durant la période dite de *« stabilité du droit administratif »*, entre 1920 et 1950. A compter de cette période, alors que deux courants doctrinaux s'affrontent, l'un remettant en cause les notions déjà élaborées en tentant de les réaménager, l'autre, refusant toute systématisation pour privilégier l'empirisme, le concept d'inexistence est à son apogée et la théorie des actes administratifs unilatéraux, fonctionnelle et nécessairement pragmatique, permet de sanctionner la validité des actes entachés d'une illégalité grave et manifeste afin de rétablir la légalité.

671.–La nécessité d'instaurer un tel mécanisme de sanction est sans doute inhérente à la volonté propre du Conseil d'État. Certes le modèle idéal de la justice civiliste était présent, mais le juge administratif pouvant désormais statuer souverainement sur les recours en matière contentieuse administrative et sur les demandes en annulation pour excès de pouvoir formées contre les actes des diverses autorités administratives a cherché à accroître son contrôle sur les actes administratifs tout en justifiant sa légitimité.

672.–Il a ainsi élaboré une théorie qui sanctionne la validité d'un acte administratif vicié à un tel degré qu'il est inexistant. Il s'agit donc d'une théorie utilitaire, dont la fonction permet de déroger aux règles traditionnelles de la computation des délais. Mais au lieu de continuer à déclarer le recours irrecevable ou le moyen inopérant contre un acte inexistant, le juge administratif, pour des raisons d'équité, vide le litige en se prononçant au fond et en sanctionnant corrélativement l'administration par un rétablissement de la légalité malgré l'expiration des délais. Il a ainsi créé une sanction d'un type particulier pour les contrats par une assimilation classique à la nullité, absolue, dès lors qu'un élément constitutif fait défaut.

673.–En ce qui concerne les actes administratifs unilatéraux, il est sans doute plus difficile d'envisager une nullité susceptible d'être prononcée dans le cadre d'un recours pour excès de pouvoir. Cette construction particulière résulte de ce que l'inexistence, en ce qui concerne cette catégorie d'actes, est le résultat d'une symbiose entre plusieurs théories préexistantes en droit administratif : la théorie de l'appel comme d'abus, la théorie des nullités de plein droit et celle des nullités comme en droit canon et ce, toujours afin de neutraliser les effets d'un acte qui est considéré comme ne pouvant pas être simplement annulé.

674.–En outre, par sa fonction juridictionnelle, le juge a été amené à disposer d'un instrument lui permettant de procéder à une qualification juridique pour résoudre le litige. Lorsque les règles d'origine textuelle lui paraissent insuffisantes ou incomplètes, il peut en forger lui-même. Ce système permet au juge administratif d'élaborer des règles abstraites prenant en compte les nécessités concrètes auxquelles il est confronté.

675.–En ce qui concerne l'inexistence, en tant que système, l'acte s'est trouvé confronté à l'expiration des délais de retrait puis de recours contentieux, lesquels faisaient obstacle à l'exclusion hors de l'ordonnancement juridique d'un acte qui n'aurait jamais dû être édicté. Cette théorie se caractérise donc par son caractère constructif dans la mesure où elle se présente sous des formes multiples et des combinaisons diverses.

676.–L'élaboration de catégories juridiques tels que des concepts ou des notions juridiques est la condition nécessaire et suffisante pour que certaines solutions s'imposent au juge (*comme la dérogation à la computation des délais*) mais elle révèle surtout le rôle créateur du juge administratif comme source de droit. La latitude est d'autant plus importante que l'*« inexistence »* est une notion fonctionnelle, non définie, ce qui permet de lui conférer une grande adaptabilité.

SECONDE PARTIE : L'INEXISTENCE, UN INSTRUMENT DE POLITIQUE JURISPRUDENTIELLE

677.–L'inexistence est un mécanisme pour le juge administratif qui tend à permettre un système correctif soit lorsque l'illégalité en cause atteint un certain degré soit encore lorsque les sanctions en principe applicables ne peuvent plus l'être. Ce système est donc mis en œuvre par le juge pour sanctionner certains actes non conformes à la légalité, entendue comme présentant un certain seuil de gravité. Ainsi, l'inexistence consiste en un moyen qui permet la destruction rétroactive d'un acte administratif unilatéral, d'un contrat, voire d'une décision de justice.

678.–Cet instrument a paradoxalement été utilisé par le juge administratif comme étant une nécessité lui permettant de restaurer l'ordre général (*et donc la légalisation*) et la justice par une protection des libertés et du justiciable afin que la séparation des pouvoirs ne soit pas le corollaire d'une complexification du contentieux. Cette formulation a été confirmée par le fait que le juge administratif ait été doté de pouvoirs suffisants pour garantir, avec rapidité et efficacité, les différentes libertés.

679.–Cette formulation de la règle juridique et du concept de l'inexistence a tout autant permis, dans le cadre d'une application aux décisions de justice un rétablissement de l'Etat de droit et surtout de permettre au juge administratif de combler les lacunes du droit de manière à garantir la sécurité juridique qui est sous-jacente à la spécificité de l'inexistence. Ceci permet de justifier qu'il est difficilement concevable d'envisager que la sécurité juridique est uniquement l'obstacle au développement de l'inexistence car cette dernière constitue en réalité une notion abstraite née d'applications concrètes dont la solution n'aurait pas pu être envisagée autrement : c'est dire que la notion a été instaurée pour protéger des libertés ou rétablir un Etat de droit et qu'en fin de compte, la sécurité juridique ne peut en constituer une *« sorte de garde fou »* qu'en tant qu'elle demeure implicite dans l'application du régime de l'inexistence.

680.–En outre, le juge administratif relève par l'usage qui est fait de ce dernier, sa volonté de conserver un système d'une grande souplesse qu'il a adapté selon la finalité en cause en lui permettant une grande adaptabilité dans la sanction appliquée puisque cette notion présente comme particularité qu'elle ne sera pas utilisée de la même façon selon l'acte en cause : par exemple, le contrat, non formé, n'existera pas matériellement, la sanction appliquée qui est décelée comme l'application de l'inexistence étant assimilée à la nullité absolue. En revanche, pour les actes unilatéraux, le juge va devoir édifier une véritable théorie (*Titre I*) afin de sanctionner certains vices pour en tirer toutes les conséquences nécessaires (*Titre II*).

TITRE I L'INEXISTENCE, CONSTRUCTION JURISPRUDENTIELLE A FINS SANCTIONNATRICES

681.–Envisagée l'inexistence comme un instrument du juge administratif nécessite de poser la question récurrente de la jurisprudence comme source de droit alors même que les articles 4, 5 et 1351 du code civil proscrivent au juge de donner naissance à la règle de droit. Or, cette même prescription lui impose de ne pas commettre un déni de justice, c'est-à-dire que refuser de rendre sa décision du fait que la loi soit obscure ou qu'il existe bel et bien une lacune en la matière.

682.–Mais ces règles rappelées font surgir des interrogations : où se situe la frontière lorsque les données d'un cas particulier font l'objet d'un litige porté à la connaissance du juge administratif entre création jurisprudentielle et interprétation législative, par exemple en cas d'absence de toute loi ? Il y aura nécessairement alors une abstraction des données factuelles pour la qualification juridique des faits et cette analyse entrainera une abstraction qui contribuera à la construction d'une règle juridique pour la résolution du conflit, et ce, quand bien même, ce serait dans un but purement utilitaire. De là est né le vocabulaire d'inexistence (*le mot portant le sens*), et de là s'est opéré un *« attachement »* de conséquences juridiques nécessaires à l'application de la catégorie juridique *« inexistence »* (*les conséquences et les effets étant alors attachées à un phénomène qui n'apparait qu'une fois que ses caractéristiques sont identifiées comme telles et surtout qu'une fois que certaines finalités doivent être identifiées comme nécessaires à atteindre*) : la théorie n'étant que le résultat d'une analyse de l'ensemble des motifs et des solutions des décisions de justice qui se rattachent à l'évolution.

683.–L'inexistence est un vice dont la typologie demeure pragmatique en raison d'une application parcimonieuse par le juge administratif qui ne l'utilise que comme une sanction à connotation morale et empreinte d'une particulière gravité. D'une part, il peut s'agir d'un vice résultant de l'atteinte portée aux libertés (*Chapitre I*), d'autre part, il peut s'agir d'un vice affectant la légalité d'un acte administratif (*Chapitre II*).

684.–L'inexistence a été, en tant que sanction absolue, à l'origine de la notion de voie de fait (*Section I*) et demeure aujourd'hui un vice largement assimilé à la voie de fait (*Section II*).

Section 1 Les rapports conceptuels entre l'inexistence et la voie de fait

685.–La recherche de la justification de la compétence judiciaire pour se prononcer sur certains actes ou agissements de l'administration (*§. 1.*) a occulté le fait que les décisions qui ont le caractère de voie de fait sont des actes inexistants qui pourraient tout aussi bien relever de la compétence exclusive du juge administratif (*§. 2.*).

§. 1 La distinction entre voie de fait et inexistence

686.–La dénaturation de l'acte administratif (*A*) ainsi que d'autres justifications tout aussi surannées (*B*) ont eu pour conséquence d'occulter l'identité de nature entre un acte inexistant et un acte administratif constitutif d'une voie de fait.

A. Le caractère obsolète de la théorie de la dénaturation de l'acte administratif

687.–La voie de fait est relevée dans certaines hypothèses, alors que l'acte administratif en cause aurait dû être déclaré inexistant car soit il a été pris hors des attributions sur lesquelles l'autorité compétente devait se prononcer, soit il a été procédé à son exécution forcée en portant une atteinte à une liberté ou à la propriété privée. Certaines décisions ont ainsi été interprétées à travers le prisme de théories juridiques construites postérieurement à leur date de lecture. Souvent elles ne se prononcent, en réalité, que sur des actes pris hors des limites du pouvoir de l'administration et ont été déclarées à l'époque comme contrevenant à la séparation des pouvoirs.

688.–Il en est ainsi par exemple de la décision d'un maire d'interdire l'exploitation d'une mine et d'ordonner la saisie des blocs d'une carrière au motif que celle-ci serait située sur le domaine de la commune. Cet acte a été considéré comme constitutif d'une voie de fait et relevant du seul juge de trancher[1175].

689.–L'arrêt fondateur, rendu le 9 mai 1867 conformément aux conclusions du commissaire du gouvernement Aucoc, est relatif à une saisie de l'*« Histoire des princes de Condé »* écrite par le Duc d'Aumale, ordonnée par le préfet de police. En l'espèce, le Conseil d'État s'est déclaré incompétent pour connaître de recours formés contre cette saisie administrative, au double motif que les questions relatives à la saisie d'un livre ne sont pas de celles dont il lui appartient de connaître et que les actes incriminés par les

1175 CE, 27 mai 1863, Molinier, p. 444.

recours sont des *« actes politiques »* qui ne sont pas de nature à lui être déférés pour excès de pouvoir par la voie contentieuse[1176].

690.–Si cette jurisprudence a été qualifiée d'obscure et de contradictoire[1177] et comme autorisant l'arbitraire, elle sera justifiée par Aucoc par le fait que les tribunaux judiciaires doivent connaître des atteintes commises par le souverain dans les matières réservées à l'autorité judiciaire car elle est gardienne des libertés fondamentales et de la propriété. Il lui appartient donc d'assurer la protection des droits et libertés des citoyens vis-à-vis des actes du pouvoir exécutif constitutifs d'une voie de fait[1178].

691.–Selon cet auteur, la compétence de ces tribunaux ne s'impose que dans la mesure où ces décisions ne peuvent pas être déférées au juge administratif car elles ne sont pas *« des actes d'administration »*[1179]. Laferrière et Hauriou préciseront que la compétence du juge judiciaire se justifie pour ne pas méconnaître le principe de séparation des autorités administratives et judiciaires posé par les lois des 16 et 24 août 1790 et par l'arrêté du 16 fructidor an III. Les libertés individuelles doivent être protégées par l'autorité judiciaire, non parce qu'elle en serait *« la gardienne naturelle »*, mais parce que le juge administratif ne dispose pas, à l'époque, de mécanismes juridiques suffisants pour faire cesser rapidement l'atteinte[1180]. Ainsi, l'affirmation du caractère dénaturé de l'acte manifesterait la volonté de placer les droits et libertés des citoyens, mis en cause par les actes arbitraires de l'Administration, sous la protection du juge judiciaire[1181].

692.–De tels actes ne porteraient pas en réalité sur les attributions mêmes de l'autorité administrative[1182], c'est pourquoi la voie de fait serait la sanction d'*« un fait de droit commun »* et non d'une opération administrative laquelle ne peut consister que dans

1176 CE, 9 mai 1867, Duc d'Aumale et Michel Lévy, conclusions AUCOC, p. 472 et s. ; S.1867.III.124, conclusions AUCOC et note CHOPPIN (A.).

1177 Conclusions AUCOC sur CE, 9 mai 1867, Duc d'Aumale et Michel Lévy, p. 472 et s.

1178 CHAPUS (R.), Droit administratif général, Tome I, 15ème éd., 2001, Montchrestien, n° 1096 2° ; ODENT (R.), Cours de contentieux administratif, 1980, fascicule n° 3, Cours du droit, p. 953 et s., p. 539 et s. ; LE MIRE (P.), Inexistence et voie de fait, RDP 1978 p. 1223 et s. ; L'HUILLIER (J.), note sous Cass. Civ. 11 mai 1937, Demoiselle Ducousso, S.1937.I.259 ; MESTRE (A.), note sous TC, 14 janvier 1938, Consorts Durand, S.1939.III.57.

1179 AUCOC (L.), Des recours pour excès de pouvoirs devant le Conseil d'État, Orléans, E. Colas, 1878, p. 31 à 33.

1180 CHAPUS (R.), Droit administratif général, op. cit., n° 1096 2° ; ODENT (R.), Cours de contentieux administratif, 1980, fascicule n° 3, Cours du droit, p. 953 et s., p. 539 et s. ; LE MIRE (P.), Inexistence et voie de fait, RDP 1978 p. 1223 et s. ; voir aussi en ce sens P-L.J., note sous TC, 17 février 1947, Perrin, D.1947.J.134 ; P.-L. J., note sous TC, 5 juin 1947, Barrat et autres, D.1947.J.308 ; LAFERRIERE, conclusions sur TC, 5 mai 1977, Laumonnier-Carriol, S.1878.II.93 ; PEPY, note sous TC, 18 décembre 1933, Société des forces motrices d'Arrens et TC, 6 juin 1934, Consorts Durand, D.1934.III.57 ; RIVERO (J.), Droit public et droit privé, D.1947.chron.70 ; ROUCHERON-MAZERAT, conclusions sur TC, 11 juillet 1933, Dame Mélinette, S.1933.III.97.

1181 LAFERRIERE (E.), Traité de la juridiction administrative et des recours contentieux, 1896, 2ème Berger-Levrault, Tome I, p. 178 et 530 et Tome II, p. 497 ; HAURIOU (M.), Précis de droit administratif et de droit public, 12ème éd., op. cit., p. 28-29 ; ODENT (R.), Cours de contentieux administratif, 1980, fascicule n° 3, Cours du droit, p. 953 et s., p. 540.

1182 LAFERRIERE (E.), Traité de la juridiction administrative et des recours contentieux, 1896, 2ème Berger-Levrault, Tome I, p. 178.

l'exercice d'un droit réglementé au profit de l'administration avec emploi de la procédure adéquate[1183].

693.–Avant Laferrière, la doctrine, il faut le souligner, ne présentait aucune théorie générale de la voie de fait, voire ne la mentionnait pas en tant que telle[1184]. C'est donc Laferrière qui, en construisant formellement la théorie de la voie de fait, permettra d'identifier l'hypothèse dans laquelle *« la folle du logis »*[1185] et l'inexistence sont une seule et même notion, à savoir lorsqu'il y a une atteinte à la propriété ou à une liberté. Étant rappelé que si, dans certains cas, la voie de fait constitue un cas d'inexistence, tous les actes inexistants ne sont pas des voies de fait. R. Odent mentionnait ainsi quatre groupes de décisions censurables distinctes en fonction de leur nature : les décisions simplement illégales, les décisions juridiquement inexistantes, les décisions constitutives de voie de fait et les décisions immatérielles (*contre lesquelles il affirme que le recours est irrecevable*) mais sans préciser l'articulation entre ses notions[1186].

694.–La thèse de Laferrière sera reprise, pour l'essentiel, au début du XXème siècle par Hauriou qui expliquera qu'il existe deux espèces de voies de fait : *« celle par manque de droit et celle par manque de procédure : [soit] l'administration commet une voie de fait ou une usurpation de pouvoir si elle use d'un droit qui n'a pas été, au préalable, formellement réglementé, [soit] elle use d'un droit qu'elle possède réellement mais sans observer les procédures protectrices des intérêts des tiers qui lui sont imposées »*. Cependant Hauriou posera, ainsi que de nombreux auteurs[1187], le problème implicite de l'artifice de la dénaturation après avoir constaté que dans ces deux hypothèses la victime de la voie de fait peut poursuivre la réparation du dommage qui lui a été causé devant les tribunaux judiciaires, et cela, soit à l'encontre de l'agent, soit à l'encontre de l'administration elle-même[1188].

695.–De même, Jean Goutagny[1189] affirmait qu'*« il résulte [de l'inexistence juridique d'un acte] qu'une incertitude complète règne constamment et cela vient de ce que la question est mal posée. Il ne s'agit pas, en effet, de savoir si un acte existe ou non, de distinguer acte inexistant et acte nul ou annulable, mais bien plutôt de déterminer si un acte garde ou ne garde pas son caractère administratif ; même si l'acte reconnu inexistant juridiquement produit des effets, ne serait-ce que celui de gêner une personne quelconque et de motiver un recours »*. En effet, cet auteur refuse de prendre clairement position sur l'inexistence car *« juridiquement l'acte a peut-être été inexistant, mais ceci importe peu, ce*

1183 HAURIOU (M.), Précis de droit administratif et de droit public, 12ème éd., op. cit., p. 26 à 30.

1184 BATBIE (A.), Traité théorique et pratique de droit public et administratif, op. cit., Tome II, n° 109 et Tome VII, p. 409 ; DE CORMENIN (L.), Oeuvres de Cormenin, op. cit., Tome II, p. 435 ; DUCROCQ (T.), Cours de droit administratif, op. cit. ; SERRIGNY (D.), Questions et traités de droit administratif, Auguste Durand, 1854, Tome II, n° 721.

1185 CHAPUS (R.), Droit administratif général, nos 1087 et s.

1186 ODENT (R.), Cours de contentieux administratif, op. cit., fasc., p. 1610, note 1.

1187 DESGRANGES (E.), Essai sur la notion de voie de fait en droit administratif, Thèse, Poitiers, 1937, p 163 et s. ; voir aussi en ce sens P.-L. J., note sous TC, 17 février 1947, Perrin, D.1947.J.134.

1188 HAURIOU (M.), Précis de droit administratif et de droit public, 12ème éd., 1933, Sirey, p. 27 et s.

1189 GOUTAGNY (J.), La théorie des voies de fait, Thèse Lyon, 1945, p. 69.

qui est primordial, c'est de ne pas le considérer comme administratif, alors qu'il est bien évident qu'il n'y a pas excès de pouvoir puisqu'il n'y a même pas eu un germe de compétence »[1190].

696.–Cette ambiguïté doctrinale est fondée, semble-t-il, comme l'avait précédemment démontré, Marcel Waline, dans la préface de la thèse d'Eugène Desgranges[1191], sur le fait que la gravité des conséquences de l'acte n'a pas été prise en considération dans la définition de la voie de fait. Lorsque les tribunaux ont déclaré qu'il y a voie de fait, tout se passe comme si l'acte ou l'opération avait perdu le caractère administratif ; mais cela ne signifie pas que les tribunaux déclarent la voie de fait chaque fois qu'ils ont constaté que l'acte ou l'opération était entaché d'un vice qui les dénaturait. En effet, selon cet auteur, la voie de fait est une théorie empirique qui permet aux tribunaux de sanctionner des irrégularités qui ont porté atteinte à la propriété ou à des libertés publiques. C'est un moyen de stigmatiser certains actes qui ont eu des conséquences vraiment trop graves en appliquant quasi-instinctivement cette théorie[1192].

697.–Le Doyen Moreau, dont la position fut assez critiquée par Eugène Desgranges[1193], a contourné la difficulté en caractérisant la voie de fait comme la situation où l'administration a prétendu exercer un droit que la loi ne lui donne pas ou a agi sans observer la procédure qui lui était imposée[1194].

698.–Pour Bonnard[1195], la voie de fait est l'exécution d'une décision inexistante ou l'exécution entachée d'une illégalité grave, et l'inexistence tient à ce que l'objet ne se rattache à aucune disposition légale ou à ce que la décision a été prise dans un but complètement étranger à l'activité administrative.

699.–Selon Desgranges, il peut être reproché à Bonnard de ne pas citer de jurisprudence à l'appui de ses affirmations et conclusions. Toutefois, pour Desgranges[1196], concevoir la gravité dans une théorie de la voie de fait, autrement que par la dénaturation de l'acte, n'aurait pas de sens[1197]. Comme Marcel Waline[1198], il définit la voie de fait par trois critères, une mesure illégale, une atteinte soit à la propriété, soit à une liberté publique, et entachée d'une certaine gravité[1199] ; il précise que l'application d'un acte inexistant est une voie de fait qui justifie l'allocation de dommages et intérêts par le juge judiciaire[1200].

1190 LAFERRIERE (E.), Traité de la juridiction administrative et des recours contentieux, op. cit., Tome I, p. 478 et s. ; ODENT (R.), Cours de contentieux administratif, op. cit, fasc. n° 3, p. 540. ; GOUTAGNY (J.), La théorie des voies de fait, op. cit., p. 50-51.

1191 DESGRANGES (E.), Essai sur la notion de voie de fait en droit administratif, op. cit.

1192 Voir contra : WALINE (M.), note sous TC, 8 avril 1935, Société d'Action française, D.1935.III.25.

1193 DESGRANGES (E.), Essai sur la notion de voie de fait en droit administratif, op. cit., p. 169-172.

1194 MOREAU (F.), Manuel de droit administratif, Fontemoing, 1909, nos 80-81.

1195 BONNARD (R.), Précis élémentaire de droit administratif, op. cit., p. 157.

1196 DESGRANGES (E.), Essai sur la notion de voie de fait en droit administratif, op. cit., p. 171-172.

1197 Voir en ce sens P-L. J., note sous TC, 17 février 1947, Perrin, D.1947.J.134.

1198 WALINE (M.), Manuel élémentaire de droit administratif, Sirey, 1936, p. 56 et s., WALINE (M.), note sous TC, 8 avril 1935, Société d'Action française, op. cit.

1199 BACQUET conclusions sur CE, 4 juillet 1980, Zemma, n° 16377 ; FERRER (M.–A.) et PINAULT (M.), chronique générale de jurisprudence administrative, note sur CE, 4 juillet 1980,

700.–D'autres auteurs ont affirmé que la similitude entre la voie de fait et l'inexistence provenait de ce que le vocable d'inexistence, qui n'était pas encore utilisé, se trouvait englobé dans la constatation de la méconnaissance du principe traditionnel en vertu duquel l'autorité judiciaire était l'unique gardienne de la liberté individuelle et du droit de propriété sur lequel ont été fondées plus tard les théories de l'emprise et de la voie de fait[1201].

701.–De nombreux auteurs ont eu recours à la théorie de la dénaturation, alors assimilée à celle de l'inexistence[1202], pour expliquer la théorie de la voie de fait[1203], compris comme critère de l'acte inexistant complétant celui de l'apparence[1204].
L'acte dénaturé serait donc, pour ces auteurs, inexistant par son objet même, étranger à la fonction administrative[1205], peu importe le degré de gravité dont il est entaché, au seul motif qu'il s'agirait d'un acte qui n'est qu'apparemment administratif. Ces auteurs ont tiré de là, un peu hâtivement, la conclusion que le juge judiciaire serait donc seul compétent puisqu'*« a contrario »*, le juge administratif n'aurait pas pu l'être.

Zemma, AJDA 1980 p. 640.

1200 WALINE (M.), Manuel élémentaire de droit administratif, Sirey, 1936, p. 443 et s.

1201 Auquel a été substitué le principe de la séparations des autorités administratives et judiciaires AUBY (J.–M.) et DRAGO (R.), Traité des recours en matière administrative, litec, 1992, n° 92 ; ODENT (R.), Cours de contentieux administratif, 1980, fascicule n° 3, Cours du droit, p. 953 et s., p. 540 ; L'HUILLIER (J.), note sous Cass. Civ. 11 mai 1937, Demoiselle Ducousso, S.1937.I.259 ; AUBY (J.–M.), La théorie de l'inexistence des actes administratifs, thèse, op. cit., 351 p. ; ODENT (R.), Cours de contentieux administratif, 1980, fascicule n° 3, Cours du droit, p. 953 et s., p. 540 ; Voir contra CHAPUS (R.), Droit administratif général, Tome I, 15ème éd., 2001, Montchrestien, n° 1096 2° ; ODENT (R.), Cours de contentieux administratif, 1980, fascicule n° 3, Cours du droit, p. 953 et s., p. 539 et s. ; LE MIRE (P.), Inexistence et voie de fait, RDP 1978 p. 1223 et s. ; L'HUILLIER (J.), note sous Cass. Civ. 11 mai 1937, Demoiselle Ducousso, S.1937.I.259 ; MESTRE (A.), note sous TC, 14 janvier 1938, Consorts Durand, S.1939.III.57.

1202 DELVOLVE (P.) et VEDEL (G.), Droit administratif, 12ème éd., 1992, PUF, Tome I, p. 145 ; AUBY (J.–M.), La théorie de l'inexistence des actes administratifs, thèse, op. cit., p. 252 et s ; DESGRANGES (E.), Essai sur la notion de voie de fait en droit administratif, Thèse, Poitiers, 1937, p. 109 et s., 151 et s., 185 et 221.

1203 APPLETON (J.), Traité élémentaire du contentieux administratif (compétence-juridictions-recours), op. cit., §. 55 ; Duguit (L.), Traité de droit constitutionnel, Tome III, la théorie générale de l'État (suite et fin), 3ème éd., 1930, Cujas, p. 768 ; ODENT (R.), Cours de contentieux administratif, 1980, fascicule n° 3, Cours du droit, p. 540. RIVERO (J.) et WALINE (M.), Droit administratif, 21ème éd., Dalloz, 2006, n° 573 ; DEBARY (M.), préface de EISENMANN (Ch.), La voie de fait en droit administratif français, thèse, 1960, LGDJ, p. 61 ; BRETTON (Ph.) ; L'autorité judiciaire, gardienne des libertés essentielles et de la propriété privée, préface ARDENT, LGDJ 1964, p. 93 et s. ; LECLERCQ (C.), Le déclin de la voie de fait, RDP 1963 p. 663 ; VEDEL (G.), La juridiction compétente pour prévenir, faire cesser ou réparer la voie de fait, JCP(G), 1950.I.851 ; WODIE (F.), L'inexistence des actes juridiques unilatéraux en droit administratif français, AJDA 1969 p. 76 et s. ; conclusions GUIONIN sur TC, 10 décembre 1956, Randon, D.1957.313 et 483, RDP 1957 p. 883 ; QUESTIAUX, conclusions sur CE, 4 novembre 1966, Ministre de l'intérieur c. Société « Le témoignage Chrétien », AJDA 1967 p. 40, in chronique LECAT et MASSOT.

1204 AUBY (J.–M.), La théorie de l'inexistence des actes administratifs, thèse, op. cit., p. 235 et s. ; BELLANGER (F.), Les présomptions d'authenticité et de sincérité des actes administratifs, op. cit. ; GANDREAU (S.), La théorie de l'apparence en droit administratif français : vertus et risques de l'importation d'une tradition de Common Low, op. cit. ; JOUVE (E.), Recherches sur la notion d'apparence en droit administratif français, op. cit.

1205 DELVOLVE (P.) et VEDEL (G.), Droit administratif, 12ème éd., 1992, PUF, Tome I, p. 145 ; BRETTON (Ph.), L'autorité judiciaire, gardienne des libertés essentielles et de la propriété privée, op. cit., p. 251.

702.–Le postulat était ainsi posé que la gravité de la violation du droit et l'illégalité feraient perdre à l'acte sa nature administrative. Toute difficulté disparaît ainsi car lorsque certains actes sont entachés d'une irrégularité grossière, flagrante et incontestable, ils perdent l'apparence d'actes[1206], même s'il existe une présomption d'administrativité des actes de l'administration[1207].

703.–Un tel raisonnement repose en réalité sur l'idée que la cause de l'acte dénaturé serait l'inexistence (*juridique*) d'une décision administrative, elle-même conséquence de l'incompétence de l'auteur de l'acte. Cet acte tendrait à une usurpation de pouvoir ou reposerait sur l'absence d'objet, se révélant ainsi comme étant manifestement autre que celui que l'administration aurait dû prendre. Par là, l'utilisation de l'inexistence révélerait la volonté de justifier la mise en œuvre nécessairement pragmatique d'un mécanisme complexe à la limite de la compétence des deux ordres de juridiction ; ce serait une sanction par le moyen de la découverte d'une voie de fait ou de l'inexistence et non une illégalité (*simple*) de l'acte administratif[1208].

704.–L'explication par les effets de la dénaturation a été abandonnée[1209], tout comme l'invocabilité de l'exception d'exécution d'un acte administratif tirée de son inexistence ou de sa grave illégalité. Pourtant, certains auteurs, tels qu'Auby[1210], Waline[1211] et, étonnamment, Eisenmann[1212], ont envisagé du fait de cette dénaturation *« une résistance passive des administrés »*. Le Doyen *« Vedel [qui] considère cependant que les administrés peuvent ne pas se conformer à un acte absolument inexistant qu'il distingue de l'acte quasi-inexistant, c'est-à-dire soit à un acte matériellement inexistant (qui n'a jamais été effectué) soit à un acte pris par un individu n'ayant même plus la qualité d'autorité ou d'agent public »*[1213].

1206 DARESTE (P.), Les voies de recours contre les actes de la puissance publique, Challamel, 1914, p. 153-155 ; DESGRANGES (E.), Essai sur la notion de voie de fait en droit administratif, Thèse, Poitiers, 1937, p. 171-172. ; comp. avec ALCINDOR (L.), Des différentes espèces de nullités des actes administratifs, 1912, p. 8.

1207 DE SOTO, Contribution à la théorie des nullités des actes administratifs, thèse, 1942, p. 63.

1208 AUBY (J.–M.), La théorie de l'inexistence des actes administratifs, thèse, 1951, Pédone, p. IV et p. 256-257 ; EISENMANN (Ch.), Cours du droit, Tome II, LGDJ, 1983, p. 100-101 et s. ; DEBARY (M.), préface de EISENMANN (Ch.), La voie de fait en droit administratif français, thèse, 1960, LGDJ, p. 98 ; DELVOLVE (P.) et VEDEL (G.), Droit administratif, 12ème éd., 1992, PUF, Tome I, p. 145 et s. ; VEDEL (G.), Cours de droit administratif, 1979, éd. les cours du droit, p. 562 ; voir pour une opinion contraire WODIE (F.), L'inexistence des actes juridiques unilatéraux en droit administratif français, AJDA 1969 p. 79.

1209 DEBARY (M.), La voie de fait en droit administratif français, thèse, 1958, p. 17 ; DUFAU (J.), La compétence juridictionnelle en matière de voie de fait administrative, thèse, 1951, p. 77 ; LEWALLE (P.), Contribution à l'étude de l'application des actes administratifs unilatéraux dans le temps, thèse Liège, diffusion Librairies techniques, M. Nijhoff, La Haye, 1975, p. 35 à 42.

1210 AUBY (J.–M.), La théorie de l'inexistence des actes administratifs, thèse, 1951, Pédone, p. 6-252-312 et 316.

1211 WALINE (M.), Manuel élémentaire de droit administratif, Sirey, 1936, p. 443 et s.

1212 EISENMANN (Ch.), Cours du droit, 1983 Tome II, LGDJ, p. 76 et s.

1213 LE MIRE (P.), Inexistence et voie de fait, RDP 1978 p. 1229.

705.–Une telle conception est problématique car elle ne se trouve justifiée que par le *« seul poids de la tradition »*[1214]. Comme l'observait Charles Eisenmann[1215], il y a une difficulté extrême à traiter comme absolument inexistant quelque chose qui, cependant, en réalité existe, un acte qui a effectivement été accompli[1216], et qui est susceptible d'engager la responsabilité de la puissance publique[1217].

B. L'anachronisme d'une distinction entre voie de fait et inexistence

706.–Historiquement, les actes nuls et de nul effet sont un mécanisme contentieux *« aberrant »* qui a justifié la compétence des autorités judiciaires pour traiter des actes administratifs envisagés alors comme dénaturés lorsque la justice administrative était encore au stade de la justice retenue.

707.–L'objectif était surtout de délimiter le contentieux administratif[1218]. Dès 1789, alors même que le principe de la séparation des pouvoirs était posé, la séparation des fonctions fut avérée pour les juridictions judiciaires mais non pour la justice administrative[1219]. Cela s'opposait à ce que les tribunaux judiciaires connaissent des actes administratifs[1220] sauf pour les fautes personnelles. En effet, les articles 52 et 75 de la Constitution du 22 frimaire de l'an VIII prévoyaient que sous la direction des consuls, *« un Conseil d'État est chargé de rédiger les projets de lois et les règlements d'administration publique (...) et de résoudre les difficultés qui s'élèvent en matière administrative, et que les agents du Gouvernement, autres que les Ministres, ne pouvaient être poursuivis pour des faits relatifs à leurs fonctions, qu'en vertu d'une décision du Conseil d'État »*[1221]. Les affaires contentieuses ne commencèrent à relever de la compétence du Conseil d'État qu'en vertu des dispositions du décret du 11 juin 1806[1222].
Il en a résulté un *« amalgame entre les pouvoirs du Chef de l'État et du Conseil d'État, que*

1214 FOURNIER, conclusions sur CE, 9 juillet 1965, Voskresensky, AJDA 1965 p. 607.

1215 BRETTON (Ph.) ; L'autorité judiciaire, gardienne des libertés essentielles et de la propriété privée, op. cit., p. 97 ; EISENMANN (Ch.), Cours du droit, 1983 Tome II, LGDJ, p. 104 et s.

1216 qu'il distingue de l'inexistence matérielle qu'il qualifie d'inexistence réelle.

1217 DUEZ (P.), La responsabilité de la puissance publique (en dehors du contrat), Dalloz, 1927, p. 146.

1218 DUCROCQ (T.), Cours de droit administratif, Tome I, 6ème éd., Edition Ernest Thorin, 1881, p. 70 et s. ; Tome II, 6ème éd., Edition Ernest Thorin, 1881, p. 2 et s.

1219 BERTHELEMY (H.), Traité élémentaire de droit administratif, 12ème éd., 1930, Rousseau, p. 20 et p. 849 ; DUCROCQ (T.), Cours de droit administratif, Tome II, 6ème éd., Edition Ernest Thorin, 1881, n° 436 ; HAURIOU (M.), Précis de droit administratif et de droit public, 4ème éd., Larose, 1900-1901, p. 822 ; LAFERRIERE (E.), Traité de la juridiction administrative et des recours contentieux, 1896, 2ème Berger-Levrault, Tome I, p. 11 à 14 ; ARTUR (E.), Séparation des pouvoirs et séparation des fonctions ; 5ème article, RDP 1900 p. 88 et s. ; 7ème article, RDP 1902 p. 234 et s.

1220 BERTHELEMY (H.), Traité élémentaire de droit administratif, 12ème éd., 1930, Rousseau, p. 20-22, 32 à 38 ; DUCROCQ (T.), Cours de droit administratif, Tome II, 6ème éd., Edition Ernest Thorin, 1881, nos 419-436-437 ; HAURIOU (M.), Précis de droit administratif et de droit public, 4ème éd., Paris, éd. L. Larose, 1900-1901, p. 821-822 ; LAFERRIERE (E.), Traité de la juridiction administrative et des recours contentieux, 1896, 2ème Berger-Levrault, Tome I, p. 477-478 ; ARTUR (E.), Séparation des pouvoirs et séparation des fonctions, 8ème article, RDP 1902 p. 439 et s.

1221 LAFERRIERE (E.), Traité de la juridiction administrative et des recours contentieux, 1896, 2ème éd., Berger-Levrault, Tome I, p. 638 ; ARTUR (E.), Séparation des pouvoirs et séparation des fonctions, 8ème article, RDP 1902 p. 448 et s.

1222 PACTEAU (B.), Le Conseil d'État et la fondation de la justice administrative française au XIXème siècle, PUF, 2003, p. 43.

la doctrine a qualifié de résultat très heureux »[1223] parce qu'il permet de réparer un excès de pouvoir administratif qui lésait un droit acquis alors même qu'en principe le recours pour excès de pouvoir avait un champ d'application plus restreint[1224].

708.–Il convient de se défaire d'une conception stricte de la séparation des pouvoirs, celle-ci ne pouvant pas être considérée comme le fondement unique du recours pour excès de pouvoir[1225]. En effet, d'une part le Conseil d'État jusqu'en 1830, n'avait pas recherché de solutions originales pour l'exercice de sa fonction d'excès de pouvoir[1226] et d'autre part l'article 11 du décret du 5 nivôse an VIII (*26 décembre 1799*) portant règlement du Conseil[1227] précise ses fonctions : examen des conflits qui peuvent s'élever entre l'administration et les tribunaux ainsi que des affaires contentieuses dont la décision était précédemment remise aux Ministres. C'est cette évolution qui a permis que les parties puissent réclamer devant le Conseil d'État l'annulation d'actes administratifs faits en violation de la loi et portant atteinte à leurs droits[1228], alors que le juge judiciaire était considéré jusque là comme étant seul compétent pour connaître d'un litige ayant violé un droit[1229].

709.–Lorsqu'un litige posait une question de propriété, il ressortait de la jurisprudence que la compétence appartenait au juge (*judiciaire*), sauf que le particulier, préalablement à toute requête tendant à la défense d'un droit litigieux devant les juridictions judiciaires, devait demander aussi l'annulation d'un acte administratif entaché d'un détournement de pouvoir pour ensuite librement s'adresser aux tribunaux judiciaires, une fois l'acte disparu[1230], annulé ou déclaré comme non avenu[1231].

710.–Il apparaît donc que la nullité entendue comme la disparition d'un jugement ou d'un acte administratif s'impose à cette époque[1232] afin de ne pas faire écran à la

---

1223 AUCOC (L.), Des recours pour excès de pouvoirs devant le Conseil d'État, Orléans, E. Colas, 1878, p. 16-17.

1224 ARTUR (E.), Séparation des pouvoirs et séparation des fonctions, 8ème article, RDP 1902 p. 420 et s.

1225 BERTHELEMY (H.), Traité élémentaire de droit administratif, 12ème éd., 1930, éd., Arthur Rousseau, p. 1097 ; SANDEVOIR, (P.), Etudes sur le recours de pleine juridiction, LGDJ, 1964, p. 101 et suivantes ; MESTRE (J.–L.), La signification de la loi des 7-14 octobre 1790, EDCE, 1991, n° 43, p. 281.

1226 LAFERRIERE (E.), Traité de la juridiction administrative et des recours contentieux, 1896, 2ème éd., Berger-Levrault, Tome II, p. 402 à 429.

1227 PACTEAU (B.), Le Conseil d'État et la fondation de la justice administrative française au XIXème siècle, PUF, 2003, p. 23.

1228 LAFERRIERE (E.), Traité de la juridiction administrative et des recours contentieux, 1896, 2ème Berger-Levrault, Tome II, p. 402-412 ; Berthèlemy (H.), Traité élémentaire de droit administratif, 12ème éd., 1930, Arthur Rousseau, p. 885.

1229 ARTUR (E.), Séparation des pouvoirs et séparation des fonctions, 8ème article, RDP 1902 p. 426 et s.

1230 APPLETON (J.), Traité élémentaire du contentieux administratif (compétence-juridictions-recours), op. cit., §. 345 ; CE, 10 novembre 1807, Lemoine, ARTUR (E.), Séparation des pouvoirs et séparation des fonctions, 9ème article, RDP 1903 p. 432, note 3.

1231 Décision sur conflits du CE, 19 mars 1808, Braun, citée in ARTUR (E.), Séparation des pouvoirs et séparation des fonctions, 9ème article, RDP 1903 p. 433 ; CE, 22 octobre 1810, Grandpré c. Bouvier, cité in ARTUR (E.), Séparation des pouvoirs et séparation des fonctions, 9ème article, RDP 1903 p. 442 ; CE, 16 mai 1810, héritiers Le Normand c. De Missy, cité in ARTUR (E.), Séparation des pouvoirs et séparation des fonctions, 9ème article, RDP 1903 p. 434.

1232 CE, 16 frimaire an XIV, Préfet du Nord, cité in ARTUR (E.), Séparation des pouvoirs et séparation

compétence de l'autre ordre de juridiction. Les différents moyens qui seront invocables lors d'un recours pour excès de pouvoir ont ainsi permis de fonder la disparition d'un acte administratif gravement illégal. Partout, à cette époque, afin de ne pas entraver l'action de l'administration, la doctrine semblait affirmer que l'illégalité ne pouvait léser les intérêts des particuliers.

711.–Il y a donc eu, historiquement, une période *« nébuleuse »* où le contentieux administratif s'est construit antérieurement à toute classification des recours par la doctrine et à la construction des cas d'ouverture du recours pour excès de pouvoir[1233]. Durant cette période, l'indétermination des principales théories modernes du droit administratif a conduit à une définition commune de l'inexistence et de la voie de fait.

712.–La jurisprudence du Conseil d'État, de ce fait, a élargi la définition des excès de pouvoir autant que la jurisprudence de la Cour de cassation l'a restreinte[1234]. Ce faisant, le Conseil d'État voulait faire entrer les actes de pure administration dans le champ d'application du contentieux administratif ordinaire[1235], ce qui permettait de passer de la *« théorie du scandale »* à celle de la *« régulation »*[1236]. En bref, le juge a voulu substituer à un recours ne permettant de sanctionner que certaines irrégularités, les plus manifestes, une voie de droit unique ouvrant la possibilité de censurer toutes les sortes d'illégalités, sans égard pour leur degré de gravité[1237].

Par ailleurs, il existait des cas où les limites de la compétence administrative étaient assez difficiles à tracer surtout qu'il s'agissait d'éviter que toute erreur de l'administrateur ne soit justifiée d'inexistence[1238].

---

des fonctions, 9ème article, RDP 1903 p. 442, pour une analyse différente toutefois selon que la nullité soit prononcée ou pas d'office.

1233 BURDEAU (F.), Histoire du droit administratif, PUF 1995, 1ère éd., p. 174 et s. ; CHEVALLIER (J.), L'élaboration historique du principe de la séparation de la juridiction administrative et de l'administration active, LGDJ, 1970, p. 172 et s. ; LAMPUE (P.), Le développement historique du recours pour excès de pouvoir depuis ses origines jusqu'au début du XXème siècle, RISA, 1954, p. 354 ; LANDON (P.), Le recours pour excès de pouvoir sous la justice retenue, 1942, p. 93 ; voir a contrario la position de (J.) GOURDOU in Les conséquences de la constatation de l'illégalité d'un acte administratif par le juge administratif, thèse Pau, 1996, p. 395 ; AUCOC, conclusions sur CE, 13 mars 1867, Bizet, p. 272 et s.

1234 AUCOC (L.), Conférences sur l'administration et le droit administratif, faites à l'Ecole impériale des Ponts et Chaussées, Tome I, Dunod, 1ère éd., 1869, p. 361-393 ; BURDEAU (F.), Histoire du droit administratif, PUF 1995, 1ère éd., 512 p. ; HAURIOU (M.), Précis de droit administratif et de droit public, 4ème éd., Paris, éd. L. Larose, 1900-1901, p. 100.

1235 LAFERRIERE (E.), Traité de la juridiction administrative et des recours contentieux, 1896, 2ème Berger-Levrault, Tome II, p. 411 ; BLANCPAIN (F.), La formation historique de la théorie de l'acte administratif unilatéral, thése, 1979, p. 7 et p. 64 et s. ; SANDEVOIR, (P.), Etudes sur le recours de pleine juridiction, LGDJ, 1964, p. 377 ; MARIE (L.), De l'avenir du recours pour excès de pouvoir en matière administrative, RDP 1901 p. 265-476 et 496.

1236 LANDON (P.), Le recours pour excès de pouvoir sous la justice retenue, 1942, p. 20-55 à 59.

1237 MELLERAY (F.), Essai sur la structure du contentieux administratif, pour un renouvellement de la classification des principales voies de droit ouverte devant les juridictions à compétence générale, LGDJ, 2001, p. 26.

1238 LAFERRIERE (E.), Traité de la juridiction administrative et des recours contentieux, 1896, 2ème éd., Berger-Levrault, Tome II, p. 498-499 ; ARTUR (E.), Séparation des pouvoirs et séparation des fonctions, 9ème article, RDP 1903 p. 472 à 475.

713.–Enfin, la Cour de Cassation a censuré, à l'époque, des actes administratifs au motif qu'ils étaient implicitement entachés de détournement de pouvoir[1239] ou d'une incompétence[1240].
Le juge judiciaire était ainsi compétent pour les litiges entre les particuliers et l'administration en matière de servitudes tirées des dispositions des lois romaines, coutumières, ou du code civil (*entretien d'un égout, fût-ce sur le domaine public*[1241] *ou encore l'usurpation de pouvoir commise par un sous-préfet*[1242]). Ce sont ces hypothèses qui seraient à l'origine de l'affirmation que la voie de fait est *« une illégalité particulièrement grave, doublée d'une incompétence confinant à l'usurpation de pouvoir »,* situation constitutive en définitive d'une inexistence[1243].

714.–Il est montré par là, que la compétence judiciaire, justifiée *« a posteriori »* par l'existence des voies de fait commises par les autorités administratives, ne peut être légitimée que par ce qu'était la structure originaire du contentieux administratif[1244].

715.–Initialement, la Cour de Cassation exerçait le contrôle de l'existence matérielle dans le temps, des normes, même administratives[1245], en employant ponctuellement la terminologie caractéristique des actes inexistants (*« nul et de nul effet »*[1246]) et, plus généralement, celle utilisée pour la disparition d'un acte administratif.

716.–La terminologie, à l'époque vague[1247], a eu pour conséquence qu'un acte administratif ne pouvait être légalement fait ou pris[1248] lorsqu'il portait sur une question de propriété. En ce cas, il perdait la force de règlement de police, ce qui autorisait l'autorité

1239 Cass., 17 avril 1841, Ministère public c. Lajeunesse Bouchy, cité in ARTUR (E.), Séparation des pouvoirs et séparation des fonctions, 9ème article, RDP 1903 p. 479.

1240 Cass., 5 août 1837, Michel, cité in ARTUR (E.), Séparation des pouvoirs et séparation des fonctions, 9ème article, RDP 1903 p. 480 ; Cass., 10 mai 1844, Ministère public c. cie du chemin de fer de Paris à Rouen, cité in ARTUR (E.), Séparation des pouvoirs et séparation des fonctions, 9ème article, RDP 1903 p. 480 ; Cour de cassation 1er octobre 1846, Heulhard, cité in ARTUR (E.), Séparation des pouvoirs et séparation des fonctions, 9ème article, RDP 1903 p. 481.

1241 Cass., 13 août 1841, Ministère public c. Palleau, cité in ARTUR (E.), Séparation des pouvoirs et séparation des fonctions, 9ème article, RDP 1903 p. 479.

1242 Cass., 27 janvier 1854, Ministère public c. Brun et autres, cité in ARTUR (E.), Séparation des pouvoirs et séparation des fonctions, 9ème article, RDP 1903 p. 481, voir notamment note n° 1 pour d'autres références et DP.1854.I.134.

1243 ODENT (R.), Cours de contentieux administratif, 1980, fascicule n° 3, Cours du droit, p. 544.

1244 cf. par exemple l'article 40 du décret du 22 juillet 1806, contenant règlement sur les affaires contentieuses portés au Conseil d'État, DUVERGIER (J.–B.), Collection complète des lois, décrets, ordonnances, réglements et avis du Conseil d'État, Paris, Guyot et Scribe, Tome année 1806-1809, p. 11 et s.

1245 Cass., 15 décembre 1838, Ministère public c. Cornu, cité in ARTUR (E.), Séparation des pouvoirs et séparation des fonctions, 9ème article, RDP 1903 p. 482-483.

1246 Cass., 27 décembre 1838, Ministère public c. Boca, cité in ARTUR (E.), Séparation des pouvoirs et séparation des fonctions, 9ème article, RDP 1903 p. 483, voir notamment note n° 2, pour d'autres références.

1247 Voir par exemple dans CE, 31 mai 1807, Négro, cité in ARTUR (E.), Séparation des pouvoirs et séparation des fonctions, 9ème article, RDP 1903 p. 466. : « Considérant […] que ladite ordonnance ayant été annulée par décision du Ministre de l'Intérieur, le bail passé en exécution de cette ordonnance n'a plus d'effet ».

1248 Cass., 5 avril 1852, Robert, cité in ARTUR (E.), Séparation des pouvoirs et séparation des fonctions, 9ème article, RDP 1903 p. 484.

judiciaire à se prononcer[1249]. La Cour de cassation décidait ainsi qu'un règlement administratif qui n'a pas reçu le contreseing nécessaire pour son application ne pouvait *« avoir aucune force d'exécution »*[1250] ou force exécutoire[1251].

§. 2 L'analogie entre inexistence et voie de fait

717.–L'amalgame entre inexistence et voie de fait résulte de leurs effets identiques (*A*) et du fait que ces deux notions sanctionnent un vice qui entache une décision administrative ou, éventuellement un agissement grave et manifestement illégal de l'administration (*B*).

A. Des notions aux effets juridiques similaires

718.–La voie de fait est en réalité une notion *« à balancier »* qui oscille entre la compétence des deux ordres de juridiction, même aujourd'hui[1252].
Cette conception de la voie de fait a contribué à ce que le juge administratif fasse des assimilations entre cette théorie et certains cas d'inexistence afin d'éviter que de simples moyens de légalité ne puissent relever de la compétence des juges judiciaires. Ceci va dans le droit fil de l'opinion de Laferrière pour qui *« on a quelquefois confondu dans la jurisprudence des tribunaux judiciaires l'acte administratif illégal avec la simple voie de fait relevant du droit commun »*[1253].

719.–Ainsi le Conseil d'État a jugé que des décisions[1254] refusant un passeport avaient le caractère de voies de fait et devaient être regardées comme nulles et non avenues car elles portaient atteinte à la liberté d'aller et venir, et étaient manifestement insusceptibles, eu égard au motif pour lequel elles avaient été prises, de se rattacher à l'exercice d'un pouvoir conféré par la loi à l'administration.

720.–En effet, en l'espèce, l'intéressé était redevable envers le Trésor d'impositions d'un montant très élevé, mais ne faisait pas l'objet de poursuites pénales, ni d'une contrainte par corps[1255]. Cet arrêt rappelle implicitement que la voie de fait ne doit être prononcée que dans des hypothèses graves et nuance la solution apportée précédemment par les jurisprudences Eucat et Grizivatz particulièrement critiquées car elles remettaient en cause, à terme, la légitimité et la raison d'être de la justice administrative en acceptant

1249 Cass., 3 mai 1833, Demoiselles Cabrillon, cité in ARTUR (E.), Séparation des pouvoirs et séparation des fonctions, 9ème article, RDP 1903 p. 477 et s. ; Cass., 2 juin 1838, Ministère public c. Colliot, cité in ARTUR (E.), Séparation des pouvoirs et séparation des fonctions, 9ème article, RDP 1903 p. 478-479.

1250 Cass., 16 mars 1822, Jacolin et Bernard c. Chalet, cité in ARTUR (E.), Séparation des pouvoirs et séparation des fonctions, 9ème article, RDP 1903 p. 482.

1251 Cass., 14 juin 1844, Marcellin, cité in ARTUR (E.), Séparation des pouvoirs et séparation des fonctions, 9ème article, RDP 1903 p. 483.

1252 BRAIBANT (G.), DELVOLVE (P.), GENEVOIS (B.), LONG (M.), WEIL (P.), Les grands arrêts de la jurisprudence administrative 2005, 15ème éd., Dalloz, p. 306 nos 8 et 9.

1253 LAFERRIERE (E.), Traité de la juridiction administrative et des recours contentieux, 1896, 2ème éd., Berger-Levrault, Tome I, p. 478.

1254 Du Consul général de France à Lausanne et du Ministre des relations extérieures prises sur recours hiérarchique.

1255 TC, 9 juin 1986, Eucat, p. 301 ; CE, 4 mai 1988, Plante, p. 695, RDP 1990 p. 913, RFDA 1989 p. 194 note PACTEAU (B.) ; CE, 13 juillet 1966, Guigon ; D.1969.J.669, note BERTRAND (F.G.).

qu'une illégalité simple puisse être à l'origine d'une voie de fait et relève du juge judiciaire[1256]. En réalité cette notion procède d'une analyse objective du contexte de droit et de fait dans lequel est intervenue une décision pour rechercher si elle est ou non constitutive d'une voie de fait, indépendamment des motifs et des textes qu'invoque l'administration afin que le juge ne tienne pas compte uniquement des motifs affichés par l'administration. Cela permet au juge de rechercher s'il est ou non en présence d'une voie de fait, alors que les actes les plus arbitraires pourraient être considérés comme susceptibles de se rattacher à l'application d'un texte dès lors que l'administration aurait pris le soin de faire figurer dans sa décision les motifs et le but prévus par ces textes[1257].

721.–Le principe en vertu duquel lorsque la voie de fait résulte d'une décision les deux ordres de juridiction disposent de compétences parallèles[1258], alors que dans tous les autres cas de voie de fait la compétence des tribunaux judiciaire est exclusive[1259], ne tient pas compte de la modulation apportée par l'inexistence.

Comme les auteurs des *« Grands arrêts de la jurisprudence administrative »* ont pu le préciser, contrairement à la solution apportée par le Tribunal des conflits dans l'arrêt *« Action française »*, le Conseil d'État s'est reconnu en certaines circonstances compétent pour allouer une indemnité en réparation du préjudice causé par une voie de fait[1260]. Ainsi dans un arrêt de Section du 4 novembre 1966, *« Ministre de l'intérieur contre Société Le Témoignage Chrétien »*, le Conseil d'État *« pour considérer que cette saisie n'était pas constitutive d'une voie de fait »*, s'est sans doute fondé sur le fait qu'elle pouvait se rattacher, au moins de façon indirecte, à un texte, la motivation de la décision étant demeurée implicite sur ce point[1261].

722.–La jurisprudence du Conseil d'État a amorcé une évolution depuis quelques années, de manière sous-jacente, ainsi que l'a explicitement mentionné M. R. Schwartz. Ses conclusions sur l'arrêt de Section *« Mme Velluet »*, relèvent que lorsque *« des actes sont entachés d'une illégalité si grave et si manifeste [flagrante]*[1262] *[...] le juge peut les déclarer à tout moment inexistants juridiquement, c'est-à-dire nuls et non avenus »,* comme par exemple les voies de fait sur le fondement de la décision *« Guigon »* du Tribunal des conflits[1263].

1256 CHAPUS (R.), Droit administratif général, Tome I, 15ème éd., 2001, Montchrestien, 1427 p.

1257 Conclusions HUBAC, sous CE, 4 mai 1988, Plante.

1258 TC, 27 juin 1966, Guigon, p. 830, AJDA 1966 p. 547, note DE LAUBADERE ; D.1968.7. note DOUENCE, JCP(G) 1966.II.15135, conclusions LINDON.

1259 CE, 18 octobre 1989, Mme B., p. 545, AJDA 1989 p. 54, conclusions STIRN.

1260 BRAIBANT (G.), DELVOLVE (P.), GENEVOIS (B.), LONG (M.), WEIL (P.), Les grands arrêts de la jurisprudence administrative 2005, 15ème éd., Dalloz, p. 306 n° 9.

1261 CE, 4 novembre 1966, Ministre de l'intérieur c. Société « Le témoignage Chrétien », p. 584 ; AJDA 1967 p. 40, conclusions QUESTIAUX, in chronique LECAT ET MASSOT ; JCP(G) 1967.II.14914, note DRAGO (R.).

1262 MAUGÜE conclusions sur CE, 30 mai 2001, Election du maire et des adjoints de Bouchemaine, n° 220977.

1263 TC, 27 juin 1966, Guigon, p. 830, AJDA 1966 p. 547, note DE LAUBADERE (A.) ; D.1968.J.7. note DOUENCE, JCP(G) 1966.II.15135, conclusions LINDON.

723.–Il est donc confirmé non seulement que le postulat selon lequel l'autorité judiciaire est la gardienne de la propriété immobilière, n'est pas devenu la règle générale[1264], mais encore qu'un tel principe est inopérant pour justifier des notions telles que l'inexistence et la voie de fait[1265]. En effet, la jurisprudence du Tribunal des conflits et celle du Conseil d'État limitent la compétence judiciaire aux seuls cas où elle est expressément prévue par la loi, dont elles donnent en général une interprétation stricte. *« [Ainsi en va-t-il pour l'indemnisation] des réquisitions ... prononcées sur un autre fondement que celui des lois de 1877 et 1938, [celle-ci] donne lieu à un contentieux administratif, même s'il s'agit d'une réquisition immobilière qui ne présente pas le caractère d'une emprise »*[1266]. Toutefois l'affirmation selon laquelle *« le préjudice causé à un propriétaire, comme à tout citoyen, dès lors qu'il est causé par une décision administrative, en dehors de l'emprise immobilière ou de la voie de fait relève en principe de la compétence du juge administratif »*[1267], doit être nuancée. En effet, si généralement le juge administratif constate que les décisions attaquées ne découlent ni de poursuites pénales, ni de la mise à exécution d'une contrainte par corps, les faits qui les ont motivées ne sont pas davantage au nombre de ceux qui pourraient justifier l'application de dispositions réglementaires. Dans ces conditions, les décisions attaquées, qui portent atteinte à une liberté, sont manifestement insusceptibles, eu égard au motif pour lequel elles ont été prises, de se rattacher à l'exercice d'un pouvoir conféré par la loi à l'administration. Elles ont dès lors le caractère de voies de fait et doivent être regardées comme *« nulles et non avenues »*[1268]. Le juge s'interroge parfois sur le fait qu'un acte peut être regardé comme nul et de nul effet et être déféré sans condition de délai. Ce n'est que dans un second temps qu'il va examiner s'il est constitutif d'une voie de fait[1269]. Ou bien, dans d'autres espèces, il est explicitement jugé qu'une décision porte atteinte à une propriété, mais que n'étant pas *« manifestement insusceptible d'être rattachée à l'exercice d'un pouvoir appartenant à l'administration, elle ne saurait dès lors être constitutive d'une voie de fait et être regardée comme un acte inexistant »*[1270].

724.–Il convient de constater que le juge administratif ne précise pas toujours que la compétence appartient au juge judiciaire pour indemniser les préjudices causés par des

1264 ROBERT (J.), Le juge administratif et la liberté individuelle, Mélanges Waline, Tome II, Paris, LGDJ, p. 719 et s. ; voir pour une position plus radicale : CHAPUS (R.), Droit administratif général, Tome I, 15ème éd., 2001, Montchrestien, n° 1096 2° ; ODENT (R.), Cours de contentieux administratif, 1980, fascicule n° 3, Cours du droit, p. 953 et s., p. 539 et s. ; LE MIRE (P.), Inexistence et voie de fait, RDP 1978 p. 1223 et s. ; L'HUILLIER (J.), note sous Cass. Civ. 11 mai 1937, Demoiselle Ducousso, S.1937.I.259 ; MESTRE (A.), note sous TC, 14 janvier 1938, Consorts Durand, S.1939.III.57.

1265 ODENT (R.), Cours de contentieux administratif, 1980, fascicule n° 3, Cours du droit, p. 953 et s., p. 539 et s. ; LE MIRE (P.), Inexistence et voie de fait, RDP 1978 p. 1223 et s. ; L'HUILLIER (J.), note sous Cass. Civ. 11 mai 1937, Demoiselle Ducousso, S.1937.I.259 ; MESTRE (A.), note sous TC, 14 janvier 1938, Consorts Durand, S.1939.III.57.

1266 CE Sect., 15 février 1961, Werquin, p. 118, conclusions BRAIBANT.

1267 ROUGEVIN-BAVILLLE, conclusions sur CE, 2 juin 1972, Dame Marcuccini, n° 82.971.

1268 CE, 13 juillet 1966, Guigon ; D.1969.J.669, note BERTRAND (F.G.) ; TC, 9 juin 1986, Eucat, p. 301 ; CE, 4 mai 1988, Plante, op. cit.

1269 CAA Nantes, 16 décembre 2004, Société « Groupe Lactalis », n° 01NT02046.

1270 CAA Bordeaux, 5 juillet 1999, Commune de Colombies, n° 96BX00461.

décisions constitutives de voie de fait déclarées nulles et non avenues[1271]. Les requérants pensent donc, de ce fait, demander, sur le fondement de l'inexistence, une indemnisation au juge administratif[1272] de manière subsidiaire et automatiquement.

725.–D'ailleurs, la Cour administrative d'appel de Bordeaux a jugé que des délibérations qui ont eu pour effet de priver illégalement et de manière définitive, M. André B. de la propriété de ses parcelles doivent, eu égard à la gravité de l'atteinte ainsi portée au droit de propriété du requérant, être regardées comme manifestement insusceptibles de se rattacher à l'exercice d'un pouvoir appartenant à l'administration ; qu'elles sont constitutives d'une voie de fait qu'il appartient au juge administratif de constater, à tout moment, même après l'expiration du délai de recours contentieux, et doivent, par suite, être considérées comme nulles et de nul effet[1273]. Or, dans cette affaire, les requérants ne demandaient que la déclaration en inexistence des deux délibérations attaquées, assimilant ainsi définitivement la voie de fait à l'inexistence qui est aussi un moyen d'ordre public. Ils ne faisaient aucune demande indemnitaire, puisque seul le paiement des frais irrépétibles avait été sollicité[1274].

726.–Cependant, la jurisprudence, pour l'instant, demeure constante sur bien des points essentiels. D'une part, il appartient au seul juge administratif de connaître du recours pour excès de pouvoir dirigé contre une décision administrative, soit pour en prononcer l'annulation pour illégalité soit pour la déclarer nulle et non avenue si elle est constitutive d'une voie de fait[1275]. D'autre part, l'allégation qu'une décision administrative est constitutive d'une voie de fait, doit conduire le juge, s'il constate qu'il en est bien ainsi, de la déclarer nulle et non avenue[1276]. A défaut, il se prononce sur sa légalité sans avoir à renvoyer au juge judiciaire[1277]. Enfin, c'est un principe certain, les conséquences dommageables d'une voie de fait ne peuvent être appréciées que par les tribunaux de l'ordre judiciaire, ce qui exclut que des conclusions indemnitaires puissent être formulées devant le juge administratif[1278].

727.–Le Tribunal des conflits maintient fermement le principe que la voie de fait étant une dérogation au principe de séparation des autorités administratives et judiciaires, est toujours d'interprétation étroite étant strictement cantonnée à deux cas : l'administration a procédé à l'exécution forcée, dans des conditions irrégulières, d'une décision, même régulière, portant une atteinte grave au droit de propriété ou à une liberté fondamentale, ou

1271 CE, 11 mars 1998, Ministre de l'Intérieur c. Madame Auger, tables, p. 676.

1272 Voir par exemple CE, 16 février 1996, Rouvière et autres, n° 154613 dans lequel la voie de fait n'était pas constituée.

1273 PECRESSSE, conclusions sur CE, 10 octobre 1997, Lugan, n° 170341.

1274 CAA Bordeaux, 7 décembre 2000, Beneteau et Berard, n° 98BX00889.

1275 TA Rouen, 9 mars 2004, Melle Auzou c. Fontaine sous Préaux, n° 01-2387 ; TA Rouen, 18 mai 2006, Athmani et autres, n° 0301204 ; comp. CE Sect., 15 février 1961, Werquin ; BIANCARELLI, conclusions sur CE, 18 juin 1982, Consorts Raphanel et Epoux Dumanchin (deux espèces).

1276 CE, 11 mars 1998, Ministre de l'Intérieur c. Madame Auger, tables, p. 676.

1277 CE, 6 avril 2001, Djerrar, n° 212106.

1278 TA Rouen, 18 mai 2006, Athmani et autres, n° 0301204 ; conclusions LASRY sur TC, 16 novembre 1964, Clément.

bien l'administration a pris une décision ayant l'un ou l'autre de ces effets, à la condition toutefois que cette dernière décision soit elle-même manifestement insusceptible d'être rattachée à un pouvoir appartenant à l'autorité administrative[1279]. Il suit de cette conception étroite qu'une décision, même implicite, même illégale, qui ne constitue pas un acte manifestement insusceptible de se rattacher à l'exercice d'un pouvoir appartenant à l'administration, ne peut être une voie de fait[1280]. Autrement dit la compétence est judiciaire du seul fait qu'il est porté atteinte à une liberté car toute décision illégale ne constitue pas, pour autant, une voie de fait[1281].

728.–Cependant le seuil de la distinction entre voie de fait et illégalité relève d'un critère jurisprudentiel et d'une appréciation *« in concreto »* du juge, partagés entre les deux ordres de juridiction. Or, cette résurgence historique, confirmée par la jurisprudence du Tribunal des conflits, est considérée comme obsolète chez de nombreux auteurs pour qui la notion même de voie de fait n'est plus aujourd'hui qu'une anomalie à laquelle il serait souhaitable de renoncer[1282]. Elle est donc parfois condamnée de la manière la plus nette par la doctrine[1283]. Il est affirmé que son invocation pour attribuer compétence au juge civil en matière administrative ne se justifiait que par des considérations pratiques qui n'ont plus, de nos jours, la valeur qu'on pouvait leur accorder lorsque cette théorie a été forgée[1284]. Enfin, est très contestable l'idée qu'une voie de fait constitutive d'une usurpation de pouvoir dénaturerait l'acte administratif[1285].

729.–Il conviendrait donc d'unifier le contentieux en la matière en éclaircissant ainsi définitivement la jurisprudence en matière de voie de fait. Toute décision ou tout agissement de l'administration, manifestement insusceptible de se rattacher à un pouvoir lui appartenant, constitutif de préjudice, pourrait être indemnisé sur le fondement de l'inexistence[1286], sauf texte législatif contraire[1287]. Il serait ainsi mis fin à un étrange

---

1279 TC, 23 octobre 2000, Boussadar, T. p. 775, sur la notion de voie de fait. ; TC, 19 janvier 2004, Sté CLPK Aircraft Funding, n° 3386.

1280 TC, 1er mars 1993, Akiana, p. 394.

1281 TC, 21 juin 1993, Préfet de la Seine-Saint-Denis, n° 02863, p. 403 ; TC, 20 juin 1994, Madaci et Youbi, p. 603 ; Gaz. Pal. 24-25 août 1994, p. 22, conclusions ABRAHAM, note PETIT ; AJDA 1994 p. 496, Chronique MAUGÜE et TOUVET, D.1995.J.193, note DIDIER ; TC, 12 mai 1997, Préfet de police de Paris c. TGI de Paris, p. 528 ; TC, 19 novembre 2001, Melle Mohamed c. Ministre de l'Intérieur, p. 755 ; D.2002.1446, conclusions BACHELIER ; AJDA 2002 p. 234, note petit ; Gaz. Pal. 22-23 février 2002, note PETIT.

1282 BONNARD (R.), note sous CE, 9 janvier 1931, Abbé Cadel, S.1931.III.41 ; BORRIES (A.), Le Baroud d'honneur de la voie de fait, note sous TC, 19 novembre 2001, Melle Mohamed c. Ministre de l'Intérieur, LPA 23 juillet 2002, p. 23 et s.

1283 LAROQUE, note sous TC, 4 juillet 1934, Curé de Réalmont, S.1935.III.97.

1284 ARRIGHI DE CASANOVA, conclusions sur TC, 12 mai 1997, Préfet de police de Paris c. TGI de Paris, RFDA 1997 p. 514 ; QUIOT (G.), Jurisclasseur administratif, février 1998, Fasc. 1051, Voie de fait.

1285 LAROQUE, note sous TC, 4 juillet 1934, Curé de Réalmont, S.1935.III.97.

1286 RIVERO (J.), Droit public et droit privé, D.1947.chron.70 ; HAURIOU (M.), note sous TC, 3 juin 1905, Lambilly, S.1906.III.81 ; P.-L. J., note sous TC, 5 juin 1947, Barrat et autres, D.1947.J.308 ; ROUCHERON-MAZERAT, conclusions sur TC, 11 juillet 1933, Dame Mélinette, S.1933.III.97.

1287 LAFERRIERE, conclusions sur TC, 5 mai 1977, Laumonnier-Carriol, S.1878.II.93 ; PEPY, note sous TC, 18 décembre 1933, Société des forces motrices d'Arrens et TC, 6 juin 1934, Consorts

paradoxe qui, d'un côté, veut que soit accordée en la matière plénitude de juridiction aux tribunaux judiciaires et de l'autre côté, permet que la décision constitutive de voie de fait puisse faire l'objet, en même temps, d'un recours fondé sur l'idée de dénaturation[1288].

730.–Ainsi, la nécessité de devoir préciser le degré de gravité du comportement ou de l'illégalité de la décision de l'administration, ne se poserait donc plus[1289] car la jurisprudence en vertu de laquelle la juridiction judiciaire est compétente en cas d'atteinte au droit de propriété ou d'une liberté fondamentale constitutive d'une voie de fait[1290], cesserait ainsi de représenter une anomalie dans la sanction de certains agissements ou décisions de l'administration[1291] insusceptibles de se rattacher à un pouvoir lui appartenant[1292]. Il serait ainsi mis fin aux hypothèses dans lesquelles la juridiction administrative se reconnaît compétente pour des actions en indemnité ayant leur origine dans des actes qui seraient à coup sûr des voies de fait[1293].

731.–Il convient de revenir à la conception stricte de Léon Béquet pour qui, en vertu de la séparation des attributions des autorités administrative et judiciaire, lorsque l'acte pris pour l'exercice de la puissance publique est illégal ou irrégulier, il ne perd pas pour cela son caractère d'acte administratif ; ainsi la faute de l'administration ne relève pas systématiquement des tribunaux judiciaires à moins qu'elle constitue la faute personnelle d'un agent[1294].

732.–A ce jour, l'indemnisation des dommages causés par une décision constitutive d'une voie de fait et en conséquence inexistante, n'a été possible que par les juges judiciaires car les requérants se sont toujours placés sur ce terrain et non sur celui de l'inexistence. Or comme un acte constitutif d'une voie de fait est également nul et non avenu, donc inexistant, et peut être, par suite, contesté devant les deux ordres de

---

Durand, D.1934.III.57.

1288 BACHELIER, conclusions sur TC, 19 novembre 2001, Melle Mohamed c. Ministre de l'Intérieur, p. 755 ; D.2002.1446, CHAPUS (R.), Droit administratif général, Tome I, 15ème éd., 2001, Montchrestien, n° 1096 2° ; voir aussi en ce sens P.-L. J., note sous TC, 17 février 1947, Perrin, D.1947.J.134.

1289 WALINE (M.), note sous TC, 8 avril 1935, Société d'Action française, op. cit. ; comparer avec BACQUET conclusions sur CE, 4 juillet 1980, Zemma, n° 16377 ; voir FERRER (M.–A.) et PINAULT (M.), chronique générale de jurisprudence administrative, note sur CE, 4 juillet 1980, Zemma, AJDA 1980 p. 640.

1290 TC, 30 juin 1949, Aubert, p. 602 ; TC, 27 novembre 1952, Flavigny, p. 647 ; TC, 25 novembre 1963, Epoux Pelé, p. 795 et Commune de Saint-Just-Chaleyssin, 793, conclusions CHARDEAU ; DOUENCE (J.–C.), note sous TC, 27 juin 1966, Guigon c. Ministre des armées, DS.III.7 ; D.1968.J.7 ; WEIL (P.), Une résurrection : la théorie de l'inexistence en droit administratif, D.1958.chron.49.

1291 TC, 8 avril 1935, Société d'Action française, D.1935.III.25, conclusions JOSSE et note WALINE (M.) ; RDP 1935 p. 309, conclusions JOSSE et note JEZE (G.) ; BRAIBANT (G.) et autres, GAJA, op. cit., commentaire n° 49.

1292 CE, 18 décembre 1931, Chan Pek Chun, S.1932.III.102, note anonyme, « a contrario ».

1293 BLAEVOET, note sur Cass. Civ., 11 mai 1937, Req. 1er et 5 juillet 1937, D.1938.I.111.

1294 BEQUET (L.), Répertoire du droit administratif, Tome VIII Voir contentieux administratif avec le concours de M. Dupré, 1891, p. 225 §§. 221-222-223.

juridiction[1295], il est difficilement acceptable que le juge compétent pour apprécier l'illégalité d'un acte ne le soit pas pour indemniser le préjudice qui en découle[1296].

733.–Le juge administratif maintient sans doute cette jurisprudence en application de l'article 66 de la Constitution en vertu duquel l'autorité judiciaire est gardienne de la liberté individuelle bien qu'une telle affirmation puisse être complétée par celle, tout aussi vraie, que le juge administratif est aussi gardien des libertés et qu'il est, désormais, doté des pouvoirs nécessaires pour en faire cesser les atteintes[1297].

734.–J.-M. Auby[1298] ne mentionne la théorie de l'inexistence comme fondement de la voie de fait que ponctuellement dans sa thèse[1299], même s'il signale les similitudes nombreuses et la construction parallèle entre ces deux notions[1300]. Il ne fait en effet référence qu'à la jurisprudence du Tribunal des conflits en expliquant *« qu'il n'est pas nécessaire de s'arrêter longuement sur la jurisprudence du Conseil d'État [car] pour la Haute juridiction l'acte émanant d'une autorité administrative ne peut perdre son caractère administratif en aucun cas quelle que soit son illégalité [et] adopte les solutions normales de l'excès de pouvoir »*. Il précise, en outre, que les actes administratifs portant atteinte aux libertés publiques sont inexistants s'ils ne se rattachent à aucun fondement légal ou réglementaire[1301], et donc hors des pouvoirs de police. Ceci justifierait la compétence des autorités judiciaires puisqu'en matière d'atteinte aux libertés publiques, le Conseil d'État adopte les solutions normales de l'excès de pouvoir. Il rattache à *« une conception particulière de l'inexistence »* certains arrêts, qu'il ne cite d'ailleurs que dans sa bibliographie, qui sont en réalité des décisions relatives à des actes matériellement inexistants ou à des cas d'usurpation de pouvoir, alors que la compétence de l'autorité judiciaire en matière de litige relatif à la propriété, n'est justifiée que dans le cadre de contestations relatives à la propriété. Ainsi en cas d'expropriation, il appartiendra aux

---

1295 TC, 27 juin 1966, Guigon, p. 830, AJDA 1966 p. 547, note DE LAUBADERE (A.) ; D.1968.7 note DOUENCE, JCP(G) 1966.II.15135, conclusions LINDON ; CE, 13 juillet 1966, Guigon ; D.1969.669, note BERTRAND (F.-G.).

1296 ODENT (R.), Cours de contentieux administratif 1965-1966, fascicule 1, p. 341 ; FOURNIER, conclusions sur CE, 9 juillet 1965, Voskresensky, AJDA 1965 p. 607 ; CE, 15 mars 1951, Comptoir Linier, p. 630 ; CE Sect., 31 janvier 1958, Société des établissements Lassalle-Astis, p. 63 ; chronique générale de jurisprudence administrative de FOURNIER et BRAIBANT, Voie de fait et recours pour excès de pouvoir, AJDA 1958 n° 86 p. 90.

1297 cf. les débats parlementaires, surtout sénatoriaux, lors du vote de ce qui allait devenir la loi du 30 juin 2000 sur le référé administratif, spécialement le référé liberté ; voir le dossier législatif sur le projet de Loi n° 2000-597 du 30 juin 2000 parue au JO n° 151 du 1er juillet 2000 relatif au référé devant les juridictions administratives, http://www.senat.fr/dossierleg/refereadm.htmlen particulier le Rapport n° 380 (1998-1999) de M. René GARREC, fait au nom de la commission des lois, déposé le 26 mai 1999 et l'intervention de M. Badinter ; BACQUET conclusions sur CE, 4 juillet 1980, Zemma, n° 16377, op. cit. ; PUGEAULT (S.). Le juge administratif des libertés, gardien des libertés, in Justice et droits fondamentaux. Études offertes à Jacques Normand, Litec, 2003, p. 401 et s. ; ROBERT (J.), Le juge administratif et la liberté individuelle, Mélanges Waline, Tome II, LGDJ, p. 719 et s. ; CE, 13 juillet 1966, Guigon, op. cit. ; CE Sect., 10 octobre 1969, Consorts Muselier, op. cit.

1298 AUBY (J.–M.), La théorie de l'inexistence des actes administratifs, thèse, op. cit., p. 190 et s.

1299 p. 198 et p. 243.

1300 p. 14-215-216 et 313.

1301 p. 139.

juridictions judiciaires d'en prononcer l'indemnisation en raison de dispositions législatives constantes[1302]. *« A contrario »*, en cas de simple atteinte par un agissement de l'administration ou un acte administratif *« stricto sensu »*, la théorie de l'inexistence devrait justifier une telle indemnisation par le juge administratif[1303]. Il convient donc de rejeter la thèse en vertu de laquelle le principe de séparation des autorités judiciaires et administratives serait désormais assoupli et permettrait une concurrence de compétence adéquate, tout au moins en ce qui concerne le domaine en cause[1304].

B. L'inexistence et la voie de fait, sanctions du caractère grave et manifestement illégal

735.–Il convient, comme le Professeur Pierre Le Mire précédemment, de relever combien l'utilisation des vocables *« inexistence »* et *« dénaturation »*, ne résultent pour l'essentiel que d'une querelle essentiellement doctrinale. Ils servent en réalité à désigner des actes entachés d'une irrégularité flagrante ou grossière affectant leur condition d'existence ou d'une illégalité grave, et manifeste[1305]. Ces actes sont principalement caractérisés par le fait d'être manifestement insusceptibles d'être rattachés à l'application d'un texte législatif ou réglementaire[1306] ou à l'exercice d'un pouvoir appartenant à l'administration[1307] : le principal intérêt de cette catégorie est qu'elle est composée d'actes soumis au délai de recours contentieux[1308].

736.–Cette conception a été mise en évidence en matière de réquisitions à la suite du constat de certains auteurs, peu nombreux, du caractère limité de la compétence des tribunaux judiciaires quand l'ordre de réquisition est une décision administrative qui, en principe, peut faire l'objet d'un recours pour excès de pouvoir. La doctrine a ainsi tenté de justifier la position du Conseil d'État en la matière par le prisme de la voie de fait et a, à cette occasion, assimilé cette notion et l'inexistence. Cette jurisprudence n'a qu'un caractère anecdotique car seule la compétence des personnes qui ont le droit de réquisition a été assimilée avec la théorie de l'inexistence puisque toute autre formalité non

1302 BEQUET (L.), Répertoire du droit administratif, Tome VIII, Voir contentieux administratif avec le concours de M. Dupré, 1891, p. 227 §236 et s.

1303 DEBARY (M.), préface de EISENMANN (Ch.), La voie de fait en droit administratif français, thèse, 1960, LGDJ, p. 102 ; voir « a contrario » EISENMANN (Ch.), Cours du droit, 1983 Tome II, LGDJ, p. 75 et s.

1304 WALINE (M.), Manuel élémentaire de droit administratif, Sirey, 1936, p. 29 et s., voir également p. 66 et s. ; BLAEVOET, Cass. Civ., 11 mai 1937, Req. 1er et 5 juillet 1937, D.1938.I.114.

1305 LE MIRE (P.), Inexistence et voie de fait, RDP 1978 p. 1228-1229 ; voir aussi Travaux de l'association Henri Capitant, Journées de Turin, 4-7 juin 1962, p. 770. ; MAUGÜE conclusions sur CE, 30 mai 2001, Election du maire et des adjoints de Bouchemaine, n° 220977 ; SCHWARTZ, conclusions sur CE Sect., 3 novembre 1995, Velluet, nos 82096, 90883, 135073.

1306 TC, 17 février 1947, Perrin, p. 501 ; note P.-L. J. D.1947.J.134.

1307 TC, 27 juin 1966, Guigon, p. 830 ; CE Ass., 18 novembre 1949, Carlier, p. 490 ; S.1950.III.49, note Drago (R.) ; RDP 1950 p. 172, conclusions GAZIER, note WALINE (M.) ; S.1950.III.49, note DRAGO (R.) ; JCP(G) 1950.II.5535, note G.V.

1308 PECRESSSE, conclusions sur CE, 10 octobre 1997, Lugan, n° 17034.

substantielle (*hormis donc une tentative d'accord amiable préalable*) est sans incidence sur la légalité de l'ordre de réquisition[1309].

737.–Ainsi A. Mestre[1310], rappelle la théorie de J. De Soto[1311], selon laquelle *« la voie de fait suppose qu'il existe non pas deux mais trois catégories de vices de forme : ceux qui sont sans influence sur la validité, ceux qui provoquent la nullité, et ceux qui entraînent l'inexistence »*. En matière de réquisitions administratives, le Conseil d'État distingue les formes substantielles des formes non substantielles ou *« accessoires »*. Selon lui, l'exécution d'une réquisition immobilière pourrait constituer une de ces voies de fait, constitutive d'une usurpation de pouvoir qui, ne présentant aucun caractère administratif, autorise tout intéressé à se prévaloir de cette irrégularité, et lui permet notamment d'obtenir des tribunaux judiciaires la restitution des biens dont il a été abusivement dépossédé, sans préjudice de tous dommages et intérêts aux termes du droit commun. Il est donc rappelé que la théorie de la voie de fait est une des plus ténébreuses du droit administratif et repose sur la distinction entre l'usurpation et l'excès de pouvoir, l'acte inexistant et l'acte nul.

738.–Achille Mestre soutient, à l'instar de Jean De Soto, qu'il y a un cas où l'acte d'un administrateur prétendant exercer la puissance publique cesserait d'échapper au jugement des tribunaux judiciaires. C'est le cas où l'administrateur sortirait non seulement de ses propres attributions, mais des attributions mêmes de l'autorité administrative. Il donne comme exemple la confiscation d'une propriété, la privation d'une liberté, la suppression d'un journal et toute décision inexistante en droit qui est *« étrangère par son objet même, à l'exercice de la fonction administrative »*[1312].

739.–Reprenant une thèse antérieurement développée par M. Hauriou[1313], A. Mestre note : *« la voie de fait suppose [...] un acte qu'aucune administration n'aurait qualité pour accomplir et qui, par suite, est inexistant comme sortant absolument des attributions de toute administration »*[1314].

740.–A. Mestre critique ensuite ses propres arguments en démontrant, à propos des réquisitions d'immeubles, que l'administration dans ce cas n'agit pas en dehors de ses attributions. Et que dans cette hypothèse, *« il n'y aura donc pas usurpation de pouvoir de la part de l'administrateur qui y aurait abusivement recours en s'affranchissant des formes légales ; par suite, il ne pourra être question d'inexistence à propos de l'acte qui réalisera la réquisition immobilière. Or [...] la voie de fait suppose usurpation et inexistence, c'est-*

1309 GAZIER (F.), Le contrôle de la légalité des réquisitions administratives, RDP 1947 p. 9 et s.

1310 MESTRE (A.), note sous CE, 27 avril 1945, Briffard, S.1946.III.17.

1311 De soto, Contribution à la théorie des nullités des actes administratifs, thèse, 1942, p. 46 et s.

1312 LAFERRIERE (E.), Traité de la juridiction administrative et des recours contentieux, 1896, 2ème éd., Berger-Levrault, Tome I, p. 178 et 530 et Tome II, p. 497.

1313 HAURIOU (M.), Précis de droit administratif et de droit public, 12ème éd., 1933, Sirey, p. 335-336.

1314 Voir contra CHAPUS (R.), Droit administratif général, Tome I, 15ème éd., 2001, Montchrestien, n° 1096 2° ; ODENT (R.), Cours de contentieux administratif, 1980, fascicule n° 3, Cours du droit, p. 953 et s., p. 539 et s. ; DESGRANGES (E.), Essai sur la notion de voie de fait en droit administratif, Thèse, Poitiers, 1937, p. 159-160 ; LE MIRE (P.), Inexistence et voie de fait, RDP 1978 p. 1223 et s. ; L'HUILLIER (J.), note sous Cass. Civ. 11 mai 1937, Demoiselle Ducousso, S.1937.I.259 ; MESTRE (A.), note sous TC, TC, 14 janvier 1938, Consorts Durand, S.1939.III.57.

à-dire qu'elle ne pourra jouer [...] que si la réquisition entendait réaliser un transfert définitif de propriété immobilière [qui est] interdit à toute autorité administrative, [car cela dépasserait le pouvoir qui lui est en principe attribué] ». Il conclut donc, à juste propos, comme d'autres auteurs, qu'il n'est pas possible de considérer comme une voie de fait une réquisition irrégulière tant que, par là, l'administration ne prétendrait pas acquérir la propriété immobilière d'un bien : ainsi, en ce cas, l'atteinte à la jouissance, si grave soit-elle, ne relève que de la compétence administrative[1315]. Ce disant, Achille Mestre, adhère implicitement et ponctuellement à la thèse des adversaires de la voie de fait[1316] qui considèrent que cette notion est une exception inutile au principe de la compétence administrative[1317]. Il est certain, par exemple[1318], qu'en cas d'urgence ou de circonstance exceptionnelle, l'exécution d'office, même irrégulière, cesse d'être une voie de fait et redevient une activité administrative relevant de la compétence des juridictions administratives[1319].

741.–A. Mestre réfute ainsi, avec raison, la position de G. Liet-Veaux[1320], pour qui sans indiquer de jurisprudence, toute *« réquisition doit, en tout cas être rédigée par écrit et signée à peine de nullité, voire d'inexistence, ainsi qu'il est admis pour les réquisitions militaires »*, et celles de G. Jèze[1321] et d'O. Dupont[1322]. Ce dernier indiquait ainsi que l'administration commettait une *« usurpation de fonction »* et non *« une fonction de fait [étant précisé] que les actes de l'usurpateur de fonction, juridiquement inexistants, ne sauraient produire aucun effet »*[1323], en se fondant sur un amalgame erroné entre voie de fait, fonction de fait et usurpation de fonctions[1324]. Ce faisant, il ne tient pas compte du critère de la répartition des compétences entre les deux ordres de juridictions, lequel fait obstacle, par exemple, à ce qu'un juge civil apprécie la faute d'un conseiller municipal[1325].

1315 MENTRE (P.), Les réquisitions administratives, thèse Strasbourg, 1941, p. 62 et s. ; COUZINET (P.), La réparation des atteintes portées à la propriété privée immobilière par les groupements administratifs, Sirey, 1928, p. 206 à 216.

1316 Voir sur ce sujet les développements de DESGRANGES (E.), Essai sur la notion de voie de fait en droit administratif, Thèse, Poitiers, 1937, p. 173 et s.

1317 BLAEVOET, notes sur Cass. Civ., 11 mai 1937, Req. 1er et 5 juillet 1937, D.1938.I.106 et sur TC, 27 mars 1952, Dame de la Murette, JCP(G) 1952.II.7158 ; COUZINET (P.), La réparation des atteintes portées à la propriété privée immobilière par les groupements administratifs, op. cit., p. 226 à 249 ; DUEZ (P.), La responsabilité de la puissance publique (en dehors du contrat), Dalloz, 1927, p. 186 et s. ; LAROQUE, note sous TC, 4 juillet 1934, Curé de Réalmont, S.1935.III.97.

1318 BRAIBANT (G.), DELVOLVE (P.), GENEVOIS (B.), LONG (M.), WEIL (P.), Les grands arrêts de la jurisprudence administrative 2005, 15ème éd., Dalloz, p. 306, n° 5.

1319 TC, 27 mars 1952, Dame de la Murette, p. 626 ; D.1954.221, note EISENMANN ; JCP(G) 1952.II.7158, note BLAEVOET ; RDP 1952 p. 757, note WALINE ; RA 1952 p. 268, note LIET-VEAUX ; S.1952.381, note GRAWITZ.

1320 LIET-VEAUX, note sous CE, 10 février 1943, Mochet, CE, 2 juillet 1943, Gouzonnat, CE, 29 décembre 1943, Société Breton et cie, CE, 25 février 1944, Veuve de Corbeil, S.1944.III.25, voir p. 27, II/B.

1321 JEZE (G.), Les formes en droit administratif, RDP 1922 p. 513.

1322 Voir note sous CA Rouen, 9 février 1943, S.1943.II.41.

1323 MESTRE (A.), note sous CE, 22 novembre 1946, Mathian, S.1947.III.41.

1324 BONNARD (R.), Précis élémentaire de droit administratif, Sirey, 1926, p. 99 et s. ; JEZE (G.), Essai d'une théorie générale sur la sanction des irrégularités des actes juridiques, RDP 1915 p. 113-290-296 et s.

1325 CA Rouen, 9 février 1943, note de DUPONT, S.1943.II.41.

742.–A. Mestre confirme ainsi la théorie de L. Duguit[1326], qui a assimilé voie de fait et usurpation de pouvoir, ce qui a pour corollaire qu'une décision entachée d'un tel vice est *« non seulement nulle mais inexistante. Elle est comme si elle n'était pas »*.

743.–Il est ainsi possible de poser toute la problématique d'une doctrine de l'inexistence ainsi que des difficultés qu'il y a à définir une notion transversale dont les éléments constitutifs sont en réalité largement communs avec ceux relevant d'autres théories du droit administratif.

744.–E. Desgranges[1327] a ainsi critiqué la doctrine de Duguit, qu'il qualifie d'*« erreur »* car Duguit parle d'usurpation de pouvoir à propos d'une décision inexistante et pour une opération matérielle sur la personne ou sur les biens, par laquelle l'agent est sorti du domaine administratif. Le même terme s'applique à deux domaines différents. Ce n'est là qu'une erreur sans importance cependant puisque la confusion ne s'opère pas entre les deux. Mais cette terminologie spéciale présente un inconvénient : elle n'explique pas assez clairement que l'essence même de la voie de fait consiste en une action matérielle, qu'il s'agisse de l'exécution d'un acte inexistant ou de l'opération matérielle non précédée d'un acte. Il serait possible d'envisager de réserver la théorie de l'inexistence au domaine des décisions exécutoires et celle de la voie de fait à celui des opérations matérielles. Ainsi, seul l'acte accompli par usurpation de pouvoir serait inexistant ; l'opération matérielle par usurpation de pouvoir serait seule une voie de fait.

745.–Il convient, sur ce point, de rejoindre la position de J. Goutagny, qui, comme H. Berthélémy[1328] objecte à de tels arguments qu'en matière d'incompétence *« ratione materiæ »*, *« si l'on ne comptait que les formules prônées par les auteurs, on aboutirait à une confusion extrême. Les uns ont dit, à juste titre, que la voie de fait supposait non pas seulement un dépassement de pouvoir, mais une usurpation véritable. Or, ce mot même d'usurpation a été employé pour définir certains cas d'ouverture du recours pour excès de pouvoir. Bien plus, on a pu écrire qu'un tel recours peut être motivé lorsqu'il y a non seulement nullité possible mais inexistence juridique de l'acte »*[1329].

746.–J. Goutagny élude cependant la distinction entre la voie de fait, les moyens invocables dans le cadre d'un excès de pouvoir et l'inexistence[1330], bien qu'il remarque que *« les usurpations de pouvoir véritables n'existent pas [du fait que] l'administration n'a pas d'autres pouvoirs que ceux qu'elle détient en vertu de la loi »*.

747.–La théorie de la voie de fait a ensuite été appliquée restrictivement par le juge administratif, ce qui permettra notamment au Président Odent[1331] d'affirmer que *« la notion*

1326 DUGUIT (L.), Traité de droit constitutionnel, Tome III, op. cit., p. 767-768.

1327 DESGRANGES (E.), Essai sur la notion de voie de fait en droit administratif, Thèse, Poitiers, 1937, p. 160 à 163.

1328 GOUTAGNY (J.), La théorie des voies de fait, Thèse Lyon, 1945, p. 69.

1329 BERTHELEMY (H.), Traité élémentaire de droit administratif, 12ème éd., 1930, Rousseau, p. 1136.

1330 GOUTAGNY (J.), La théorie des voies de fait, Thèse Lyon, 1945, p. 68.

1331 Voir aussi BRETTON (Ph.), L'autorité judiciaire, gardienne des libertés essentielles et de la propriété privée, op. cit., p. 261 ; COUZINET (P.), La réparation des atteintes portées à la propriété

de voie de fait a été perdue de vue pendant près d'un demi siècle »[1332], lorsqu'il commente certains arrêts en les qualifiant d'*« aberrants »* car la qualification de *« voie de fait »* est refusée à certains des agissements[1333].

748.–Désormais, le champ d'application de la voie de fait[1334] est fort éloigné de la définition donnée par Laferrière, celle d'un acte *« sortant des attributions mêmes de l'Administration »*, bien qu'elle *« demeure encore, dans certains de ses éléments, bien imprécise »*[1335], faute de réelle *« définition légale et de construction doctrinale »*[1336].

749.–Toutefois, il convient de noter que ce sont les caractéristiques nécessairement fonctionnelles[1337] de la voie de fait, qui ont contribué à son assimilation avec la notion d'inexistence[1338] lors de la construction des éléments constitutifs de cette notion, en particulier durant les périodes troublées de la Seconde Guerre mondiale et de la Libération. Il s'agissait d'étendre la compétence du juge administratif en la matière qui n'était plus tenable. En effet, la position du Tribunal des conflits tendait à une instauration généralisée de la voie de fait pour permettre une protection contre l'accomplissement d'agissements portant atteinte à la propriété et aux libertés des individus de la part d'agents de l'Administration ou de personnes dépourvues de cette qualité, mais prétendant agir pour le compte de celle-ci. C'est dire qu'il s'opérait un glissement vers une compétence de principe du juge judicaire dans ce domaine au nom de garanties plus efficaces dans la procédure judiciaire. Cette conception ne peut plus aujourd'hui être totalement justifiée par l'absence d'instrument rapide et efficace de protection des libertés aux mains du juge administratifs[1339].

---

privée immobilière par les groupements administratifs, op. cit., p. 217 à 249, 165 à 172 ; VOUTERS (A.), De la règle que l'autorité judiciaire est gardienne de la propriété privée (essai historique et critique), thèse de doctorat Lille, Douriez-Bataille, 1940, p. 16 et s. et p. 271 ; BOCKEL (A.), La voie de fait, mort et résurrection d'une notion discutable, D.1970.chron.29 ; LECLERCQ (C.), Le déclin de la voie de fait, RDP 1963 p. 657 ; HUET (Ph.), La juridiction administrative, gardienne de la liberté individuelle, AJDA 1973 p. 507 ; BRAIBANT, conclusions sur CE Sect., 15 février 1961, Werquin ; FOURNIER, conclusions sur CE, 9 juillet 1965, Voskresensky, AJDA 1965 p. 607 ; LAROQUE, note sous TC, 4 juillet 1934, Curé de Réalmont, S.1935.III.97 ; WEIL (P.), Emprise et voie de fait, D.1961.chron.612.

1332 ODENT (R.), Cours de contentieux administratif, fascicule n° 2, Cours du droit, p. 544 et s.

1333 CE, 18 janvier 1924, Sté Laitière Maggi, p. 61 ; CE, 23 janvier 1925, Anduran, p. 82.

1334 TC, 8 avril 1935, Action française, op. cit.

1335 VEDEL (G.), Droit administratif, PUF, 1973, p. 561 ; DEBARY (M.), préface de EISENMANN (Ch.), La voie de fait en droit administratif français, thèse, LGDJ, 1960, p. 2 ; EISENMANN (Ch.), Cours du droit, 1983 Tome II, LGDJ, p. 112 et s ; WEIL (P.), Une résurrection : la théorie de l'inexistence en droit administratif, D.1958.chron.49.

1336 Note WALINE (M.) ; D.1935.III. 25.

1337 BOULOUIS (J.), L'inexistence, l'annulation des actes juridiques en droit public français, in Travaux de l'association Henri Capitant, Des amis de la culture juridique française, Journées de Turin, 4-7 juin 1962, Dalloz, 1962, p. 771 et s. ; HUET (Ph.), L'évolution cyclique de la compétence administrative en matière de protection de la liberté individuelle, RA 1972 p. 20 ; VEDEL (G.), La juridiction compétente pour prévenir, faire cesser ou réparer la voie de fait, JCP(G) 1950.I.851.

1338 LE MIRE (P.), Inexistence et voie de fait, RDP 1978 p. 1220 ; L'HUILLIER (J.), note sous Cass. Civ. 11 mai 1937, Demoiselle Ducousso, S.1937.I.259 ; MESTRE (A.), note sous TC, 14 janvier 1938, Consorts Durand, S.1939.III.57.

1339 TC, 4 juin 1940, Schneider, p. 248 ; TC, 17 février 1947, Perrin, p. 501 ; CE, 11 août 1866, Hamilton, conclusions AUCOC, p. 975.

750.–Ainsi, se pose la question de la suppression de la voie de fait[1340] en raison des problèmes considérables de répartition des compétences qu'elle soulève, de la difficulté objective qu'il y a à diagnostiquer l'existence d'une voie de fait, et de ce que cette notion ne répond plus à l'état des instruments procéduraux et techniques que détient désormais le juge administratif[1341].

Section 2 Le constat d'une assimilation entre inexistence et voie de fait

751.–Le juge administratif sanctionne par l'inexistence les décisions constitutives d'une voie de fait (*§. 1.*) malgré cette relative réunification du contentieux de la voie de fait, les deux ordres de juridiction conservent des compétences parallèles en la matière (*§. 2.*).

§. 1 L'application de l'inexistence aux décisions constitutives d'une voie de fait

752.–L'analogie entre la voie de fait et l'inexistence (*A*) demeure cependant ponctuelle en raison, notamment, de l'existence de deux variétés de la voie de fait (*B*).

A. L'inexistence comme nullité sanctionnant la voie de fait

753.–Classiquement, la voie de fait est présentée soit comme le résultat d'une exécution forcée irrégulière[1342] soit comme une décision elle-même gravement irrégulière[1343] : les deux hypothèses doivent alors être nécessairement prises hors de l'exercice des pouvoirs conférés à l'administration pour que *« la folle du logis »* soit constatée[1344]. Elle peut encore résulter soit de la décision elle-même, soit de son exécution forcée irrégulière[1345], soit, même, des deux à la fois.

1340 LECLERCQ (C.), Le déclin de la voie de fait, RDP 1963 p. 657 ; WEIL (P.), Emprise et voie de fait, D.1961.chron.612.

1341 DELVOLVE (P.) et VEDEL (G.), Droit administratif, 12ème éd., 1992, PUF, Tome I, p. 147 et s. ; AUBY (J.M.), Emprise irrégulière et voie de fait, JCP(G) 1955.I.1259 ; LECLERCQ (C.), Le déclin de la voie de fait, RDP 1963 p. 657 ; WEIL (P.), Emprise et voie de fait, D.1961.chron.612.

1342 TC, 27 novembre 1952, Flavigny, p. 643 ; S.1953.III.37, conclusions LETOURNEUR ; JCP(G) 1953.II.7438, conclusions BLAEVOET ; TC, 12 mai 1949, Bonnet c. Dumont, p. 596 ; RDP 1949 p. 371, note WALINE (M.) ; JCP(G) 1949.II.4908, note Fréjaville ; TC, 25 novembre 1963, Epoux Pelé, p. 795 ; JCP(G) 1964.II.13493, note AUBY (J.–M.) ; TC, 25 novembre 1963, Commune de Saint-Just-Chaleyssin, p. 793, conclusions CHARDEAU ; AJDA 1964 p. 24 chronique FOURRE ET PUYBASSET ; TC, 24 juin 1954, Société Trystram, p. 716 ; TC, 4 juillet 1991, Association maison des jeunes et de la culture Boris Vian, p. 468 ; Gaz. Pal. 20-21 mai 1992, conclusions de SAINT-PULGENT ; AJDA 1991 p. 697 chronique SCHWRATZ ET MAUGÜE ; TC, 22 juin 1998, Préfet de la Guadeloupe, p. 542 ; JCP(G) 1998.II.0169, conclusions SAINTE-ROSE.

1343 Cass. Civ. 1ère, 28 novembre 1984, Bull. civ. I. n° 321 ; RA 1985 p. 145, note Pacteau ; RFDA 1985 p. 760 conclusions SADON ; D.1985.J.313, note GAVALDA (Ch.) ; Revue critique de droit international procédural 1985 p. 506 note PEISER ; JCP(G) 1986.II.20600, note LOMBARD (M.) ; TC, 9 juin 1986, Commissaire de la République de la Région Alsace et autres, p. 301 ; AJDA 1986 p. 428, chronique AZIBERT et DE BOISDEFFRE ; D.1986.J.493 note GALVALDA ; RFDA 1987 p. 1082, note ROBERT.

1344 CHAPUS (R.), Droit administratif général, Tome I, 15ème éd., 2001, Montchrestien, n° 1087 et suivants.

1345 TC, 8 avril 1935, Société d'Action française, D.1935.III.25, conclusions JOSSE, note WALINE (M.) ; commentaire n° 49 in BRAIBANT (G.), DELVOLVE (P.), GENEVOIS (B.), LONG (M.), WEIL (P.), Les grands arrêts de la jurisprudence administrative, 7ème éd. p. 305 ; TC, 10 décembre 1956, Randon, p. 592, conclusions GUIONIN ; D.1957.483 et S.1957.313, RDP 1957

Il ne ressort pas de l'analyse de la jurisprudence administrative que *« l'emprise irrégulière [qui] consiste en une dépossession irrégulière d'une propriété privée immobilière ou d'un droit réel immobilier »*[1346] ait été assimilée à la notion d'inexistence, sans doute parce qu'elle présente une gravité moindre dans les atteintes susvisées. D'ailleurs, en cas d'aggravation, l'emprise irrégulière devient une voie de fait, ce qui montre qu'elle représente un degré moindre de gravité.

754.–De plus, *« se serait constitué, en la matière, au profit des tribunaux judiciaires un véritable bloc de compétence dont on a pu dire qu'il était sans faille »*[1347], du fait de la jurisprudence et des textes en vigueur, ce qui permet de contester le reproche, parfois formulé à l'encontre de la voie de fait, de faire double emploi avec l'emprise irrégulière[1348].

755.–La voie de fait est aujourd'hui une notion présentée par la doctrine comme étant de la compétence exclusive du juge judiciaire[1349] sauf lorsqu'elle résulte d'un acte administratif explicite car dans ce cas, les deux ordres de juridiction disposent en partie de compétences parallèles. Ainsi la nullité de la décision ayant le caractère de voie de fait peut être constatée aussi bien par la juridiction judiciaire que par la juridiction administrative. Toutefois le juge administratif, saisi d'une décision constitutive d'une voie de fait, se bornera à constater que cette décision est nulle et non avenue. En d'autres termes le juge judiciaire demeure en tout état de cause investi d'une plénitude de juridiction[1350] pour enjoindre à l'administration d'y mettre fin et réparer les préjudices causés en allouant des dommages et intérêts.

756.–Le principe est donc qu'en cas de grave illégalité, et pour neutraliser tout effet possible de celle-ci, une décision manifestement insusceptible de se rattacher à l'exercice d'un pouvoir appartenant à l'administration doit être regardée comme un acte nul et non avenu lorsqu'elle est constitutive d'une voie de fait, et donc inexistante[1351]. Ainsi, en ce qui

---

p. 883, note WALINE (M.) ; AJDA 1957 p. 94, chronique FOURNIER et BRAIBANT ; RA 1958 p. 229 note LIET-VEAUX ; Voir en comparaison TC, 19 mai 1954, Office publicitaire de France, p. 403 ; JCP(G) 1954.II.8382, note Rivero.

1346 Voir commentaire n° 73 in BRAIBANT (G.), DELVOLVE (P.), GENEVOIS (B.), LONG (M.), WEIL (P.), Les grands arrêts de la jurisprudence administrative, 7ème éd. p. 318 ; ODENT (R.), Cours de contentieux administratif, 1980, fascicule n° 3, Cours du droit, p. 553 et s. ; Quiot (G.), Jurisclasseur administratif, 25 mai 2001, Fasc. 1050, Emprise ; TC, 17 mars 1949, Société Hôtel du vieux Beffroi, p. 592 ; S.1950.III.1, conclusions DELVOLVE (J.) ; D.1949.J.209 ; note P.-L. J. ; JCP(G) 1949.II.4997, note GEORGE ; S.1950.IV.1, note MATHIOT (A.) ; TC, 17 mars 1949, Ministre des Anciens Combattants c. Société Rivoli-Sébastopol, p. 594, T. p. 809.

1347 BRAIBANT conclusions sur CE Sect., 15 février 1961, Werquin, p. 118.

1348 COUZINET (P.), La réparation des atteintes portées à la propriété privée immobilière par les groupements administratifs, questions de compétence, op. cit., p. 166 à 172 ; BLAEVOET, note sur Cass. Civ., 11 mai 1937, Cass. Req., 1er et 5 juillet 1937, D.1938.I.112 (voir le c)

1349 Voir commentaire n° 49 sur TC, 8 avril 1935, Société d'Action française, in BRAIBANT (G.), DELVOLVE (P.), GENEVOIS (B.), LONG (M.), WEIL (P.), Les grands arrêts de la jurisprudence administrative, 7ème éd. p. 305 ; Voir contra : ODENT (R.), Cours de contentieux administratif, 1980, fascicule n° 3, Cours du droit, p. 553 et s., mais voir p. 543.

1350 BACHELIER, conclusions sur TC, 19 novembre 2001, Melle Mohamed c. Ministre de l'Intérieur, p. 755 ; D.2002.1446.

1351 CE, 30 mai 2001, Election du maire et des adjoints de Bouchemaine, n° 220977 ; conclusions MAUGÜE.

concerne le cas le plus fréquent de la voie de fait, c'est-à-dire lorsque l'administration procède à une exécution forcée irrégulière, l'utilisation du concept d'inexistence révèle son utilité. Cela permet d'apprécier la légalité de la décision dont l'existence est souvent révélée par le fait matériel voire par la décision subséquente de recourir à une exécution forcée. En cas d'atteinte grave au droit de propriété ou à une liberté fondamentale, elle est alors déclarée inexistante par le juge administratif.

757.–Trois variétés de voie de fait existent désormais, après une longue évolution, dont les principales étapes sont susceptibles de différentes interprétations[1352]. Ou bien l'administration a pris une décision irrégulière, portant atteinte au droit de propriété ou à une liberté fondamentale *« manifestement insusceptible d'être rattachée à l'exécution d'un texte législatif ou réglementaire »*[1353] ou plus généralement à aucun pouvoir appartenant à l'administration[1354], qui correspondait à la définition alors proposée par Laferrière. Ou bien voire encore, agissant sur le terrain, l'administration a procédé dans des conditions irrégulières à l'exécution forcée d'une décision même régulière qui portait atteinte au droit de propriété ou à une liberté fondamentale alors qu'elle n'avait pas le pouvoir d'y procéder, ne se trouvant pas dans l'une des hypothèses valides de recours à l'exécution forcée[1355] en l'absence *« de toute autre procédure pouvant être utilement employée »*[1356]. Il arrive enfin que la voie de fait résulte et de la décision elle-même et de son exécution forcée irrégulière.

758.–Le juge ne prononce pas la voie de fait toutes les fois que l'administration a exercé même illégalement des pouvoirs lui appartenant[1357]. Ceci est capital pour la liaison entre la voie de fait et l'inexistence : si illégal que soit un comportement administratif lorsque celui-ci repose sur une base certaine, en ayant sa source dans une prescription ou un principe certain de l'ordre juridique, il ne saurait être dit *« inexistant »*, partant, il ne saurait constituer une voie de fait. Ainsi *« il n'y a de voie de fait justifiant, par exception au principe de séparation des autorités administratives et judiciaires, la compétence de l'ordre judiciaire, que dans la mesure où l'administration, soit a procédé à l'exécution forcée, dans des conditions irrégulières, d'une décision même régulière, portant une atteinte grave au droit de propriété ou à une liberté fondamentale, soit a pris une décision ayant l'un ou l'autre de ces effets à la condition que cette dernière décision soit elle-même*

1352 Voir en ce sens QUIOT (G.), La voie de fait, Fascicule n° 1051, Voie de fait, 1998, Jurisclasseur administratif ; CHAPUS (R.), Droit administratif général, Tome I, 15ème éd., 2001, Montchrestien, n° 1087 et s.

1353 TC, 17 févr. 1947, Perrin, p. 501, note P.-L. J., D.1947.134 ; TC, 17 mars 1949, Ministre des Anciens Combattants c. Société Rivoli-Sébastopol, p. 594, T. p. 809, N° 73 in BRAIBANT (G.), DELVOLVE (P.), GENEVOIS (B.), LONG (M.), WEIL (P.), Les grands arrêts de la jurisprudence administrative, 7ème éd. p. 318 ; note MATHIOT. S.1950.III.1 ; note P.-L.J., D.1949.J.209 ; note GEORGE JCP(G) 1949.II.4997 ; CE Ass., 18 novembre 1949, Carlier, op. cit. ; CE, 13 juillet 1966, Guigon, p. 476 ; note BERTRAND (F.–G.), D.1969.669 ; CE Sect., 10 octobre 1969, Consorts Muselier, op. cit.

1354 TC, 8 avril 1935, Action française, op. cit.

1355 TC, 26 février 1948, Neteer Arnaux, p. 506 et 507.

1356 TC, 12 mai 1949, Bonnet c. Dumont, p. 596, RDP 1949 p. 371, note WALINE (M.).

1357 TC, 23 octobre 2000, Boussadar, n° 3227 ; BORRIES (A.), Le Baroud d'honneur de la voie de fait, note sous TC, 19 novembre 2001, Melle Mohamed c. Ministre de l'Intérieur, LPA 23 juillet 2002, p. 23 et s.

manifestement insusceptible d'être rattachée à un pouvoir appartenant à l'autorité administrative »[1358]. Cette solution inaugurée notamment par le Tribunal des conflits dans une décision du 12 mai 1997, *« Préfet de Police de Paris »*[1359], a soulevé une importante controverse. En effet, le juge administratif détient les pouvoirs nécessaires pour intervenir en cas d'atteinte aux libertés notamment depuis l'instauration du référé-liberté par la loi du 30 juin 2000. Il n'est donc plus nécessaire de dénaturer la voie de fait en considérant que celle-ci est constituée dès que l'administration utilise un pouvoir qu'elle possède effectivement mais à des fins autres que celles pour lesquelles elle aurait dû les utiliser[1360].

759.–Cependant, malgré la création du référé-liberté, la jurisprudence a confirmé le maintien de la voie de fait conformément à la volonté du législateur, bien que cette survivance soit contestée en doctrine, du fait, d'une part, que les hypothèses dans lesquelles l'administration n'agit pas dans l'exercice de l'un de ses pouvoirs sont réduites à une *« peau de chagrin »* et, d'autre part, que le juge administratif peut constater l'existence d'une voie de fait sans pouvoir prononcer aucune autre mesure. Cet état du droit est *« quelque peu absurde »*, puisque le juge administratif *« reste compétent pour prononcer la nullité de la décision [et non semble-t-il un simple agissement, bien que cette dernière affirmation soit contestable] »*[1361], et *« sans aucune utilité sociale »*[1362]. La jurisprudence du Tribunal des conflits[1363] confirme le maintien de cette jurisprudence fréquemment rappelé dans un *« considérant-balai »*[1364].

760.–La voie de fait est en réalité une notion mixte[1365] dont le particularisme va au-delà d'un simple constat, tant par le contenu propre de la décision que par les conditions de son exécution. Elle peut être en effet constitutive également d'une inexistence que le juge administratif relève implicitement dans les motifs ou le dispositif de sa décision.
Il convient de noter que si une décision immatérielle (*qui serait à la fois un acte inexistant matériellement*), gravement illégale, peut constituer une voie de fait, une décision

---

1358 TC, 23 mai 2005, Garde des sceaux, Ministre de la justice, n° 3452.

1359 TC, 12 mai 1997, Préfet de police de Paris c. TGI de Paris, conclusions Arrighi de Casanova, Gaz. Pal. 27/28 juin 1997, p. 6 ; SARGOS (P.), JCP(G) 1997.II.22861.

1360 ABRAHAM (R.). L'avenir de la voie de fait et le référé administratif, in L'État de droit, mélanges en l'honneur de Guy Braibant, Dalloz, 1996, p. 1 ; TC, 9 juin 1986, Eucat, p. 301 ; AJDA 1986 p. 428, chronique Azibert et de Boisdeffre, D.1986.496, note GAVALDA (C.) JCP(G) 1987.II.20746, note PACTEAU (B.), RDP 1987 p. 1073, note ROBERT (J.), et p. 1082, conclusions LATOURNERIE (M-A) ; cf. également TC, 12 janvier 1987, Lhoste, AJDA 1987 p. 246, observations PRETOT (X.), RDP 1988 p. 1396, et TC, 2 mars 1987, Iskounene, RDP 1988 p. 1395 ; TC, 12 janvier 1987, Grizivatz, n° 02450.

1361 NOURAÏ, conclusions sur CE, 11 juillet 1984, SARL Litt, n° 35193.

1362 BIANCARELLI, conclusions sur CE, 18 juin 1982, Consorts Raphanel et Epoux Dumanchin (deux espèces).

1363 TC, 30 octobre 1947, Barinstein, p. 511 ; TC, 12 février 1953, Sieur Ralison et autres c. État, p. 511 ; et en particulier TC, 23 octobre 2000, Boussadar, T. p. 775 ; chronique GUYOMAR et COLLIN, AJDA 2001 p. 142.

1364 TA Rouen, 18 mai 2006, Athmani et autres, n° 0301204.

1365 TC, 8 avril 1935, Action française, op. cit. ; CE Ass., 18 novembre 1949, Carlier, op. cit. ; CE Sect., 10 octobre 1969, Consorts Muselier, op. cit. ; TC, 19 novembre 2001, Melle Mohamed c. Ministre de l'Intérieur, p. 755 ; D.2002.1446, conclusions BACHELIER ; AJDA 2002 p. 234, note PETIT ; Gaz. Pal. 22-23 février 2002, note PETIT ; Voir en comparaison TC, 19 mai 1954, Office publicitaire de France, p. 403 ; JCP(G) 1954.II.8382, note RIVERO (J.).

administrative matériellement existante mais inexistante juridiquement peut aussi constituer une voie de fait.
Ainsi, un état exécutoire résultant d'une procédure entachée d'une illégalité grave et manifeste pourrait être regardé comme présentant le caractère d'un acte nul et de nul effet, pouvant par conséquent être déféré sans condition de délai au juge administratif[1366]. Son recouvrement forcé constitue une voie de fait[1367].

761.–L'exécution forcée d'une décision inexistante, et donc gravement illégale, constituerait une voie de fait bien que le juge administratif ne le mentionne qu'implicitement en répondant dans un même considérant aux conclusions en inexistence et à la constatation d'une voie de fait[1368]. Par exemple, des délibérations qui ont eu pour effet de priver illégalement et de manière définitive, un propriétaire de ses parcelles sont, eu égard à la gravité de l'atteinte[1369], déclarées manifestement insusceptibles de se rattacher à l'exercice d'un pouvoir appartenant à l'administration et constitutives d'une voie de fait qu'il appartient au juge administratif de constater, à tout moment, même après l'expiration du délai de recours contentieux[1370]. De telles délibérations doivent par suite, être considérées comme nulles et de nul effet[1371].

762.–Le Conseil d'État s'étant déclaré compétent pour déclarer nulle et non avenue une décision constitutive d'une voie de fait[1372], le Tribunal des conflits a affirmé avec solennité dans une décision du 27 juin 1966, *« Guigon »*, que *« les décisions par lesquelles l'autorité militaire a fait apposer des scellés sur le logement occupé par un officier en dehors de tout bâtiment militaire et lui a refusé l'autorisation de pénétrer dans ce logement pour y rechercher certains objets mobiliers lui appartenant, portent une atteinte grave à l'inviolabilité du domicile, [et sont] manifestement insusceptibles de se rattacher à l'exercice du pouvoir appartenant à l'administration, constitutives d'une voie de fait, [et] doivent par la suite être regardées comme des actes nuls et non avenus. [Étant précisé qu'] il appartient tant à la juridiction administrative qu'à l'autorité judiciaire de constater cette nullité »*.

763.–Ainsi le Tribunal des conflits caractérisant l'existence d'une voie de fait, a utilisé le vocabulaire propre, normalement, aux actes inexistants. Il déclare qu'une décision ayant pour effet de porter une atteinte grave au droit de propriété ou à une liberté fondamentale et manifestement insusceptible de se rattacher à l'exercice du pouvoir appartenant à

1366 PECRESSSE, conclusions sur CE, 10 octobre 1997, Lugan, n° 170341.
1367 Interprétation a contrario : CAA Nantes, 16 décembre 2004, Société « Groupe Lactalis », n° 01NT02046.
1368 CAA Nantes, 16 décembre 2004, Société « Groupe Lactalis », n° 01NT02046.
1369 BACQUET, conclusions sur CE, 4 juillet 1980, Zemma, n° 16377 ; FERRER (M.–A.) et PINAULT (M.), chronique générale de jurisprudence administrative, note sur CE, 4 juillet 1980, Zemma, AJDA 1980 p. 640.
1370 PECRESSE, conclusions sur CE, 10 octobre 1997, Lugan, n° 170341.
1371 CAA Bordeaux, 7 décembre 2000, Beneteau et Berard, n° 98BX00889.
1372 CE, 11 mai 1966, Guigon, p. 315, T.p. 1005.

l'administration, devait par suite être regardée comme nulle et non avenue[1373], et donc constitutive d'une voie de fait[1374].

B. Le caractère résiduel de l'assimilation entre inexistence et voie de fait

764.–Comme l'a mentionné le commissaire du gouvernement Maugüe, le problème récurrent est que les domaines respectifs de l'inexistence et de la voie de fait ne semblent pas se recouper entièrement car d'une part la voie de fait est constituée dans de nombreux cas par un fait et non par une décision, et d'autre part la jurisprudence du Conseil d'État considère comme inexistants des actes qui ne sont pas forcément constitutifs d'une voie de fait[1375].

765.–De plus, ainsi que l'a analysé le Président Odent[1376], la juridiction administrative retient rarement la notion d'actes juridiquement inexistants, c'est-à-dire d'actes entachés d'une nullité tellement évidente qu'elle pourrait être constatée par les tribunaux judiciaires, sans que, ce faisant, il soit porté atteinte au principe de la séparation des pouvoirs. La juridiction administrative et le Tribunal des conflits ne reconnaissent guère comme actes inexistants que ceux qui ne sont pas intervenus (*inexistence matérielle*) et donc qui n'existent que dans l'imagination d'un fonctionnaire ou d'un justiciable. Même une mesure émanant d'agents manifestement incompétents n'est pas réputée inexistante[1377]. En définitive, la jurisprudence préfère dire d'une décision qu'elle constitue une voie de fait plutôt que de la qualifier de juridiquement inexistante. Et une décision administrative constitue une voie de fait si elle est manifestement insusceptible de se rattacher à l'exercice d'un pouvoir appartenant à l'administration pour reprendre la formule finalement adoptée par le Conseil d'État.

766.–Ainsi, seul l'arrêt du Conseil d'État du 11 mars 1998, *« Ministre de l'Intérieur contre Madame Auger »*[1378] qui, bien que traitant de la voie de fait, est recensé seulement au PCJA sous le titrage des actes inexistants et aux tables du Recueil Lebon dans la rubrique *« actes inexistants »*.

767.–En l'espèce, le préfet de police avait ordonné la fermeture d'un local, au motif que celui-ci servait à des activités contraires à la morale et à l'ordre public. En exécution de cet arrêté, une société avait, sur l'ordre de la préfecture de police, procédé au murage de la

---

1373 TC, 27 juin 1966, Guigon, p. 831, AJDA 1966 p. 547, note DE LAUBADERE (A.) ; D.1968.J.7 note DOUENCE (J.–C.), JCP(G) 1966.II.15135, conclusions LINDON ; TC, 5 mai 1977, Laumonnier-Carriol, S.1878.II.93, conclusions LAFERRIERE.

1374 DOUENCE (J.–C.), note sous TC, 27 juin 1966, Guigon c. Ministre des armées, D.S.III.7 ; D.1968.J.7 ; WEIL (P.), Une résurrection : la théorie de l'inexistence en droit administratif, D.1958.chron.49.

1375 MAUGÜE conclusions sur CE, 30 mai 2001, Election du maire et des adjoints de Bouchemaine, n° 220977 ; DOUENCE (J.–C.), note sous TC, 27 juin 1966, Guigon c. Ministre des armées, S. III.7 ; D.1968.J.7.

1376 ODENT (R.), Cours de contentieux administratif, 1980, fascicule n° 3, Cours du droit, p. 953 et s., p. 545.

1377 CE, 15 mars 1951, Comptoir Linier, p. 630.

1378 CE, 11 mars 1998, Ministre de l'Intérieur c. Madame Auger, table, p. 676.

porte de ce local. Le Conseil d'État a confirmé le jugement du Tribunal administratif qui avait jugé que le refus de l'administration de mettre fin au murage du studio était constitutif d'une voie de fait. Une telle décision devait, par suite, être regardée comme nulle et non avenue en l'absence d'une disposition législative le permettant expressément et en dehors d'une situation d'urgence dûment établie. Ceci n'est d'ailleurs que le rappel qu'il n'appartient pas à l'administration d'assurer elle-même l'exécution forcée de ses décisions, en dehors de toute habilitation législative en ce sens et alors que leur éventuelle violation est passible de sanctions pénales. En refusant la restitution du libre usage de l'appartement, le préfet de police a illégalement porté atteinte au droit de propriété et, de la sorte, pris une décision manifestement insusceptible de se rattacher à l'exercice d'un pouvoir appartenant à l'administration[1379].

768.–Ainsi, conformément à la jurisprudence du Tribunal des conflits, le Conseil d'État a affirmé qu'une décision par laquelle le préfet de police a procédé d'office à l'exécution d'un arrêté ordonnant la fermeture d'un local était constitutive d'une voie de fait et devait par suite être regardée comme nulle et non avenue du fait que le propriétaire ne pouvait plus disposer du libre usage de son appartement. Il en va ainsi, nonobstant le fait que cet acte ait été pris pour des raisons d'ordre public, car il n'appartenait pas à l'administration d'assurer elle-même l'exécution forcée de ses décisions hors des cas limitativement énumérés par le législateur.

769.–Le commissaire du gouvernement Sylvie Hubac avait d'ailleurs souligné dans ses conclusions que le recours à l'exécution d'une décision administrative est constitutif d'une voie de fait[1380], et *« potentiellement inexistante »*, quand ne sont pas réunies les conditions énoncées dans les conclusions de J. Romieu et requises par le Tribunal des conflits[1381] : Tout d'abord il ne doit y avoir aucune autre sanction légale possible[1382] et plus précisément aucune voie de droit utile ou tout autre procédé juridique qui permette d'assurer *« l'obéissance à la loi »* comme des sanctions pénales[1383] ou tout moyen légal pour obtenir l'obéissance du récalcitrant[1384] ou pouvant être utilement employé[1385]. Lorsque

---

1379 TC, 2 décembre 1902, Société immobilière de Saint-Just, conclusions ROMIEU p. 713 ; commentaire n° 11 in BRAIBANT (G.), et autres, Les grands arrêts de la jurisprudence administrative 2005, 15ème éd., Dalloz, p. 68-69 ; TC, 17 février 1947, Perrin, p. 501 ; note de P.-L. J., D.1947.J.134 ; TC, 10 déc. 1956, Randon, p. 592, conclusions GUIONIN ; TC, 8 avril 1935, Action française, op. cit. ; CE Ass., 18 novembre 1949, Carlier, op. cit. ; CE Sect., 10 octobre 1969, Consorts Muselier, op. cit. ; TC, 21 juin 1993, Préfet de la Corse du Sud, p. 402 ; JCP(G) 1993.IV.2508, observations ROUAULT (M.–CH.).

1380 BOULOUIS (J.), Cours de droit administratif, 1968-1969, éd. les cours du droit, p. 191.

1381 Romieu conclusions TC, 2 décembre 1902, Société immobilière de Saint-Just, p. 713 ; voir aussi commentaire n° 11 in in BRAIBANT (G.), DELVOLVE (P.), GENEVOIS (B.), LONG (M.), WEIL (P.), Les grands arrêts de la jurisprudence administrative 2005, 15ème éd., Dalloz.

1382 BLUM, conclusions sur CE, 17 mars 1911, Abbé Bouchon, p. 341 ; ROMIEU conclusions sur TC, 2 décembre 1902, Société immobilière de Saint-Just, S.1904.III.17 ; BRAIBANT (G.) et autres, Les grands arrêts de la jurisprudence administrative 2005, 15ème éd., Dalloz, p. 69.

1383 CE, 17 mars 1911, Abbé Bouchon, p. 341, conclusions BLUM ; TC, 24 février 1992, Couach, p. 479 ; AJDA 1992 p. 327, Chronique MAUGÜE et SCHWARTZ ; JCP(G) 1993.II.21984, note LAVIALLE.

1384 CE, 23 janvier 1925, Anduran, p. 82, D.1925.III.43, conclusions JOSSE.

1385 TC, 24 février 1992, Couach, p. 479, AJDA 1992 p. 327, chronique MAUGÜE et SCHWARTZ,

les voies de droit alternatives n'existent pas, le recours à l'exécution forcée ne peut être constitutif d'une voie de fait[1386]. Ensuite, la décision dont l'administration entend assurer l'exécution doit trouver sa source dans un texte de loi précis. Également, l'administration doit s'être heurtée à une résistance certaine ou tout au moins à une mauvaise volonté caractérisée de l'administré. Enfin, la mesure d'exécution d'office en cause ne doit pas avoir été prise au-delà de ce qui est strictement nécessaire pour assurer l'obéissance à la loi, et donc conformément en principe aux mesures de police qui, pour être légales, doivent *« être indispensables pour assurer le maintien ou le rétablissement de l'ordre public »*[1387].

770.–Le commissaire du gouvernement, après avoir vérifié que cet acte n'entrait pas dans un des cas de dérogation autorisant légalement l'exécution forcée, a donc proposé à la formation de jugement de confirmer la décision des premiers juges au motif que l'acte attaqué *« en raison de la gravité de l'atteinte qu'il portait au droit de propriété était constitutif d'une voie de fait, est donc nul et non avenu »*.

771.–Il convient de noter que s'il n'y a aucune référence explicite à la théorie de l'inexistence de la part du commissaire du gouvernement, tout au moins, dans l'arrêt du Conseil d'État, comme dans la décision du Tribunal des conflits *« Guigon »*, le juge utilise la formule des actes inexistants[1388] assimilant les deux concepts[1389].

772.–Le problème qui se posait résidait en ce que le président de la 4ème Section du Tribunal administratif de Paris, par une ordonnance du 29 juillet 1995, avait déclaré la juridiction administrative incompétente pour connaître du recours en indemnité dirigé contre l'État en réparation des conséquences du murage de l'appartement, estimant qu'il n'appartient qu'au juge judiciaire de se prononcer sur les conséquences dommageables d'une voie de fait commise par l'administration[1390].

773.–Ainsi, devraient être considérées comme inexistantes et donc être indemnisables par le juge administratif, les décisions administratives graves et manifestement illégales constituant une faute de service, et susceptibles d'être rattachées à un pouvoir de l'administration. Le *« glas »* de la voie de fait serait donné ainsi que l'a déjà tenté le Conseil d'État en se reconnaissant compétent pour connaître de l'action en réparation du préjudice causé par la saisie d'un hebdomadaire annulée pour excès de pouvoir par un jugement devenu définitif[1391].

JCP(G) 1993.II.1984, note LAVIALLE.

1386 CE Ass., 21 octobre 1994, Société Tapis Saint Maclou, p. 451 ; Dr. Soc. 1995 p. 139 ; RFDA 1995 p. 689, conclusions BONICHOT, AJDA 1994 p. 874 chronique TOUVET et STAHL ; CE, 12 mars 1909, Commune de Triconville, p. 275, conclusions CHARDONNET.

1387 TC, 24 décembre 1904, Consorts Montlaur ; DP.1906.III.58 ; p. 889 ; conclusions ROMIEU ; TC, 8 avril 1935, Société d'Action française, op. cit.

1388 CE, 29 novembre 1946, Dame Veuve Sebban, p. 288.

1389 AUBY (J.–M.) et DRAGO (R.), Traité des recours en matière administrative, Paris, litec, 1992, nos 94 et s. ; AUBY (J.–M.), La théorie de l'inexistence des actes administratifs, thèse, 1947, Pédone, 351 p. ; CE Ass., 18 novembre 1949, Carlier, op. cit. ; CE, 28 février 1947, Megevand, p. 85, note de AUBY (J.–M.) S.1948.III.41.

1390 TA Paris, 28 juillet 1995, Auger, n° 9508175/4.

1391 Conclusions Fournier sous CE, 9 juillet 1965, Voskresensky, AJDA 1965 p. 603 ; conclusions

774.–Le Conseil d'État n'emploie pas le terme d'*« actes inexistants »* mais, comme le Tribunal des conflits précédemment, il calque leur champ d'application sur celui de la voie de fait[1392], tout au moins en ce qui concerne l'exécution forcée irrégulière d'une décision[1393]. En effet, le prononcé de la théorie de l'inexistence présuppose un acte administratif ou tout au moins une décision qui en a l'apparence, ce qui paraît exclure, pour de nombreux auteurs, que puissent être déclarés inexistants des agissements de l'administration, c'est-à-dire intervenus en dehors de toute décision[1394]. Si, en apparence cette solution peut sembler satisfaisante, au premier abord, dans la mesure où la voie de fait bénéficie d'un champ d'application plus restreint que les actes inexistants, elle ne tient pas compte de la nécessité d'une décision administrative comme préalable obligatoire à tout recours contentieux[1395]. En réalité, *« les voies de fait administratives peuvent être soit des exécutions ou commencements d'exécution d'actes administratifs inexistants [...], soit des actes purement matériels commis par des agents d'exécution qui n'y ont pas été autorisés par un acte juridiquement valable »*. Lorsque l'administration a décidé d'agir sans même prendre formellement une décision, cette action présuppose un acte décisionnel, même immatériel, c'est-à-dire, ici, un acte matériellement inexistant[1396]. Se repose ainsi la problématique de distinguer les actes matériels commis par l'administration sans autorisation et ceux commis par l'administration en application d'un acte dont l'exécution est constitutive d'une voie de fait[1397]. En réalité, est constitutive d'une voie de fait, non pas l'opération matérielle qui en est l'application concrète, mais l'objet de l'acte qui va porter atteinte à une liberté ou à la propriété privée et qui sera révélé par la suite. En d'autres termes, dans la première hypothèse, l'acte est matériellement inexistant puisque les agents de l'administration n'ont opéré qu'au moyen d'actes matériels ou d'agissements, et dans la seconde hypothèse l'acte est juridiquement inexistant en raison des effets anormalement graves qu'il produit lors de son application. Toutefois, même dans le cas de la première hypothèse, il y a toujours un acte de volonté précédant l'acte matériel, ce qui, en théorie, permet d'envisager une décision.

QUESTIAUX sous CE, 4 novembre 1966, Ministre de l'intérieur c. Société « Le témoignage Chrétien », AJDA 1967 p. 40 ; QUIOT (G.), La voie de fait, Fascicule n° 1051, 1998, Jurisclasseur administratif ; TA Rouen, 30 octobre 1963, Société des Editions « Témoignage Chrétien » p. 766.

1392 CE, 11 mars 1998, Ministre de l'Intérieur c. Madame Auger, table, p. 676, conclusions HAUBAC.

1393 DOUENCE (J.–C.), note sous TC, 27 juin 1966, Guigon c. Ministre des armées, D.S.III.7 ; D.1968.J.7.

1394 Voir en particulier sur ce débat : LE MIRE (P.), Inexistence et voie de fait, RDP 1978 p. 1232 et s. ; QUESTIAUX, conclusions sur CE, 4 novembre 1966, Ministre de l'intérieur c. Société « Le témoignage Chrétien », AJDA 1967 p. 40, in chronique LECAT et MASSOT.

1395 AUBY (J.–M.) et DRAGO (R.), Traité des recours en matière administrative, Paris, litec, 1992, p. 91 à 101 ; voir le commentaire sous TC, 8 avril 1935, Société d'Action française, op. cit.

1396 DE CHABERT-OSTLAND (A.), Contribution à l'étude des voies de fait en droit administratif, agissements matériels des agents administratifs constituant des voies de faits et leurs conséquences, thèse 1907, p. 6-7 ; TC, 22 avril 1910, Abbé Piment, TC, 4 juin 1910, Abbé Mignon, CE, 4 juillet 1910, Abbé Bruant, DP.1911.III.41, note anonyme ; TC, 4 février 1916, Abbé Thiney c. Dompnier, p. 52 ; TC, 4 juillet 1934, Curé de Réalmont, note de LAROQUE S.1935. III. 97 ; TC, 8 avril 1935, Société d'Action française, op. cit. ; Voir contra JEZE (G.), Les principes généraux du droit administratif, 2ème éd., Tome I, La technique juridique, la notion de service public, les individus au service public, 1914, Giard-Brière, p. 20.

1397 AUBY (J.–M.) et DRAGO (R.), Traité des recours en matière administrative, litec, 1992, n° 92.

775.–Il n'existe aucune jurisprudence topique en la matière, car lorsque l'administration commet une voie de fait, la décision attaquée ne sera pas celle qui est constitutive en elle-même de cette voie de fait, étant par la force des choses inexistante matériellement, mais le refus de l'administration de faire cesser une atteinte grave et manifestement illégale au droit de propriété ou à une liberté fondamentale, nécessaire pour qu'une décision préalable soit constituée, et par-là même que le recours formé à son encontre soit recevable.

776.–Cependant cette opinion, qui tend à reconnaître implicitement que l'acte inexistant matériellement pourrait constituer une voie de fait, demeure minoritaire en doctrine[1398]. En effet pour de nombreux auteurs cette conception signifie soit que l'acte n'existe pas ou a été annulé, ce qui correspondrait à l'inexistence matérielle de l'acte, soit qu'il est gravement irrégulier du fait même de l'impossibilité de le rattacher à un quelconque pouvoir de l'administration, ce qui coïnciderait avec un cas d'inexistence juridique[1399]. Or, il ne semble pas concevable pour la majorité de la doctrine de généraliser l'application de la théorie de l'inexistence même aux comportements et agissements graves et manifestement illégaux[1400].

777.–Pour la majorité des auteurs tous les actes inexistants ne sont pas constitutifs de voie de fait. Cependant, pour ébaucher cette conclusion, ils affirment que la dénaturation serait une explication erronée de la voie de fait car elle impliquerait, si elle était reconnue, de considérer que tous les actes inexistants sont constitutifs de voies de fait[1401]. En réalité le critère serait celui du degré de la gravité de l'illégalité[1402] : la voie de fait étant une aggravation de l'acte inexistant, *« une forme d'inexistence »*[1403], à la frontière entre une faute personnelle et une faute de service. La compétence du juge judiciaire pour indemniser

---

1398 EISENMANN (Ch.), Cours du droit, 1982, Tome I, LGDJ, p. 92 et s. ; VEDEL (G.), Cours de droit administratif, 1979, éd. les cours du droit, p. 558 ; AUBY (J.–M.), La théorie de l'inexistence des actes administratifs, thèse, Paris, 1951, Pédone, p. 139 et p. 215-216 ; DEBARY (M.), préface de EISENMANN (Ch.), La voie de fait en droit administratif français, thèse, 1960, LGDJ, p. 125 et s. ; WEIL (P.), Une résurrection : la théorie de l'inexistence en droit administratif, D.1958.chron.52 ; BLAEVOET, note sur Cass. Civ., 11 mai 1937, Cass. Req., 1er et 5 juillet 1937, D.1938.I.110 voir b) Définition des voies de fait administratives.

1399 HAURIOU (M.), Précis de droit administratif et de droit public, réed. 2002, p. 26 et s. ; LAFERRIERE (E.), Traité de la juridiction administrative et des recours contentieux, 1896, 2ème éd., Berger-Levrault, Tome I, p. 479 ; DELBEZ, De l'excès de pouvoir comme source de la responsabilité, RDP 1932 p. 489.

1400 DUGUIT (L.), Traité de droit constitutionnel, Tome III, op. cit., p. 767 ; EISENMANN (Ch.), Cours du droit, 1982, Tome I, LGDJ, p. 155 et 169 ; AUBY (J.–M.), La théorie de l'inexistence des actes administratifs, thèse, 1951, Pédone, p. 147 à 199 et p. 250 à 257 ; BOULOUIS (J.), L'inexistence, l'annulation des actes juridiques en droit public français, in Travaux de l'association Henri Capitant, Des amis de la culture juridique française, Journées de Turin, 4-7 juin 1962, Dalloz, 1962, p. 771 et s. ; WODIE (F.), L'inexistence des actes juridiques unilatéraux en droit administratif français, AJDA 1969 p. 76 et s.

1401 AUBY (J.–M.) et DRAGO (R.), Traité des recours en matière administrative, litec, 1992, n° 92 ; AUBY, (J.–M.), Emprise irrégulière et voie de fait, JCP(G) 1955.I.1259 ; WEIL (P.), D.1961.J.611 ; WALINE (M.), note sur CE Sect., 10 octobre 1969, Consorts Muselier, op. cit.

1402 DEBARY (M.), préface de EISENMANN (Ch.), La voie de fait en droit administratif français, thèse, 1960, LGDJ, p. 169.

1403 LE MIRE (P.), Inexistence et voie de fait, RDP 1978 p. 1240 et s ; voir contra AUBY (J.–M.), La théorie de l'inexistence des actes administratifs, thèse, 1951, Pédone, p. 139.

n'est désormais justifiée que par des circonstances historiques et une certaine jurisprudence du Tribunal des conflits[1404].

778.–Effectivement, dans certaines hypothèses, les deux notions ont des effets similaires : une décision administrative est déclarée nulle et non avenue[1405] dès lors que la violation de la légalité qu'elle constitue est manifestement grave, et qu'elle ne peut être justifiée par l'urgence ou des circonstances exceptionnelles[1406], ou lorsque l'administration outrepasse manifestement ses pouvoirs.

779.–Cette conception était déjà en germe dans les écrits de nombreux auteurs tels Laferrière, qui précisait que *« si par exemple, un administrateur confisquait une propriété, privait un citoyen de sa liberté, supprimait un journal, interdisait un commerce ou une industrie libre, le principe de la séparation des pouvoirs ne s'opposerait pas à ce que la partie lésée réclamât aussi librement que si la décision de l'administration n'existait pas »*[1407]. Blaevoet ou Duguit[1408] simplifiaient une telle théorie en affirmant la nullité ou l'inexistence de tout acte contraire aux libertés car il méconnaîtrait la Constitution[1409].

780.–J.-M. Auby avait lui aussi relevé de telles opinions[1410], mais sans en tirer d'autre constat que celui selon lequel les atteintes graves aux droits et libertés fondamentales des citoyens sont entachées d'inexistence[1411]. Il convient cependant de souligner combien de telles théories sont ambivalentes puisque seule la première hypothèse de la voie de fait correspond aux cas d'inexistence (*en ce sens, l'opinion du Président Odent*). En effet, *« la voie de fait peut tenir soit à une illégalité particulièrement grave, doublée d'une incompétence confinant à l'usurpation de pouvoir*[1412] *soit à l'exécution par l'administration d'une de ses décisions lorsque les intéressés se sont opposés à cette exécution et que celle-ci n'est plus légalement possible »*[1413].

1404 WALINE (M.), Manuel élémentaire de droit administratif, 1939, p. 48 ; ORAISON (A.), Le partage d'opinion au Tribunal des conflits, AJDA 1971 p. 595, note n° 121 ; voir contra BERTHELEMY (H.), Traité élémentaire de droit administratif, 12ème éd., 1930, Rousseau, p. 891-892 ; de même voir pour une position plus nuancée : CHOUVEL (F.), LAMBERT (Th.), PELISSIER (D.), Les cas de partage au Tribunal des conflits et la répartition des compétences, RDP 1983 p. 1315 et s.

1405 ODENT (R.), Cours de contentieux administratif, 1980, fascicule n° 3, Cours du droit, p. 953 et s., p. 544 ; LEWALLE (P.), Contribution à l'étude de l'application des actes administratifs unilatéraux dans le temps, thèse, op. cit., p. 31 à 38 ; WODIE (F.), L'inexistence des actes juridiques unilatéraux en droit administratif français, AJDA 1969 p. 82-83 ; GAZIER (F.), La notion d'acte inexistant, note sur CE Ass., 31 mai 1957, Rosan Girard, op. cit. AJDA 1958 p. 93.

1406 DOUENCE (J.–C.), note sous TC, 27 juin 1966, Guigon c. Ministre des armées, D.S.III.7 ; D.1968.J.7.

1407 LAFERRIERE (E), Traité de la juridiction administrative et des recours contentieux, 1896, 2ème éd., Berger-Levrault, Tome I, p. 479.

1408 DUGUIT (L.), Traité de droit constitutionnel, op. cit., p. 767-768.

1409 principaux contrats du droit civil, les sûretés, Sirey, 1939, 1215 p.

1410 AUBY (J.–M.), La théorie de l'inexistence des actes administratifs, thèse, 1951, Pédone, p. 190.

1411 RIVERO (J.), Les libertés publiques, Paris, PUF, 1974, Tome I, p. 20 ; AUBY (J.–M.), La théorie de l'inexistence des actes administratifs, thèse, 1951, Pédone, p. V.

1412 CE, 11 mai 1966, Guigon, p. 315, T.p. 1005 ; TC, 27 juin 1966, Guigon, p. 830, AJDA 1966 p. 547, note DE LAUBADERE (A.) ; D.1968.J.7. note DOUENCE, JCP(G) 1966.II.15135, conclusions LINDON ; CE, 13 juillet 1966, Guigon ; D.1969.669, note BERTRAND (F.G.).

1413 ODENT (R.), Cours de contentieux administratif, 1980, fascicule n° 3, Cours du droit, p. 544.

§. 2 La compétence injustifiée du juge judiciaire en matière de voie de fait

781.–Les pouvoirs que détient désormais le juge administratif pour sanctionner les atteintes aux libertés (*A*) empêchent que soient maintenus tant le système binaire de compétences entre voie de fait et inexistence que leur distinction (*B*).

A. L'inexistence, fondement d'une unification du contentieux au profit du juge administratif

782.–Le raisonnement du juge administratif s'inscrit en réalité dans une logique de rétablissement de la légalité. Lorsque celle-ci est violée de manière grave et manifeste et touche aux libertés individuelles ou au droit de propriété, quand bien même les délais de recours contentieux seraient expirés, seule la théorie de l'inexistence permet de justifier la compétence et la recevabilité de l'action devant le juge administratif. Ainsi, dans le cas du recours en excès de pouvoir contre une décision susceptible de constituer une voie de fait, le juge administratif peut la déclarer nulle et non avenue[1414], et donc inexistante[1415].

783.–Le Conseil d'État, depuis l'arrêt de Section du 31 janvier 1958, *« Société des établissements Lassalle-Astis »*[1416], applique une conception extensive de la voie de fait puisqu'il se reconnaît compétent pour annuler, sur la base du recours pour excès de pouvoir, une décision administrative[1417] (*en l'occurrence un bon de déblocage*) constitutive d'une voie de fait envers un objet mobilier (*une voiture*) réquisitionné au profit des autorités allemandes. En l'espèce, il traite l'affaire au fond en refusant de poser une question préjudicielle à l'autre ordre de juridiction.

784.–Cette symbiose entre le mécanisme des actes inexistants et celui de la voie de fait est révélatrice d'une tentative jurisprudentielle d'admettre néanmoins la recevabilité du recours pour excès de pouvoir contre une telle décision[1418]. Autrement dit, *« le rapprochement s'impose entre les deux notions de manière plus ou moins justifiée*[1419] *[du fait que] l'inexistence est l'une des sources de la voie de fait en ce sens que l'exécution d'un acte inexistant constitue toujours une voie de fait »*[1420]. Il faut bien constater, comme

---

1414 CE, 13 juillet 1966, Guigon, p. 476 ; CE, 4 mai 1988, Plante, op. cit. ; CE, 6 avril 2001, Djerrar, n° 212106.

1415 MASSOT (J.), conclusions sur CE Ass., 8 avril 1987, Min. de l'intérieur c. Peltier.

1416 CE Sect., 31 janvier 1958, Société des établissments Lassale Astis, op. cit.

1417 CE, 29 novembre 1946, Dame Veuve Sebban, p. 288 ; CE, 11 mai 1966, Guigon, p. 315, T.p. 1005 ; CE, 13 juillet 1966, Guigon ; D.1969.669, note BERTRAND (F.G.) ; CE, 8 mai 1968, Thorel, p. 285 ; CE Ass., 18 juin 1976, Konaté, n° 02714.

1418 CE Sect., 31 janvier 1958, Société des établissements Lassalle-Astis, p. 63 ; chronique générale de jurisprudence administrative de FOURNIER et BRAIBANT, Voie de fait et recours pour excès de pouvoir, AJDA 1958 p. 90 ; CE, 8 mai 1968, Thorel, p. 285, tables n° 671, p. 402 ; TA Rouen, 9 mars 2004, Melle Auzou c. Fontaine sous Préaux, n° 01-2387.

1419 LEWALLE (P.), Contribution à l'étude de l'application des actes administratifs unilatéraux dans le temps, thèse, op. cit., p. 31 à 38 ; WODIE (F.), L'inexistence des actes juridiques unilatéraux en droit administratif français, AJDA 1969 p. 82-83.

1420 AUBY (J.–M.) et DRAGO (R.), Traité des recours en matière administrative, litec, 1992, n° 92 ; DE LAUBADERE (A.), traité théorique et pratique des contrats administratifs, distinction des contrats administratifs et des contrats de droit commun, la formation des contrats administratifs, Tome I, 1956, L.G.D.J., n° 745 ; WEIL (P.), Une résurrection : la théorie de l'inexistence en droit

d'autres auteurs, qu'antérieurement à la décision du Tribunal des conflits, le Conseil d'État utilisait la théorie de l'inexistence dans le contentieux de la légalité et se considérait comme compétent[1421] pour annuler, sur un recours pour excès de pouvoir, la décision constitutive d'une voie de fait[1422].

785.–En revanche, il convient de rejeter l'hypothèse[1423] selon laquelle *« l'inexistence serait une notion doctrinale adoptée par la jurisprudence*[1424] *alors que la voie de fait correspondrait à une réalité jurisprudentielle dont la doctrine aurait tenté une conceptualisation »*[1425]. En réalité, il n'est pas possible de restreindre l'inexistence à une théorie destinée à *« éviter la création des droits au profit des administrés »* et la voie de fait à un système ayant une influence sur la répartition des compétences entre juge administratif et juge judiciaire. L'inexistence est un mécanisme utilisé par les deux ordres de juridiction, dont le domaine est incertain[1426] et dont toute systématisation serait hasardeuse[1427]. En fait cette théorie *« repose essentiellement sur des considérations pratiques »* et s'applique aux actes administratifs *« gravement illégaux auxquels [le juge administratif souhaite] refuser tout effet juridique, [dont] les décisions constitutives d'une voie de fait »*[1428].

786.–Il existe des zones d'*« ombres »*[1429] dans lesquelles le partage des compétences est subtil et chaque ordre bénéficie de compétences concurrentes[1430]. Il s'agit notamment des litiges relatifs aux droit civils et individuels (*tels que l'état des personnes, les droits civiques, les libertés publiques, le droit au séjour,...*) et au droit de propriété. Or, la compétence de l'un ou l'autre des deux ordres ne s'impose pas comme une évidence,

---

administratif ; D.1958.chron.49.

1421 DE LAUBADERE (A.) ; note sur TC, 27 juin 1966, Guigon, AJDA 1966 p. 547.

1422 ODENT (R.), Cours de contentieux administratif, 1980, fascicule n° 3, Cours du droit, p. 557 ; DOUENCE (J.–C.), note sous TC, 27 juin 1966, Guigon c. Ministre des armées, D-S.III.7 ; D.1968.J.7 ; FOURNIER, conclusions sur CE, 9 juillet 1965, Voskresensky, AJDA 1965 p. 607 ; TC, 10 décembre 1956, Randon, p. 592 ; D.1957.483 et S.1957.313, conclusions GUIONIN ; CE, 15 mars 1951, Comptoir Linier, p. 630 ; CE Ass., 31 mai 1957, Rosan Girard, op. cit., conclusions Gazier, p. 355 et s., T. p. 50 ; CE Sect., 31 janvier 1958, Société des établissements Lassalle-Astis, p. 63 ; chronique générale de jurisprudence administrative de FOURNIER et BRAIBANT, Voie de fait et recours pour excès de pouvoir, AJDA 1958 p. 90.

1423 LE MIRE (P.), Inexistence et voie de fait, RDP 1978 p. 1222.

1424 DEBARY (M.), préface de EISENMANN (Ch.), La voie de fait en droit administratif français, thèse, 1960, LGDJ, p. 98.

1425 DESGRANGES (E.), Essai sur la notion de voie de fait en droit administratif, Thèse, Poitiers, 1937, p. 31.

1426 WEIL (P.), Une résurrection : la théorie de l'inexistence en droit administratif, D.1958.chron.49 ; GAZIER (F.), La notion d'acte inexistant, note sur CE Ass., 31 mai 1957, Rosan Girard, op. cit., AJDA 1958 p. 93.

1427 WODIE (F.), L'inexistence des actes juridiques unilatéraux en droit administratif français, AJDA 1969 p. 76.

1428 SAVOIE, conclusions sous CE, 7 octobre 1994, Ville de Narbonne c. Madame Arditi, p. 427, RDP 1995 p. 251.

1429 LAFERRIERE (E.), Traité de la juridiction administrative et des recours contentieux, 1896, 2ème éd., Berger-Levrault, Tome II, p. 499.

1430 BACHELIER, conclusions sur TC, 19 novembre 2001, Melle Mohamed c. Ministre de l'Intérieur, p. 755 ; D.2002.1446, BACHELIER, conclusions sur TC, 19 novembre 2001, Melle Mohamed c. Ministre de l'Intérieur, p. 755 ; D.2002.1446.

surtout depuis l'instauration du référé liberté[1431]. Ainsi il n'est pas possible d'affirmer que, par nature, tous les litiges relatifs à des actes pris par les autorités administratives concernant une atteinte à la propriété sont de la compétence du juge judiciaire, celui-ci ne pouvant statuer qu'en cas d'emprise irrégulière ou voie de fait. Et encore, dans ce dernier cas, le juge administratif demeure compétent pour la constater lorsqu'une décision administrative grave et manifestement illégale en constitue le fait générateur[1432].

787.–Le paradoxe, comme pour tout examen des moyens de la légalité d'un acte administratif faisant l'objet d'un recours dans lequel la compétence est liée au fond, réside en ce que le juge administratif qui ne se serait pas reconnu compétent, ne peut pas se prononcer au fond. Ceci constitue, au moins en théorie, un obstacle à l'examen de la légalité d'un acte administratif. Or, pour constater la voie de fait ou l'emprise, il sera dans l'obligation d'examiner la légalité interne de l'acte, ne serait-ce que pour le déclarer nul et non avenu et donc inexistant[1433].

788.–La jurisprudence en la matière évolue très lentement car, d'une part, l'application même de la voie de fait est déjà quantitativement peu fréquente et, d'autre part, l'inexistence n'apparaît qu'implicitement, par l'emploi par la juridiction de la terminologie qui privilégie la formulation elliptique *« nul et non avenu »*. Toutefois, le Conseil d'État a eu l'occasion de clarifier sa position en 2001 en affirmant que l'arrêté du Ministre de l'intérieur prononçant une expulsion ne portait atteinte à aucune liberté fondamentale et ne pouvait, dès lors, constituer une voie de fait. Le Conseil d'État a jugé qu'*« en présence d'un moyen tiré de ce qu'une décision administrative serait constitutive d'une voie de fait, il appartenait au juge administratif, après avoir constaté l'existence de ladite décision, de décider si elle constituait une voie de fait, et dans l'affirmative, de reconnaître l'inexistence de celle-ci et de la déclarer nulle et non avenue ». « A contrario »*, le juge administratif peut statuer sur sa légalité et censurer la solution d'une Cour administrative d'appel qui avait méconnu sa compétence en écartant un tel moyen au motif qu'une telle contestation, à la supposer fondée sur des faits matériellement établis, échappait en tout état de cause à la compétence du juge administratif mais relevait de celle du juge judiciaire[1434].

789.–Il appartient donc au juge administratif de contrôler l'existence matérielle d'une telle décision mais, implicitement, il semble qu'il ne puisse en contrôler la légalité : le juge administratif pourrait donc opérer un contrôle en-deçà du contrôle minimum ; ce serait un contrôle de la réalité de l'acte ou *« contrôle de l'existence »*. Toutefois, n'est-ce pas là le travail opéré habituellement par le juge administratif, lors de l'examen des questions préalables lorsqu'il contrôle si une décision administrative a bien été édictée ? Il ne peut, par suite, être constaté que, dans ce cas, le juge s'est préalablement reconnu compétent

---

1431 BORRIES (A.), Le Baroud d'honneur de la voie de fait, note sous TC, 19 novembre 2001, Melle Mohamed c. Ministre de l'Intérieur, LPA 23 juillet 2002, p. 23 et s.

1432 Voir contra ODENT (R.), Cours de contentieux administratif, 1980, fascicule n° 3, Cours du droit, p. 553.

1433 TC, 9 juin 1986, Eucat, p. 301 ; CE, 4 mai 1988, Plante, op. cit. ; CE, 13 juillet 1966, Guigon ; D.1969.669, note BERTRAND (F.G.).

1434 CE, 6 avril 2001, Djerrar, n° 212106.

puisqu'il contrôle la recevabilité de la requête : la jurisprudence du Conseil d'État signifierait donc que, dès lorsqu'une décision administrative serait constitutive d'une voie de fait, il serait compétent pour contrôler sa qualification comme telle et l'annuler, pour la déclarer nulle et de nul effet, mais non pour indemniser la victime de cette voie de fait.

790.–Il est donc tout à fait concevable d'imaginer un mécanisme de pondération de la compétence judiciaire en ce qui concerne les décisions (*et seulement les décisions*) arguées de voie de fait : il tendrait à prononcer systématiquement l'inexistence. Ceci permettrait au juge administratif de reconnaître sa compétence pour examiner complètement la légalité d'un acte administratif inexistant, c'est à dire, à la fois, pour prononcer cette illégalité dans le cas où il y a violation du droit de propriété[1435] ou de la liberté individuelle[1436], et pour en tirer les conséquences indemnitaires. Ainsi, le même juge serait compétent pour examiner une action en responsabilité fondée sur l'édiction d'un acte qu'il a préalablement déclaré inexistant. Il n'appartiendrait qu'aux tribunaux de l'ordre judiciaire de connaître des actions en réparation du préjudice causé par des mesures constitutives de voie de fait[1437].

791.–*« Si certains arrêts du Conseil d'État ont statué sur des conclusions tendant à la réparation pécuniaire des dommages imputables à des voies de fait*[1438]*, le Tribunal des conflits[...] a ressuscité les principes antérieurs [...] en décidant que les tribunaux répressifs étaient compétents sans que le conflit puisse être élevé en cas de plainte avec constitution de partie civile dirigée contre les fonctionnaires auteurs de voie de fait »*[1439]. Ainsi, depuis 1947, le Conseil d'État n'a plus méconnu la compétence de la juridiction judiciaire en cas de demande d'indemnisation d'une voie de fait quand bien même la décision aurait été déclarée nulle et non avenue[1440], bien que cela soit considéré comme une difficulté supplémentaire[1441]. Au point qu'Hauriou justifiait la compétence judiciaire en cas d'atteinte au droit de propriété comme une extension de l'expropriation indirecte et, parfois, par le fait qu'il n'y a pas en réalité opération administrative puisque l'administration agit en dehors des procédures consacrées[1442].

792.–Le maintien de ce montage juridique particulier n'est justifié que par la jurisprudence du Tribunal des conflits[1443], car les nouveaux pouvoirs du juge administratif

---

1435 TA Rouen, 18 mai 2006, Athmani et autres, n° 0301204.

1436 CE, 6 avril 2001, Djerrar, n° 212106.

1437 CE, 11 mai 1966, Guigon, p. 315, T.p. 1005 ; CE, 1er juillet 1966, Cazeneuve, n° 65476, a contrario ; CE, 8 mai 1968, Thorel, p. 285, tables n° 671, p. 402 ; CE, 26 mars 1990, Icart, n° 771222 ; PRADA-BORDENAVE conclusions sur CE, 6 avril 2001, Djerrar, n° 212106.

1438 CE, 18 janvier 1924, Sté Laitière Maggi, p. 61 ; CE, 23 janvier 1925, Anduran, p. 82 ; CE Sect., 27 octobre 1944, Consorts Trombert, p. 275.

1439 ODENT (R.), Cours de contentieux administratif, 1980, fascicule n° 3, Cours du droit, p. 357.

1440 TC, 17 février 1947, Perrin, D.1947.134, note JOSSE ; TC, 10 décembre 1956, Randon, p. 592, conclusions GUIONIN ; D.1957.483 et S.1957.313, RDP 1957 p. 883, note WALINE (M.).

1441 FOURNIER, conclusions sur CE, 9 juillet 1965, Voskresensky, AJDA 1965 p. 603 ; QUESTIAUX, conclusions sur CE, 4 novembre 1966, Ministre de l'intérieur c. Société « Le témoignage Chrétien », AJDA 1967 p. 40, in chronique LECAT et MASSOT.

1442 HAURIOU (M.), Précis de droit administratif et de droit public, 4ème éd., Larose, 1900-1901, p. 253 et voir en particulier la note 3 et p. 254-255.

1443 TA Rouen, 18 mai 2006, Athmani et autres, n° 0301204.

en matière d'injonction et d'astreinte depuis la loi du 16 juillet 1980[1444] et surtout celles des 8 février 1995[1445] et 30 juin 2000[1446] lui permettent d'être aussi efficace que le juge judiciaire dans la protection de la liberté individuelle ou du droit de propriété. Plusieurs auteurs soulignent ainsi le caractère dépassé de l'affirmation que le juge judiciaire serait plus à même de défendre les libertés publiques et les droits individuels[1447].

793.–Il se dessine alors une jurisprudence du Conseil d'État qui tend à utiliser l'inexistence pour justifier sa compétence comme autrefois le juge judiciaire l'avait fait par la théorie de la dénaturation ; toutefois le juge administratif ne se prononce pas sans (*encore*) explicitement sur l'inexistence juridique d'une décision grave et manifestement illégale[1448].

794.–L'acte administratif faisant l'objet d'un recours pour excès de pouvoir sera soit annulé en cas de *« simple »* illégalité telle que l'incompétence, soit déclaré être constitutif d'une voie de fait. Dans ce denier cas le juge administratif sera conduit à déclarer l'acte inexistant[1449] en retenant comme critère, le caractère manifestement grave et illégal de la décision[1450], cela en raison du caractère essentiellement fonctionnel[1451] de la notion d'inexistence. En effet, comme l'observe le commissaire du gouvernement J. Biancarelli *« depuis vingt ans environ, la jurisprudence du Conseil d'État admet volontiers la compétence administrative en matière d'actes administratifs intervenus,[...] même lorsqu'une liberté individuelle ou un droit de propriété immobilière se trouve en jeu, et plus précisément pour connaître de conclusions aux fins d'annulation d'une décision administrative prise par une autorité administrative censée être prise dans un but [notamment] d'utilité générale »*[1452]. La théorie classique selon laquelle l'autorité judiciaire, gardienne des libertés individuelles et implicitement de la propriété immobilière privée, dégagée à une époque où les juridictions administratives n'avaient encore conquis ni leur indépendance ni leur prestige, est donc désormais dépassée[1453].

1444 Loi n° 80-539 du 16 juillet 1980, relative aux astreintes prononcées en matière administrative et à l'exécution des jugements par les personnes morales de droit public, JORF, p. 1799.

1445 Loi n° 95-125 du 8 février 1995, relative à l'organisation des juridictions et à la procédure civile, pénale et administrative, JORF, p. 2175.

1446 Loi n° 2000-597 du 30 juin 2000, relative au référé devant les juridictions administratives, JORF, p. 9948.

1447 ABRAHAM (R.). L'avenir de la voie de fait et le référé administratif, in L'État de droit, mélanges en l'honneur de Guy Braibant, Dalloz, 1996, p. 1.

1448 Voir toutefois implicitement : CAA Bordeaux, 7 décembre 2000, Beneteau et Berard, n° 98BX00889.

1449 CHAUVAUX, conclusions sur CE, 17 novembre 1997, Granata, n° 155196.

1450 Voir implicitement GENEVOIS, conclusions sur CE Ass., 18 juin 1976, Konaté.

1451 NOURAÏ, conclusions sur CE, 11 juillet 1984, SARL Litt, n° 35193.

1452 Conclusions sur CE, 18 juin 1982, Consorts Raphanel et Epoux Dumanchin (deux espèces)

1453 BIANCARELLI, conclusions sur CE, 18 juin 1982, Consorts Raphanel et Epoux Dumanchin (deux espèces) qui cite plusieurs décisions du Conseil d'État à ce sujet : CE Sect., 22 décembre 1950, Desbrosse, p. 636 ; CE Sect., 8 février 1952, Carel, p. 91 ; CE Sect., 18 avril 1958, Société Comptoirs du Haut-Niger, p. 244, rendue aux conclusions contraires du commissaire du gouvernement Gazier.

B. Le rejet des fausses hypothèses de différenciation entre voie de fait et inexistence

795.–Les critères de la notion de voie de fait sont bien délimités aujourd'hui. Il est établi qu'elle présente des similitudes avec l'inexistence juridique[1454], mais non avec l'inexistence matérielle, car il suffit dans ce cas simplement de prouver que l'acte a disparu de l'ordonnancement juridique ou n'y est jamais entré[1455]. De même, des analogies, quant au régime applicable, ont conduit à une fusion des deux notions par le juge administratif[1456] comme par exemple la Cour administrative d'appel de Bordeaux qui les assimile en admettant, même après l'expiration du délai de recours contentieux[1457], la recevabilité d'un recours contentieux contre une décision constitutive d'une voie de fait.

796.–La relation entre voie de fait et acte inexistant a été difficile à appréhender au début de la construction du droit administratif car aucune de ces deux notions n'était encore conceptualisée. En particulier, il a toujours été difficile de déterminer la genèse de la théorie de la voie de fait. Pour certains, elle résulterait de quelques décisions du Conseil d'État rendues postérieurement à l'entrée en vigueur de la Constitution de l'an VIII, à l'occasion de l'application de son article 75 instaurant le système dit de *« la garantie des fonctionnaires »*[1458]. Des auteurs expliquent que le Conseil d'État refusait l'autorisation de poursuivre les fonctionnaires pour les fautes intervenues dans l'exercice des attributions légales, commises par erreur, ignorance ou négligence, mais qu'il l'accordait, au contraire, pour d'autres catégories de faits constitutifs de fautes et enfin reconnaissait, que des fonctionnaires ayant agi sans mandat ni qualité, ou n'ayant ni droit ni titre, s'étant rendus coupables le plus souvent d'atteintes arbitraires au droit de propriété, devaient répondre de leurs actes devant les juridictions judiciaires[1459]. Ces auteurs voient de là l'origine de la voie de fait. Cette vision semble reposer sur une confusion établie entre la possibilité d'une responsabilité personnelle des fonctionnaires pour les dommages qu'ils causent dans le cadre de leur activité, et la possibilité pour les juridictions judiciaires de juger

---

1454 ARBUS (A.), Etudes sur la voie de fait et ses sanctions dans l'ordre interne et l'ordre international, thèse, 1925, 373 p. ; DEBARY (M.), préface de EISENMANN (Ch.), La voie de fait en droit administratif français, thèse, 1960, LGDJ, p. 93 à 101 ; DESGRANGES (E.), Essai sur la notion de voie de fait en droit administratif, Thèse, Poitiers, 1937, p. 31 ; GOUTAGNY (J.), La théorie des voies de fait, Thèse Lyon, 127 p.

1455 Voir note n° 77 §3 sous CE Ass., 31 mai 1957, Rosan Girard, in BRAIBANT (G.) et autres, GAJA, op. cit., commentaire n° 77 ; LE MIRE (P.), Inexistence et voie de fait, RDP 1978 p. 1219.

1456 LAFERRIERE (E.), Traité de la juridiction administrative et des recours contentieux, 1896, 2ème Berger-Levrault, Tome I, p. 479 ; DE LAUBADERE (A.), traité théorique et pratique des contrats administratifs, distinction des contrats administratifs et des contrats de droit commun, la formation des contrats administratifs, Tome I n° 435 ; WEIL (P.), Une résurrection : la théorie de l'inexistence en droit administratif, D.1958.chron.49 ; LANVERSIN (DE), note sur CE Sect., 10 octobre 1969, Consorts Muselier, JCP(G) 1970.I.2337 ; WALINE (M.), note sur CE Sect., 10 octobre 1969, Consorts Muselier, RDP 1970 p. 774.

1457 CAA Bordeaux, 7 décembre 2000, Beneteau et Berard, n° 98BX00889 ; SAVOIE, conclusions sous CE, 7 octobre 1994, Ville de Narbonne c. Madame Arditi, RDP 1995 p. 251.

1458 En vertu duquel « les agents du gouvernement autres que les Ministres ne peuvent être poursuivis pour des faits relatifs à leurs fonctions qu'en vertu d'une décision du Conseil d'État, en ce cas la poursuite a lieu devant les tribunaux ordinaires ».

1459 GOYARD (C.), La compétence des tribunaux judiciaires en matière administrative, thèse, 1962, Montchrestien, voir en particulier p. 274 à 300.

l'Administration elle-même dans le cas où celle-ci a accompli des actes présentant certains caractères[1460]. Cette conception de l'origine de la voie de fait sera réfutée par Laferrière et ignorée par Hauriou pour qui l'accomplissement, par un administrateur, d'une voie de fait, peut rendre celui-ci justiciable des tribunaux judiciaires. Pour eux, la voie de fait peut se confondre avec une faute personnelle[1461], mais cela n'est pas systématique[1462] ; de même il convient pareillement de la différencier de l'infraction pénale[1463] alors même que certaines voies de fait pouvaient, lors de la construction de la notion, être considérées comme relevant de la compétence de la juridiction administrative, dès lors que les faits en cause n'étaient pas couverts par le code pénal[1464].

797.–La genèse de la *« voie de fait »* se situe en réalité à la fin du Second Empire mais la notion en tant que telle n'a été perçue que grâce à l'idéologie du libéralisme politique et à la remise en cause des pratiques autoritaires et arbitraires du pouvoir gouvernemental. En effet elle n'apparaît, en tant que théorie du droit administratif[1465], qu'en 1935. Or, nous avons montré qu'elle existe comme notion, en filigrane certes et sans être nommée, dès le XIXème siècle. Elle sert dès cette époque de critère de répartition des compétences entre les deux ordres de juridictions au profit de l'ordre judiciaire lorsqu'il est porté au droit de propriété[1466]. Après la chute du Second Empire, cette notion a été consacrée par le Tribunal des conflits[1467] qui attribuera définitivement aux juridictions judiciaires la connaissance des recours engagés contre l'Administration à raison de ses agissements attentatoires à la propriété ou à certaines libertés quand ils ont le caractère de voie de fait du fait que l'Administration a agi *« en dehors de ses attributions »*[1468].

1460 Voir en ce sens QUIOT (G.), La voie de fait, Fascicule n° 1051, Voie de fait, 1998, Jurisclasseur administratif.

1461 COUZINET (p.), La réparation des atteintes portées à la propriété privée immobilière par les groupements administratifs, op. cit., p. 165 à 172 ; BLAEVOET, note sur Cass. Civ., 11 mai 1937, Cass. Req., 1er et 5 juillet 1937, D.1938.I.112, C.

1462 LAFERRIERE (E.), Traité de la juridiction administrative et des recours contentieux, 1896, 2ème éd., Berger-Levrault, Tome I, 724 p. et Tome II, 709 p. ; HAURIOU (M.), Précis de droit administratif et de droit public, 12ème éd., 1933, Sirey, 1150 p. ; DE CHABERT-OSTLAND (A.), Contribution à l'étude des voies de fait en droit administratif, agissements matériels des agents administratifs constituant des voies de faits et leurs conséquences, thèse, 1907, p. 150 et s. ; note anonyme sous TC, 22 avril 1910, Abbé Piment, TC, 4 juin 1910, Abbé Mignon, CE, 4 juillet 1910, Abbé Bruant, DP.1911.III.41.

1463 TC, 14 janvier 1935, Thépaz, p. 224 ; BRAIBANT (G.), DELVOLVE (P.), GENEVOIS (B.), LONG (M.), WEIL (P.), Les grands arrêts de la jurisprudence administrative 2005, 15ème éd., Dalloz, p. 297, commentaire n° 48.

1464 TC, 13 mars 1875, Lacombe c. Perrier, p. 896 a contrario.

1465 ARBUS (A.), Etudes sur la voie de fait et ses sanctions dans l'ordre interne et l'ordre international, thèse, 1925, p. 17 et s. ; MERLIN (M.), Recueil alphabétique des questions de droit qui se présentent le plus fréquemment dans les tribunaux, 2ème éd., Tome V, 1810, voir Voie de fait.

1466 Table du recueil périodique des arrêts du CE, jurisprudence du CE, statuant au contentieux et du Tribunal des conflits (collection Macarel, Lebon, et Hallays-Dabot), analyse des arrêts rendus depuis le 1er janvier 1849 jusqu'au 31 décembre 1858 ; du 1er janvier 1859 au 31 décembre 1874 ; depuis le 1er janvier 1885 jusqu'au 31 décembre 1894 ; depuis le 1er janvier 1895 jusqu'au 31 décembre 1904 ; de 1905 à 1924 ; analyse des arrêts rendus de 1925 à 1934.

1467 TC, 13 mars 1875, Lacombe c. Perrier, p. 896.

1468 Par exemple, TC, 18 mars 1882, Abbé Daniel, p. 276, TC, 13 décembre 1884, Neveux, p. 909 ; TC, 15 février 1889, Vincient, p. 183.

798.–Lorsqu'apparaît en tant que telle, la voie de fait en 1935, le Conseil d'État y inclut toutes les hypothèses d'atteintes à la propriété aussi variées que possibles : expropriations, réquisitions, expulsions, ainsi que divers autres cas[1469].

799.–Certaines matières sont propices à favoriser les actions en voie de fait et ponctuellement en inexistence[1470] bien que les solutions demeurent controversées[1471]. Ce phénomène est particulièrement marqué en matière de servitudes administratives et de réquisitions car la très grande complexité des textes induit un risque juridique pesant sur les actes en cause qui peuvent ainsi relever de la voie de fait, forme particulière d'inexistence. Jean-Marie Auby qualifiait de *« voie de fait virtuelle »*[1472] les hypothèses où la jurisprudence administrative admettait sa propre compétence en cas d'atteinte aux biens. En effet, si la compétence pour connaître de la légalité et de l'inexistence des actes administratifs relève, en principe, de la seule juridiction administrative, cette compétence s'efface en cas de voie de fait ou lorsqu'un texte législatif y fait obstacle. Cependant, la complexité de la répartition des compétences en cette matière (*textes et règles jurisprudentielles*) a pour corollaire que, concernant les atteintes portées par l'administration au droit de propriété, les requérants ont trouvé tout naturel de saisir le juge judiciaire, gardien traditionnel de ce droit fondamental.

800.–Ils ont présent à l'esprit qu'en matière d'expropriation pour cause d'utilité publique, le juge judiciaire demeure seul compétent pour prononcer le transfert effectif de propriété. Pareillement, pour certaines servitudes administratives, la compétence touchant à la légalité de l'acte administratif a parfois été transférée au juge civil, même si dans d'autres hypothèses, minoritaires, le juge des conflits a retenu la compétence du juge administratif en ce qui concerne les actes postérieurs à l'intervention du juge judiciaire[1473].

801.–Il n'en reste pas moins que le Tribunal des conflits considère que lorsque l'existence matérielle d'un acte administratif portant atteinte à la propriété privée n'est pas mise en cause, la compétence de principe demeure administrative[1474] sauf texte contraire lorsque n'est pas mise en cause l'inexistence matérielle de l'acte portant atteinte au droit de propriété. Cette solution vaut non seulement pour le juge de l'excès de pouvoir, mais également pour celui du plein contentieux, saisi d'une action indemnitaire[1475].

1469 Tables du recueil périodique des arrêts du CE, jurisprudence du CE, statuant au contentieux et du Tribunal des conflits, analyse des arrêts rendus depuis le 1er janvier 1849 jusqu'au 31 décembre 1858 et du 1er janvier 1859 au 31 décembre 1874 ; depuis le 1er janvier 1885 jusqu'au 31 décembre 1894, depuis le 1er janvier 1895 jusqu'au 31 décembre 1904, depuis le 1er janvier 1905 jusqu'au 31 décembre 1924, depuis le 1er janvier 1925 jusqu'au 31 décembre 1934, et depuis le 1er janvier 1925 jusqu'au 31 décembre 1934.

1470 LIET-VEAUX (G.), Servitudes administratives/grandes catégories, Jurisclasseur administratif, Fascicule n° 39217 octobre 2005.

1471 Conclusions ROUGEVIN-BAVILLE sous CE Sect., 2 juin 1972, Dame Marcuccini, n° 82971.

1472 AUBY (J.–M.), La théorie de l'inexistence des actes administratifs, thèse, 1951, Pédone, p. 214.

1473 CE, 8 mai 1968, Thorel, p. 285.

1474 TC, 5 juin 1947, Sieur Grospaud, p. 504.

1475 TC, 18 décembre 1947, Juvin, p. 513 ; TC, 12 mai 1949, Epoux Dariès, p. 599 ; CE, 30 mai 1947, Magat, p. 229.

802.–Ainsi lorsqu'aucun acte administratif n'est pas de nature à fonder l'action de l'administration, la voie de fait est constituée et celle-ci implique logiquement la compétence judiciaire. Il convient d'entendre ici *« acte »* au sens de *« titre juridique »*[1476].

803.–En matière de réquisitions, il a cependant été jugé que l'édiction d'un titre ultérieur autorisant une telle opération faisait obstacle à la présence d'une voie de fait[1477] et ce, quelle que soit la qualification donnée aux faits par l'autorité judiciaire[1478].

804.–La position du Conseil d'État relative à sa propre compétence[1479] est ici le contre-pied d'une jurisprudence de la Cour de cassation antérieure à la Seconde Guerre mondiale. En effet le problème s'était posé de la compétence des tribunaux judiciaires à l'encontre d'un arrêté préfectoral autorisant un concessionnaire à exercer des servitudes légales sur un terrain, alors qu'une requête avait été portée devant le juge judiciaire pour voie de fait. Cette question incidente mais préalable pouvait être envisagée par l'exception d'illégalité, et donc de la compétence judiciaire, ou par la question préjudicielle, et donc de la compétence administrative.

805.–La Cour de cassation estimait que les tribunaux judiciaires pouvaient rechercher si le fonds litigieux était ou non grevé par la servitude légale (*dommage et dépossession*)[1480] posant ainsi les bases d'un mécanisme d'exception d'illégalité permettant au juge judiciaire, non répressif, d'apprécier la légalité d'un acte administratif lorsque celui-ci porte gravement atteinte à la liberté individuelle ou au droit de propriété[1481].

806.–Cette jurisprudence a été considérée comme contraire à la séparation des pouvoirs et à la compétence de principe du juge administratif ; la Cour de cassation soutenait qu'il s'agissait d'un acte qui n'avait que l'apparence d'une décision administrative et qui n'était donc qu'un simple *« fait »* présentant le caractère d'une voie de fait ce qui le fait relever de la compétence judiciaire[1482]. Par voie de conséquence, il ne saurait faire naître une question préjudicielle sur l'appréciation de la validité des dispositions litigieuses[1483]. La doctrine voyait dans ces arrêts une référence à l'inexistence par le truchement de la dénaturation[1484], conformément à la jurisprudence du Tribunal des conflits[1485], et estimaient qu'une telle qualification emportait transfert de compétence[1486].

1476 CE, 25 mars 1956, Société des huiles Antar, p. 181.

1477 TC, 13 décembre 1884, Neveux, note HD RDP 1885 p. 909.

1478 CE, 10 décembre 1956, Rulland, p. 591 ; CE, 15 juillet 1964, Sieur Judon, DG, p. 408.

1479 CE, 8 mai 1968, Thorel, p. 285, tables n° 671, p. 402.

1480 Cass. Civ., 12 juillet 1921, notes D.1921.I.185 ; MESTRE (A.) S.1924.I.289.

1481 TC, 16 juin 1923 Septfonds, n° 00732 ; TC, 30 octobre 1947, Barinstein, p. 511 ; S.1948.III.1, note MESTRE (A.) ; D.1947.476, note P.- L. J. ; RDP 1948 p. 86 note WALINE (M.) ; JCP(G) 1947.II.3966, note FREJAVILLE.

1482 ANTOINE (A.), les servitudes légales en matière de distribution et de transport d'énergie électrique, 1942, 258 p.

1483 Cass. Civ., 11 mai 1937, Demoiselle Ducousso, note L'HUILLIER (J.), S.1937.I.259 ; Req. 1er et 5 juillet 1937, Civ. 11 mai 1937, note BLAEVOET, D.1938.I.106.

1484 ADIDA-CANAC (H.), Actualité de l'inexistence des actes juridiques, in rapport 2004 de la Cour de cassation, La Documentation Française, 4 mai 2005, 544 p.

1485 TC, 6 juin 1934, Consorts Durand et TC, 18 décembre 1933, Société des forces motrices d'Arrens, D.1934.III.57 ; note de PEPY ; S.1935.III.57, note de MESTRE (A.).

Le Conseil d'État, au contraire, estimait que l'acte administratif, malgré son irrégularité, était bien une décision administrative sur laquelle il devait statuer bien qu'il ne lui fût pas possible d'allouer des dommages et intérêts[1487].

807.–Ces difficultés en matière de compétence sont accrues dans les hypothèses où la mise en œuvre d'une servitude administrative est susceptible de constituer, selon le vice l'entachant, soit une *« voie de fait »*, soit une *« emprise irrégulière »* puisque d'une part ces deux notions sont très voisines, et que, d'autre part, *« si l'irrégularité excède un certain seuil de gravité, l'emprise irrégulière se transforme en voie de fait »*[1488] *;* ce qui peut comporter de lourdes incertitudes sur le plan contentieux.

808.–Ceci retranscrit le raisonnement que le juge utilise en cas d'exécution forcée d'une décision, même régulière, dans des conditions irrégulières ou d'exécution forcée d'une décision irrégulière même dans des conditions régulières. Toutefois, on le sait, la déclaration d'inexistence, dans le cadre de la constatation d'une voie de fait, ne permet pas au juge administratif de se prononcer lui-même pour indemniser les dommages commis par l'administration. L'application de l'inexistence pour cette dernière en cas d'atteinte aux biens semble être circonscrite à une période déterminée dans l'histoire du droit administratif, antérieure aux jurisprudences actuelles sur les questions préjudicielles.

1486 TC, 8 mai 1884, D.1887.III.89.

1487 CE, 25 février 1938, Consorts Durand, S.1938.III.41, conclusions LAGRANGE et note MESTRE (A.).

1488 ROUAULT (M.–C.) note sur TC, 4 novembre 1991, Beladjini, LPA 1er juin 1992, p. 9.

Conclusion du Chapitre 1

809.–L'inexistence est incontestablement un mécanisme qui a été façonné par le juge administratif pour lui permettre de sanctionner, en en soulignant la gravité, l'illégalité de l'acte. En effet, ce dernier ne sera pas simplement annulé puisqu'il est, en réalité, déclaré nul par une phrase sibylline : l'acte qu'il était nécessaire d'éradiquer est ainsi déclaré nul et de nul effet ou nul et non avenu.

810.–Il convient de souligner que l'inexistence a d'abord été utilisée pour que le juge judiciaire puisse intervenir dans une sphère de compétence élargie afin de ne pas provoquer un déni de justice, puis que l'inexistence a permis au juge administratif de déclarer nulle une décision constitutive de voie de fait. Ainsi, l'inexistence n'est en réalité que le résultat d'une construction prétorienne pour permettre, entre autre, au juge administratif de mettre fin à la théorie de la dénaturation qui désormais ne semble plus justifiée par l'absence de pouvoir suffisant du juge administratif pour protéger de manière efficace et adéquate les libertés.

811.–Il s'agissait aussi pour le juge administratif de récupérer et d'élargir sa propre compétence dans l'intérêt du justiciable qui pourrait avoir des difficultés à appréhender les diverses règles de répartition des compétences avec le juge judiciaire. En effet, il est désormais le juge naturel de la chose publique de manière à unifier le contentieux de manière rationnelle ; au surplus, le juge administratif est désormais doté de pouvoirs suffisants par le législateur.

CHAPITRE 2 L'INEXISTENCE, SANCTION DE L'ILLEGALITE DES DECISIONS ADMINISTRATIVES OU JURIDICTIONNELLES

812.–Le juge a contribué à l'élaboration de l'inexistence sous la forme d'un *« concept souple »* auquel il refuse d'attribuer une nature juridique exacte en tant que vice, préférant l'appliquer de manière empirique, comme sanction des actes administratifs unilatéraux (*Section I*), et des décisions de justice lorsque certaines voies procédurales particulières sont mises en œuvre (*Section II*).

Section 1 L'inexistence des décisions administratives

813.–L'identification de l'inexistence, en tant que sanction des actes administratifs unilatéraux, a posé de multiples difficultés parce que la notion d'inexistence a varié dans ses domaines d'application et, surtout, parce qu'elle se définit essentiellement par son rôle fonctionnel (*§. 1.*). Son utilisation par le juge administratif dans un but pratique et concret de neutralisation d'un acte entaché d'un vice particulièrement grave et manifestement illégal, a contribué à la construction de la théorie des nominations pour ordre qui est une application particulière de la théorie générale de l'inexistence (*§. 2.*).

§. 1 La nature de l'inexistence sanctionnant les actes administratifs

814.–La doctrine a toujours eu des difficultés pour déterminer de manière précise si l'inexistence relevait de l'incompétence, de l'usurpation de pouvoir, ou même du détournement de pouvoir (*A*). De plus, elle n'a envisagé qu'avec difficulté, contrairement à la jurisprudence, le prononcé d'une nullité pour inexistence par le juge de l'excès de pouvoir (*B*).

A. Le débat doctrinal sur la nature réelle du vice d'inexistence

815.–L. Béquet[1489] classe les actes inexistants parmi les cas graves d'incompétence tirés d'un empiètement, par l'administration, sur les pouvoirs du législateur ou sur ceux de l'autorité judiciaire. Il les mentionne comme étant des actes *« plus qu'annulables »* contre lesquels *« il peut être inutile de recourir à la procédure de l'excès de pouvoir »*. A l'époque, la principale difficulté réside en ce que cette notion n'est pas reconnue comme une catégorie juridique autonome par le Conseil d'État, et en ce que le vocabulaire classique des actes inexistants n'est pas encore employé[1490]. Cet auteur considère que certains actes sont ainsi quasi-inexistants (*règlement de police administratif constitutif d'une voie de fait*[1491]*, simple prétention dénuée de toute sanction*[1492]*, voire affirmation d'un droit*[1493]).

1489 BEQUET (L.), Répertoire du droit administratif, Tome VI, commune-comptabilité avec le concours de M. Dupré, 1887, p. 302 §. 590-591.

1490 TEYTAUD (G.), De l'usurpation de pouvoir en droit administratif, thèse, 1937, p. 76.

1491 CE, 15 décembre 1853, DP. 1854.III.25, cité in BEQUET (L.), Répertoire du droit administratif, Tome VI, op. cit., p. 303 §. 591, note n° 1 ; CE, 19 mai 1865, DP.1866.III.107, cité in BEQUET (L.), Répertoire du droit administratif, Tome VI, op. cit., p. 303 §. 591, note n° 1 ; CE, 9 mai 1865, DP.867.III.13, cité in BEQUET (L.), Répertoire du droit administratif, Tome VI op. cit.,

816.–En revanche, L. Béquet fait référence, sans les mentionner, aux actes inexistants pour les délégations ou les suppléances irrégulières des fonctionnaires publics. En effet, il considère les actes pris par de telles autorités comme entachés de nullité, l'adage *« communis error facit jus »* ne devant pas faire obstacle à une telle sanction pour ce type précis d'actes[1494]. Il critique ainsi une jurisprudence sévère et rigoureuse en la matière, et notamment celle sur les *« mariés de Montrouge »* dont le mariage avait été déclaré nul et non avenu par le Tribunal civil de la Seine du 23 février 1883[1495] et donc dépourvu d'existence légale alors que la Cour de cassation le 7 août 1883[1496] admit l'inverse car, selon elle, une délégation, et donc une incompétence, ne saurait entraîner la nullité des actes pris sur son fondement. L. Béquet soutient alors que les délégations suivent des règles de compétence dont la méconnaissance doit être nécessairement sanctionnée, indépendamment de toute prescription légale[1497]. Il cite à cet égard un arrêt du Conseil d'État qui déclare nul et non avenu un arrêté pris par une autorité administrative approuvant une convention sans y avoir été habilitée. Dans cette espèce, la sanction trouvait sa source dans les principes contentieux mêmes ; l'inexistence trouvant alors à s'appliquer en tant que sanction *« prœter legem »*[1498]. Il semble donc que, dès l'origine, l'inexistence ait été appliquée par le juge administratif comme une nullité subsidiaire à défaut de texte applicable ou en cas d'insuffisance de l'illégalité prévue pour sanctionner l'administration. On relèvera toutefois que dans l'arrêt du 23 avril 1882, *« Ville de Cannes contre la Société de Marie »*, l'acte administratif est mentionné, dans les motifs mêmes de l'arrêt, comme entaché d'illégalité et non comme inexistant, alors que L. Béquet l'analyse comme un acte inexistant. Cet arrêt confirme ainsi une influence certaine de la jurisprudence civile qui opère une distinction entre l'existence d'un acte et sa validité[1499]. Toutefois, dans d'autres espèces, des actes qui auraient pu être déclarés nuls et de nul effet ont été *« simplement »* annulés[1500].

817.–L. Béquet différencie l'usurpation de fonctions de l'incompétence par le degré de gravité du vice, en soulignant, sans plus de précisions, qu'un acte est nul pour

---

p. 303 §. 591, note n° 1 ; CE, 13 mai 1867, DP.1868.III.13, cité in BEQUET (L.), Répertoire du droit administratif, Tome VI, op. cit., p. 303 §. 591, note n° 1 ; CE, 28 mai 1868, cité in BEQUET (L.), Répertoire du droit administratif, Tome VI, op. cit., p. 303 §. 591, note n° 1.

1492 CE, 24 juin 1881, cité in Béquet (L.), Répertoire du droit administratif, Tome VI, op. cit., p. 302 §. 590, note n° 1 ; CE, 1er juillet 1897, cité in BEQUET (L.), Répertoire du droit administratif, Tome VI, op. cit., p. 302 §. 590, note n° 1.

1493 CE, 8 décembre 1876, cité in BEQUET (L.), Répertoire du droit administratif, Tome VI, op. cit., p. 302 §. 590 note n° 2.

1494 LAFERRIERE (E.), Traité de la juridiction administrative et des recours contentieux, 1896, 2ème éd., Berger-Levrault, Tome II, p. 477.

1495 D.1883.II.54, note DUCROCQ.

1496 DP 1884.I.5, note LABBE.

1497 BEQUET (L.), Répertoire du droit administratif, Tome XVI, Enregistrement – Fonctionnaires sous la direction de LAFFERIERE (E.) avec le concours sous DISLERE (P.), 1899, Voir Fonctionnaires publics, §144 et notes 1,3 et 23.

1498 CE, 23 avril 1882, Ville de Cannes c. la Société de Marie, cité in Béquet (L.), Répertoire du droit administratif, Tome XVI, op. cit., §145, note 2 [Enregistrement - Fonctionnaires].

1499 WALINE (M.), Manuel élémentaire de droit administratif, Sirey, 1936, p. ; ALCINDOR (L.), Des différentes espèces de nullités des actes administratifs, 1912, p. 1 et s.

1500 CE, 30 juin 1894, Rosay et CE, 6 mars 1885, Elections de Saint-Jean-le-Centenier, cités in BEQUET (L.), Répertoire du droit administratif, Tome XVI, op. cit., Voir Fonctionnaires publics, §145.

incompétence lorsqu'il est accompli par un fonctionnaire en dehors de la sphère de ses attributions. Au contraire, l'usurpation de pouvoir est le fait pour une personne, dépourvue de toute autorité, d'exercer une fonction, ou pour une autorité administrative d'empiéter sur l'autorité judiciaire ou législative, et inversement de l'autorité judiciaire envers les deux autres. Cet auteur reconnaît que la distinction peut être ténue, car la distinction peut quelquefois être délicate entre l'usurpation, qui frappe l'acte d'une nullité radicale et absolue, et la simple incompétence, qui motive et nécessite une annulation pour excès de pouvoir. Cependant, L. Béquet souligne l'importance de cette distinction en raison de l'application, seulement dans le premier cas, de la théorie de l'inexistence[1501].

818.–E. Laferrière affine par la suite ce raisonnement[1502]. Selon lui, il y a usurpation de pouvoir lorsqu'une décision administrative est prise par une personne dépourvue de toute autorité, soit parce qu'elle est placée en dehors de la hiérarchie administrative, soit parce qu'elle remplit des fonctions qui ne lui confèrent aucun pouvoir de décision, soit enfin, parce qu'elle a cessé, par révocation, expiration de mandat ou autrement, d'exercer des pouvoirs qui lui avaient appartenu auparavant. Cette théorie pourrait donc s'appliquer au fonctionnaire de fait, car l'acte fait par une personne dénuée de toute autorité n'est pas simplement annulable, il est inexistant ; les mesures d'exécution auxquelles il donnerait éventuellement lieu peuvent être, dans certains cas, constitutives d'une voie de fait engageant la responsabilité personnelle de son auteur devant les tribunaux judiciaires. Il serait alors inutile de recourir à la procédure du recours pour excès de pouvoir pour annuler un tel acte, puisqu'il suffit de faire constater son inexistence légale devant toute autorité ou juridiction appelée à en connaître. Il en serait de même dans les cas graves d'empiètement d'un administrateur sur le pouvoir législatif ou sur le pouvoir judiciaire. E. Laferrière, tout comme Béquet, observe que le Conseil d'État a quelquefois évité de statuer sur les recours pour excès de pouvoir dirigés contre des actes d'administrateurs empiétant sur la fonction législative ou judiciaire, en interprétant ponctuellement ces actes comme de simples prétentions de l'administration, dénuées, par elles-mêmes, de toute force exécutoire. E. Laferrière cite à cet égard un arrêt du 24 juin 1881, *« Evêque de Coutances »*[1503] aux termes duquel le Conseil d'État, au lieu de rendre l'acte inefficient par un arrêt d'annulation, le déclare inefficient par lui-même[1504] ; il s'agit en réalité d'une interprétation neutralisante similaire à la méthode qu'appliquera plus tard le Conseil Constitutionnel[1505].

819.–On peut reprocher à L. Béquet et à E. Laferrière de distinguer les actes inexistants, qui sont nécessairement constitutifs d'une usurpation de pouvoir, des actes incompétemment accomplis : un acte inexistant ne pourrait produire des effets et aurait pour conséquence qu'un recours contentieux à son encontre serait facultatif ; il serait

---

1501 BEQUET (L.), Répertoire du droit administratif, Tome XVI, op. cit., Voir Fonctionnaires publics, §163.

1502 Comp. APPLETON (J.), Traité élémentaire du contentieux administratif (compétence-juridictions-recours), op. cit., §. 128-327 ; JEZE (G.), Les principes généraux du droit administratif, 3ème éd., 1925, Giard-Brière, p. 76, et s.

1503 LAFERRIERE (E.), Traité de la juridiction administrative et des recours contentieux, op. cit., Tome I, p. 478 et Tome II, p. 469-470/498-499.

1504 ODENT (R.), Cours de contentieux administratif, 1980, fascicule n° 1, Cours du droit, p. 143.

1505 DRAGO (G.), Contentieux constitutionnel français, PUF, 1998, p. 420-421.

entaché d'une nullité radicale rendant superfétatoire le recours pour excès de pouvoir introduit pour mettre à néant un pareil acte[1506]. Cette position a été reprise par G. Jèze qui affirmait, certes excessivement, que reconnaître une valeur quelconque à ce qui a été fait en dehors de la loi, c'est ouvrir la porte à la violence et à l'anarchie dans un État civilisé et ordonné, car ce qui confère aux agents publics l'autorité et le prestige nécessaires, c'est le fait qu'ils agissent conformément à la loi[1507].

820.–Toutefois, comme l'observe R. Odent[1508], la jurisprudence n'a pas consacré de telles distinctions au sein de l'usurpation de pouvoir car elle ne consacre, en réalité, la théorie de l'inexistence que lorsque l'acte a été pris par une personne *« dénuée de toute autorité »* ou par une personne n'appartenant pas à la hiérarchie administrative et portant une atteinte grave aux attributions du juge administratif ou judiciaire[1509]. En revanche, l'acte pris par l'administration en empiétant sur le pouvoir législatif ou le pouvoir judiciaire ne constituerait pas un cas d'inexistence. Il cite à cet égard les jurisprudences *« Legouez »* et *« Gillot »* en notant qu'il s'agit de jurisprudences anciennes sur la pérennité desquelles il s'interroge[1510].

821.–Pour le Président Odent, il n'existe que quatre groupes d'actes inexistants : les prétendus rectificatifs qui, en réalité, modifient un texte réglementaire antérieurement publié[1511], les décisions entachées d'une incompétence grave et manifeste[1512], les nominations pour ordre et les actes administratifs pris en méconnaissance de prescriptions qui s'imposent à un agent public (*limites d'âge posées par la situation statuaire et réglementaire des fonctionnaires*)[1513]. Il convient de préciser que cette dernière catégorie présente des similitudes avec les nominations pour ordre dans la mesure où l'illégalité de la décision litigieuse est révélée par des faits postérieurs à l'édiction de l'acte, comme en matière de détournement de pouvoir[1514].

822.–Or, contrairement à ce que soutient cet auteur, il ne paraît pas possible d'affirmer que tous les cas d'incompétence, susceptibles de rendre la décision litigieuse nulle et non avenue ou nulle et de nul effet, sont *« ipso facto »* des cas d'usurpation de pouvoir. En

---

1506 BEQUET (L.), Répertoire du droit administratif, Tome XVI, op. cit. §163 ; LAFERRIERE (E.), Traité de la juridiction administrative et des recours contentieux, op. cit., p. 478.

1507 JEZE (G.), Cours de droit public, Théorie générale de la fonction publique, les fonctionnaires de fait, l'entrée au service public (nomination, élection, tirage au sort), l'avancement, 1927, éd. M. Giard, p. 3 et s.

1508 ODENT (R.), Cours de contentieux administratif, op. cit., fascicule n° 3, p. 1790 et s.

1509 CE Ass., 31 mai 1957, Rosan Girard, op. cit. ; CE Sect., 10 octobre 1969, Consorts Muselier, op. cit.

1510 CE, 10 janvier 1908, Legouez, p. 9 et s. ; CE, 28 juillet 1911, Sieur Gillot, p. 887, conclusions PICHAT ; tables p. 29.

1511 CE, 16 mars 1966, Cartel d'action morale et sociale et union féminine civique et sociale, nos 53628 et 53369.

1512 CE, 8 décembre 1982, Commune de Dompierre-sur-Besvre, op. cit.

1513 ODENT (R.), Cours de contentieux administratif, op. cit., fascicule n° 3, p. 954/957 ; et cite à cet égard quelques arrêts significatifs : CE Sect., 3 février 1956, De Fontbonne, op. cit. ; CE, 3 mai 1957, Dame Constentin et autres, p. 275 ; CE, 5 juin 1957, Dame veuve Morisset, T. p. 943 ; CE, 15 juillet 1958, Jouve, T. p. 933. ; cf. page 265 et s.

1514 ODENT (R.), Cours de contentieux administratif, op. cit., fascicule n° 3, p. 1666, note 1.

réalité, les cas d'application de la théorie de l'inexistence des actes administratifs sont beaucoup plus variés et éclectiques. Outre les cas mentionnés par le Président Odent, l'inexistence est susceptible d'être appliquée à des décisions constitutives de voie de fait, ce qui constitue une illégalité particulièrement grave[1515], ainsi qu'aux décisions prises par des organismes dépourvus de toute existence légale[1516], voire aux décisions modifiant une décision précédente dont l'inexistence a été juridictionnellement constatée[1517].

823.–Pour J.-M. Auby[1518], au terme d'une analyse minutieuse de la jurisprudence, l'inexistence tient :

- soit à la qualité de l'auteur de l'acte (*usurpations des fonctions administratives comme l'absence totale d'investiture : investiture périmée ; investiture irrégulière annulée par une décision de justice ; ou l'usurpation d'un pouvoir de décision*),
- soit à d'autres éléments de l'acte administratif (*acte sans objet déterminé ; usurpation de pouvoir d'une autorité administrative sur une autre autorité*),
- soit encore, aux actes portant atteinte à la propriété, au principe de la séparation des pouvoirs ou à la forme de l'acte.

824.–J.-M. Auby fait ainsi abstraction, pour qualifier l'inexistence des moyens invocables à l'encontre d'un acte et des causes juridiques de la demande[1519].

825.–Chaque auteur a donc élaboré une définition différente de l'inexistence. J. Appleton affirme que l'inexistence sanctionne l'usurpation de pouvoir car la nullité serait une sanction insuffisante[1520]. Maurice Hauriou, dans un premier temps, avait une distinction semblable à celle soutenue actuellement par le Doyen Vedel[1521] pour ensuite définir l'inexistence comme un vice d'incompétence pouvant sanctionner aussi le fond du droit dans le cas où l'acte en cause constituait également une usurpation de pouvoir, qui pouvait être le fondement d'une voie de fait[1522]. En revanche, la doctrine s'accorde pour affirmer que l'inexistence constitue un vice aggravé manifeste qui révèle une illégalité flagrante et qu'il convient de distinguer expressément des illégalités simples[1523]. Cette position n'est

---

1515 ODENT (R.), Cours de contentieux administratif, op. cit., fascicule n° 2, p. 544 et 547 ; TC, 27 juin 1966, Guigon, p. 830, AJDA 1966 p. 547, note de DE LAUBADERE (A.) ; D.1968.J.7. note DOUENCE, JCP(G) 1966.II.15135, conclusions LINDON, S.1942.109, CASTET ; CE Sect., 10 octobre 1969, Consorts Muselier, op. cit.

1516 CE, 9 novembre 1983, Saerens, p. 453, Tables p. 98 n° 311.

1517 DU MARAIS conclusions sur CE, 20 mai 1994, Commune de Saint-François.

1518 AUBY (J.–M.), La théorie de l'inexistence des actes administratifs, op. cit., p. 49 à 222.

1519 L'arrêt Intercopie n'ayant été rendu, en outre que quelques années plus tard que la thèse de J.-M. Auby, soutenue en 1947 et publiée en 1951 ; CE Sect., 20 février 1953, Société Intercopie, p. 88, S.1953.III.77, 3ème espèce, note M.L.

1520 APPLETON (J.), Traité élémentaire du contentieux administratif (compétence-juridictions-recours), op. cit., §. 327-331.

1521 HAURIOU (M.), Précis de droit administratif et de droit public, 4ème éd., Larose, 1900-1901, p. 308-309.

1522 HAURIOU (M.), Précis de droit administratif et de droit public, 12ème éd., 1933, Sirey, p. 431 et s. ; VEDEL (G.), Cours de droit administratif, 1979, éd. les cours du droit, p. 501-502 ; VEDEL (G.), Droit administratif, 1973, PUF, p. 561-562.

1523 BOULOUIS (J.), Cours de droit administratif, 1968-1969, éd. les cours du droit, p. 179 ; DARESTE (P.), Les voies de recours contre les actes de la puissance publique, éd. Challamel, 1914, §44 ; DUGUIT (L.), Traité de droit constitutionnel, Tome I, op. cit., p. 246 ; GAUDEMET (Y.), DE

pas contredite par l'affirmation par le Président Odent que l'incompétence est le vice le plus grave qui puisse entacher une décision administrative[1524]. Le Doyen Vedel envisage ainsi les actes inexistants, ou absolument inexistants, pris par un usurpateur, assimilables à la nullité et les actes quasi-inexistants, tels que les nominations pour ordre qui deviendraient des voies de fait au moment de leur exécution. Les actes inexistants sont cantonnés à quelques domaines désormais déterminés que les auteurs s'accordent à reconnaître comme caractérisés par un vice grave et manifestement illégal. Ces mêmes auteurs affirment ponctuellement la fonctionnalité de cette théorie[1525].

B. L'attitude empirique du juge de l'excès de pouvoir et l'acte grave et manifestement illégal

826.–Outre les nominations pour ordre, l'inexistence sanctionne aujourd'hui des actes illégaux qu'il est possible de regrouper en plusieurs catégories : les actes administratifs pris par des organismes dépourvus d'existence légale ou par des autorités dépourvues de tout pouvoir de décision, l'empiètement par l'administration sur le pouvoir législatif ou le pouvoir judiciaire, et plus généralement, les décisions qui ne tiennent pas compte de la survenance de la limite d'âge des agents publics ainsi que les décisions administratives méconnaissant l'autorité de la chose jugée, voire des rectificatifs ou des *« errata »*[1526].

827.–Pour la première catégorie, sont concernées des autorités administratives de fait qui interviennent dans un domaine échappant en principe totalement à leur compétence en dehors de toute circonstance exceptionnelle[1527]. Entrent aussi dans cette catégorie les cas dans lesquels les autorités administratives, en dehors de toute période de troubles, se substitue à l'organe en principe compétent ou les cas dans lesquels interviennent des organes qui n'étaient pas légalement constitués car composés irrégulièrement[1528] ou les

---

LAUBADERE (A.), Traité de droit administratif, Droit administratif général, organisation et action de l'administration, la juridiction administrative, Tome I, 16ème éd., 2001, LGDJ, n° 1065 ; ODENT (R.), Cours de contentieux administratif, 1980, fascicule n° 3, Cours du droit, p. 955 ; ALCINDOR (L.), Des différentes espèces de nullités des actes administratifs, op. cit., p. 19 et s. ; LEGRAND (A.), Répertoire de contentieux administratif, éd. Dalloz, 2001, Voir Incompétence, §. 45 ; GAZIER (F.) et LONG (M.), chronique générale de jurisprudence administrative, note sur CE, 18 décembre 1953, Welter, CE, 22 janvier 1954, Pacha et CE, 17 mars 1954, Dardant, AJDA 1954 p. 5 ; CE, 20 octobre 1937, Ouary, p. 825 ; CE Sect., 21 décembre 1951, Pidoux, p. 610 ; CE, 4 mai 1956, Société Reck et cie, p. 183 ; CE Ass., 31 mai 1957, Rosan Girard, op. cit. ; CE Sect., 18 avril 1958, Kempf, p. 212.

1524 ODENT (R.), Cours de contentieux administratif, 1980, fascicule n° 3, Cours du droit, p. 1776.

1525 BACHELIER, conclusions sur CE, 1er février 1995, Pichancourt ; BACQUET conclusions sur CE, 4 juillet 1980, Zemma, p. 300 ; GUILLAUME, conclusions sur CE Sect., 8 novembre 1974, Époux Figueras, op. cit. ; MAUGUE, conclusions sur CE, 13 mai 1996, Franconville-La-Garenne, n° 152472, BJDU 1996 p. 267 ; STAHL, conclusions sur CE, 23 juillet 2003, Association liberté information santé, n° 24484.

1526 CE Sect., 25 juillet 1952, Chambre Syndicale des fabricants français de Balais de paille de Sorgo, sieur Hebert et autres, p. 393 ; CE, 12 février 1958, Salomon et autres, p. 92 ; ODENT (R.), Cours de contentieux administratif, op. cit., Tome I, p. 343-344.

1527 CE Ass., 7 janvier 1944, Lecocq, et CE, 24 décembre 1943, Devaux, note JEZE (G.), RDP 1944 p. 322 et s. ; CE Sect., 5 mars 1948, Marion, p. 113 ; S.1948.III.53, note CALON.

1528 CE, 10 janvier 1908, Legouez, p. 8 ; CE, 28 juillet 1911, Sieur Gillot, p. 887, conclusions PICHAT ; tables p. 29 ; CE, 18 mars 1921, Viandier et Gaubert (deux espèces), op. cit. ; CE Sect., 28 octobre 1932, Lafitte et autres, p. 882 ; note de MESTRE (A.), S.1933.III.65 ; CE,

organismes dépourvus de pouvoir décisionnel ; ce qui revient à sanctionner la méconnaissance du champ de compétence d'une autorité administrative[1529].

828.–Une deuxième catégorie est sanctionnée par l'inexistence : il s'agit de l'empiètement par l'administration sur le pouvoir législatif ou sur le pouvoir judiciaire. C'est d'ailleurs la reconnaissance d'un tel empiètement qui est à l'origine du *« grand arrêt »* Rosan Girard qui marque un tournant dans l'élaboration des règles contentieuses sur les actes inexistants. On sait que juge administratif y déclare un arrêté préfectoral nul et non avenu et donc comme ne pouvant pas faire obstacle, bien que non attaqué, aux effets de la proclamation des résultats du scrutin faite par le bureau centralisateur. Dès lors, le juge administratif a prononcé l'illégalité de l'institution par le préfet d'une délégation spéciale pour constater l'inexistence d'opérations électorales[1530].

829.–La troisième catégorie concerne la survenance de la limite d'âge des agents publics, telle qu'elle est déterminée par les dispositions législatives et réglementaires en vigueur qui leur sont applicables. Celles-ci entraînent de plein droit, sauf dérogation législative expresse, la rupture du lien des agents publics avec le service, quelle que soit leur situation statutaire ou juridique (*fonctionnaire, contractuel,...*)[1531]. Dès lors, à une telle échéance, les décisions administratives individuelles prises en méconnaissance de la situation née de la rupture de ce lien sont nulles et non avenues et ne sauraient, par conséquence, faire naître des droits au profit des intéressés. Les actes administratifs (*délibérations, arrêtés,...*) à l'origine de la prorogation seront ainsi déclarés soit non avenus[1532], soit nuls et de nul effet car ils ont pour objet et pour effet de maintenir l'agent en cause au-delà de la limite d'âge[1533].

830.–Un contentieux, minoritaire, tient donc comme inexistantes, implicitement ou explicitement, certaines hypothèses de nomination qui contreviennent aux dispositions législatives et réglementaires. La Commissaire du Gouvernement Vérot s'est interrogée sur l'application de l'inexistence à des actes ayant pour objet la prolongation d'activité au-delà

---

8 décembre 1982, Commune de Dompierre-sur-Besvre, op. cit. ; CE, 9 novembre 1983, Saerens, p. 453, Tables p. 98 n° 311 ; CE, 7 octobre 1994, Ville de Narbonne c. Madame Arditi, p. 427, RDP 1995 p. 251, conclusions SAVOIE ; AJDA 1995 p. 159, observations de HECQUARD-THERON (M.).

1529 CAA Nantes, 12 mars 2004, Commune de Montoir-de-Bretagne, n° 03NT01466, AJDA 2004 p. 2469.

1530 CE Ass., 31 mai 1957, Rosan Girard, op. cit.

1531 CE, 5 juin 1957, Dame veuve Morisset, tables p. 943 ; CE, 21 février 1997, Ministre de l'éducation nationale et de la culture c. Romano, p. 55 ; CE, 8 novembre 2000, Muzi, p. 1072.

1532 CE, 20 avril 1951, Houdaille du Meix, p. 208, Tables p. 77 ; CE, 31 mai 1957, Chavannaz, op. cit., application de la jurisprudence CE Sect., 3 février 1956, De Fontbonne, op. cit. ; CE, 13 juillet 1967, Lourmet, op. cit. ; CE, 23 octobre 1968, Ministre des Affaires sociales c. Reboul, n° 72900 ; CE, 11 octobre 1989, Berose, n° 66776 ; CE, 18 octobre 1989, Cozette, nos 79746-79747 ; CE, 21 février 1997, Ministre de l'éducation nationale et de la culture c. Romano, n° 141960 ; CE, 8 novembre 2000, Muzi et Département de la Corse, n° 209322 ; CE Sect., 16 mai 2001, Préfet de Police c. Mtimet, p. 234 ; CE, 26 octobre 2005, Pinguet et autres, nos 260756 260757 260758 260759, p. 442 ; CAA Marseille, 30 mars 1999, Préfet de la Corse, n° 98MA01222 ; CAA Nancy, 30 septembre 2004, Jean-Marie Parant, n° 99NC00223.

1533 CE, 5 juillet 1978, Ministère délégué à l'Economie et aux Finances et Ministère d'État, Ministre de l'intérieur c. Alavandane Ramassamy, op. cit.

de la limite d'âge. Elle estime que la jurisprudence devrait réserver cette théorie uniquement aux cas dans lesquels l'administration aurait intentionnellement détourné l'interdiction formelle ou, tout au moins, l'aurait facilitée. En toute autre hypothèse, ne jouerait que l'annulation simple[1534].

831.–Il existe une autre forme d'inexistence des actes administratifs : celle sanctionnant la méconnaissance de l'autorité de la chose jugée. Ainsi, dans l'hypothèse d'un acte annulé par le juge administratif, il n'est possible que de constater son inexistence après que le jugement a été lu. Dès lors, si un acte, nécessairement postérieur à l'annulation, était pris en application d'un tel acte ou était pris en vue de le modifier, il serait déclaré inexistant et réputé nul et de nul effet[1535].

832.–La principale difficulté est, comme le souligne le Commissaire du Gouvernement Verclytte, que l'acte inexistant ne sera pas toujours qualifié comme tel lorsqu'il contrevient à une décision de justice devenue définitive[1536]. Ainsi un arrêté accordant à un étranger un titre de séjour, postérieurement à une décision de justice devenue définitive prononçant une interdiction *« sine die »* du territoire, ne peut créer aucun droit et pourra donc être rapporté à tout moment ; pourtant, cet arrêté ne sera pas déclaré entaché d'un vice de nature à le faire regarder comme inexistant[1537].

833.–Il existe donc même des cas d'espèce dans lesquels la Haute juridiction n'a pas qualifié d'inexistants les actes litigieux non en raison des motifs des décisions mais par la voie du titrage de la décision (*PCJA, rubrique au recueil Lebon...*) alors qu'ils auraient dû l'être, tels des actes pris après que l'intéressé a été rayé des cadres à la suite d'une condamnation, puis admis à la retraite pour infirmités graves ou incurables à compter de la même date[1538].

834.–Force est de constater une utilisation restrictive de l'inexistence comme sanction de la légalité des actes administratifs. Cette *« réserve »* du juge nous paraît être la conséquence directe d'une application implicite du principe de la sécurité juridique[1539]. Le juge semble se cantonner aux catégories identifiées précédemment et refuser de déclarer l'inexistence dans des hypothèses où une telle identification aurait été possible : promotions accordées en méconnaissance d'une condamnation pénale dont l'armée n'aurait pas été informée ; décision validant les services effectués pour une personne qui n'avait pas (*ou plus*) à l'époque mentionnée, la qualité de fonctionnaire[1540].

1534 VEROT, conclusions sur CE, 11 janvier 2006, M. Patrice Bénavent.
1535 CE, 20 mai 1988, Madame Nardin, p. 198, tables p. 1.
1536 VERCLYTTE, conclusions sur CE, 17 juin 2005, M. Louis Gleyo, n° 215761.
1537 CE, 18 mars 1998, Khellil, p. 91.
1538 CE, 2 février 1966, Barthès, p. 74.
1539 LEGRAND (A.), op. cit., Incompétence, §. 45 ; BACQUET conclusions sur CE, 4 juillet 1980, Zemma, n° 16377, p. 300 ; BACHELIER, conclusions sur CE, 1er février 1995, Pichancourt ; cf également les développements p. 45 et s.
1540 CE Ass., 10 février 1961, Sieur Chabran, p. 103, conclusions HEUMANN ; CE, 11 février 1972, Deibner, p. 137 ; CE, 9 février 1973, Ministre de la défense, c. Dame Thadome, p. 125 ; comp. CE, 14 décembre 1952, Poisson et Fleurance, p. 591.

835.–Ainsi le juge administratif tend dans ces domaines à ne pas surestimer la gravité de la sanction[1541] et annule des nominations en les qualifiant de *« nominations pour ordre »* sans les qualifier nulles et de non avenues ou même inexistantes. De même, est simplement entachée d'incompétence la délibération par laquelle le conseil municipal empiète sur les compétences du maire en refusant d'ordonner l'interruption des sonneries des cloches de l'Église pendant la nuit, le juge considérant cette illégalité insuffisamment grave pour la faire qualifier d'inexistante[1542]. Ceci évite d'assimiler à des actes inexistants tous les actes pris par un auteur incompétent[1543]. Cette position jurisprudentielle n'est pas uniforme et ne concerne que certains arrêts du Conseil d'État, catalogués en *« C »*, c'est à dire non destinés à être publiés ou mentionnés au Recueil Lebon et donc ne pas censés *« faire jurisprudence »* ou constituer un *« précédent »*[1544].

836.–Il existe ainsi des cas dans lesquels l'inexistence n'est pas reconnue alors que les irrégularités sont très graves. Le juge administratif les qualifiera de fraudes[1545], voire préfèrera s'appuyer sur le statut de l'agent en cause, au lieu d'utiliser l'expression de *« nomination pour ordre »*, à laquelle est, en principe, attachée la théorie de l'inexistence. Le juge sanctionnera alors l'acte sur le fondement de la légalité interne : violation de la loi, détournement de pouvoir. Les conséquences seront souvent identiques sauf que dans le cas d'une simple annulation, la nullité peut ne pas être d'ordre public et nécessite donc que des conclusions soient prises en ce sens[1546].

837.–Donc lorsque le caractère de gravité est rempli, le juge administratif va examiner si le vice est également manifestement illégal[1547] : dans la négative, il refusera de déclarer l'inexistence. Ceci aura pour conséquence, en général, de l'amener à constater la forclusion du recours. Toutefois, cet examen des conditions peut être implicite dans celles des décisions de justice qui ne mentionnent pas toujours ensemble les deux éléments qui sont normalement constitutifs de l'inexistence : la gravité et l'illégalité manifeste. Dans ces cas, les décisions se bornent à relever uniquement l'une ou l'autre de ces conditions[1548]. Il nous semble, pour cette raison, que le critère de gravité et le caractère d'acte manifestement

---

1541 VERCLYTTE, conclusions sur CE, 17 juin 2005, M. Louis Gleyo, n° 215761 ; CE, 7 janvier 2004, M. Colombani, n° 232465, CE, 7 janvier 2004, Greselle, n° 232465.

1542 CE, 21 février 1997, Epoux Luengas c. Commune de Couy, D.1997.IR.97.

1543 CE, 13 mars 1936, Chevreau, conclusions ANDRIEUX, S.1936.III.62 ; CE, 5 juin 1981, Ministre de la culture et de l'environnement c. Société Incimer, op. cit.

1544 CE, 14 avril 1995, Syndicat des fonctionnaires territoriaux et municipaux de catégorie A, n° 145299, tables p. 853.

1545 CE, 21 décembre 1983, Election du maire de Limeil-Brévannes, op. cit.

1546 AUBIN (E.), Le départ en retraite anticipé, le receveur divisionnaire et le « pot de fer », note sur CE, 14 mai 2003, Durand, sur AJDA 2004 p. 273 et s. ; F.M., note sous CE Sect., 30 juin 1950, Massonnaud, S.1951.III.57 ; DE MONTECLER (M.–Ch.), note sur CE, 28 avril 2006, Commune de Toulon, Les limites du droit à l'avancement du fonctionnaire détaché, AJDA 2006 p. 1447 et s. ; CE, 8 novembre 2000, M. Bavoil, n° 209105 ; CE, 13 janvier 1995, Syndicat autonome des inspecteurs généraux et inspecteurs de l'administration, p. 23 ; CE, 13 juin 2003, M. Bavoil ; n° 222687 ; TA Poitiers, 18 décembre 2002, M. Durand c. Ministre de l'Economie et des Finances ; JCP(G) 2003.I.19, n° 23, observations AUBIN (E.).

1547 TA Rennes, 12 mars 1975, Sieur Lefranc, n° 7503.

1548 MAUGÜE conclusions sur CE, 30 mai 2001, Election du maire et des adjoints de Bouchemaine, n° 220977.

illégal sont donc plus des limites à l'application de la théorie de l'inexistence que des éléments proprement dits de la définition. En effet, la théorie de l'inexistence est nécessairement attentatoire à la sécurité juridique. Ainsi son application dépend d'une appréciation du juge administratif sur la mesure de la gravité et sur le caractère de l'illégalité manifeste[1549]. L'inexistence n'est, en réalité, que *« l'instrument d'une politique jurisprudentielle que le Conseil d'État entend conduire »* sans réel critère autre que la finalité de son application : permettre un recours contre un acte administratif en dehors des délais de recours contentieux[1550].

838.–L'inexistence sanctionne ainsi de nombreux vices (*l'incompétence sous la forme de l'usurpation de pouvoir des actes administratifs unilatéraux, la voie de fait, et certains vices de forme*)[1551]. Elle est à la fois la cause et la conséquence de l'éradication de l'acte ; le vice et la sanction elle-même, c'est-à-dire les conséquences de la notion même. En réalité, comme le relève le Commissaire du Gouvernement L. Derepas, il s'agit de neutraliser définitivement les effets d'un acte dont la nullité s'impose du fait que l'administration *« aurait dû avoir conscience dès l'origine que l'acte en cause n'aurait jamais dû exister »*. Peu importe dès lors que l'acte soit nul et de nul effet ou nul et non avenu, puisqu'il s'agit de sanctionner une illégalité qui, si elle avait été moins grave, n'aurait entraîné que l'annulation de l'acte administratif en cause[1552]. L'inexistence est donc envisagée comme une nullité spécifique qui sanctionne un vice, particulièrement grave, dont l'intensité est laissée à l'appréciation souveraine du juge administratif.

839.–Cette notion spécifique, comme sanction de la légalité des actes administratifs unilatéraux, était en germe dans la jurisprudence du Conseil d'État dès ses origines puisque les textes prévoyaient que pouvaient être déférés devant cette juridiction les actes administratifs attaqués pour incompétence et excès de pouvoir[1553].

840.–Ainsi le commissaire du Gouvernement Marguerie, dans ses conclusions sur un arrêt du 13 mai 1881, *« Brissy »*, à l'occasion d'un recours en excès de pouvoir à l'encontre d'une décision administrative, examine le moyen du requérant qui arguait de nullité cet acte, en se fondant sur un défaut de contreseing, et demandait que la décision soit déclarée *« nulle en la forme »*. Est ainsi envisagé le prononcé d'une nullité tirée du caractère irrégulier en la forme lorsque l'acte en cause est *« empreint d'un vice radical »* qu'aucune ratification ultérieure ne peut couvrir. La nullité vicie l'acte depuis qu'il est formé[1554]. Le

---

1549 LEGRAND (A.), op. cit., Incompétence, §. 43-49 ; BACQUET conclusions sur CE, 4 juillet 1980, Zemma, AJDA 1980 p. 640 ; DEREPAS, conclusions sur CE, 26 janvier 2007, Commune de Neuville-sur-Escaut ; MAUGÜE conclusions sur CE, 30 mai 2001, Election du maire et des adjoints de Bouchemaine, n° 220977 ; PECRESSSE, conclusions sur CE, 10 octobre 1997, Lugan, n° 170341.

1550 LEGRAND (A.), op. cit., Incompétence, §47 ; WODIE (F.), L'inexistence des actes juridiques unilatéraux en droit administratif français, AJDA 1969 p. 76 et s.

1551 LEGRAND (A.), op. cit., Incompétence, §. 43-49 ; WEIL (P.), Une résurrection : la théorie de l'inexistence en droit administratif, D.1958.chron.49.

1552 DEREPAS, conclusions sur CE, 26 janvier 2007, Commune de Neuville-sur-Escaut.

1553 BEQUET (L.), Répertoire du droit administratif, Tome VIII Voir contentieux administratif avec le concours de M. Dupré, 1891, p. 302 §. 545 et s.

1554 HAURIOU (M.), Précis de droit administratif et de droit public, op. cit., p. 308-309.

Conseil d'État annulera l'acte pour des raisons de légalité interne, *« sans qu'il soit besoin de statuer sur les autres moyens du pourvoi »*[1555].

841.–Il s'agit, pour le juge administratif, de *« greffer »* sur un contentieux objectif, en principe enfermé dans un délai de recours contentieux, la possibilité d'une sanction perpétuelle en raison de la gravité du vice entachant la légalité de certains actes. Il lie ainsi la naissance de la théorie des nullités, et donc de l'inexistence, à celle du recours pour excès de pouvoir. Ce régime est calqué sur celui des nullités connu en droit civil où la nullité permet de sanctionner l'existence même de l'acte[1556]. Ainsi, dans une décision du 28 février 1831, *« Zoepffel contre la commune d'Oswald »*, le Conseil d'État prononce la nullité d'une délibération au motif qu'un tiers étranger y a pris part[1557].

842.–Dans un arrêt du 26 janvier 1877, la Haute juridiction a reconnu la légalité d'un acte administratif pris pour condamner des faits antérieurs à la loi instaurant leur sanction au motif que de tels agissements présentaient *« un caractère successif et que leurs effets s'étaient continués postérieurement à l'édiction de l'acte litigieux »*[1558]. Si une telle décision, disciplinaire de surcroît, serait aujourd'hui d'une légalité discutable, elle constituait à l'époque une transposition de la théorie civiliste *« des faits successifs »*, origine de la théorie pénaliste des *« infractions continues »*. La transposition de cette technique au contentieux de la légalité suppose ainsi que certains vices, graves et manifestement illégaux ne puissent jamais être couverts, y compris par une forclusion, ce qui permet leur contestabilité *« sine die »*.

843.–Cette nécessité sera amplifiée par le mécanisme des nullités de plein droit qui distinguait l'annulation et la nullité d'un acte. Ainsi, le Conseil d'État dans un arrêt *« Legouez »*, prononce l'annulation d'une délibération au regard de la loi du 24 mai 1872[1559], et non sur la base de la loi relative aux nullités de plein droit, d'ailleurs inapplicable à l'espèce, en la déclarant nulle et de nul effet au motif que la mesure disciplinaire n'avait pas été prise par l'autorité compétente. En l'occurrence, la décision administrative aurait dû être prise par le Conseil d'administration de la Compagnie du sapeur-pompier en cause et non par une subdivision des sapeurs-pompiers. Le juge administratif précise alors que le fait qu'un acte ne soit pas pris par une autorité compétente n'entraîne pas pour autant son défaut d'objet[1560].

844.–Cette jurisprudence sera confirmée dans un arrêt *« Sieur Gillot »* à propos d'une décision de révocation prise par un sous-lieutenant commandant la division de sapeurs-Pompiers de Villers-en-Lieu[1561]. Comme précédemment, le juge administratif qualifiera cet

---

1555 MARGUERIE conclusions sur CE, 13 mai 1881, Brissy, p. 492.
1556 ALIBERT (R.), Le contrôle juridictionnel de l'administration par le recours pour excès de pouvoir, Payot, 1926, p. 49 et s., et en particulier p. 219 et s.
1557 CE, 28 février 1831, Zoepffel c. Commune d'Oswald, p. 100.
1558 CE, 26 janvier 1877, Sieur Vincent, p. 107.
1559 PACTEAU (B.), Le Conseil d'État et la fondation de la justice administrative française au XIXème siècle, PUF, p. 196.
1560 CE, 10 janvier 1908, Legouez, p. 8.
1561 CE, 28 juillet 1911, Sieur Gillot, p. 887, conclusions PICHAT ; tables p. 29.

acte, pris par une autorité incompétente, de *« prétendue décision »*. Il ne mentionnera l'incompétence que par référence à la violation de la loi, en précisant que cet acte n'était prévu *« par aucune disposition législative ou réglementaire »*, et qu'il y avait lieu d'en prononcer la nullité sur le recours en annulation. Il le fera au même visa que précédemment, complété néanmoins par celui de la loi des 7-14 octobre 1790[1562] : la décision y est d'ailleurs déclarée entachée de nullité alors que le Recueil Lebon mentionne que le Conseil d'État *« annule »* la décision.

845.–Le commissaire du Gouvernement Pichat, dans cette affaire, pour rejeter le moyen du ministre tiré de l'irrecevabilité d'une requête dirigée contre un acte matériellement inexistant, estime que cette décision était juridiquement inexistante car elle constituait une véritable usurpation de pouvoir. Toutefois, au lieu de formuler les bases de ce qui aurait pu être une théorie des nullités en droit administratif, le commissaire énonce un paradoxe, erroné, qui a perduré en doctrine : à savoir qu'un acte inexistant ne serait pas un acte administratif[1563]. Il a ainsi affirmé qu'un tel acte n'en a pas moins la forme et donc l'apparence d'un acte administratif, et que le juge de l'excès de pouvoir doit le *« faire disparaître »*, se référant aussi à la voie de fait et à une décision verbale illégale[1564]. Les règles traditionnelles du recours contentieux n'étaient pas alors encore totalement posées[1565].

846.–Toutefois, il convient de préciser que le Président Odent citait les arrêts *« Legouez »* et *« Gillot »* comme des cas d'usurpation de pouvoir, et comme révélateurs d'une jurisprudence ancienne dont il n'était pas certain qu'elle serait confirmée. Les autorités qui avaient édicté les actes litigieux dans ces affaires n'étaient pas dépourvues de tout pouvoir décisionnel, et les décisions juridictionnelles ne font pas référence à l'usurpation de pouvoir. Cependant, selon Odent, si de telles espèces seraient sans doute sanctionnées aujourd'hui par une *« simple »* incompétence, la jurisprudence ne semble pas cantonner les actes inexistants uniquement à de tels cas mais applique cette théorie à des atteintes graves aux attributions d'un juge administratif[1566].

847.–En réalité, l'inexistence est une théorie utilisée pour sanctionner par la nullité[1567] la légalité externe comme la légalité interne de l'acte. En outre, elle est voulue comme une

---

1562 PACTEAU (B.), Le Conseil d'État et la fondation de la justice administrative française au XIXème siècle, op. cit., p. 3 et s.

1563 CE, 29 juillet 2002, Scribe, note DE MONTECLER (M.–Ch.), Référé suspension et spoil system, AJDA 2002 p. 930 ; CE, 26 janvier 2007, Commune de Neuville-sur-Escaut, n° 297969, conclusions DEREPAS.

1564 BELLANGER (F.), Les présomptions d'authenticité et de sincérité des actes administratifs, op. cit. ; GANDREAU (S.), La théorie de l'apparence en droit administratif français : vertus et risques de l'importation d'une tradition de common Low, op. cit. ; JOUVE (E.), Recherches sur la notion d'apparence en droit administratif français, op. cit.

1565 TC, 22 avril 1910, Abbé Piment, TC, 4 juin 1910, Abbé Mignon, CE, 4 juillet 1910, Abbé Bruant, DP.1911.III.41, note anonyme.

1566 ODENT (R.), Cours de contentieux administratif, op. cit., fascicule n° 3, p. 1791.

1567 GAUDEMET (Y.), DE LAUBADERE (A.), Traité de droit administratif, Droit administratif général, organisation et action de l'administration, la juridiction administrative, Tome I, 16ème éd., 2001, LGDJ, n° 1065 ; HAURIOU (M.), Précis de droit administratif et de droit public, op. cit.,

sanction aggravée de la légalité puisqu'elle peut être appliquée sans limite de délai. Il s'agit d'un concept jurisprudentiel dont le contenu variable rend difficile la systématisation des solutions. En outre, ses critères d'application relèvent d'une appréciation purement subjective du juge administratif qui a, en outre, évolué de manière empirique[1568].

848.–Le juge administratif ne recherche pas ainsi si les éléments constitutifs de l'acte inexistant sont réunis, mais seulement si l'acte administratif en cause est *« entaché d'un vice de nature à »* ou *« entaché d'un vice d'une gravité telle »* qu'il puisse le déclarer inexistant. Il s'agit d'une méthode traditionnelle du juge administratif qui consiste à utiliser des définitions négatives pour expliquer ce que n'est pas une notion, pour ne pas avoir à la définir et à préciser davantage sa nature juridique. Une telle technique est utilisée par le juge administratif pour que la tournure négative permette une application empirique, souple et évolutive de la notion qu'elle désigne[1569].

849.–Ainsi, il refuse d'affirmer si tel ou tel moyen invoqué constituerait un vice qui pourrait être susceptible de justifier l'application de la théorie de l'inexistence. En d'autres termes, il n'exclut pas totalement que, dans une autre espèce, l'acte pourrait être déclaré inexistant sur la base des mêmes moyens, quels qu'ils soient : incompétence tendant à l'usurpation de pouvoir, vice de forme, violation de la loi[1570]. D'ailleurs les sanctions à l'origine des actes inexistants peuvent être variées : ce peut être une sanction de l'objet même de l'acte, comme les nominations pour ordre, ou bien un vice de forme comme pour les délibérations… C'est donc la volonté du juge administratif d'éradiquer les effets d'un acte qui sera à l'origine de l'application de la théorie de l'inexistence et non la nature du vice en lui-même. Ceci montre qu'il est inexact comme il est souvent coutume de le faire, d'affirmer que l'inexistence ne serait que simplement constatée par le juge administratif car déclarée par lui. Il a, au contraire, un rôle d'auteur véritable en la matière[1571].

---

p. 431 et s. ; LEGRAND (A.), op. cit., Incompétence, §. 45 ; voir contra pour une distinction entre la nullité et l'inexistence : ODENT (R.), Cours de contentieux administratif, op. cit., fascicule n° 3, p. 137 et s. ; RIVERO (J.) et WALINE (M.), Droit administratif, 21ème éd., Dalloz, 2006, nos 429-430 ; ALCINDOR (L.), Des différentes espèces de nullités des actes administratifs, op. cit., p. 11 et s.

1568 FORTSAKIS (Th.), Conceptualisme et empirisme en droit administratif français, op. cit., 1987, p. 468 et s.

1569 FORTSAKIS (Th.), Conceptualisme et empirisme en droit administratif français, op. cit., p. 354-355 ; CE, 22 janvier 1954, Pacha, op. cit. ; CE Ass., 16 avril 1986, Roujansky, op. cit.

1570 CE, 6 juillet 1956, Pierre-Alype, op. cit. ; CE, 27 juillet 1984, Joly, n° 43319 ; CE, 12 juin 1987, Roujansky, n° 78169 ; CE, 25 mars 1988, Bayssette, n° 64273 ; CE, 1er octobre 1993, Commune d'Aulnay-sous-bois c. Jacquaint, n° 097549 ; CE, 21 février 1996, Mme Estebe, n° 143883 ; CE, 3 avril 1996, Rodriguez, n° 143903 ; CE, 22 juin 1998, Navarro, n° 143899 ; CE, 12 juillet 2001, Einhorn, n° 227747 ; CE, 27 juillet 2005, M.Scott Dohan, n° 272098 ; TA Strasbourg, 26 mai 1998, Préfet de la Moselle c. Commune de Hambach, Société alsacienne d'équipement, n° 962994.

1571 Voir pour une distinction entre l'inexistence, les irrégularités graves, les nullités « moins radicales », les nullités « toutes relatives de l'acte » en droit public, « les nullités moins rigoureuses », l'opposabilité, l'irrégularité partielle quant aux effets de l'acte, et les irrégularités sans incidence sur la légalité de l'acte : JEZE (G.), Les principes généraux du droit administratif, 2ème éd., Tome I, La technique juridique, la notion de service public, les individus au service public, 1914, Giard-Brière, p. 50 et s.

§. 2 Le cas particulier des nominations pour ordre

850.–C'est la nécessité de sanctionner certaines décisions administratives, révélées généralement une fois les délais de recours contentieux expirés, qui est à l'origine de l'élaboration par le juge administratif d'une théorie lui permettant de résoudre juridiquement le litige qui lui est soumis (*A*). Ainsi, le caractère utilitaire du régime contentieux de la nomination pour ordre a contribué, par ses caractéristiques spécifiques, à la mise en place des critères de l'acte inexistant (*B*).

A. La théorie de l'inexistence et la systématisation des nominations pour ordre

851.–Les nominations pour ordre constituent *« l'exemple type »* d'actes inexistants[1572]. Plus précisément, la notion juridique d'inexistence est un concept abstrait, celle des nominations pour ordre en réalise l'application concrète et amorce une certaine systématisation de la jurisprudence du Conseil d'État[1573]. Toutefois, le juge administratif ne mentionne pas toujours dans le corps de ses décisions les nominations pour ordre comme étant des actes inexistants[1574]. Parfois la référence se fera par l'apposition de la codification nationale des décisions de justice (*PCJA*) ou par l'expression qu'ils sont *« nuls et non avenus »*, dans plus de 90 % des cas, ou par l'utilisation de l'expression que de tels actes sont *« nuls et de nul effet »*, voire par le seul titrage lors de la publication au sein du Recueil Lebon, ce qui ne fait pas obstacle à ce que la doctrine reconnaisse ces mêmes affaires comme des exemples d'inexistence[1575]. Cette terminologie est employée pour les mêmes vices qui touchent donc, selon la mention portée au Recueil Lebon, à la validité de l'acte, et selon le vocabulaire employé dans les décisions de justice, à son existence même, puisque le juge administratif emploie indifféremment les deux notions. L'inexistence est mentionnée dans les titrages du recueil Lebon pour les nominations pour ordre, comme sanctionnant la validité de l'acte[1576]. Il doit être précisé que la difficulté réside en ce que

---

1572 ODENT (R.), Cours de contentieux administratif, op. cit., fascicule n° 3, p. 955/956.

1573 FORTSAKIS (Th.), Conceptualisme et empirisme en droit administratif français, op. cit., 1987, p. 321-331.

1574 CE, 20 décembre 1957, Association des fonctionnaires du ministére de l'Intérieur c. Saincierge, p. 699, conclusions Guldner, RA, mars-avril 1958, p. 149, tables p. 50 ; tables p. 678 ; CE, 1er octobre 1990, Ministre des PTT et autres c. Bourreil, p. 262, DA 1990 n° 529 ; AJDA 1990 p. 111, chronique HONORAT (E.) et SCHWARTZ (R.) ; CE, 5 mai 1971, Préfet de Paris et Ministre de l'intérieur c. Syndicat chrétien de la préfecture de la Seine, de l'Assistance publique à Paris et autres, p. 329 ; CE Sect., 12 juin 1991, Association professionnelle des magistrats, AJDA 1991 p. 509, note de MAUGÜE et SCHWARTZ ; CE Sect., 9 novembre 1990, Fléret, p. 319, DA 1991 n° 91 ; AJDA 1990 p. 864, chronique HONORAT (E.) et SCHWARTZ (R.).

1575 CE Sect., 3 février 1956, De Fontbonne, op. cit. ; CE, 21 novembre 1956, Creytat, T. p. 692 ; CE, 13 juillet 1967, Lourmet, op. cit. ; CE, 31 mai 1957, Chavannaz, op. cit.

1576 CE, 20 décembre 1957, Association des fonctionnaires du Ministère de l'Intérieur c. Saincierge, p. 699, conclusions GULDNER, RA, mars-avril 1958, p. 149, tables p. 50 ; conclusions GULDNER, RA, mars-avril 1958, p. 149, tables p. 50 ; CE, 12 novembre 1958, Sabiani, op. cit. ; CE, 15 juillet 1959, Syndicat C.G.T., C.F.T.C., C.G.T.–F.O. du Ministère de l'Education nationale et sieur André, tables, p. 50 ; CE, 13 juillet 1967, Lourmet, p. 309, Tables p. 69 ; RDP 1968 p. 437 ; CE, 8 janvier 1971, Association des magistrats et des anciens magistrats de la Cour des comptes Letourneur, p. 25 ; CE, 24 février 1984, Association professionnelle des magistrats et Springez, RDP 1984 p. 522 ; CE, 1er octobre 1990, Ministre des PTT et autres c. Bourreil, op. cit. ; CE Sect.,

l'imprécision rédactionnelle de certaines juridictions du fond est telle, qu'il n'est pas possible de tirer des conclusions certaines quant à l'application de ces deux expressions. Il en va d'autant plus ainsi que dans les deux cas, les effets sont bien ceux de l'inexistence.

852.–Cependant lorsqu'une nomination pour ordre procède d'une délibération, elle est *« nulle et de nul effet »*. Ainsi, lorsque les arrêtés nommant notamment un agent en lui accordant une prime procèdent d'une délibération ayant été déclarée nulle et de nul effet par le Conseil d'État statuant au contentieux, seront également nulles et de nul effet les décisions prises en application de cette *« délibération »*, et donc les actes procédant à la nomination et à l'octroi de la prime[1577].

853.–Il s'agit de sanctionner un comportement de l'administration qui a pris une décision, dans un but autre que l'intérêt général, afin de ne pas permettre des actes de complaisance comme les détachements pour ordre ou les réintégrations et les reconstitutions de carrière[1578]. Pourtant cette notion est récente dans l'évolution de la procédure administrative[1579]. En effet, le favoritisme a été longtemps considéré comme un choix normal de recrutement des agents publics et le Conseil d'État déclarait irrecevables les recours dirigés contre des nominations ou des promotions arguées d'illégalité pour ce motif en affirmant que l'exercice d'un tel droit ne pouvait donner lieu à un *« pourvoi [...] par la voie contentieuse »*[1580].

854.–La théorie de la nomination pour ordre sera donc introduite lorsque le fonctionnaire cessera d'être lié personnellement au chef de l'État[1581]. Ainsi, dans un arrêt du Conseil d'État du 7 novembre 1919, le maire de la commune de Marcillac demandait l'annulation pour excès de pouvoir d'une délibération de la commission administrative nommant un instituteur à l'emploi de secrétaire de l'hospice et, concomitamment, la décision du préfet approuvant cette délibération. Il invoquait comme moyen l'illégalité d'une telle nomination, prise en violation de la loi interdisant aux instituteurs d'occuper de

---

9 novembre 1990, Fléret, p. 319, DA 1991 n° 91 ; AJDA 1990 p. 864, chronique Honorat (E.) et Schwartz (R.) ; CE, 5 mai 1971, Préfet de Paris et Ministre de l'intérieur c. Syndicat chrétien de la préfecture de la Seine, de l'Assistance publique à Paris et autres, p. 329 ; CAA Lyon, 28 janvier 1997, Syndicat mixte du musée de Moulins, n° 94LY00110, table, p. 631 ; TA Lille, 4 novembre 1997, Préfet du Nord, nos 960839 et 961398.

1577 CE, 10 novembre 1999, Préfet de la Drôme, n° 126382.

1578 CE Sect., 27 avril 1956, Egaze, p. 172 ; RDP 1957 p. 108 ; note WALINE (M.) ; CE, 12 novembre 1958, Sabiani, op. cit. ; CE, 15 juillet 1959, Syndicat C.G.T., C.F.T.C., C.G.T.–F.O. du Ministère de l'Education nationale et sieur André, p. 462 ; CE Sect., 9 mars 1962, Douzans, op. cit. ; CE Ass., 8 novembre 1974, Association des administrateurs civils du Ministére des affaires sociales et association des anciens éléves de l'ENA du minitère de la santé publique et de la sécurité sociale, p. 550.

1579 JEZE (G.), Cours de droit public, le statut des fonctionnaires publics (entrée au service public, désinvestiture de la fonction, mise à la retraite ; avantages personnels), 1929 éd. M. Giard, p. 85 et s. ; JEZE (G.), Le procédé technique de la nomination en droit public français, RDP 1927 p. 611 et s.

1580 ALIBERT (R.), Le contrôle juridictionnel de l'administration par le recours pour excès de pouvoir, Paris, Payot, 1926, p. 193 et s. ; JEZE (G.), Les principes généraux du droit administratif, 2ème éd., Tome II, La notion de service public, les individus au service public, le statut des agents publics, Paris, Giard-Brière, 3ème éd., 1930, p. 517 et s.

1581 JEZE (G.), note sur CE, 7 janvier 1944, Robert, RDP 1944 p. 353.

telles fonctions à l'exception de celles de secrétaire de mairie. Déclarant le moyen fondé, le Conseil d'État a annulé la délibération litigieuse et, par voie de conséquence, la décision approbative du préfet qu'il avait déclarée nulle et non avenue. Cette espèce doit être considérée comme une pierre angulaire qui a contribué à la construction de la théorie des nominations pour ordre et des actes inexistants. Ceux-ci doivent être, non pas simplement déclarés annulables, mais nuls et non avenus, le vice les entachant faisant obstacle à ce qu'ils produisent le moindre effet[1582]. Il s'agissait, sans doute, de la transposition à d'autres organismes collégiaux, en l'occurrence la commission administrative d'un hospice, du mécanisme des délibérations nulles de plein droit, et de celles *« simplement annulables »* applicables aux conseils municipaux et généraux.

855.–De même, dans un arrêt indexé au Recueil Lebon à *« communes »* (*rubrique « contributions directes et taxes assimilées »*) et aux *« actes législatifs et administratifs »* (*rubrique « effets »*) dans la catégorie des *« actes nuls et de nul effet »*[1583], il est mentionné que le Sieur Ladam, ancien commissaire principal à la préfecture de police, a demandé au Conseil d'État d'annuler une décision implicite de rejet résultant du silence gardé par le préfet de police sur une demande d'indemnité en réparation du préjudice causé par un défaut d'augmentation de traitement correspondant à sa promotion. Or, il résultait de l'instruction qu'il n'existait pas de vacance dans le cadre dans lequel il avait été nommé au moment de la promotion. Par la voie de l'exception, celle-ci est donc déclarée nulle et de nul effet. Le Conseil d'État a rejeté la demande sans mentionner toutefois qu'il s'agissait d'une décision inexistante, sans doute parce que la théorie de l'inexistence n'était encore qu'en cours d'élaboration. Les actes nuls et de nul effet sont toutefois distingués des simples actes irréguliers qui sont susceptibles de faire naître au bénéfice des intéressés de bonne foi des droits acquis. Il s'agit donc, par le truchement de la neutralisation des effets, de faire obstacle à la création de droits par des actes administratifs qui n'auraient jamais dû exister, ni même être pris.

856.–Cependant, par voie d'action, les nominations pour ordre étaient encore sanctionnées par le recours pour excès de pouvoir, alors même qu'elles ne pouvaient conférer les mêmes droits à l'intéressé. Le Conseil d'État a ainsi élaboré un concept dont les caractéristiques permettraient de sanctionner les nominations faites uniquement pour procurer le bénéfice d'un avancement à l'agent concerné et non pour pourvoir aux besoins du service. La Haute juridiction a jugé, dans un arrêt du 19 novembre 1926, *« Sieur Monzat »*[1584] que si, en principe, les actes administratifs qui ont créé des droits ne peuvent être rapportés, il en est autrement lorsque ces actes sont entachés d'une illégalité susceptible de motiver leur annulation pour excès de pouvoir (*en l'occurrence pour détournement de pouvoir*), ainsi des nominations pour ordre purement fictives. Toutefois, le juge administratif a également indiqué conformément à la jurisprudence *« Dame Cachet »* que, dans ce cas, l'administration était en droit d'en opérer elle-même le retrait et ce, dans

1582 CE, 7 novembre 1919, Bonnafé, p. 809 ; p. tables p. 29.
1583 CE, 5 août 1921, Ladam, p. 820, tables p. 29.
1584 CE, 19 novembre 1926, Sieur Monzat, RDP 1927 p. 75 et s., conclusions contraires CAHEN-SALVADOR.

le délai du recours pour excès de pouvoir, ou tant que le recours introduit n'aurait pas encore été définitivement jugé. Une nomination pour ordre ne pouvait donc pas être déclarée nulle et de nul effet ou inexistante par la voie d'une action contentieuse directe. En revanche, le Conseil d'État envisageait que, dans le délai de recours contentieux, de tels actes pourraient être sanctionnés pour détournement de pouvoir.

857.–Il fallut attendre 1935, date de l'apparition de la notion d'inexistence dans les tables du Recueil Lebon, pour que la notion de *« nominations pour ordre »* soit définitivement posée[1585] : de tels actes étant susceptibles d'être retirés et ne pouvant créer de droits à l'intéressé. En effet, il n'était pas concevable de maintenir dans l'ordonnancement juridique des actes obtenus, non par une fraude de l'intéressé mais par une fraude de l'administration elle-même[1586].

858.–Ainsi, dans un arrêt de Section, *« Massonaud »*, le Conseil d'État confirme, avec solennité, les principes dégagés de manière sous-jacente dans ses décisions antérieures. *« Pour des raisons pratiques impérieuses »* il convient de déroger aux principes classiques posés en contentieux, notamment en ce qui concerne les délais de retrait, et de déclarer que de tels actes ne peuvent pas produire d'effet. L'inexistence est ainsi mentionnée dans le titrage de la décision au Recueil Lebon comme étant une nullité particulière. Selon le Commissaire du Gouvernement J. Delvolvé, il s'agit de sanctionner des décisions fictives qui présentent un caractère particulièrement grave et dont la nature réelle est d'être un détournement de pouvoir[1587].

859.–Par la suite, le Conseil d'État va préciser sa jurisprudence sur les nominations pour ordre : elles affectent la validité de l'acte en cause et seront déclarées nulles et non avenues[1588] ou nulles et de nul effet[1589]. Cette théorie va contribuer à l'élaboration de la théorie de l'inexistence. La Haute juridiction déclarera ainsi, dans l'arrêt *« Maurice »*, que sont déclarés nuls et non avenus d'une part, un arrêté de nomination, et ensemble, un arrêté dont l'objet est une affectation prise peu de temps après, dès lors que, du rapprochement de ces deux actes, il ressort que la nomination n'a eu pour objet ni de pourvoir aux besoins du

1585 Tables du Recueil périodique des arrêts du CE, analyse des arrêts rendus depuis le 1er janvier 1849 jusqu'au 31 décembre 1858 ; depuis le 1er janvier 1859 jusqu'au 31 décembre 1874 ; depuis le 1er janvier 1885 jusqu'au 31 décembre 1894 ; depuis le 1er janvier 1895 jusqu'au 31 décembre 1904 ; depuis le 1er janvier 1905 à jusqu'au 31 décembre 1924 ; depuis le 1er janvier 1935 à jusqu'au 31 décembre 1954.

1586 WALINE (M.), Cours de droit administratif, 1966-1967, éd. les cours du droit, Paris, p. 55 ; Voir toutefois pour une assimilation entre les nominations pour ordres et les actes nuls et non avenus fondés sur une fraude de l'intéressé : TA Amiens, 4 mai 2004, SDIS de l'Oise, AFJP 2004 p. 138.

1587 JEZE (G.), Le procédé technique de la nomination en droit public français, RDP 1927 p. 613 ; CE Sect., 30 juin 1950, Massonnaud, p. 400, conclusions DELVOLVE (J.) ; S.1951.III.57 note F.M. ; « a contrario » : GAZIER (F.) et LONG (M.), note sur CE, 18 décembre 1953, Welter, CE, 22 janvier 1954, Pacha et CE, 17 mars 1954, Dardant, AJDA 1954 p. 5.

1588 CE, 20 décembre 1957, Association des fonctionnaires du Ministère de l'Intérieur c. Saincierge, p. 699, conclusions GULDNER, RA, mars-avril 1958, p. 149, tables p. 50.

1589 CE, 12 novembre 1958, Sabiani, op. cit. ; CE, 15 juillet 1959, Syndicat C.G.T., C.F.T.C., C.G.T.–F.O. du Ministère de l'Education nationale et sieur André, p. 462-463, tables, p. 50.

service en cause, ni de permettre à l'intéressé d'exercer les fonctions pour lesquelles il a été désigné et qui d'ailleurs étaient les seules qu'il eût pu légalement exercer[1590].

860.–Le caractère fonctionnel de l'inexistence est particulièrement mis en évidence dans cette espèce qui pose les bases d'une jurisprudence qui ne s'applique qu'en de telles hypothèses. Selon celle-ci, même si les conclusions formulées tendent seulement à l'annulation d'un arrêté de nomination, lorsqu'un tel acte révèle en réalité une nomination pour ordre, le juge administratif doit d'office prononcer sa nullité et, par suite, celle de la décision litigieuse qui lui est déférée. Il en est ainsi car la particularité des nominations pour ordre résulte de ce que le caractère fictif de la première nomination va être révélée d'un rapprochement avec une autre nomination[1591]. La Haute juridiction est ainsi revenue sur une jurisprudence de 1971, qui revenait elle-même sur une décision de 1957, dans laquelle le recours avait été formulé à l'encontre des deux nominations[1592]. Cette annulation particulière est la conséquence d'un lien normatif de nature subjective qui permet de transcender la simple vérification objective que le juge administratif opère dans le cadre classique du recours pour excès de pouvoir. C'est ce contrôle de la régularité des normes qui a sans doute conduit le juge administratif à élaborer une nullité prenant en compte le motif subjectif de l'acte et ceci dans un contentieux, qui est, par nature, objectif ; ce contrôle permet la sanction d'actes administratifs qui en eux-mêmes sont conformes aux règles édictées mais dont l'illégalité est révélée par un autre acte[1593].

B. L'inexistence, sanction des nominations gravement illégales

861.–L'entrée dans la fonction publique est subordonnée à une nomination, qui doit être d'une part, effectuée par l'autorité compétente pour être régulière et, d'autre part, satisfaire aux conditions générales de légalité des actes administratifs. La nomination est un acte juridique explicite qui confère la qualité de fonctionnaire ou de stagiaire affecté à un emploi public permanent. Cet acte juridique est normalement suivi d'un acte matériel d'installation qui constate que l'agent a rejoint son poste et l'occupe[1594]. Il doit satisfaire à certaines conditions spécifiques liées au principe imposant qu'une nomination ait pour objet exclusif de pourvoir à un emploi vacant. La nomination doit permettre à son bénéficiaire d'occuper effectivement l'emploi dans lequel il est nommé et d'exercer réellement les fonctions qui y correspondent ; l'emploi est donc supposé vacant au moment où va avoir lieu la nomination[1595].

1590 CE, 15 mai 1981, Maurice et Pruvost, op. cit. voir contra pour une décision de la même période CE, 3 février 1978, Dallot, nos 04769, 04770 et 05297, T., p. 3578.

1591 CE, 20 avril 1951, Houdaille du Meix, p. 208 ; Tables p. 77 ; CE, 27 avril 1984, Procureur général c. M. Ladreau et autres, nos 51129, 530 51129, 53028, 53000, 52636, 52635, 52634, 52413, 52996, 51756, 51757, 51723, 51724, 51774 ; RDP 1984 p. 521-522 ; CE Sect., 9 novembre 1990, Fléret, p. 319, DA 1991 n° 91 ; AJDA 1990 p. 864, chronique HONORAT (E.) et SCHWARTZ (R.).

1592 CE, 20 décembre 1957, Association des fonctionnaires du Ministère de l'Intérieur c. Saincierge, RPDA 1958 n° 41, conclusions GULDNER, RA 1958 p. 149 ; CE, 8 janvier 1971, Association des magistrats et des anciens magistrats de la Cour des comptes Letourneur, p. 25.

1593 CRUCIS (H.–M.), Les combinaisons de normes dans la jurisprudence française, Contribution à l'étude du pouvoir normatif du juge de l'excès de pouvoir, Paris, LGDJ, 1991, p. 210.

1594 CE, 27 avril 1973, Dame Serres, AJDA 1973 p. 487, note MAISL (H.).

1595 DERRIDJ (L.), La nomination pour ordre : un acte de gestion du personnel juridiquement inexistant,

862.–Le principe de l'interdiction des nominations dites *« pour ordre »* avait été posé par la jurisprudence avant même que le statut de la fonction publique ne le reprît (*article 4 de la loi du 19 octobre 1946*[1596]*, puis de l'ordonnance du 4 février 1959*[1597]).

863.–En application des principes combinés issus de la jurisprudence et cristallisés dans un arrêt de principe du 30 juin 1950, *« Massonaud »*, un fonctionnaire détaché hors de son cadre d'emploi ne peut bénéficier d'un avancement de grade qu'aux fins de pourvoir à un emploi vacant que son nouveau grade lui donne vocation à occuper[1598]. Ainsi, toute nomination ou toute promotion dans un grade qui n'intervient pas exclusivement en vue de pourvoir un emploi vacant et de permettre à son bénéficiaire d'exercer les fonctions correspondantes est nulle et de nul effet, c'est-à-dire juridiquement inexistante, et non simplement irrégulière, car elle constitue une grave illégalité[1599] (*sauf disposition légale contraire*)[1600]. La sanction va donc au-delà de la simple annulation et permet que de telles mesures, généralement frauduleuses, fassent l'objet d'un recours contentieux au-delà du délai de droit commun du recours contentieux. Ces mesures sont des *« nominations pour ordre »* et connaissent ainsi un régime contentieux dérogatoire[1601]. Sont ainsi sanctionnées des mesures qui ne sont pas prises dans l'intérêt du service mais pour de simples convenances personnelles, cherchant à procurer à une personne le bénéfice d'un avancement sans considération des besoins réels de l'administration, des capacités de l'agent ou même sans volonté de pourvoir à un emploi vacant[1602]. Le critère, qui a été un temps retenu, tiré de ce que la qualification comme nomination pour ordre est subordonnée à la condition que l'intéressé puisse en tirer un intérêt personnel, n'est désormais plus applicable : la jurisprudence ne sanctionne plus de tels actes par le détournement de pouvoir et donc par une annulation mais par la nullité de l'acte. L'existence d'un tel avantage particulier ne correspond plus qu'à une considération factuelle[1603].

Gaz.communes 9 décembre 2002, p. 56 et s. Saint-James (V.), La vocation du fonctionnaire stagiaire à être titularisé, AJFP 2000 p. 17 et s. ; CAA Nancy, 13 novembre 2003, Albertucci c. communauté urbaine de Strasbourg, AJDA 2004 p. 351.

1596 Loi n° 46-2294 du 19 octobre 1946 relative au statut général des fonctionnaires, JO 20 octobre 1946, p. 8910.

1597 Ordonnance n° 59-244, relative au statut général des fonctionnaires, JO, p. 1747 (abrogée).

1598 Article 12 du titre II du statut général de la fonction publique : loi n° 86-634 du 13 juillet 1983 portant droits et obligations des fonctionnaires et des articles 48, 34, 64 et 80 de la loi du 26 janvier 1984 portant dispositions statutaires relatives à la fonction publique territoriale.

1599 GLASER (E.), conclusions sur CE, 21 juillet 2006, CE, 21 juillet 2006, Gastinel, AJDA 2006 p. 1970 ; CE, 26 janvier 2007, Commune de Neuville-sur-Escaut, n° 297969, conclusions DEREPAS.

1600 CE, 17 janvier 2001, Cottrel, n° 215665.

1601 CE Sect., 30 juin 1950, Massonnaud, p. 400, conclusions DELVOVE (J.) ; S.1951.III.57 note F.M. ; CE, 15 mai 1981, Maurice et Pruvost, op. cit. ; L'administration est tenue de rapporter une nomination pour ordre CE, 12 octobre 1992, Colombat et Duchêne, nos 100441, 100442 et 100443 ; CAA Nantes, 8 mars 1989, Mme Ait c\ Ministre de l'éducation nationale, n° 89NT00016 ; CAA Paris, 14 avril 2005, Nassef c. établissement public de santé Barthélemy, AJDA 2006 p. 1970 ; CAA Bordeaux, 29 décembre 2006, Patarin c. centre communal d'action sociale, n° 03BX02049 ; TA Amiens, 4 mai 2004, SDIS de l'Oise, AFJP 2004 p. 138.

1602 CE, 6 février 1948, Bonfanti, S.1949.III.20 et CE, 11 février 1927, Stefanini, p. 180.

1603 CE, 19 novembre 1926, Sieur Monzat, RDP 1927 p. 75 et s. , conclusions contraires CAHEN-SALVADOR ; CE Sect., 5 mai 1939, Botton, p. 285 ; CE, 6 février 1948, Bonfanti, p. 61 ; CE Sect., 30 juin 1950, Massonnaud, p. 400, conclusions DELVOLVE (J.) ; S.1951.III.57 note F.M. ; CE,

864.–Les nominations pour ordre sont d'un contenu variable et non prédéfini. Sont ainsi qualifiées les décisions administratives qui n'ont d'autre but que de permettre aussitôt une promotion[1604], un détachement[1605], une mise à disposition dans le service d'origine, un maintien dans les anciennes fonctions[1606] ou encore l'avancement de grade d'un fonctionnaire prononcé pour occuper un emploi non vacant[1607].

865.–Sont ensuite également qualifiées comme telles des nominations qui concernent des agents en réalité maintenus dans leur position d'origine (*détachement*[1608] *ou emploi de chargé de mission*[1609]) et qui n'occupent donc pas l'emploi sur lequel ils sont juridiquement nommés.

866.–Enfin, sont considérées comme telles les nominations sur des emplois non vacants, en surnombre (*lorsqu'aucune disposition légale ne prévoit cette affectation en surnombre*)[1610] ou sur un emploi inexistant lors de la nomination[1611], et même si le poste a été ultérieurement créé[1612].

867.–Dans tous ces cas, le caractère de la nomination pour ordre est révélé, comme l'indique la doctrine, par l'existence d'une décision immédiatement ou légèrement postérieure qui affecte ou qui permet d'affecter l'agent dans le poste que l'on souhaite effectivement lui attribuer, cette dernière affectation révélant la véritable finalité de l'acte litigieux[1613].

868.–Le raisonnement du juge s'effectuera en deux temps. Il va d'abord vérifier si la nomination, dans les circonstances propres à l'espèce, est intervenue exclusivement en vue de pourvoir à un emploi vacant pour que l'agent exerce les fonctions correspondantes à ce poste ou si elle constitue une nomination pour ordre[1614]. Il peut s'agir aussi d'une protection

---

12 novembre 1958, Sabiani, op. cit. ; CE, 24 février 1984, Association professionnelle des magistrats et Springez, RDP 1985 p. 522 note DRAGO (R.).

1604 CE, 15 mai 1981, Maurice et Pruvost, op. cit.

1605 CE, 20 décembre 1957, Association des fonctionnaires du Ministère de l'Intérieur c. Saincierge, RPDA 1958 n° 41, conclusions GULDNER, RA, 1958, p. 149 ; CE, 8 janvier 1971, Association des magistrats et des anciens magistrats de la Cour des comptes Letourneur, p. 25.

1606 CE, 1er octobre 1990, Ministre des PTT et autres c. Bourreil, op. cit. ; CAA 18 décembre 2003, Marque c. Ministère de l'intérieur, de la sécurité, n° 00BX00054.

1607 CE, 21 juillet 2006, Gastinel, op. cit.

1608 CE Sect., 9 novembre 1990, Fléret, p. 319, DA 1991 n° 91 ; AJDA 1990 p. 864, chronique HONORAT (E.) et SCHWARTZ (R.) ; CE, 5 mai 1971, Préfet de Paris et Ministre de l'intérieur c. Syndicat chrétien de la préfecture de la Seine, de l'Assistance publique à Paris et autres, p. 329.

1609 CE, 14 avril 1995, Syndicat des fonctionnaires territoriaux et municipaux de catégorie A, tables p. 853.

1610 CE, 15 juin 1923, Association de l'administration centrale des colonies, p. 494 ; CE, 12 mai 1947, Trouillas, p. 106 ; CE, 25 avril 1994, Soufflet, n° 107417 ; CE, 17 mars 1976, Delle Faivre, p. 962.

1611 TA Strasbourg, 9 septembre 1997, M. V., AJFP 1998 p. 9 ; TA Amiens, 4 mai 2004, SDIS de l'Oise, AFJP 2004 p. 138.

1612 TA Châlons-sur-Marne, 29 mars 1994, Préfet de la Marne c. Office public départemental d'HLM de la Marne, n° 9403CMHLM ; CAA Lyon, 28 janvier 1997, Syndicat mixte du musée de Moulins, n° 94LY00110.

1613 GLASER (E.), conclusions sur CE, 21 juillet 2006, Gastinel, AJDA 2006 p. 1970.

1614 CE, 14 avril 1995, Syndicat des fonctionnaires territoriaux et municipaux de catégorie A, n° 145299 ; CAA Lyon, 6 novembre 2001, Ministre de l'équipement, caisse des dépôts et

des prérogatives statutaires de l'intéressé[1615] : y sera donc assimilée la nomination d'un attaché stagiaire ainsi que son détachement, en cette qualité, dans les fonctions de délégué régional à la formation professionnelle lorsque cette nomination n'a pas été prononcée en vue de lui permettre d'accomplir son stage et de pourvoir aux besoins de son évolution de carrière. En effet, l'agent est maintenu pendant la durée de son stage en position de détachement tout en continuant à occuper en qualité d'agent contractuel de l'État ses anciennes fonctions[1616]. Pareillement, est une nomination pour ordre, celle du directeur de cabinet qui exerçait en fait les fonctions de directeur général des services d'une commune, créant ainsi une grave insécurité juridique et de nature à préjudicier aux intérêts du titulaire de cet emploi fonctionnel[1617].

869.–Le juge administratif n'a pas l'obligation de rechercher si l'intérêt du service pouvait justifier une nomination et une affectation révélant une nomination pour ordre puisqu'en réalité il s'agit d'apprécier si la nomination ou la promotion de grade a eu comme objet exclusif de pourvoir régulièrement une vacance[1618]. Il va donc procéder, *« in concreto »*, par la technique du faisceau d'indices qui lui est familière, à une qualification juridique des faits pour pouvoir se prononcer sur le caractère réel tant de la nomination que de l'affectation[1619]. Il examine si, de la nomination et de l'acte d'affectation, il ressort que la nomination d'un agent dans un poste, nécessairement différent des fonctions qu'il était susceptible de légalement occuper, a été prise pour pourvoir aux besoins du service ou uniquement dans l'intérêt de cet agent afin qu'il bénéficie des avantages qui y sont statutairement attachés. A défaut, elle sera déclarée, au besoin d'office, nulle et de nul effet[1620], donc inexistante, et comme n'ayant pas créé de droit acquis au profit de l'agent en cause[1621].

---

consignations, n° 98LY01278.

1615 TA Orléans, 30 avril 2002, Boudon, n° 992350 ; TA Nice, 21février 2006, , nos 0105327-0105331-0105336-0301598-0301603.

1616 CE Sect., 9 novembre 1990, Fléret, n° 78012.

1617 CE, 29 juillet 2002, Scribe, note DE MONTECLER (M.–Ch.), Référé suspension et spoil system, AJDA 2002 p. 930.

1618 CAA Bordeaux, 29 décembre 2006, Patarin c. centre communal d'action sociale, n° 03BX02049.

1619 CE, 3 février 1978, Dallot, nos 04769, 04770, 05297 ; CE, 24 février 1984, Association professionnelle des magistrats et Springez, n° 67857 ; CE, 18 octobre 1989, Cozette, nos 79746/ 79747 ; CE, 1er octobre 1990, Ministre des PTT et autres c. Bourreil, op. cit. ; CE, 21 juillet 2006, Gastinel, op. cit.

1620 CE, 8 janvier 1971, Association des magistrats et des anciens magistrats de la Cour des comptes Letourneur, n° 77326 ; CE, 24 septembre 1982, Milone, n° 41741 ; CE, 27 avril 1984, Procureur général c. M. Ladreau et autres, nos 52839, 52998, 52999, 53015, 53016, 53017 ; CE, 24 février 1984, Association professionnelle des magistrats et Springez, n° 67857 ; CE, 28 novembre 1986, Procureur de la République prés le TGI de Paris et procureur général prés la CA Paris, n° 52773.

1621 CE, 24 novembre 2006, Mme B., AJDA 2007 p. 428 ; CAA Paris, 22 octobre 1998, Mme Damme, n° 96PA04443 ; CAA Lyon, 6 novembre 2001, Ministre de l'équipement, caisse des dépôts et consignations, n° 98LY01278 ; CAA Paris, 5 décembre 2006, Soubrier c. ministère de la santé et des solidarités, n° 03PA01779 ; CAA Marseille, 16 septembre 2003, Département du Vaucluse, n° 00MA00912.

870.–Le juge administratif ne s'arrête pas aux apparences mais examine la réalité des faits pour donner sa solution au litige[1622]. L'enjeu principal réside en ce que, dans un cas, le recours contentieux sera limité à deux mois, alors que dans l'autre, le délai de recours contentieux ne court pas, il est indéfini. Cette conséquence est particulièrement soulignée dans la décision du Conseil d'Etat *« commune de Neuville-sur-Escaut »*[1623]. En effet, le Tribunal administratif de Lille avait déclaré qu'une décision présentait le caractère d'une nomination pour ordre, l'*« agent nommé »* occupant des fonctions qui ne correspondaient pas à l'emploi créé. Le juge des référés s'était d'ailleurs prononcé dans le même sens, au motif que le poste confié à l'*« agent nommé »* était déjà pourvu[1624]. Saisi d'un pourvoi en cassation, le Conseil d'État annule l'ordonnance en mentionnant qu'en l'espèce, en l'état de l'instruction, il ressortait des pièces du dossier que l'arrêté nommant l'intéressée avait été pris pour lui permettre d'occuper un emploi auquel ce grade donne vocation et ne constituait donc pas une nomination pour ordre[1625]. Par suite, l'arrêté attribuant à cet agent une bonification indiciaire comme l'arrêté procédant à sa titularisation et les arrêtés organisant une nouvelle répartition des fonctions entre l'intéressé et l'agent qui occupait précédemment le poste en cause, ne pouvaient davantage être regardés comme ayant été pris sur le fondement d'une nomination pour ordre. Ainsi, en l'absence d'inexistence des actes attaqués, et dès lors qu'il est constant que ces derniers avaient fait l'objet de mesures de publicité plus de deux mois avant l'introduction de la demande tendant à leur annulation, la requête en référé était tardive et, par suite, irrecevable.

871.–Il convient cependant de souligner, comme le relève un auteur, que le juge administratif n'utilise pas, dans certains cas, l'expression *« nomination pour ordre »*[1626] pour qualifier des nominations qui n'ont pas eu pour objet de pourvoir un emploi vacant. Il faut y voir la manifestation d'une *« gêne »* à sanctionner certaines dérives par l'usage de ce vocable réprobateur[1627]. Ce type de rédaction, un peu laconique, s'explique par la réticence du juge administratif à appliquer la théorie de l'inexistence[1628].

1622 DE MONTECLER (M.–Ch.), Référé suspension et spoil system, note sur CE, 29 juillet 2002, Scribe, AJDA 2002 p. 930.

1623 CE, 26 janvier 2007, Commune de Neuville-sur-Escaut, n° 297969, conclusions DEREPAS.

1624 TA Lille, 13 mars 2006, M. Lapierre, nos 0400851, 0401478 ; TA Lille, 20 septembre 2006, M. Lapierre, n° 06505382.

1625 Voir aussi en ce sens : CAA Nancy, 18 mars 1999, Centre hospitalier général de Sélestat, n° 97NC01333 ; CAA Lyon, 27 mars 2000, Mme Desperrier et Mme Bale, n° 96LY01237 ; CAA Nantes, 29 octobre 2004, Henckes c. maison de retraite de Muzillac, n° 03NT00201.

1626 CAA Paris, 4 juin 1998, Garde des sceaux, note p. B., AJFP, p. 10 et s.

1627 Note P. B., note sur CAA Paris, 4 juin 1998, Garde des sceaux, AJFP, p. 10 et s.

1628 CAA Lyon, 6 novembre 2001, M. Cizeron, note anonyme, AJFP 2002 p. 11.

Section 2 L'inexistence des décisions de justice

872.–L'inexistence est utilisée implicitement par le juge administratif pour résoudre les *« conflits de juges »* entre les deux ordres de juridiction et au sein de la juridiction administrative elle-même (*§. 1.*). Ici, le recours à cette notion est une méthode inductive pour lui permettre de statuer à nouveau sur un litige tel qu'il aurait du le juger la première fois en éradiquant les erreurs contenues dans la décision de justice primitive. L'inexistence est alors la sanction de la méconnaissance par le juge administratif de la procédure juridictionnelle qu'il doit suivre (*§. 2.*).

§. 1 L'inexistence, technique de résolution des conflits de compétence

873.–L'inexistence intervient pour sanctionner une décision de justice en cas de conflit au sein de la juridiction administrative elle-même, ou entre les deux ordres de juridiction et par la voie du règlement de juges (*A*). Elle intervient aussi pour sanctionner certaines décisions de justice dans le cadre de voies de recours spéciales à leur encontre (*B*).

A. L'inexistence, moyen de régler les difficultés de compétence

874.–Le Conseil d'État emploie l'inexistence comme mécanisme radical pour résoudre un conflit entre décisions de justice, souvent pour éviter un déni de justice. La procédure en règlement de juges, qui est parfois appelée *« procédure en règlement des conflits de jugements »*, demeure ainsi la voie procédurale permettant de résoudre les contrariétés entre les décisions de justice rendues par les juridictions administratives.

875.–Elle a été initialement consacrée par le Conseil d'État en application de ses pouvoirs généraux de juridiction suprême[1629], dont les principes sont la retranscription, pour l'essentiel, de la procédure du Tribunal des conflits en matière de conflits négatifs[1630]. Désormais, le juge administratif y recourt en faisant usage de ses pouvoirs généraux de régulation de l'ordre juridictionnel administratif[1631]. Le règlement de juge se justifie donc par des considérations impérieuses d'ordre public et trouve son fondement dans la mission générale de contrôle des juridictions administratives dont est investi le Conseil d'État[1632].

876.–La compétence de principe pour connaître de tels recours appartient à la juridiction d'appel devant laquelle les jugements sont susceptibles d'être contestés. Cette solution s'applique tant aux Cours administratives d'appel[1633] qu'aux juridictions d'appel

1629 DRAGO (R.), note sur CE Ass., 11 mai 1959, Miret, D.1959.J.399 ; CE Sect., 15 janvier 1932, Veuve Reynes, D.1932.III.11, S.1932.III.12, conclusions ROUCHON-MAZERAT ; CE Sect., 17 juin 1932, Le Mounier, p. 592 ; CE Sect., 14 octobre 1960, Tisserand, p. 542 ; AJDA 1960 p. 160 ; chronique COMBARNOUS (M.) et GALABERT (J.–M.).

1630 Ordonnance n° 45-1708 du 31 juillet 1945, JO, 01/08/1945, p. 4770, texte totalement abrogé et incorporé dans le code de justice administrative.

1631 BACHELIER, conclusions sur CE, 5 juin 2002, Guittard ; CE, 10 novembre 1999, Société coopérative agricole de Brienon, p. 351.

1632 CE, 10 novembre 1999, Société Coopérative agricole de Brienon, p. 351, JCP(G) 2000.IV.501 ; CE, 28 juillet 2000, Consorts Demir, p. 357 ; RFDA 2000 p. 1157.

1633 BUNIET (Ch.), Cour administrative d'appel de Lyon, RFDA 1992 p. 667 ; CAA Nancy, 19 février 1991, Epoux Degezelle, p. 493 ; CAA Lyon 16 décembre 1991, M. Eugène Rebichon,

spécialisées lorsqu'elles existent[1634]. Il s'agit d'une procédure empruntée au code de procédure civile de 1806 selon des modalités toutefois différentes[1635]. Le principe d'interdiction des jugements d'incompétence (*articles R. 351-1 à R. 351-9 CJA*) a vidé de sa substance l'application d'un tel système par la mise en place d'un dispositif de règlement des questions de compétence.

877.–Le principe est simple : lorsqu'un conflit négatif résulte de l'impossibilité de coexistence de deux jugements dont l'un est à la fois mal fondé et insusceptible de correction, la juridiction supérieure la plus immédiate de celles dont émanent les décisions de justice, est compétente pour dénouer la contradiction en déclarant nul et nul avenu le jugement passé en force de la chose jugée. Il est cependant possible pour le juge administratif de ne déclarer qu'une partie du dispositif du jugement nulle et non avenue et donc inexistante[1636]. En pratique, jusqu'en 1987, c'était le Conseil d'État qui intervenait le plus souvent, même en cas de conflit entre lui-même et une autre juridiction, en raison de sa qualité de juge d'appel jusqu'à cette date et de sa compétence résiduelle[1637]. Avant que la technique de prévention ne soit totalement instaurée, le raisonnement du juge administratif était d'un syllogisme mécanique et demeurerait encore applicable le cas échéant. Cette procédure particulière, obsolète, permet au juge administratif d'intervenir, en cas de contrariété *« flagrante »* entre deux décisions de justice, lorsqu'une juridiction qui lui est subordonnée s'est déclarée à tort incompétente[1638]. A défaut, le juge administratif refuse de déclarer la décision de justice nulle et non avenue[1639] : dans un premier temps, il désigne donc la juridiction compétente pour connaître du litige en cause, puis en déduit logiquement que l'autre juridiction s'est à bon droit déclarée incompétente pour juger du même litige. Ensuite, le juge constate un conflit négatif de juridictions résultant du rapprochement des deux décisions de justice examinées qui, s'il subsiste, met le requérant dans l'impossibilité d'obtenir qu'il soit statué sur sa demande. Enfin, comme la juridiction qui s'est déclarée, à tort, incompétente, a rendu une décision de justice (*frappée d'un recours dans le délai légal*) qui a ainsi acquis autorité de chose jugée, il y a lieu de la déclarer *« nulle et non avenue »* pour que le requérant puisse sortir *« de l'impasse »*[1640]. En effet le prononcé de cette nullité a comme conséquence que l'affaire sera rejugée[1641].

---

n° 90LY00209 ; CAA Marseille, 21 février 2002, Ministre de l'équipement des transports et du logement, n° 98MA00071.

1634 CE Sect., 6 décembre 1957, Conseil central des pharmaciens d'officine, p. 663.

1635 D'autant plus que les articles en question (articles 363 à 367) ont été abrogés depuis le décret n° 189 du 22 décembre 1958.

1636 CAA Lyon 16 décembre 1991, M. Eugène Rebichon, n° 90LY00209.

1637 CHAPUS (R.), Contentieux administratif, 12ème éd., 2006, Montchrestien, nos 315 et s et nos1212 et s. ; ODENT (R.), Cours de contentieux administratif, fascicule n° 3 p. 758 et s.

1638 RIGAUD, conclusions sur CE Sect., 31 janvier 1969, Gardarein.

1639 CE, 16 février 1973, Ministre de la santé publique et de la sécurité sociale, nos 82260 et 82409.

1640 RIGAUD, conclusions, sous CE Sect., 31 janvier 1969, Gardarein, op. cit. ; CE Sect., 14 octobre 1960, Tisserand, p. 542 ; AJDA 1960 p. 160 ; chronique COMBARNOUS (M.) et GALABERT (J.–M.) ; CE, 18 octobre 1961, Abada, p. 573 ; CE Sect., 26 février 1971, Odinot, p. 170 ; AJDA 1970 p. 307 ; CE, 23 avril 1975, Debled, p. 257.

1641 CE Sect., 3 avril 1936, Sudre, p. 452 ; D.1936.III.57, conclusions JOSSE (P.–L.), note WALINE (M.) ; CE, 11 mai 1937, Cléry, p. 495 ; CE Sect., 5 mai 1950, Hounicheren, p. 266 ; S.1951.III.26, conclusions BARBET (M.) ; CE Sect., 23 mai 1952, Dame Veuve Merlin et autres,

878.–Le Conseil d'État fait donc usage du pouvoir qui lui appartient d'intervenir dans un tel litige bien qu'il ne puisse y avoir d'autre suite que le renvoi de l'affaire devant une juridiction de même nature[1642]. Le raisonnement est identique lorsqu'il existe une contrariété entre un jugement mal-fondé, et devenu définitif, et ce que la Haute juridiction, saisie directement du même litige, estime devoir décider[1643].

879.–Il s'agit d'une technique tout à fait particulière devant le Conseil d'État, différente de la technique d'appel. Si la décision de justice est irrégulière, il n'y aura pas évocation pour trancher l'affaire au fond puisque la juridiction qui a rendu la décision en cause se trouvera à nouveau saisie, sans que le requérant ait à présenter, de nouveau, de conclusions[1644]. En d'autres termes, les mécanismes classiques de l'appel (*effet dévolutif et évocation*) ne fonctionnent pas et le juge administratif refusera expressément de les appliquer.

880.–Cette jurisprudence a été vivement critiquée par le commissaire du Gouvernement Jacques Rigaud car cela a pour corollaire *« regrettable »* d'éviter de trancher l'affaire au fond et présente un paradoxe : le juge administratif déclare un jugement nul et non avenu, et donc inexistant, en portant atteinte aux règles de délai de recours contentieux mais refuse cependant d'évoquer. En réalité, le règlement de juge est une création purement prétorienne qui permet de replacer le requérant dans sa situation initiale par un mécanisme particulier. En recourant à la nullité du jugement, et non à son annulation comme précédemment, l'affaire est censée n'avoir jamais été traitée par une juridiction de première instance, ce qui permet au juge d'appel de considérer qu'il applique un système hors du cadre traditionnel de l'évocation. Cependant, la possibilité d'évoquer demeure et elle est laissée à la discrétion du juge administratif au moins dans certains cas. Ce faisant, le juge a perfectionné *« cette technique extraordinaire [...], ce contentieux non euclidien qui échappe inévitablement aux règles les mieux établies »* en transposant le raisonnement classique en matière d'appel : il annule le jugement, cependant il ne le déclare

---

p. 275 ; CE Sect., 22 novembre 1957, Regué, p. 638 ; CE, 18 avril 1958, Varsa, p. 215 ; CE, 31 octobre 1958, Pichet, p. 521 ; CE Ass., 11 mai 1959, Miret, D.1959.J.399, note DRAGO (R.) ; CE, 15 février 1961, Baudienville, p. 127 ; CE, 7 novembre 1962, Marc, p. 599 ; CE, 4 janvier 1964, Nouzillat, p. 8, AJDA 1964 p. 430 ; CE, 7 avril 1965, Reyre, T. p. 1031 ; CE, 13 juillet 1966, Cordière, T. p. 1074 ; CE, 4 janvier 1967, Union des chambres syndicales d'affichage et de publicité extérieure, T., p. 908 ; CE Sect., 31 janvier 1969, Gardarein, p. 55, conclusions RIGAUD ; CE, 10 décembre 1969, Bourieu, p. 935 ; CE Sect., 26 février 1971, Odinot, n° 77797, p. 170.

1642 Voir pour une sentence arbitrale : CE, 1er octobre 1969, Société Hadfiels, p. 779-936-942 ; CE, 10 décembre 1969, Bourieu, tables, p. 747-778-935 ; CE Sect., 26 février 1971, Odinot, n° 77797.

1643 CE Sect., 15 janvier 1932, Veuve Reynes, D.1932.III.11, S.1932.III.12, conclusions ROUCHON-MAZERAT ; CE Sect., 3 avril 1936, Sudre, p. 452 ; D.1936.III.57, conclusions JOSSE (P.–L.), note WALINE (M.) ; CE, 27 octobre 1948, Guignard, p. 392 ; RDP 1950 p. 971 note WALINE (M.) ; CE Sect., 5 mai 1950, Hounicheren, p. 266 ; S.1951.III.26, conclusions BARBET (M.) ; CE Sect., 22 novembre 1957, Regué, p. 638 ; CE, 18 avril 1958, Varsa, p. 215 ; CE, 18 décembre 1968, Association des administrateurs civils du ministère de l'éducation nationale et autres, nos 71694-71704 ; CE, 21 juin 1991, Centre hospitalier d'Auxerre, p. 1163.

1644 Par exemple : CE Ass., 11 mai 1959, Miret, D.1959.J.399, note DRAGO (R.) ; CE, 18 octobre 1961, Abada, p. 573 ; CE, 7 novembre 1962, Marc, p. 599 ; CE Sect., 26 février 1971, Odinot, p. 170 ; AJDA 1970 p. 307 ; CE, 23 avril 1975, Debled, p. 257.

pas nul et de nul effet, puis évoque pour résoudre la difficulté au fond[1645]. Il convient toutefois de relever qu'en l'espèce, les délais de recours contentieux n'étaient pas expirés contre l'un ou l'autre des deux jugements[1646]. Ainsi, une Cour administrative d'appel a jugé irrecevable un recours fondé sur une contrariété de solutions entre deux jugements au motif que s'il appartient au juge d'appel de régler, soit d'office, soit à la demande d'un requérant, un conflit de jugements rendus par un ou plusieurs tribunaux relevant de sa juridiction, elle doit impérativement être saisie selon les règles ordinaires de délais[1647]. Il s'opérerait donc un rapprochement entre la déclaration d'inexistence d'une décision juridictionnelle, de caractère rétroactif, et le recours en appel pour prononcer l'annulation d'une décision de justice irrégulière[1648]. La distinction fondamentale entre ces deux techniques est que dans le cas d'un *« simple appel »* la décision de justice contestée demeure exécutoire jusqu'à ce que le juge d'appel statue et, éventuellement, l'annule, alors que dans le cas d'une déclaration d'inexistence d'une décision de justice, le juge, nécessairement mais implicitement, dénie qu'une telle décision de justice soit intervenue et ait pu être exécutoire. En ce deuxième cas est donc éventuellement ouverte une action en responsabilité du fait de la juridiction administrative, sous réserve du respect des conditions afférentes à un tel recours[1649].

881.–Le mécanisme de règlement de juges n'a été consacré que tardivement. La procédure de nullité applicable aux jugements, utilisée par le Conseil d'État, doit être rapprochée de celle mise en œuvre par le Tribunal des conflits, en cas de conflit positif ou de conflit négatif, car le Tribunal des Conflits a maintenu les mécanismes utilisés par le Conseil d'État en matière de conflit avant l'entrée en vigueur de la loi du 24 mai 1872. En effet, la formulation employée est celle utilisée pour une déclaration d'inexistence par le Conseil d'État[1650].

882.–La notion de conflits d'attribution entre les tribunaux et l'autorité administrative est antérieure à la fois à la création du Tribunal des conflits et à la mise en place sur le territoire français des deux ordres distincts de juridiction[1651]. Elle est apparue lors de la séparation des autorités administratives et judiciaires (*loi des 16 et 24 août 1790 et le décret du 16 fructidor an III*) sous la forme d'une procédure de dessaisissement confiée au pouvoir exécutif[1652]. L'aboutissement de cette évolution, est l'ordonnance du 1er juin 1828 qui

---

1645 Voir en particulier sur cette question les conclusions RIGAUD sur CE Sect., 31 janvier 1969, Gardarein, op. cit. ; CE Sect., 14 octobre 1960, Tisserand, p. 542 ; AJDA 1960 p. 160 ; chronique COMBARNOUS (M.) et GALABERT (J.–M.) ; CE, 1er octobre 1969, Société Hadfiels, p. 779-936-942.

1646 CE Sect., 31 janvier 1969, Gardarein, p. 55, T. p. 747, p. 778, p. 928 ; conclusions RIGAUD.

1647 CAA Paris, 21 mars 2006, M. Ralph Zurmely, n° 02PA00361/942.

1648 Conclusions RIGAUD, sous CE Sect., 31 janvier 1969, Gardarein ; comp. CE Sect., 13 juin 1947, Epoux Rivière, p. 258.

1649 CE Ass., 29 décembre 1978, Darmont, p. 542 ; AJDA 1979 p. 45, note LOMBERD (M.) ; D.1979.279, note VASSEUR ; RDP 1979 p. 1742, note AUBY (J.–B.).

1650 DARESTE (P.), Les voies de recours contre les actes de la puissance publique, éd. Challamel, Paris, 1914, 702 p. 286-287 ; ODENT (R.), Cours de contentieux administratif, fascicule n° 2, p. 689 et s.

1651 ODENT (R.), Cours de contentieux administratif, fascicule n° 2, p. 689 et s.

1652 Le système est purement unilatéral et ne joue que dans le sens du dessaisissement des tribunaux judiciaires et son maniement est confié non à un organisme paritaire mais à l'autorité administrative

confie au Conseil d'État les conflits d'attributions entre les tribunaux et l'autorité administrative. La procédure fut améliorée pour finalement aboutir à la création d'un Tribunal des conflits en 1849.

883.–A défaut d'une véritable symbiose, il existe entre les jurisprudences du Conseil d'État et du Tribunal des conflits une véritable complémentarité car les deux juridictions consacrent, ou redéfinissent, des notions communes dont l'interdépendance est fonctionnelle. Ainsi, dans sa première décision, le Tribunal des conflits a consacré la nullité d'un arrêté de conflit qui n'avait pas été pris dans le délai de quinzaine suivant la notification par le procureur au préfet du jugement rejetant le déclinatoire, reprenant ainsi des solutions du Conseil d'État antérieures à 1847[1653]. Mais pour l'essentiel, et notamment dans le cadre de la procédure en inexistence, il s'agit d'éviter un déni de justice, lorsqu'à l'occasion d'un même litige les juridictions des deux ordres s'estiment incompétentes.

884.–Il en va de même, on le sait, lorsque deux juridictions appartenant chacune à un ordre juridictionnel différent, se prononcent au fond de manière contradictoire, ce qui provoque un déni de justice. Dans ce cas, si le Tribunal des conflits, statuant sur renvoi, estime que la juridiction qui a prononcé le renvoi n'est pas compétente pour connaître de l'action ou de l'exception ayant donné lieu à ce renvoi, il déclare nuls et non avenus l'ensemble des jugements et actes de procédure auxquels ladite action ou exception a donné lieu devant la juridiction qui a prononcé le renvoi ainsi que devant toutes autres juridictions du même ordre, sauf la décision de renvoi elle-même. Dans le cas où une juridiction de l'autre ordre a rendu à tort un jugement d'incompétence et où, de la coexistence de ce jugement et de la décision du Tribunal des conflits résulte un conflit négatif d'attributions, le Tribunal doit, par la même décision, soit à la demande de l'une des parties, soit d'office, déclarer nul et non avenu le jugement de la juridiction qui a décliné à tort sa compétence et lui renvoyer l'examen de l'affaire[1654]. La recevabilité d'une requête, tendant à faire résoudre par le Tribunal des conflits un conflit négatif, impose donc que l'un des deux ordres de juridiction ait été compétent pour statuer sur le litige[1655].

885.–Lorsque les conditions fixées pour que le Tribunal des conflits se prononce sur la compétence ne sont pas remplies (*action n'ayant ni le même fondement, ni le même objet que l'action portée devant la juridiction de l'autre ordre*), la décision de justice renvoyant cette question de compétence au Tribunal des conflits doit être déclarée elle-même nulle et

---

elle-même, qui est ainsi juge et partie. Le risque d'abus était évident. Pour le pallier, dès l'an VIII le règlement des conflits fut instruit en Conseil d'État et dès l'ordonnance du 1er juin 1828 une procédure de rationalisation du conflit positif fut instituée, qui aboutira à la création d'une juridiction autonome, le Tribunal des conflits, retirant ainsi au Conseil d'État le jugement des conflits.

1653 TC, 7 mars 1850, Louis c. Boulier, note anonyme p. 215 ; comp. TC, 7 mars 1850, Petit c. Commune de Chanteloup, p. 218.

1654 ODENT (R.), Cours de contentieux administratif, fascicule n° 2, p. 720 et s. ; PACTEAU (B.), Le Conseil d'État et la fondation de la justice administrative française au XIXème siècle, op. cit., p. 202 et s. ; TC, 14 mai 1990, COTRAMI c. SITRAM, p. 395 ; TC, 7 mars 1994, Damez, n° 02902 ; TC, 7 décembre 1998, Rugraff c. SIVOM de la Vallée de la Bruche, n° 03122 ; TC, 17 avril 2000, Caisse des dépôts et des consignations, n° 03150.

1655 TC, 6 novembre 1967, Société des bois du Sud c. Société Néo-Calédonienne d'énergie, p. 655.

non avenue[1656]. Ce qui est logique dans la mesure où cela revient à la fois à reprendre la question préjudicielle de compétence et la régularité du jugement de renvoi.

886.–Lorsqu'un préfet conteste la compétence d'un tribunal de l'ordre judiciaire pour connaître d'une affaire dont il est saisi, un conflit d'attribution positif est alors constitué. Les dispositions qui régissent cette procédure ne mentionnent pas l'utilisation de l'inexistence par le juge administratif. L'article 8 de l'ordonnance du 1er juin 1828 décide cependant que la juridiction qui rejette le déclinatoire de compétence, doit surseoir à statuer pendant le délai laissé au préfet pour élever le conflit, s'il l'estime fondé et opportun. Par suite, une décision de justice rendue par le juge judiciaire statuant au fond par la même décision juridictionnelle que celle qui écarte le déclinatoire de compétence, doit être déclarée nulle et non avenue quel que soit le bien-fondé de l'arrêté de conflit[1657]. L'arrêté de conflit doit également être déclaré nul et non avenu lorsque le conflit a été élevé à tort par le préfet, le litige relevant de la compétence des juridictions judiciaires[1658].

887.–Par la suite, en vertu de la loi du 20 avril 1932[1659], fut institué un recours devant le Tribunal des conflits contre les décisions définitives rendues par les tribunaux judiciaires et les tribunaux administratifs lorsqu'elles présentent une contrariété au fond d'autorité de chose jugée aboutissant à un déni de justice[1660]. Le Tribunal des conflits juge ces litiges au fond, à l'égard de toutes les parties en cause et déclare nulle et non avenue la décision qu'il censure ; il statue également sur les dépens des instances poursuivies devant les deux ordres de juridictions.

B. L'inexistence, sanction du recours en rétractation

888.–Lorsque les recours en révision, en tierce opposition ou en opposition sont déclarés recevables, le juge administratif utilise la théorie de l'inexistence pour sanctionner la méconnaissance des règles contentieuses de l'instance, et déclare nuls la décision de justice rendue et, ensemble, les actes de procédure connexes.

1656 TC, 25 janvier 1993, Magisson et autres, n° 02734 ; TC, 17 février 1997, Association du « Foyer des jeunes travailleurs » et Commune de Cluses, n° 02957.

1657 TC, 2 décembre 1902, Société immobilière de Saint-Just, op. cit. ; TC, 30 juillet 1873, Pelletier, op. cit.

1658 TC, 4 juillet 1991, Mme Pillard, n° 02670 ; TC, 12 octobre 1992, Syndicat C.G.T. d'Electricité de France et autres, n° 02722.

1659 Loi du 20 avril 1932, ouvrant un recours devant le Tribunal des conflits contre les décisions définitives rendues par les tribunaux judiciaires et les tribunaux administratifs lorsqu'elles présentent une contrariété aboutissant à un déni de justice, JO du 22 avril 1932.

1660 En application de la loi n° 60-728 du 25 juillet 1960 pris en son article 5 (JORF 28 juillet 1960, p. 6960), les articles 17, 18 et 20 à 24 bis du règlement d'administration publique du 26 octobre 1849, déterminant les formes de procéder du Tribunal des Conflits, sont applicables aux recours formés par application de la présente loi, voir PACTEAU (B.), Le Conseil d'État et la fondation de la justice administrative française au XIXème siècle, op. cit., p. 126 et s. ; ODENT (R.), Cours de contentieux administratif, Dalloz, 2007, Tome I, p. 542 et s. ; comp. p. 1009 ODENT (R.) cite CE Ass., 11 mai 1959, Miret, p. 295 ; conclusions BERNARD, S.1959.146 ; DRAGO, D.1959.17.

889.–Le recours en révision n'est ouvert qu'en présence de l'un des trois cas d'ouverture prévus par les textes et il ne peut être formé que devant le Conseil d'État. Il est une voie de recours exceptionnelle ouverte aux parties présentes à l'instance initiale devant le Conseil d'État, contre ses propres décisions. L'exercice d'un second recours en révision à l'égard d'un même arrêt[1661] est exclu même lorsqu'une décision de la Cour européenne des droits de l'Homme a condamné la France[1662].

890.–Lorsque le recours en révision apparaît recevable et fondé, le Conseil d'État déclare *« non avenu »* ou *« nul et non avenu »*[1663] l'arrêt attaqué, et statue à nouveau, en fait et en droit, sur la requête initiale[1664]. Lorsque le Conseil d'État a, par une première décision, rejeté la requête de l'intéressé sur un motif erroné, celui-ci est fondé à demander que la première décision du Conseil d'État soit déclarée non avenue[1665].

891.–La tierce opposition est une voie de recours ouverte contre toutes les décisions juridictionnelles en vertu d'une règle générale de procédure dont l'application ne peut être écartée que par une disposition législative expresse. Elle est ouverte à toute personne contre une ordonnance, un jugement, ou un arrêt qui préjudicie à ses droits, dès lors que, ni elle, ni ceux qu'elle représente, n'ont été présents ou régulièrement représentés, dans l'instance ayant abouti à cette décision. Le tiers opposant peut formuler une telle demande quel que soit le contentieux en cause. Cette voie de rétractation doit toujours être portée devant la juridiction dont émane le jugement contesté, et elle est soumise, en ce qui concerne l'obligation du ministère d'avocat, aux règles gouvernant l'exercice du recours à l'origine de la décision de justice contestée. Si, en principe, elle peut être exercée à toute époque, les délais peuvent être écourtés comme cela est le cas pour les décisions des juridictions soumises au code de justice administrative (*délai de deux mois*).

892.–Le jugement rendu sur tierce opposition est susceptible de faire l'objet des voies de recours ordinaires. C'est ainsi, à l'occasion de l'effet dévolutif ou de l'évocation, que se manifeste l'application particulière de la théorie de l'inexistence qui demeure implicite puisque le juge administratif, comme la doctrine, et les commissaires du Gouvernement en particulier, n'utilisent que la formule *« nul et non avenu »*[1666], voire envisagent la nullité contre des décisions de justice afin de pouvoir recommencer la procédure[1667].

1661 Articles R. 834-1 à R. 834-4 du code de justice administrative ; CE, 26 mai 1965, Mme Angignard, n° 66227 ; CE Sect., 12 mars 1976, Dame Bersoulle, p. 156 ; CE, 26 mai 1989, Mme Poulet, p. 884 ; CE, 28 octobre 1987, Benkhelil, RDP 1988 p. 1173 ; CE, 7 mars 1990, Robert, p. 61 ; D.1991.144, observation Llorens (F.) et SOLER-COUTEAUX (P.), RDP 1991 p. 859.

1662 CE, 11 février 2004, Chevrol, n° 257682.

1663 CE, 10 décembre 1969, Bourieu, T. p. 747, p. 778, p. 935, p. 936.

1664 Pour la procédure en révision des arrêts de la Cour des comptes, chambres régionales et territoriales des comptes et cour de discipline budgétaire et financière, cf p. 351 et s.

1665 CE Sect., 5 décembre 1975, Murawa, p. 634.

1666 WEIL (P.), Conséquence de l'annulation d'un acte administratif, thèse Paris 1952, p. 114-124 ; Voir par exemple : CE, 28 mai 1971, Epoux Godet, p. 394 ; CE, 12 janvier 1977, Commune de Langeais, p. 13 ; CE Sect., 6 octobre 1961, Fédération nationale des huileries, p. 544 ; CE, 19 novembre 1986, Jugla, p. 680 ; LPA 17 juillet 1987, p. 4, conclusions GUILLAUME.

1667 DARESTE (P.), Les voies de recours contre les actes de la puissance publique, éd. Challamel, Paris, 1914, p. 286-287.

893.–Le raisonnement du juge administratif d'appel à l'encontre d'un jugement refusant de déclarer nulle et non avenue une précédente décision de justice est le suivant : Dans l'hypothèse où le juge d'appel entend faire droit à la demande en tierce opposition, il va normalement d'abord annuler le jugement de première instance, puis, par la voie de l'évocation, déclarer nul et non avenu le jugement, objet de la tierce opposition. Une telle requête peut être présentée directement devant le juge d'appel[1668], ce dernier se prononçant, classiquement, d'abord sur la recevabilité de l'appel lui-même, puis sur la régularité du jugement déféré devant lui, et enfin, il examinera son bien-fondé. Cet examen des questions n'est pas souvent mentionné *« in extenso »* dans les motifs des décisions de justice, sauf lorsque cela est requis ou utile. Le tiers doit donc faire apparaître que la juridiction a mal jugé en prononçant le jugement contesté et que, ce faisant, ses droits ont été lésés[1669].

894.–Le juge administratif va d'abord s'interroger sur le fait de savoir si le requérant, évincé ou non appelé à la cause, aurait dû l'être dans la précédente instance. Il va ensuite rechercher si celui-ci a été régulièrement présent ou représenté et enfin si cette décision préjudicie aux droits du tiers opposant[1670]. Ces conditions remplies, la tierce opposition sera admise et le jugement originel annulé. Le caractère particulier de cette procédure résulte de ce que le juge statuant en appel sur le bien fondé d'une tierce opposition, examine l'ensemble des moyens présentés par le demandeur initial en première instance. Si l'un deux au moins est fondé, il va déclarer nulle et non avenue l'autre décision de justice[1671].

895.–Naturellement, l'admission de la tierce opposition ne remettra en cause le jugement que dans la mesure des moyens et conclusions formulés devant le juge d'appel. Il est possible pour le juge d'appel de ne déclarer *« nulles et non avenues »* que certaines dispositions du dispositif[1672]. Il y aura donc bien un rejugement de l'affaire, le jugement primitif n'existant plus[1673].

1668 CE, 17 mars 1997, Caisse autonome de retraite des médecins français, n° 172205.

1669 CE, 10 janvier 1986, Commune de Charmes, n° 58119 ; CE, 6 juin 1986, Ville de Soissons, n° 57898.

1670 Envisagée de manière extensive la conception du droit lésé diffère d'ailleurs de celle des droits acquis.

1671 CE, 12 janvier 1983, Ville de Paris - Bureau d'aide sociale de Paris, nos 38569, 38570 ; CE, 3 décembre 1986, Ministre de l'éducation nationale c. Valery, n° 30318.

1672 CE, 12 janvier 1977, Commune de Langeais, n° 99493 ; CE, 10 mai 1985, Chambre de commerce et d'industrie d'Annecy et de la Haute-Savoie, n° 50188 ; CE, 24 juillet 1987, Huguet, LPA 30 octobre 1987, p. 4 conclusions FOUQUET ; CE, 3 décembre 2003, SARL QSCT, SA France restauration rapide, n° 248840, conclusions STAHL.

1673 CE, 13 novembre 1968, Société de secours minier A6 d'Auchel, n° 68627 ; CE, 28 janvier 1970, Société civile immobilière "Hawaï", nos 73608 et 73609 ; CE, 25 avril 1980, Association « Le Correjou », n° 07437 ; CE, 4 juin 1982, Compagnie française du Grand Delta (COFRADEL), n° 23947 ; CE, 15 octobre 1986, Souiller, n° 35261 ; CE, 5 décembre 1986, SA Colas, n° 41692 ; CE, 11 décembre 1987, Société anonyme Fina France c. Menant, n° 46144 ; CE, 18 décembre 1987, Masse, n° 60892 ; CE, 8 juin 1988, Ville d'Amiens, c. Crépin, nos 67428-67643-76222 ; CE, 26 novembre 1990, Caisse de mutualité sociale agricole de l'Ain c. Gaillard, n° 93981 ; CE, 2 avril 1993, Ville de Bastia, nos 81519-86185, conclusions LASVIGNES ; CE, 15 mai 1995, Société SAVCO, n° 147404 ; CE, 30 juillet 1997, M. et Mme Couture, n° 157641 ; CE, 11 décembre 1996, André, n° 101465 ; CE, 3 septembre 1999, Ministre du travail et des affaires sociales c. Mme Elhor, n° 187522 ; CE, 22 février 2002, Société Albion développement SCI des Hautes roches, n° 190696.

896.–Il existe un autre cas de figure lorsqu'un tribunal administratif ou une cour administrative d'appel a déclaré recevable une tierce opposition et a donc déclaré nulle et non avenue sa précédente décision en rejugeant l'affaire comme si la première décision n'était jamais intervenue[1674]. Dans ce cas, le juge d'appel annule une décision de justice déclarant nulle et non avenue une autre décision de justice et rejette la tierce opposition précédemment formulée. Il s'agit donc pour le juge, par la fiction de l'annulation d'un jugement, de faire en quelque sorte *« renaître »* une décision de justice préalablement déclarée inexistante[1675]. La déclaration de l'inexistence n'est alors pas un obstacle à ce que, *« in fine »*, la décision de justice déclarée nulle et non avenue soit néanmoins déclarée conforme aux lois et aux règlements, et donc valide, produisant des effets comme si elle avait toujours existé[1676].

897.–La tierce opposition doit être distinguée de l'opposition. Comme précédemment, il ne résulte pas du régime de cette voie de recours, avec certitude, l'application de la théorie de l'inexistence.

898.–Si l'opposition est reconnue fondée, la juridiction *(qui ne peut jamais être un tribunal administratif car l'opposition vise nécessairement un acte juridictionnel)* statue de nouveau sur le litige et déclare nulle et non avenue la décision de justice rendue par défaut. Elle examine les moyens invoqués et rend, en définitive, l'arrêt tel qu'il aurait dû l'être précédemment, éventuellement en adoptant les motifs de sa précédente décision[1677]. *« A contrario »*, si l'opposition n'est pas reconnue fondée, elle est rejetée, voire implicitement, par adoption des motifs de la décision rendue par défaut, sans qu'il soit besoin de statuer sur sa recevabilité. L'inexistence permet, ici encore, de remettre les parties dans le même état où elles étaient auparavant (*cf. R. 831-5 CJA*)[1678]. Le mécanisme est similaire à celui utilisé pour la tierce opposition, seules les conditions de recevabilité diffèrent, à ceci près que d'une part, les arrêts qui prononcent l'admission de l'opposition prononcent également la nullité de la décision de justice antérieure et d'autre part, qu'il n'y a pas d'appel contre la décision de justice qui prononce ou refuse l'opposition puisque cette voie de recours est ouverte uniquement devant la juridiction qui a statué, et seulement aux parties en cause[1679].

1674 DARESTE (P.), Les voies de recours contre les actes de la puissance publique, éd. Challamel, Paris, 1914, 702 p. 286-287 ; CE, 9 janvier 1981, Rullmann et autres, n° 17948.

1675 CE, 16 juin 1976, Guérin, n° 98495 ; CE, 10 janvier 1986, Commune de Charmes, n° 58119.5.

1676 CE, 5 décembre 1984, Société Charles OMEDE promotions M. Thermoz, nos 39690-45917 ; CE, 3 décembre 2003, SARL QSCT, SA France restauration rapide, n° 248840.

1677 CE, 6 mai 1949, Vauzelle, p. 204 ; CE, 9 janvier 1959, Ville Nice, p. 26 ; CE, 29 décembre 1993, Soldaini, JCP(G) 1994.II.22322, note Haïm (V.) ; CE, 7 avril 1995, Mme Bernard, p. 1008, DA 1995 comm. n° 298, observations R. S ; CE, 12 juillet 1995, Commune Margency et M. Leclercq, n° 106882.

1678 AUBY (J.–M.), La théorie de l'inexistence des actes administratifs, op. cit., p. 228-230 ; WEIL (P.), Conséquence de l'annulation d'un acte administratif, thèse Paris 1952, p. 114-124 ; CE, 9 janvier 1991, Aouad, p. 9, DA 1991 n° 151 ; RFDA p. 204.

1679 FOMBEUR (P.), conclusions sur CE, 26 février 2003, M. Iskin ; CE, 29 juillet 1983, M. X., n° 41836 ; CE, 23 mars 1988, Comité d'information et de sauvegarde de Saint-Léger-en-Yvelines, n° 64553 ; CE, 20 février 1980, Scwetzoff, p. 101 ; RDP 1981 p. 848 ; CE, 29 décembre 1999, Société Stim Île-de-France Residentiel SNC, n° 167484 ; CE, 11 mai 2001, Société télé Caraïbe international Guadeloupe, tables, p. 1163. Toutefois, il convient de souligner qu'un tiers à une instance peut interjetter appel, si, par erreur, la juridiction a statué à son détriment ; CE,

§. 2 L'inexistence, *« pouvoir propre »* du juge administratif dans le cadre des voies de recours spéciales ouvertes même sans texte

899.–En cas d'utilisation par le justiciable de voies de recours spéciales ouvertes contre une décision de justice, le recours en rectification matérielle devant les juridictions de droit commun peut aboutir à l'application de la théorie de l'inexistence à la différence du recours dans l'intérêt de la loi (*A*). Cette nullité sera ainsi envisagée comme une technique de correction des erreurs du juge administratif (*B*).

A. L'inexistence et les décisions de justice : un mécanisme correctif propre aux juridictions administratives de droit commun

900.–Cette nullité est d'une nature particulière car en déclarant nulle et non avenue l'une de ses décisions, il s'agit pour le juge d'anéantir son *« negotium »* car elle est entachée d'un vice qui fait obstacle à son *« instrumentum »*, lequel en réalité, existe. Il s'agirait donc d'une inexistence juridique. La formule consacrée n'est pas *« nul et de nul effet »* mais *« nul et non avenu »*. La justification qui pourrait en être avancée serait qu'en application du code de justice administrative[1680], une décision de justice produit des effets dès qu'elle est rendue, par l'apposition de la formule exécutoire, même si son opposabilité dépend de sa notification. Or, juger qu'une décision de justice est *« nulle et non avenue »* revient à anéantir une procédure juridictionnelle, et par-là même son existence[1681]. La terminologie serait en réalité similaire et l'absence d'utilisation de l'expression *« nul et de nul effet »*, s'expliquerait par le fait que les textes à l'origine de la procédure de conflit n'évoqueraient que des actes juridictionnels *« nuls et non avenus »*. Cet aspect historique permet de comprendre l'usage ici, de l'inexistence par le juge administratif comme une sanction des décisions de justice.

901.–Auparavant, il convient de se référer, en droit administratif, au recours dans l'intérêt de la loi qui ne donnera pas lieu, nonobstant ses caractéristiques, à une déclaration d'inexistence car il n'a aucun effet juridique à l'égard des parties et demeure essentiellement de portée doctrinale. Il pouvait donner lieu aux mêmes effets que le recours en rectification matérielle ; mais ce n'est pas le cas en raison de la volonté du juge administratif de restreindre la portée d'une telle voie de droit.

902.–Par cette voie de recours, il s'agit de censurer *« le plus grand vice qui puisse affecter une décision judiciaire[1682] [et] aux conséquences les plus fâcheuses »*, comme Vivien l'indiquait *(rapport devant l'Assemblée nationale, 10 janvier 1849, sur les articles 44 à 46 de la loi organique du 3 mars 1849 sur le Conseil d'État)*[1683]. Cette nécessité était donc en germe dans les travaux parlementaires dans le même sens, le député

---

18 février 1998, Université d'Auvergne, n° 162347.

1680 Articles L. 11, R.811-14, et R. 821-5 du code de justice administrative.

1681 DARESTE (P.), Les voies de recours contre les actes de la puissance publique, éd. Challamel, Paris, 1914, 702 p. 286-287.

1682 Contenant un excès de pouvoir ou une violation de la loi.

1683 PACTEAU (B.), Le Conseil d'État et la fondation de la justice administrative française au XIXème siècle, op. cit., p. 128 et s. ; D.1849.III.73 ; S. Lois annotées 1849 ; p. 8 à 15 ; Duvergier 1849, p. 51-66.

Désiré Dalloz avait envisagé une division du Conseil d'État en deux Sections (*administrative et contentieuse*) afin que les arrêts de la Section du contentieux puissent être déférés à l'Assemblée générale du Conseil d'État pour incompétence, excès de pouvoir, omission des formes et violations expresses de la loi[1684].

903.–C'est pour garantir le respect de la légalité que sera instauré un recours dans l'intérêt de la loi, qu'avait déjà préconisé Cormenin. Ce recours permet qu'une décision de justice soit annulée par le Conseil d'État sur déféré du ministre de la Justice.

904.–Il était ainsi expressément décidé que lorsqu'est rendue, par une juridiction administrative, une décision (*de justice*) *« sujette à annulation »* et *« contre laquelle les parties n'auraient pas réclamé dans le délai déterminé »*, ledit ministre pouvait en donner connaissance à la Section du contentieux afin qu'elle l'annule sans cependant que les parties puissent s'en prévaloir. Il s'agit d'une transposition du mécanisme prévu à l'article 43 de cette même loi qui prévoyait que cette même autorité administrative *« dénoncerait »* à la Section du contentieux les actes administratifs contraires à la loi et qui pourraient, en conséquence, être sanctionnés par la nullité.

905.–Un tel recours est aujourd'hui une voie de recours spéciale ouverte même en l'absence de texte, sans délai, uniquement devant les juridictions souveraines ; il ne peut être formé à l'encontre d'une décision du Conseil d'État[1685]. Il s'agit bien d'une annulation et non d'une nullité puisque la décision de justice visée existe toujours ; simplement, elle ne doit pas être considérée pour l'avenir comme étant susceptible de *« faire œuvre de jurisprudence »* ou d'avoir valeur de précédent[1686]. Une telle procédure ne joue qu'à l'encontre d'une décision nécessairement définitive ; il convient de noter que le jugement déféré, quel que soit le vice dont il est entaché, ne sera pas déclaré nul[1687]. Sa gravité n'est donc jamais considérée comme suffisamment caractérisée pour permettre de déclarer son inexistence.

906.–Il n'en reste pas moins un élément identique à celui caractérisant le recours en inexistence : dans les deux cas le recours peut être exercé sans condition de délai[1688].

907.–Le recours en rectification d'erreur matérielle devant le Conseil constitutionnel a longtemps été déclaré irrecevable en raison de l'autorité de chose jugée des décisions de cet organe juridictionnel, et cela même en matière électorale[1689]. Depuis la décision n° 87-1026

1684 LAFERRIERE (E.), Traité de la juridiction administrative et des recours contentieux, op. cit., Tome I, p. 243.

1685 CE, 31 janvier 1996, Ministre de l'équipement, des transports et du tourisme, n° 160446.

1686 CHAPUS (R.), Contentieux administratif, op. cit., nos 1500 et s. ; ODENT (R.), Cours de contentieux administratif, op. cit., fascicule n° 3, p. 1129 et s. ; PES (G.), Le pourvoi dans l'intérêt de la loi en matière administrative, thèse Paris, 1974, 460 p. ; GABOLDE (C.), Evolution du recours dans l'intérêt de la loi, D.1958.chron.81 ; Recours dans l'intérêt de la loi, Répertoire Dalloz de contentieux administratif, Tome 3, 1997.

1687 CE, 10 décembre 1997, Ministre de l'intérieur, n° 110600.

1688 CHAPUS (R.), Contentieux administratif, op. cit., n° 1500 3°).

1689 Voir « contra » pour un tel recours recevable devant le Conseil constitutionnel à l'encontre de l'une de ses propres décisions, prévu par le décret du 14 mars 1964, CC, 17 mai 1969, Ducatel c. Krivine,

du 23 octobre 1987, *« Salvan »*[1690], une demande *« qui tend exclusivement à la rectification d'une erreur matérielle non imputable au requérant, car celle-ci ne met pas en cause l'autorité de la chose jugée »* est désormais recevable. Pareillement, est recevable la requête *« tendant à ce que soit rabattue ou déclarée nulle et non avenue »* une décision antérieure, notamment dans le cadre de dépassement des dépenses électorales lorsque l'instruction fait apparaître qu'un candidat se trouve dans l'un des cas mentionnés au deuxième alinéa de l'article L.O. 128 du code électoral. En effet, dans ce cas et en conséquence, le Conseil constitutionnel prononce son inéligibilité conformément à cet article et, s'il s'agit du candidat proclamé élu, annule son élection, ceci impliquant une modification de la décision antérieure qui a proclamé les élections[1691].

908.–En ce qui concerne les juridictions financières (*chambres régionales des comptes, Cour des comptes et Cour de discipline budgétaire et financière*), l'inexistence n'est pas utilisée[1692]. Pourtant, le Conseil d'État a toujours admis que le recours en rectification était ouvert, même sans texte, à l'encontre des décisions des juridictions relevant du contrôle de cassation du Conseil d'État à l'inverse de ce qu'il en était pour celles relevant de lui par la voie de l'appel. Cela aurait pu permettre une transposition de la jurisprudence du Conseil d'État à la procédure particulière devant ces juridictions. Les Chambres régionales des comptes et la Cour des comptes étaient soumises à la règle du *« double arrêt »* ; ce qui signifie que la décision de justice définitive était précédée d'une ou plusieurs autres décisions de justice mais qui étaient provisoires[1693]. Ce mécanisme permettait ainsi l'application de la règle du contradictoire et le signalement d'erreurs éventuelles à corriger, ce qui vidait tout litige postérieur *« de facto »*. De telles procédures pouvaient être dirigées à l'encontre du jugement définitif pour cause d'erreur, omission, faux ou double emploi (*article L.242-3 du CJF*).

---

p. 78.

1690 p. 55.

1691 Article LO 186-1, inséré par Loi organique n° 90-383 du 10 mai 1990 article 8, JORF du 11 mai 1990, http ://www.legifrance.gouv.fr/ ; Gicquel (J.–E.), Du recours en rectification matérielle devant le Conseil constitutionnel, LPA, 20 janvier 1995 n° 9, p. 11 et s. ; Genevois (B.), Le nouveau rôle du juge de l'élection, Pouvoirs, no 70, 1993, p. 75 ; Marion (A.), Du mauvais fonctionnement de la juridiction administrative et de quelques moyens d'y remédier, Pouvoirs, no 46, 1988, p. 22 ; PEUCHOT (E.), La rectification matérielle devant le Conseil constitutionnel, LPA 7 décembre 1987, p. 17 ; CC, 6 décembre 1988, Décision n° 88-1126, A.N., Bouches-du-Rhône (3ème circ.).

1692 BISCAÏNO (C.), Du pragmatisme de la CDBF en matière de faute de gestion, note sur CE, 15 novembre 2006, M. G., AJDA 2007 p. 697 ; FABRE (F.), La révision des arrêts rendus par la Cour des comptes, RA 1986 50 ; GROPER (N.), Cour de discipline budgétaire : premier recours en révision de l'un de ses arrêts, note sur CDBF, 23 mars 2004, M.X., AJDA 2004 p. 1240 ; JULIEN-LAFERRIERE (F.), note sous CE Sect., 5 novembre 1982, Roussel, AJDA 1983 p. 204 pour le recours en révision de la Cour des comptes.

1693 FABRE (F.), La révision des arrêts rendus par la Cour des comptes, RA 1986 50 ; FILIPPI (J.–F.), La révision des jugements rendus par les chambres régionales des comptes, Rev. Trésor, 1993.14 ; SOLERY (M.), La procédure de révision devant les juridictions financières, Rev. Trésor, 1989.10 ; CComptes 3ème ch., 22 décembre 1952, Les sieurs Bohrer, maire de Soultzmatt (Haut-Rhin), administrateur de la société Nessel, Zimmermann, directeur administrateur, et Linder, expert comptable, administrateur délégué, p. 49.

909.–Néanmoins, la lourdeur du dispositif du *« double arrêt »* imposait des délais de jugement incompatibles avec les stipulations de l'article 6 de la Convention européenne de sauvegarde des droits de l'Homme et des libertés fondamentales ainsi que des difficultés au regard de la règle d'impartialité imposée par cette convention, ce qui a impliqué finalement sa suppression en 2008[1694].

910.–Ce fondement, unique pour la révision et les autres voies de rétractation devant les Chambres régionales des comptes et la Cour des comptes, ne nécessite donc pas la déclaration de l'inexistence d'un acte juridictionnel puisque la décision juridictionnelle, qui pourrait être potentiellement déclarée nulle et non avenue, existe uniquement de manière temporaire et cesse d'exister ensuite sur un plan matériel et juridique lors de la décision définitive. Ainsi, les difficultés en matière d'irrecevabilité pour la Cour des comptes (*article R.143-1 du CJF*[1695]), sont traitées tout d'abord par un premier arrêt, notifié au comptable et aux parties intéressées, cet arrêt leur fixe un délai pour présenter leurs observations. La formation qui a rendu l'arrêt attaqué statue ensuite sur la recevabilité du recours et, s'il y a lieu, ordonne la mise en état de révision. Enfin, après l'examen des réponses produites ou à l'expiration du délai fixé, la Cour procède, s'il y a lieu, à la révision d'office de l'arrêt[1696]. Ainsi, alors que dans une procédure de droit commun, un tel mécanisme aurait pu conduire à ce que l'arrêt soit déclaré nul et de nul effet, les irrecevabilités sont, ici, traitées en amont.

911.–En ce qui concerne la Cour de discipline budgétaire et financière (*loi n° 95-851 du 24 juillet 1995*), il n'est pas mentionné que ces décisions peuvent faire l'objet d'un recours en rectification matérielle mais uniquement d'un recours en révision (*article L.315-3 du code des juridictions financières*) s'il survient des faits nouveaux ou s'il est découvert des documents de nature à exonérer l'intéressé de sa responsabilité. Les arrêts de cette juridiction ne peuvent ainsi faire l'objet que d'un recours en cassation devant le Conseil d'État[1697]. Cependant, le recours en rectification étant possible même sans texte, un tel recours n'est pas exclu : aucun arrêt de la Cour n'a été rendu la base d'une telle procédure[1698] ni, non plus, n'a refusé aux requérants le droit de s'en prévaloir.

1694 LASCOMBE (M.) et VANDENDRIESSCHE (X.), Réforme des juridictions financières : acte I, AJDA 2008 p. 2273.

1695 Complété par l'article R.143-1 du code des juridictions financières.

1696 Voir pour la procédure, similaire, devant les chambres régionales des comptes les articles R. 243-13 et R. 243-14 du code des juridictions financières. En ce qui concerne les chambres régionales des comptes l'article 64 du décret no 2002-1201 du 27 septembre 2002 portant modification du code des juridictions financières (partie réglementaire) a introduit dans le code des juridictions financières un article R. 241-31 du code des juridictions financières. Celui-ci précise que l'examen d'une demande de rectification d'un rapport d'observations définitives peut porter sur une simple erreur matérielle, sur une inexactitude, ou sur l'appréciation à laquelle la chambre régionale des comptes s'est livrée et dont il serait soutenu qu'elle serait erronée ; et que dans cette hypothèse, il appartient à la chambre régionale des comptes d'examiner l'ensemble des allégations contenues dans la demande de rectification et de leur donner la suite qu'elle estime convenable.

1697 Articles L.351-1 à L.351-3 du code des juridictions financières.

1698 CE, 4 mars 1955, Athias, RDP 1955 p. 745, conclusions JACOMET.

912.–On notera qu'en procédure civile (*articles 462 et s. CPC*), la rectification d'un jugement est possible. Les juges judiciaires corrigent dans certains cas les omissions ou les inexactitudes du jugement et, dans d'autres, en prononcent la nullité comme sanction[1699]. Mais, même dans ces cas particuliers, ils ne déclarent pas qu'il est nul et non avenu, alors même qu'en soi, les effets de la nullité sont parfaitement similaires à ceux de l'inexistence[1700]. Il n'existe ainsi pas de décision de justice qui ferait mention de la distinction entre la nullité et l'inexistence dans ce cas, contrairement à l'article 114 CPC lequel ne concerne, il est vrai, que les actes matériellement inexistants.

913.–Il convient toutefois de souligner que le rabat d'arrêt est bien envisagé en procédure civile comme une *« nécessité pratique »*, *« une thérapie de choc »*, qui permet à un juge de d'*« effacer »* sa décision entachée *« d'une anomalie trop grave et manifeste »* qui entraine une dysfonctionnement du service judiciaire et notamment les conditions dans lesquelles la décision de justice a été prise. En outre, cette disposition légale consacrée à l'article 462 du code de procédure civile est une spécificité d'origine prétorienne dont l'essence est similaire à l'inexistence qui est, pour la doctrine *« une arme (...) trop puissante et tentante pour pouvoir être maitrisée »*[1701].

B. L'inexistence et la correction des décisions de justice erronées

914.–En droit administratif, les conditions du recours en rectification d'erreur matérielle portent cumulativement sur la nature de l'erreur, sur son origine et sur ses effets[1702]. Il semble qu'il s'agisse plutôt de conditions de fond, mais, dans le recours en

---

1699 L'article 459 du CPC prévoit que l'omission ou l'inexactitude d'une mention destinée à établir la régularité d'un jugement ne peut entraîner la nullité de celui-ci s'il est établi par les pièces de la procédure, par le registre d'audience ou par tout autre moyen que les prescriptions légales ont été en fait observées. L'article 458 mentionne que ce qui est prescrit par les articles 447 (nombre de magistrats), 451 (audience publique), 454 (mentions requises dans les décisions de justice : nom des parties, de sa date…), en ce qui concerne la mention du nom des juges, 455 alinéa 1 (exposés des moyens et prétentions des parties, visa, motif, dispositif…) et 456 (signatures requises) doit être observé à peine de nullité, mais qu'aucune nullité ne pourra être ultérieurement soulevée ou relevée d'office pour inobservation des formes prescrites aux articles 451 (audience publique) et 452 (prononcé du jugement) si elle n'a pas été invoquée au moment du prononcé du jugement par simples observations dont il est fait mention au registre d'audience. Ces sanctions en droit civil sont mentionnées comme étant des applications de la théorie de l'inexistence CORNU (G.) et FOYER (J.), Procédure civile, Paris, PUF, 1996, §134 et §111 a).

1700 FRICERO (N.), Jugement- Sanctions des irrégularités commises lors du délibéré et dans la rédaction des jugements, Jurisclasseur de Procédure civile, Fasc. 509 ; PERDRIAU (A.), La rectification des jugements civils, JCP(G) 1995.I.3886 ; Les recours contre les dispositions contradictoires d'un jugement, JCP(G) 1997.I.3990 ; Cass. Civ. 2ème, 10 juillet 2003, Procédures 2003, n° 215 ; DU RUSQUEC (E.), Jugements-Interprétation. Rectification. Modification, Jurisclasseur de Procédure civile, Fasc. 510.

1701 ATIAS (Ch.) et BOULTON SENIOR (F.), Le rabat d'arrêt, de la rectification matérielle de procédure au repentir du juge, D.2007.1156 ; comp. PERDRIAU (A.), La rectification des jugements civils, JCP(G) 1995.I.3886 ; Droit et pratique de la procédure civile, coll. Dalloz action, éd. 2009-2010, n° 522 et s.

1702 La loi du 18 décembre 1940 (art. 72), puis l'ordonnance du 31 juillet 1945 (art. 78) ont repris les solutions dégagées par la jurisprudence. Lorsque les Cours administratives d'appel ont été créées, les dispositions applicables au Conseil d'État leur ont été applicables (C. trib. adm., art. R. 231). L'article R. 833-1 du code de justice administrative, complété par l'article R. 833-2, a reproduit ces dispositions en assimilant, dans un texte unique, Conseil d'État et Cours administratives d'appel et en

rectification, la distinction du fond et de la recevabilité n'a pas la même portée que dans d'autres recours contentieux[1703].

915.–Il s'agissait à l'origine de rectifier les seules erreurs matérielles évidentes, flagrantes, constatées de manière simple et objective, ne faisant guère de doute comme les *« erreurs de plume »*. La jurisprudence a évolué, et sans sanctionner explicitement une *« appréciation d'ordre juridique »*[1704], cette notion est devenue extensive au point d'être utilisée pour corriger certaines erreurs que la Professeure Pouyaud qualifie d'*« erreurs hybrides »*. Ceci pourrait annoncer, selon le Professeur Chapus, une évolution en forme de rapprochement entre le recours en révision et le recours en rectification matérielle. Ainsi, ce dernier recours glisserait d'une *« rectification matérielle d'une erreur juridique »* à la *« rectification juridique d'une erreur juridique »*.

916.–Si le juge a, à tort, opposé une irrecevabilité, prononcé un désistement d'office, omis de statuer sur des conclusions ou même des moyens, ou s'il a oublié de faire jouer l'effet dévolutif de l'appel, la rectification conduit à examiner pour la première fois tous ces points oubliés. Ainsi, lorsque, à la suite d'une erreur matérielle, il est jugé qu'un requérant doit être réputé s'être désisté de sa requête, la décision doit en conséquence être déclarée *« nulle et non avenue »* ou *« non avenue »*. Il en est de même lorsque la décision juridictionnelle rejette un recours pour tardiveté de la requête alors que le requérant a formulé celle-ci dans les délais de recours contentieux ou en cas de méconnaissance par le juge de sa compétence *« ratione materiæ »*, ou de toute décision ayant déclaré une requête irrecevable alors que l'irrecevabilité était encore susceptible d'être couverte pendant l'instance[1705]. Ainsi lorsqu'aucune correction n'est possible, le jugement erroné sera déclaré nul et non avenu[1706].

---

y a joutant des renvois aux livres VI et VII du code et à l'article R. 811-5 qui précisent le régime applicable à ce recours ; Voir pour le Tribunal des conflits : TC, 7 juin 1999, Bergas, p. 457 ; RGDP 1999 p. 439, conclusions Arrighi de Casanova.

1703 CHAPUS (R.), Contentieux administratif, op. cit., nos 1491 et s. ; ODENT (R.), Cours de contentieux administratif, op. cit., fascicule n° 3, p. 1267 ; DUPRE (H.), De la rectification des décisions judiciaires en dehors des voies de recours, thèse, Toulouse, Guéret, Imprimerie Fouriaud, 1941, p. 45 et s. ; Borella (F.), La rectification d'erreur matérielle devant les juridictions administratives, RDP 1962 p. 463 ; PERROT (R.), Autorité et rectification, Gaz. Pal. 1981, doctrine, p. 239 et s. ; Pouyaud (D.), Le recours en rectification d'erreur matérielle devant les juridictions administratives, RFDA 1993 p. 721 ; POUYAUD (D.), Recours en rectification d'erreur matérielle Jurisclasseur Justice administrative, Fasc. 80-32 ; STIRN (B.), Conditions de recevabilité du recours en rectification d'erreur matérielle, note sur CE, 31 janvier 1990, M. et Mme Gloviak, AJDA 1990 p. 479 ; VINCENT (P.–A.), Le recours en révision contre les arrêts du Conseil d'État, RDP 1938 p. 449 ; consulter également SENERS (F.), Répertoire Dalloz de droit, RCADI 2004 t. 3, Voir Recours en rectification d'erreur matérielle ; ROBINEAU (Y.), Répertoire Dalloz de contentieux administratif, Voir Recours en rectification d'erreur matérielle.

1704 Voir également Conclusions JOSSE et note P. L. au sujet de l'arrêt du CE, 21 novembre 1930, D. Benoit, S.1931.III.33 ; GUYOMAR et COLLIN, chronique sur CE Sect., 29 mars 2000, GIE du Groupe Victoire, AJDA 2000 p. 419.

1705 CE, 10 juin 1988, Convers, n° 77838 ; CE, 3 novembre 1989, Caisse primaire d'assurance maladie du Lot-et-Garonne, n° 93457 ; CE, 3 novembre 1989, Perka, p. 225 ; CAA Bordeaux, 3 décembre 1992, Société d'exploitation de l'entreprise Bautiaa travaux publics, n° 92BX00241 ; CAA Paris, 17 mai 1996, Johnston, n° 96PA00108 ; CAA Nantes, 29 avril 1999, Société Dekra-Veritas Automobile, n° 98NT00440.

1706 CHAPUS (R.), Contentieux administratif, op. cit., n° 1498 3°).

917.–Ceci tend à une appréciation subjective de l'erreur : dans le cas d'une omission à statuer, celle-ci peut être qualifiée de matérielle, si des moyens ou conclusions ont échappé à l'attention du juge, elle est qualifiée de juridique lorsque, les ayant pris en considération, le juge a estimé ne pas devoir y répondre. Ceci revient à sanctionner *« l'intention du juge et non pas seulement l'expression de sa pensée »*[1707]. Mais, surtout, ce sont les effets de l'erreur eux-mêmes qui sont à envisager, et en particulier le mode de rectification choisi pour en appréhender les conséquences sur le jugement.

918.–Le juge administratif, appliquant le CJA, exige que le recours en rectification matérielle ait une influence sur le jugement de l'affaire. Pour autant ce recours peut conduire à des arrêts qui ne se bornaient pas à une simple rectification matérielle de la première décision, mais en changeant totalement le sens initial[1708].

919.–Les modalités de la rectification sont fonction du degré du vice dont la décision de justice est affectée. Dans la plupart des cas, le juge du recours peut se borner, après avoir jugé recevable la requête en rectification d'erreur matérielle, à statuer sur les conclusions qui avaient été omises et à examiner les moyens passés par prétérition, sans devoir nécessairement répondre à nouveau à l'ensemble des conclusions et moyens contenus dans la requête initiale. Il ne procède donc généralement qu'à une substitution de motifs mais peut aussi modifier, totalement ou partiellement, les visas, les motifs et le dispositif ainsi que les autres mentions[1709].

920.–En revanche, lorsque la rectification remet en cause de manière radicale la décision de justice précédemment rendue, le juge administratif ne se contente pas de rectifier les points erronés ; il considère qu'il doit juger pour la première fois l'affaire et, pour cela, il va déclarer nulle et non avenue la décision de justice primitive. Il reprend ensuite l'instruction et prononce sa décision comme si la précédente solution juridictionnelle n'était jamais intervenue. Il s'agit en quelque sorte d'une déclaration de nullité[1710]. Ainsi, le recours en rectification d'erreur matérielle, étant une voie de

---

1707 CHAPUS (R.), Contentieux administratif, op. cit., nos 1496 à 1497 ; POUYAUD (D.), Recours en rectification d'erreur matérielle Jurisclasseur Justice administrative, Fasc. 80-32, §60-121 ; POUSSIERE conclusions sur CE, 6 juillet 1956, X., AJDA 1956 p. 318 ; CE, 14 février 1990, Époux Gloviak, p. 35 ; CE, 22 juillet 1994, Mme Fares, p. 362.

1708 Article R.833-1 du code de justice administrative ; CHAPUS (R.), Contentieux administratif, op. cit., nos 1491 et s. ; ODENT (R.), Cours de contentieux administratif, op. cit., p. 1001-1005 ; POUYAUD (D.), Recours en rectification d'erreur matérielle Jurisclasseur Justice administrative, Fasc. 80-32 ; VINCENT (P.–A.), Le recours en révision contre les arrêts du Conseil d'État, RDP, 1938, p. 449 ; Voir également Conclusions JOSSE et note P. L. au sujet de l'arrêt du CE, 21 novembre 1930, D. Benoit, S.1931.III.33. ; Voir également Conclusions JOSSE et note P. L. au sujet de l'arrêt du CE, 21 novembre 1930, D. Benoit, S.1931.III.33 ; GUYOMAR et COLLIN, chronique sur CE Sect., 29 mars 2000, GIE du Groupe Victoire, AJDA 2000 p. 419.

1709 CE, 11 juillet 1952, Société des vins Achille Hauser, p. 372 ; CE, 17 avril 1970, Société DMS Préfontaines, p. 260 ; CE, 8 juillet 1978, Paille, p. 433 ; CE, 14 février 1990, Époux Gloviak, p. 35 ; CE, 15 janvier 1993, Commune de Cabrières-d'Avignon, conclusions Pochard sous RDP 1993 p. 545 ; CE Sect., 29 mars 2000, GIE du Groupe Victoire, chronique Guyomar et COLLIN, AJDA 2000 p. 419 ; CE, 2 juillet 2001, Portelli, n° 217632.

1710 CE Sect., 24 octobre 1958, Titeca-Beauport, p. 502 ; CE, 25 avril 2007, Ministre de l'économie, des finances et de l'industrie c. société Chemcha, n° 299015.

rétractation et non de réformation, il a pour seul objet de rectifier l'arrêt primitif et il nécessite pour cela que le juge statue en l'état du dossier sur lequel il s'était prononcé initialement, sous réserve du respect du principe d'impartialité[1711]. La *« disparition »* de la décision de justice de l'ordonnancement juridique a ainsi une limite. Elle est considérée n'avoir jamais existé et réputée n'être jamais intervenue, sous la réserve du respect des droits du justiciable. Est-il alors possible, depuis cette jurisprudence, de continuer à affirmer qu'il s'agit d'une réelle *« remise en l'état »* ? L'éradication par le biais de la théorie de l'inexistence ne serait-elle pas à *« géométrie variable »* et donc modulable en fonction de principes tels que la sécurité juridique et la garantie des droits du justiciable dans le procès ?

921.–Le juge administratif utilise donc le concept d'inexistence comme sanction d'un recours en rectification. Pour la doctrine, qui ne fait toutefois pas mention des effets radicaux de cette procédure, il s'agit d'un moyen de réparer toutes les erreurs qui ne sont pas directement juridiques et *« même celles qui le sont un petit peu »*[1712]. En effet, le bon sens impose qu'il n'est vraiment pas possible de laisser subsister des décisions juridictionnelles reposant sur des erreurs certaines, sans qu'aucune autre voie de droit ne permette de les corriger. L'inexistence concilie, pour des raisons de bonne administration de la justice et d'équité, l'autorité de la chose jugée, règle de principe, et la faillibilité du juge par la nullité[1713].

922.–A la différence des seules voies de rétractation (*opposition, tierce-opposition, révision*) qui, seules, dérogent au principe *« lata sententia, judex desinit esse judex »*, le recours en rectification tend, lui, à une rectification de la décision initiale sans produire une autre décision de justice ; c'est en quelque sorte une façon d'assurer la continuité du recours primitif[1714]. Cette application de l'inexistence conduit à s'interroger sur cette théorie elle-même, et notamment sur l'assimilation des jugements inexistants aux jugements nuls et non avenus. En effet, si le régime applicable aux actes administratifs unilatéraux était transposable en tout point aux jugements, les délais de recours devraient être illimités[1715]. Or, le recours en rectification d'erreur matérielle est enfermé dans un délai de deux mois qui court du jour de la notification ou de la signification de la décision dont la rectification est demandée, (*article R. 833-1 CJA*), même si la requête initiale bénéficiait d'un délai plus

1711 CE, 30 juin 2003, De Cadaran, tables, p. 965 ; CE, 2 juin 2005, Hespel, AJDA 2005 p. 1862.

1712 DARESTE (P.), Les voies de recours contre les actes de la puissance publique, éd. Challamel, Paris, 1914, p. 286-287 ; POCHARD, conclusions sur CE, 15 janvier 1993, Commune de Cabrières-d'Avignon, RDP 1993 p. 545.

1713 MOREAU (J.), note sous CE, 10 février 1967, Grandin, AJDA 1967 p. 560 ; Conclusions JACOMET sur CE, 4 mars 1955, Sticotti, RDP 1955 p. 732 ; Voir également Conclusions JOSSE et note p. L. au sujet de l'arrêt du CE, 21 novembre 1930, D. Benoit, S.1931.III.33.

1714 DE SOTO (J.), note sur CE, 19 février 1947, Derbez ; D.1950.615.

1715 La problématique a longtemps été la similitude entre la déclaration d'une décision juridictionnelle nulle et non avenue et celle d'une décision. Le critère à utiliser entre ces deux « actes » a été le sujet de nombreuses controverses en doctrine et est demeuré en suspens de nombreuses années, que R. Odent a imputé notamment au cumul entre les fonctions administratives et juridictionnelles du Conseil d'État ; ODENT (R.), Cours de contentieux administratif, fascicule n° 3 p. 745-756 ; DUGUIT (L.), L'acte administratif et l'acte juridique, RDP 1906 p. 413 ; LAMPUE (P.), La notion d'acte juridictionnel, RDP 1946 p. 5.

long de recours[1716]. Dès lors, le recours en rectification d'erreur matérielle est irrecevable lorsqu'il est formé plus de deux mois après la décision, même si le requérant n'a connu les faits justifiant son recours qu'après l'expiration du délai[1717]. En revanche, si la date de la notification n'est pas établie, le délai ne court pas et le recours est recevable à tout moment[1718].

923.–Les cours administratives d'appel et les tribunaux administratifs peuvent, sur le fondement de l'article R.833-1 CJA, prononcer une déclaration de nullité de la décision juridictionnelle contestée[1719]. Il se constate ainsi qu'en ce cas il est fait application de l'inexistence. Celle-ci est motivée par le caractère grave ou substantiel des vices qui entachent une décision juridictionnelle[1720].

924.–Cette position restrictive est une résurgence de solutions jurisprudentielles anciennes où la Haute juridiction refusait qu'un tribunal administratif rectifie ses propres erreurs matérielles, un tel recours n'étant ouvert que devant les juridictions statuant en dernier ressort pour *« affermir et le juge et l'autorité de chose jugée »*, et pour que les parties puissent bénéficier d'une option dans le choix de leur voie de réformation[1721]. Il y avait ainsi, à la base de cette jurisprudence, un motif inavoué, celui d'*« éviter le développement d'un contentieux parallèle et parasitaire »*[1722]. La déclaration qu'un jugement de tribunal administratif est nul et de nul effet, et ensuite le rejugement de

---

1716 Articles R. 811-5, alinéa 2 et R. 833-2 ; CE, 20 janvier 1965, Tricaud, tables p. 1031.

1717 CE, 22 octobre 1954, Veuve Fournier, p. 550.

1718 CE, 24 mai 1935, Béry, p. 587, cité in POUYAUD (D.), Recours en rectification d'erreur matérielle Jurisclasseur Justice administrative, Fasc. 80-32, §51 ; Il résulte de l'article R. 741-11 CJA (Ancien article R.205 du code des TA-CAA), que lorsque le président du Tribunal administratif constate que la minute d'un jugement ou d'une ordonnance est entachée d'une erreur ou d'une omission matérielle, il peut y apporter par ordonnance les corrections que la raison commande le cas échéant d'office ; la notification de cette ordonnance rectificative rouvrant le délai d'appel c. la décision de justice ainsi corrigée. Ces dispositions ont pour effet d'attribuer au président du Tribunal administratif un pouvoir propre de correction du jugement mais il ne lui appartient pas, dans le cadre de cette attribution, de prendre une décision juridictionnelle pour rejeter une telle demande, car elle n'a pas le caractère d'une requête contentieuse et s'assimilerait, en théorie tout au moins, à la première phase de la procédure d'exécution des décisions de justice qui comprend ce qui convient d'appeler une phase administrative. Par suite, d'une part, un tribunal administratif, statuant par jugement sur une demande tendant à obtenir la correction d'une décision juridictionnelle, excède les limites de sa compétence, et, d'autre part, la présentation d'une telle demande ne peut prolonger le délai d'appel c. la décision dont la correction est demandée, CE Sect., 26 juillet 1996, Mme Parrel, p. 313.

1719 STAHL, conclusions sur CE Sect., 29 mars 2000, GIE du Groupe Victoire.

1720 DARESTE (P.), Les voies de recours contre les actes de la puissance publique, éd. Challamel, Paris, 1914, 702 p. 286-287 ; ODENT (R.), Cours de contentieux administratif, 1980, fascicule n° 3, p. 1262.

1721 BORELLA (F.), La rectification d'erreur matérielle devant les juridictions administratives, RDP 1962 p. 463 ; GALABERT et GENTOT, AJDA 1961 p. 614 ; Pouyaud (D.), Le recours en rectification d'erreur matérielle devant les juridictions administratives, RFDA 1993 p. 721 ; ROBINEAU (Y.), Répertoire Dalloz de contentieux administratif, Voir Recours en rectification d'erreur matérielle ; Frattacci, conclusions sur CE Sect., 9 juin 1995, Conseil régional d'Aquitaine ; SANSON, conclusions sur CE Sect., 26 juillet 1996, Mme Parrel ; WALINE (M.), note sur CE, 2 mai 1962, Portal, RDP 1963 p. 273 ; Par exemple sur ce refus : CE, 21 février 1902, Sieur Marty, p. 132 ; CE, 4 mars 1988, SNCF, p. 138.

1722 SANSON, conclusions sur CE Sect., 26 juillet 1996, Mme Parrel, op. cit.

l'affaire par ce même tribunal, pourraient donner lieu à la création d'un *« appel »* devant les juridictions de première instance, non prévu par les textes[1723].

1723 Article L. 279 du code de procédure fiscale.

Conclusion du Chapitre 2

925.–L'inexistence ne connaît qu'une application parcimonieuse afin de ne pas altérer son caractère exceptionnel pour corriger un acte *« aberrant »* dont la juridicité ne peut plus être appliquée ou pour corriger des décisions de justice, voire de résoudre des conflits de compétence, toujours indépendamment de tout texte.

926.–Cependant, il convient de constater que la théorie de l'inexistence ne se manifeste expressément en tant que telle que pour les actes administratifs unilatéraux. En d'autres termes pour les décisions de justice et les contrats l'inexistence ne s'applique qu'en tant que notion, ce qui pourrait, peut-être, expliquer le désintéressément de la doctrine à ce sujet : l'inexistence étant alors une nullité qui soit s'incorpore dans un système coercitif précis (*la nullité absolue pour les contrats*), soit comme un concept correctif à dimension presque symbolique (*pour « corriger » les décisions de justice*).

927.–Il est, en tout état de cause, certain que l'application de la notion d'inexistence est le résultat de la volonté du juge administratif de disposer d'un *« pouvoir propre »* qui est un moyen lui permettant d'éradiquer un acte en s'affranchissant des règles contentieuses traditionnelles.

Conclusion du Titre I

928.–La jurisprudence du Conseil d'État a été pusillanime dans l'élaboration du concept d'inexistence et ceci se marque de deux façons. Le juge ne mentionne pas dans les motifs de ses arrêts la forme que doit revêtir l'inexistence. Par ailleurs, l'identification de l'inexistence, de manière générale, et de l'inexistence juridique, en particulier, n'est que ponctuelle dans le Recueil Lebon comme dans les conclusions des commissaires du gouvernement. Seule la doctrine donne donc explicitement une telle analyse, parfois elle-même controversée quant à la forme même de l'inexistence en cause.

929.–En outre, l'inexistence n'est pas toujours mentionnée comme telle dans la jurisprudence administrative. Le juge administratif utilise ainsi des formulations *« type »* comme *« nul et de nul effet »*, *« nul et non avenu »* pour sanctionner de nombreux actes administratifs (*délibérations de conseils municipaux, nomination pour ordre,...*). Il s'agit donc de s'interroger sur la signification réelle de cette terminologie envisagée comme une sanction par la juridiction administrative et cela aussi bien sous sa forme négative (*non utilisation du terme dans des situations qui en appelleraient l'utilisation*) que sous sa forme positive (*utilisation « nul et de nul effet » dans des situations qui ne sont pas, à proprement parler, de « vraies » hypothèses d'inexistence*).

930.–Au terme des recherches ici entreprises, il peut être posée cette idée que l'inexistence doit être envisagée comme un type particulier de nullité sanctionnant un vice d'une certaine intensité affectant la validité d'un acte. L'objectif de l'inexistence est alors de neutraliser l'efficacité de l'acte administratif inexistant, en l'éradiquant de l'ordonnancement juridique. Envisagée ainsi, la notion d'acte juridiquement inexistant s'applique à des actes entachés d'une illégalité particulièrement grave et manifeste. Toutefois il reste difficile, en l'état actuel de la jurisprudence et compte tenu du faible nombre de décisions illustrant l'application positive de la théorie de l'inexistence, de donner une définition plus précise de l'inexistence juridique qui énoncerait l'ensemble des conditions nécessaires et suffisantes applicables à toutes les hypothèses. Ceci, à la fois, résulte de ce que cette notion n'a en réalité qu'un rôle fonctionnel. Par là s'explique le fait que le juge administratif ne la définit que négativement.

931.–Il est en tout cas possible d'affirmer, depuis l'arrêt *« Guigon »*, que les décisions qui ont le caractère de voie de fait, c'est-à-dire celles qui portent atteinte au droit de propriété ou à une liberté fondamentale, sont manifestement insusceptibles de se rattacher à un pouvoir de l'administration, et qu'elles doivent être regardées comme nulles et non avenues, ce qui revient à les tenir pour inexistantes. Cependant les domaines respectifs de l'inexistence et de la voie de fait ne se recoupent pas entièrement. Ils diffèrent, partiellement, l'un de l'autre, en plus et en moins. D'un côté, la voie de fait est constituée dans de nombreux cas par un agissement, un fait, et non par une décision. D'un autre côté la jurisprudence considère comme inexistants des actes qui ne sont pas constitutifs d'une voie de fait. Cependant, il nous semble que la première différence est à nuancer car, en fin de compte, à l'origine de chaque action de l'administration, il existe une décision fût-elle verbale, ou même rigoureusement immatérielle. La voie de fait constituerait donc un cas restreint d'application de l'inexistence.

932.–La distinction de ces deux notions trouve sa source dans le principe de la séparation des pouvoirs et surtout dans l'insuffisance de la fonction juridictionnelle pour protéger efficacement par des pouvoirs propres les droits et libertés. Longtemps, le besoin d'un acte administratif entaché d'une illégalité grave a justifié l'intervention du juge judiciaire, censé détenir des moyens procéduraux de coercition dont était démuni le juge administratif.

933.–Le prononcé d'une voie de fait par la déclaration que la décision qui la constitue est inexistante a permis au juge administratif d'imposer l'autorité de la chose jugée à sa décision en la matière. En revanche, alors qu'il a désormais les armes adéquates pour protéger les droits et libertés, il renvoie toujours le justiciable devant les juridictions judiciaires pour être indemnisé d'une voie de fait alors qu'il peut indemniser le requérant dans le cas d'une illégalité. Le maintien d'une telle jurisprudence n'est pas motivé de manière explicite ni dans les décisions de justice, ni dans les conclusions des commissaires du gouvernement. En réalité, il s'agit d'un respect de la volonté du législateur qui, en partie, lors du vote sur la loi du 30 juin 2000, particulièrement sur le référé liberté, a expressément exclu de *« tuer »* la voie de fait. Partant de là, le juge administratif n'a pu que respecter l'autorité de la chose jugée des décisions du Tribunal des Conflits se prononçant pour le maintien de la voie de fait. Il semble évident cependant que serait hautement souhaitable une unification du contentieux au profit du juge administratif. Elle lui permettrait d'utiliser l'inexistence au service de sa finalité essentielle : sanctionner les graves illégalités.

934.–Le juge administratif utilise l'inexistence comme sanction de la légalité des actes unilatéraux et des décisions de justice. En ce qui concerne les actes administratifs unilatéraux, la doctrine a engagé de longues controverses pour définir l'acte inexistant et les caractères du vice qui l'entache. En réalité, il s'agit du résultat d'une opération juridique qui résulte d'un vice aggravé qui peut être rattaché à la légalité externe ou à la légalité interne, et qui vicie un acte. Certes, les critères traditionnels pour identifier le vice sont la gravité et l'illégalité manifeste mais il ne s'agit pas de conditions nécessaires cumulatives. Il semble évident que seules des irrégularités présentant une certain caractère grossier permettent de déclarer un tel acte et qu'il existe certains domaines de prédilection où le juge administratif identifie de tels actes, comme les nominations pour ordre ou bien encore le cas des fonctionnaires maintenus en fonction hors la limite d'âge. Certaines décisions de justice ne font pas référence aux critères classiques des actes inexistants et se limitent à une simple déclaration. Ainsi, fait encore défaut une utilisation unifiée d'une notion elle-même unique alors que cela serait nécessaire. Une telle diversité trouve son explication dans le caractère empirique et fonctionnel d'un tel concept.

935.–L'inexistence est une notion dont la finalité même est diversifiée selon l'acte en cause. Ainsi elle était utilisée implicitement par le juge administratif pour résoudre les conflits de juges entre les deux ordres de juridictions et au sein de la juridiction administrative elle-même. C'est pourquoi, dans ce cas précis, l'inexistence était une règle créée par le juge administratif pour tenir compte de conditions abstraites et qui ne pouvait donc se définir qu'à chaque cas concret afin de permettre que l'activité jurisprudentielle soit guidée par l'équité, voire par la nature des choses. Ainsi, l'inexistence est utilisée en tant que théorie pour les actes administratifs unilatéraux et comme mécanisme correctif pour sanctionner une procédure juridictionnelle irrégulière confinant au déni de justice. Avant que le *« code administratif »* permette de prévenir de telles contradictions, l'inexistence était employée pour ses effets radicaux en cas de *« règlements de juge »*. Il s'agissait par ce moyen de réguler l'ordre juridictionnel administratif en dénouant la contradiction grâce à la proclamation du caractère nul et non avenu du jugement passé en force de chose jugée. Il a été préalablement relevé combien ce mécanisme était similaire de celui utilisé par le Tribunal des conflits en cas de conflits.

936.–Il s'agit aussi pour le juge administratif d'utiliser ce concept pour résoudre un litige. Ainsi, lorsque les recours en révision, en tierce opposition ou en opposition sont déclarés recevables, le juge administratif recourt à la théorie de l'inexistence pour sanctionner la méconnaissance des règles contentieuses de l'instance ; à cette fin, il déclare nuls la décision de justice rendue et, ensemble, les actes de procédures connexes. Il s'agit par là, pour le juge administratif suprême d'asseoir l'autorité des décisions de justice en les inscrivant dans une continuité de l'œuvre jurisprudentielle. Pour cela, il fixe un cadre juridique garantissant au justiciable que son litige sera jugé sur la base d'un raisonnement et de procédures identiquement utilisées dans un cadre préétabli afin que, par là, puisse être assurée l'unité et la cohérence de l'œuvre jurisprudentielle. Il s'agit d'abord de la manière dont est conduit le procès en lui-même. Ces recours diffèrent ainsi du recours dans l'intérêt de la loi puisque dans ce dernier les effets de la décision de justice ne sont pas remis en cause. Ceci permet au juge administratif de rectifier certaines erreurs matérielles. L'origine de ce pouvoir trouve son fondement essentiellement dans des considérations historiques tenant à la volonté de sanctionner une décision *« aux conséquences les plus fâcheuses »*. Cette nullité est une sanction qui s'est généralisée car elle est apparue comme un bon instrument permettant que les décisions de justice tendent à un certain degré d'exactitude, ce qui contribue à l'ordre qui est le but primordial du droit.

937.–Le caractère protéiforme de l'inexistence résulte bien de son utilisation (*pour ne pas dire de son « instrumentalisation »*) par le juge administratif comme une nullité fonctionnelle et donc nécessairement à *« géométrie »* variable.

TITRE II L'INEXISTENCE, CONSTRUCTION JURISPRUDENTIELLE D'UNE NULLITE A CARACTERE FONCTIONNEL

938.–Le juge administratif a donc été guidé par un soucis d'équité et de sécurité juridique lors de son raisonnement qui a conduit la *« création »* de l'inexistence. Mais il faut bien reconnaitre que la méthode appliquée pourrait aux premiers abords être topique car dénuée de tout souci de références logiques si ce n'est la justification d'un régime contentieux particulier et la disparition d'un acte dénué de tout sens. Or, le raisonnement en matière d'inexistence est en réalité similaire aux règles utilisées en droit administratif dans le cadre par exemple des actes frauduleux, bien qu'en fin de compte leur régime diffère des actes inexistants. De même, il apparait que la couverture du vice apparait dans un raisonnement guidé par une argumentation à la fois déductive et inductive résultant d'un examen détaillé des faits tout en ayant comme objectif le rétablissement de la légalité par l'instauration d'un recours en déclaration d'inexistence semblable au recours en excès de pouvoir ; l'inexistence étant alors l'aboutissement du raisonnement du juge administratif.

939.–Ce type de raisonnement a permis au juge administratif français de développer une théorie dans le cadre des actes administratifs unilatéraux, une nullité absolue/inexistence dans le cadre des contrats administratifs, et une éradication des décisions de justice, qui sont trois systèmes qui peuvent être considérés comme étant un ensemble présentant une spécificité à la française dont la cohérence n'a pas pu être démontrée mais dont le seul fil conducteur est la notion, voire le concept, même d'inexistence, qui paradoxalement, n'apparait pas toujours de manière explicite.

940.–Ainsi, la finalité de l'application de l'inexistence par le juge administratif a justifié les effets de son régime juridique et contentieux de l'inexistence en droit administratif français. Il a été également justifié la conceptualisation d'une notion fonctionnelle (*Chapitre I*) dont les conséquences juridiques et contentieuses sont demeurées largement une spécificité française (*Chapitre II*).

941.–La particularité de l'inexistence est que cette notion a été conceptualisée par le juge administratif afin qu'elle produise certains effets. En d'autres termes, c'est la nécessité de son régime qui a guidé le juge administratif dans son élaboration. Ainsi, l'acte administratif inexistant, à raison même et exclusive de ce qu'il est inexistant, est soumis à un statut atypique empreint d'une grande singularité que révèle l'étude de son régime juridique (*Section I*) comme de son régime contentieux singulier (*Section II*).

Section 1 Le constat d'un régime juridique *« sui generis »*

942.–La notion d'inexistence est issue de la nécessité de contourner la forclusion des délais classiques de recours en cas de contestation de la validité de certains actes irréguliers (*§. 1.*). Cependant, comme tout vice qui entache la légalité d'un acte administratif, le vice d'inexistence est susceptible d'être couvert (*§. 2.*).

§. 1 La possibilité de contestation permanente des actes inexistants

943.–Le statut particulier de la contestation des actes inexistants diffère de celui des actes entachés simplement d'illégalité (*A*). Il présente ainsi certaines similitudes avec le régime de la contestation des actes obtenus par fraude bien que la jurisprudence ait toujours soigneusement distingué entre l'acte inexistant et l'acte frauduleux (*B*).

A. Un régime distinct de celui applicable aux actes illégaux

944.–L'acte inexistant suit les règles relatives à l'élaboration (*formes et procédures*) et à l'entrée en vigueur de l'acte administratif telles qu'elles sont applicables à tout acte administratif, simplement illégal ou même légal[1724]. Il connaîtra donc un régime juridique calqué sur celui de l'acte dont il a l'apparence. C'est en ce sens que certains auteurs ont affirmé que l'inexistence n'est qu'un simple fait[1725].

945.–Ceci rend d'autant plus paradoxal le fait que dès que le vice est identifié et l'acte déclaré inexistant, la sanction sera qu'il est considéré comme sorti *« ab initio »* de l'ordonnancement juridique. Il peut donc produire les effets attachés à l'acte administratif dont il a l'apparence. Parce qu'il est lui-même un acte administratif entaché d'un *« vice caché »* quoiqu'évident, il a pu entrer dans le système normatif. L'acte inexistant existe donc sous la forme d'un acte administratif vicié[1726]. Il peut, de ce fait, être suspendu comme tout acte administratif[1727].

1724 CHAPUS (R.), Droit administratif général, Tome I, op. cit., §. 1281 à 1337 ; DELVOLVE (P.) et VEDEL (G.), Droit administratif, op. cit., p. 232 à 302 ; GAUDEMET (Y.), De Laubadère (A.), Traité de droit administratif, Droit administratif général, organisation et action de l'administration, la juridiction administrative, Tome I, §. 1271 à 1328 ; RIVERO (J.) et WALINE (M.), op. cit.,§. 404 à 424 ; LEWALLE (P.), Contribution à l'étude de l'application des actes administratifs unilatéraux dans le temps, thèse, op. cit., p. 38 à 42, pour le droit administratif français.

1725 DELBEZ (L.), La révocation des actes administratifs, contributions à la théorie générale de l'annulation par la voie administrative, RDP 1928 p. 463.

1726 AUBY (J.–M.), La théorie de l'inexistence des actes administratifs, thèse, op. cit., p. 309-312 ;

946.–Pour cette raison, le régime de l'inexistence semble exclure toute confirmation ou ratification car la volonté même de l'administration que révèle le fait d'avoir pris un acte inexistant, est considérée comme viciée[1728]. Cependant, si, pour l'inexistence matérielle, il semble évident que le *« néant »* ne peut être confirmé ou même ratifié[1729], en ce qui concerne l'inexistence juridique, une fois l'acte réitéré et le vice qui l'entachait *« corrigé »*, celui-ci devient légal. Il s'agit alors en réalité d'un acte entièrement nouveau et non d'un acte ratifié ou confirmé[1730].

947.–En revanche, le point de savoir si un administré peut invoquer le caractère inexistant d'un acte, renvoie à la question, non résolue en droit administratif, de l'exception d'inexécution des actes illégaux. En principe, dès sa signature, l'acte existe, et tant qu'il n'a pas été déclaré inexistant, il bénéficie de la présomption de la légalité et doit produire des effets. Ceci se concilie mal avec le fait qu'une fois déclaré inexistant par l'administration, ou par le juge administratif, il cesse rétroactivement d'exister. Les droits susceptibles d'être nés à compter de sa signature disparaissent rétroactivement, y compris donc pour les intéressés, et sont censés ne jamais avoir existé[1731]. Cette situation est d'autant plus inconfortable, pratiquement et intellectuellement, qu'elle repose sur un paradoxe en forme de contradiction. D'un côté, pour sortir de cette impasse, il serait tentant de se fonder sur la théorie de l'apparence : tant qu'il n'est pas dit *« inexistant »* l'acte existe et, de ce chef, peut et doit être appliqué. D'un autre côté, pour dire l'acte inexistant et pas simplement nul de

---

BACHELIER, conclusions sur CE, 29 novembre 2002, Assistance publique-Hôpitaux de Marseille, op. cit. ; DELVOLVE (J.), conclusions sur CE Sect., 30 juin 1950, Massonnaud, p. 400 ; comp. CE, 9 novembre 1959, Rosan Girard, p. 584.

1727 CE, 29 juillet 2002, Scribe, op. cit.

1728 COUMAROS (N.), Le rôle de la volonté dans l'acte juridique (étude critique de la conception classique), thèse Bordeaux, 1931, 332 p. ; VENEZIA (J.C.), Réflexion sur le rôle de la volonté en droit administratif, Etudes offertes à Pierre Kayser, Tome II, 1979, p. 383 ; ROUQUETTE (R.), La volonté, critère de l'acte administratif créateur de droits, LPA 28 mai 1999 p. 4 ; SAUNIER (S.), L'autonomie de la volonté en droit administratif, une mise au point, RFDA 2007 p. 609 et s.

1729 CE, 18 mars 1921, Gaubert, op. cit.

1730 AUBY (J.–M.), La théorie de l'inexistence des actes administratifs, thèse, op. cit., p. 274-285 ; JEZE (G.), note sur CE, 7 janvier 1944, Lecocq, et CE, 24 décembre 1943, Devaux, op. cit.

1731 Article 4 de la loi du 12 avril 2000 relative aux droits des citoyens dans leurs relations avec les administrations, n° 2000-321, JO du 13 avril 2000, p. 5646 ; AUBY (J.–M.), La théorie de l'inexistence des actes administratifs, thèse, op. cit., p. 310-311 ; SEILLER (B.), L'entrée en vigueur des actes unilatéraux, AJDA 2004 p. 1463 ; SENERS, conclusions sur CE Sect., 30 juillet 2003, Groupement des éleveurs mayennais de trotteurs, RFDA 2003 p. 1134 ; CE Sect., 19 décembre 1952, Demoiselle Mattei, p. 594 ; CE Sect., 26 juin 1959, Syndicat général des ingénieurs conseils, p. 394 ; AJDA 1959 p. 53, chronique COMBARNOUS et GALABERT ; D.1959.41, note L'HUILLIER ; RDP 1959 p. 1004, conclusions FOURNIER ; S.1959.202, note DRAGO ; CE Ass., 8 février 1974, Commune de Montory, p. 93 ; AJDA 1974 p. 192, chronique FRANC et BOYON ; JCP(G) 1974.II.17703, note LIET-VAUX (G.) ; RDP 1974 p. 1511, conclusions ROUGEVIN-BAVILLE ; CE Ass., 21 décembre 1990, Confédération nationale des associations familiales catholiques, p. 368 ; AJDA 1991 p. 91, conclusions STIRN ; D.1991.283, étude C. M., F. D. et Y. A. ; RFDA 1990 p. 1065, note SABOURIN ; CE Ass., 20 décembre 1995, Collectif national Kiné-France, p. 442, AJDA 1996 p. 139, conclusions MAUGÜE ; CE, 18 septembre 1998, Société Demesa, p. 335 ; CE, 8 novembre 2000, Muzi, p. 1072 ; CE, 27 juillet 2001, Association de droit allemand « Stiftung Jean Arp und Sophie Taeuber », p. 397 ; CE, 12 décembre 2003, Syndicat des commissaires et hauts fonctionnaires de la police nationale, AJDA 2004 p. 442, note H. M. ; Voir contra EISENMANN (Ch.), Sur l'entrée en vigueur des normes administratives unilatérales, Mélanges Stassinopoulos, LGDJ 1974, p. 201.

nullité absolue, le juge et la doctrine invoquent l'idée d'évidence de son irrégularité, du caractère *« flagrant »* de celle-ci. Or, s'il en est ainsi, aucune apparence n'a pu se constituer…

948.–Ainsi en va-t-il, s'agissant de constater qu'un acte inexistant a été édicté par une personne incompétente et que c'est cette incompétence qui est à l'origine de la déclaration d'inexistence (*non respect du parallélisme des compétences*[1732]). Dans ce cas, l'acte est censé n'avoir jamais existé ni même avoir été édicté, ce qui revient à transposer un raisonnement analogue à celui fait en matière d'annulation[1733].

949.–Cependant, l'acte inexistant peut également avoir été pris conformément à la procédure d'élaboration prévue pour l'acte *« dont il a l'apparence »*. En ce cas, le vice d'inexistence sera constitué non par la violation d'une règle de forme ou de procédure mais par la violation d'une règle de fond comme l'objet même de l'acte ou sa cause (*ainsi dans le cas des nominations pour ordre*). Il est évident, en revanche, que les actes inexistants ne sont pas soumis à l'obligation d'être motivés, pas plus que leur retrait, en ce sens que dès lors qu'un acte est identifié comme étant inexistant, quand bien même il serait non motivé, le vice d'inexistence prime, étant d'ordre public et l'acte ne sera déclaré nul qu'en tant qu'il est inexistant[1734]. Toutefois, tant que l'acte inexistant n'a pas été déclaré comme tel, il semble logique que les règles de motivation obligatoire qui s'imposeraient à l'acte originaire soient applicables[1735]. Le raisonnement est identique pour toutes les règles applicables à l'édiction des actes administratifs et pour leur entrée en vigueur. L'acte inexistant ne devient tel que lorsque le juge le dit ; donc au moment où il est pris, il doit respecter les règles inhérentes à l'acte administratif en cause. Ainsi, l'acte inexistant ne sanctionne pas que l'aspect objectif de l'acte ; car dans ce cas, il ne serait pas nécessaire de recourir à cette notion : l'annulation rétroactive de l'acte, contesté dans les délais, et non certes hors délais, serait une sanction suffisante ; or, à cela, la nullité absolue y satisfait pleinement. En revanche, si l'inexistence est envisagée comme sanctionnant l'aspect subjectif de l'acte, c'est-à-dire son apparence, il est alors plus aisé de comprendre qu'il puisse être déclaré nul, sans modulation possible.

950.–C'est donc pour la sortie de vigueur (*et seulement pour cela*) que la qualification d'un acte comme étant un acte inexistant montre toute son utilité et en partie le caractère fonctionnel de cette théorie.

951.–L'acte inexistant peut être retiré à tout moment car il ne crée pas de droit, le retrait étant la disparition de l'acte à l'initiative de l'administration, *« ab initio »*, l'acte étant réputé n'avoir jamais existé[1736]. L'intérêt de ce régime dérogatoire est de permettre la

---

1732 CE, 8 décembre 1982, Commune de Dompierre-sur-Besvre, op. cit. ;

1733 WEIL (P.), Conséquence de l'annulation d'un acte administratif, thèse Paris 1952, p. 136 et s.

1734 CE, 21 février 1997, Ministre de l'éducation nationale et de la culture c. Romano, p. 55 ; CE, 28 décembre 2005, Richevaux, n° 279432 ; comp. pour les actes obtenus par fraude CE, 25 avril 1990, Mme Figuerèo et Bernachy, T.p. 564.

1735 Loi du 11 juillet 1979 relative à la motivation des actes administratifs et à l'amélioration des relations entre l'administration et le public, n° 79-587, JO 12 juillet 1979, p. 1711.

1736 CHAPUS (R.), Droit administratif général, Tome I, op. cit., nos 1336-2° et 1340 et s. ;

disparition pour le passé d'un acte administratif alors que le délai de retrait a expiré[1737]. Ainsi, le principe de stabilité des situations juridiques et les exigences de la protection du bénéficiaire s'effaceraient lorsque l'illégalité de la décision est exceptionnellement grave[1738] car une telle décision ne saurait être créatrice de droit.

952.–La notion de droits acquis est au centre de la théorie du retrait car elle met en jeu le principe de la sécurité juridique[1739]. La notion de *« droits non acquis »* permet de déroger au principe de non rétroactivité des actes administratifs en raison de ce que certains actes *« ne sont jamais susceptibles de créer des droits »* : tels les actes inexistants et les actes frauduleux[1740]. Il n'en reste pas moins qu'il n'existe pas de définition conceptuelle des droits acquis. Ceci soulève des difficultés pour déterminer les contours de cette notion spécialement en ce qu'elle pourrait concerner les actes inexistants[1741]. L'utilisation par le juge administratif de la notion fonctionnelle de *« droits non acquis »* se limite à une simple

---

DELVOLVE (P.) et VEDEL (G.), Droit administratif, op. cit., p. 306 et s. ; GAUDEMET (Y.), DE LAUBADERE (A.), Traité de droit administratif, Droit administratif général, organisation et action de l'administration, la juridiction administrative, nos 1380 et s. ; HAURIOU (M.), Précis de droit administratif et de droit public, 12ème éd., op. cit., p. 380, 414 et 453 ; ODENT (R.), Cours de contentieux administratif, op. cit., Tome I, p. 888, 868, 892 et s., 985 et Tome II, p. 370 et s., 381, 596 et s. ; RIVERO (J.) et WALINE (M.), op. cit., n° 427 ; AUBY (J.–M.), La théorie de l'inexistence des actes administratifs, thèse, op. cit., p. 285-287 ; CAROTENUTO (S.), La disparition non contentieuse des actes administratifs, contribution à la théorie du retrait et de l'abrogation des actes administratifs, thèse, Aix, 2000, 458 p. ; BOCKEL (A.), Sur le retrait des actes administratifs unilatéraux ; Réflexions à partie d'un arrêt de la Cour suprême du Sénégal, RDP 1973 p. 135 et s. ; JEZE (G.), Du retrait des actes juridiques, dans quelle mesure peut-il être touché aux actes juridiques et leurs effets peuvent-ils être modifiés ?, RDP 1913 p. 225 et s. ; CROUZATIER-DURAND (F.), Retrait et modification d'un acte administratif unilatéral, note sur CE Sect., 6 mars 2002, Mme Besombes et autres, AJDA 2002 p. 802 ; HAURIOU (M.), note sur CE, 3 novembre 1922, Dame Cachet, S.1925.III.9 ; Laroque (M.), conclusions sur CE, 10 février 1992. M. Henri Roques, La décision de retrait d'une délibération de jury universitaire, RFDA 1992 p. 841 ; RIVET, conclusions sur CE, 3 novembre 1922, Dame Cachet, RDP 1922 p. 552.

1737 LEWALLE (P.), Contribution à l'étude de l'application des actes administratifs unilatéraux dans le temps, thèse, op. cit., p. 222 à 231 ; CE, 14 juin 1912, Wulliet, p. 659 ; CE, 28 novembre 1913, Milloud, p. 1181 ; CE, 26 juin 1914, Richebé, p. 769 ; CE, 1er août 1919, Fraissé, p. 695.

1738 AUBY, (J.–M.), L'incompétence ratione temporis. Recherches sur l'application des actes administratifs dans le temps, RDP 1953 p. 5 et s. ; DUPEYROUX (O.), La règle de la non rétroactivité des actes administratifs, thèse Toulouse, 1953, 350 p. ; BATAILLER (F.), Les beastis possidentes, RDP 1965 p. 1051 ; BERGERES (M.–Ch.), Les actes non réglementaires, AJDA 1980 p. 1 et s. ; BRAIBANT (G.) et autres et autres, GAJA, op. cit., commentaire n° 113 sur CE Ass., 31 mai 1957, Rosan Girard : §7.

1739 Cf. les développements en ce sens dans l'introduction.

1740 CE, 10 janvier 1930, Despujol, D.1930.III.16, note P. L. J. ; D.1930.III.41, note ALIBERT ; CE Ass., 25 juin 1948, Société du journal « l'Aurore », p. 289 ; Gaz. Pal 1948.II.7, conclusions LETOURNEUR ; D.1948.437, note WALINE (M.) ; JCP(G) 1948.II.4427, note MESTRE (A.).

1741 CHAPUS (R.), Droit administratif général, Tome I, op. cit., nos 1345-1350 ; DELVOLVE (P.) et VEDEL (G.), Droit administratif, op. cit. ; p. 305-472 et 496 ; GAUDEMET (Y.), De Laubadére (A.), Traité de droit administratif, Droit administratif général, organisation et action de l'administration, la juridiction administrative, n° 1385 b) 1° ; HAURIOU (M.), Précis de droit administratif et de droit public, 12ème éd., op. cit., p. 380 ; ODENT (R.), Cours de contentieux administratif, op. cit., Tome I, 865, 868, 881, et en particulier p. 889 et s. et Tome II, p. 381 et 603 ; RIVERO (J.) et WALINE (M.), op. cit., n° 426-1° ; LE MIRE (P.), La stabilité des situations juridiques, AJDA 1980 p. 203 ; SANTULLI (C.), Les droits acquis, RFDA 2001 p. 87 ; FOURNIER, conclusions sur CE Ass., 3 mars 1967, Ministre de la Construction c. Société Behr-Manning, AJDA 1967 p. 530.

affirmation, notamment par les commissaires du Gouvernement, sans plus de précision. Ceci qualifierait l'acte inexistant en particulier[1742]. Il s'agirait d'une absence de droit au maintien d'un acte, ou plus exactement de la situation juridique qu'il a créée car celle-ci est d'une nature telle qu'aucun droit n'a pu en résulter même dans l'esprit d'un individu non versé dans la science juridique car, défiant le bon sens commun, l'acte inexistant est –de manière flagrante– irrégulier. La notion de *« droit non acquis »*, n'est en effet qu'une définition négative de la notion de *« droits acquis »*, laquelle fonde les cas de prohibition du retrait. En d'autres termes, lorsque le juge administratif estime nécessaire de préserver la légalité au détriment de la stabilité des situations juridiques, en raison de l'intensité du vice dont est entaché un acte, il va appliquer un régime juridique particulier à la situation en affirmant qu'elle *« ne pouvait en conséquence conférer de droit acquis »* : de tels actes ne peuvent créer de droits[1743]. Le refus d'accorder un tel droit ne peut donc causer de préjudice[1744].

953.–La théorie des droits acquis est attachée aux effets de l'acte en cause. Le pouvoir du juge est ainsi conforté dans l'application de la théorie de l'inexistence, comme pour tous les autres cas d'actes *« non créateurs de droits » ;* une différence subsiste cependant car les actes inexistants conduisent à s'interroger sur les effets, ou plus exactement sur le défaut d'effets d'un *« non-acte »* et de ceux des actes pris en son application[1745]. La finalité d'un tel mécanisme était, jusqu'à l'arrêt *« Ternon »*, de permettre au requérant de solliciter une disparition rétroactive de l'acte après l'expiration du délai de recours contentieux[1746].

954.–La théorie de l'inexistence constitue donc une situation aux effets particulièrement radicaux pour les droits acquis en particulier. Lorsque l'acte nul devait être initialement une décision individuelle, comme une nomination, cet effet est délicat puisque, en principe, un individu peut acquérir des droits du fait d'un acte non réglementaire ; dans

---

1742 FORTSAKIS (Th.), Conceptualisme et empirisme en droit administratif français, op. cit., p. 313-320 ; BACHELIER, conclusions sur CE, 29 novembre 2002, Assistance publique-Hôpitaux de Marseille, AJDA 2003 p. 234 ; LABETOULLE, conclusions sur CE Sect., 4 mai 1984, Poissonnier, n° 15391 ; VERCLYTTE, conclusions sur CE, 17 juin 2005, M. Louis Gleyo, n° 215761 ; CE Sect., 30 juin 1950, Massonnaud op. cit. ; CE, 18 mars 1998, Khellil, n° 160933.

1743 BRAIBANT (G.) et autres et autres, GAJA, op. cit., commentaire n° 113 sur CE Ass., 31 mai 1957, Rosan Girard : §7 ; LAMY, conclusions sur CE, 24 février 1984, Association professionnelle des magistrats et Springez ; WALINE (M.), note sur CE Sect., 3 février 1956, De Fontbonne, RDP1956 p. 859 et s. ; CE, 13 juillet 1967, Lourmet, p. 309, Tables p. 69. RDP 1968 p. 437 ; WEIl (P.), Une résurrection : la théorie de l'inexistence en droit administratif, D.1958.chron.49.

1744 CE, 5 août 1921, Ladam, p. 820 ; tables p. 29.

1745 AUBY, (J.–M.), L'incompétence ratione temporis. Recherches sur l'application des actes administratifs dans le temps, RDP 1953 p. 26 ; AUVRET (P.), La notion de droit acquis en droit administratif français, RDP 1985 p. 53 à 65 et p. 82 à 88 ; CE, 5 août 1921, Ladam, op. cit. ; CE, 20 avril 1951, Houdaille du Meix, op. cit. ; CE, 17 mars 1954, Dardant, op. cit. ; CE Sect., 3 février 1956, De Fontbonne, op. cit. ; CE, 13 juillet 1967, Lourmet, op. cit. ; Comp. pour un contrat pris en application d'une délibération inexistante CE, 29 décembre 1997, Commune d'Hautmont, op. cit.

1746 TA Lille, 13 mars 2007, M. Groux, n° 0202691 ; comp. CE, 29 novembre 2002, Assistance publique-Hôpitaux de Marseille, p. 414, T. p. 582, AJDA 2003 p. 276 ; note DONNAT (F.) et CASAS (D.), chronique générale de jurisprudence administrative ; RFDA 2003 p. 240, note DELVOLVE (P.), Le cas des actes obtenus par fraude ; RFDA 2003 p. 234, conclusions BACHELIER.

ce cas, passé le délai, il a un droit acquis au maintien de l'acte. Il peut aussi acquérir des droits du fait d'un acte réglementaire mais, en ce cas, il n'acquiert pas de droit au maintien de cet acte[1747]. Plusieurs sortes d'illégalités peuvent être ainsi à l'origine de la déclaration d'inexistence par le juge administratif, et donc du défaut de constitution de droits acquis. Ainsi lorsqu'une mention résulte, à l'évidence, d'une pure erreur matérielle et se trouve à l'origine de l'acte, le juge administratif affirme que celui-ci *« doit être regardé comme étant dépourvu d'existence légale »*. Ainsi, en l'espèce, cet acte ne pouvait faire naître aucun droit au bénéfice du magistrat concerné et pouvait donc être retiré sans que la décision de retrait doive être motivée.

955.–Un acte administratif, qui serait à la fois implicite et inexistant juridiquement, c'est-à-dire dépourvu de *« negotium »*, peut toujours être retiré au motif qu'il n'est pas créateur de droit[1748]. C'est également ce motif qui est invocable pour le retrait d'actes inexistants qui auraient dû revêtir la forme d'actes réglementaires s'ils avaient été légaux. Enfin, est ainsi justifiée la dérogation au principe de la jurisprudence *« Dame Cachet »*. Selon celle-ci, s'il appartient à l'autorité administrative, lorsqu'elle constate qu'une de ses décisions ayant créé des droits est entachée d'une illégalité de nature à en entraîner l'annulation par la voie contentieuse, de prononcer elle-même d'office cette annulation, elle ne peut le faire que tant que les délais du recours contentieux ne sont pas expirés[1749]. Ce régime dérogatoire des actes inexistants est en réalité une conséquence de leur régime contentieux ; en particulier, en tout état de cause, le délai de recours contentieux n'expire jamais pour les actes inexistants.

956.–Le principe en vertu duquel, sous réserve de dispositions législatives ou réglementaires contraires et hormis le cas où il est satisfait à une demande du bénéficiaire, l'administration ne peut retirer une décision individuelle explicite créatrice de droits, si elle est illégale, que dans le délai de quatre mois suivant la prise de cette décision, ne s'applique pas pour les actes inexistants[1750]. Le dernier *« grand arrêt »*, issu d'une longue évolution

---

1747 BRAIBANT (G.) et autres, GAJA, op. cit., commentaire n° 113 §3 et 4 sur CE Ass., 26 octobre 2001, Ternon.

1748 La jurisprudence antérieure « avait exclu toute possibilité de retrait pour les décisions implicites, non portées à la connaissance des tiers » dès l'expiration du délai imparti pour la formation de la décision implicite, même illégale ; CE Sect., 14 novembre 1969, Eve, conclusions BERTRAND ; p. 498 ; AJDA 1969 p. 894, chronique DENOIX DE SAINT MARC (R.) et LABETOULLE (D.) ; RDP 1970 p. 784 note WALINE (M.). Désormais, s'il s'agit de décisions implicites d'acceptation, elles sont régies par l'article 23 de la loi du 12 avril 2000 n° 2000-321, op. cit., selon qu'elles aient fait l'objet ou pas de mesures de publicité : lorsque des décisions implicites ont fait l'objet de mesures de publicité, le régime du retrait n'est possible que pendant un délai de deux mois à compter de la décision, en vertu de l'arrêt « Dame Cachet », et dans le cas contraire, le retrait n'est possible que pendant le délai de deux mois à compter de la décision. En revanche, pour les décisions implicites de rejet, l'autorité administrative peut légalement, dans le délai de recours contentieux, rapporter une décision implicite de rejet illégale créatrice de droits ; CE, 26 janvier 2007, SAS Kaefer Wanner, n° 284605.

1749 CE, 3 novembre 1922, Dame Cachet, op. cit. ; comp. CE Ass., 6 mai 1966, Ville de Bagneux, p. 303 ; chronique PUYSSOCHET (J.–P.) et LECAT (J.–P.) AJDA 1966 p. 485 ; CE Ass., 24 octobre 1997, Mme De Laubier, RFDA 1998 p. 527, conclusions PECRESSE.

1750 CE Ass., 26 octobre 2001, Ternon, p. 497 ; RFDA 2002 p. 77, conclusions SENERS, note DELVOLVE (P.) ; GUYOMAR (M.) et COLLIN (P.) ; AJDA 2002 p. 738, note GAUDEMET (P.) ; DA 2001 n° 253, note MICHALLET (I.) ; LPA 2002 n° 31, note CHALTIEL (F.) ; RGCT 2001

jurisprudentielle en la matière, ne régit pas toutes les situations, ainsi le cas des décisions implicites inexistantes matériellement[1751].

957.–On assiste ainsi à un mouvement itératif. D'un côté, le régime contentieux des actes inexistants se répercute sur leur statut propre ; de l'autre côté, c'est leur régime juridique qui a permis au juge administratif de construire le concept d'inexistence et d'élaborer la théorie juridique des actes inexistants[1752] y compris sur le plan contentieux.

958.–Le Conseil d'État a fixé, dans un arrêt de Section, *« De Fontbonne »*, les règles applicables en la matière[1753]. En l'espèce, l'intéressé demandait l'annulation d'une décision du secrétaire d'État aux forces armées rapportant à la fois plusieurs décisions antérieures acceptant les engagements souscrits par M. De Fontbonne ainsi qu'une décision par laquelle il avait été autorisé à servir par voie d'engagement au-delà de la limite d'âge de son grade. Des dispositions législatives prohibaient de telles prorogations. Le juge administratif a donc rappelé le principe bien établi que les décisions administratives individuelles prises en méconnaissance des règles de limite d'âge des militaires et des fonctionnaires doivent être considérées comme nulles et non avenues. Le juge en a déduit que de tels actes ne sauraient faire naître de droit au profit de l'intéressé. Enfin, conformément au régime inhérent aux décisions inexistantes, le juge a rejeté la demande en cause au motif que l'expiration du délai de recours contentieux n'entraînait pas par voie de conséquence l'expiration du délai du retrait des actes litigieux.

959.–La nature exacte de la décision retirée est donc prise en compte pour déterminer si elle créait, ou non, des droits, étant précisé que le vice d'inexistence fait obstacle à ce que l'intéressé puisse revendiquer un quelconque droit subjectif. Ainsi le juge administratif, en examinant la légalité du retrait d'un acte, vérifie, même d'office, que cet acte, selon la formule consacrée, *« n'est pas entaché d'un vice de nature à le faire regarder comme inexistant »*. Si un tel vice n'est pas constaté et si le délai de retrait est expiré, les droits acquis ne peuvent être remis en cause : l'acte ne peut plus être retiré même s'il est illégal[1754]. Le régime juridique des actes inexistants, tout comme le concept lui-même d'acte inexistant, est défini de manière négative pour satisfaire à une exigence d'empirisme. Ceci empêche, et il convient de le déplorer, de réels éclaircissements sur *« ce qui est »*[1755]. Au fond, le juge se borne à déclarer qu'un acte est ou n'est pas inexistant. Il n'indique pas

---

p. 1183 ; note LAQUIEZE (A.). BRAIBANT (G.) et autres, GAJA, op. cit., commentaire n° 113.

1751 PARIENTE (A.), Vers une clarification du régime de retrait des décisions implicites d'acceptation ? (Article 23 de la loi du 23 avril 2000 relative aux droits des citoyens dans leurs relations avec les administrations), RFDA 2001 n° 3, p. 653 et s.

1752 BRAIBANT (G.) et autres et autres, GAJA, op. cit., commentaire n° 113 sur CE Ass., 31 mai 1957, Rosan Girard : Voir §6 et 7.

1753 CE Sect., 3 février 1956, De Fontbonne, op. cit.

1754 GAZIER (F.) et LONG (M.), chronique générale de jurisprudence administrative, note sur CE, 18 décembre 1953, Welter, CE, 22 janvier 1954, Pacha et CE, 17 mars 1954, Dardant, AJDA 1954 p. 5.

1755 FORTSAKIS (Th.), Conceptualisme et empirisme en droit administratif français, op. cit., p. 354 ; CE, 22 janvier 1954, Pacha, op. cit. ; WEIL (P.), Une résurrection : la théorie de l'inexistence en droit administratif, op. cit. ; comp. VEDEL (G.), La juridiction compétente pour prévenir, faire cesser ou réparer la voie de fait, JCP(G) 1950.I.851.

quels éléments constituent l'inexistence ou empêchent qu'elle soit constituée. C'est là un attitude *« tactique »* car elle permet un recours purement pragmatique à une notion rendue parfaitement malléable.

960.–Le Conseil d'État a appliqué la jurisprudence *« De Fontbonne »* à des situations comparables. Par exemple, il l'a appliquée à un membre du personnel d'un centre hospitalier mis à la retraite à une date postérieure à celle à laquelle il avait atteint la limite d'âge de son emploi[1756] ; pareillement, il l'a fait dans le cas de la nomination d'un auxiliaire départemental au-delà de la limite d'âge applicable. De telles décisions, prises uniquement en faveur d'agents publics, en méconnaissance de la situation née de la rupture du lien qui les unissent au service, sont inexistantes[1757].

961.–Dans certaines décisions, le juge ne prononce l'inexistence qu'implicitement en mentionnant que l'acte en cause n'a pu créer aucun droit au profit de l'intéressé et que, de ce fait, il pourra être rapporté à tout moment. Il en est ainsi notamment lorsque l'existence de l'acte contrevient à la solution apportée par une décision de justice antérieure[1758] ou bien lorsque l'acte n'aurait jamais dû être pris car il se trouve entaché d'une illégalité évidente[1759]. L'acte administratif peut donc, selon le juge, disparaître de l'ordonnancement juridique comme s'il n'avait jamais existé. De là il résulte qu'il peut être retiré par l'administration à tout moment. Le retrait est envisagé comme le rétablissement de l'État de droit : le juge administratif entend neutraliser les effets d'un acte administratif dont la légalité est si viciée qu'elle fait obstacle à son existence. Ceci explique que cet acte peut être rapporté à tout moment car il doit disparaître sans qu'aucune conséquence de droit ne puisse en découler.

B. Un régime juridique distinct de celui applicable aux actes frauduleux

962.–Lors de la formation de la jurisprudence relative à la légalité du retrait, le juge administratif a distingué les actes frauduleux des actes inexistants.

963.–La fraude a, le plus souvent, son origine, non dans les actions ou les actes de l'administration, mais dans l'action des administrés alors que l'inexistence résulte des agissements, ou des décisions mêmes, de l'administration. L'identification de la fraude ou de l'inexistence, permet d'atteindre le même objectif : autoriser le retrait de décisions théoriquement définitives[1760]. Ainsi, lorsque l'administration a commis une erreur car elle n'a pas eu connaissance d'informations à la date où elle a pris certaines décisions, du fait des manœuvres intentionnelles de l'intéressé ou de tiers, et que ces manœuvres sont à l'origine d'une telle erreur, il y a fraude. En revanche, lorsque ces mêmes décisions reposent sur de simples erreurs manifestes (*de la part de l'administration*), le juge administratif pourra les déclarer inexistantes. Il fera de même, par exemple, pour des

1756 CE, 31 mai 1957, Chavannaz, n° 65788.
1757 CE, 13 juillet 1967, Lourmet, op. cit.
1758 CE, 18 mars 1998, Khellil, op. cit.
1759 CE, 28 décembre 2005, Richevaux, op. cit.
1760 CHAPUS (R.), Droit administratif général, Tome I, op. cit., n° 1346-2 ; ODENT (R.), Cours de contentieux administratif, op. cit., Tome I, 887-889.

décisions administratives attribuant des indemnités en réparation de dommages de guerre et le cas est vraiment limite. L'administration était dans l'ignorance des clauses de contrats de location passés entre la compagnie requérante et les armateurs, exonérant cette compagnie de la réparation du dommage causé par la perte pour faits de guerre du matériel loué par ladite compagnie. Les éléments de comptabilité de la société permettaient d'établir que la reconstitution des biens sinistrés avait commencé immédiatement après les différents sinistres[1761]. Il en a été jugé de même pour le président d'un SDIS, qui, estimant que la directrice adjointe avait utilisé ses fonctions pour s'attribuer dans l'organigramme un emploi d'administrateur territorial, pouvait légalement retirer l'arrêté par lequel il l'avait nommée en cette qualité (*mais en tant que stagiaire*) car une telle décision devait être considérée comme nulle de plein droit, et non frauduleuse[1762]. Le juge administratif s'est également prononcé en ce sens au sujet de la mention du nom d'un magistrat sur un décret de nomination à la suite d'une erreur matérielle commise lors de la préparation du décret, par les services du ministère de la justice, qui ont soumis à la signature du Président de la République un autre projet que celui qui avait recueilli l'avis conforme du Conseil supérieur de la magistrature. Celui-ci, en effet, n'avait pas été saisi de la proposition de nomination du magistrat en question. Il a été jugé qu'un tel acte doit être regardé comme dépourvu d'existence légale car il constitue un simple document préparatoire qui ne fait naître aucun droit au bénéfice du magistrat concerné[1763].

964.–Certaines décisions de justice semblent assimiler les notion d'acte inexistant et d'acte frauduleux, mais en réalité il s'agit de la réponse de la formation de jugement aux conclusions en ce sens du requérant, qui, dans certains mémoires, fait un amalgame entre les concepts d'inexistence et de fraude. Par exemple, le Conseil d'État a jugé, à propos de décisions par lesquelles le préfet de La Réunion a ordonné le retrait d'un passeport pour délivrer un sauf-conduit, que le préfet ne pouvait légalement se fonder sur le motif qu'un tel acte aurait été obtenu de manière frauduleuse pour procéder au retrait du passeport de l'intéressé, alors qu'il ressort des pièces du dossier que ce dernier était, à la date des actes attaqués, titulaire d'un certificat de nationalité française et qu'aucune décision juridictionnelle n'avait contredit ledit certificat. La Haute juridiction a, à cette occasion, précisé que les décisions attaquées, sans avoir le caractère d'actes inexistants, étaient illégales[1764].

965.–Les actes frauduleux et les actes inexistants ont des régimes qui comprennent certaines caractéristiques communes. Toutefois, il est aisé de distinguer ces deux théories sur la base de la double différence opposant ces deux catégories d'actes. L'acte frauduleux est toujours intentionnellement irrégulier et il est le plus souvent le résultat de manœuvres, de scénarii, conçus par un administré et donc extérieurs à l'autorité administrative auteur de la décision entachée de fraude. Au contraire, l'acte inexistant n'est pas nécessairement

1761 CE, 12 mai 1976, Compagnie radio-maritimes, Tables p. 543 ; GALABERT conclusions sur CE Sect., 18 novembre 1986, Ministre des travaux publics c. Silvani, n° 66124, AJDA p. 222.
1762 TA Amiens, 4 mai 2004, Picard, AJDA 2004 p. 238.
1763 CE, 28 décembre 2005, Richevaux, op. cit.
1764 CE, 31 janvier 1992, Ministre de l'intérieur, c. Karim, n° 122009.

intentionnellement irrégulier le plus souvent et il est le fait de l'autorité publique de décision.

966.–En premier lieu, l'administration est obligée de motiver la décision de retrait d'un acte obtenu par fraude, conformément à la législation en vigueur[1765] alors que la décision qui retire un acte inexistant n'a pas à l'être[1766]. En effet, si les actes administratifs qui retirent une décision créatrice de droit doivent, en principe, être motivés, il n'en n'est pas de même lorsque l'acte retiré est un acte inexistant. Étant *« nul et non avenu »* ou *« nul et sans effet »*, il est déclaré comme n'étant pas créateur de droit et ne produit pas d'effet, sa suppression n'a pas donc pas à être motivée[1767].

967.–De même, le fait qu'un acte soit frauduleux, contrairement à ce qui passe pour un acte inexistant, ne vicie pas *« ipso facto »* et nécessairement les autres actes pris en son application. En pratique cependant, l'annulation du premier acte entraînera fréquemment, par voie de conséquence, celle des actes pris sur son fondement[1768], mais ce n'est là qu'un fait non inhérent à la théorie, à la différence de ce qui se produit en cas d'actes inexistants.

968.–En second lieu, en ce qui concerne les actes administratifs obtenus par fraude, il *« incombe à l'ensemble des autorités administratives de tirer les conséquences légales de cet acte aussi longtemps qu'il n'y a pas été mis fin »*. La situation semblerait très différente pour les actes inexistants puisque l'administration a l'obligation de refuser de les appliquer[1769], mais en réalité elle présente de réelles similitudes[1770].

969.–En troisième lieu, cependant, la certitude qu'un acte a été obtenu par fraude ne place pas l'autorité administrative en situation de compétence liée pour retirer la décision obtenue frauduleusement[1771], hormis le cas particulier de l'atteinte à l'autorité de la chose jugée. En effet, il incombe à l'administration, dans une telle hypothèse, de prendre les mesures nécessaires pour faire disparaître de l'ordonnancement juridique l'acte obtenu frauduleusement. Il ne lui sera donc pas possible de s'en prévaloir pour refuser de faire droit à une demande liée à un droit découlant dudit acte tant qu'il demeure en vigueur ; la fraude ne s'étendant pas aux actes pris ultérieurement[1772]. Au contraire, la compétence de

---

1765 CE, 25 avril 1990, Mme Figuerèo et Bernachy, op. cit.

1766 CE, 21 février 1997, Ministre de l'éducation nationale et de la culture c. Romano, op. cit. ; CE, 28 décembre 2005, Richevaux, op. cit.

1767 Loi du 11 juillet 1979 relative à la motivation des actes administratifs et à l'amélioration des relations entre l'administration et le public, op. cit.

1768 DUPEYROUX (Ch.), La régularisation des actes nuls, thèse Toulouse, 1972, LGDG, §233 ; CE, 19 janvier 1983, Dalanson, DA 1983 n° 84 ; CE Sect., 12 décembre 1986, Tshibangu, p. 279 ; RFDA 1987 p. 419, conclusions BONICHOT AJDA 1987 p. 87, chronique Azibert (M.)et de Boisdeffre (M.).

1769 CE, 5 août 1921, Ladam, op. cit. ; CE, 6 février 1948, Bonfanti, op. cit. ; CE Sect., 30 juin 1950, Massonnaud, p. 400.

1770 CE, 17 mai 1999, Epoux Ferrari, T. p. 944 et 1043 ; CE, 29 novembre 2002, Assistance publique-Hôpitaux de Marseille, op. cit.

1771 CE Ass., 10 février 1961, Sieur Chabran, op. cit.

1772 CE Sect., 5 décembre 1997, Ovet, AJDA 1994 p. 107, chronique GIRARDOT (T.–X.) et RAYNAUD (F.).

l'administration est complètement liée s'agissant de retirer un acte déclaré *« nul et non avenu »* ou *« nul et de nul effet »*, même si le délai légal est expiré[1773].

970.–Il convient de noter toutefois qu'une jurisprudence minoritaire estime qu'une autorité administrative a la faculté de ne pas tirer les conséquences légales d'un acte entaché de fraude, entré en vigueur, et qui n'a pas encore fait l'objet d'un retrait, d'une abrogation ou d'une annulation. Cette jurisprudence est essentiellement fondée sur une question d'opportunité. De là résulte un rapprochement du régime des actes frauduleux avec celui des actes inexistants. Il est arrivé que le juge envisage qu'une autorité administrative puisse ne pas appliquer l'acte frauduleux tout comme s'il s'agissait d'un acte inexistant. Il a donc refusé d'annuler des décisions administratives refusant d'appliquer un acte administratif bien qu'il soit encore formellement en vigueur, le juge estimant que son caractère frauduleux empêcherait son application ; par là, l'acte frauduleux est traité comme s'il était inexistant[1774]. Le but de cette jurisprudence est de faire obstacle aux droits éventuels que pourrait prétendre en tirer l'intéressé.

971.–Il existe plusieurs exemples d'application de cette jurisprudence. Ainsi un préfet, lors de l'examen d'une demande de carte de résident présentée par le conjoint étranger d'un ressortissant de nationalité française, doit refuser à l'intéressé la carte de résident, s'il est établi que le mariage a été contracté dans le but exclusif d'obtenir un titre de séjour[1775]. De même, un maire peut ordonner d'interrompre des travaux entrepris irrégulièrement, sur la base d'un permis de construire obtenu à la suite de manœuvres frauduleuses ayant induit l'administration en erreur. Un tel acte n'a pu acquérir de caractère définitif ni créer de droits au profit de son bénéficiaire[1776]. Pareillement lorsqu'un agent a volontairement induit en erreur le maire de sa nouvelle commune d'affectation sur sa rémunération réelle dans son affectation antérieure, ce dernier peut légalement reconstituer la carrière de l'intéressé sans tenir compte des dispositions de l'arrêté du maire de l'ancienne commune bien que ce dernier n'ait pas été rapporté par son auteur[1777]. Il convient également de mentionner que le retrait des actes frauduleux doit respecter la procédure contradictoire imposée par les textes (*la loi du 11 juillet 1979 modifiée et complétée*)[1778], alors que tel n'est pas le cas pour le retrait des actes inexistants.

1773 Comp. pour les conséquences à tirer d'une annulation en matière de retrait : CE Sect., 3 novembre 1995, Velluet ; AJDA 1996 p. 215, conclusions SCHWARTZ ; AJDA 1997 p. 952, chronique GIRARDOT (T.–X.) et RAYNAUD (F.) ; CE, 10 octobre 1997, Lugan, AJDA 1997 p. 952, conclusions PECRESSE, chronique GIRARDOT (T.–X.) et CHAVAUX (D.) ; LPA 1998 n° 20, p. 10, note PELISSIER (G.).

1774 BACHELIER, conclusions sur CE, 29 novembre 2002, Assistance publique-Hôpitaux de Marseille, op. cit. ; DONNAT (F.) et CASAS (D.), chronique générale de jurisprudence administrative, AJDA 2003 p. 276 ; CE Sect., 18 novembre 1986, Ministre des travaux publics c. Silvani, n° 66124 ; AJDA p 222, conclusions GALABERT ; CE, 29 juin 1998, Yepou-Matongo, tables p. 951.

1775 CE Sect. Avis, 9 octobre 1992, Abihilali, p. 363 ; RFDA 1993 p. 175, conclusions ABRAHAM ; AJDA 1992 p. 794, chronique MAGÜE (Ch.) et SCHWARTZ (R.).

1776 CE, 17 mars 1976, Todeschini, p. 157.

1777 CE, 10 mars 1976, Baillet, tables p. 753.

1778 Loi du 11 juillet 1979 relative à la motivation des actes administratifs et à l'amélioration des relations entre l'administration et le public, op. cit. ; CE ord., 30 mai 1994, Préfet de la Haute-Savoie c. Mme Diallo épouse Kamanga, p. 736.

972.–En revanche, comme les actes inexistants, les actes frauduleux ne créent pas de droits et peuvent être retirés ou abrogés, hors des délais classiques en la matière[1779] car ils sont considérés comme n'acquérant jamais un caractère définitif pour les uns et sont susceptibles d'être contestés pendant trente ans pour les autres. Lorsque le juge administratif doit examiner la légalité du retrait d'une décision devenue définitive, il vérifie si l'acte en cause retiré est frauduleux ou inexistant ; la première hypothèse ne pouvant être prononcée d'office. Et lorsque l'administration, elle-même, déclare un acte nul et de nul effet, susceptible par conséquent d'être rapporté par elle à l'expiration du délai de recours, le juge administratif va contrôler s'il constitue bien un acte inexistant voire, si cela est invoqué, un acte obtenu par fraude[1780].

973.–L'acte frauduleux, pris par une autorité incompétente ne peut être retiré que par celle qui aurait été compétente pour édicter un tel acte s'il avait été légal, sauf si entre temps la compétence pour prendre l'acte frauduleux *« primitif »* a changé : en ce cas le retrait doit émaner de l'autorité nouvellement compétente[1781]. La doctrine emploie traditionnellement la formule *« l'acte dont il a l'apparence »*[1782]. Certes, il serait possible en toute logique que l'acte inexistant soit retiré par tout intéressé ou par tout agent de l'administration voire du même service. Cependant, en pratique, ce ne peut pas être le cas car il s'ensuivrait un *« brouillage »* des compétences qui porterait atteinte à la sécurité juridique et à la marche générale des administrations.

974.–En ce qui concerne l'abrogation, qui ne fait disparaître l'acte que pour l'avenir, elle permet à l'administration de s'adapter à des situations nouvelles, ce qui implique que la seule limite de l'abrogation est la prise en compte des droits acquis[1783]. Or, en ce qui

---

1779 Pour les actes frauduleux : NASRI (A.), De quelques problèmes posés par le retrait des actes administratifs, LPA 25 avril 2000, p. 4 et s. voir II/B ; CE, 12 avril 1935, Sarovitch, tables p. 77 ; CE Sect., 17 juin 1955, Silberstein, p. 335 ; CE Ass., 10 février 1961, Sieur Chabran, op. cit. ; CE, 10 mars 1976, Baillet, op. cit. ; CE Sect., 18 novembre 1986, Ministre des travaux publics c. Silvani, op. cit. ; CE Sect., Avis, 9 octobre 1992, op. cit. ; CE, 29 juin 1998, Yepou-Matongo, op. cit. ; pour l'inexistence CE, 20 mars 1896, Commune d'Auxy, op. cit. ; CE, 9 mai 1990, Commune de Lavaur c. Lozar, op. cit. ; CE, 29 novembre 2002, Assistance publique–Hôpitaux de Marseille, op. cit. ; CAA Marseille, 6 décembre 2005, Lequette, op. cit. ; TA Amiens, 4 mai 2004, Picard, AJDA 2004 p. 238.

1780 CE, 27 octobre 1961, Commune du Moule, p. 920, AJDA 1962 p. 355, note C. M.

1781 DELVOLVE (P.), note sur CE, 29 novembre 2002, Assistance publique-Hôpitaux de Marseille et CE Sect., 6 novembre 2002, Mme Soulier, Le cas des actes obtenus par fraude, RFDA 2003 p. 240 ; CE Sect., 7 octobre 1994, Joly, AJDA 1994 p. 863, chronique de TOUVET (L.) et STAHL (J.–H.). ; CE, 3 avril 2006, Syndicat intercommunal à vocation unique de l'Amana, n° 285656.

1782 CROUZATIER-DURAND (F.), La fin de l'acte administratif unilatéral, thèse Toulouse, 2002, Editions L'Harmattan, 2003, p. 45-95 ; CE, 29 décembre 1997, Commune d'Hautmont, n° 139317, table, p. 710 ; conclusions GOULARD.

1783 CHAPUS (R.), Droit administratif général, Tome I, op. cit., nos 886 et 1338 ; DELVOLVE (P.) et VEDEL (G.), Droit administratif, p. 306 et 313 ; GAUDEMET (Y.), DE LAUBADERE (A.), Traité de droit administratif, Droit administratif général, organisation et action de l'administration, la juridiction administrative, n° 1380 et s. ; ODENT (R.), Cours de contentieux administratif, op. cit., Tome I, p. 276, 333 et s., 869, 895, 985, Tome II, p. 308-319 ; RIVERO (J.) et WALINE (M.), op. cit., n° 428 ; CAROTENUTO (S.), La disparition non contentieuse des actes administratifs, contribution à la théorie du retrait et de l'abrogation des actes administratifs, thèse, Aix, 2000, 458 p. ; AUBY (J.–M.), L'abrogation des actes administratifs, AJDA 1967 p. 131 et s. ; NOGUELLOU (R.), L'abrogation des actes administratifs non réglementaires créateurs de droit, DA

concerne les actes inexistants comme les actes frauduleux, une telle prise en considération est exclue, ce qui implique que leur abrogation est possible sans prise en considération de délai[1784]. Cependant, il est certain que l'abrogation d'un acte inexistant est impossible. Certes, il serait possible d'imaginer la disparition d'un acte inexistant seulement pour l'avenir dans la mesure où le juge administratif parviendrait à le *« vider de son venin »* en neutralisant tout ses effets. Mais une telle abrogation reviendrait à poser une limite injustifiée à la théorie des actes inexistants. En effet, la validité d'un acte inexistant est tellement viciée que la disparition de ses effets ne peut être que rétroactive. Il tombe sous le sens qu'un acte qui est censé n'avoir jamais existé ne pourrait être abrogé uniquement pour l'avenir. Au contraire, on l'a dit, une telle possibilité existe pour les actes frauduleux car à la différence des actes inexistants, ils ont été adoptés en fait et en droit, ont acquis une réelle *« apparence »* et doivent donc être appliqués tant qu'ils n'ont pas été retirés ou abrogés[1785].

975.–Il pourrait, cependant, paraître possible de décider que le retrait des actes inexistants se limite au cas des opérations dites *« uniques »* et que l'abrogation serait applicable aux *« opérations continues »*, du moins dans l'hypothèse où l'*« acte inexistant »* est bien entré en vigueur (*nomination pour ordre, ou dépassement de l'âge requis, ou lorsque l'intéressé a occupé pendant un certain temps ses fonctions par exemple*)[1786]. En réalité toutefois, la constatation d'un tel acte comme inexistant entraînera *« ipso facto »* l'inexistence des actes d'application : l'acte de même nature pris pour l'application d'un acte inexistant est lui-même inexistant[1787]. Cependant, il est constant que lorsqu'un acte pris en application d'un acte inexistant est entré en vigueur dans l'ordonnancement juridique, il peut créer des droits acquis[1788]. Tel est le cas, par exemple, de la nomination d'un tiers dans le poste qu'occupait le bénéficiaire de la nomination pour ordre avant celle-ci. En principe, comme l'acte est censé ne jamais avoir existé, la décision individuelle devrait être aussi retirée ; or, tel n'est pas le cas car une fois le délai de retrait écoulé, l'acte intrinsèquement

---

2003 p 6 et s. ; CE Ass., 26 octobre 2001, Ternon, op. cit., commentaire n° 113 §9.

1784 CE, 29 novembre 2002, Assistance publique-Hôpitaux de Marseille, op. cit.

1785 AUBY (J.–M.), L'influence du changement de circonstances sur la validité des actes administratifs unilatéraux, RDP 1959 p. 431 ; CE, 10 janvier 1930, Despujol, D.1930.III.16, note P.-L. J. ; D.1930.III.41, note ALIBERT ; CE Sect., 30 novembre 1990, Les Verts, RFDA 1991 p. 571, conclusions POCHARD ; CE Ass., 3 février 1989, Compagnie Alitalia, p. 44 ; RFDA.1989 p. 391, conclusions CHAHID-NOURAI et notes BEAUD (O.) et DUBOUIS (L.) ; AJDA 1989 p. 387, note FOUQUET (O.), RTDE 1989 p. 509, note VERGES ; BRAIBANT (G.) et autres, GAJA, op. cit., commentaire n° 95 ; CE Sect., 30 novembre 1990, Les Verts, RFDA 1991 p. 571, conclusions POCHARD.

1786 AUVRET (P.), La notion de droit acquis en droit administratif français, RDP 1985 p. 87 ; CE, 15 mai 1981, Maurice et Pruvost, op. cit.

1787 CE, 5 août 1921, Ladam, op. cit. ; CE, 20 avril 1951, Houdaille du Meix, op. cit. ; CE, 17 mars 1954, Dardant, op. cit. ; CE Sect., 3 février 1956, De Fontbonne, op. cit. ; CE, 13 juillet 1967, Lourmet, op. cit. ; Comp. pour un contrat pris en application d'une délibération inexistante CE, 29 décembre 1997, Commune d'Hautmont, op. cit. ; CE, 10 novembre 1999, Préfet de la Drôme, op. cit.

1788 CHAPUS (R.), Contentieux administratif, op. cit., nos 1217 et s., Les conséquences des jugements de condamnations ou d'annulation.

régulier qui a nommé ce tiers, précisément parce qu'il est régulier en lui-même, devient définitif. L'acte inexistant est donc inopposable en ce cas aux tiers[1789].

§. 2 La couverture du vice d'inexistence

976.–Certaines théories en droit administratif font obstacle à la déclaration de l'inexistence d'un acte, ceci pour garantir la sécurité juridique dans l'intérêt des administrés (*A*), Par ailleurs, la mise en œuvre de certains régimes de *« crise »* empêche le vice d'inexistence d'entacher l'acte administratif du fait de la distorsion temporaire de la légalité (*B*).

A. La théorie des fonctionnaires de fait, *« hors temps de crise »* et les lois de validation

977.–Les cas d'inexistence tirés de l'incompétence, et plus exactement de l'usurpation de pouvoir, peuvent être couverts en cas d'application de la théorie des fonctionnaires de fait, afin de mettre en échec l'effet rétroactif de l'annulation d'une nomination ou de la nullité de la déclaration des actes inexistants. La jurisprudence a ainsi posé le principe qu'un fonctionnaire irrégulièrement nommé aux fonctions qu'il occupe doit être regardé comme légalement investi de ces fonctions tant que sa nomination n'a pas été annulée par voie d'action ou par voie d'exception et que ses actes seront valides. Plus précisément, ses actes ne seront pas invalides en tant qu'ils émanent d'un auteur irrégulièrement nommé ; naturellement, ils devront, en outre, satisfaire aux conditions habituelles de régularité caractérisant les actes juridiques administratifs. Il doit être alors regardé comme légalement investi[1790].

978.–En d'autres termes, la théorie des fonctionnaires de fait consiste à considérer des actes administratifs comme émanant d'un auteur compétent, alors même que celui-ci a été en réalité nommé de manière irrégulière du fait d'une investiture (*promotion ou affectation*) illégale voire inexistante, telles que les nominations pour ordre. Ladite théorie est également appliquée dans l'hypothèse où une personne qui n'a jamais été nommée (*un usurpateur*) peut édicter des décisions qui seront considérées comme légales alors que les actes qu'il prend devraient être en principe déclarés inexistants. Enfin, cette théorie n'est pas limitée aux seuls emplois des agents régis par le statut général de la fonction publique car elle peut être utilisée pour purger les vices des actes pris par une personne exerçant une fonction publique mais qui n'a jamais eu compétence pour les édicter, comme les actes des autorités élues au niveau local[1791] ; l'une des premières applications de la théorie des fonctionnaires de fait fut d'ailleurs la célèbre affaire des mariages de Montrouge, déclarés

1789 TOMKIEWICZ (V.), La protection du tiers dans le contentieux de la légalité des actes administratifs individuels créateurs de droit, RDP 2006 p. 1275 et s. ; WALINE (M.), note sur CE Sect., 3 février 1956, De Fontbonne, RDP 1956 p. 859 et s.

1790 CE Sect., 16 mai 2001, Préfet de Police c. Mtimet, AJDA 2001 p. 647, note LEGRAND (A.) ; DA 2001 n° 178, note LAURENT (M.-L.), RDP 2001 p. 645, note PRETOT (X.), RDP 2002 p. 714, observations GUETTIER (C.).

1791 CE, 13 mars 1968, Election du maire et des adjoints de Talasani, p. 180 ; CE, 17 mai 1974, Election municipale de Camelas, p. 292.

régulièrement célébrés bien qu'ils le fussent par un conseiller municipal qui n'avait pas reçu une délégation régulière à cet effet[1792].

979.–Cette théorie peut intervenir, hors période dite de crise, sur la base de l'idée d'apparence, et en période exceptionnelle sur celle de la nécessité. Il s'agit d'une application de l'adage *« error communis facit jus »* qui est la garantie pour les tiers d'être protégés contre le défaut de droit, ou le défaut de pouvoir, d'une prétendue autorité administrative. Ainsi, lorsqu'une personne exerce un droit sans titre, une fonction sans qualité et passe aux yeux de tous, par suite d'une erreur irréversible, comme détenant la légitimité juridique, ceux qui ont traité avec elle, ou recouru à son office sont considérés comme ayant eu recours à une autorité administrative compétente.

980.–Il s'agit donc essentiellement de garantir la sécurité juridique contre l'effet absolu de la chose jugée en excès de pouvoir[1793]. La particularité contentieuse étant qu'une annulation pour cause de caractère inexistant d'une nomination, promotion ou affectation irrégulière, n'aura pas l'effet rétroactif classique en cas d'application de la théorie des fonctionnaires de fait puisque les actes seront néanmoins reconnus comme légaux et exemptés de tout vice[1794].

981.–M. Weil précise que ce domaine de non-rétroactivité est une victoire du fait sur le droit permettant, en ce qui concerne les actes accomplis par un agent, un processus élaboré dans l'intérêt légitime des tiers et des lois du service public qui doivent prédominer sur la légalité[1795].

982.–Ce mécanisme s'applique sans qu'existent de réels critères de distinction. Il est utilisé *« in concreto »* par le juge administratif, au cas par cas, c'est-à-dire de façon on ne

---

1792 Cass. Civ. 7 août 1883, S.1884.I.5, note LABBE (J.E.) et observations du conseiller Monod ; CE, 8 février 1995, Mme Robert, DA 1995 n° 279 ; CE, 21 novembre 1934, Nicod, p. 1087.

1793 Voir pour une critique implicite de cette théorie : BEQUET (L.), Répertoire du droit administratif, Tome XVI, op. cit., Voir Fonctionnaires publics, §144 et notes 1, 3 et 23.

1794 BONNARD (R.), Précis de droit administratif, 1940, LGDJ, 3ème éd., p. 104 ; CHAPUS (R.), Droit administratif général, Tome I, op. cit., nos 1221 1°) et 1276 3°) ; DELVOLVE (P.) et VEDEL (G.), Droit administratif, 12ème éd., 1992, PUF ; Tome II, p. 304-305 et 352-353 ; GAUDEMET (Y.), DE LAUBADERE (A.), Traité de droit administratif, Droit administratif général, organisation et action de l'administration, la juridiction administrative, Tome I, op. cit., nos 1286 à 1291 ; JEZE (G.), Cours de droit public, Théorie générale de la fonction publique, les fonctionnaires de fait, l'entrée au service public (nomination, élection, tirage au sort), l'avancement, op. cit., p. 248 et s. ; Odent (R.), Cours de contentieux administratif, op. cit., fascicule n° 3, p. 955, note 2 ; voir aussi fascicule n° 4, p. 1792-1794 ; voir le commentaire n° 32 sur CE, 28 juin 1918, Heyriès, voir en particulier §4 c) in BRAIBANT (G.) et autres, GAJA, op. cit. ; LEGRAND (A.), Incompétence, op. cit., §51 à 58 ; voir pour le rejet d'une telle théorie en ce qui concerne les gouvernements de fait, les délégations et les actes frauduleux : LAFERRIERE (E.), Traité de la juridiction administrative et des recours contentieux, op. cit., Tome I, p. 478 ; DE LAUBADERE (A.), Traité de droit administratif, Droit administratif général, organisation et action de l'administration, la juridiction administrative, Tome I, op. cit., nos 1292-1293 ; GALABERT conclusions sur CE Sect., 18 novembre 1986, Ministre des travaux publics c. Silvani, n° 66124 ; JEZE (G.), Gouvernement de fait, RDP 1927 p. 620 ; CE, 10 janvier 1951, Descours, p. 12, JCP(G) 1951.II.6053 ; CE, 27 octobre 1961, Commune du Moule, op. cit. ; Comp. ODENT (R.), Cours de contentieux administratif, op. cit., fascicule n° 4, p. 1793-1794.

1795 WEIL (P.), Conséquence de l'annulation d'un acte administratif, thèse Paris 1952, p. 212-227.

peut plus pragmatique. Au surplus, les concepts eux-mêmes n'étant pas définis avec précision, ni utilisés avec rigueur dans les différentes espèces (*incompétence, inexistence, nomination pour ordre, nomination irrégulière et annulée qui tend au détournement de pouvoir mais non déclarée inexistante,...*), la constatation que de tels vices sont validement couverts est elle-même assez empirique. Il n'est donc possible que de dégager quelques principes directeurs de la politique jurisprudentielle lorsqu'elle déclare *« purgé »* le vice d'inexistence. De façon générale, il est beaucoup plus difficile d'obtenir une décision en ce sens que s'il s'agissait de déclarer légal un acte administratif simplement illégal. En effet, la théorie des fonctionnaires de fait est une notion purement fonctionnelle qui, appliquée à celle de l'inexistence, revient à tempérer un autre mécanisme tout aussi fonctionnel. La théorie des fonctionnaires de fait, en tant que dérogation à celle de l'inexistence, permet donc une modulation des effets radicaux de cette nullité par voie de conséquence, comme elle permet de remettre en cause le principe de rétroactivité en cas d'annulation d'un acte administratif unilatéral. Elle a probablement été, historiquement, l'une des toutes premières et des plus spectaculaires illustrations de ce qui deviendra, au plus tard, le pouvoir de modulation du juge dans le prononcé des annulations contentieuses. En somme, à l'instar de M. Jourdain pour la prose, le juge administratif *« faisait »* de la modulation plusieurs décennies avant les arrêts *« AC ! »*, *« France Télécom »*, *« Techna »* ou *« Société Tropic »*.

983.–Le vice d'inexistence, présenté comme étant nécessairement grave et manifestement illégal, se trouve donc couvert par l'apparence de la légalité, non en ce qui concerne la décision initiale mais pour les actes qui en procèdent[1796]. Le cas peut-être le plus topique étant celui des nominations pour ordre car de tels actes (*déclarés nuls et de nul effet, ou nul et non avenus*) devraient entraîner comme conséquence que soient déclarés également nuls et de nul effet, les actes pris par l'agent en cause. Or dans certaines hypothèses, les actes pris par une autorité incompétente ne peuvent être annulés et donc encore moins déclarés inexistants[1797]. Par exemple, s'il est certain que l'arrêté de nomination d'un magistrat de l'ordre judiciaire a le caractère d'une nomination pour ordre et que, de ce fait, il est nul et non avenu, tout comme l'arrêté l'affectant dans un tribunal de grande instance, en revanche, les décisions de justice auxquelles cet agent a participé ne seront pas pour autant inexistantes ni même simplement nulles *« ipso facto »*[1798]. Demeure la problématique de la position du juge administratif dans des cas où les conséquences se révéleraient plus graves que de laisser perdurer certains actes : si suite à la nullité d'un acte A, il était demander à l'administration de retirer l'acte B en tant que conséquence de la déclaration d'inexistence, un refus pourrait entraîner la saisine du juge de l'exécution afin de lui faire contrôler la nullité, par voie de conséquence de l'acte B.

1796 Cf. la lex Barbarius, D. I. 14.3 in DEROUSSIN (D.), Le sujet de croire dans l'ancien droit français, op. cit., 540 p.

1797 PRADA-BORDENAVE conclusions sur CE Sect., 16 mai 2001, Préfet de Police c. Mtimet ; ROUX conclusions sur CE Ass., 2 décembre 1983, Charbonnel, p. 474, AJDA 1984 p. 76 ; STAHL, conclusions sur CE Sect., 30 avril 2003, Syndicat professionnel des exploitants indépendants des réseaux d'eau et d'assainissement ; VERCLYTTE, conclusions sur CE, 17 juin 2005, M. Louis Gleyo, n° 215761.

1798 CE, 15 mai 1981, Maurice et Pruvost, op. cit.

984.–La théorie des fonctionnaires de fait constitue un obstacle à la déclaration d'inexistence par voie de conséquence. Ce mécanisme ressemble à celui de l'annulation par voie de conséquence. Toutefois, les deux systèmes connaissent une différence. Dans le cas d'un recours en excès de pouvoir, l'annulation d'une décision administrative n'entraîne également l'annulation d'une décision subséquente que si cette dernière a elle même fait l'objet d'un recours en annulation. En ce qui concerne les actes inexistants, outre le fait qu'il s'agit d'un moyen que le juge peut relever d'office, la nullité par voie de conséquence des décisions prises sur leur fondement est systématique[1799].

985.–La jurisprudence actuelle a ensuite étendu aux organismes collégiaux *« mal composés »* la théorie des fonctionnaires de fait[1800]. Ainsi un requérant ne sera pas fondé à se prévaloir de ce que l'élection du bureau d'un conseil général a été annulée par jugement devenu définitif, pour soutenir que les délibérations qui ont eu lieu sous la présidence de membres de ce bureau, sont irrégulières. En effet un individu irrégulièrement élu aux fonctions qu'il occupe au sein de ce bureau doit être regardé comme légalement investi de ces fonctions tant que son élection n'a pas été annulée[1801]. Cette jurisprudence pourrait sembler en contradiction avec le principe rappelé auparavant, en vertu duquel sont inexistants les actes pris par des autorités administratives de fait qui interviennent, en dehors de toutes périodes de troubles, dans un domaine échappant en principe totalement à leur compétence (*organismes qui se substituent à l'organe normalement compétent, organes non légalement constitués car composés irrégulièrement*[1802]). En réalité, la contradiction se lève aisément par le fait qu'ici il y a une apparence. Il s'agit cependant toujours d'une question d'espèce.

986.–Les actes inexistants peuvent être aussi *« validés »* par l'intervention d'une loi[1803]. Il convient de distinguer la loi de validation qui vise à modifier rétroactivement la

---

1799 CHAPUS (R.), Contentieux administratif, op. cit., §1251 à 1260 ; ERSTEIN (L.), SIMON (O.), L'exécution des décisions de justice, op. cit., §19 à 40 ; WEIL (P.), Conséquence de l'annulation d'un acte administratif, op. cit., p. 161-174 ; BRAIBANT (G.), Remarques sur l'efficacité des annulations pour excès de pouvoir, EDCE, 1961, n° 15, p. 53 MOSSOT (J.), Portée et conséquences de l'annulation par le juge d'un acte administratif, EDCE, 1979-1980, n° 31, p. 111.

1800 Voir contra ODENT (R.), Cours de contentieux administratif, op. cit., fascicule n° 4, p. 1793 ; DELVOLVÉ (G.), Chose jugée, Encyclopédie de contentieux administratif, éd. Dalloz, 1985, §92 ; CE Ass., 9 décembre 1966, Berland, p. 651 ; CE Sect., 18 octobre 1968, Vacher-Desvernais, p. 494, AJDA 1969 p. 168, note DURAND-PRINBORGNE.

1801 CE Ass., 2 décembre 1983, Charbonnel, p. 474, conclusions ROUX, AJDA 1984 p. 76, chronique LASSERRE (B.) et DELARUE (J.–M.), Gaz. Pal. 1984.I.169, note POUJADE (B.), RDP 1985 p. 825, note DE SOTO (J.).

1802 CE, 10 janvier 1908, Legouez, p. 8 ; CE, 28 juillet 1911, Sieur Gillot, p.887, conclusions PICHAT ; Tables p. 29 ; CE, 18 mars 1921, Viandier et Gaubert (deux espèces), p. 329 ; CE Sect., 28 octobre 1932, Lafitte et autres, p. 882 ; note de MESTRE (A.), S.1933.III.65 ; CE, 8 décembre 1982, Commune de Dompierre-sur-Besvre, op. cit. ; CE, 9 novembre 1983, Saerens, p. 453, Tables p. 98 n° 311 ; CE, 7 octobre 1994, Ville de Narbonne c. Madame Arditi, p. 427, RDP 1995 p. 251, conclusions SAVOIE ; AJDA 1995 p. 159, observation de HECQUARD-THERON (M.).

1803 CHAPUS (R.), Droit administratif général, Tome I, op. cit.,§1032-1518-1° ; DELVOLVE (P.) et VEDEL (G.), Droit administratif, op. cit., p. 252 ; GAUDEMET (Y.), DE LAUBADERE (A.), Traité de droit administratif, Droit administratif général, organisation et action de l'administration, la juridiction administrative, Tome I, op. cit.,§. 1179-1 et s. ; ODENT (R.), Cours de contentieux

légalité d'un acte antérieur et la loi ordinaire qui est susceptible de rendre un acte futur légal alors qu'à défaut, il aurait été regardé comme inexistant par le juge administratif. Ainsi, en cas de maintien en service d'un agent au-delà de la limite d'âge, la mesure d'intégration sera toujours nulle et de nul effet sauf si une disposition législative autorise une telle mesure[1804].

987.–Plus précisément, comme pour les actes administratifs illégaux, les actes inexistants peuvent être purgés de tout vice par une validation législative dont le régime est encadré par les jurisprudence, aujourd'hui assez largement concordantes, du Conseil constitutionnel, de la Cour européenne des droits de l'Homme[1805], de la Cour de Cassation et du Conseil d'État. Une telle validation doit être justifiée soit par des exigences constitutionnelles impérieuses, soit par des motifs d'intérêt général suffisants comme la stabilité des situations juridiques, sous réserve, notamment, du respect des décisions de justice ayant force de chose jugée et du principe de non rétroactivité des peines et des sanctions. De plus, l'acte validé ne doit méconnaître aucune règle, ni aucun principe de valeur constitutionnelle, sauf si le but d'intérêt général visé par la validation est lui-même de valeur constitutionnelle. Enfin, la portée de la validation doit être strictement définie, sous peine de méconnaître l'article 16 de la Déclaration de 1789 et l'article 6 §. 1. de la Convention européenne de sauvegarde des droits de l'Homme et des libertés fondamentales. Le Conseil constitutionnel vérifie que la conciliation opérée n'est pas manifestement déséquilibrée. De même, le législateur doit définir strictement la portée de la validation qu'il opère, en indiquant le motif précis d'illégalité dont il entend purger l'acte contesté, sans toutefois méconnaître le droit à un recours juridictionnel effectif[1806].

988.–Il convient de préciser qu'il serait souhaitable que la loi de validation soit *« préventive »,* ceci pour éviter que le juge ne remette en question par voie d'exception un acte inexistant. Le Conseil d'État a posé le principe d'une part que de telles dispositions législatives n'avaient pas pour effet de rendre, par elles-mêmes, nulle et non avenue une décision de justice, d'autre part qu'une telle dérogation à la légalité devait être interprétée de manière restrictive. Dès lors, si la loi de validation a pour effet de purger un vice tenant à

administratif, op. cit., Tome I, p. 172-235-236-292-956-989 et s. et Tome II, p. 98-101-103 et 612 et s. ; RIVERO (J.) et WALINE (M.), op. cit.,§. 674.

1804 CE, 5 juillet 1978, Ministère délégué à l'Economie et aux Finances et Ministère d'État, Ministre de l'intérieur c. Alavandane Ramassamy, op. cit.

1805 CC, 22 juillet 1980, Décision n° 80-119 DC, Validation d'actes administratifs, p. 46, FAVOREU (L.) et PHILIP (L.), Les grandes décisions du Conseil Constitutionnel, Paris, Dalloz, 2003, 12ème éd., commentaire n° 29 ; CC, 13 janvier 2005, Décision n° 2004-509 DC, Loi de programmation pour la cohésion sociale ; Recueil, p. 33 ; JO du 19 janvier 2005, p. 896 ; CEDH, 28 octobre 1999, Zielinsky, Pradal et Gonzales c. France, n° 248446/94 et s.

1806 LESAGE (M.), Les interventions du législateur dans le fonctionnement de la justice, thèse Lille 1958, LGDJ, 1960, 337 p. ; MATHIEU (B.), Les « validations » législatives. Pratique législative et jurisprudence constitutionnelle, thèse 1985, Economica, 1999, 392 p. ; MILANO (L.), Les lois rétroactives, illustration de l'effectivité du dialogue des juges, RFDA 2006 p. 447 ; PERROT (D.), Validation législative et actes administratifs unilatéraux, RDP 1983 p. 983 ; CE, 12 février 1997, Syndicat nationale des inspecteurs des affaires sanitaires et sociales, n° 180780 ; CE Ass., 5 décembre 1997, Mme Lambert, p. 460 ; CE, 8 juin 1998, Coordination départementale pour la « deux fois deux voies » et l'autoroute et autres, n° 178561 à 178563, 178577-178578 ; CE, 2 novembre 2005, Association Baie de la Moselle et Van Petegem, n° 260922.

une illégalité déterminée, tous les actes qui en sont atteints sont purgés. Cependant cette loi n'a pas pour conséquence de mettre ces actes à l'abri du contrôle juridictionnel portant sur les autres aspects de leur légalité. Le juge administratif peut retenir un autre vice à l'encontre de l'acte en cause ou des mesures prises sur son fondement[1807]. On imagine quelles seraient les conséquences d'un acte dont une illégalité simple aurait été validée mais dont le juge administratif aurait découvert, par la suite, qu'il comporte un vice susceptible de le faire déclarer inexistant.

B. La modulation du principe de la légalité dans la mise en œuvre d'un *« régime de crise »*

989.–Les effets de l'incompétence peuvent se trouver couverts par l'existence de *« circonstances exceptionnelles »*, cette situation permettant à une personne incompétente de décider valablement en lieu et place de celle qui aurait été compétente, ou de faire considérer comme régulièrement prises des mesures émanant de personnes étrangères à l'administration, fussent-elles constitutives d'une voie de fait, en application d'un régime qui se trouve constituer un prolongement de la théorie des fonctionnaires de fait. Plus précisément, les circonstances exceptionnelles modifient les règles classiques relatives à la légalité externe et interne des actes administratifs mis en conformité avec les pouvoirs exceptionnels en cause[1808]. Il s'agit d'un mécanisme qui s'inscrit dans le cadre plus large de l'exception d'urgence[1809]. Cependant, il ne semble pas que la doctrine sur la distinction entre les circonstances exceptionnelles et l'urgence, telle qu'elle a été envisagée par certains auteurs, ait une incidence sur le contrôle du juge de l'illégalité, puisqu'il sera toujours exercé *« in concreto »* et tiendra compte de ce fait du caractère des événements en cause[1810].

1807 CE, 24 mars 1982, Boyer, p. 129 ; CE, 4 décembre 1985, Ministre de l'intérieur et de la décentralisation, n° 61774 ; CE, 25 septembre 1987, Binet, p. 293 ; CE, 15 février 1999, Ministre de la santé publique et de l'assurance maladie, n° 172372.

1808 CHAPUS (R.), Droit administratif général, Tome I, op. cit., §1221 2°) et 1278 ; DELVOLVE (P.) et VEDEL (G.), Droit administratif, op. cit., p. 45 et 202 et s. ; GAUDEMET (Y.), De Laubadére (A.), Traité de droit administratif, Droit administratif général, organisation et action de l'administration, la juridiction administrative, Tome I, op. cit.,§1249 et s., 1530 ; ODENT (R.), Cours de contentieux administratif, op. cit., Tome I, p. 293 et s., 340, 356, 414, 431, et 484, Tome II, p. 296, 333, 399, 482 ; RIVERO (J.) et WALINE (M.), op. cit.,§. 333 à 337 ; CE, 27 octobre 1961, Commune du Moule, op. cit. ; CE Ass., 2 décembre 1983, Charbonnel, p. 474, conclusions ROUX (M.), AJDA 1984 p. 76, chronique LASSERRE (B.) et DELARUE (J.–M.) ; CE Sect., 16 mai 2001, Préfet de Police c. Mtimet, n° 231717.

1809 FRIER (P.–L.), L'urgence, thèse Paris, LGDJ, 1987, p. 240-241 ; GABOLDE (Ch.), Essai sur la notion d'urgence en droit administratif français (Les pouvoirs d'urgence de l'administration), thèse Paris, 1951, 122 p. ; MESTRE (A.), Le Conseil d'État, protecteur des prérogatives de l'administration (Etude sur le recours pour excès de pouvoir), thèse, Paris, LGDJ, 1974, p. 223-232 ; NIZARD (L.), Les circonstances exceptionnelles dans la jurisprudence administrative, thèse, Paris, LGDJ, 1962, p. 66-68 et Livre III en particulier, p. 82 et s. ; ROIG (Ch.), Les circonstances exceptionnelles dans le jurisprudence et la doctrine, thèse Paris, 1958, 262 p. ; GABOLDE (C.), L'exception d'urgence en droit administratif, D.1952.chron.41 ; LEGRAND (A.), Incompétence, op. cit., §59 à 64 ; MATHIOT (A.) La théorie des circonstances exceptionnelles, Mélanges Mestre, Paris, Sirey, 1956, p. 413 et s. ; VAN DER STICHELE (A.), La notion d'urgence en droit public, Bruylant, Bruxelles, 1987, 149 p.

1810 CHAPUS (R.), Droit administratif général, Tome I, op. cit.,§. 1221-2°, 1275 ;1278, 1288, 1324, 1358-3° ; HAURIOU (M.), Précis de droit administratif et de droit public, 12ème éd., Dalloz, 2002,

990.–Mais est-il possible de considérer qu'un acte normalement inexistant pourrait être, dans certains cas, déclaré légal en raison d'une urgence absolue ou impérieuse ? L'application du régime des circonstances exceptionnelles justifie, en principe, la méconnaissance des règles de fond, de procédure et de forme mais peut-il couvrir le vice d'inexistence ?

991.–Lorsqu'un tel vice (*empiètement sur la compétence d'une autre autorité administrative, une usurpation de pouvoir*[1811]), surgit en méconnaissance d'un fondement textuel, le juge préférera utiliser l'illégalité tirée de la violation d'une base légale, ou d'une règle de forme plutôt que de recourir à la notion prétorienne d'inexistence[1812], surtout si la base textuelle en cause prévoit elle-même une dérogation en cas de circonstances exceptionnelles[1813]. Il se produit une sorte de *« neutralisation de l'inexistence »*, qui n'est invocable que sous certaines conditions, et notamment à défaut de dispositions textuelles[1814]. En outre, encore plus que pour la théorie des fonctionnaires de fait, en cas de circonstances exceptionnelles, le juge administratif n'appliquera pas l'inexistence puisque le vice aussi grave et manifestement illégal qu'il soit, sera couvert. La *« couverture »* ainsi envisagée intervient au moment de la contestation, au contentieux, de l'acte initial, et non au moment de l'inexistence ou de la déclaration d'inexistence par voie de conséquence. Mais, comme pour l'illégalité, il n'est pas certain qu'une telle théorie priverait d'effet le vice d'inexistence dont l'acte est entaché car le vice demeure ; simplement, en raison des circonstances exceptionnelles, il est sans influence sur la validité de l'acte ; ce qui revient à donner des effets à un acte inexistant. La protection de l'illégalité n'est ici que provisoire puisque sa durée est directement liée à celle desdites circonstances exceptionnelles. Une fois celles-ci disparues, l'acte, s'il demeure en vigueur, sera déclaré illégal et, s'il est inexistant, il sera déclaré nul et de nul effet ou nul et non avenu.

992.–Cette solution est la transposition du cas de figure qui s'est posé pour les nullités de plein droit dont certaines constituaient des cas d'inexistence[1815].

---

p. 582 ; ODENT (R.), Cours de contentieux administratif, op. cit., Tome I, p. 295-299-431 et Tome II, p. 540 ; RIVERO (J.) et WALINE (M.), op. cit.,§. 333 et 423 ; GABOLDE (Ch.), Essai sur la notion d'urgence en droit administratif français (Les pouvoirs d'urgence de l'administration), op. cit., 122 p. ; NIZARD (L.), Les circonstances exceptionnelles dans la jurisprudence administrative, op. cit., p. 113-121 ; HAURIOU (M.), note sur CE, 28 février 1919, Dames Dol et Laurent, p. 208 ; S.1918-1919.III.33 ; Voir contra ODENT (R.), Cours de contentieux administratif, op. cit., Tome I, p. 299 et p. 431 2).

1811 CE, 6 novembre 1953, Ville de Saint-Valéry-sur-somme, p. 470 ; CE, 22 janvier 1965, Consorts Alix, p. 44.

1812 CE, 22 novembre 1918, Samuel, nos 59379-59382 ; CE, 16 mai 1941, Courrent, p. 89 ; CE Sect., 10 novembre 1944, Auvrey, p. 291 ; CE, 28 mars 1947, Crespin, p. 142 ; CE Sect., 24 mai 1968, Mencière, n° 61921 ; CE Sect., 5 octobre 1979, Chambre d'agriculture de la Charente, p. 362, D.1979.IR.544, observations DELVOLVE (P.) ; CE, 28 septembre 1990, Territoire de la Polynésie française, n° 93240.

1813 CE, 18 juin 1971, Ministre des affaires étrangères c. Mourer, n° 82567.

1814 PEANO (D.), Jurisclasseur administratif, 27 novembre 2006, Fasc. 1150, Recours pour excès de pouvoir - contrôle de la légalité externe, §69.

1815 CE Ass., 16 avril 1948, Laugier, p. 161 ; S.1948.III.36, conclusions LETOURNEUR.

993.–Ainsi l'arrêt Casanova précise que si un conseil municipal peut, dans des circonstances exceptionnelles, intervenir pour assurer des soins médicaux aux habitants qui en sont privés, il ne peut, en l'absence de toute circonstance de cette nature et dans une commune où exercent deux médecins, allouer un traitement annuel à un médecin communal chargé de soigner gratuitement tous les habitants pauvres ou riches indistinctement ; ainsi une telle délibération qui a pour objet l'inscription d'une dépense au budget de la commune, peut être déclarée nulle de droit[1816]. Cette jurisprudence sera confirmée par la suite au sujet de subventions légales allouées à une société coopérative de boucherie par un conseil municipal[1817]. *« A contrario »*, en cas de circonstances exceptionnelles, la déclaration de nullité du préfet sera annulée, comme dans l'hypothèse où une délibération a été déclarée nulle à tort[1818]. Ensuite, dans un arrêt *« Lecocq »*, le Conseil d'État a été saisi d'un recours en annulation contre une décision implicite de rejet du préfet refusant de déclarer nulle une délibération du conseil municipal de Fécamp, ratifiant une délibération antérieure du comité local d'administration de ladite ville tout en la purgeant pour l'avenir du vice qui l'entachait, et contre cette dernière décision elle-même. En l'espèce, il s'agissait d'une taxe spéciale sur toutes les recettes des commerçants, créée par un *« ersatz »* du conseil municipal (*quelques membres présents et des personnalités locales*). En effet, les circonstances exceptionnelles faisaient obstacle à une réunion normale des conseillers municipaux avec le quorum adéquat. Le juge administratif ne se prononcera pas sur la légalité elle-même de la décision envisagée objectivement, mais en appréciant des circonstances elles-mêmes et la proportionnalité des mesures nécessaires pour le rétablissement d'une situation légale[1819]. Un autre exemple est fourni dans un arrêt *« Commune de Labastide-Saint-Pierre »*, le juge administratif y affirme qu'un conseil municipal peut, sans excéder ses pouvoirs, empiéter sur les attributions du bureau de bienfaisance ou d'assistance pour allouer un secours à un habitant victime d'événements calamiteux car un tel acte exceptionnel d'assistance ne constitue pas une usurpation sur les attributions des bureaux de bienfaisance et d'assistance[1820]. Si la délibération en cause avait été rendue hors période de troubles[1821] par un organisme incompétent, elle aurait pu être déclarée inexistante par application de la jurisprudence traditionnelle en la matière[1822].

1816 CE, 29 mars 1901, Casanova, p. 333, S.1902.III.73 note HAURIOU (M.) ; BRAIBANT (G.) et autres, GAJA, op. cit., commentaire n° 8.

1817 CE, 6 mars 1914, Syndicat de la boucherie de la ville de Châteauroux, n° 48885.

1818 CE, 29 avril 1904, Commune de Messe, n° 10084.

1819 JEZE (G.), CE Ass., 7 janvier 1944, Lecocq, et CE, 24 décembre 1943, Devaux, RDP 1944 p. 322 et s., voir en particulier p. 336-338 et 351-352.

1820 CE, 26 décembre 1908, Commune de Labastide-Saint-Pierre, n° 26332.

1821 CE, 10 janvier 1908, Legouez, p. 8 ; CE, 28 juillet 1911, Sieur Gillot, p. 887, conclusions PICHAT ; t. p. 29 ; CE Sect., 28 octobre 1932, Lafitte et autres, p. 882 ; note de MESTRE (A.), S.1933.III.65 ; CE, 8 décembre 1982, Commune de Dompierre-sur-Besvre, op. cit. ; CE, 9 novembre 1983, Saerens, p. 453, Tables p. 98 n° 311 ; CE, 7 octobre 1994, Ville de Narbonne c. Madame Arditi, p. 427, RDP 1995 p. 251, conclusions SAVOIE ; AJDA 1995 p. 159, observation de HECQUARD-THERON (M.).

1822 SAVOIE, conclusions sous CE, 7 octobre 1994, Ville de Narbonne c. Madame Arditi, RDP 1995 p. 251 ; CE Ass., 7 janvier 1944, Lecocq, et CE, 24 décembre 1943, Devaux, note JEZE (G.), RDP 1944 p. 322, note CHARLIER, JCP(G) 1944.II. 2663.

994.–Les circonstances exceptionnelles feront obstacle à ce que le juge administratif procède à l'examen classique de la légalité et par là-même au contrôle de la validité de l'acte administratif tel qu'il est envisagé en *« période normale »*.

995.–Cette théorie peut moduler la sanction de l'illégalité et donc de l'inexistence. Ainsi la jurisprudence en matière d'épuration administrative révèle plusieurs hypothèses de décisions prises par des organismes sans existence légale qui ne seront pas déclarées inexistantes par le juge mais simplement annulables pour incompétence, ou comme intervenues suivant une procédure irrégulière, sans qu'il puisse être certain que dans un même cas, en période normale, les actes de ce même type auraient été déclarés inexistants[1823]. En effet, les décisions de justice ne mentionnent pas que le dispositif est motivé par l'existence d'une période de trouble. De plus la distinction entre l'illégalité simple et l'inexistence relève du pouvoir du juge administratif au travers de sa politique jurisprudentielle en la matière.

996.–Le juge administratif ne va pas, en revanche, vérifier la réalité *« in concreto »* des risques encourus ou des atteintes à l'ordre public, ce qui reviendrait à une appréciation de l'opportunité des actes administratifs, mais se bornera à un constat global de la nécessité du rétablissement de l'ordre public en contrôlant l'appréciation de l'urgence faite par l'autorité qualifiée puisqu'elle est titulaire de pouvoirs plus étendus susceptibles de faire déclarer valides des actes qui en période normale ne le seraient pas[1824].

997.–Ce qui est certain c'est que l'appréciation de la légalité durant des circonstances exceptionnelles connaît des distorsions et que de ce fait, soit l'inexistence peut être *« tolérée »* soit elle ne constitue qu'une illégalité simple.

998.–La théorie des circonstances exceptionnelles n'est pas sans limite puisqu'elle ne joue que lorsque quatre conditions cumulatives sont remplies[1825]. Donc, par exemple, des nominations qui contreviennent aux règles applicables en la matière doivent toujours être justifiées par l'intérêt du service ; dans le cas contraire, le juge administratif les sanctionne pour illégalité[1826]. Il n'est donc pas inenvisageable que de tels actes soient constitutifs de

---

1823 CE, 10 février 1950, Philippeau, tables p. 178 ; CE, 28 avril 1954, Génil-Perrn, tables p. 179 ; CE, 1er octobre 1954, Bigeard, tables p. 179 ; CE, 21 octobre 1959, Jegon, tables p. 248.

1824 ABRAHAM, conclusions sur TC, 21 juin 1993, Préfet de la Corse du Sud, n° 2866.

1825 CE, 28 juin 1918, Heyriès, S.1922.III.49, note HAURIOU (M.) ; BRAIBANT (G.) et autres, GAJA, op. cit., commentaire n° 32.

1826 CE, 5 janvier 1972, Sieur Tabinet, n° 75213 ; CE, 16 juin 1972, Dame Le Marre et autres nos 82228-82973-82275 ; CE Ass., 21 juillet 1972, Union interfédérale des syndicats de la préfecture de la police et de la sûreté nationale, n° 75225, p. 584 ; CE, 18 janvier 1974, Sieur Calendini, n° 83175 ; CE, 10 novembre 1978, Union professionnelle des cadres administratifs supérieurs des services extérieurs de la construction, p. 440 ; CE, 14 décembre 1979, Neumeier, n° 01361 ; CE, 15 avril 1983, Ancelin et autres, n° 17160 ; CE, 16 octobre 1987, Syndicat autonome des enseignants de médecine, nos 57895-58715-58760-58761-63579-87379 ; CE, 21 octobre 1988, Secrétaire d'État auprès du Ministre des PTT et du tourisme, chargé des PTT, n° 75623 ; CE, 28 juin 1989, Ministre de l'Intérieur c. Donnadieu et autres, n° 85193 ; CE Ass., 27 octobre 1989, Cottrel, n° 95511 ; CE Ass., 27 octobre 1989, Fédération CGT des services publics, n° 95714 ; CE, 9 novembre 1994, Confédération nationale des groupes autonomes de l'enseignement public, T.p. 761 ; CE Ass., 28 juin 2002, Chaumet, n° 223212 ; CE, 25 octobre 2004, Hennequin,

nominations pour ordre et déclarés inexistants, même dans le cadre de circonstances exceptionnelles.

999.–C'est également le raisonnement qu'il est possible d'envisager pour des décisions prises par une autorité de fait dont le juge administratif souligne qu'elles ne sont pas étrangères à la compétence légale de l'autorité initiale[1827]. Si la théorie des circonstances exceptionnelles permet de couvrir le vice d'inexistence, ce n'est que sous la réserve que les limites propres à ce régime d'exception soit elles-mêmes respectées.

1000.–La théorie des circonstances exceptionnelles justifie ainsi des actes qui, pris à une autre période que durant des troubles, auraient été reconnus comme constitutifs d'une voie de fait et donc susceptibles d'être déclarés nuls et non avenus[1828]. Ainsi l'exécution d'office cesse d'en être une comme dans l'hypothèse de l'état d'urgence[1829]. Il convient de remarquer que le juge administratif va d'abord rechercher s'il y a eu, ou non, constitution de la voie de fait puis si cette notion peut être écartée. C'est-à-dire qu'il va contrôler si dans l'espèce en cause il y a lieu d'appliquer un des cas de dérogation au régime en cause, notamment s'il y a urgence et/ou circonstances exceptionnelles, ou bien encore si un texte légal l'autorise. Dans l'affirmative, cela fait obstacle à la déclaration de l'inexistence et, eu égard aux circonstances exceptionnelles, les mesures sont déclarées légales. Au contraire, si la période de circonstances exceptionnelles est terminée, les décisions ou agissements administratifs sont des voies de fait, sources d'inexistence. Cependant, en temps de crise, le juge administratif ne déclarera jamais qu'une décision devrait être nulle et non avenue pour ensuite décider qu'en l'occurrence, elle est légale[1830].

1001.–Un contrôle juridictionnel revêtant les mêmes modalités peut être effectué sur des actes susceptibles d'être déclarés inexistants en cas de survenance d'un autre régime juridique d'exception fondé sur un texte, tels l'état de siège[1831], le régime de l'état d'urgence[1832] et les pouvoirs de crise du Président de la République[1833]. En ces cas, la

n° 237908.

1827 CE Sect., 5 mars 1948, Marion, p. 113 ; 1948.III.53, note CALON.

1828 CE Sect., 13 novembre 1953, Sieur Vidal, op. cit.

1829 APPLETON (J.), Traité élémentaire du contentieux administratif (compétence-juridictions-recours), op. cit., §. 128 ; TC, 2 décembre 1902, Société immobilière de Saint-Just, op. cit. ; BRAIBANT (G.) et autres, GAJA, op. cit., commentaire n° 11 §2 2°) ; TC, 8 avril 1935, Société d'Action française, op. cit. ; BRAIBANT (G.) et autres, GAJA, op. cit., commentaire n° 49 §5.

1830 TC, 19 mai 1954, Office publicitaire de France, p. 703 ; JCP(G) 1954.II.8382, note RIVERO ; TC, 27 mars 1952, Dame de la Murette, op. cit. ; TC, 4 novembre 1996, Préfet de la Guadeloupe c. Mme Vanius, n° 03036 ; TC, 4 novembre 1996, Préfet de la Guadeloupe c. Mme Robert, n° 03035 ; CE, 28 février 1919, Dames Dol et Laurent, p. 208 ; S.1918-1919.III.33, note HAURIOU (M.) ; RDP 1919 p. 338 note JEZE (G.), note HAURIOU (M.) ; BRAIBANT (G.) et autres, GAJA, op. cit., commentaire n° 34 ; CE. Ass., 7 novembre 1947, Alexis et Wolff, p. 416 ; S.1948.III.10, conclusions CELIER ; D.1948.472, note EISENMANN ; JCP(G) 1947.II.4006, conclusions CELIER, note MESTRE ; CE Sect., 10 octobre 1969, Consorts Muselier, op. cit. ; CE, 18 mai 1983, Rodes, p. 199 ; AJDA 1984 p. 44, note MOREAU (J.).

1831 Lois des 9 août 1849 (DP 1949.IV.135) et 3 avril 1878 (DP 1978.IV.27), relatives à l'état de siége, modifiées ; Article 36 de la Constitution du 4 octobre 1958.

1832 Loi du 3 avril 1955 (D. 1955.151), modifiée ; CAILLE (P.), L'état d'urgence, la loi du 3 avril 1955, entre maturation et dénaturation, RDP 2007 p. 323.

1833 Article 16 de la Constitution du 4 octobre 1958.

mesure litigieuse ne serait pas constitutive d'une illégalité aggravée et donc ne serait pas dite inexistante.

1002.–Le Conseil d'État a posé le principe, dans son arrêt *« Rubin de Servens »*, que lorsqu'une décision du Président de la République, prise dans le cadre de l'article 16 de la Constitution porte sur des matières législatives, il ne lui appartient pas d'en connaître. En revanche, si la matière dans laquelle elle a été prise est réglementaire, il est compétent pour connaître de sa légalité[1834]. Ainsi, si le juge administratif considère que la mesure prise est inexistante, mais de nature législative, il ne la censurera pas même si elle est grave et manifestement inconstitutionnelle ou inconventionnelle. Ce qui a conduit la doctrine à s'interroger sur la portée d'une telle jurisprudence qui rend quasiment impossible un contrôle de l'inexistence légale[1835].

1003.–En ce qui concerne l'état de siège qui peut être déclaré en cas de péril imminent résultant d'une guerre étrangère ou d'une insurrection à main armée[1836], les pouvoirs des autorités administratives font obstacle, comme pour les circonstances exceptionnelles à ce que certaines illégalités qui auraient pu constituer des cas d'application de l'inexistence soient déclarées comme telles[1837]. Les arrêts du Conseil d'État ne sont pas très nombreux en la matière[1838]. L'appréciation par le juge administratif de la légalité des actes administratifs ne se fera qu'en fonction des nécessités du rétablissement de l'ordre public.

1004.–Enfin, l'état d'urgence peut être déclaré, soit en cas d'atteintes graves à l'ordre public, soit en cas de calamités publiques, sur tout ou partie du territoire.

1005.–Dans l'état d'urgence, le juge administratif vérifie si les mesures prévues par le décret portant application de l'état d'urgence sont légalement justifiées par les troubles à l'ordre public constatés. S'il n'a exercé qu'un contrôle sur l'erreur manifeste jusqu'en 2005[1839], désormais, le juge administratif exerce un contrôle d'adéquation qui lui permet

---

1834 CE Ass., 2 mars 1962, Rubin de Servens, p. 143 ; JCP(G) 1962.II.12613, conclusions HENRY ; AJDA 1962 p. 214, chronique GALABERT et GENTOT, D. 1962.chron.109 MORANGE (G.) ; JCP(G) 1962.I.1711 ; chronique LAMARQUE ; RDP 1962 p. 288, note BERLIA ; S.1962.147, note BOURDONCLE ; BRAIBANT (G.) et autres, GAJA, op. cit., commentaire n° 82.

1835 RIVERO (J.) et WALINE (M.), Droit administratif, op. cit., §. 330, in fine.

1836 CHAPUS (R.), Droit administratif général, Tome I, op. cit.,§. 1273 ; DELVOLVE (P.) et VEDEL (G.), Droit administratif, op. cit., p. 507 ; GAUDEMET (Y.), DE LAUBADERE (A.), Traité de droit administratif, Droit administratif général, organisation et action de l'administration, la juridiction administrative, Tome I, op. cit.,§. 1522 à 1526 ; HAURIOU (M.), Précis de droit administratif et de droit public, 12ème éd., Dalloz, 2002, p. 583 et s. ; ODENT (R.), Cours de contentieux administratif, op. cit., Tome I, p. 303 et 311 ; RIVERO (J.) et WALINE (M.), op. cit.,§. 331 ; CE ord., 21 novembre 2005, Boisvert, n° 287217.

1837 Voir infra.

1838 CE, 10 août 1917, Berthezet, p. 636 ; CE, 2 février 1918, Martinne et autres, n° 53943 ; CE, 9 août 1918, Abbés Le Sann et Pichon, n° 62280 ; CE, 28 février 1919, Dames Dol et Laurent, op. cit.

1839 CE, 28 juin 1918, Heyriès, op. cit. ; voir notamment commentaire n° 32 §9 in BRAIBANT (G.) et autres, GAJA, op. cit. ; CE, 25 juillet 1985, Dagostini, p. 226 ; AJDA 1985 p. 558, conclusions LASSERRE ; CE Ass., 16 décembre 1985, Dame Bourokba, p. 596 ; D.1986.392, note DRAGO (R.) ; CE ord., 14 novembre 2005, Rolin, n° 286835 ; CE ord., 21 novembre 2005, Boisvert, op. cit. ; CE ord., 9 décembre 2005, Mme Allouache et autres, n° 287777 ; CE ord.,

d'examiner si les mesures prises sont légalement justifiées. Seule, en fin de compte, semble plus difficile à constater l'inexistence d'une décision administrative puisque le niveau requis pour sanctionner l'illégalité d'un acte est plus élevé et a comme conséquence que le prononcé de l'inexistence d'un tel acte demeure très théorique dans ce régime de crise[1840].

Section 2 La spécificité du régime contentieux

1006.–L'étude de la délimitation du pouvoir juridictionnel dans le cadre du contrôle d'un acte inexistant (*§. 1.*) permet d'appréhender la transversalité de la notion d'inexistence au regard de la classification bipartite des recours contentieux (*§. 2.*).

§. 1 La procédure contentieuse en matière d'inexistence

1007.–La procédure contentieuse en matière d'inexistence revêt, du fait même du caractère inexistant allégué, des traits singuliers, qu'il s'agisse des règles contentieuses (*A*) ou du caractère du contrôle opéré par le juge administratif (*B*).

A. Le particularisme des règles applicables

1008.–L'action en contestation du caractère inexistant est, d'une part, soustraite à toute condition de délai et, d'autre part, dominée par le caractère de moyen d'ordre public qui est celui du moyen tiré de l'inexistence.

1009.–Un acte inexistant peut être contesté sans conditions de délai devant le juge de l'excès de pouvoir[1841]. Il s'agit là d'une exception posée à la règle classique en la matière, liée aux nécessités de la stabilité des situations juridiques et du respect des droits acquis. Ce sont les deux limites au contrôle temporel du juge en excès de pouvoir[1842]. Le délai de droit commun ne s'impose donc pas aux actes inexistants. Ceci résulte en grande partie de la

---

20 décembre 2005, Meyet, n° 288253 ; CE ord., 24 mars 2006, Rolin et Boisvert, AJDA 2006 p. 1033, chronique LANDAIS (C.) et LENICA (F.)

1840 TC, 8 avril 1935, Société d'Action française, op. cit. ; CE, 19 mai 1933, Benjamin, p. 541 ; S.1934.III.1, conclusions MICHEL et note MESTRE (A.) ; D.1933.III.354, conclusions MICHEL ; BRAIBANT (G.) et autres, GAJA, op. cit., commentaire n° 47 ; CE Ass., 24 juin 1960, Société Frampar et société France éditions et publications, p. 412, conclusions HEUMANN ; RDP 1960 p. 815, conclusions HEUMANN ; AJDA 1960 p. 154, chronique COMBARNOUS et GALABERT ; D.1960.744, note ROBERT ; JCP(G) 1960.II.11743, note GOUR ; S.1960.348, note DEBBASCH (Ch.) ; BRAIBANT (G.) et autres, GAJA, op. cit., commentaire n° 80 ; CE, 20 décembre 1967, Ministre de l'intérieur c.Fabre-Luce, n° 71383 ; CE, 25 juillet 1985, Dagostini, op. cit.

1841 CE Ass., 31 mai 1957, Rosan Girard, op. cit. ; CE, 15 mai 1981, Maurice et Pruvost, op. cit. ; CE, 28 février 1986, Commissaire de la République des Landes, op. cit. ; CE Sect., 9 novembre 1990, Fléret, op. cit.

1842 CHAPUS (R.), Droit administratif général, Tome I, op. cit., n° 1204 ; CHAPUS (R.), Contentieux administratif, op. cit., n° 705 ; DELVOLVE (P.) et VEDEL (G.), Droit administratif, op. cit. ; Tome I, p. 263 et 578 ; GAUDEMET (Y.), DE LAUBADERE (A.), Traité de droit administratif, Droit administratif général, organisation et action de l'administration, la juridiction administrative, n° 1228 ; HAURIOU (M.), Précis de droit administratif et de droit public, 4ème éd., op. cit., p. 305 ; ODENT (R.), Cours de contentieux administratif, op. cit., Tome I, p. 763 ; RIVERO (J.) et WALINE (M.), Droit administratif, op. cit., n° 429 ; AUBY (J.–M.), La théorie de l'inexistence des actes administratifs, thèse, op. cit., p. 287 à 289 ; TRAMONI (J.–J.), L'acte, le juge et les délais, RJJ 2000, p. 255 et s.

transposition du mécanisme instauré pour les nullités de droit, tout au moins en ce qui concerne l'inexistence juridique car, en ce qui concerne l'inexistence matérielle, il semble évident qu'un recours contre un acte ne peut commencer à courir, au mieux, qu'à compter du moment où l'acte existe[1843]. Ainsi le Conseil d'État a jugé qu'un décret nul qui n'a pas été attaqué dans le délai du recours pour excès de pouvoir alors fixé à compter de son insertion au Bulletin des lois, peut être néanmoins contesté[1844].

1010.–Le recours *« à tout moment »* contre de tels actes est donc une modulation du délai contentieux, trop rigoureux dans sa brièveté. On sait que l'exception d'illégalité fut la première manifestation[1845] de dérogation à la règle de la forclusion. Le principe de l'existence même d'un délai pour l'exercice d'un recours en annulation est antérieur aux textes le consacrant, la doctrine n'envisageait cependant pas la contestation contentieuse *« sine die »* des actes administratifs. Il convient toutefois de relever que certains auteurs envisageaient un acte inefficient par lui-même à cause de son irrégularité ; ceci pourrait constituer l'origine de l'idée que la computation des délais ne pouvait pas s'imposer aux actes inexistants[1846].

1011.–Le principe de la contestation perpétuelle des actes inexistants semble constant dans la jurisprudence du Conseil d'État et se trouve corroboré par l'obligation pour le juge de constater à toute époque la nullité d'un acte pour inexistence[1847]. Toutefois, les décisions de justice antérieures à 1950, portant sur l'inexistence, ne font pas explicitement référence à l'absence de délai de recours contentieux. Il est cependant possible d'affirmer que l'absence de forclusion contentieuse était déjà implicite dans ces arrêts puisque le juge administratif considérait le retrait possible sans condition de délai en cas d'acte inexistant, et cela en se fondant sur l'absence de droits acquis[1848]. Une telle déduction est confirmée par un

---

1843 AUCOC (L.), Conférences sur l'administration et le droit administratif, faites à l'Ecole impériale des Ponts et chaussées, Tome I, Dunod, 1ère éd., 1869, p. 394 ; LAFERRIERE (E.), Du délai du recours pour excès de pouvoir lorsqu'il est précédé du recours d'un ministre, R.G.A. 1887 p. 385 et s. ; CE, 7 août 1900, Commune de Suresnes, n° 95817 ; Même si le délai de recours contentieux, initialement de trois mois, ne fut instauré que par le décret du 22 juillet 1806 portant règlement sur les affaires contentieuses au Conseil d'État, puis de deux mois à compter de la loi du 22 juillet 1889 pour les arrêtés des conseils de préfecture et la loi du 13 avril 1900 pour le Conseil d'État, in PACTEAU (B.), Le Conseil d'État et la fondation de la justice administrative française au XIXème siècle, op. cit., p. 48-49 ; CE, 20 mars 1862, Ville de Chalôns c. Navarre, voir en particulier sur cet arrêt les conclusions LHOPITAL, p. 235.

1844 CE, Salle 1888, tables p. 430 ; mentionné comme étant au Recueil Lebon p. 1.

1845 ALIBERT (R.), Le contrôle juridictionnel de l'administration au moyen du recours pour excès de pouvoir, thèse, Paris, Payot, 1926, p. 151-152 ; AUBERT (Ch.), Le délai du recours pour excès de pouvoir, thèse Paris, 1937, p. 158-179 ; CE, 6 juin 1958, Ayissi, op. cit. ; com. HAURIOU (M.), Précis de droit administratif et de droit public, 12ème éd., Dalloz, 2002, p. 401 à 403.

1846 BEQUET (L.), Répertoire du droit administratif, Tome VIII Voir contentieux administratif, p. 294 §553 ; LAFERRIERE (E.), Traité de la juridiction administrative et des recours contentieux, op. cit., Tome II, p. 452 et s. ; comp. p. 497 et s. ; HOSTEING (P.), Le délai du recours pour excès de pouvoir, thèse Paris, 1939, p. 149 à 186.

1847 CE, 15 mai 1981, Maurice et Pruvost, op. cit. ; CE, 8 décembre 1982, Commune de Dompierre-sur-Besvre, op. cit. ; CE, 10 novembre 1999, Préfet de la Drôme, op. cit. ; CE, 9 mai 1990, Commune de Lavaur c. Lozar, op. cit.

1848 CE, 10 janvier 1908, Legouez, op. cit. ; CE, 19 mars 1910, Rambaud et consorts, op. cit. ; CE, 28 juillet 1911, Sieur Gillot, op. cit. ; CE, 7 novembre 1919, Bonnafé, op. cit. ; CE, 5 août 1921, Ladam, op. cit.

« couplage des deux délais », présentant un mécanisme parallèle[1849]. La difficulté tient à ce que la date d'arrivée du mémoire introductif d'instance n'est pas toujours mentionnée dans les décisions de justice. Surtout, il n'est pas précisé dans les arrêts du Conseil d'État si, par la formule classique *« sans qu'il soit besoin de statuer sur la recevabilité de la requête »*, le juge refuse de déclarer une irrecevabilité alléguée par le défendeur et fondée sur le fait que la requête aurait été présentée hors délai.

1012.–Il convient cependant de mentionner une réserve concernant deux arrêts probablement dissidents. Dans l'arrêt *« Lafitte »* le juge administratif s'est prononcé expressément sur le fait que les décisions administratives en cause avaient fait l'objet d'un recours avant l'expiration du délai de recours contentieux[1850]. L'interprétation d'un autre arrêt, l'arrêt *« Bonfanti »*, est très délicate. Le juge administratif y mentionne qu'une fin de non-recevoir avait été opposée par le ministre mais il la déclare non fondée, sans autres précisions, ce qui pourrait laisser supposer qu'elle était tirée de l'expiration des délai de recours contentieux, ceci n'étant cependant pas certain[1851].

1013.–Le principe selon lequel le recours contentieux contre un acte inexistant est ouvert sans condition de délai n'a été posé de manière explicite que par l'arrêt *« Leroy »* en 1957[1852]. Dès lors que l'acte est reconnu inexistant, le juge affirme qu'il n'a pas à rechercher si les mesures de publicité inhérentes à l'acte sont de nature à faire courir le délai de recours contentieux puisque les règles du recours contentieux ne sont pas opposables dans une telle hypothèse. Le moyen tiré de la forclusion serait, en tout état de cause, inopérant[1853]. Cette particularité contentieuse bouleverse les règles d'examen des questions préalables puisque le fond du litige permet de faire obstacle à la forclusion qui est un motif d'irrecevabilité de la requête non susceptible d'être couvert en cours d'instance[1854]. Il convient donc à cette occasion de souligner l'intérêt d'un moyen d'ordre public tiré de l'inexistence d'un acte juridique puisque, en ce cas, lorsque la requête est présentée hors délais, le juge sera tenu d'examiner le fond du litige sans pouvoir rejeter la requête pour tardiveté[1855]. *« A contrario »*, lorsqu'un acte administratif n'est pas entaché d'un vice tel qu'il puisse être déclaré nul et de nul effet ou nul et non avenu, son annulation ne peut être valablement recherchée que dans le délai du recours contentieux[1856]. Ceci rend irrecevables les conclusions à fin d'annulation enregistrées tardivement au greffe d'une juridiction administrative[1857]. C'est pour cela que les requérants invoquent souvent, de

---

1849 CE Sect., 30 juin 1950, Massonnaud op. cit. ; CE, 20 avril 1951, Houdaille du Meix, op. cit. ; CE, 22 janvier 1954 Pacha, op. cit. ; CE, 17 mars 1954, Dardant, op. cit. ;

1850 CE Sect., 28 octobre 1932, Lafitte et autres, op. cit.

1851 CE, 6 février 1948, Bonfanti, op. cit. ; CE Sect., 30 juin 1950, Massonnaud op. cit.

1852 CE, 27 novembre 1957, Leroy, op. cit.

1853 CE, 15 mai 1981, Maurice et Pruvost, op. cit. ; TA Strasbourg, 26 mai 1998, Préfet de la Moselle c. Commune de Hambach, Société alsacienne d'équipement, n° 962994.

1854 TA Strasbourg, 26 mai 1998, Préfet de la Moselle c. Commune de Hambach, Société alsacienne d'équipement, n° 962994.

1855 FERULLA (G.), Le tri, RRJ 2003, p. 3063 et s.

1856 Pour la nullité invocable dans les cinq jours courant dans les vingt-quatre heures d'une élection : CE, 21 décembre 1983, Election du maire de Limeil-Brévannes, op. cit. ; comp. CE, 22 janvier 1954, Pacha, op. cit. ; CE, 6 juillet 1956, Pierre-Alype, op. cit.

1857 CE, 22 janvier 1954 Pacha, op. cit. ; CE, 6 juillet 1956, Pierre-Alype, op. cit. ; CE Ass.,

manière d'ailleurs infondée, la théorie de l'inexistence, de manière à tenter de contourner l'irrecevabilité d'une requête tardive et pour éviter, de manière préventive, le rejet par la procédure de *« tri »*[1858].

1014.–Cette attitude des requérants présente notamment l'effet pervers de conduire à méconnaître une bonne administration de la justice ainsi que les droits des administrés en faisant obstacle à une correcte gestion des dossiers contentieux ; elle ralentit le cours de la justice puisqu'un tribunal administratif doit se prononcer au fond sur l'inexistence d'un acte au lieu de juger la requête irrecevable du fait que le délai de recours contentieux est expiré alors que, finalement, cet acte litigieux sera dit non inexistant et donc insusceptible de recours contentieux hors délai[1859].

1015.–L'inexistence est reconnue sans autre précision comme étant un moyen d'ordre public aussi bien par la doctrine que par la jurisprudence. Le juge soulève d'office ce moyen, le cas échéant, en appel ou en cassation, même si les parties ne l'ont pas invoqué[1860]. Ce moyen s'inscrit dans une construction empirique et finaliste des règles qui régissent la procédure administrative contentieuse. Un tel mécanisme est similaire à celui applicable dans le cadre des nullités de plein droit lorsque le juge vérifiait l'existence de la délibération ou la compétence de l'auteur de l'acte[1861].

1016.–La question de savoir si l'inexistence de l'acte en cause peut être soulevée d'office par le juge, a été posée explicitement la première fois par un arrêt du 5 mai 1971, *« Préfet de Paris »*[1862]. Comme la commissaire du Gouvernement S. Grévisse le mentionne

---

8 novembre 1974, Association des administrateurs civils du Ministère des affaires sociales et association des anciens élèves de l'ENA du ministère de la santé publique et de la sécurité sociale, op. cit. ; CE, 4 juillet 1980, Zemma, conclusions BACQUET, p. 300 ; AJDA 1980 p. 640, FERRER (M.–A.) et PINAULT (M.), chronique générale de jurisprudence administrative ; CE, 5 juin 1981, Ministre Culture et de l'environnement c. Société Incimer, op. cit.

1858 ODENT (B.), L'avocat, le juge et les délais, in Mélanges René Chapus, Paris, Montchrestien, 1992, p. 483 et s. ; CE, 4 juillet 1980, Zemma, op. cit. ; CE, 28 octobre 2002, Philipe X., n° 220136, AJDA 2003 p. 254 ; CAA Nantes 10 février 2000, Commune de Château-neuf-sur-Loire c. M. Asselin, op. cit.

1859 GABARDA (O.), L'intérêt d'une bonne administration de la justice, RDP 2006 p. 153 ; et s. ; CE, 5 juin 1981, Ministre de la culture et de l'environnement c. Société Incimer, op. cit.

1860 CHAPUS (R.), Contentieux administratif, op. cit. nos 290 et s., 932 et s., 962 et s., 1372 et 1424-2°, CHAPUS (R.), Droit administratif général, Tome I, op. cit., nos 1336-2° et 1340 et s. ; DELVOLVE (P.) et VEDEL (G.), Droit administratif, op. cit. ; Tome II, p. 209-310 et 346 ; GAUDEMET (Y.), DE LAUBADERE (A.), Traité de droit administratif, Droit administratif général, organisation et action de l'administration, la juridiction administrative, nos 1380 et s. ; ODENT (R.), Cours de contentieux administratif, op. cit., Tome I, p. 888, 868, 892 et s., 985 et Tome II, p. 370 et s., 381, 596 et s. ; RIVERO (J.) et WALINE (M.), op. cit., n° 427 ; DEBOUY (Ch.), Les moyens d'ordre public dans la procédure administrative contentieuse, thèse, Paris, PUF, 1980, p. 21 à 23 et p. 473 à 480 ; HEURTE (A.), La notion d'ordre public dans la procédure administrative, RDP 1953 p. 615 ; PISSALOUX (J.–L.), Réflexions sur les moyens d'ordre public dans la procédure administrative contentieuse, RDP 1999 p. 781 et s.

1861 CE, 14 février 1849, Commune de Cénon-la-Bastide c. Letellier, op. cit. ; CE Sect., 28 octobre 1932, Lafitte et autres, op. cit. ; CE Sect., 7 décembre 1934, Commune-de-Saint-Paul-du-Var, op. cit. ; CE, 26 janvier 1940, Commune d'Agos-Vidalos, p. 34.

1862 Conclusions GREVISSE sous CE, 5 mai 1971, Préfet de Paris et Ministre de l'intérieur c. Syndicat chrétien de la préfecture de la Seine, de l'Assistance publique à Paris et autres, op. cit.

dans ses conclusions, une telle solution s'imposait, d'un part car le juge administratif soulevait déjà d'office un tel moyen lorsque le requérant attaquait le retrait de cette décision ou prétendait en tirer des droits[1863], et d'autre part parce que l'administration avait compétence liée pour refuser une décision qui aurait été inexistante si elle avait été délivrée[1864]. Cette jurisprudence n'impliquait pas nécessairement que le moyen tiré de la nullité de la décision attaquée soit d'ordre public car les espèces en cause étaient relatives à l'incompétence de l'auteur de l'acte ou à la méconnaissance du champ d'application de la loi, qui sont des moyens d'ordre public. De la sorte, dans ces affaires, il n'était pas certain que le juge ait pris en considération l'inexistence pour rendre son jugement[1865]. Cette ambiguïté rédactionnelle est sans doute le résultat de ce que le vice d'inexistence constitue un moyen de légalité aggravé, susceptible de se greffer sur les différents vices qui entachent la légalité classiquement entendue[1866].

1017.–Il est certain que les requérants ne formulèrent, pendant plusieurs années contre des actes qui étaient en réalité inexistants, que des conclusions aux fins d'annulation dans le cadre classique d'un recours pour excès de pouvoir. Le juge administratif déclarait alors la nullité, ce qui peut être envisagé comme une modalité particulière du pouvoir du juge de requalifier un recours et non comme un moyen soulevé d'office, d'autant plus que ni le titrage au Lebon, ni même le plan de classement de la jurisprudence administrative (*PCJA*)[1867] ne font référence dans les arrêts relatifs aux actes inexistants à un tel caractère d'ordre public du moyen[1868].

1018.–L'identification du moyen tiré de l'inexistence d'un acte comme étant d'ordre public pose de nombreuses difficultés. Il est, en général, simplement signalé dans les motifs des décisions de justice que l'inexistence ressort de l'instruction ou des pièces versées au dossier alors même que cette dernière mention peut être précisée lorsque le requérant a explicitement invoqué l'inexistence de l'acte[1869]. L'explication est en réalité procédurale

1863 CE, 5 août 1921, Ladam, op. cit. ; CE, 6 février 1948, Bonfanti, op. cit. ; CE Sect., 30 juin 1950, Massonnaud, op. cit. ; CE Sect., 27 avril 1956, Egaze, op. cit. ; CE, 12 novembre 1958, Sabiani, op. cit. ; CE Sect., 9 mars 1962, Douzans, op. cit.

1864 CE Sect., 3 février 1956, De Fontbonne, op. cit. ; CE, 3 mai 1957, Dame Constentin, p. 275 ; CE Sect., 18 juin 1965, Sieur Bellet, p. 370.

1865 DUCROCQ (T.), Cours de droit administratif, Tome II, op. cit., p. 32 ; ALIBERT (R.), Le contrôle juridictionnel de l'administration au moyen du recours pour excès de pouvoir, op. cit., p. 193 ; CE, 10 janvier 1908, Legouez, op. cit.

1866 Voir par exemple : CE, 8 décembre 1982, Commune de Dompierre-sur-Besvre, op. cit.

1867 Celui-ci est défini par le Conseil d'État et est utilisé par les juridictions elles-mêmes pour indiquer les thématiques juridiques d'une de leurs décisions. Bien que ces mentions soient purement indicatives, elles sont une source précieuse de recherche dans les bases informatisées de jurisprudence.

1868 CE Sect., 25 juillet 1952, Chambre Syndicale des fabricants français de Balais de paille de Sorgo, sieur Hebert et autres, op. cit. ; CE, 20 décembre 1957, Association des fonctionnaires du Ministère de l'Intérieur c. Saincierge, op. cit. ; CE, 12 novembre 1958, Sabiani, op. cit. ; CE, 15 mai 1981, Maurice et Pruvost, op. cit.

1869 CAA Nantes 12 mars 2004, Commune de Montoir-de-Bretagne, op. cit. ; Comp. CE, 12 novembre 1958, Sabiani, op. cit. ; CE Ass., 8 novembre 1974, Association des administrateurs civils du Ministère des affaires sociales et association des anciens élèves de l'ENA du ministère de la santé publique et de la sécurité sociale, op. cit. ; CE, 9 mai 1990, Commune de Lavaur c. Lozar, op. cit.

puisque jusqu'à l'instauration du décret du 22 janvier 1992[1870], lorsque le juge administratif soulevait d'office un moyen qui n'était pas invoqué par l'une des parties, il ne faisait pas l'objet d'un débat contradictoire et la communication aux parties demeurait une simple faculté[1871]. Cependant, même postérieurement à l'instauration de ces dispositions, l'indication qu'un moyen d'ordre public a été discuté reste sommaire et parfois même seuls les visas, souvent uniquement présents dans la minute, mentionnent qu'un moyen d'ordre public a été communiqué aux parties. Il n'est pas obligatoire que soit précisé de quel moyen d'ordre public il s'agit lorsque celui-ci est écarté sans autre précision.

1019.–Le juge ne rappelle donc que rarement ce type de règle. C'est pourquoi, il convient de mentionner ici un arrêt de la Cour administrative d'appel de Marseille, *« Lequette »*, qui, pédagogiquement, rappelle ce principe avant de sanctionner le jugement du Tribunal administratif de Marseille qui aurait dû constater l'inexistence de la délibération litigieuse car elle ne se rattachait à aucune séance régulièrement tenue par un Conseil syndical, et alors même que l'inexistence n'avait pas été discutée en première instance[1872].

1020.–Par l'arrêt *« Préfet de Paris »*, le juge administratif parachève ainsi la jurisprudence antérieure qui prévoyait le principe qu'un moyen d'ordre public tiré de l'inexistence matérielle d'un acte devait être soulevé d'office en procédure administrative contentieuse. Certes, avant l'arrêt *« Préfet de Paris »*, le juge administratif s'était déjà prononcé sur un moyen d'ordre public tiré d'un acte inexistant, mais l'on ne sait pas avec certitude si cela concernait une inexistence juridique ou une inexistence matérielle ; la constatation de cette dernière s'inscrivant dans la vérification de l'existence d'une décision préalable. Ainsi, le Conseil d'État avait censuré une décision de la commission supérieure des établissements de luxe ne sanctionnant pas une décision d'une Commission départementale. En effet, comme cette dernière n'était pas légalement constituée, la Commission supérieure aurait dû constater d'office qu'il n'existait pas de décision rendue par la Commission départementale, alors même qu'elle *« n'avait pas été saisie de conclusions en ce sens »*. De même, le juge administratif a requalifié une demande initialement fondée sur la nullité de plein droit de deux délibérations en un recours en déclaration d'inexistence, matérielle, le Conseil d'État ne s'étant pas prononcé au fond. Ici l'irrecevabilité a été prononcée, non pas en raison de l'inexistence de délibérations mais pour défaut d'avocat, d'où une réelle difficulté d'interprétation[1873].

1021.–En principe, il n'est jamais mentionné dans les conclusions des commissaires du Gouvernement, ni dans la jurisprudence, les raisons pour lesquelles un moyen d'ordre public est qualifié comme tel. Ainsi, la solution selon laquelle un moyen d'ordre public tiré

1870 Article R. 611-7 du code de justice administrative ; Décret n° 63-766 du 30 juillet 1963 portant règlement d'administration publique pour l'application de l'ordonnance n° 451708 du 31 juillet 1945, op. cit.

1871 Décret n° 92-77 du 22 janvier 1992, portant dispositions diverses relatives à la procédure administrative contentieuse, JO, 24 janvier 1992, p. 1099.

1872 CAA Marseille, 6 décembre 2005, Lequette, op. cit.

1873 CE, 26 janvier 1940, Commune d'Agos-Vidalos, op. cit.

de l'inexistence juridique d'un acte peut être soulevé d'office par le juge administratif, pourrait être justifiée par le contrôle du juge administratif sur les actes inexistants : comme il se borne à déclarer leur nullité, il ne serait pas nécessaire, pour qu'il procède à une telle constatation, que le requérant l'invoque dans ses conclusions. Cependant, une telle affirmation ne tiendrait pas compte des réalités contentieuses, et comporterait une part de fiction car entre la décision inexistante et la décision illégale, il n'y a pas une différence de nature mais de degré dans l'illégalité envisagée. Donc, soulever d'office une telle nullité, trouve son fondement dans la nécessité de clarifier la situation juridique provisoire qui résulte de la contestation possible sans délai d'un acte inexistant. Cette solution justifie qu'il ne soit pas nécessaire, lorsque le juge d'appel soulève d'office un tel moyen, que le juge de première instance ait déclaré l'acte inexistant.

1022.–Le juge bénéficie en réalité de plusieurs options lorsque l'acte en cause est inexistant. Il peut soulever d'office le moyen d'ordre public tiré de l'incompétence de l'autorité administrative, celui tiré du champ d'application de la loi, ou encore celui tiré de l'inexistence de la décision administrative, voire préférer un tout autre fondement juridique. Le juge administratif peut même rejeter implicitement la théorie de l'inexistence en refusant de soulever d'office le moyen d'ordre public tiré de l'inexistence des décisions contestées, au motif qu'elles constituent des actes administratifs susceptibles de recours, et donc sans que ce rejet soit mentionné dans les motifs de la décision de justice[1874].

1023.–Cette alternative est constante en contentieux administratif. Ainsi le titrage d'un jugement de première instance du 10 mars 1995[1875] ne fait référence qu'à la voie de fait, seule invoquée par les parties, bien qu'il soit mentionné clairement dans la décision que, par une lettre adressée aux parties, un moyen d'ordre public avait été soulevé d'office par la juridiction. Ainsi, la formation de jugement aurait soulevé d'office le moyen d'ordre public tiré de l'inexistence d'un acte administratif, mais ne l'aurait pas retenu, tout au moins de manière explicite. La solution rapportée indique que la décision du préfet de police est constitutive d'une voie de fait et qu'il ne s'agit que d'une qualification juridique alternative à l'inexistence (*précisant qu'elle « est également constitutive d'une voie de fait »*). Le juge administratif a préféré sans doute motiver sa solution par une notion juridique certaine qui ne peut faire l'objet de contestation, bien que le dispositif déclare que la décision du préfet de police est *« nulle et non avenue »*. En l'absence d'accès aux conclusions du commissaire du gouvernement, le doute demeure. Ceci conduit à s'interroger sur le point de savoir si l'inexistence prévaut sur d'autres notions tout aussi fonctionnelles, fussent-elles assimilées à la nullité. Cependant, en raison de l'ordre d'examen des questions préalables, l'inexistence ne devrait pas primer sur la voie de fait, celle-ci entraînant l'incompétence du juge administratif.

1874 Conclusions SAVOIE, sous CE, 7 octobre 1994, Ville de Narbonne c. Madame Arditi, op. cit.
1875 TA Paris, 10 mars 1995, Auger, n° 9407616/4.

B. Le caractère finaliste du contrôle juridictionnel

1024.–La théorie de l'inexistence a été élaborée durant la période où le juge administratif a organisé son contrôle juridictionnel, afin de lui permettre de modifier le sens du contrôle juridictionnel de l'activité administrative. Celui-ci s'inscrit en principe dans le seul cadre classique de la légalité objective. Cette problématique se retrouve s'agissant du recours pour excès de pouvoir lui-même dont le recours en déclaration d'inexistence n'en étant qu'un dérivé[1876].

1025.–L'inexistence contribuerait donc à étendre la délimitation du pouvoir juridictionnel du juge administratif à l'égard de l'administration dans le sens d'un pouvoir d'appréciation dans l'application de la légalité. Cette conception diffère de celle de L. Duguit qui n'envisageait qu'un contrôle juridictionnel de la *« légalité pure »* uniquement fondé sur le caractère objectif de l'acte[1877]. Le contrôle de la vérification de l'existence matérielle d'un acte administratif est un contrôle *« a minima »* qui tend à fusionner avec le contrôle de la décision préalable[1878]. Au contraire, le contrôle de l'inexistence juridique tend à conférer au juge administratif un rôle proprement créateur. Par sa participation à la définition de la légalité, du fait d'une sanction graduée de l'illégalité, le juge administratif devient quasiment un *« juge de l'opportunité »*[1879]. Le juge administratif se comporte ici un peu comme un supérieur hiérarchique de l'administration, mais aussi et surtout comme une source créatrice du droit[1880].

1026.–Cette solution a été d'autant plus aisée à adopter pour le juge administratif que celui-ci a eu longtemps l'habitude de déclarer une délibération d'une collectivité locale nulle de droit[1881]. Lorsque le juge administratif sanctionne l'illégalité des motifs d'un acte administratif ou son inexistence, il le fait dans le cadre de son contrôle de la validité des actes pris par l'administration, ainsi que cela ressort de manière constante du titrage adopté par le Recueil Lebon[1882].

1876 FORTSAKIS (Th.), Conceptualisme et empirisme en droit administratif français, op. cit., p. 397-438 ; MESTRE (A.), Le Conseil d'État, protecteur des prérogatives de l'administration (Etude sur le recours pour excès de pouvoir), op. cit., p. 250-255.

1877 DUGUIT (L.), Traité de droit constitutionnel, Tome I, op. cit., p. 238 et Tome II, La théorie générale de l'État, première partie : éléments, fonctions et organes de l'État, Paris, Edition Boccard, 3ème éd., 1928, p. 427 et s.

1878 CE Ass., 2 mars 1962, Rubin de Servens, op. cit., voir en particulier commentaire n° 82 in BRAIBANT (G.) et autres, GAJA, op. cit.

1879 BRAIBANT (G.), Le rôle du Conseil d'État dans l'élaboration du droit, in Mélanges René Chapus, Paris, Montchrestien, 1992, p. 91 et s. ; JEZE (G.), Essai d'une théorie générale sur l'influence des motifs déterminants sur la validité des actes juridiques en droit public, RDP 1922 p. 377 et s. voir en particulier p. 435 ; PEISER (G.), Le développement du principe de la légalité dans la jurisprudence du Conseil d'État, in Mélanges René Chapus, Paris, Montchrestien, 1992, p. 517 et s.

1880 RIVERO (J.) et WALINE (M.), Droit administratif, op. cit., nos 640-643 ; EISENMANN (Ch.), Le droit administratif et le principe de légalité, EDCE, 1957, n° 11, p. 25 et s. ; RIVERO (J.), La distinction du fait et du droit dans la jurisprudence du Conseil d'État français, in Le fait et le droit, Etudes de logique juridique sous la direction de Perelman (Ch.), Bruylant, 1961, p. 130.

1881 CE, 16 décembre 1970, Dame veuve Huc, op. cit. ; CE, 19 juin 1974, Broutin, op. cit.

1882 CE, 6 juillet 1956, Pierre-Alype, op. cit. ; CE, 15 juillet 1959, Syndicat C.G.T., C.F.T.C., C.G.T.–F.O. du Ministère de l'Education nationale et sieur André, op. cit. ; comp. pour le contrôle des motifs CE, 9 novembre 1959, Rosan Girard, op. cit.

1027.–L'inexistence de l'acte n'est classiquement prononcée par le juge administratif que pour l'application d'un régime particulier et/ou pour condamner expressément l'administration qui a contrevenu à l'intérêt général. Les décisions prononçant l'inexistence d'un acte sont peu nombreuses, ce qui démontre l'application restrictive de cette notion[1883].

1028.–Le concept d'inexistence est appliqué *« discrétionnairement »* en pratique par le juge car toute les atteintes graves et manifestement illégales ne sont pas des cas d'inexistence et les actes inexistants ne sont pas tous qualifiés comme tels, même si de tels critères semblent demeurer sous-jacents permettant de déterminer *« in concreto »*, si le cas en cause est un cas d'inexistence ou pas. Ainsi un tribunal administratif pourra déclarer un acte inexistant et le juge d'appel le déclarer simplement illégal[1884]. Il en est de même pour une décision déclarée nulle et non avenue, constitutive d'une voie de fait, que le Conseil d'État qualifie ensuite d'acte simplement illégal[1885]. Il y a donc une frontière ténue entre les deux situations ; elle est la conséquence du raisonnement finaliste adopté par le juge administratif. En effet, constatant une illégalité d'une certaine intensité, le juge relève en même temps qu'il ne peut la sanctionner du fait de l'expiration du délai de recours. Pour satisfaire à l'équité et aux nécessités inhérentes à une bonne administration de la justice, il applique ce que *« le bon sens »* ou la nécessité d'un rétablissement de la légalité impose[1886]. Le but préexiste à la règle posée (*aucun droit n'est acquis du fait d'une décision méconnaissant gravement la règle de droit*). Celle-ci n'a de sens que si elle sert à atteindre le but : déroger à la computation classique des délais par l'instauration d'un régime lié à un concept, l'inexistence, qui permet à l'administration ou au juge administratif de vider *« les dispositions en cause de leur venin »* en les neutralisant de manière rétroactive en recourant à la théorie de l'inexistence[1887]. Ainsi, la possibilité de sanctionner l'administration par l'inexistence lorsque les requérants agissent dans les délais de recours, demeure une possibilité essentiellement théorique[1888].

1029.–C'est ce raisonnement finaliste qui a servi au juge administratif pour *« décider »* la disparition d'un acte contesté et dire qu'il ne crée pas de droit acquis. Ce raisonnement finaliste repose sur une notion fonctionnelle, l'inexistence, qui a été créée pour les besoins de la cause[1889].

1030.–En réalité, il faut, pour tenir compte de la manière dont se passent réellement les choses, inverser le raisonnement. La psychologie du juge conduit, en effet, à dire que ce n'est pas parce qu'un acte est, en soi et objectivement, inexistant que lui est appliqué le

---

1883 DELVOLVE (P.) et VEDEL (G.), Droit administratif, op. cit. ; Tome I, p. 264 ; CE Sect., 28 octobre 1932, Lafitte et autres, op. cit.

1884 CE, 5 juin 1981, Ministre Culture et de l'environnement c. Société Incimer, op. cit.

1885 CE, 5 septembre 2005, Redoules, n° 212040.

1886 GABARDA (O.), L'intérêt d'une bonne administration de la justice, RDP 2006 p. 153 et s.

1887 DELVOLVE (P.) et VEDEL (G.), Droit administratif, op. cit. ; Tome I, p. 264 ; AUBY (J.–M.), La théorie de l'inexistence des actes administratifs, thèse, op. cit., p. 295 à 308 ; CE, 11 mai 1994, Mischke, n° 93770.

1888 DELVOLVE (P.) et VEDEL (G.), Droit administratif, op. cit. ; Tome I, p. 264 ; CE Sect., 28 octobre 1932, Lafitte et autres, op. cit.

1889 Sect. IV, p. 12 et s. des tables vicennales de 1905 à 1924 ; CHAPUS (R.), Droit administratif général, Tome I, n° 1204.

régime de l'inexistence. C'est l'inverse qui se produit. Le juge, choqué de ce que l'illégalité d'un acte ne peut plus être contestée car est expiré le délai pour le faire, va, en quelque sorte, neutraliser la règle du délai ou, si l'on préfère, faire revivre le délai en le rendant infini, ceci afin d'annuler l'acte, apurant ainsi l'édifice juridique. Cependant, il y a une limite que le juge s'est, sagement, fixée. Il n'opérera ainsi que dans le cas où l'illégalité en cause est vraiment criante, évidente ; ce n'est qu'à cette condition qu'il acceptera de faire sauter le verrou de l'expiration du délai de recours. Ceci permet de contenir l'inexistence dans des limites raisonnables, c'est-à-dire à la fois acceptables par l'administration active et compatibles avec les exigences de la sécurité juridique. Sous cette condition importante, il est alors possible de dire qu'un acte est inexistant uniquement lorsque le juge a besoin qu'il le soit, a besoin du régime contentieux dérogatoire qui le caractérise. En somme, la notion d'inexistence précéderait la découverte du caractère inexistant de l'acte lui-même, ce qui permet d'affirmer l'idée l'inexistence est le fruit d'une politique jurisprudentielle du juge administratif qui tend à ne pas vouloir maintenir des actes *« monstrueux »* qui contreviennent *« tellement »* à la légalité qu'il paraît plus rationnel de les faire disparaître.

1031.–Plusieurs facteurs ont contribué à ce que le juge, par l'utilisation du concept d'inexistence, s'émancipe d'un contrôle strict de la légalité. Il le fait en particulier grâce à ce que Maurice Hauriou appelait *« le contrôle de la moralité administrative »*[1890]. Le Doyen Vedel a même avancé l'hypothèse que l'application de la notion de cause en droit administratif serait justifiée par la volonté de fonder en droit une solution commandée par l'équité[1891]. En effet, la naissance de la théorie coïncide avec l'évolution du contrôle du juge administratif vers une vérification des faits et du détournement de pouvoir. Dans ce dernier cas, contrairement à ce qui se passe dans la théorie de l'inexistence, le juge peut sanctionner un acte administratif pris par un auteur compétent et respectant les formes prescrites[1892]. La preuve du détournement de pouvoir est facilitée par l'appréciation d'éléments objectifs à laquelle se livre le juge administratif : c'est pourquoi le détournement de pouvoir est souvent présenté en doctrine, de ce fait, comme étant d'une gravité moindre que la notion d'inexistence[1893].

1890 VEDEL (G.), Essai sur la notion de cause en droit administratif français, thèse, Toulouse, Sirey, 1934, p. 129 à 131 ; HAURIOU (M.), notes sur CE, 29 mars 1901, Casanova, n° 94580, S.1902.III.73, CE, 22 janvier 1926, Lefranc, S.1926.III.25 et sur CE, 20 janvier 1922, Trépont et CE, 23 mars 1923, Blanchard, S.1925.III.51.

1891 VEDEL (G.), Essai sur la notion de cause en droit administratif français, op. cit., p. 129 à 131.

1892 CHAPUS (R.), Droit administratif général, Tome I, op. cit., n° 1242 ; DELVOLVE (P.) et VEDEL (G.), Droit administratif, op. cit. ; Tome I, p. 520 et 563 ; GAUDEMET (Y.), De Laubadére (A.), Traité de droit administratif, Droit administratif général, organisation et action de l'administration, la juridiction administrative, nos 1074 et s. ; HAURIOU (M.), Précis de droit administratif et de droit public, 12ème éd., op. cit., p. 442 et s. ; ODENT (R.), Cours de contentieux administratif, op. cit., Tome I, p. 665 et 754 et Tome II, p. 575 et s. et p. 623 ; RIVERO (J.) et WALINE (M.), Droit administratif, op. cit., n° 635 ; ALIBERT (R.), Le contrôle juridictionnel de l'administration au moyen du recours pour excès de pouvoir, op. cit., p. 236-258 ; MESTRE (A.), Le Conseil d'État, protecteur des prérogatives de l'administration (Etude sur le recours pour excès de pouvoir), op. cit., p. 55-59 ; CE, 26 novembre 1875, Laummonier-Carriol, p. 936 ; CE, 26 novembre 1875, Pariset, p. 934 ; voir en particulier commentaire n° 4, in BRAIBANT (G.) et autres, GAJA, op. cit.

1893 CE, 26 novembre 1875, Pariset, op. cit. ; voir en particulier commentaire n° 4§4, in BRAIBANT (G.) et autres, GAJA, op. cit. ; CE Ass., 24 juin 1960, op. cit.

1032.–L'intérêt de l'inexistence est de permettre au juge administratif d'opérer un transfert de la charge de la preuve, indépendamment de la compétence liée ou discrétionnaire de l'administration, ce qui constitue une différence avec le détournement de pouvoir[1894]. En effet, souvent allégué mais rarement établi, le détournement de pouvoir est une notion souple, qui se situe non dans le domaine concret des faits mais uniquement dans celui très abstrait des mobiles. Ainsi, lorsque le détournement de pouvoir est rejeté car manquant en fait, pourra néanmoins être appliquée la théorie de l'inexistence[1895]. Le détournement de pouvoir est donc une sanction qui demeure latente dans la théorie de l'inexistence avec des effets encore plus radicaux[1896]. En effet, historiquement, le détournement de pouvoir a d'abord constitué une forme grave d'incompétence. L'évolution de la jurisprudence a finalement abouti à une différenciation entre le moyen tiré du détournement de pouvoir et les autres moyens de légalité relatifs au contenu de l'acte ou à sa légalité externe[1897]. Cependant, le détournement de pouvoir ou de procédure ne concerne que le but de l'acte alors que la théorie de l'inexistence peut sanctionner la forme, la cause, au même titre que l'objet ou le but de l'acte[1898].

1033.–En conséquence, si le détournement de pouvoir peut résulter de la conviction du juge, l'inexistence, elle, est une notion objectivement manifeste[1899]. L'inexistence ne constitue donc pas un moyen permettant de sanctionner à toute époque un détournement de pouvoir. Elle permet cependant de le sanctionner implicitement lorsqu'un tel vice est associé à une violation grave et objective de la légalité d'un acte administratif avec une connotation de réprobation morale[1900]. Cependant, il convient de reconnaître que les

1894 LEMASURIER (J.), La preuve dans le détournement de pouvoir, RDP 1959 p. 36 et s.

1895 TA Paris, 8 décembre 1994, M. Gilles Rosset, nos 8910278/5 et 9002868/5.

1896 ODENT (R.), Cours de contentieux administratif, op. cit., Tome I, p. 584 ; FERNANDEZ-MAUBLANC (L.–V.), Le prétendu déclin du détournement de pouvoir, Etudes offertes à Jean-Maris Auby, éd. Dalloz, 1992, p. 239 ; GROS (M.), Fonctions manifestes et latente du détournement de pouvoir, RDP 1997 p. 1237 et s. ; LAMY, conclusions sur CE, 24 février 1984, Association professionnelle des magistrats et Springez, nos 106426 et 108762 ; CE Sect., 30 juin 1950, Massonnaud, op. cit. ; TA Poitiers, 14 mai 2003, M. Durand, AJDA 2004 p. 273, note AUBIN (E.).

1897 BEQUET (L.), Répertoire du droit administratif, Tome VIII Voir contentieux administratif, op. cit., p. 309 §622 et 623 ; LAFERRIERE (E.), Traité de la juridiction administrative et des recours contentieux, op. cit., Tome II, p. 402 à 413 ; ALIBERT (R.), Le contrôle juridictionnel de l'administration au moyen du recours pour excès de pouvoir, op. cit., p. 38 et 218 ; ARTUR (E.), Séparation des pouvoirs et séparation des fonctions, 9ème article, op. cit., p. 415 à 502 et p. 455 ; VIDAL (R.), L'évolution du détournement de pouvoir dans la jurisprudence administrative, op. cit.

1898 GROS (M.), Fonctions manifestes et latente du détournement de pouvoir, op. cit. ; CE, 15 mai 1981, Maurice et Pruvost, op. cit. ; CE Ass., Carlier, 18 novembre 1949, op. cit. ; CE, 24 février 1984, Association professionnelle des magistrats et Springez, op. cit. ; CE, 27 avril 1984, Procureur général c. M. Ladreau et autres, nos 51129-53028-53000-52636-52635,-52634-52413-52996-51756-51757-51723-51724-51774 ; CE, 28 novembre 1986, Procureur de la République prés le TGI de Paris et procureur général prés la CA Paris, n° 52773 ; CE, 3 juillet 1987, M. Le procureur général près la Cour d'appel de Paris, n° 52771 ; CE, 8 janvier 1971, Association des magistrats et des anciens magistrats de la Cour des comptes Letourneur, p. 25 ; CE, 1er octobre 1990, Ministre des PTT et Nassallucci et autres c. Bourreil, op. cit. ; CE Sect., 9 novembre 1990, Fléret, op. cit.

1899 GROS (M.), Fonctions manifestes et latente du détournement de pouvoir, op. cit. ; LEMASURIER (J.), La preuve dans le détournement de pouvoir, op. cit. ; VIDAL (R.), L'évolution du détournement de pouvoir dans la jurisprudence administrative, RDP 1952 p. 273 et s.

1900 Voir contra GROS (M.), Fonctions manifestes et latente du détournement de pouvoir, op. cit., p. 1245.

illégalités constitutives d'inexistence ne revêtent pas nécessairement un caractère intentionnel ; même si, ponctuellement, une telle constatation est possible et même si, dans la majeure partie des hypothèses d'actes inexistants, il est incontestable que l'auteur de l'acte a volontairement édicté une décision inexistante (*délibérations fictives, nominations pour ordre…*)[1901].

1034.–L'élaboration et l'évolution du contrôle de la matérialité des faits ont permis également la construction de la théorie de la cause juridique de la demande et ont été l'occasion pour la doctrine d'élaborer une théorie de la cause de l'acte administratif. Or, lorsque le juge administratif se réfère expressément à une cause juridique inexistante lors de la vérification des motifs matériellement inexacts d'un acte administratif, l'acte est simplement annulé et non pas déclaré *« nul et de nul effet »* ou *« nul et non avenu »*. Il en va ainsi, même si la cause juridique inexistante de la demande marque l'apparition du vocable *« inexistence »*, en cas de contrôle juridictionnel du juge[1902]. En effet, si ce dernier a développé une telle théorie, ce n'est pas pour contrôler la cause de l'acte, mais pour fixer la cause juridique de la demande afin que soient cristallisés les moyens et conclusions des recours contentieux[1903]. Il convient donc de distinguer la cause juridique de la demande en justice et la cause juridique de l'acte administratif lui-même. En droit privé, les motifs des individus peuvent être variés dès lors qu'ils ne sont pas contraires à l'ordre public et aux bonnes mœurs (*article 6 du code civil*). En droit administratif, la cause est peu traitée car il n'y existe pas de principe d'autonomie de la volonté sauf à considérer que le pouvoir de l'administration de prendre un acte pour des raisons objectives réelles et adéquates de fait et de droit, en est une manifestation. Les motifs en droit administratif encadrent l'objet de l'acte et composent la cause, ou sa base légale, c'est-à-dire ses éléments objectifs de fait et de droit, son fondement, son essence même. Ils se distinguent ainsi du but de l'acte qui est l'intention subjective de l'auteur de l'acte et justifient que l'un soit sanctionnable par la violation de la loi et l'autre par le détournement de pouvoir, l'objet étant le contenu même de l'acte et sa finalité. Lorsque le juge administratif examine les motifs de l'acte et donc sa légalité interne, il contrôle la cause qui en a permis son élaboration et son contenu. Le prononcé de l'inexistence (*flagrante*) des faits allégués laisse ainsi sans aucune base légale l'acte en cause et tend à un contrôle de l'opportunité[1904]. En cas de *« fausse cause »*, de cause *« erronée »* ou de *« défaut de cause »*, il sanctionne l'acte pour illégalité simple, et en cas de cause *« grave »*, il peut déclarer l'inexistence de l'acte. La confusion entre ces deux

1901 MAUGÜE conclusions sur CE, 30 mai 2001, Election du maire et des adjoints de Bouchemaine, n° 220977 ; CE Ass., 31 mai 1957, Rosan Girard, op. cit. ; CE, 28 février 1986, Commissaire de la République des Landes, op. cit.

1902 CE, 20 janvier 1922, Trépont et CE, 23 mars 1923, Blanchard, op. cit.

1903 CHAPUS (R.), Contentieux administratif, op. cit., nos 762 et s., 1369- 1372-1375-426 ; DELVOLVE (P.) et VEDEL (G.), Droit administratif, op. cit. ; Tome II, p. 329 et p. 174-218 et 230 ; ODENT (R.), Cours de contentieux administratif, op. cit., Tome I, p. 662 et s., 865, 871 et s., et 1030 ; CE Sect., 20 février 1953, Société Intercopie, p. 88, S.1953.III.77, 3ème espèce, note M.L. ; CE Ass., 15 juillet 1954, Société des aciéries et forges de saint François p. 482 ; DA 1954 p. 205, conclusions LAURENT.

1904 DELVOLVE (P.) et VEDEL (G.), Droit administratif, op. cit. ; Tome II, p. 329 ; HAURIOU (M.), Précis de droit administratif et de droit public, 12ème éd., op. cit., p. 450-452 et p. 760-761 ; CHARLIER (R.E.), La cause dans la jurisprudence administrative, JCP(G) 1950.I.87 ; CE, 5 juillet 1918, Sieur Gérard, ancien maire de Port-sur-Seille, p. 665.

notions a pour origine la formulation du Conseil d'État lorsqu'il faisait référence à *« un acte juridique fondé sur un fait matériellement inexact »* et donc *« fondé sur une cause juridique inexistante »*, formule qui est en réalité une résurgence historique[1905].

1035.–Il paraît difficile d'affirmer qu'il ne s'agit pas de la cause de l'acte, puisque ce sont les raisons qui ont motivé l'acte qui sont inexistantes. Un acte accordant la mise en congé d'un fonctionnaire sur sa demande alors qu'il n'a jamais, en réalité, formulé une telle demande, est simplement annulé alors même que les raisons pour lesquelles il a été édicté n'existent pas. Au contraire, c'est à une déclaration d'inexistence que le juge aura recours pour sanctionner une nomination pour ordre, l'emploi n'existant pas ou n'étant pas vacant, car il ne s'agit pas en ce cas de sanctionner seulement l'objet ou la cause de l'acte mais également de réprimer un certain comportement de l'administration qui porte atteinte à la moralité de son action[1906]. Par là est manifesté une fois de plus, le rôle fonctionnel assigné par le juge à l'inexistence.

1036.–L'erreur souvent faite en cette matière s'explique par la conception civiliste de la cause de la demande, celle-ci étant formée par les faits qui sont à l'origine du litige : lorsque ceux-ci sont inexacts, ils entraînent le constat que la cause de l'acte est juridiquement inexistante alors qu'en droit administratif ce terme désigne d'abord le fondement juridique de la demande formée par le demandeur à l'appui de son recours[1907].

1037.–Il y a donc, pour les actes inexistants, une prise en compte du but de l'acte administratif. Celui-ci ne peut être inexistant que s'il est fondé sur une fausse cause ou sur une cause illicite car pris dans un but autre que l'intérêt général. Une délibération inexistante n'est pas prise dans l'intérêt général si elle ne respecte pas les formes requises nécessaires à la mise en œuvre de la démocratie, ou bien si elle est édictée dans l'intérêt du maire ou de tiers ; la nomination pour ordre est prise dans l'intérêt du bénéficiaire, etc.

1905 Comme le mentionne M. le Professeur Mestre, lorsque les Cours de Provence exerçaient leur contrôle sur la motivation des délibérations, elles sanctionnaient l'inexistence matérielle des motifs allégués et des motifs de droit en les déclarant nulles car prises pour fausse causes, sans qu'un tel contrôle ne tende à connaître de l'opportunité de celles-ci : MESTRE (J.–L.), Introduction historique au droit administratif français, PUF, 1985, p. 261 ; MESTRE (J.–L.), Un droit administratif à la fin de l'Ancien régime : Le contentieux des communautés de Provence, thèse, Paris, LGDJ, 1976, p. 92 et s. ; LEBRETON (G.), L'origine des cas d'ouverture du recours pour excès de pouvoir d'après les remontrances des parlements au XVIIIème siècle, RDP 1986 p. 1599 et s.

1906 VEDEL (G.), Essai sur la notion de cause en droit administratif français, op. cit., p. 120 à 158 ; CE, 20 janvier 1922, Trépont et CE, 23 mars 1923, Blanchard, op. cit.

1907 DEBBASCH (Ch.), Procédure administrative contentieuse et procédure civile contribution à l'étude de l'instance, thèse, Paris, LGDJ, 1961, p. 34 et 96 ; GILLI (J.–P.), La cause juridique de la demande en justice, essai de définition, thèse, Paris, LGDJ, 1962, p. 79 et s., p. 90 et s., et p. 203 ; MOTULSKY (H.), La cause de la demande dans la délimitation de l'office du juge, D.1964.chron.235 ; SAUSSEREAU (M.), La cause de la demande a-t-elle encore une place en contentieux administratif ? L'apport de la procédure civile à la réflexion, RDP 2003 p. 631 ; comp. HAURIOU (M.), notes sur CE, 29 mars 1901, Casanova, n° 94580, S.1902.III.73, CE, 22 janvier 1926, Lefranc, S.1926.III.25 et sur CE, 20 janvier 1922, Trépont et CE, 23 mars 1923, Blanchard, S.1925.III.51.

1038.–Le concept d'inexistence permet donc de sanctionner l'objet de l'acte, c'est-à-dire le contenu qu'il faut lui fixer par rapport aux motifs[1908]. La nullité de l'acte administratif pose aussi le problème de la cause même si, en droit administratif, le juge contrôle essentiellement les motifs de l'acte et son but, sans réellement se référer à la cause[1909]. Les motifs sont définis par R. Bonnard[1910] comme les éléments qui se trouvent à la base juridique de l'acte et qui constituent sa raison d'être, tels qu'une situation ou un acte juridique ou matériel. La cause de l'acte ne peut être réellement envisagée pour cet auteur car l'étendue du contrôle du juge est pour lui un pouvoir qui reste d'appréciation souveraine même s'il refuse de reconnaître un pouvoir créateur au juge administratif[1911]. Or, contrôler l'inexistence juridique d'un acte, c'est, selon le prisme de l'analyse de J. Waline et G. Vedel ainsi que de Maurice Hauriou, déduire assez audacieusement des règles de droit pour élaborer une construction jurisprudentielle conçue pour garantir le respect de la légalité en appliquant l'idée de catégories juridiques[1912]. Alors que pour ces auteurs le contrôle des motifs marque une extension du contrôle du juge par sa seule volonté, la théorie de l'inexistence a permis que le juge administratif s'émancipe de règles textuelles au vrai assez peu précises pour étendre son contrôle juridictionnel.

1039.–Cependant, il est malaisé d'affirmer aussi brutalement que les actes inexistants sont le résultat d'une sanction de la cause en droit administratif. Il n'apparaît pas expressément en effet, à l'analyse de la jurisprudence, que la sanction d'un acte administratif pour défaut de cause nécessite toujours l'application de la théorie de l'inexistence, du moins aux actes administratifs unilatéraux[1913]. Complétant la définition donnée par R. Bonnard, le Doyen Vedel définit la cause juridique d'un acte administratif comme la situation objective de fait ou droit et Maurice Hauriou comme l'élément de fait qui détermine la catégorie de la situation objective, de fait ou de droit[1914]. M. Marcel Waline reprendra ce raisonnement en le complétant, de manière à prendre en

1908 AUBY (J.–M.), La théorie de l'inexistence des actes administratifs, thèse, op. cit., p. 94 et s.

1909 VEDEL (G.), Essai sur la notion de cause en droit administratif français, op. cit., p. 372 et s. ; HAURIOU (M.), Précis de droit administratif et de droit public, op. cit., p. 450 et 760.

1910 BONNARD (R.), Précis élémentaire de droit administratif, op. cit., p. 363 et s.

1911 BONNARD (R.), Le pouvoir discrétionnaire des autorités administratives et le recours pour excès de pouvoir, RDP 1923 p. 363 et s.

1912 HAURIOU (M.), Précis de droit administratif et de droit public, 12ème éd., op. cit., p. 450-452 ; VEDEL (G.), Essai sur la notion de cause en droit administratif français, op. cit., p. 188 ; WALINE (M.), Le pouvoir discrétionnaire de l'administration et sa limitation et sa limitation par le contrôle juridictionnel, RDP 1930 p. 197 et s. ; -Etendue et limites du contrôle du juge administratif sur les actes de l'administration, EDCE, 1956, p. 25 et s. ; -Empirisme et conceptualisme dans la méthode juridique : faut-il nier les catégories juridiques ?, Mélanges Dabin, Paris, Sirey, 1963, p. 359 et s. ; VEDEL (G.), Essai sur la notion de cause en droit administratif français, op. cit., p. 154-155 et p. 378 à 380.

1913 Dans le cadre des contrats voir : PEQUIGNOT (G.), Contribution à la Théorie générale du contrat administratif, Perpignan, imprimerie du midi, 1945, p. 246 à 248 ; LOMBARD (F.), La cause dans le contrat administratif, thèse, Aix, 2006, nos 196 et s. en particulier ; VEDEL (G.), Essai sur la notion de cause en droit administratif français, op. cit., p. 416-422. ; BOUCHER (J.) et BOURGEOIS-MACHUREAU (B.), Les trois visages de la cause dans les contrats administratifs, AJDA 2008 p. 575 et s.

1914 HAURIOU (M.), Précis de droit administratif et de droit public, 12ème éd., op. cit., p. 450-452 ; VEDEL (G.), Essai sur la notion de cause en droit administratif français, op. cit., p. 188.

compte le concept de catégorie juridique[1915]. Appliquée à l'inexistence, cette notion a pour conséquence que le juge administratif doit déterminer si tel fait, telle opération ou telle situation, à les supposer non contestés dans leur réalité, entrent ou non dans la catégorie juridique des actes inexistants[1916]. Ainsi si une nomination n'a pas été faite dans l'intérêt du service, la cause juridique de cet acte n'existe pas et sera déclarée inexistante par le juge administratif ; ce qui entraîne la nullité de l'acte. Il s'agit, comme le relevait le Doyen Vedel, d'une conception négative de la cause qui explique le mécanisme des nullités car l'acte est nul du fait qu'il lui manque l'un de ses éléments essentiels, une condition nécessaire pour qu'il ne soit pas réduit à néant[1917]. L'inexistence ne peut être à l'origine de l'édiction d'un acte car le juge administratif vérifie si un acte est inexistant, c'est-à-dire si le vice l'affectant constitue bien une illégalité d'un degré supérieur à l'illégalité courante.

1040.–L'inexistence juridique est donc, notamment, le résultat juridique d'un défaut d'objet ou d'un défaut de cause d'un acte. C'est en cela qu'il est possible de dire que l'acte inexistant n'est pas un acte administratif puisqu'il s'agit du résultat obtenu au titre de la sanction d'un acte administratif, au même titre que le ferait une annulation. C'est, si l'on peut par cette formule, la nullité qui permet à l'acte inexistant d'exister. Il convient donc de réfuter la tautologie qui consiste à dire qu'il est inexistant parce qu'il n'existe pas[1918]. Il s'agit là du paradoxe de l'inexistence, celle-ci constitue à la fois le vice affectant un acte et la sanction de ce vice. Cette notion particulière est à l'origine de la nullité de l'acte et, en même temps, la conséquence de cette nullité. Il s'agit donc bien d'une catégorie juridique à part. C'est à ce titre que le Conseil d'État, sur recours en cassation formé contre une décision de justice déclarant un acte inexistant, exercera le contrôle de la qualification juridique des faits et non celui de leur dénaturation, s'interrogeant sur le point de savoir si le vice en cause présente une gravité suffisante pour que l'acte soit dit inexistant ou si l'illégalité en cause justifie, à raison de son degré, de déclarer l'acte *« nul et non avenu »*[1919].

§. 2 Le caractère *« sui generis »* du recours en déclaration d'inexistence

1041.–Le recours en déclaration d'inexistence permet au juge administratif de prononcer une nullité dans le cadre d'un recours en excès de pouvoir (*§. 1.*), ce qui justifie que son régime juridictionnel suive celui d'un recours en annulation classique, hormis le point particulier du délai (*§. 2.*).

1915 WALINE (M.), Le pouvoir discrétionnaire de l'administration et sa limitation et sa limitation par le contrôle juridictionnel, op. cit. ; -Etendue et limites du contrôle du juge administratif sur les actes de l'administration, op. cit. ; -Empirisme et conceptualisme dans la méthode juridique : faut-il nier les catégories juridiques ?, op. cit.

1916 KTISTAKI (S.), L'évolution du contrôle juridictionnel des motifs de l'acte administratif, thèse, Paris, LGDJ, 1991, 472 p.

1917 Dans le cas des contrat, voir : VEDEL (G.), Essai sur la notion de cause en droit administratif français, op. cit., p. 154-155 et p. 378 à 380.

1918 CHAPUS (R.), Droit administratif général, Tome I, n° 1204 1°).

1919 GLASER (E.), conclusions sur CE, 21 juillet 2006, Gastinel, AJDA 2006 p. 1970.

A. L'inexistence : une nullité prononcée dans le cadre d'un recours en excès de pouvoir

1042.–A l'origine, le juge administratif pouvait connaître indirectement de la nullité d'un acte, et plus précisément d'une délibération, dans le cadre des nullités de plein droit lorsqu'il examinait la déclaration de nullité du préfet. Puis, le juge s'est émancipé de ces textes. Il a déclaré ainsi, dans le cadre d'un recours pour excès de pouvoir, qu'une délibération est nulle et de nul effet alors même qu'était mentionnée dans la requête une demande d'annulation[1920]. Ainsi, le Conseil d'État va annuler une délibération prise en violation de la loi, puis, par voie de conséquence, déclarer nul et de nul effet, et donc inexistant, l'arrêté approbatif du préfet qui n'était requis par aucune disposition légale : il tranche donc la question sans faire application du mécanisme des nullités de plein droit[1921]. L'ambiguïté entre annulation et nullité demeure maintenue par le titrage au Recueil Lebon qui, à l'époque, ne fait pas mention de l'inexistence, ni de la nullité, mais d'une annulation par voie de conséquence alors même que cette espèce est mentionnée à la table vicennale comme traitant d'actes nuls et de nul effet qui doivent être distingués d'actes irréguliers[1922].

1043.–Le Recueil Lebon a fait également référence aux actes inexistants dans le titrage de certaines décisions de justice sans qu'il soit pour autant fait référence dans les motifs de la décision à un acte nul et de nul effet, ceci dans l'hypothèse d'une décision matériellement inexistante[1923].

1044.–Dans l'arrêt *« Ladam »*[1924], l'inexistence d'un acte administratif a été prononcée par voie d'exception d'illégalité dans le cadre d'un recours en annulation dirigé contre le rejet d'une demande en indemnité du préjudice subi par l'intéressé, du fait du refus d'une augmentation liée à une promotion. Or, il résultait de l'instruction que celle-ci était en réalité une nomination pour ordre. Le juge en a d'abord déclaré la nullité par voie d'exception puis a rejeté la demande d'indemnité au fond. L'inexistence d'un acte administratif ou d'une délibération est donc examinée pour que le juge puisse se prononcer sur les droits qui découlent d'une décision administrative prise en application d'un tel acte[1925]. Cette solution est identique à celle apportée par les arrêts *« Bonfanti »*[1926] et *« Massonaud »*[1927] déclarant par voie d'exception qu'une nomination était une nomination pour ordre afin de rejeter au fond la demande en annulation. L'examen de la légalité d'un acte administratif peut ainsi être conditionné par la nécessité que la décision administrative, en application de laquelle il a été pris, ne soit pas, elle-même, inexistante[1928].

1920 CE, 10 janvier 1908, Legouez, op. cit.

1921 CE, 7 novembre 1919, Bonnafé, op. cit. ; comp. CE, 20 décembre 1957, Association des fonctionnaires du Ministère de l'Intérieur c. Saincierge, op. cit.

1922 Voir au recueil de 1919 p. 809 ; comp. table vicennale 1905-1924 p. 29.

1923 CE, 18 mars 1921, Viandier et Gaubert (deux espèces), op. cit., p. 327.

1924 CE, 5 août 1921, Ladam, op. cit.

1925 CE, 22 juin 1932, Munio, op. cit.

1926 CE, 6 février 1948, Bonfanti, op. cit.

1927 CE Sect., 30 juin 1950, Massonnaud, op. cit.

1928 CE, 18 décembre 1953, Welter, op. cit. ; CE, 17 mars 1954, Dardant, op. cit.

1045.–Le domaine de prédilection de la théorie de l'inexistence a donc été essentiellement à l'origine le contrôle par voie d'exception. L'intérêt pratique est évident en ce qui concerne les décisions individuelles. En effet, si le principe du caractère perpétuel de l'exception d'illégalité des règlements est constant[1929], le principe de l'irrecevabilité de l'exception d'illégalité des actes non réglementaires devenus définitifs ne connaît en principe que deux dérogations : 1°) lorsqu'une telle illégalité est invoquée à l'appui d'une demande en dommages et intérêts pour réparation du préjudice causé par la décision, mais dans ce cas si, le caractère illégal de l'acte est relevé, il ne s'ensuit que l'octroi d'indemnité et non l'annulation de l'acte qui demeurera dans l'ordre juridique, 2°) dans le cadre des opérations complexes. Autrement dit, la théorie de l'inexistence, dès son origine, permet au juge administratif de moduler les règles contentieuses de manière à éviter l'exclusion de recours contre des décisions qui ne peuvent être maintenues dans l'ordonnancement juridique car elles sont par trop illégales[1930]. L'inexistence est utilisée pour permettre de prononcer une nullité *« erga omnes »* et non une simple illégalité, laquelle n'emportait pas de réelles annulations en l'état d'une autorité de la chose jugée qui n'est que relative dans le cadre de l'exception d'illégalité[1931].

1046.–Selon la formule consacrée, lorsque des décisions individuelles sont entachées d'un vice tel qu'elles doivent être regardées comme nulles et non avenues, elles ne sauraient faire naître aucun droit au profit des intéressés, et peuvent être rapportées sans délai, tout comme les actes pris pour leur application[1932]. Lors d'un recours en excès de pouvoir formulé contre un retrait ou un refus de tirer les conséquences d'un acte, le juge administratif va procéder à un contrôle de la validité de ce primo-acte : eu égard au vice qui l'entache, il sera déclaré inexistant[1933]. La majorité des décisions de justice relatives à l'inexistence n'est donc pas rendue sur un recours en déclaration d'inexistence ou en annulation mais sur recours pour excès de pouvoir. C'est au cours de ce contrôle classique que le juge administratif va procéder à un examen, par voie d'exception, de l'inexistence juridique de l'acte pour pouvoir ensuite se prononcer sur la légalité de l'acte qui lui est déféré[1934]. Il ne s'agit pas nécessairement d'un acte pris en application d'un acte inexistant puisque le recours en excès de pouvoir peut être exercé contre le retrait de l'acte inexistant ou contre le retrait de la décision prise en application de l'acte inexistant ou contre le refus de tirer des effets de l'acte inexistant lui-même ou encore contre des décisions qui en procèdent. Le contrôle du juge administratif se matérialise dans la recherche du caractère

---

1929 CE, 29 mai 1908, Poulain, p. 580, D.1910.III.17.

1930 CHAPUS (R.), Contentieux administratif, op. cit., nos 768 à 787 ; ODENT (R.), Cours de contentieux administratif, op. cit., Tome I, p. 867 et s. ; PEISER (G.), Les conséquences de la reconnaissance par le Conseil d'État de l'illégalité d'un acte administratif par voie d'exception ?, Etudes offertes à Jean-Marie Auby, p. 277 et s.

1931 MELLERAY (F.), L'étendue de l'autorité de chose jugée des déclarations d'illégalité d'actes administratifs opérées par le juge administratif, AJDA 2004 p. 138 et s. ; SEILLER (B.), L'illégalité sans annulation, AJDA 2004 p. 963 et s.

1932 CE Sect., 3 février 1956, De Fontbonne, op. cit.

1933 CE, 12 novembre 1958, Sabiani, op. cit. ; CE Sect., 9 mars 1962, Douzans, op. cit. ; CE, 18 mars 1998, Khellil, op. cit. ; CE, 26 octobre 2005, Pinguet et autres, op. cit. ; TA Lille, 13 mars 2007, M. Groux, op. cit.

1934 CE Sect., 27 avril 1956, Egaze, op. cit. ; CE, 13 juillet 1967, Lourmet, op. cit.

éventuellement inexistant d'un acte pour déterminer si les motifs d'un autre acte sont fondés ou non.

1047.–L'arrêt *« Rosan Girard »* est à cet égard particulièrement caractéristique car le juge, pour examiner, dans le cadre d'un recours en excès de pouvoir, la légalité d'un décret instituant une délégation spéciale dans la commune du Moule, a prononcé la nullité d'un arrêté préfectoral qu'il déclare nul et non avenu au motif que cet acte avait porté atteinte aux attributions du juge administratif, seul compétent pour prononcer l'annulation d'opérations électorales. Cependant, il n'annulera le décret déféré que pour excès de pouvoir, car il ressort des circonstances que les dispositions sur lesquelles cet acte se fondait ne s'appliquaient pas en l'espèce du fait que la proclamation des élections avait eu lieu et qu'elle ne s'était pas déroulée dans des circonstances telles qu'elle pouvait être regardée comme étant inexistante[1935].

1048.–Les décisions de justice sont en ce domaine nombreuses et variées. Ainsi, des conclusions aux fins d'annulation du refus de retrait d'un acte de nomination auront comme conséquence que cet acte sera déclaré illégal au motif que la nomination en cause présentait le caractère d'une nomination pour ordre. Le juge administratif, alors même qu'il était saisi uniquement sur le fondement d'un recours en excès de pouvoir, va déclarer l'acte examiné inexistant par voie d'exception mais l'acte administratif qui faisait l'objet du recours sera, lui, déclaré simplement illégal[1936].

1049.–Cependant dans un arrêt *« Monzat »*[1937], le Conseil d'État, dans le cas d'une nomination pour ordre, qu'il dit être purement fictive, déclare qu'elle est entachée d'illégalité et annulable pour détournement de pouvoir. Ceci lui permet de rejeter la demande en annulation du retrait de celle-ci par l'administration effectué hors délai. Le juge ne fera donc pas référence à un acte inexistant ou nul, alors qu'il semble évident que tel était le cas et le titrage du Recueil Lebon mentionnera cet acte comme étant irrégulier sans autre précision[1938].

1050.–Cette inexistence implicite a été confirmée par la suite dans un arrêt *« Houdaille du Meix »*[1939] pour rejeter une demande de pension, pourtant cette décision est mentionnée à la table vicennale comme une espèce relative aux actes inexistants[1940].

1051.–De même, dans un arrêt *« Association des fonctionnaires du Ministère de l'intérieur contre sieur Ciosi »*, le juge administratif a *« simplement »* annulé une

1935 CE Ass., 31 mai 1957, Rosan Girard, op. cit.

1936 CE, 7 novembre 1919, Bonnafé, op. cit. ; CE, 18 décembre 1953, Welter, op. cit. ; CE Sect., 27 avril 1956, Egaze, op. cit. ; CE, 20 décembre 1957, Association des fonctionnaires du Ministère de l'Intérieur c. Saincierge, op. cit. ; CE Ass., 31 mai 1957, Rosan Girard, op. cit. ; CE Sect., 9 novembre 1990, Fléret, op. cit.

1937 CE, 19 novembre 1926, Sieur Monzat, op. cit. ; comp. TA Poitiers, 14 mai 2003, M. Durand, AJDA 2004 p. 273, note AUBIN (E.).

1938 Voir au recueil Lebon, p. 1001.

1939 CE, 20 avril 1951, Houdaille du Meix, op. cit.

1940 Tables p. 77.

nomination pour ordre en se bornant à mentionner que le requérant était fondé à soutenir que l'acte en cause était entaché d'excès de pouvoir[1941].

1052.–L'arrêt *« Lafitte »*[1942] marque un tournant dans la construction de l'inexistence puisqu'il s'agit d'une demande directe faite par des administrés en annulation de délibérations. Le juge spécifie expressément, lorsqu'il prononce leur nullité en les déclarant nulles et de nul effet, que cette sanction est due au fait que l'organisme qui les avait prises était dépourvu d'existence légale. Il ne s'agit donc pas d'un recours en déclaration d'inexistence mais bien d'un recours pour excès de pouvoir.

1053.–Le juge administratif saisi d'une requête en excès de pouvoir prononce la nullité d'un acte (*et donc son inexistence*) en le déclarant nul et de nul effet[1943]. Si la doctrine affirme que le juge administratif requalifie les conclusions aux fins d'annulation, dans le cadre d'un recours en excès de pouvoir, il en va différemment en cas de recours en déclaration d'inexistence. Dans cette dernière hypothèse, le fait que les arrêts faisant mention uniquement d'une saisine du juge administratif sur le fondement d'un recours en annulation ne signifie pas nécessairement que le fondement contentieux est différent du recours en excès de pouvoir classique[1944]. Ainsi dans l'arrêt *« Maurice et Pruvost »*[1945], topique en la matière, il est mentionné que *« le juge de l'excès de pouvoir, saisi d'un recours dirigé contre un acte nul et non avenu est tenu d'en constater la nullité à toute époque »*. Le juge administratif a d'ailleurs titré dans le corpus de la décision de justice *« Sur la légalité de l'arrêté attaqué »* avant d'exposer les motifs qui l'ont conduit à le déclarer nul et non avenu[1946]. C'est également le cas dans l'arrêt *« Commissaire de la République des Landes »* qui, selon la doctrine, consacre le déféré préfectoral en déclaration d'inexistence[1947]. Or, dans cette décision le juge administratif ne mentionne que des conclusions à fin d'inexistence dans le cadre d'un recours classique de son contrôle de la légalité. Le titrage du Recueil Lebon mentionne un *« déféré préfectoral aux fins de constatation par le juge de l'inexistence d'un acte »*[1948]. De même, le Conseil d'État, dans un arrêt *« Ministre des P.T.T., Nassalluci et autres contre Bourreil »*[1949], indique expressément que le tribunal administratif avait annulé la décision du ministre des PTT portant plusieurs nominations pour ordre, déclarées comme étant nulles et de nul effet.

1941 CE Sect., 3 décembre 1948, Association des fonctionnaires du ministère de l'intérieur c. sieur Ciosi, p. 451 ; CE, 14 avril 1995, Syndicat des fonctionnaires territoriaux et municipaux de catégorie A, op. cit.

1942 CE Sect., Lafitte et autres, 28 octobre 1932, op. cit.

1943 CE, 12 février 1958, Salomon et autres, op. cit. ; CE, 15 juillet 1959, Syndicat C.G.T., C.F.T.C., C.G.T.–F.O. du Ministère de l'Education nationale et sieur André, op. cit.

1944 CHAPUS (R.), Contentieux administratif, op. cit., n° 843 3°) ; CE, 10 janvier 1908, Legouez, op. cit. ; CE Sect., 25 juillet 1952, Chambre Syndicale des fabricants français de Balais de paille de Sorgo, sieur Hebert et autres, op. cit. ;

1945 CE, 15 mai 1981, Maurice et Pruvost, op. cit. ; CE, 10 novembre 1999, Préfet de la Drôme, op. cit.

1946 Comp. Notamment Pour l'emploi d'une terminologie similaire : CE, 20 décembre 1912, Glize, note JEZE (G.), RDP 1913 p. 85 et s.

1947 CE, 28 février 1986, Commissaire de la République des Landes, op. cit.

1948 Voir au recueil Lebon, p. 50.

1949 CE, 1er octobre 1990, Ministre des PTT et autres c. Bourreil, op. cit.

1054.–Il est donc certain que dès l'origine de l'utilisation du concept d'inexistence, pour le Conseil d'État, la question de l'inexistence juridique s'inscrit dans l'examen de la validité, et donc de la légalité, des actes administratifs[1950]. Cette position sera confirmée à compter de la table décennale de 1955 à 1966 car les décisions relatives à de tels actes sont inscrites sous cette dénomination dans la rubrique *« validité des actes administratifs »*. Par la suite, le titrage du Recueil Lebon mentionnera quasi-systématiquement que la décision est relative à un acte inexistant même lorsque le juge administratif omet de faire référence à l'inexistence dans les motifs de sa décision[1951]. L'identification de la notion d'inexistence est donc possible grâce à un faisceau d'indices (*PCJA, mention au Recueil Lebon,...*). La référence à l'inexistence est ainsi variée dans les décisions de justice : il peut s'agir d'une nullité[1952], de décisions nulles et de nul effet[1953] ou nulles et non avenues[1954] voire d'actes irréguliers[1955], la mention la plus courante étant *« actes inexistants »*[1956] ou *« inexistence »*[1957]. Lorsque les décisions relatives à l'inexistence ne font cependant pas expressément référence à un contrôle de la validité, il s'agit généralement de rectifications d'actes qui n'auraient dues être que matérielles et qui ont modifié, à tort, le *« negotium »* de l'acte. Ainsi dans l'arrêt *« Chambre Syndicale des fabricants français de balais de paille de Sorgo, sieur Hebert et autres »*[1958], le juge administratif a déclaré un rectificatif nul et de nul effet, sur un recours direct en annulation au motif que cet acte était sans valeur. De même dans l'arrêt *« Salomon et autres »*[1959], une telle modification a été déclarée *« dépourvue de toute valeur juridique »*. La valeur devant être ici interprétée au sens que de *« ce qui fonde la validité »* ; c'est-à-dire qu'à défaut la norme ne peut être considérée comme valide[1960].

1950 Pour rappel, le service de documentation du CE est responsable des intitulés de ce Recueil. Actuellement les responsables de ce service documentation sont Mmes Julie Burguburu, Béatrice Bourgeois-Machureau et M. Julien Boucher, maîtres des requêtes.

1951 CE, 10 janvier 1908, Legouez, op. cit. ; CE, 19 mars 1910, Rambaud et consorts, op. cit. ; CE, 5 août 1921, Ladam, op. cit. ; CE, 6 février 1948, Bonfanti, op. cit. ; CE, 20 avril 1951, Houdaille du Meix, op. cit. ; CE Sect., 25 juillet 1952, Chambre Syndicale des fabricants français de Balais de paille de Sorgo, sieur Hebert et autres, op. cit. ; CE Sect., 9 novembre 1990, Fléret, op. cit.

1952 CE Sect., 30 juin 1950, Massonnaud, op. cit.

1953 CE Sect., Lafitte et autres, 28 octobre 1932, op. cit. ; CE Sect., 3 février 1956, De Fontbonne, op. cit.

1954 CE Sect., 3 février 1956, De Fontbonne, op. cit. ; CE, 15 mai 1981, Maurice et Pruvost, op. cit.

1955 CE, 19 novembre 1926, Sieur Monzat, op. cit.

1956 CE, 18 mars 1921, Viandier et Gaubert (deux espèces), op. cit. ; CE, 12 novembre 1958, Sabiani, op. cit. ; CE, 15 juillet 1959, Syndicat C.G.T., C.F.T.C., C.G.T.–F.O. du Ministère de l'Education nationale et sieur André, op. cit. ; CE Sect., 9 mars 1962, Douzans, op. cit. ; CE, 13 juillet 1967, Lourmet, op. cit. ; CE, 15 mai 1981, Maurice et Pruvost op. cit. ; CE, 21 décembre 1983, Election du maire de Limeil-Brévannes, op. cit. ; CE, 28 février 1986, Commissaire de la République des Landes, op. cit. ; CE, 20 mai 1988, Madame Nardin, op. cit. ; CE, 18 mars 1998, Khellil, op. cit. ; CE, 26 octobre 2005, Pinguet et autres, op. cit.

1957 CE, 26 janvier 1940, Commune d'Agos-Vidalos, op. cit. ; CE, 18 décembre 1953, Welter, op. cit.

1958 CE Sect., 25 juillet 1952, Chambre Syndicale des fabricants français de Balais de paille de Sorgo, sieur Hebert et autres, op. cit.

1959 CE, 12 février 1958, Salomon et autres, op. cit.

1960 L'étymologie de la validité et de la valeur étant la même « valere », valeur, être bien portant ; ARNAUD (A.–J.), et autres, Dictionnaire encyclopédique de théorie et de sociologie du droit, LGDJ et éditions juridiques et fiscales, 1988, Voir « Valeur ».

1055.–Le Conseil d'État s'est prononcé sur sa compétence exclusive en tant que juge de droit commun en matière administrative, en sanctionnant un arrêté de Conseil de préfecture qui s'était prononcé sur l'existence d'une délibération d'un conseil municipal afin de répondre au moyen tiré de ce qu'elle aurait été inexistante[1961]. Le juge administratif a ensuite requalifié implicitement un recours en annulation en recours en déclaration d'inexistence au motif qu'une telle demande était hors des prévisions des articles 63 et 65 de la loi du 5 avril 1884 relatifs aux nullités de plein droit[1962]. En conséquence, il n'appartenait pas au Préfet d'en connaître et de les déclarer nulles de plein droit, puisqu'il s'agissait d'examiner l'existence de ces deux délibérations pour déterminer si la commune pouvait être appelée en garantie devant un tribunal civil par le bénéficiaire d'un bail qu'elle avait consenti[1963]. Cette *« autonomie »* s'est donc imposée comme *« une émancipation contentieuse »* du mécanisme administratif des nullités de plein droit, et non du recours pour excès de pouvoir. Est aussi révélatrice l'affirmation explicite du juge administratif que la procédure de la nullité de plein droit est inapplicable à une délibération inexistante[1964]. Une telle conception n'est pas fondée sur le fait que les actes inexistants ne sont pas des actes administratifs. Elle repose sur le fait que le mécanisme des nullités de plein droit n'est applicable que lorsque le vice en cause est expressément visé par la loi et sur l'obligation qu'a le préfet de se prononcer sur cette illégalité préalablement au recours contentieux. Ceci exclut le contrôle direct du Conseil d'État sur l'existence, ou plus exactement l'inexistence, des délibérations d'un conseil municipal. Ce raisonnement procède aussi de la volonté du juge d'étendre son contrôle juridictionnel direct[1965].

1056.–La mention du recours en déclaration d'inexistence est donc ponctuelle et représentative d'une terminologie moderne. Ce recours n'a pas été consacré comme une voie de recours en tant que telle dans la jurisprudence du Conseil d'État[1966]. Il n'est pas ainsi référencé par le PCJA, et aucune catégorie n'est réservée à ce recours juridictionnel dans le Recueil Lebon[1967].

B. Le régime du recours juridictionnel tendant au prononcé de l'inexistence

1057.–A l'origine, le recours exercé contre des actes inexistants était irrecevable car de tels actes étaient dépourvus d'objet et ne constituaient pas des décisions susceptibles d'être déférées au Conseil d'État ; il s'agissait de décisions édictées par une autorité incompétente[1968]. Puis, les actes inexistants ont été considérés comme des actes inopérants

---

1961 CE Sect., 7 décembre 1934, Commune-de-Saint-Paul-du-Var, op. cit. ; CE, 26 janvier 1940, Commune d'Agos-Vidalos, op. cit.

1962 op. cit.

1963 CE, 26 janvier 1940, Commune d'Agos-Vidalos, op. cit. ; voir contra CE, 20 mars 1896, Commune d'Auxy, op. cit.

1964 cf. p. 218 et s.

1965 CHEVALLIER (J.), L'élaboration historique du principe de la séparation de la juridiction administrative et de l'administration active, op. cit., p. 173-191.

1966 CE, 3 février 2003, Wirbel, n° 240630, tables p. 619, AJDA 2003 p. 1294.

1967 Pour rappel, le service de documentation du CE est responsable des intitulés de ce Recueil. Actuellement les responsables de ce service documentation sont Mmes Julie Burguburu, Béatrice Bourgeois-Machureau et M. Julien Boucher, Maîtres des requêtes.

1968 CE, 21 février 1890, Mirieux, p. 200 ; CE, 30 juin 1893, Adam, op. cit. ; CE, 26 avril 1901, Seyve

avec ce corollaire que les délais de recours (*contentieux ou administratifs*) ne couraient pas à l'encontre de tels actes. Ils pouvaient également, de ce fait, être retirés sans condition de délai[1969]. Pour autant, on ne saurait dire que l'acte inopérant est inexistant : il s'agit de décider qu'un acte est entaché d'un vice tellement grave qu'il s'avère nécessaire de neutraliser ses effets. L'acte inopérant ne peut en lui-même être vicié. Or, dans l'arrêt *« Sieur Naudet »*[1970], le juge a déclaré que la radiation d'un sapeur-pompier avait été irrégulièrement prononcée mais, au lieu de transposer la solution de l'arrêt *« Legouez »*[1971], auquel se réfère d'ailleurs le Recueil Lebon, et de déclarer la décision en cause nulle et de nul effet, il renvoie l'intéressé devant l'autorité administrative pour être inscrit à nouveau. Le juge a d'ailleurs souligné à cette occasion qu'il n'était pas compétent pour se prononcer sur l'annulation de la délibération en cause car elle n'était pas le fait d'une autorité administrative. Il a donc refusé de consacrer une usurpation de pouvoir. Cependant la motivation profonde d'une telle solution est sans doute la volonté du juge administratif -qui ne pouvait à l'époque adresser des injonctions à l'administration- de tenter d'assurer l'exécution de ses propres décisions[1972].

1058.–Dans un arrêt *« Glize »*, le Conseil d'État a déclaré nulles plusieurs décisions du ministre de la justice nommant trois agents dans l'administration centrale au motif qu'elles portaient atteintes aux droits d'un tiers à être nommé à cet emploi à son tour d'inscription[1973]. Ces nominations méconnaissaient le tour en principe réservé à d'autres agents, et violaient les formes imposées par les textes. Elles devaient donc être considérées comme étant *« nulles et entachées d'excès de pouvoir »*. G. Jèze en déduisait que cette nomination était simplement inopposable à celui dont le tour de rôle avait été méconnu, ce qui impliquait que désormais le recours pour excès de pouvoir ne pouvait plus produire un effet *« erga omnes »*[1974]. En réalité, il est vraisemblable que le Conseil d'État a simplement procédé à la déclaration d'un droit. Or, le recours en déclaration d'inexistence ne constitue pas la déclaration d'un droit mais bien le prononcé d'une inexistence, fût-ce au moyen du déféré préfectoral à fin d'inexistence[1975]. Une telle problématique s'inscrit dans celle de savoir si le recours pour excès de pouvoir est un contentieux objectif en tant que procès fait à un acte. En ce cas, devait être rejetée la thèse selon laquelle les personnes en cause pourraient faire valoir un droit. Le recours en déclaration d'inexistence tend à voir prononcer la nullité d'un acte mais aussi à voir établir la reconnaissance d'un droit : celui du fonctionnaire évincé d'un poste du fait d'une nomination pour ordre, celui de l'administré qui veut que cesse l'atteinte à une liberté dont il est titulaire, Celui du conseiller municipal évincé de la prise de délibération rendue uniquement par le maire[1976].

---

c. Ministre de la Guerre, op. cit.

1969 CE, 21 mars 1934, Bassières, p. 400.

1970 CE, 20 janvier 1911, Naudet, p. 52.

1971 CE, 10 janvier 1908, Legouez, op. cit.

1972 ERSTEIN (L.), SIMON (O.), L'exécution des décisions de justice, op. cit.

1973 CE, 20 décembre 1912, Glize, op. cit.

1974 JEZE (G.), note sur CE, 20 décembre 1912, Glize, RDP 1913 p. 85 et s.

1975 CHAPUS (R.), Contentieux administratif, op. cit., n° 235 ; TC, 27 juin 1966, Guigon, op. cit. ; CE, 28 février 1986, Commissaire de la République des Landes, op. cit.

1976 CHAPUS (R.), Contentieux administratif, op. cit., n° 845 ; MELLERAY (F.), Déclaration de droits et recours pour excès de pouvoir, RDP 1988 p. 1089 ; RICARD (M.), Plaidoyer pour la

1059.–Le recours en déclaration d'inexistence permet en réalité la protection de droits subjectifs dans le cadre d'un recours –qui demeure objectif– en annulation tel le recours pour excès de pouvoir, ainsi que l'avait préconisé Laferrière. Pour autant, l'introduction de tels éléments de subjectivisation ne fait pas perdre à ce recours son caractère objectif[1977].

1060.–Le professeur R. Chapus, affirme que la similitude entre le recours en excès de pouvoir et le recours en déclaration d'inexistence consiste dans le fait d'être chacun des recours principaux[1978]. Il reconnaît cependant que le recours en déclaration d'inexistence contre les actes administratifs unilatéraux se distingue du recours en excès de pouvoir sur plusieurs points[1979]. S'il est possible d'affirmer que le recours en excès de pouvoir tend à obtenir le prononcé d'une annulation pour cause d'illégalité, il est plus contestable de prétendre que le recours en déclaration d'inexistence en diffère par son objet, lequel se limiterait à la déclaration d'une inexistence juridique. En effet, une telle action tend à obtenir le prononcé d'une nullité pour cause d'invalidité, voire d'une illégalité ayant un certain degré de gravité qui peut nécessiter une dérogation à la computation des délais classiques[1980]. Certes, cet auteur reconnaît que l'inexistence juridique résulte de la gravité des vices entachant l'acte auquel il se rapporte mais n'en tire comme unique conclusion que le fait qu'en ce cas le juge requalifierait le recours en excès de pouvoir en recours en déclaration d'inexistence uniquement parce que *« ce qui n'existe pas ne saurait être annulé »*. Ceci peut être discuté dans la mesure où, on l'a vu plus haut, une telle sanction tend aussi à désapprouver l'édiction d'un acte qui n'aurait jamais du être pris par l'administration[1981] ; le souci d'une protection de la moralité administrative est très présent et explique, en partie, tout le pragmatisme du juge en matière d'inexistence ainsi que le rôle fonctionnel dévolu par lui à cette notion.

1061.–Une telle distinction des recours et surtout la création d'une voie de droit particulière pour constater l'inexistence des actes administratifs unilatéraux résulte donc d'un choix jurisprudentiel ou plus exactement de la volonté de maintenir un contentieux atypique, qui se caractérise par un état juridictionnel *« intermédiaire »*.

1062.–On peut cependant se demander s'il ne serait pas possible d'affirmer que le recours en déclaration n'est en réalité qu'un recours pour excès de pouvoir particulier qui permettrait de demander la nullité d'un acte. Le commissaire du Gouvernement J-H. Stahl a

---

reconnaissance du recours en déclaration de droits, Gaz.Pal., 27 juillet 1984, p. 1.

1977 LAFERRIERE (E.), Traité de la juridiction administrative et des recours contentieux, Tome II, op. cit., p. 306 ; ALIBERT (R.), Le contrôle juridictionnel de l'administration au moyen du recours pour excès de pouvoir, thèse, op. cit., p. 58 ; ARTUR (E.), Séparation des pouvoirs et séparation des fonctions, RDP 1903 op. cit., BLUM, conclusions sur CE, 29 novembre 1912, Boussuge, p 1128 ; WALINE (M.), Vers un reclassement des recours du contentieux administratif, RDP 1935 p. 205 et s.

1978 CHAPUS (R.), Contentieux administratif, op. cit., n° 238.

1979 Voir toutefois CHAPUS (R.), Contentieux administratif, 1978-1979, éd. les cours du droit, p. 221.

1980 CE, 5 novembre 1948, Syndicat Ovin de la Balagne, p. 409 ; CE, 13 juillet 1966, Guigon, op. cit. ; CE, 8 janvier 1971, Association des magistrats et des anciens magistrats de la Cour des comptes Letourneur, op. cit. ; CE, 15 mai 1981, Maurice et Pruvost, op. cit. ; CE, 20 mai 1988, Madame Nardin, op. cit.

1981 CHAPUS (R.), Contentieux administratif, op. cit., nos 236 et 237.

ainsi affirmé dans ses conclusions sur l'arrêt *« Association liberté information Santé »*, en 2003, que le fait d'élever la demande à fin de constater l'inexistence d'un acte administratif au statut d'une voie de recours n'était dû qu'à la volonté de certains auteurs tel le Professeur Chapus alors que le Président Odent n'avait pas envisagé un type spécifique de recours contentieux[1982].

1063.–En ce qui concerne l'inexistence d'un contrat, elle entre dans le cadre du recours en déclaration de la nullité contractuelle pour pallier la prohibition faite au juge administratif d'intervenir dans le cadre d'un recours en annulation contre le contrat nonobstant une ouverture récente en la matière dont il est difficile de mesurer la portée exacte[1983]. La doctrine universitaire, hormis le Professeur Chapus[1984], n'envisage pas, en ce qui concerne le recours en nullité contractuelle que dans certains cas de nullité absolue, s'y applique la théorie de l'inexistence. Pourtant, le juge administratif utilise en matière contractuelle le même vocabulaire que pour constater l'inexistence d'un acte administratif individuel. Le Professeur Chapus affirme, lui, que la distinction entre l'annulation et la déclaration de nullité du contrat est plus une distinction de vocabulaire qu'une réelle différenciation dans des effets de la décision du juge[1985]. Même si la jurisprudence récente tend à amenuiser la différence de nature des actes auxquels le recours en excès de pouvoir et le recours en déclaration d'inexistence peuvent se rapporter, elle n'a pas encore admis l'ouverture de principe du recours en excès de pouvoir contre un contrat exactement comme pour un acte administratif unilatéral. C'était, on le sait, la solution jurisprudentielle retenue au XIXème siècle[1986]. Le déféré en déclaration d'inexistence contre un contrat permet d'ailleurs de constater que la différenciation entre les recours contentieux posée par Laferrière subit en pratique certains assouplissements inéluctables[1987].

1064.–L'examen des différentes branches du contentieux montre que l'inexistence peut être utilisée par le juge aussi bien dans le cadre de l'excès de pouvoir que dans celui du plein contentieux, pour sanctionner l'illégalité d'un acte unilatéral ou d'un contrat. La nécessité d'une telle éradication liée à la gravité d'un vice permet donc au juge administratif d'utiliser une telle notion sans qu'une limitation lui soit imposée du fait du type de recours contentieux en cause.

1065.–Ainsi, la recevabilité du recours en inexistence est examiné en fonction du recours exercé et en particulier de la nature de l'acte. Si l'action est formée contre un contrat ce seront les règles traditionnelles en la matière qui s'appliqueront, ce qui est justifié

1982 CHAPUS (R.), Contentieux administratif, op. cit., nos 235 et 843 3°) ; ODENT (R.), Cours de contentieux administratif, op. cit., Tome I, p. 396 et 397 ; STAHL, conclusions sur CE, 23 juillet 2003, Association liberté information santé, n° 24484.

1983 CE Ass., 16 juillet 2007, Société Tropic travaux signalisation, op. cit. ; cf. en particulier CASSIA (P.), Le nouveau recours contre le contrat : questions périphériques de procédure contentieuse, AJDA 2007 p. 1964 et s.

1984 CHAPUS (R.), Contentieux administratif, op. cit., §239-1.

1985 CHAPUS (R.), Contentieux administratif, op. cit., §843 voir en particulier le 1) du 1°).

1986 CHAPUS (R.), Contentieux administratif, op. cit., §. 239 à 240 ; CE, 30 avril 1863, Ville De Boulogne, op. cit.

1987 CE, 2 avril 1985, Pinault, RDP 1986 p. 1687, note AUBY (J.–M.).

par le fait que le recours en déclaration d'inexistence n'est pas reconnu explicitement dans cette matière[1988]. En revanche, en ce qui concerne un tel recours dirigé contre un acte administratif unilatéral seront utilisées les règles qui prévalent lors de l'examen des questions préalables dans le cadre d'un recours en excès de pouvoir hormis le cas particulier des délais car, on le sait, les actes inexistants juridiquement y sont soustraits.

1066.–Les conditions de recevabilité relatives au requérant s'appliqueront également. Ainsi, celui-ci devra être capable d'agir en justice ou y être habilité[1989] et il n'est pas obligatoire qu'il soit représenté par un avocat lorsque ce recours pose des questions de droit objectif[1990]. *« A contrario »*, lorsque le ministère d'avocat est obligatoire, même dans le cadre d'un recours en excès de pouvoir, une telle représentation par les parties en cause est nécessaire, sauf dérogation expresse par le code, comme c'est le cas pour tous les recours formés par l'État[1991].

1067.–Le requérant doit, en outre, avoir un intérêt donnant qualité à agir. Il convient de préciser que l'appréciation d'un tel intérêt est calquée sur celle qui prévaut en matière de recours en excès de pouvoir[1992]. Ainsi, lorsque, pour faire déclarer l'inexistence du décret impérial du 11 janvier 1865 qui a donné le nom de Gergovie à l'ancien village de Merdogne, situé sur le territoire de la commune de la Roche Blanche, un requérant se prévaut de sa qualité de propriétaire dans une autre commune du département du Puy-de-Dôme et de contribuable de ce département, ni l'une ni l'autre de ces qualités ne lui donne intérêt pour contester ce décret, qui ne met par lui-même aucune dépense supplémentaire à la charge du département. Dès lors, une telle requête sera déclarée irrecevable[1993].

1068.–En ce qui concerne les conditions de recevabilité relatives au recours, le raisonnement est identique. Les règles de forme doivent être respectées : le mémoire introductif d'instance doit être rédigé en langue française, il doit également fournir des indications propres à permettre d'identifier le demandeur, et formuler des conclusions et des moyens, bien que dans ce dernier cas lorsque les moyens tendent uniquement à une annulation de l'acte, ils peuvent être requalifiés en conclusions en inexistence, et ce d'office. De même, la notification des recours en matière d'urbanisme demeure obligatoire en vertu de l'article R. 600-1 du code de l'urbanisme[1994], et la dispense de l'ancien droit de timbre prévalait en la matière avant l'ordonnance du 22 décembre 2003 qui a supprimé une telle institution.

1988 RICHER (L.), Droit des contrats administratifs, Paris, LGDJ, 2002, 3ème éd., p. 155 et s.

1989 CHAPUS (R.), Contentieux administratif, op. cit., nos 538 et s. ; CE, 13 juillet 1966, Guigon ; op. cit. ; CE, 8 mai 1968, Thorel, op. cit.

1990 CHAPUS (R.), Contentieux administratif, op. cit., n° 241.

1991 TA Lille, 21 octobre 2004, Préfet du Pas-de-Calais, n° 04-5634.

1992 CHAPUS (R.), Contentieux administratif, op. cit., nos 563 et s. ; CE, 29 mars 1901, Casanova, op. cit.

1993 CE, 3 février 2003, Wirbel, n° 240630, tables p. 619, AJDA 2003 p. 1294, conclusions SENERS.

1994 CHAPUS (R.), Contentieux administratif, op. cit., n° 616 et s. ; CAA Marseille, 27 mars 2003, M. Robert Picco, n° 99MA00940.

1069.–Une particularité doit être mentionnée en ce qui concerne la décision préalable lorsqu'elle est exigée par l'article R. 421-1 CJA. En effet, en cas de défaut d'une telle décision, la requête est irrecevable car l'acte est matériellement inexistant, ou tout au moins il n'a pas été fourni au juge administratif. Le support n'est donc pas concrétisé, ni même créé par une fiction juridique comme les décisions implicites car l'administration n'a jamais eu la volonté d'édicter un acte, fût-ce par le refus d'en prendre un dans un sens déterminé. Or, en ce qui concerne l'inexistence juridique, l'acte est pris même si, en fin de compte, il sera considéré comme inexistant ; la requête sera donc examinée au fond et ne sera pas rejetée par ordonnance ou déclarée irrecevable par une formation de jugement, mais il s'agit d'un problème de preuve[1995].

1070.–La *« greffe »* des règles relatives à la recevabilité des demandes en déclaration d'inexistence sur celles du recours en excès de pouvoir s'explique par le fait que le juge apprécie l'inexistence juridique d'un acte non pas au début de l'instance et au stade de l'instruction en particulier, mais au moment où il va examiner la requête au fond, soit parce que le requérant l'invoque, soit par ce qu'il a spontanément détecté une inexistence possible eu égard aux pièces du dossier. Il en est de même pour l'inexistence contractuelle.

1071.–Ainsi, tant que l'acte n'est pas déclaré inexistant au fond, il est considéré, au pire, comme étant simplement illégal. Donc, une demande tendant à ce que soit constatée l'inexistence d'une décision administrative doit être regardée comme une requête en annulation au sens de l'article L.521-1 CJA. D'où cette conséquence que la circonstance qu'une décision est entachée d'une telle irrégularité ne fait ainsi pas obstacle à ce que la suspension de son exécution puisse être prononcée sur le fondement de cet article : le prononcé de l'inexistence est assimilé à l'annulation et ne peut être le fait du juge des référés qui ne peut prendre que des mesures provisoires[1996].

1072.–Ceci permet d'affirmer, qu'hormis le prononcé de la nullité, le recours en déclaration d'inexistence n'est qu'un recours en annulation en tout point similaire au recours en excès de pouvoir contre les actes administratifs unilatéraux[1997].

1073.–Toutefois, la liberté d'appréciation dont dispose le juge dans la déclaration de l'inexistence et donc dans le prononcé d'une nullité, accroît fortement ces pouvoirs qui sont ordinairement les siens dans le cadre du contentieux de l'excès de pouvoir. Elle a eu pour conséquence qu'il a été soutenu que le recours en déclaration d'inexistence serait un recours de plein contentieux. La jurisprudence ne nous paraît pas aller en ce sens[1998].

1995 CE, 30 juin 1893, Adam, op. cit.

1996 CE, 26 janvier 2007, Commune de Neuville-sur-Escaut, op. cit.

1997 Le juge des référés ne pourra pas ainsi prononcer la déclaration d'inexistence pas plus qu'il ne peut annuler une décision car cela aurait des conséquences au fond irréversibles, ce qui ne réléverait pas du cadre d'un tel litige, CAA Douai, 16 mars 2006, Syndicat des propriètaires du Touquet-Paris-Plage, n° 05DA01109.

1998 VEDEL (G.), Droit administratif, Paris, PUF, 1973, p. 562 au sujet de l'arrêt CE, 26 janvier 1940, Commune d'Agos-Vidalos, op. cit. ; VEDEL (G.), Cours de droit administratif, éd. les cours du droit, 1979, p. 501, a).

Conclusion du Chapitre 1

1074.–La déclaration d'inexistence est circonscrite à des violations flagrantes de la légalité. Ainsi, le juge administratif a instauré un régime juridique *« sui generi »* de la déclaration en inexistence qui se distingue de celui des actes frauduleux, même si certains traits demeurent similaires.

1075.–Cependant, c'est uniquement pour les actes administratifs unilatéraux que le juge administratif s'interdit de rejeter comme irrecevable une requête au motif que le délai de recours contentieux est expiré. Il procède ainsi à l'examen du fond du litige afin d'effacer le délai de recours contentieux, ce qui permet d'affirmer que la recevabilité du recours se confond avec son bien-fondé : c'est en effet, le constat, *« in concreto »*, dans le cadre du recours en excès de pouvoir que la requête est soit forclose (*c'est l'hypothèse la plus courante*), soit nécessite une sanction aggravée qui entraîne qu'un vice, présentant lui-même une certaine gravité, justifie le prononcé d'une nullité et non d'une annulation invocable *« sine die »*.

1076.–Cette *« greffe »* n'est en réalité que la volonté prétorienne d'instaurer un degré dans l'effectivité d'une sanction qui résulte d'un des recours les plus classiques en droit administratif sans le dénaturer en recours de plein contentieux alors même que l'argumentation juridique du juge administratif est guidée par la solution elle-même envisagée selon des *« considérations d'opportunité »* dans un contrôle objectif de la légalité d'un acte.

1077.–Autre particularité, certaines théories peuvent faire obstacle à l'inexistence : il s'agit en quelque sorte d'une théorie des bilans à laquelle procédera le juge administratif pour garantir l'intérêt des administrés et permettre que la sécurité juridique prime sur le rétablissement de la légalité.

1078.–L'inexistence résulte donc d'une modulation jurisprudentielle du principe de la légalité, ce qui corrobore la création prétorienne d'une des politiques jurisprudentielles les plus contestées dans ses fondements en raison de ses atteintes potentielles à la sécurité juridique, alors même qu'elle n'est appliquée à l'origine que pour des raisons d'équité.

Chapitre 2 La notion d'inexistence en droit communautaire et en droit compare : La confirmation de buts assignes a l'inexistence

1079.–La notion d'inexistence telle qu'elle est connue en droit français a été reprise, en partie, en droit communautaire (*Section I*) et en droit comparé (*Section II*), tout en étant modulée en fonction des spécificités inhérentes aux systèmes juridiques en cause : elle n'a donc pas eu les mêmes conséquences juridiques et contentieuses qu'en droit français, et ne représente pas un phénomène de la même amplitude.

Section 1 L'ambivalente consécration de l'inexistence en droit communautaire

1080.–Si la notion d'inexistence semble inhérente au contentieux communautaire, car expressément consacrée par le Traité instituant la Communauté Européenne (*§. 1.*), les juges de Luxembourg ont en réalité interprété restrictivement les textes pour n'appliquer que ponctuellement cette théorie dont les contours sont, au demeurant, mal définis (*§. 2.*).

§. 1 Une notion textuelle embryonnaire mais fertile

1081.–Le Traité instituant la Communauté Européenne consacre expressément l'inexistence comme la conséquence de l'exercice du recours en annulation (*A*). Cependant cette notion est essentiellement cantonnée par la jurisprudence à l'inexistence matérielle ; cet aspect conditionnant la recevabilité même du recours (*B*).

A. Une notion apparemment retenue par les textes

1082.–Les notions du droit communautaire, même sous l'apparence d'une identité de vocabulaire, ne revêtent pas la même signification, ni la même portée dans ce droit et dans tel droit interne. Il y a là une illustration de l'autonomie bien connue de l'ordre juridique communautaire[1999]. En droit communautaire, la qualification d'un acte comme étant nul et de nul effet ne révèle pas une volonté du juge communautaire de faire application de la théorie de inexistence. C'est là une grande différence avec le cas du droit administratif français. Il s'agit simplement d'une conséquence de l'exercice du recours en annulation inscrite dans le Traité. Cependant, paradoxalement, le vice d'inexistence ainsi que la théorie de l'inexistence elle-même ne sont pas exclus du contentieux communautaire. Pourtant, le vice constitutif d'inexistence ne concerne que l'acte inexistant matériellement.

1083.–La rédaction des Traités communautaires a été le fait de nombreux juristes français qui ont participé d'abord aux négociations diplomatiques au sein de la conférence intergouvernementale puis à la rédaction des stipulations même des Traités, d'où l'utilisation d'un vocabulaire proche de celui connu et usité alors en droit français.

1084.–Il n'existe pas en droit communautaire de *« recours pour excès de pouvoir »* mais un recours en annulation. Il est ouvert contre toute disposition prise par les institutions, quelles qu'en soient la nature ou la forme, qui viserait à produire des effets de

1999 CJCE, 15 juillet 1964, Costa c. ENEL, p. 1141 et s.

droit. La conséquence d'un tel recours, lorsqu'il est reconnu fondé, n'est pas la simple annulation de l'acte mais la déclaration qu'il est *« nul et non avenu »*, le juge tend ainsi à le reconnaître comme inexistant[2000].

1085.–Le Traité de Rome (*articles 263 et 264 du TFUE, ex-articles 230 et 231 du TCE*)[2001] prévoit ainsi l'inexistence d'un acte communautaire de droit dérivé. Il appartient donc à la Cour de justice des Communautés européennes de contrôler la légalité des actes adoptés par les diverses institutions communautaires et destinés à produire des effets juridiques. Les différents recours prévus doivent être formés dans un délai de deux mois à compter, suivant le cas, de la publication de l'acte, de sa notification au requérant ou, à défaut, du jour où celui-ci en a eu connaissance.

1086.–En raison de la particularité des textes communautaires, la distinction entre l'annulation et l'inexistence est en droit communautaire simplement symbolique si l'on se place au regard des effets du recours en annulation lui-même[2002]. En effet, la procédure du recours en annulation, calquée sur celle du recours français pour excès de pouvoir, est l'un des deux piliers du contrôle de la légalité en droit communautaire, l'autre étant le recours en carence. Il est même parfois soutenu que la mention contenue dans le Traité de Rome, stipulant qu'un recours en annulation est susceptible de conduire à *« un acte nul et non avenu »*, et non à un acte simplement annulé, ne serait qu'une maladresse terminologique liée à la nécessité des traductions multiples[2003]. Il ressort clairement de la doctrine et de la jurisprudence communautaires, que le caractère nul et de nul effet d'un acte proclamé par la CJCE, à la suite de l'admission d'un recours en annulation, n'est pas une application de la théorie française de l'inexistence. L'acte est censé n'avoir jamais existé et ses effets juridiques doivent être anéantis, encore qu'une telle annulation peut toutefois n'être que partielle et surtout, voir ses effets limités dans le temps afin d'atténuer les conséquences radicales et donc, parfois, excessives de la rétroactivité. Ainsi, en ce qui concerne les règlements, la Cour de justice indique, si elle l'estime nécessaire, ceux des effets du règlement annulé qui doivent être considérés comme définitifs et ceux qui doivent être immédiatement anéantis (*article 264, alinéa 2 du TFUE, ex article 231, alinéa 2 du TCE*).

1087.–Cependant toute limitation dans le temps des effets de l'acte annulé se fera de manière restrictive en tenant compte des droits éventuels ou autres situations subjectives qui pourraient être compromis par une annulation *« ex tunc »* de l'acte attaqué. En effet, il n'est pas possible de limiter systématiquement les conséquences de l'annulation car cela reviendrait, en fait, à empêcher le juge de faire disparaître *« ex tunc »* les conséquences de l'illégalité des actes contestés chaque fois que ces actes sont susceptibles d'avoir une

---

2000 CJCE, 29 juin 1995, Espagne c. Commission, n° C-135/93, p. I-1651.

2001 voir articles 230 et 231 in DUBOUIS (L.), GUEYDAN (C.), Les grands textes du droit de l'Union européenne, Dalloz, 7ème éd., 2005, 680 p. ; voir JOUE, 17 décembre 2007, C-306.

2002 KOVAR (R.), Jurisclasseur Europe Traité, Voir Cour de justice-Procédure, 1989, Fasc. 320 ; SOULARD (Ch.), Jurisclasseur Europe Traité, Voir Cour de justice–Recours en annulation–Conditions de recevabilité, 2001, Fasc. 330.

2003 BOULOUIS (J.), DARMON (M.), HUGLO (J.–G.), Contentieux communautaire, 2ème éd., Dalloz, 2001, §. 478 ; CARTOU (L.), CLERGERIE (J.–L.), GRUBER (A.), RAMBAUD (P.), L'Union européenne, précis, Dalloz 2006, 6ème éd., §. 195.

influence sur la sphère juridique. Ainsi existerait une sorte de nullité à géométrie variable ayant tantôt des effets *« ex nunc »* tantôt des effets *« ex tunc »*[2004]. Cette technique est à l'origine des récentes évolutions du droit français en la matière[2005].

1088.–Enfin, conformément au caractère objectif du recours, l'arrêt d'annulation a une autorité absolue de chose jugée ; il est opposable à tous et a un effet *« erga omnes »* alors qu'un arrêt de rejet n'a qu'une autorité relative de chose jugée et a un effet *« inter partes »* uniquement[2006]. Il résulte des textes communautaires que le recours en annulation qu'ils envisagent ne permet pas d'y voir une application de la théorie de l'inexistence, tout au moins au sens du droit français. Dans le cadre de l'article 263 du TFUE (*ex article 230 du TCE*), la CJCE se limite à se prononcer sur la légalité de l'acte attaqué, en examinant les circonstances de fait et de droit que l'autorité, auteur de l'acte, a pris ou aurait dû prendre en compte. La Cour ne peut donc s'ériger en instance d'appel par rapport à cette autorité : elle n'a pas pleine juridiction pour connaître de l'affaire, ni la faculté de modifier la décision litigieuse ou de la remplacer[2007], contrairement à ce qui est prévu dans le cas de l'article 261 du TFUE (*ancien article 229 du TCE*) pour d'autres sanctions.

1089.–L'inexistence en droit communautaire se cantonne en réalité à un vice particulier invocable au même titre qu'un moyen classique dans le cadre d'un recours en annulation. En effet, quatre moyens sont normalement invocables à l'encontre d'un acte argué d'illégalité :

- l'incompétence,
- la violation des formes substantielles,
- la violation du Traité, ou de toute règle de droit relative à son application,
- le détournement de pouvoir.

1090.–En droit communautaire, l'inexistence est présentée comme procédant de l'incompétence. Il s'agira, soit d'actes pris par une institution communautaire dans un domaine ne relevant pas de la compétence des Communautés européennes, soit d'actes édictés par une institution dans un domaine relevant du champ de compétence d'une autre institution communautaire, soit encore d'actes de ceux qui émanent d'un membre, d'une institution ou de l'un de ses agents ne bénéficiant pas d'une habilitation ou d'une délégation régulière, soit enfin, des décisions entachées d'un défaut de base juridique qui se situe à la frontière entre l'incompétence et la violation du Traité ou des règles de droit relatives à son application. Ce dernier cas d'ouverture du recours concerne les moyens touchant au fond du

---

2004 SAGGIO, conclusions sur CJCE, 23 novembre 1999, Portugal c. Commission, n° C-89/96, p. I-8383.

2005 DEVYS, conclusions sur CE Ass., 11 mai 2004, Association AC ! et autres, RFDA 2004 p. 454.

2006 PAULIS (E.), Les effets des arrêts d'annulation de la Cour de justice des Communautés européennes, Cahier de droit Européen, 1987, p. 243 ; RASQUIN (G.) et CHAVALLIER (R.–M.), L'article 173 alinéa 2, du Traité CEE, RTD. Eur. 1966 p. 31 ; SOULARD (Ch.), Jurisclasseur Europe Traité, Voir Recours juridictionnels-Recours en annulation -Cas d'ouverture-Arrêts statuant sur des recours en annulation (effets, exécution, autorité), 2002, Fasc. 331 ; WAELBROECK (M.), L'acte susceptible de recours dans la jurisprudence de la Cour de justice des Communautés européennes, Cahier de droit Européen, 1965, p. 225.

2007 RUIZ-JARABO COLOMER, conclusions sur CJCE, 27 juin 2000, Royaume-Uni c. Commission, n° C-148/99, disponibles sur http ://curia.europa.eu.

droit. Il est, d'ailleurs, parfois difficile d'établir une claire distinction entre ces trois hypothèses[2008].

1091.–Les concepts d'incompétence et d'inexistence présentent, certes, des caractéristiques communes. Il s'agit dans chaque cas d'un vice grave, qui peut être soulevé d'office[2009]. Cependant, le rattachement de l'inexistence à l'incompétence n'est pas une constante dans la jurisprudence de la CJCE. Il sera d'ailleurs la plupart du temps implicite. Ainsi, le juge de Luxembourg affirme qu'une disposition, émanant de l'autorité compétente et prise dans le respect des conditions de procédure et de forme fixées par les Traités, ne saurait être qualifiée d'*« inexistante »*, même si par ailleurs son illégalité a été constatée[2010]. Ce qui signifie, *« a contrario »*, que de tels vices pourraient avoir pour conséquence de la faire déclarer inexistante.

1092.–La gradation de l'illégalité en droit communautaire se mesure par les termes employés dans le dispositif des décisions de justice. En premier lieu, la Cour de justice évoque simplement le caractère *« inadmissible »* ou *« illégal »* du comportement d'une institution de la Communauté, qui, ayant adopté un acte sans être compétente à cet effet, le retire dès que sa légalité est contestée, sous réserve du maintien des effets qu'il a produits, ce qui revient, de fait, à réaliser ainsi l'objectif qu'elle voulait atteindre en adoptant l'acte. Simplement, le juge précise alors que le recours en annulation ne devient pas sans objet[2011].

1093.–En deuxième lieu, il existe en droit communautaire une notion présentée comme différente de l'inexistence tout en ayant des caractéristiques identiques. Il s'agit de la *« violation des formes substantielles »*, motif qui peut être soulevé d'office par le juge[2012]. D'ailleurs, des cas de violations des formes substantielles ont donné lieu à l'application de l'inexistence, fût-elle matérielle. Une telle jurisprudence complexifie ainsi le concept d'inexistence qui se situe entre différents cas d'ouverture du recours en annulation[2013]. Cette irrégularité est prononcée lorsqu'un vice affecte la forme de la décision ou la procédure suivie ou porte atteinte aux droits des tiers ou des personnes visées par la décision, ou, encore, est susceptible d'avoir une influence sur le contenu de la décision. Généralement, cette violation consiste en un défaut de motivation ou de notification, des vices affectant les procédures d'élaboration des actes communautaires, les procédures

2008 CJCE, 19 mars 1991, France c. Commission, n° C-202/88, p. I-1223 ; CJCE, 12 février 1992, Pays-Bas et Koninklijke PTT Nederland NV et PTT Post BV c. Commission, nos C-48/90 et C-66/90, p. I-565.

2009 CJCE, 10 mai 1960, Allemagne c. Haute Autorité, n° 19/58, p. 471 ; voir en particulier CJCE, Pourvoi formé le 14 février 2007 par José António de Brito Sequeira Carvalho c. l'arrêt rendu le 13 décembre 2006 par le Tribunal de la fonction publique dans l'affaire F-17/05, disponible sur http ://curia.europa.eu, de Brito Sequeira Carvalho c. Commission (Affaire T-40/07 P), n° 2007/C 82/98 (en cours).

2010 CJCE, 21 février 1974, Kortner e.a. c. Conseil e.a., n° 15/73, p. 177.

2011 CJCE, 23 novembre 1999, Portugal c. Commission, n° C-89/96, p. I-8377.

2012 CJCE, 21 décembre 1954, France c. Haute Autorité de la CECA, n° 1/54, p. 9 ; CJCE, 21 décembre 1954, France c. Haute Autorité de la CECA, nos 1/57 et 14/57, p. 131 ; Neue juristische Wochenschrift 1958, p. 410, note JERUSALEM (F.–W.) ; Diritto internationale 1959 p. 77, MONACO (G.) ; CJCE, 7 mai 1991, Isodoro Oliveira c. Commission, n° C-304/89, p. I-2283 ; CJCE, 6 avril 2000, Commission c. ICI, n° C-286/95, p. I-2341.

2013 CJCE, 21 décembre 1954, France c. Haute Autorité de la CECA, nos 1/57 et 14/57, p. 131.

contradictoires préalables et plus spécifiquement, l'absence de consultation du Parlement européen ou le non-respect du principe de contradictoire.

1094.–Le juge de Luxembourg, comme le juge français, conserve ainsi une grande latitude pour appliquer le régime d'inexistence au vice (*de légalité interne ou externe*) qu'il désire tout particulièrement sanctionner.

1095.–L'affaire *« Madame Algera et autres c. Assemblée commune de la CECA »*[2014] est souvent présentée comme la première manifestation de l'utilisation de l'inexistence en droit communautaire. En réalité, il n'y a pas de référence expresse à cette notion, il s'agit plutôt d'une nullité absolue dont elle écarte d'ailleurs, *« in fine »*, l'application[2015]. Le Traité instituant la Communauté Européenne du Charbon et de l'Acier (*articles 33 et suivants du*) prévoyait de tels recours en annulation mais sans indiquer les conséquences du prononcé d'une telle sanction[2016].

1096.–Il s'agissait dans cette affaire de plusieurs recours en annulation[2017] contre le retrait, par l'Assemblée commune de la CECA, d'arrêtés prononçant la nomination des requérants dans leur grade et fixant leurs rangs à des échelons d'ancienneté déterminés.

1097.–Le moyen invoqué était que lesdits arrêtés auraient conféré des droits acquis aux intéressés, lesquels n'auraient pu être révoqués qu'avec leur consentement. Les requérants estimaient donc que de ces actes étant légaux et valables en droit, ils constituaient des actes administratifs individuels générateurs d'un droit subjectif. Si la question du retrait des actes unilatéraux est classique dans tous les pays de la Communauté, elle n'était pas prévue par le Traité CECA. Afin d'éviter un déni de justice, le juge de Luxembourg a préféré résoudre le litige en s'inspirant des règles reconnues par les législations, la doctrine et la jurisprudence des pays membres[2018]. En l'espèce, l'illégalité résidait en ce que l'Assemblée commune

---

2014 BERGERES (M.–C.), La théorie de l'inexistence en droit communautaire, RTD. Eur. 1989 p. 398 (1ère partie).

2015 CJCE, 12 juillet 1957, Mme Algera et autres c. Assemblée Commune de la CECA, nos 7/56, 3/57 à 7/57, p. 81 ; journal de droit international 1958, p. 373, note de LANGAVANT (E.) ; Diritto internationale 1959 p. 86, MONACO (G.).

2016 La seule référence est à l'article 10 qui traite de la Haute Autorité au sujet de son renouvellement. Il était ainsi mentionné que lorsqu'un gouvernement a usé de son droit de veto à l'égard de deux personnes s'il s'agit d'un renouvellement individuel et de quatre personnes s'il s'agit d'un renouvellement général ou biennal, tout autre exercice dudit droit à l'occasion du même renouvellement peut être déféré à la Cour par un autre gouvernement ; la Cour peut déclarer le veto nul et non avenu si elle l'estime abusif.

2017 Assortis de conclusions indemnitaires.

2018 LEREMENDIA (M.), Retrait et abrogation des actes administratifs individuels en droit communautaire et en droit anglais, collection « Etudes Européennes », Bruxelles, Edition de l'Université de Bruxelles, 1987, p. 22-184 à 187 et 217 à 224 ; Le droit français exigeait à cette date que le retrait de l'acte illégal soit prononcé avant l'expiration du délai de recours contentieux (CE, 3 novembre 1922, Dame Cachet, p. 790 ; RDP 1922 p. 552 conclusions RIVET ; S.1925.III.9, BRAIBANT (G.) et autres et autres, GAJA, op. cit. commentaire n° 113) et, si un recours a été forme, avant l'intervention de l'arrêt ; les droits belge, luxembourgeois et néerlandais semblent suivre, avec certaines nuances, des règles analogues. En revanche, le droit allemand ne connaît pas de délai pour l'exercice du droit de révocation, sauf texte contraire. En droit italien, tout acte administratif entaché d'incompétence, de violation de la loi ou d'excès de pouvoir (eccesso di potere) peut être annule ex tunc par l'administration dont il émane, indépendamment des droits

CECA n'avait pas obtenu préalablement à l'établissement du classement des agents, le consentement de la commission des Présidents, ni soumis, pour avis, ledit classement à ce même organe, ce qu'elle aurait du faire en vertu des textes applicables. Il s'agissait donc d'une simple illégalité viciant la procédure. Ainsi, la Cour de justice a posé le principe que *« l'illégalité d'un acte administratif individuel n'entraîne sa nullité absolue que dans certains cas qui sont étrangers au présent litige »*, car un acte administratif est revêtu d'une présomption de validité. Dès lors, celle-ci ne peut être infirmée que par annulation ou par retrait. Pour autant que ces mesures sont admises et tant qu'elles perdurent, l'acte doit produire ses effets. Selon la jurisprudence de la Cour, comme les recours formés devant elle n'ont pas d'effet suspensif, il résulte du système législatif et juridictionnel institué par le Traité que si le respect du principe de la légalité communautaire comporte le droit de contester judiciairement la légalité des actes communautaires, ce principe implique également, pour tous les sujets du droit communautaire, l'obligation de reconnaître la pleine efficacité de ces actes, tant que leur illégalité n'a pas été établie, fût-ce même leur nullité absolue[2019]. Dans cette décision, la mention de l'inexistence ne peut donc être comprise que comme une assimilation aux nullités absolues. Toutefois, en statuant ainsi, le juge de Luxembourg a posé les bases permettant d'incorporer dans l'ordre juridique communautaire la déclaration d'une nullité (*absolue*), voire d'une déclaration en inexistence, au sens du droit français, suite à un recours en annulation.

B. La consécration textuelle de la seule inexistence matérielle

1098.–L'affaire *« Société des usines à tube de la Sarre contre Haute Autorité de la CECA »* opère un glissement de la nullité absolue vers l'inexistence[2020]. Il s'agissait de plusieurs espèces qui avaient été jointes.

1099.–Ces recours avaient pour objet l'annulation de deux lettres de la Haute Autorité CECA. Certaines parties contestaient la nature même des actes en cause et, par voie de conséquence, la recevabilité de cette requête, faute de décision préalable. Si l'une des deux lettres litigieuses ne constituait pas en effet une décision, ce qui rendait sur ce point la requête irrecevable, le second document a posé plus de difficultés d'analyse.

1100.–Selon l'interprétation de la Cour de justice, l'article 54, alinéa 4, du Traité de Paris[2021] soumet l'émission d'un avis sur les programmes d'investissement à un certain nombre de prescriptions dont les unes ne sont que de simples formalités, et dont les autres, constituent un élément essentiel de l'avis telle la motivation. L'omission de cette dernière peut entraîner son inexistence. Le juge de Luxembourg a voulu, à l'instar du juge administratif français, se doter de moyens juridiques radicaux par l'instauration d'un mécanisme de sanction des vices les plus graves pouvant affecter les actes. Tout comme en

---

subjectifs qu 'il peut faire naître, sans délai (in qualsiasi momento). Mais, dans certains cas notamment s'il est indûment tardif, il doit être maintenu, même s'il est contraire à la loi, sauf pour des raisons d'ordre public.

2019 RUIZ-JARABO COLOMER, conclusions sur CJCE, 27 juin 2000, Commission c. Portugal, n° C-404/97, p. I-4914.

2020 CJCE, 21 décembre 1954, France c. Haute Autorité de la CECA, op. cit.

2021 Non publié.

droit interne français, c'est de manière prétorienne que furent posés les fondements de la théorie de l'inexistence en droit communautaire car l'article 54 alinéa 4, ne prévoit pas un tel système[2022]. Le juge a ainsi constaté qu'il ressortait des termes, non équivoques, du courrier litigieux, de sa forme, ainsi que de la correspondance et des pourparlers qui précédèrent sa notification, que la Haute autorité avait eu, indéniablement, l'intention d'émettre un tel avis sur le projet d'investissements en cause.

1101.–La Cour a ensuite constaté que la lettre litigieuse n'avait pas fait l'objet d'une communication au gouvernement intéressé, ni même d'une mention au Journal officiel des Communautés et qu'elle ne comportait pas de motivation. Ce vice est en principe constitutif d'une violation de forme substantielle (*articles 5 et 15 du Traité de Paris*[2023]), or le juge de Luxembourg a tenu à préciser qu'il s'agissait là de l'omission d'un élément essentiel, voire constitutif, d'un avis (*au sens de l'article 54, alinéa 4, du Traité de Paris*) et a jugé que cette illégalité entraînait l'inexistence de l'acte. Cependant, au lieu de conclure à une inexistence juridique comme le faisait le juge administratif français quelques années auparavant, le juge communautaire va en tirer la même constatation que celle retenue par le Conseil d'État plusieurs décennies en arrière en déclarant que la requête est irrecevable faute d'objet la décision n'a jamais été réellement formée puisqu'il lui manque l'une de ses conditions essentielles : l'acte attaqué étant *« légalement inexistant »*.

1102.–L'inexistence constatée en droit communautaire est donc matérielle. En l'absence d'une telle décision ou d'une telle recommandation le recours n'est pas recevable. Il s'agit, *« in fine »*, d'un raisonnement identique à celui du juge administratif français en matière contractuelle, même lorsque le document en cause a bien commencé à être concrétisé. La Cour de justice refuse donc ici d'envisager le degré de gravité du vice affectant l'acte ; simplement, en cas de défaut d'un élément substantiel, celui-ci est censé n'avoir jamais été formé.

1103.–Il convient de préciser qu'en droit communautaire la question de l'inexistence ou de l'existence d'un acte peut conditionner le champ d'application d'une convention et par là-même la compétence d'une juridiction. Le raisonnement du juge de Luxembourg sera alors similaire à celui du juge administratif français appliquant l'inexistence en cas de voie de fait. La CJCE se trouve à la limite entre la compétence de deux ordres de juridiction, communautaire et national.

1104.–Le juge de Luxembourg a été ainsi amené à se prononcer sur l'inexistence d'un acte en application d'autres textes de droit communautaire, notamment en ce qui concerne

---

2022 L'article 54 alinéa 4 prévoyait que la Haute Autorité pouvait, après avoir donné aux intéressés toutes facilités pour présenter leurs observations, formuler un avis motivé sur ces programmes dans le cadre de ses objectifs généraux. Sur demande de l'entreprise intéressée, elle était tenue de formuler un tel avis et le notifiait l'avis à l'entreprise intéressée qui le portait à la connaissance de son gouvernement.

2023 Alors que l'article 5 ne traite que de questions générales, l'article 15 mentionne notamment que décisions, recommandations et avis de la Haute Autorité sont motivés et visent les avis obligatoirement recueillis. Les décisions et recommandations, lorsqu'elles ont un caractère individuel, obligent l'intéressé par l'effet de la notification qui lui en est faite.

la Convention de Bruxelles[2024], la Convention de Lugano et même le règlement du Conseil de l'Union Européenne[2025], nécessaires à la mise en œuvre du Marché commun[2026]. Ainsi lorsque des Hautes parties contractantes ont entendu exclure l'arbitrage prévu par la Convention de Lugano dans son ensemble, l'exclusion s'étend à un litige pendant devant une juridiction étatique qui a pour objet la désignation d'un arbitre, même si ce litige soulève au préalable la question de l'existence ou de la validité d'une convention d'arbitrage[2027].

1105.–De même, le juge de Luxembourg, dans le respect des finalités et de l'esprit des conventions, a reconnu au juge national, appelé à trancher un litige issu d'un contrat, la possibilité de vérifier, même d'office, sa compétence, au vu d'éléments concluants et pertinents fournis par la partie intéressée en établissant l'existence ou l'inexistence du contrat et de ses éléments constitutifs. Si tel ne devait pas être le cas, les dispositions des textes susvisés risqueraient d'être privées de leur portée juridique, puisqu'il suffirait à l'une des parties d'alléguer que le contrat n'existe pas pour déjouer la règle de compétence en cause.

1106.–Le juge communautaire élève au rang de principe commun aux États contractants la règle suivant laquelle tout tribunal, saisi d'une demande, est juge de sa propre compétence selon la règle classique *« le juge de l'action est le juge de l'exception »*. Ainsi, lorsque l'absence de contrat entre les parties n'est invoquée que pour fonder une exception d'incompétence, il incombe au juge de vérifier si l'exception est justifiée et de contrôler

---

2024 Elle est en réalité composée de plusieurs textes : 1) Convention de Bruxelles du 27 septembre 1968, JOCE n° L 299, 31 décembre 1972, p. 32 ; 2) Protocole annexe du 27 septembre 1968, JOCE n° L 299, 31 décembre 1972, p. 43 ; 3) Protocole de Luxembourg du 3 juin 1971, JOCE n° L 204, 2 août 1975, p. 28 ; 4) Convention de Luxembourg du 9 octobre 1978 JOCE n° L 304, 30 octobre 1978, p. 1) Convention de Bruxelles du 25 octobre 1982, JOCE n° L 388, 31 décembre 1982, p. 1 ; 6) Convention de Saint-Sébastian du 26 mai 1989 JOCE n° L 285, 3 octobre 1989, p. 1 ; 7) Convention de Bruxelles du 29 novembre 1996, JOCE n° c. 15, 15 janvier 1997, p. 1.

2025 Parallèlement, le système de Bruxelles a été adapté, dans le cadre de la Convention de Lugano du 16 septembre 1988, aux États membres de l'Association européenne de libre-échange (Convention de Lugano du 16 septembre 1988 concernant la compétence judiciaire et l'exécution des décisions en matières civile et commerciale, http ://curia.europa.eu/common/recdoc.convention/fr/c-textes/lug.htm). Depuis le 1er mars 2002, dans les rapports entre États membres de la Communauté, à l'exception du Danemark et des territoires exclus du champ d'application du Traité par son article 299, le règlement n° 44/2001 du Conseil du 22 décembre 2000, JOCE n° L 12, 16 janvier 2001, p. 1 s'applique en lieu et place de la Convention de Bruxelles, modifié plusieurs fois.

2026 BERAUDO (J.–P.) et TIRARD (J.-M.), in Jurisclasseur Europe Traité, Voir Convention de Bruxelles du 27 septembre 1968-Convention de Lugano du 16 septembre 1988-Règlement n° 44/2001 du Conseil du 22 décembre 2000– compétence– règles ordinaires de compétence, 2006, Fasc. 3020 ; Voir Convention de Bruxelles du 27 septembre 1968 Convention de Lugano du 16 septembre 1988 règlement n° 44/2001 du Conseil du 22 décembre 2000– Généralités et champs d'application, 2007, Fasc. 3000 ; Voir Actualité : le règlement du Conseil du 22 décembre 2000 concernant la compétence judiciaire, la reconnaissance et l'exécution des décisions en matière civile et commerciale, 2002, Fasc. 3000 à 3103.

2027 CJCE, 25 juillet 1991, Marc Rich & Co AG c. Società Italiana Impianti PA, n° C-190/89, p. I-3855 ; note HASCHER (D.) Rev. arb. 1991, p. 697 ; observations HUET (A.) JDI 1992 p. 488 ; note MAYER (P.) Rev. crit. DIP 1993 p. 310.

l'existence du contrat, laquelle est une condition préalable de sa compétence. En revanche, si l'inexistence est invoquée comme un moyen de défense au fond, le défendeur comparaît sans contester la compétence : le juge saisi est compétent pour statuer sur l'ensemble du litige et statue sur une question de fond dont dépend en principe sa compétence. Dans l'hypothèse où le juge ne serait pas compétent, du fait qu'il n'existe pas de contrat, il doit renvoyer les parties devant la juridiction compétente pour qu'elle statue sur d'éventuels dommages et intérêts. Le juge saisi en second lieu ne peut pas remettre en cause la décision constatant la nullité ou l'inexistence du contrat. S'il le faisait, il serait amené à vérifier la compétence du juge étranger, ce qui lui est interdit (*par l'article 28 de la convention ou l'article 35 du règlement*) ou à opérer une révision au fond, ce qui est également interdit (*par l'article suivant*[2028]). Enfin, en cas de signification inexistante, aucun délai ne court à l'encontre d'une décision d'*« exequatur »* quand bien même la personne contre laquelle l'exécution est demandée en a pris connaissance en application de la Convention de Bruxelles[2029].

1107.–En ce qui concerne le Traité instituant la Communauté Européenne, après l'affaire *« Société des usines à tube de la Sarre contre Haute Autorité de la CECA »*, l'inexistence n'a été invoquée pendant quelques années que lors de l'examen de la recevabilité d'une requête dirigée contre une décision dont l'inexistence faisait obstacle à ce que le juge statue sur le fond du litige[2030].

1108.–Le juge de Luxembourg a posé le principe que, même s'il appartient au juge communautaire d'examiner d'office la question de l'existence de l'acte attaqué dans le cadre d'un recours en annulation, cela ne signifie toutefois pas que, dans chaque recours fondé sur un tel article, il y ait lieu de procéder d'office à des investigations concernant une éventuelle inexistence de l'acte attaqué. Ce n'est que dans la mesure où les parties avancent des indices suffisants pour suggérer une inexistence de l'acte attaqué que le juge est tenu de vérifier cette question d'office. Il s'agit, en réalité, de la question de la décision préalable que le juge de Luxembourg assimile à la question de l'existence de l'acte, alors qu'en droit français, ces deux questions se distinguent toutes deux en théorie mais se rejoignent souvent en pratique. En droit communautaire en principe, en cas de vice qui entache l'acte d'inexistence, la décision préalable n'existe pas et le recours devient, par suite, irrecevable[2031], ce qui tend à amoindrir la distinction entre les deux formes d'inexistence.

2028 Convention de Bruxelles, 27 septembre 1968, articles 5-18-28, op. cit. ; Convention de Lugano, 16 septembre 1988, articles 5-18-28, op. cit. ; Règlement du Conseil de l'Union Européenne n° 44/2001, 22 décembre 2000, articles 5- 24-35, op. cit. ; CJCE, 14 décembre 1977, Sanders c. Van der Putte, n° 73/77, p. 2383 ; CJCE, 4 mars 1982, n° 38/81, Effer c. Kantner, p. 825 ; Revue critique de DIP 1982 p. 570, note GAUDEMET-TALLON (H.) ; observations A. H., JDI 1982 p. 473.

2029 IDOT (L.) note sur CJCE, 16 février 2006, Verdoliva, n° C-3/05, Europe, 2006, comm.139.

2030 CJCE, 15 décembre 1961, Société Fives Lille Cail c. Haute Autorité, nos 19/60- 21/60- 2/61-3/61, p. 561 ; CJCE, 15 mars 1967, Société anonyme Cimenteries C.B.R. Cementsbedrijven N.V. et autres c. Commission de la Communauté économique européenne, nos 8 à 11-66 ; JCP(G) 1967.I.2123, note JEANTET (F.–Ch.) ; Cahier de droit Européen 1968, p. 200, note SUY (E.) ; Journal de droit international 1968, p. 468, note KOVAR (R.) ; voir contra : BERGERES (M.–C.), La théorie de l'inexistence en droit communautaire, RTD. Eur. 1989 p. 398 (1ère partie).

2031 TPI, 10 mars 1992, Hoechst c. Commission, n° T-10/89, p. II-629 ; comp. pourvoi CJCE, 8 juillet 1999, Hoechst c. Commission, n° C-227/92, p. I-4443 ; TPI, 10 mars 1992, Chemie Linz

1109.–La décision n'est, en sus, considérée comme étant concrétisée qu'une fois que son processus de formation a abouti, ce qui traduit une influence directe du droit anglo-saxon[2032]. A défaut, l'acte en cause n'existe pas matériellement. Il ne sera qu'un acte de procédure dit *« préparatoires »* qui diffère de la décision, laquelle constituera seule le terme ultime de la procédure administrative. De tels actes ne peuvent pas, en tant que tels, faire l'objet d'un recours en annulation[2033] au motif qu'ils n'existent pas. Il s'agit donc nécessairement de la forme matérielle de l'inexistence. L'acte en cause est considéré comme n'ayant jamais été concrétisé, ni même édicté sous quelque forme que ce soit, y compris de manière implicite. Aucun recours contentieux ne sera alors possible à cause de l'inexistence (*matérielle*) de l'acte et la requête sera déclarée irrecevable.

1110.–La question de l'existence d'un acte s'est également posée en cas de demande de communication d'un document adressée aux institutions communautaires. Le droit à une telle demande d'accès suppose, à l'évidence, que ces documents existent. Toutefois, il est manifeste que *« conformément à la présomption de légalité qui s'attache aux actes communautaires, l'inexistence d'un document auquel l'accès a été demandé est présumée lorsqu'une affirmation en ce sens est faite par l'institution concernée »*, à moins que son existence ne ressorte *« sur la base d'indices pertinents et concordants »*. Il s'agit ici d'une simple question probatoire et non d'une question de validité ou d'efficacité, puisqu'est seulement présumé le caractère probatoire de l'acte communautaire affirmant l'inexistence matérielle d'un autre document. Peu importe, à cet égard, la nature de ce dernier, celui-ci pouvant être dépourvu d'effet en lui-même (*document préparatoire, simple information...*)[2034].

1111.–L'inexistence d'une décision, explicite ou implicite, entraîne l'irrecevabilité du recours en annulation dirigé contre un refus de communication[2035]. Le raisonnement du juge communautaire est ici révélateur de sa volonté de faire prévaloir la présomption de légalité (*présentée en jurisprudence comme étant quasi-irréfragable*) qui s'attache aux actes rendus par l'Union européenne. Ceci rend difficile la preuve comme celle de l'illégalité, a fortiori celle de leur inexistence. Ceci explique les difficultés à consacrer une théorie de l'inexistence juridique.

---

c. Commission, n° T-15/89, p. II-1275 ; comp. CJCE, 8 juillet 1999, Chemie Linz c. Commission, n° C-245/92, p. I-4643.

2032 PETERSEN (E.), L'influence possible du droit anglais sur le recours en annulation auprès de la Cour de justice des Communautés européennes, RTD. Eur. 1966 p. 256.

2033 TPI, 18 décembre 1992, Cimenteries CBR e.a. c. Commission, n°T-10/92, p. II-2667 ; TPI, 22 octobre 1997, SCK et FNK c. Commission, n°T-213/95, p. II-1739 ; TPI 16 septembre 1998, IECC c. Commission, n°T-133/95, p. II-3645.

2034 TFP, 13 décembre 2006, De Brito Sequeira Carvalho c. Commission, op. cit.

2035 BOULOUIS (J.), DARMON (M.), HUGLO (J.–G.), Contentieux communautaire, op. cit., p. 102-103 ; Conclusions TIZZANO (A.), sous CJCE, 15 mai 2003, Pitsiorlas c. Conseil et BCE, n° C-193/01 ; TPI, 25 juin 2002, British American Tobacco (Investments) c. Commission, n° T-311/00, p. II-2781, point 35, TPI 12 octobre 2000, JT's Corporation c. Commission, n°T-123/99, p. II-3269, point 58.

1112.–La vérification de l'acte par le juge de Luxembourg sera parfois tacite lors de l'examen des questions préalables sauf lorsqu'est opposée explicitement une fin de non recevoir tirée du défaut de décision préalable[2036].

§. 2 L'affirmation prétorienne limitée de l'inexistence juridique

1113.–En droit communautaire, la sanction des actes graves et manifestement illégaux demeure cantonnée aux *« cas extrêmes »* (*A*) car elle contrevient directement à la présomption de légalité qui prévaut dans ce domaine (*B*).

A. L'inexistence : un degré renforcé de gravité et d'illégalité manifeste

1114.–La conception communautaire de l'inexistence en tant que concept et comme fondement d'une théorie ne semble apparaître qu'en 1987, dans l'arrêt *« Consorzio Cooperative d'Abruzzo c. Commission »*[2037]. Cependant cet arrêt ne précise pas s'il s'agit d'une inexistence juridique ou d'une inexistence matérielle, et seule la terminologie employée, proche de celle utilisée par le juge administratif français dans le cadre d'une déclaration d'un acte juridiquement inexistant, laisse supposer qu'il s'agit d'une inexistence juridique.

1115.–La Cour de justice rappelle, en l'espèce, qu'un acte communautaire, même irrégulier, jouit d'une présomption de validité jusqu'à ce qu'il ait été annulé ou retiré régulièrement par l'institution dont il émane. Puis, elle confirme que le principe selon lequel le retrait d'un acte illégal n'est autorisé que s'il intervient dans un délai raisonnable et si l'institution dont il émane *« tient suffisamment compte de la mesure dans laquelle le destinataire de l'acte a éventuellement pu se fier à la légalité de celui-ci »*. A défaut, le retrait violerait les principes de sécurité juridique et de protection de la confiance légitime et serait, par voie de conséquence, annulé.

1116.–Ensuite, le juge de Luxembourg a posé comme dérogation à cette jurisprudence bien établie, à l'instar du juge administratif français, que la qualification d'un acte inexistant permet de considérer, même en dehors des délais de recours, que cet acte n'a produit aucun effet juridique. Enfin, plusieurs décennies avant que le juge administratif français ne le fasse de manière explicite[2038], le juge communautaire a clairement affirmé que la notion d'inexistence doit, *« pour des raisons manifestes de sécurité juridique »*, être réservée aux actes affectés de vices particulièrement graves et évidents. La Cour rejettera d'ailleurs dans cette affaire le moyen tiré de l'inexistence des décisions litigieuses au motif que les irrégularités ne revêtaient pas un caractère évident et qu'il n'y avait donc pas lieu de se prononcer sur leur gravité. Il semble que, contrairement au droit français, ces deux caractères d'évidence de l'illégalité et de gravité doivent être cumulativement réunis. Le juge de Luxembourg a, en outre, précisé ce qu'était *« le caractère manifeste »* en indiquant que les illégalités devaient apparaître à la lecture de la décision elle-même.

2036 CJCE, 21 décembre 1954, France c. Haute Autorité de la CECA, op. cit.
2037 CJCE, 26 février 1987, Consorzio Cooperative d'Abruzzo c. Commission, n° 15/85, p. 1005.
2038 CE Ass., 24 mars 2006, Sté KPMG et autres, op. cit.

1117.–Ces principes furent appliqués à nouveau par la Cour pour sanctionner une jurisprudence du Tribunal de première instance, dite *« PVC »*, qui est la première déclaration en inexistence juridique comme sanction d'un acte entaché d'un vice particulier[2039]. *Il convient de préciser que le moyen tiré de l'inexistence de l'acte n'avait* pas été invoqué par les requérants, le Tribunal l'avait donc soulevé d'office, en tant que moyen d'ordre public. En l'occurrence, après avoir rappelé la nécessité d'une illégalité grave et manifeste, le Tribunal de première instance précise qu'un acte inexistant est, en réalité, dépourvu d'effet car il est dénaturé, ce qui permet de le contester en dehors des délais de recours. En effet, pour ce Tribunal, le document en cause ne pouvait être qualifié de *« décision »* au sens de l'article 288 du Traité[2040]. En l'espèce, il n'était ainsi pas possible de fixer avec une certitude suffisante la date exacte à partir de laquelle l'acte litigieux avait été susceptible de produire des effets juridiques et avait été incorporé dans l'ordre juridique communautaire. Pas d'avantage, il n'était possible d'appréhender, avec certitude, le contenu précis de sa motivation en raison des modifications dont il avait été l'objet. Il était, pareillement impossible de définir et de contrôler sans ambiguïté l'étendue des obligations qu'il imposait à ses destinataires ou même d'identifier ces derniers, ou encore d'identifier avec certitude quel avait été l'auteur de la version définitive de cet acte. Ces constats étaient d'autant plus flagrants que les procédures d'authentification, prévues par la réglementation communautaire soit, avaient été totalement méconnues soit n'étaient pas susceptibles d'être mises en œuvre.

1118.–Le Tribunal de première instance va même préciser que doit être écartée en l'espèce la présomption de validité dont bénéficient les actes communautaires[2041]. L'apparence ne constitue, en réalité, pour lui, que le corollaire des exigences formelles et précises édictées par le droit communautaire. C'est uniquement parce qu'un acte émanant d'une institution est réputé intangible qu'il est présumé avoir été adopté dans les formes requises, et donc qu'il est possible d'admettre que les copies notifiées et publiées lui sont, en principe, conformes.

1119.–Le juge communautaire de première instance affirme qu'il ne saurait être soutenu que l'*« acte »* notifié ou publié est conforme à l'*« acte »* originellement adopté, s'il est établi que celui-ci a été modifié postérieurement à son adoption. L'institution

2039 CJCE, 15 juin 1994, Commission c. BASF e.a. , n° C-137/92 P, p. I-2555 ; TPI, 27 février 1992, BASF e.a.c. Commission, n° T-79/89, p. II-315.

2040 L'article 288 du TFU (ex-article 249 TCE) stipule que : « Pour exercer les compétences de l'Union, les institutions adoptent des règlements, des directives, des décisions, des recommandations et des avis. Le règlement a une portée générale. Il est obligatoire dans tous ses éléments et il est directement applicable dans tout État membre. La directive lie tout État membre destinataire quant au résultat à atteindre, tout en laissant aux instances nationales la compétence quant à la forme et aux moyens. La décision est obligatoire dans tous ses éléments. Lorsqu'elle désigne des destinataires, elle n'est obligatoire que pour ceux-ci. Les recommandations et les avis ne lient pas.» ; voir article 249 in DUBOUIS (L.), GUEYDAN (C.), Les grands textes du droit de l'Union européenne, op. cit.

2041 Comp. BELLANGER (F.), Les présomptions d'authenticité et de sincérité des actes administratifs, op. cit. ; GANDREAU (S.), La théorie de l'apparence en droit administratif français : vertus et risques de l'importation d'une tradition de common Low, op. cit. ; JOUVE (E.), Recherches sur la notion d'apparence en droit administratif français, op. cit.

communautaire en cause ne saurait donc se prévaloir utilement de la théorie de l'acte apparent, lorsqu'elle n'a pas été en mesure de réfuter les affirmations des parties relatives aux discordances entre les actes notifiés ou publiés et l'acte authentique. Par suite, l'acte litigieux cesse d'être présumé valide et doit être écarté par le juge.

1120.–La Cour de justice des Communautés européennes a confirmé le jugement du Tribunal de première instance en ce que l'inexistence ne peut découler que d'illégalités évidentes. Cette notion doit donc être réservée à des *« cas extrêmes »* afin de ne pas étendre à l'excès le champ d'application de la théorie de l'inexistence en droit communautaire[2042]. La Cour, en revanche, a suivi la position de son avocat général qui soutenait que, ni l'auteur, ni la date, ni le contenu, ni la motivation de la décision litigieuse, quels que soient les doutes relatifs à tel ou tel aspect du processus décisionnel, ne paraissaient suffisamment et manifestement contestables pour lui faire perdre à l'acte sa présomption de légalité. Les vices n'apparaissaient pas *« d'une gravité à ce point évidente »* (*« ictu oculi » selon l'avocat général Van Gerven*[2043]) pour que doive être retenue la théorie de l'inexistence. Cependant, le juge a annulé la décision déférée en tant qu'elle était illégale à la fois pour incompétence et pour vice de forme *« substantiel »*. La Cour n'écarte pas le principe d'une inexistence juridique qui serait tirée des irrégularités de compétence et de forme relevées par le Tribunal, mais, simplement, en l'espèce, elle en écarte l'application car les conditions du recours à cette théorie n'étaient pas remplies[2044]. En effet, la gravité des conséquences qui s'attachent à la constatation de l'inexistence d'un acte communautaire implique, pour des raisons de sécurité juridique, que ce constat soit réservé à des hypothèses tout à fait extrêmes. Tel n'est pas le cas des irrégularités de compétence et de forme qui ne sont pas d'une gravité évidente[2045]. Il convient donc de s'interroger sur les irrégularités susceptibles de revêtir le caractère de gravité si évidente qu'elles emporteraient l'inexistence de l'acte vicié. Cette appréciation se fait d'abord de manière empirique car le juge communautaire déclarera l'acte inexistant en fonction des éléments de fait et de droit existant à la date où cet acte a été pris[2046], comme il le fait déjà pour apprécier la légalité de la décision litigieuse elle-même[2047].

2042 LEMIRE (P.) note sur CJCE, 15 juin 1994, Commission des communautés européennes c. BASF e. a. , n° C-137/92P, AJDA 1994 p. 724 et s.

2043 VAN GERVEN (W.), conclusions sur CJCE, 15 juin 1994, Commission des communautés européennes c. BASF e.a. , n° C-137/92P.

2044 BOULOUIS (J.), DARMON (M.), HUGLO (J.–G.), Contentieux communautaire, op. cit., §. 446.

2045 CJCE, 30 juin 1988, Commission c. Grèce, n° 226/87, p. 3611 ; CJCE, 27 octobre 1992, Commission c. Allemagne, n° C-74/91, p. I-5437 ; Cette position a été réaffirmée, presque mot pour mot, dans plusieurs arrêts rendus le 8 juillet 1999 dans les affaires dites « polypropylène » : CJCE, 8 juillet 1999, Hüls c. Commission, n° C-199/92, p. I-4287 ; CJCE, 8 juillet 1999, ICI c. Commission, n° C-200/92, p. I-4399 ; CJCE, 8 juillet 1999, Hoechst c. Commission, n° C-227/92, p. I-4443 ; CJCE, 8 juillet 1999, Shell c. Commission, n° C-234/92, p. I-4501 ; CJCE, 8 juillet 1999, Montecatini c. Commission, n° C-235/92, p. I-4539 ; CJCE, 8 juillet 1999, Chemie Linz c. Commission, n° C-245/92, p. I-4643 ; voir dans le même sens : TPI, 6 avril 1995, BASF e.a. c. Commission, n°T-80/89, p. II-729 ; TPI, 27 avril 1995, ASPEC e.a. c. Commission, n° T-435/93, p. II-1281 ; TPI, 27 avril 1995, AAC e.a. c. Commission, n° T-442/93, p. II-1329 ; même solution pour TPI, 16 septembre 1998, Waterleiding Maatschappij « Noord-West Brabant » c. Commission, n° T-188/95, p. II-3713 ; TFP, 13 décembre 2006, De Brito Sequeira Carvalho c. Commission, op. cit.

2046 Conclusions Dutheillet de Lamothe sous CJCE, 11 février 1971, Rewe Zentrale c. Commission,

1121.–Cette appréciation se fait ensuite de manière fonctionnelle : la Cour, comme le juge français, fait, en effet, jouer un double rôle fonctionnel à l'inexistence. Elle s'en sert lorsque l'acte a été pris dans des conditions telles que celles-ci lui paraissent guère admissibles au regard des principes juridiques fondamentaux du droit communautaire. Elle s'en sert encore après avoir mis en balance la nécessité de réprimer des irrégularités fortes, d'un côté, et le souci de sécurité juridique, de l'autre côté. Elle n'a, ce faisant, garde d'oublier que l'acte en cause peut concerner plusieurs centaines de millions d'individus. Plus que jamais elle est conduite à *« jouer »* de l'inexistence comme d'un instrument de modulation.

1122.–Le fait que, par des cheminements très différents et dans un cadre normatif spécifique, la CJCE soit conduite à gérer, comme le juge français, l'inexistence amène à se poser la question de savoir si son caractère à la fois pragmatique et fonctionnel n'est pas inhérent à cette notion ou s'il est bien toujours la traduction d'une libre politique jurisprudentielle. Dans le premier cas, cette politique jurisprudentielle ne serait que la conséquence nécessaire et liée du dynamisme interne à la notion d'inexistence. Par son automaticité, elle serait plutôt, de la part du juge, un simple *« constat »* qu'une *« politique »*. Dans le second cas, ce serait bien – au plein sens du terme – une *« politique »* dont le juge aurait la maîtrise.

1123.–L'inexistence ne semble pas, au sens strict du mot, constituer une théorie en droit communautaire. Elle y est plutôt une technique composite régie par certains principes directeurs. On comprend, dans ces conditions, que le contentieux de l'inexistence demeure minoritaire dans le contentieux communautaire en général et même dans celui de l'annulation : moins d'une cinquantaine de décisions en ce sens peuvent être ainsi recensées. A cet égard, la construction de la notion d'inexistence et du régime qui lui est applicable s'est faite par *« strates successives »*. L'affaire *« Commission c. BASF et autres »*[2048] représente un tournant dans l'histoire du contentieux communautaire de l'inexistence.

1124.–Après l'affaire *« Consorzio Coopérative d'Abruzzo c. Commission »*[2049], la Cour de justice a précisé le cadre du recours contentieux permettant d'invoquer l'inexistence[2050]. Le système des voies de recours établi par le Traité distingue la procédure en manquement (*articles 258 et 259 du TFUE, ex-articles 226 et 227 du TCE*), qui tend à faire constater qu'un État membre a manqué aux obligations qui lui incombent, et les recours visés aux

---

n° 37/70, p. 23 ; CJCE, 7 février 1979, France c. Commission, n° 15 et 16/76, p. 321.

2047 CJCE, 24 février 1987, Continentale Produkten Gesellschaft c. Commission, n° 312/84, p. 841 ; La Cour fait, à cet égard, une distinction entre les règles de procédure (compétence, forme) et les règles de fond Les règles de procédure sont généralement censées s'appliquer à tous les litiges pendants au moment où elles entrent en vigueur, à la différence des règles de fond, qui sont habituellement interprétées comme ne visant pas des situations acquises antérieurement à leur entrée en vigueur. CJCE, 6 juillet 1993, CT Control [Rotterdam] BV et JCT Benelux BV c. Commission, nos C-121/91 et C-122/91, p. I- 3873.

2048 CJCE, 15 juin 1994, Commission c. BASF e.a. , n° C-137/92 P, p. I-2555 ; TPI, 27 février 1992, BASF e.a.c. Commission, n° T-79/89, p. II-315.

2049 CJCE, 26 février 1987, Consorzio Cooperative d'Abruzzo c. Commission, n° 15/85, p. 1005.

2050 CJCE, 30 juin 1988, Commission c. Grèce, n° 226/87, p. 3611.

articles 263 à 265 du TFUE (*ex-articles 230 à 232 du TCE*), qui permettent de contrôler le respect de la légalité des actes ou de sanctionner des abstentions des institutions communautaires, par le biais de l'action en annulation et de l'action en carence[2051]. Ces voies de recours poursuivent des objectifs distincts et sont soumises à des modalités différentes[2052]. La procédure en manquement est une voie de droit objective à valeur déclaratoire dont la finalité est de constater la matérialité de la violation et non le déclenchement d'un mécanisme de responsabilité[2053].

1125.–Ainsi un Etat-membre ne saurait utilement se prévaloir de l'illégalité d'une décision dont il est destinataire comme moyen de défense à l'encontre d'un recours en manquement fondé sur l'inexécution de cette décision. En revanche, si la décision inexécutée est affectée de vices particulièrement graves et évidents, au point de pouvoir être qualifiée d'acte inexistant, une dérogation est possible[2054].

1126.–La doctrine tente d'*« instrumentaliser »* l'inexistence pour lui faire jouer un rôle de tempérament à certaines positions jurisprudentielles restrictives du juge de Luxembourg, notamment en ce qui concerne le refus de principe d'admettre l'exception d'illégalité dans le cadre d'un recours en manquement[2055]. Dans la mesure où l'État dispose de la faculté d'introduire, dans le délai de recours, un recours en annulation contre la décision communautaire dont la violation est l'objet de l'action en manquement, il est normalement forclos à invoquer, par voie d'exception, l'illégalité de cette décision s'il a omis de

---

2051 voir ces articles in Dubouis (L.), Gueydan (C.), Les grands textes du droit de l'Union européenne, op. cit.

2052 BOULOUIS (J.), DARMON (M.), HUGLO (J.–G.), Contentieux communautaire, op. cit., p. 173 et s. ; NAFYLYAN (G.), La position des États membres et le recours en manquement des articles 169 CEE et 141 CEEA (panorama de jurisprudence de la CJCE), cahier de droit Européen 1974, p. 214 ; SIMON (D.), Jurisclasseur Europe Traité, Voir Recours juridictionnels–recours en constatation de manquement–nature du manquement– procédures de constatation, 2001, Fasc. 380 et Recours juridictionnels–Recours en constatation de manquement–Effets de la constatation du manquement–Procédures spécifiques, 2002, Fasc. 381.

2053 A cet égard les voies de droit instituées par le Traité de Rome n'ont pas été modifiées par le Traité de Lisbonne sauf en ce qui concerne les modalités d'accès des particuliers à la Cour de justice de l'Union européenne et la rénumérotation des articles.

2054 Cette constatation s'impose également dans le cadre d'un recours en manquement fondé sur l'article 108 du TFUE (ex article 88 du TCE), en cas de saisine directe de la Cour de justice des Communautés européennes en matière d'aides d'État. De même, il existe d'autres procédures dérogatoires aux articles 258 et 260 du TFUE (ex articles 226 et 228 du TCE et 141 et 142 du TCEEA) ; BOULOUIS (J.), DARMON (M.), HUGLO (J.–G.), Contentieux communautaire, op. cit., §. 586 ; LÉGER, conclusions sous CJCE, 25 septembre 2003, Commission des Communautés européennes c. République d'Autriche, n° C-194/01 sur http ://curia.europa.eu ; SAGGIO, conclusions sous CJCE, 18 mai 2003, Commission des Communautés européennes c. République d'Autriche, n° C-290/98 sur http ://curia.europa.eu ; SIEGBERT ALBER, conclusions sur CJCE, 22 mars 2001, Commission c. France, n° C-261/99, disponibles sur http ://curia.europa.eu, 01 p. I-2543 ; CJCE, 27 octobre 1992, Commission c. Allemagne, n° C-74/91, point 11, p. I-5437 ; CJCE, 27 juin 2000, Commission c. Portugal, n° C-404/97, p. I-4897 ; CJCE, 22 mars 2001, Commission c. France, n° C-261/99, p. I-2537 ; CJCE, 1er juin 2006, Commission c. Italie, n° C-207/05 ; comp. CJCE, 30 juin 1988, Commission c. Grèce, n° 226/87, op. cit., point 16.

2055 Pour l'exception d'illégalité des actes à portée générale cf. article 277 du TFUE (ex-article 241 du TCE) TCE ; MOLINIER (J.), Jurisclasseur Europe Traité, Voir Recours juridictionnels–Exception d'illégalité, 2003, Fasc. 350 ; WAELBROECK (M.) et SPELTDOORN (O.), Répertoire Communautaire Dalloz, 1999, voir Exception d'illégalité.

l'attaquer en temps utile par un recours direct. Il est parfois affirmé que la Cour de justice aurait admis une exception mais, semble-t-il, celle-ci n'a fait l'objet que d'une seule application. Dans l'affaire dite du *« taux de réescompte privilégié »*, la CJCE rappelle qu'une décision de la Commission doit être *« considérée comme définitive »*, toutes les fois que le délai du recours en annulation contre celle-ci est expiré. Puis elle pose le principe que, dans le cadre d'une procédure pour manquement, l'affirmation par un État que la décision à laquelle il s'est soustrait a été prise par les institutions communautaires par suite d'un empiétement dans un domaine relevant de sa compétence exclusive, le juge doit, même si la décision communautaire est devenue définitive, contrôler cette affirmation, car, ce faisant, il répond à une exigence fondamentale de l'ordre juridique. Pour la Cour, une telle incompétence entachée d'usurpation a pour effet de priver la décision litigieuse de toute base légale et donc d'exonérer l'État d'une sanction pour manquement. La lecture de l'arrêt, ne fait apparaître que l'affirmation d'une nullité de plein droit, mais certains auteurs y décèlent la preuve d'une transposition en droit communautaire de la théorie de l'inexistence[2056].

1127.–Dans un arrêt, *« Espagne c. Commission »*, la Cour de justice des Communautés européennes a précisé le délai dans lequel les actes inexistants pouvaient être contestés alors qu'un recours en annulation est normalement enfermé dans le délai de deux mois[2057].

1128.–A l'occasion d'un recours contre d'une seconde décision, la contestation de la première est possible si elle lui sert de support est possible même si plusieurs années séparent les deux décisions. Il faut toutefois pour cela que le requérant sollicite l'annulation de la seconde décision seulement en tant que la précédente, dont elle est la conséquence nécessaire et liée, est irrégulière. En revanche, il ne peut, à cette occasion, solliciter l'annulation de la première décision alors qu'il aurait pu directement demander l'annulation dans le délai de deux mois. Sinon pourrait être remise en cause toute décision non attaquée dans les délais fixés.

1129.–L'exception d'illégalité demeure donc en droit communautaire une procédure incidente, à effet restreint, et ne permet la remise en cause d'un texte à portée générale qu'à l'occasion d'un recours en annulation dirigé contre une décision individuelle d'exécution[2058] ou d'application. La Cour de justice admet une exception en ce qui concerne les actes inexistants, ceux-ci constituant le seul mécanisme permettant d'obtenir hors délais l'examen de la légalité de tels actes. Ainsi, en droit communautaire, lorsque des vices graves et évidents sont de nature à affecter l'existence même d'un acte juridique, ils pourront être soumis par voie d'exception à l'examen de la Cour quel que soit le moment auquel ils sont invoqués.

2056 BERGERES (M.–C.), La théorie de l'inexistence en droit communautaire, RTD. Eur. 1989 p. 435 et s. ; CAHIER (P.), note sur CJCE, 10 décembre 1969, Commission c. France, CDE 1970, p. 569. ; Kovar (R.), note sur CJCE, 10 décembre 1969, Commission c. France, JDI 1971 p. 401 ; CJCE, 10 décembre 1969, Commission c. France, nos 6 et 11/69, p. 523.

2057 CJCE, 29 juin 1995, Espagne c. Commission, n° C-135/93, p. I-1651.

2058 BOULOUIS (J.), DARMON (M.), HUGLO (J.–G.), Contentieux communautaire, op. cit., §. 482-486.

B. La présomption renforcée de la légalité des actes communautaires, obstacle à la consécration de l'inexistence juridique

1130.–Les actes inexistants doivent être réputés n'avoir produit aucun effet juridique, même provisoire, c'est-à-dire qu'ils seront considérés comme *« éradiqués »* de l'ordre juridique communautaire. C'est pourquoi l'inexistence demeure une cause exceptionnelle de renversement de la présomption de légalité des actes communautaires. La gravité des conséquences qui s'attachent à la constatation de l'inexistence d'un acte impose, pour des raisons de sécurité juridique, que cette constatation soit réservée à des hypothèses tout à fait extrêmes[2059]. L'inexistence juridique existe donc en droit communautaire mais comprise comme une sorte d'inexistence matérielle : il s'agit de faire *« disparaître »* un acte, bien que concrétisé par un *« instrumentum »* : par une fiction juridique, il sera considéré que son *« negotium »*, vicié, fait obstacle à sa formation[2060].

1131.–Cette exception doit donc uniquement permettre de préserver un équilibre entre deux exigences fondamentales, mais parfois antagonistes, auxquelles doit satisfaire un ordre juridique, à savoir la stabilité des relations juridiques et le respect de la légalité[2061]. Ceci montre à quel point elle revêt d'abord un caractère fonctionnel.

1132.–L'inexistence en droit communautaire s'est également posée dans le cadre des questions préjudicielles[2062] : c'est à l'occasion d'un tel renvoi que le juge communautaire, dans un arrêt *« Ministero delle Finanze c/ IN.CO.GE.'90 et autres »*, a rejeté la thèse de la Commission qui soutenait qu'en vertu de l'arrêt du 9 mars 1978, *« Simmenthal »*[2063], l'incompatibilité d'une norme de droit national postérieure avec le droit communautaire avait pour effet de rendre celle-ci inexistante.

1133.–Le système du renvoi préjudiciel est un mécanisme fondamental du droit de l'Union européenne qui a pour objet de fournir aux juridictions nationales le moyen d'assurer une interprétation et une application uniformes de ce droit dans tous les États membres. Il n'appartient donc pas à la Cour, dans ce cadre très particulier, de se prononcer sur des questions de fait, ni de trancher les divergences d'opinion sur l'interprétation ou l'application des règles de droit national. Le juge communautaire doit se borner à donner une réponse utile pour la solution du litige, mais c'est à la juridiction de renvoi qu'il revient

---

2059 CJCE, 8 juillet 1999, Hüls c. Commission, n° C-199/92, p. I-4287 ; CJCE, 8 juillet 1999, ICI c. Commission, n° C-200/92, p. I-4399 ; CJCE, 8 juillet 1999, Hoechst c. Commission, n° C-227/92, p. I-4443 ; CJCE, 8 juillet 1999, Shell c. Commission, n° C-234/92, p. I-4501 ; CJCE, 8 juillet 1999, Montecatini c. Commission, n° C-235/92, p. I-4539 ; CJCE, 8 juillet 1999, Chemie Linz c. Commission, n° C-245/92, p. I-4643 ; CJCE, 5 octobre 2004, Commission c. Grèce, n° C-475/01 ; TFP, 13 décembre 2006, De Brito Sequeira Carvalho c. Commission, op. cit.

2060 TPI, 25 février 2003, Strabag Benelux c. Conseil, n° T-183/00, p. II-135 ; TFP, 13 décembre 2006, De Brito Sequeira Carvalho c. Commission, op. cit.

2061 Voir notamment : CJCE, 8 juillet 1999, Shell c. Commission, n° C-234/92, p. I-4501 ; CJCE, 8 juillet 1999, Montecatini c. Commission, n° C-235/92, p. I-4539 ; CJCE, 8 juillet 1999, Chemie Linz c. Commission, n° C-245/92, p. I-4643.

2062 Voir article 234 in DUBOUIS (L.), GUEYDAN (C.), Les grands textes du droit de l'Union européenne, op. cit. ; BEBR (G.), Examen en validité au titre de l'article 177 du Traité CEE et cohérence juridique de la Communauté, cahier de droit Européen 1975, p. 379.

2063 CJCE, 9 mars 1978, Simmenthal, n° 106/77, p. 629.

d'en tirer les conséquences, le cas échéant en écartant l'application de la règle nationale en question[2064].

1134.–Dans l'affaire *« Simmenthal »*, précitée, la Cour s'était notamment interrogée sur les conséquences de l'applicabilité directe d'une disposition du droit communautaire en cas d'incompatibilité de celle-ci avec une disposition postérieure de la législation d'un État membre. Dans sa jurisprudence antérieure, la Cour avait déjà souligné l'impossibilité pour un État-membre de faire prévaloir une norme nationale sur une norme communautaire contraire, mais sans distinguer entre droit national antérieur et droit national postérieur. Puis, la Cour avait posé le principe que le juge national est tenu d'écarter l'application de cette norme en recourant aux procédés de l'ordre juridique interne, les plus appropriés pour sauvegarder les droits individuels conférés par le droit communautaire car tout juge national, saisi dans le cadre de sa compétence, a l'obligation d'appliquer intégralement le droit communautaire et de protéger les droits que celui-ci confère aux particuliers, en laissant inappliquée toute disposition contraire de la loi nationale, que celle-ci soit antérieure ou postérieure à la règle communautaire[2065].

1135.–L'avocat général s'est interrogé, dans ses conclusions sur l'affaire *« Ministero delle Finanze c. IN.CO.GE. '90 e.a. »*, sur la distinction entre plusieurs notions *« proches »* de l'inexistence pour déterminer si un tel concept peut fonder la mise en œuvre d'un tel renvoi préjudiciel à la CJCE[2066]. Il a d'abord rappelé que la première conséquence de la question préjudicielle est que la norme nationale incompatible avec le droit communautaire ne peut pas être appliquée car il convient pour le juge national de tirer les conséquences de l'inapplication de la qualification données à certaines relations juridiques par le droit national. Puis, il a précisé que le juge de Luxembourg se limite à prononcer l'inapplicabilité des dispositions nationales mais s'abstient de définir la catégorie juridique dans laquelle s'inscrit l'obligation de ne pas appliquer les normes contraires au droit communautaire. Pour l'avocat général, la jurisprudence de la Cour de justice pourrait, hypothétiquement, utiliser certaines catégories juridiques bien connues dans la théorie générale du droit (*comme, par exemple, la « non-existence », l'« invalidité », la « nullité », l'« inefficacité », la « perte d'utilisation », l'« illégitimité », ou d'autres semblables*) pour se référer au vice qui affecte une norme nationale contrevenant à l'ordre communautaire. Toutefois, la Cour de justice a évité soigneusement d'utiliser ces notions dans sa jurisprudence sur la matière, sans doute parce que leur signification réelle varie selon les différents systèmes juridiques. C'est aux organes juridictionnels nationaux que revient le contrôle de la *« régularité »* de la production normative.

1136.–Ensuite, l'avocat général cite l'effet reconnu à l'article 90 (*ex-article 95*) du Traité en matière de dispositions fiscales qui exclut l'application de toute mesure d'ordre interne incompatible avec ce texte. Cet article ne limite cependant pas le pouvoir des

2064 CJCE, 22 octobre 1998, Ministero delle Finanze c. IN.CO.GE.'90 e.a., n° C-10/97, p. I-6307.

2065 CJCE, 15 juillet 1964, Costa, n° 6/64, p. 1141.

2066 RUIZ-JARABO COLOMER, conclusions sur CJCE, 22 octobre 1998, Ministero delle Finanze c. IN.CO.GE.'90 e.a., n° C-10/97, disponibles sur http ://curia.europa.eu, p. I-6315, disponibles en version espagnole uniquement.

juridictions nationales compétentes pour appliquer, parmi les divers procédés de l'ordre juridique interne, ceux qui sont appropriés pour sauvegarder les droits individuels conférés par le droit communautaire. C'est également à la Cour de justice qu'il appartient de statuer sur le point de savoir si les règles du droit interne qui sont contraires à cette disposition doivent être abrogées ou si elles sont nulles de plein droit, voire d'indiquer toute autre solution[2067]. Cette solution, pour l'avocat général, est qu'un tel effet doit permettre de sauvegarder la primauté du droit communautaire par rapport aux normes nationales qui sont en conflit. Ce qui est décisif c'est que ces dernières normes ne reçoivent pas d'application dans l'ordre juridique interne : de cette façon sont garantis tant le respect du droit communautaire que son application uniforme dans tous les États membres. L'avocat général rappelle la position de la Commission selon laquelle il convient de décider qu'une disposition nationale instituant un impôt contraire au droit communautaire, *« doit être considérée inexistante avec effet ex tunc »* ou comme *« abolie »*, avec effet *« ex nunc »*, en raison de la *« déclaration d'illégalité communautaire »*. Cependant, l'avocat général nuance sa position en affirmant que déclarer l'invalidité d'une disposition nationale et la doter d'effets d'*« ex tunc »*, n'équivaut pas, juridiquement, à prononcer la *« non-existence »* de cette disposition. Il qualifie donc la thèse de la Commission d'*« excessivement simplificatrice »* car il importe plus, selon lui, de rechercher comment assurer l'invalidité de la règle litigieuse plutôt que de viser sa *« non-existence »*.

1137.–Il paraît ainsi difficilement envisageable de considérer qu'une loi nationale effectivement appliquée, après la déclaration *« a posteriori »* de son incompatibilité avec le droit communautaire, soit qualifiée en droit strict de *« non-existante »*. En effet, la déclaration de *« non-existence »*, ne peut être qu'une réponse, ou une sanction, de l'ordre juridique devant la gravité extraordinaire des vices qui affectent un acte que ce soit en droit communautaire ou dans les États-membres. L'avocat général envisage surtout des cas d'inexistence qu'il assimile plus à *« la non-existence »*, entendue comme *« anti-légalité »*, qu'à une certaine catégorie d'actes dont il exclut les lois des Parlements nationaux et les *« lois communautaires »*. En effet, pour cet auteur, quel que soit le vice dont ces lois sont affectées, il ne touche qu'à leur validité car ces normes ont existé et ont donc produit des effets. Dès lors, le juge national chargé d'appliquer des dispositions de droit communautaire, est obligé de garantir leur pleine efficacité. Il ne laissera donc inappliquées, le cas échéant, que celles des normes de la législation nationale qui auront été jugées incompatibles avec les dispositions communautaires. L'inexistence doit ainsi être différenciée de la simple inapplicabilité[2068]. Il convient de relever que l'avocat général, dans cette affaire comme dans les autres affaires similaires, emploie indifféremment les termes de *« non-existence »*, d'*« inexistence »* ou de *« nullité »*. Par ailleurs, il ressort bien de ces conclusions que *« l'annulation d'un acte concret »* aurait des conséquences uniquement *« inter partes »*, tout comme la nullité, alors qu'une *« déclaration de non-existence »* aurait des effets *« erga omnes »* assimilables à ceux accompagnant l'annulation d'un acte

2067 CJCE, 4 avril 1968, Lück c. Hauptzollamt Köln, n° 34/67, p. 359.
2068 RUIZ-JARABO COLOMER, conclusions sur CJCE, 22 octobre 1998, Ministero delle Finanze c. IN.CO.GE.'90 e.a., n° C-10/97, disponibles sur http ://curia.europa.eu, p. I-6315, disponibles en version espagnole uniquement.

réglementaire. Ce raisonnement nous semble erroné car il repose sur l'idée que la déclaration de non-existence serait motivée par des *« irrégularités fondamentales »* ou *« la non-existence de l'instrument sur lequel figure l'acte »* : le caractère *« extraordinaire »* des vices substantiels détectés permet seul de renverser la présomption de légalité des actes des institutions communautaires.

1138.–L'inexistence juridique semble donc, en droit communautaire, se rattacher à une inexistence matérielle qui lui sert de support alors que la nullité serait une conséquence de l'annulation d'un acte simplement entaché d'un vice substantiel[2069].

1139.–Ces précisions sont d'ordre doctrinal car elles ne sont guère explicitées dans la jurisprudence communautaire[2070]. Toutefois, il est incontestable que la présomption de la légalité ne permet pas au droit communautaire de connaître une situation intermédiaire entre la constatation de l'inexistence d'un acte et son annulation. Ainsi, par exemple, s'agissant de la notification d'un acte, comme de toute autre forme substantielle, soit l'irrégularité est si grave et évidente qu'elle emporte l'inexistence de l'acte contesté, soit elle constitue une violation des formes substantielles ne pouvant entraîner que son annulation[2071].

1140.–La Cour de justice estime, lors de l'examen de la légalité d'un acte juridique ayant servi de fondement à un second acte juridique, que le moyen tiré de l'inexistence d'un acte est un moyen d'ordre public permettant de renverser la présomption de légalité des actes communautaires[2072]. En effet, le juge de Luxembourg, achève son raisonnement en précisant qu'il ne résulte pas, *« par ailleurs »*, que l'irrégularité dont est entachée la décision litigieuse soit d'une gravité si évidente qu'elle ne pourrait pas être tolérée par l'ordre juridique communautaire. Le juge a ainsi examiné, non la légalité *« simple »* de l'acte contesté, mais son éventuelle inexistence du fait d'une évidente et grave irrégularité. En l'occurrence, le recours a été déclaré irrecevable pour tardiveté : l'acte contesté n'étant pas un acte inexistant, le délai de recours contentieux direct était expiré. La Cour de justice ne procède pas d'office à des investigations concernant une éventuelle inexistence de l'acte attaqué mais seulement dans la mesure où les parties avancent des indices suffisants en ce sens. Le juge est tenu de vérifier cette question d'office[2073]. C'est ainsi que le juge de Luxembourg souligne dans certains cas que l'inexistence de l'acte n'a pas été invoquée par l'une des parties. Pour le juge, la qualification juridique que donnent les parties n'est pas primordiale puisqu'il prend en compte les éléments qui pourraient entraîner, *« ipso facto »*, *« la non-existence d'un acte »*, car ils constituent un vice substantiel de nature à affecter la

2069 TFP, 13 décembre 2006, De Brito Sequeira Carvalho c. Commission, op. cit.

2070 COSMAS, conclusions sur CJCE, 8 juillet 1999, Montecatini c. Commission, n° C-235/92, p. I-4550, disponibles sur http ://curia.europa.eu en néerlandais uniquement.

2071 CJCE, 8 juillet 1999, Hoechst c. Commission, n° C-227/92, p. I-4443 ; Cette solution est contraire à la jurisprudence antérieure, selon laquelle l'absence de notification ne pouvait mettre en cause la validité d'une décision et entraînait uniquement son inopposabilité CJCE, 14 juillet 1972, ICI, n° 48/69, p. 661.

2072 CJCE, 29 juin 1995, Espagne c. Commission, n° C-135/93, p. I-1651.

2073 RUIZ-JARABO COLOMER, conclusions sur CJCE, 27 juin 2000, Commission c. Portugal, n° C-404/97, p. I-4914, disponibles sur http ://curia.europa.eu.

procédure d'adoption de l'acte et à conduire à son annulation[2074]. Ainsi, lorsqu'est invoqué un grief tiré de l'inexistence prétendument notoire de la décision litigieuse, il y a tout de même lieu de constater sa non existence si les parties n'ont pas avancé d'indices sérieux et concrets de nature à suggérer que la décision attaquée aurait perdu la présomption de légalité qu'elle avait en son apparence[2075]. Les critères d'évidence et de gravité sont toujours au moins sous-jacents[2076].

1141.–Au total donc, le juge communautaire, s'il a sa propre conception de l'inexistence, s'il assigne à celle-ci un champ d'application qui peut différer de celui qu'elle a en France et s'il lui applique un régime particulier, n'en ressent pas moins la nécessité – comme son collègue français – de l'utiliser pragmatiquement pour sa plasticité au service de sa politique jurisprudentielle.

Section 2 La conception de l'inexistence *« à la française »* et le droit comparé

1142.–Si en principe la théorie de l'inexistence n'a pas eu, en droit comparé, le même développement qu'en droit français (*§. 1.*), la notion même est néanmoins appliquée ponctuellement (*§. 2.*).

§. 1 Le rejet de la transposition pure et simple de la théorie française de l'inexistence

1143.–Seule une partie de la conception de l'inexistence *« à la française »* a été transposée dans de nombreux pays européens, dont la Grèce et l'Italie sont des exemples topiques (*A*). En revanche, la finalité assignée à la théorie française de l'inexistence semble, elle, quoiqu'implicitement, plus souvent rencontrée (*B*).

A. L'adaptation difficile d'un concept proprement français

1144.–Le système juridictionnel de protection de l'administration ne s'est mis en place qu'à compter de 1927 en Grèce lorsque le Conseil d'État hellénique a reçu, outre ses compétences consultatives traditionnelles, la mission de juger les recours en annulation dirigés contre les actes administratifs et les litiges de pleine juridiction. C'est en 1999 qu'un code de procédure administrative non contentieuse fut promulgué. Le caractère récent de ce

2074 COSMAS, conclusions sur CJCE, 8 juillet 1999, Hüls c. Commission, n° C-199/92, p. I-4305, disponibles sur http ://curia.europa.eu en Espagnol uniquement ; COSMAS, conclusions sur CJCE, 8 juillet 1999, Montecatini c. Commission, n° C-235/92, p. I-4550, disponibles sur http ://curia.europa.eu en néerlandais uniquement.

2075 BELLANGER (F.), Les présomptions d'authenticité et de sincérité des actes administratifs, op. cit. ; GANDREAU (S.), La théorie de l'apparence en droit administratif français : vertus et risques de l'importation d'une tradition de common Low, op. cit. ; JOUVE (E.), Recherches sur la notion d'apparence en droit administratif français, op. cit. ; COSMAS, conclusions sur CJCE, 8 juillet 1999, Hüls c. Commission, op. cit. ; COSMAS, conclusions sur CJCE, 8 juillet 1999, Montecatini c. Commission, n° C-235/92, p. I-4550, disponibles sur http ://curia.europa.eu en néerlandais uniquement.

2076 CJCE, 8 juillet 1999, Hoechst c. Commission, n° C-227/92, p. I-4443 ; TPI, 10 mars 1992, Hoechst c. Commission, n°T-10/89 ; TPI 16 juillet 1992, SPO e.a. c. Commission, n°T-29/92, p. II-2161.

contentieux administratif permet de mesurer l'impact de la procédure administrative contentieuse française dans ce pays[2077].

1145.–Le concept d'*« acte inexistant »* se retrouve en **droit administratif hellénique**. Cependant l'application de cette notion n'a pas été autant diversifiée en Grèce qu'en France, et ce, d'autant plus que l'inexistence n'est envisagée que comme inexistence matérielle et non comme inexistence juridique. Cette attitude est très voisine du raisonnement opéré par le juge administratif français en matière contractuelle : l'acte existe ou n'existe pas. Il n'est donc pas envisagé une situation intermédiaire où l'acte serait dit inexistant alors qu'il serait vicié, cette absence étant liée au principe de confiance légitime[2078].

1146.–En effet, l'autorité administrative ou l'organe administratif doit être légalement constitué : il doit avoir reçu une investiture qui va s'effectuer par l'édiction d'un acte administratif *« spécial »*, tel qu'une élection ou une ratification. *« A contrario »*, l'organe sera illégalement composé en cas de défaut d'une telle décision ou encore lorsque l'acte prétendu d'investiture est inexistant[2079]. Il semblerait que de tels actes ne soient pas considérés comme administratifs, pourtant c'est bien le juge administratif grec qui prononce la nullité des décisions prises en cas d'usurpation de pouvoir bien que de tels actes puissent être *« purgés »* du vice d'inexistence. Le caractère administratif de l'acte inexistant ne fait défaut qu'en tant qu'il est censé n'avoir considéré comme n'existant pas encore, il est alors censé n'avoir pas encore été pris ou avoir été pris en violation de règles de compétence ou n'avoir pas été publié alors qu'il aurait dû l'être. Il en résultera que la théorie selon laquelle l'acte inexistant disparaît de l'ordonnancement juridique du fait de son anéantissement total, a pour conséquence que le recours sera déclaré irrecevable (*faute de décision*). Alors qu'en réalité le juge administratif a dû, *« de facto »* juger du fond pour pouvoir déterminer le caractère inexistant de l'acte exactement comme s'il n'y avait jamais eu de décision préalable[2080]. Une seule exception a été posée à ce principe par la jurisprudence, il s'agit du cas de l'acte inexistant inappliqué. Toutefois, la recevabilité d'un tel recours n'est admise que pour assurer le rétablissement de la légalité, c'est-à-dire pour faire cesser d'exister de tels actes réglementaires et d'empêcher, par suite, qu'ils soient appliqués[2081]. Cette hypothèse, au sens du droit français, constituerait bien un cas

---

2077 Actuellement le contentieux de l'annulation des décisions individuelles est confié en appel aux Cours administratives d'appel et l'appel formées contre ces décisions au Conseil d'État Grec également compétent en première instance pour le recours en annulation contre les règlements administratifs. Le recours n'est pas suspensif ; BONNARD (R.), Le contrôle juridictionnel de l'administration, Etudes de droit administratif comparé, Paris, Dalloz, 2006, 266 p. 210 à 212 ; FROMONT (M.), Droit administratif des États Européens, Paris, PUF, thèmis Droit, 2006, p. 30-31, 126-127, et 170-171.

2078 MOUZOURAKI (P.), Le principe de confiance légitime en droit administratif hellénique, RFDA 2005 p. 143 et s.

2079 SPILIOTOPOULOS (E.), Droit administratif hellénique, LGDJ, 2ème éd., 2004, §117 ; ΣΤΕ 531/71, cité in SPILIOTOPOULOS (E.), Droit administratif hellénique, op. cit., §117.

2080 ΣΤΕ 744/83 ; ΣΤΕ 877/83 ; ΣΤΕ 1055/78 ; ΣΤΕ 1533/72 et ΣΤΕ 2812/84, in SPILIOTOPOULOS (E.), Droit administratif hellénique, op. cit., §479.

2081 ΣΤΕ 1748/81, cité in SPILIOTOPOULOS (E.), Droit administratif hellénique, op. cit.,§479, note 59.

d'inexistence juridique alors qu'en droit grec, elle n'est qu'une restriction à l'inexistence matérielle.

1147.–L'inexistence juridique n'est donc pas présente en tant que théorie en droit grec et aucun recours en déclaration d'inexistence n'autorise une dérogation au respect du délai du recours en excès de pouvoir qui est de 60 jours. N'est pas apparue la nécessité d'une dérogation à ce délai. En effet, le déclenchement du délai n'est possible que si l'acte a reçu toutes les mesures de publication adéquates la publication étant un élément constitutif de l'acte. Son défaut sera sanctionné, le cas échéant, par son inexistence déclarée par le juge. En outre, si une mesure de publicité a été observée alors même qu'aucun texte ne l'imposait, le délai ne court également pas[2082].

1148.–En droit grec, une norme appartient, en tant que telle, à l'ordonnancement juridique dès qu'elle a été produite conformément aux normes supérieures et *« parce qu'elle l'a été »*. Lorsque la hiérarchie des normes n'est pas respectée du fait de la non-conformité de la norme inférieure à cette hiérarchie, celle-ci est privée de validité juridique et ne peut produire d'effet. Cependant cette conséquence n'est pas une sanction automatique. En effet, le mode de production de l'acte administratif est régi par de nombreuses règles qui tendent tout à la fois à une optimisation du fonctionnement de l'administration, à la protection des intérêts des administrés, des personnes publiques et de l'intérêt général[2083].

1149.–En fonction de ces diverses considérations et de la place qu'il veut faire respectivement à chacune d'elles au regard des données propres à chaque affaire, le juge fait varier les conséquences qu'il entend tirer, dans chaque cas où est renversée la présomption de légalité de l'acte en cause. Tenir compte des faits et des données qui les caractérisent révèle le souci de pragmatisme du juge hellénique, à l'instar de l'attitude de son homologue français. Faire varier, à l'intérieur de chaque espèce, la part qu'il convient de faire aux diverses considérations évoquées ci-dessus traduit l'existence d'une véritable politique jurisprudentielle en la matière : là encore, il s'agit d'un trait que partagent en commun les juges administratifs grecs et français.

1150.–Tant que l'illégalité (*et encore plus l'inexistence*) d'un acte administratif n'a pas été prouvée, l'acte administratif est considéré comme étant entré en vigueur et comme produisant des effets ; il ne peut être considéré comme nul ou sans effet durant cette période. L'acte inexistant produit tous ses effets juridiques, jusqu'à ce que son caractère véritable caractère apparaisse lorsque devient évidente sa violation de dispositions législatives. A ce stade, l'acte ne pourra plus produire aucun effet légal car il est entaché d'une nullité absolue[2084]. Il convient de remarquer ainsi que les nullités absolues tendent en droit hellénique à se rapprocher des effets de l'inexistence.

2082 ΣΤΕ 870/53 ; ΣΤΕ 32/59 ; ΣΤΕ 1579/59 ; ΣΤΕ 2187/64 ; ΣΤΕ 2089/67 ; ΣΤΕ 1413/78 ; ΣΤΕ 809 ; ΣΤΕ 2324/78 et ΣΤΕ 942/83, cités in SPILIOTOPOULOS (E.), Droit administratif hellénique, op. cit., §§. 162 et 460-461.

2083 SPILIOTOPOULOS (E.), Droit administratif hellénique, op. cit., §§. 2 et 154.

2084 ΣΤΕ 672/76 et ΣΤΕ 2711/83, cité in SPILIOTOPOULOS (E.), Droit administratif hellénique,

1151.–Le vice d'inexistence sera ainsi constaté lorsque l'acte aura été pris *« par un organe qui appartient à un autre pouvoir »* ou en *« violation de la compétence de la branche »*. Il s'agit d'une compétence matérielle (*« ratione materiæ »*) qui consiste en la définition de l'objet de l'activité de l'organe administratif en cause et de la réglementation qui lui est applicable ou qu'il édicte. L'inexistence sanctionne l'incompétence dans l'une de ses deux formes, l'autre étant territoriale (*« ratione loci »*). Cependant, en droit grec, l'acte inexistant doit se distinguer de l'acte administratif annulable pour cause d'incompétence *« simple »*, ce dernier étant doté de la présomption de légalité et du caractère exécutoire. Cette compétence de branche se définit ainsi en combinaison avec celle de la personne publique sur laquelle il est empiété. Il en est notamment ainsi en ce qui concerne les organes administratifs de l'État car ils sont nombreux et agencés les uns par rapport aux autres puisqu'il est constitué d'un grand nombre d'organes administratifs et d'unités de service dans une dépendance hiérarchique successive[2085].

1152.–Le droit grec ne distingue pas l'inexistence juridique de l'inexistence matérielle, tout au moins explicitement. Par l'inexistence, il cherche à sanctionner une forme extérieure de l'acte administratif tirée du mode *« de production de l'acte administratif »*, et donc de son édiction, ceci constituant l'expression de la volonté de l'organe administratif et, en même temps, un élément constitutif de l'acte, fût-il implicite[2086]. Dès lors que celui-ci fait défaut, l'acte est considéré comme n'ayant jamais été concrétisé même s'il a déjà reçu un support matériel ; il sera considéré comme un simple document préparatoire[2087]. En effet, les actes administratifs unilatéraux doivent être formés selon des règles juridiques précises et ne sont considérés comme existants qu'au terme d'un processus de leur élaboration qui comporte plusieurs étapes. En cas de méconnaissance totale ou partielle des prescriptions procédurales, il est prévu un cas d'ouverture du recours en annulation pour *« violation d'une forme substantielle prescrite ou pour l'émission d'un acte »*. En ce cas, cependant il appartient explicitement au juge administratif grec d'évaluer le caractère substantiel de la forme par un faisceau d'indices (*importance de l'opération procédurale, protection de l'administré, bon fonctionnement de l'administration, contrôle juridictionnel de l'acte, influence de l'omission de la forme sur le contenu normatif de l'acte*). Toutefois, un tel vice de forme n'entraîne pas, pas plus que l'incompétence, l'inexistence de l'acte au sens de la jurisprudence du Conseil d'État français[2088].

1153.–Une fois le vice purgé, l'acte redevient un acte administratif légal. Ce qui peut paraître logique même si l'on doit relever que le Conseil d'État français n'a jamais posé explicitement la possibilité une telle *« réfection »* de l'acte inexistant. En revanche, il semble qu'en droit grec, l'acte inexistant puisse être confirmé.

op. cit.,§§. 100-101.

2085 SPILIOTOPOULOS (E.), Droit administratif hellénique, op. cit., §133 et 493.

2086 SPILIOTOPOULOS (E.), Droit administratif hellénique, op. cit.,§. 161.

2087 SPILIOTOPOULOS (E.), Droit administratif hellénique, op. cit.,§. 162 et 164 ; ΣΤΕ 4580, 4699/83, ΣΤΕ 4580, 4699/83, cité in SPILIOTOPOULOS (E.), Droit administratif hellénique, op. cit.,§164.

2088 SPILIOTOPOULOS (E.), Droit administratif hellénique, op. cit., voir §. 494 à 497.

1154.–Ainsi le décret que contresigne un ministre qui démissionne avant sa publication doit obligatoirement être déclaré nul et donc inexistant sauf si son successeur l'a contresigné à son tour. De même, l'acte inexistant peut être ratifié par validation législative en tant qu'acte administratif. Il sera alors considéré comme tel et comme ayant été édicté à compter de la loi de validation. Cette dernière est envisagée en jurisprudence comme étant une ratification postérieure d'un acte administratif. Celui-ci devient alors susceptible d'un recours contentieux même si le Conseil d'État grec l'avait déclaré inexistant antérieurement à sa validation. Enfin, lorsque l'acte est inexistant parce qu'il n'a pas été publié, si les mesures de publicité ont été accomplies avant le jour de l'audience, l'irrecevabilité du recours est levée, l'acte sera considéré comme ayant été concrétisé matériellement[2089]. L notion d'inexistence juridique n'est donc pas devenue une *« théorie »* en droit grec mais elle y joue le même rôle fonctionnel qu'en France.

1155.–En Italie, l'inexistence est devenue, à proprement parler, une nullité à part entière. Le législateur a en effet corrigé la terminologie erronée d'*« inexistence juridique »*, ou de *« nullité juridique »* (*« la tesi dell'inesistenza o nullità giuridica »*) pour instaurer une *« nullité »* autonome constitutive d'un mécanisme de sanction des actes administratifs[2090].

1156.–En effet, dans le système juridictionnel italien certaines similitudes existent avec le recours français[2091]. En contentieux italien les recours furent longtemps essentiellement administratifs bien que le principe du recours juridictionnel soit posé depuis 1947 par l'article 103 de la Constitution italienne[2092]. Il existe désormais deux types de contentieux depuis les réformes législatives et les évolutions jurisprudentielles de 1998-2000[2093] : le recours en annulation d'un acte lésant un intérêt par suite de la violation d'une règle de droit objectif (*« recurso di legittimità »*) et le recours dit de la juridiction exclusive (*« esclusiva giuridizione »*) relatif aux litiges en matière de services publics ou d'attribution de contrats qui peuvent porter soit sur la violation d'un droit objectif ayant entraîné la lésion d'un intérêt légitime, soit sur la violation d'un droit subjectif. Ce derniers recours a été substitué au recours *« en mérite »* qui correspondait à la défense des intérêts légitimes[2094]. Le droit administratif italien présente la particularité d'être régi par des règles

---

2089 ΣΤΕ 2231/69, ΣΤΕ 2386/70, ΣΤΕ 4580/83 et ΣΤΕ 3210/84, cité in SPILIOTOPOULOS (E.), Droit administratif hellénique, op. cit.,§§. 117 et 479.

2090 SAITTA (N.), Sistema di Giustizia amministrativa, 2ème éd., 2009, Giuffrè, 748 p. ; MORBIDELLI (G.), Codici della giustizia amministrativa, 2008, Giuffrè, voir p. 224 et s. ; PICOZZA (E.), Il processo amministrativo, 2ème éd., 2009, Giuffrè, voir en particulier les p. 167 et s. ainsi que 225 et s. ; VINTI (S.), CCAPOTORTO (D.), L'azione di nullita nel processo amministrativo, Giuffrè, p. 1 et s.

2091 BONNARD (R.), Le contrôle juridictionnel de l'administration, Etudes de droit administratif comparé, op. cit., 266 p. 195 à 209 ; FROMONT (M.), Droit administratif des États Européens, op. cit., p. 27 à 30 ; p. 125-126.

2092 AUBY (J.–M.) et FROMONT (M.), Les recours contre les actes administratifs dans les pays de la Communauté économique européenne (Allemagne, Belgique, France, Italie, Luxembourg, Pays-Bas), Paris, Dalloz, 1971, p. 301-309.

2093 CASSESSE (S.), Vers la pleine juridiction du juge administratif, le nouveau cours de la justice administrative italienne, in Mélanges en l'honneur de Michel Fromont, Strasbourg, Presses universitaires de Strasbourg, 2001, p. 147 et s.

2094 AUBY (J.–M.) et FROMONT (M.), Les recours contre les actes administratifs dans les pays de la Communauté économique européenne (Allemagne, Belgique, France, Italie, Luxembourg, Pays-

qui se superposent à celles du code de procédure civile lorsque le litige porte sur un droit subjectif de nature patrimoniale. Ce dernier recours afin d'étendre la protection juridictionnelle la plus complète possible en vertu des dispositions combinées des articles 24 et de 113 de la Constitution Italienne ; on relèvera que, ce faisant, le droit processuel italien tend à se rapprocher du système allemand, contribuant ainsi au *« melting-pot »* européen[2095]. La recevabilité du recours est conditionnée par la lésion d'un intérêt, qualifié de légitime ; elle est limitée aux seuls actes juridiques devenus définitifs, bien que la formulation *« atti o provvedimenti »* (*actes ou mesures*) ait conduit à admettre ponctuellement ce recours comme étant *« naturel »*[2096].

1157.–Il n'existe pas en droit italien de théorie spécifique permettant au justiciable de déroger à la computation des délais[2097]. Le seul tempérament possible étant *« la théorie de l'erreur inexcusable »* qui octroie la possibilité au juge administratif d'accorder un bref délai supplémentaire à l'administré pour exercer un des recours administratifs (*« il ricorso gerarchico »*) ou, lorsqu'un tel recours a été exercé contre un acte en réalité définitif mais que le requérant a cru, par erreur, n'être pas définitif, ou lorsqu'il est présenté devant une autorité qui était qu'apparemment compétente.

1158.–Un courant doctrinal minoritaire qui affirme qu'un acte inexistant est entaché de nullité absolue et que le recours contre celui-ci peut donc être exercé sans délai. Or, les moyens d'annulation en droit italien, tout comme en droit français, sont constitués des vices qui peuvent entacher l'acte (*« vizi di legittimità »*). L'excès de pouvoir (*« eccesso di povere »*) sanctionne le détournement de pouvoir, le *« travestissement des faits »*, le caractère illogique et contradictoire de l'acte ou la contrariété entre plusieurs actes, la disparité de traitement, la violence, l'erreur, l'injustice manifeste et la violation de la loi[2098].

1159.–L'*« incompetenza »* sanctionne l'incompétence de l'auteur de l'acte administratif ; il s'agit d'une incompétence *« simple »* et, donc d'une nullité relative, qui se différencie de l'usurpation de pouvoir. Dans ce dernier cas, en effet, la personne (*ou l'organisme*) qui a édicté l'acte est dénuée totalement de pouvoir, d'où une sorte d'incompétence absolue : l'acte n'est pas *« annulabile »* mais inexistant, et sanctionné par une nullité plus grave, envisagée comme absolue. Il en est ainsi de l'acte pris dans un domaine qui ne relevait d'aucune autorité administrative ou de l'acte empiétant sur les

---

Bas), op. cit., p. 301 à 330.

2095 FROMONT (M.), Droit administratif des États Européens, op. cit., p. 171-173 ; AUBY (J.–B.), La bataille de San Romano, réflexions sur les évolutions récentes du droit administratif, AJDA 2001 p. 912 et s.

2096 AUBY (J.–M.) et FROMONT (M.), Les recours contre les actes administratifs dans les pays de la Communauté économique européenne (Allemagne, Belgique, France, Italie, Luxembourg, Pays-Bas), op. cit., p. 309-311 ; LAFARGE (F.), Le contrôle des décisions de l'administration en Italie, AJDA 1999 p. 678 et s.

2097 CASETTA (E.), L'inexistence, la nullité et l'annulation des actes juridiques en droit constitutionnel et administratif italien, in Travaux de l'association Henri Capitant, Des amis de la culture juridique frnaçaise, Journées de Turin, 4-7 juin 1962, Paris, Dalloz, 1962, p. 793 et s. ; LAFARGE (F.), Le contrôle des décisions de l'administration en Italie, op. cit.

2098 CASSESE (S.), Trattato di diritto amministrativo, tomo primo, seconda edizione, Milano, Dott. A. Giuffrè editore, 2003, p. 966 à 1034, voir en particulier p. 1010 à 1019.

attributions du pouvoir législatif ou sur celles du pouvoir judiciaire. Ces cas s'opposent à ceux où l'incompétence ne serait que relative telle que l'incompétence territoriale, matérielle ou résultant d'un empiètement *« per grado »* d'une autorité administrative sur une autre[2099].

1160.–La conception traditionnelle italienne est que l'acte nul est inexistant et, qu'ainsi il fait obstacle à l'invocabilité des moyens proposés qui n'ont été instituées que pour sanctionner les actes simplement viciés. Il n'était donc envisagé que l'annulabilité et lorsque le Conseil d'État italien faisait référence à l'inexistence suite au défaut d'un élément essentiel d'un acte administratif tel que son objet, la forme requise ou l'absence de volonté, ce n'était qu'une simple formule dépourvue de tout rapport avec la théorie française de l'inexistence[2100]. En revanche, la Cour de Cassation italienne définissait comme inexistant l'acte accompli par un particulier ou par une administration autre que celle qui en a en principe le pouvoir. Ce qui permettait d'affirmer que l'inexistence en droit italien ne relevait, en principe, que des juridictions judiciaires[2101]. Il convient de préciser que l'*« azione di nullità »* coïncide en droit civil italien avec un recours intenté pour faire constater que l'acte ne produit pas les effets juridiques correspondant à son contenu. Elle demeure une action préventive lorsque l'acte n'a pas encore été exécuté et permet une action préliminaire à une action en répétition dans le cas contraire. L'inefficacité de l'acte, son inexistence, voire sa nullité est en généralement désignée sous le terme *« negozio »*[2102].

1161.–Depuis la loi du 11 février 2005 portant sur l'action de l'administration, la question de l'inexistence est considérée comme devant être nécessairement réglée par la loi, en tant que nullité[2103]. En effet l'article 21 *septies*, prévoit ainsi la nullité de la mesure

---

2099 AUBY (J.–M.) et FROMONT (M.), Les recours contre les actes administratifs dans les pays de la Communauté économique européenne (Allemagne, Belgique, France, Italie, Luxembourg, Pays-Bas), op. cit., p. 311-320 ; LAFARGE (F.), Le contrôle des décisions de l'administration en Italie, op. cit.

2100 CE Italien Vème Sect., 29 septembre 1959, n° 616, Conseil d'État, 1959.I.1192, cité in CASETTA (E.), L'inexistence, la nullité et l'annulation des actes juridiques en droit constitutionnel et administratif italien, in Travaux de l'association Henri Capitant, Des amis de la culture juridique française, Journées de Turin, 4-7 juin 1962, Paris, Dalloz, 1962, p. 795 ; CE Italien Vème Sect., 22 avril 1961, n° 161 ? Foro. Amm. I. 945, cité in CASETTA (E.), L'inexistence, la nullité et l'annulation des actes juridiques en droit constitutionnel et administratif italien, op. cit., CE Italien Vème Sect., 3 juin 1961, n° 235, Foro. Amm. 1961.I.1233, cité in CASETTA (E.), L'inexistence, la nullité et l'annulation des actes juridiques en droit constitutionnel et administratif italien, op. cit.

2101 CASETTA (E.), L'inexistence, la nullité et l'annulation des actes juridiques en droit constitutionnel et administratif italien, op. cit. ; LAFARGE (F.), Le contrôle des décisions de l'administration en Italie, op. cit.

2102 ALLARA (M.), L'inexistence, la nullité et l'annulation des actes juridiques en droit civil italien, in Travaux de l'association Henri Capitant, Des amis de la culture juridique française, Journées de Turin, 4-7 juin 1962, Paris, Dalloz, 1962, p. 631 et s. ; NEGRI (A.), Déclaration de volonté et acte d'inexécution dans la théorie de l'acte juridique (Droits français et italien), revue internationale de droit comparé, 1983, volume 35, n° 2, p. 353 et s. ; Cour de Cassation Italienne, Sect. réunies, 4 juin 1957, n° 2029, Foro Italiano, 1957.I.1174, cité in CASETTA (E.), L'inexistence, la nullité et l'annulation des actes juridiques en droit constitutionnel et administratif italien, op. cit.

2103 Loi du 11 février 2005 n° 15, concernant des règles générales sur l'action administrative, entrée en vigueur le 8 mars 2005, modifiant la loi du 7 août 1990, n° 241, Gazzetta Ufficiale, G.U., n° 42 del 21 febbraio 2005, n° 42 del 21 Febbraio 2005 http ://gazzette.comune.jesi.an.it/2005/42/1.htm ;

administrative (*« Nullità del provvedimento »*) à laquelle il manque des éléments essentiels, celle de l'acte vicié par un défaut absolu d'attribution, ou de la décision administrative adoptée en violation d'une décision de justice ou de l'autorité de la chose jugée. Une telle nullité se rencontre également dans les autres cas expressément énumérés par la loi. Cette question relève désormais de la compétence exclusive du juge administratif. En droit italien, la question de la nullité/inexistence se rattache à celle de la validité et de l'efficacité de l'acte administratif (*« efficacia ed invalidità del provvedimento amministrativo »*) au même titre que l'annulation (*« annullabilità del provvedimento »*).

1162.–Pour la jurisprudence, désormais, la théorie de l'inexistence, et donc celle de la nullité juridique, n'est plus envisageable en raison des dispositions de la loi du 11 février 2005 du fait des modifications apportées à la catégorie de l'acte nul (*« non regge neppure alla luce della sopravvenuta L. n. 15 del 2005 che ha disciplinato la categoria dell'atto nullo »*)[2104]. En effet, les critères posés pour l'acte nul englobent l'acte inexistant, ce qui impose un cadre strict au juge administratif italien. Ceci a l'inconvénient de le brider dans son pouvoir d'appréciation de la légalité. Cependant la loi présente l'avantage de contribuer à une certaine sécurité juridique et d'éviter tout aléa dû à des solutions jurisprudentielles divergentes même si la théorie de l'inexistence n'a jamais eu en Italie les mêmes conséquences contentieuses qu'en France. Ceci montre que c'est parce que le législateur italien a craint, précisément, les incertitudes susceptibles d'affecter une notion empirique de l'inexistence que, dans un souci de sécurité juridique, il a préféré ne pas lui accorder de statut juridique et contentieux particuliers. Par là, et pour la même raison de sécurité juridique, il empêche le juge de développer, au moyen d'une instrumentalisation de l'inexistence, une politique jurisprudentielle.

1163.–Ainsi, le refus exprès du droit positif de consacrer l'inexistence en tant que telle trouve sa source dans une conception de la nature et du rôle de l'inexistence identique à celle qui, au contraire, l'a fait retenir et consacrer par la jurisprudence administrative française.

B. Le cantonnement de la *« conception française »* de l'inexistence

1164.–La théorie de l'inexistence n'a pas eu pour conséquence, en Belgique et en droit ibérique, de conférer au juge administratif une compétence aussi étendue que celle du juge administratif français en la matière, alors même que ces pays ont construit leur droit administratif sous *« obédience »* française.

1165.–En Belgique, la théorie de l'inexistence est appliquée pour justifier le retrait sans considération de délai d'actes irréguliers mais elle n'est pas appliquée pour la théorie de la

---

Legge 7 agosto 1990, n. 241, « Nuove norme in materia di procedimento amministrativo e di diritto di accesso ai documenti amministrativi », Gazzetta Ufficiale, G.U., n° 192, 18 agosto 1990, n. 192 ; http ://www.handylex.org/stato/l070890.shtml ; DEL DOTTO (A.), note sur Consiglio di Stato, sez. IV, decisione 27.10.2005 n° 6023, Atto amministrativo : nullità o inesistenza va prevista espressamente dalla legge, http ://www.altalex.com/index.php ?idnot=10211 .

2104 CE Italien IVème Sect., 27 octobre 2005, note DEL DOTTO (A.), op. cit.

voie de fait[2105], sauf à considérer que l'acte inexistant en serait lui-même le fait générateur[2106]. L'acte inexistant en **droit belge** correspond aux premiers cas d'application de l'inexistence en droit français au début du XXème siècle. Cependant, contrairement au juge français, le juge administratif belge n'a pas construit une telle théorie pour éluder la forclusion d'un recours juridictionnel.

1166.–En effet, en droit belge, cette théorie se limite aux agissements matériels de l'administration et non aux décisions elles-mêmes. Lorsqu'il serait possible de les déclarer comme constitutives d'une voie de fait (*donc « inexistantes », dirait le Conseil d'État français*), les juridictions judiciaires belges affirment que ce n'est en réalité que leur exécution qui constitue une voie de fait, et qu'ainsi se trouve justifiée leur compétence. La théorie belge de la voie de fait n'est pas liée à une illégalité flagrante ou grossière et manifestement illégale, à ce titre, elle diffère sensiblement de la théorie qui prévaut en France. Le Conseil d'État belge, contrairement à son homologue français, n'a pas tenté de récupérer sa compétence en la matière car la Révolution belge a eu comme objectif de lutter contre l'arbitraire administratif et non d'interdire aux juges judiciaires toute immixtion dans les opérations des corps administratifs[2107]. La Haute juridiction administrative belge déclare donc irrecevable un recours contre une décision administrative constitutive d'une voie de fait car, conformément à la jurisprudence civile, il ne s'agit jamais en réalité d'un acte administratif mais d'un simple agissement de l'administration qui n'a que l'apparence d'un acte et qui n'est pas en réalité en vigueur. Il ne peut donc bouleverser l'ordonnancement juridique[2108]. Cette conception particulière est issue de l'article 159 de la Constitution de Belgique : *« les cours et tribunaux n'appliqueront les arrêtés et règlements généraux, provinciaux et locaux, qu'autant qu'ils seront conformes aux lois »*. Cet article est la transposition de l'ex-article 107 qui confiait aux tribunaux de l'ordre judiciaire un contrôle qui n'était en rien différent de celui confié au Conseil d'État belge, si ce n'est que dans un cas il s'agissait d'une simple inapplicabilité et dans l'autre d'une annulation proprement dite. Les dispositions de l'article 159, en combinaison avec celles de l'article 144 de la Constitution aux termes desquelles *« les contestations qui ont pour objet des droits civils sont exclusivement du ressort des tribunaux »* ont pour conséquence que le Conseil d'État

---

2105 GOFFAUX (P.), L'inexistence des privilèges de l'administration et le pouvoir d'exécution forcéeBruylant (Bruxelles), 2002, p. 243-248.

2106 WIGNY (P.), Droit administratif, Principes généraux, Bruxelles, Emile Bruylant, 4ème éd., 1962, §. 200.

2107 BONNARD (R.), Le contrôle juridictionnel de l'administration, Etudes de droit administratif comparé, op. cit., p. 181 à 194 ; FROMONT (M.), Droit administratif des États Européens, op. cit., p. 169 et 170 et p. 123 à 125 ; MAST (A.), L'annulabilité, la nullité et l'inexistence des actes juridiques en droit public Belge, in Travaux de l'association Henri Capitant, Des amis de la culture juridique française, Journées de Turin, 4-7 juin 1962, Paris, Dalloz, 1962, p. 821 et s.

2108 CAMBIER (C.), La censure de l'excès de pouvoir par le Conseil d'État, Bruxelles, Maison Ferdinand Lasier, SA, 1956, p. 185-186 ; GOFFAUX (P.), L'inexistence des privilèges de l'administration et le pouvoir d'exécution forcée, Bruylant (Bruxelles), 2002, p. 269 et s. ; LEWALLE (P.), Contribution à l'étude de l'application des actes administratifs unilatéraux dans le temps, thèse, La Haye, M. Nijhoff, 1975, p. 109 et 110 ; CE Belge, 6 février 1959, Pestiaux, n° 6837, Revue communale (RC), 1959, p. 209 ; CE Belge, 2 mai 2007, Association sans but lucratif protection des marronniers, n° 170.697 ; Tribunal d'arrondissement Namur, 11 septembre 1956, confirmé en appel par CA Liège, 18 décembre 1956, Journal des tribunaux (JT), 1958, p. 148, note CAMBIER (C.).

ne demeure compétent que pour une décision administrative pouvant faire l'objet d'une annulation ainsi que sur les demandes d'indemnités y relatives[2109].

1167.–Le problème est qu'en fin de compte, est instaurée une prérogative de l'administration qui porte atteinte à la sécurité juridique et à la stabilité de la situation juridique des administrés. Le privilège du préalable étant attaché aux actes pris par l'administration, l'administré n'est pas autorisé à ne pas respecter l'acte qui serait illégal, voire inexistant, car sinon cela contreviendrait au principe de l'effet non-suspensif des recours contentieux. Ainsi, en application de cette théorie, comme en droit français, le retrait des actes administratifs inexistants ou frauduleux est possible envisagé sans délai car ces décisions ne peuvent être créatrices de droit[2110]. La théorie belge de l'inexistence sanctionne donc des actes en les déclarant nuls et permet, comme en droit français, une dérogation aux règles de retrait. Elle présente en outre certaines caractéristiques juridiques, mais non contentieuses, telles que l'absence de tout effet et de toute possibilité de régularisation[2111].

1168.–Les règles qui régissent le retrait sont donc une transposition de la jurisprudence française issue de l'arrêt *« Dame Cachet »* sans les évolutions ultérieures permettant les correctifs que le Conseil d'État français a apportés et qui ont abouti à l'arrêt *« Ternon »*. Le juge administratif italien expose de manière similaire dans le motif de ses décisions, que lorsqu'un acte administratif accorde des droits, celui-ci ne peut être rapporté que s'il est illégal et uniquement dans le délai prévu pour introduire un recours en annulation à son encontre ou si une disposition légale expresse permet le retrait. Ce n'est que dans le cas où il est entaché d'une irrégularité à ce point grave et manifeste qu'il est tenu pour inexistant ou pour frauduleux que le délai de sa contestation est infini. Il en va de même pour l'abrogation des actes administratifs irréguliers ou inexistants[2112].

1169.–La Cour des comptes belge a cependant une jurisprudence dissidente puisqu'elle a posé le principe que tous les actes illégaux ne peuvent créer de droit ce qui implique qu'ils peuvent être retirés sans délai, et elle refuse d'appliquer la jurisprudence du Conseil d'État belge parce qu'elle estime que cela compromettrait sa mission s'il en allait autrement. Le fondement de son raisonnement est l'article 180 de la Constitution belge qui lui impose de vérifier la légalité et la régularité de toutes les dépenses de l'État sans

2109 LEROY (M.), Contentieux administratif Bruylant (Bruxelles), 2ème éd., 2000, p. 221-248 ; Ziller (J.), Le contrôle du pouvoir réglementaire en Europe, AJDA 1999 p. 635 et s.

2110 Comme le seraient des actes récognitifs, des actes assortis d'une réserve, d'une condition résolutoire ou suspensive, des sanctions disciplinaires ainsi que des actes dits négatifs qui refusent un avantage ou qui rejette une demande, ainsi que les décisions qui sont attaquées devant le Conseil d'État Belge.

2111 WIGNY (P.), Droit administratif, Principes généraux, op. cit., §199 à 201 ; LEWALLE (P.), Contribution à l'étude de l'application des actes administratifs unilatéraux dans le temps, op. cit., p. 239 à 242 ; MAST (A.), L'annulabilité, la nullité et l'inexistence des actes juridiques en droit public Belge, op. cit., p. 821 et s. ; CE Belge, 20 décembre 1960, Dilien, n° 8284.

2112 CE Belge, 5 juin 2000, Jef Van Geet c. la Communauté Flamande, n° 87749.

limitation de temps. Cet article mentionne uniquement les missions de contrôle de cette Cour[2113].

1170.–Seul le législateur peut déroger aux principes en matière de retrait bien qu'une telle possibilité demeure d'application restreinte. Ainsi, la loi belge du 22 mars 1999 portant diverses mesures en matière de fonction publique pose le principe d'une *« nullité possible »*, par l'intermédiaire des nullités textuelles de plein droit qui demeurent d'application ponctuelle. La computation des délais pour la contester commence à courir à la date à laquelle elle est découverte[2114]. L'existence de telles nullités est désapprouvée par la doctrine car elles lui paraît contrevenir directement à des solutions qui seraient favorables pour les administrés. Cependant, il faut relever que certaines dispositions législatives peuvent elles-mêmes atténuer les effets de telles sanctions[2115].

1171.–L'inexistence, en droit belge, est donc envisagée majoritairement en jurisprudence sous une forme matérielle et entraîne l'irrecevabilité du recours pour défaut de décision. Les actes inexistants désignent de simples documents préparatoires[2116], des actes qui n'ont jamais été pris et sont restés à l'état de projets[2117], ceux dont la procédure d'édiction n'a pas été entièrement accomplie[2118], voire ceux dont l'objet résulte manifestement d'une erreur de transcription[2119]. Toutefois, certaines décisions de justice sont considérées comme consacrant en réalité des hypothèses d'inexistence juridique car elles concernent des décisions qui avaient bien été prises. Cependant de telles espèces représentent une dérogation contentieuse ponctuelle au régime des délais au terme desquelles le juge administratif se prononcerait en équité[2120]. Il doit être précisé qu'une telle application peut être aussi limitée par la théorie des fonctionnaires de fait[2121]. En droit belge, l'intérêt contentieux de cette théorie est relativisé par la règle selon laquelle la

---

2113 FLAMME (M.–A.), Droit administratif, Bruxelles, Bruylant ; Tome I, §. 224 à 231 bis ; LEROY (M.), Contentieux administratif, op. cit., p. 384-385.

2114 Loi du 22 mars 1999 portant diverses mesures en matière de fonction publique n° 1999-03-22/47, disponible sur http ://www.juridat.be/cgi_loi/legislation.pl. ; LEROY (M.), Contentieux administratif, op. cit., p. 316-317 ; comp. CE Belge, 12 juin 2001, Société privée à responsabilité limitée M.S.M., n° 96.355 pour une application de l'article 10 de la loi du 29 juin 1975 relative aux implantations commerciales qui spécifie que lorsque l'avis du comité socio-économique pour la distribution est défavorable, le collège des bourgmestre et échevins doit prendre une décision de refus et que tout décision contraire en se sens est nulle de plein droit.

2115 FLAMME (M.–A.), Droit administratif, op. cit., Tome I, §7 et Tome II §. 266 ; LEROY (M.), Contentieux administratif, op. cit., p. 384-385 ; LEWALLE (P.), Contribution à l'étude de l'application des actes administratifs unilatéraux dans le temps, op. cit., p. 42 à 44 ; comp. CE Belge, Bourgeois, 9 novembre 1978, n° 19239.

2116 CE Belge, 9 octobre 2001, Emmanuel Lispet, n° 99.563.

2117 CE Belge, 7 octobre 2005, Michel Godard, n° 149.915.

2118 CE Belge, 22 février 2005, Celal Beyazit, n° 141.007.

2119 CE Belge, 13 février 2004, Marie-Christine Hanchart, n° 128.141.

2120 LEROY (M.), Contentieux administratif, op. cit., p. 381-382 ; WIGNY (P.), Droit administratif, Principes généraux, op. cit., §. 190 et §. 201 (Voir contrat Rapport annuel du Conseil d'État Belge 1997-1998, §2.VI.2) ; LEWALLE (P.), Contribution à l'étude de l'application des actes administratifs unilatéraux dans le temps, op. cit., p. 42 à 48 ; CE Belge, 29 mars 1955, Dielen, n° 4195 ; CE Belge, 4 mars 1976, Van Outryve, n° 17478 ; CE Belge, 29 juin 1971, C.A.P. Geel, n° 14.485.

2121 WIGNY (P.), Droit administratif, Principes généraux, op. cit., §. 94.

computation du délai de recours contentieux en matière de recours en annulation commence à compter de la décision définitive ; ce qui signifie *« a contrario »* que lorsque l'acte est considéré comme non formé, la requête est irrecevable pour défaut de décision préalable[2122]. Le contentieux de l'inexistence en Belgique n'est donc pas un pouvoir du juge administratif lui permettant de contourner le délai de recours contentieux[2123].

1172.–Ce pouvoir jurisprudentiel est d'autant plus réduit que les causes d'annulation peuvent avoir comme effet le prononcé de la nullité. En effet le paragraphe 1 de l'article 14 des lois coordonnées sur le Conseil d'État[2124] prévoit que cette juridiction statue par voie d'arrêts sur les recours en annulation pour violation des formes, soit substantielles, soit prescrites à peine de nullité, excès ou détournement de pouvoir, formés contre les actes des diverses autorités administratives[2125]. Ensuite, l'étendue de l'arrêt d'annulation est considérée comme *« mettant à néant l'acte en cause »* nonobstant le fait que le Conseil d'État belge peut en moduler les effets[2126]. Enfin, l'inexistence n'est pas en tant que telle une sanction d'ordre public bien que certaines illégalités, dites d'ordre public en Belgique, constitueraient des cas d'inexistence en France. Sont ainsi considérées comme devant être relevées d'office, l'incompétence et les règles relatives au retrait des actes individuels[2127]. En effet, de nombreuses règles belges modulent la computation des délais et ne nécessitent pas qu'existe à cet effet une théorie dérogatoire[2128].

1173.–Ainsi, en droit belge, c'est la méfiance du législateur envers un trop grand pouvoir laissé au juge administratif qui limite le recours à l'inexistence. C'est aussi le souci de sécurité juridique qui conduit à retenir cette solution. Pour autant, et sans paradoxe, le droit positif belge reprend à son compte l'idée de fonctionnalité de la notion d'inexistence. C'est bien parce qu'il y voit ce risque, conjugué à sa conséquence directe : la possibilité d'une politique jurisprudentielle qui exigerait le juge en législateur parallèle, qu'il se montre réticent à une acceptation *« plénière »* de l'inexistence, c'est-à-dire, à la fois matérielle et juridique.

1174.–Le droit espagnol permet d'envisager l'inexistence telle qu'elle aurait pu être en droit français si le juge administratif français n'avait pas construit un concept autonome des cas de nullités de plein droit, prévus par le législateur. C'est-à-dire que l'inexistence aurait pu constituer une nullité de plein droit qui tendrait à une nullité absolue, comme en droit

2122 CE Belge, 9 octobre 2001, Emmanuel Lispet, op. cit. ; CE Belge, 13 février 2004, Marie-Christine Hanchart, op. cit. ; CE Belge, 7 octobre 2005, Michel Godard, op. cit. ; CE Belge, 22 février 2005, Celal Beyazit, op. cit.

2123 AUBY (J.–M.) et FROMONT (M.), Les recours contre les actes administratifs dans les pays de la Communauté économique européenne (Allemagne, Belgique, France, Italie, Luxembourg, Pays-Bas), op. cit., p. 139 à 181 ; LEROY (M.), Contentieux administratif, op. cit., p. 446-464.

2124 http ://www.raadvst-consÉtat.be/pdf/LCCEvig2007-06-18.pdf.

2125 LEROY (M.), Contentieux administratif, op. cit., p. 317-401.

2126 LEROY (M.), Contentieux administratif, op. cit., p. 317-401 ; LEWALLE (P.), Contribution à l'étude de l'application des actes administratifs unilatéraux dans le temps, op. cit., p. 249 à 302.

2127 LEROY (M.), Contentieux administratif, op. cit., p. 316-317.

2128 Article 65 des lois coordonnées sur le Conseil d'État, http ://www.raadvst-consÉtat.be/pdf/LCCEvig2007-06-18.pdf.

espagnol. Ce droit présente une conception de l'inexistence différente de celle des droits belge et français.

1175.–Si le droit administratif espagnol a commencé à se juridiciser dès le XIXème siècle, il n'a finalement été amélioré que par la loi du 13 juillet 1998 sur la juridiction administrative en matière contentieuse[2129]. De tradition romano-germanique, le contentieux administratif est un procès entre parties traité par des juridictions inscrites dans la Constitution Espagnole comme appartenant au pouvoir judiciaire, alors que la théorie de la validité des actes administratifs est similaire à la conception française[2130]. En effet, en vertu des dispositions des articles 106, alinéa 1, et 117, alinéa 5, de la Constitution espagnole, les tribunaux contrôlent le pouvoir de réglementation et la légalité de l'action administrative, ainsi que la soumission de celle-ci aux fins qui la justifient. Le principe de l'unité juridictionnelle et la base de l'organisation et du fonctionnement des tribunaux. Le contentieux administratif espagnol n'était qu'un contentieux de la légalité jusqu'à la loi du 22 février 2002 (*portant code de procédure des juridictions administratives*) ; il est devenu depuis aussi un véritable contentieux de pleine juridiction[2131]. Il existe désormais deux recours principaux devant le juge administratif espagnol : l'action en carence et l'action en annulation[2132], mais le recours en déclaration d'inexistence ne s'y rencontre pas. Cependant en Espagne, comme d'ailleurs dans les pays d'Amérique latine, ce sont les lois qui déterminent expressément les cas de nullité, relative ou absolue. S'il est envisageable de réserver ces dernières hypothèses, aux cas où un ou plusieurs éléments constitutifs font totalement défaut à l'acte comme au Costa Rica, l'Espagne prévoit six cas de nullités absolues dites nullités de plein droit (*« Nulidad de pleno derecho »*), limitativement énumérées : ils couvrent l'essentiel des hypothèses d'actes inexistants en droit français[2133].

1176.–Au Portugal[2134], sont nuls de plein droit uniquement les actes qui portent atteinte aux droits et libertés protégés constitutionnellement, ceux pris par un organe manifestement incompétent *« ratione loci »* ou *« ratione materiæ »*, ceux dont l'objet est impossible[2135] ou qui sont constitutifs de délits, ceux qui sont pris en faisant totalement et absolument abstraction de la procédure légalement établie à cette fin ou des normes qui contiennent les règles essentielles à la formation de la volonté des organes administratifs, et enfin les actes

2129 Ley 29/1998, de 13 de julio, reguladora de la Jurisdicción Contencioso Administrativa ; http ://noticias.juridicas.com/base_datos/Admin/l29-1998.html.

2130 FROMONT (M.), Droit administratif des États Européens, op. cit., p. 49 à 53 et p. 132-133.

2131 « Código de processo nos tribunais administrativos (aprovada pela Lei n.° 15/2002, de 22 de Fevereiro, alterada pela Lei n.° 4-A/2003, de 19 de Fevereiro) », http ://www.sta.mj.pt/pdf/CodigoDeProcessoNosTribunaisAdministrativos.pdf.

2132 FROMONT (M.), Droit administratif des États Européens, op. cit., p. 49 à 53 et p. 184-189.

2133 BREWER-CARIAS (A.R.), Les principes de la procédure administrative non contentieuse, Etudes de droit comparé (France, Espagne, Amérique latine), Paris, économica, collection science et droit administratif, 2001, p. 215-216.

2134 En application de l'article 52 tel qu'il résulte de la loi du 26 novembre 1992, sur le régime juridique applicable aux administrations publiques et à la procédure administrative commune modifié en 1999 (« Ley de Régimen Jurídico de las Administraciones Públicas y del Procedimiento Administrativo Común » ou « Ley 30/1992 ») : Ley 30/1992, de 26 de noviembre, de Régimen Jurídico de las Administraciones Públicas y del Procedimiento Administrativo Común ; http ://noticias.juridicas.com/base_datos/Admin/l30-1992.html.

2135 « Los que tengan un contenido imposible ».

explicites, ou non, qui sont présumés contraires à l'ordre public ou qui permettent d'acquérir des droits alors qu'il manque une condition essentielle pour un tel octroi. En d'autres termes, il s'agit de vices graves qui sanctionnent l'incompétence de l'auteur de l'acte dans des cas qui tendent à l'usurpation ou au détournement de pouvoir auxquels sont assimilés les cas de violation de la *« réserve légale »* et de la hiérarchie des normes ou qui établissent la rétroactivité de sanctions non favorables ou restrictives de droits individuels. Les cas de nullités absolues *« absorbent »* donc en quelque sorte les cas d'inexistence en droit administratif. En effet, le juge prononce une nullité de plein droit en déclarant la nullité (*« declaración de nulidad de pleno derecho »*)[2136]. Toutefois, en application des dispositions combinées des articles 64 à 66 de la *« Ley 30/1992 »*, une telle nullité (*« nulidad »*) n'impliquera pas *« ipso facto »* celle de tous les actes de la procédure, ni des éléments d'un autre acte auquel l'acte nul ferait référence sauf si la partie viciée est substantielle. Cet acte nul pourra même ne pas empêcher que l'acte auquel il fait référence produise des effets. L'acte pourra enfin être réformé (*« Conversión de actos viciados »*) et donc réitéré sans le vice dont il est atteint. En revanche l'acte affecté d'une nullité absolue ne peut être validé et peut-être retiré à tout moment par l'administration. L'article 47 de la *« Ley 30/1992 »*, relatif à la computation des délais contentieux, précise leur prorogation mais ne mentionne pas de délai particulier et renvoie aux textes applicables pour chaque matière. Le calcul des délais peut ainsi varier, ce qui pose problème pour analyser les retards éventuels en jurisprudence. De même, au Costa Rica, et dans une certaine mesure dans la jurisprudence espagnole l'annulation d'un acte administratif, entaché de nullité absolue, produit en règle générale des effets déclaratif et rétroactif, et donc *« ex tunc »* et demeure susceptible d'un recours contentieux sans condition de délai, son illégalité pouvant même être soulevée d'office par le juge[2137]. Ces droits confirmant ainsi, pour l'essentiel, la conception française de l'inexistence.

§. 2 La modulation de la conception française de l'inexistence

1177.–Dans certains droits étrangers, l'inexistence a été consacrée tantôt comme une nullité (*A*), tantôt comme une notion similaire à l'annulation (*B*).

A. La conception germanique de l'inexistence

1178.–L'Allemagne est un pays dans lequel l'inexistence est, depuis plusieurs décennies, envisagée comme une nullité. Le régime de l'acte nul/inexistant est d'autant moins empirique qu'en droit français puisque le législateur est intervenu comme en Italie, et en Espagne. Les caractéristiques françaises de l'acte juridiquement inexistant sont sous-jacentes à cette nullité/inexistence car l'inexistence constitue une sanction applicable à des vices d'une certaine gravité. Cette nullité/inexistence y est la synthèse de deux notions qui,

---

2136 Voir par exemple : Tribunal Supremo, Sala de lo Contencioso, Sección n° 5, 25 juillet 2007, Segundo Menendez Perez, n° 9281/2003 ; http ://www.poderjudicial.es/eversuite/GetRecords ?Template=cgpj/ts/principal.htm.

2137 BREWER-CARIAS (A.R.), Les principes de la procédure administrative non contentieuse, op. cit., p. 215 à 219.

en France, sont assimilées à l'inexistence, d'une part la nullité absolue et d'autre part la nullité de plein droit, applicable seulement dans les cas limitativement énumérés par la loi.

1179.–La classification germanique des recours contentieux distingue quatre types qui, d'ailleurs, le fait est notable, ne concernent que les décisions individuelles puisque les recours contre les règlements, hormis ceux relatifs à des questions d'urbanisme, ne sont pas organisés de manière uniforme dans tous les *« Länder »*. Ces actions sont calquées sur la procédure civile : pour que le requérant puisse agir, il doit être titulaire d'un droit subjectif. L'action vise donc soit l'annulation d'un acte (*« Anfechtungsklage »*) et a, en ce cas, un effet suspensif, soit la sanction d'une carence, c'est l'action en obligation (*« Verpflichtungsklage »*). A ces deux recours principaux contentieux, s'ajoute l'action en constatation (*« Festellungsklage »*) par laquelle le juge est amené à constater l'inexistence d'un acte administratif, ou l'irrégularité de celui-ci lorsqu'un tel acte est devenu sans objet. Cette voie contentieuse permet d'empêcher qu'un acte administratif affecté d'une illégalité grossière produise des effets alors même qu'il n'a pu être contesté par l'action en annulation, le recours en constatation ayant des conditions de recevabilité plus souples. Il convient également de mentionner l'action en injonction (*« Leistungsklage »*) qui diffère du précédent recours en ce qu'elle permet d'ordonner à l'administration de faire ou de ne pas faire. Le juge dispose de pouvoirs plus étendus en vertu du principe *« jus novit curia »* qui lui permet de soulever d'office tout moyen de droit[2138].

1180.–Depuis, la loi fédérale de 1976 (*Section II*)[2139], le principe est qu'un acte administratif produit des effets vis-à-vis de la personne à laquelle il est destiné, à partir du moment où il lui est notifié. La norme est effective et produit tous ses effets aussi longtemps qu'elle n'est pas retirée, révoquée, annulée, ou qu'elle n'est pas éteinte par l'écoulement d'un certain délai ou pour une autre cause. Par exception, un acte administratif nul et non avenu est dépourvu d'effet *« Ein nichtiger Verwaltungsakt ist unwirksam »*. L'acte inexistant est considéré comme ne pouvant produire aucun effet dès l'origine[2140].

1181.–Par suite, le paragraphe 44 pose en cinq alinéas les règles applicables en cas de constat de l'inexistence d'un acte administratif. Un acte administratif nul et non avenu celui qui est affecté d'un vice particulièrement grave, apparaissant de manière manifeste lors d'une appréciation sensée de tous les éléments à prendre en considération[2141]. Cette définition a pour conséquence que la loi souscrit à la théorie de l'évidence

---

2138 FROMONT (M.), Droit administratif des États Européens, op. cit., p. 177-182 ; LEROY (M.), Contentieux administratif, op. cit., p. 48-50.

2139 Loi sur la procédure administrative non contentieuse du 25 mai 1976 (« verwaltungsverfahrensgesetz »), dans sa version consolidée du 23 janvier 2003 modifiée par l'article 4 alinéa 8 de la loi du 05 mai 2004, http ://www.jura.uni-sb.de/BIJUS/vwvfg/ ; Autexier (Ch.), Introduction au droit public allemand, Paris, Presses universitaires de France, 1997, p. 243 à 256 ; FORSTHOFF (E.), Traité de droit administratif allemand, Bruxelles, éd. Etablissements Emile Brylant, 1969, 9ème éd., p. 386 à 413.

2140 §. 35, MAURER (H.), Droit administratif Allemand, Paris, LGDJ, 1994, p. 263.

2141 « Ein Verwaltungsakt ist nichtig, soweit er an einem besonders schwerwiegenden Fehler leidet und dies bei verständiger Würdigung aller in Betracht kommenden Umstände offensichtlich ist ».

(« *Evidenztheorie* ») qui prédominait en jurisprudence antérieurement. Elle constitue une restriction au principe de la sécurité juridique, justifiée par l'exigence qu'un acte, entaché d'un vice grave et manifestement illégal, ne puisse être maintenu dans l'ordonnancement juridique. L'évidence se détermine par « *le bon sens* » et correspond à la notion civiliste française du « *bon père de famille* »[2142].

1182.–Cependant, comme un acte ne sera pas toujours qualifié ainsi de manière évidente, la loi sur la procédure administrative a prévu que les caractères de gravité et d'illégalité manifeste ne sont pas toujours nécessaires pour que l'acte soit déclaré nul et non avenu. En effet, l'acte peut également être déclaré inexistant lorsque :

- il a été édicté par écrit ou par voie électronique, mais sans que puisse être identifiée l'autorité dont il émane,
- en vertu d'une règle de droit, il ne peut être édicté que sous la forme de la remise en mains propres d'un document probant, exigence non satisfaite en l'espèce,
- personne ne peut matériellement en assurer l'exécution,
- il exige l'accomplissement d'un acte contraire au droit et constitutif d'une infraction pénale,
- il constitue une atteinte aux bonnes mœurs,
- il a été édicté sans l'approbation nécessaire ce qui conduit à une méconnaissance de la compétence territoriale.

1183.–Ces nullités sont considérées comme des violations dites de droit ou des nullités absolues et sont toujours applicables automatiquement (« *absolute Nichtigkeit* »). Il existe donc, en droit allemand, des nullités de plein droit, ou absolues, déterminées par la loi, et des nullités qui bien qu'absolues, sont équivalentes à des nullités simples sans être relatives, et se traduisent par « *Nichtigkeit* » et non par « *absolute Nichtigkeit* », elles sont déterminées « *in concreto* »[2143].

1184.–En revanche, un acte administratif n'est pas nul et non avenu du seul fait :

- les dispositions sur la compétence « *ratione loci* » n'ont pas été observées (« *Ein Verwaltungsakt ist nicht schon deshalb nichtig, weil* »), sauf s'il s'agit d'un acte édicté sans autorisation qui méconnaît la répartition entre les « *Länder* » et la Fédération,
- une personne en principe exclue de la procédure administrative apporte simplement son concours,
- une commission appelée par une règle de droit à apporter son concours n'a pas pris la délibération requise pour l'édiction de l'acte administratif ou ne pouvait valablement délibérer,
- le concours d'une autre autorité administrative, requis par une règle de droit, a fait défaut.

1185.–Si l'inexistence n'affecte qu'une partie de l'acte, celui-ci est nul et non avenu dans sa totalité lorsque la partie nulle et non avenue est si essentielle que l'autorité

2142 §31 et 32, MAURER (H.), Droit administratif Allemand, op. cit., p. 261-262.
2143 §33, MAURER (H.), Droit administratif Allemand, op. cit., p. 262-263.

administrative n'aurait pas édicté l'acte sans cette partie nulle et non avenue[2144]. A tout moment, l'autorité administrative peut constater d'office l'inexistence. Elle peut ainsi être constatée sur requête si le requérant y a un intérêt légitime bien que la doctrine envisage une contestation au contentieux par toute personne[2145]. L'inexistence est envisagée comme un vice de procédure ou de forme, nécessairement sanctionné sans qu'il soit besoin d'exercer un recours administratif préalablement, alors que d'autres illégalités, qui n'entraînent pas l'inexistence de l'acte, sont considérées comme non susceptibles de renverser la présomption de légalité de l'acte[2146].

1186.–Il semblerait que l'acte inexistant peut faire l'objet d'une *« conversion »* puisqu'en vertu du paragraphe 47, un acte administratif vicié peut être converti en un autre acte administratif si celui-ci a la même finalité et qu'il aurait pu être édicté régulièrement par l'autorité dont il émane, suivant les mêmes procédure et forme, et dans la mesure où les conditions pour son édiction sont remplies. L'acte ainsi édicté est donc nouveau dans l'ordonnancement juridique et exempt de vice, même si ce dernier était originairement grave et manifestement illégal. L'acte inexistant peut être retiré sans délai (*§. 48 « a contrario »*) dans le respect de l'exigence de confiance légitime qui est ici atténuée. L'exception de confiance légitime ne joue pas lorsque le bénéficiaire a obtenu l'édiction de l'acte administratif par dol, menace ou corruption, ou par des indications erronées ou incomplètes sur un point capital, voire lorsqu'il connaissait l'irrégularité de l'acte administratif ou ne l'ignorait qu'en raison d'une négligence grossière (*§. 48*)[2147].

1187.–En application du paragraphe 35 de la loi sur la procédure administrative non contentieuse, *« un acte administratif est toute prescription, décision ou autre mesure de puissance publique, prise par une autorité administrative pour régler un cas d'espèce dans le domaine du droit public et destinée à produire directement des effets de droit à l'extérieur de l'administration »*[2148].

1188.–Ainsi, la notion d'acte administratif est fonctionnelle et ne comprend que les actes ayant un effet juridique immédiat sinon il ne s'agit pas de *« Verwaltungsakte »*, mais de simples agissements de l'administration. L'acte administratif n'a pas nécessairement une forme particulière et il est une mesure unilatérale, il se distingue donc du contrat. Plus

---

2144 §34, MAURER (H.), Droit administratif Allemand, op. cit., p. 263.

2145 « Die Behörde kann die Nichtigkeit jederzeit von Amts wegen feststellen ; auf Antrag ist sie festzustellen, wenn der Antragsteller hieran ein berechtigtes Interesse hat » ; comp. §. 35, MAURER (H.), Droit administratif Allemand, op. cit., p. 263.

2146 Lorsque : - la requête nécessaire pour l'édiction de l'acte administratif est ultérieurement déposée ; lorsque la motivation nécessaire est ultérieurement donnée ; - l'audition nécessaire d'une partie est organisée après coup ; lorsque la délibération d'une commission dont le concours est nécessaire pour l'édiction de l'acte administratif est ultérieurement prise ; - le concours nécessaire d'une autre autorité administrative est organisé après coup (§45) ; §. 36 et 37, MAURER (H.), Droit administratif Allemand, op. cit., p. 264-265.

2147 §. 36 et 37, MAURER (H.), Droit administratif Allemand, op. cit., p. 264-265.

2148 Loi sur la procédure administrative non contentieuse du 25 mai 1976 (« verwaltungsverfahrensgesetz »), dans sa version consolidée du 23 janvier 2003 modifiée par l'article 4 alinéa 8 de la loi du 5 mai 2004, http ://www.jura.uni-sb.de/BIJUS/vwvfg/ ; Autexier (Ch.), Introduction au droit public allemand, Paris, Presses universitaires de France, 1997, p. 236 à 243.

curieusement, en droit allemand l'acte administratif s'applique nécessairement à une situation individuelle et concrète. Il ne peut donc comporter des règles juridiques générales et abstraites ; il diffère en cela des règlements administratifs (*« Verordnungen »*). La difficulté en droit allemand est de déterminer la nature réelle de l'acte en cause. La détermination de son caractère administratif repose sur l'empirisme et sur l'expérience sans que cette nature puisse être définie de manière abstraite. Il est certain que l'acte administratif contient un élément de déclaration de volonté d'où une classification assez variée (*actes de commandement, créateurs de droits, récognitifs, ou qui authentifient*)[2149]. De ce particularisme résulte le principe que si tout acte entaché d'une quelconque irrégularité devrait être déclaré invalide, certains vices n'ont aucune conséquence sur la validité de l'acte. Il est constant qu'un acte administratif irrégulier peut être soit nul dès l'origine et donc inexistant, soit valable jusqu'à ce qu'un juge se soit prononcé sur la question ou même jusqu'à ce qu'il ait fait l'objet d'un retrait de la part de son auteur. Otto Mayer considérait que tous les cas d'inexistence et d'annulation devaient être considérés comme des nullités[2150]. Or, la terminologie n'est pas uniforme pour les deux types d'actes irréguliers. Certes le recours contre de tels actes est appelé *« action en annulation »* (*« Anfechtung »*) mais la distinction entre les actes attaquables (*« Anfechtbarkeit »*) et ceux qui ne le sont pas, et qui sont donc inexistants et nuls de plein droit (*« Nichtigkeit »*) est moins pertinente que celle qui différencie l'inexistence de l'annulabilité (*« Aufhebbarkeit »*). En effet, la première catégorisation oscille de manière assez floue entre d'une part la nullité absolue et la nullité relative et d'autre part, entre l'acte contre lequel un recours est irrecevable du fait qu'il n'existe pas et l'acte susceptible d'un recours contentieux.

1189.– *« Nichtigkeit »* et *« Aufhebbarkeit »* sont donc deux notions proches car il n'est pas possible de catégoriser les vices de manière qu'à chaque irrégularité correspondrait un type de sanction ; la seule affirmation étant qu'il existe des vices graves, sanctionnés par une *« Nichtigkeit »* et des *« vices moins graves »* sanctionnés par l'annulabilité (*« Anfechtbarkeit »/ « Anfechtung »*). En effet en droit allemand tout est une différence de degré et d'opportunité[2151].

1190.–Cette nébuleuse jurisprudentielle a sans doute pour origine la consécration de la compétence générale de la juridiction administrative en Allemagne par l'instauration d'une juridiction administrative commune à tous les länder en 1953 : le Tribunal administratif fédéral. Ainsi, après la Seconde Guerre mondiale, les juridictions judiciaires, seules compétentes pour la protection juridictionnelle, utilisaient la théorie de la dénaturation pour étendre leur contrôle. Le juge judiciaire déclarait ainsi un acte administratif inexistant au

---

2149 FORSTHOFF (E.), Traité de droit administratif allemand, op. cit., p. 310 à 344.

2150 MAYER (O.), Le droit administratif allemand, éd. française, 1903, Tome I, p. 119 à 132, p. 273 à 293 et p. 95-247-248.

2151 AUBY (J.–M.) et FROMONT (M.), Les recours contre les actes administratifs dans les pays de la Communauté économique européenne (Allemagne, Belgique, France, Italie, Luxembourg, Pays-Bas), op. cit., p. 104 et 105 ; FORSTHOFF (E.), Traité de droit administratif allemand, op. cit., p. 384-385 ; Rainer (A.), Le contrôle juridictionnel des décisions administratives en Allemagne, AJDA 1999 p. 658 et s.

motif qu'il n'était jamais opposable[2152]. Cette compétence du juge judiciaire permet d'appréhender le parallélisme entre la nullité et l'inexistence en droits civil et administratif allemands. En vertu du paragraphe 125 du code civil allemand (*BGB*) qui prévoit la nullité/inexistence pour vice de forme (*« Nichtigkeit wegen Formmangels »*), un acte juridique qui méconnaît la forme prescrite par une loi, est, traduit littéralement, *« futile »* (*« Nichtig »*). Ce terme a la même racine que *« Nichtigkeit »*, c'est-à-dire la nullité/inexistence. Il en est de même en cas de doute[2153]. L'inexistence est bien synonyme de nullité, à laquelle serait sous-jacente la notion d'inefficacité juridique (*« Unwirksam »*)[2154].

1191.–Or, l'une des particularités du droit administratif allemand est que dans les hypothèses d'usurpation de pouvoir par une personne non fonctionnaire, les actes édictés par elle, ne sont pas considérés comme étant des actes mais comme de simples documents. Est aussi opérée une distinction entre l'inexistence juridique, qui se rapproche de l'annulation et qui implique la rétroactivité, et le *« néant »*, assimilable à une inexistence matérielle alors même que des documents auraient été élaborés. Cependant, lorsque l'administration est victime d'une usurpation, les actes de la personne irrégulièrement nommée sont considérés comme conformes au droit, tout comme dans la théorie des fonctionnaires de fait en France. Ainsi la nullité est une sanction qui peut être appliquée en cas d'inexistence ou en cas d'annulation. Les différents cas de nullité comme les vices externes (*incompétence, vices relatifs à la composition de l'organe, vices de forme, et de procédure*) ou internes (*emploi de moyens déloyaux par l'intéressé, relatifs aux éléments de fait ou de droit, voire l'incompréhension*) correspondent aux différents moyens invocables lors d'un recours en annulation[2155]. Il est donc inenvisageable de distinguer entre deux formes de nullités ; une qui résulterait de l'annulation et l'autre de l'inexistence.

1192.–En effet, les hypothèses de nullité ne correspondent pas *« ipso facto »* au champ d'application de l'inexistence. Ainsi l'acte entaché d'incompétence *« ratione materiæ »* n'est pas inexistant alors que l'acte entaché d'incompétence territoriale est considéré comme tel car il serait contraire à la bonne marche de l'administration que des autorités territorialement incompétentes puissent empiéter sur les compétences d'autres autorités. Une telle solution jurisprudentielle ne va pas à l'encontre des intérêts des administrés, ceux-ci pouvant facilement obtenir des informations. Elle ne contrevient donc pas au principe de sécurité juridique.

2152 FORSTHOFF (E.), Traité de droit administratif allemand, op. cit., p. 195.

2153 FORSTHOFF (E.), Traité de droit administratif allemand, op. cit., p. 223-227, 350-384, et 423 ; §125 Bürgerliches Gesetzbuch ou BGB (code civil allemand), disponible sur http ://dejure.org/gesetze/BGB/125.html, en allemand uniquement.

2154 §. 7, Gesetz über die Angelegenheiten der freiwilligen Gerichtsbarkeit ou FGG (Loi relative aux juridictions gracieuses), disponibles sur http ://www.jusline.de/index.php ?cpid=f92f99b766343e040d46fcd6b03d3ee8&lawid=93&paid=7, en allemand uniquement ; §13, Bundesbeamtengesetz ou BBG (Loi relative au statut des fonctionnaires), disponibles sur http ://www.gesetze-im-internet.de/bbg/BJNR005510953.html, en allemand uniquement.

2155 FORSTHOFF (E.), Traité de droit administratif allemand, op. cit., p. 355 à 385.

1193.–De même, pour les vices relatifs à la composition de l'organe, le droit positif pose le principe que les actes pris par un fonctionnaire dont la nomination était irrégulière ou a fait l'objet d'un retrait seront valables tout comme s'il avait été régulièrement nommé[2156]. Ceci revient, *« in fine »*, à ce que la loi valide la théorie des fonctionnaires de fait.

1194.–En ce qui concerne les vices de procédure et les vices de forme, le trait principal est que ceux d'entre eux qui ont des conséquences non substantielles seront simplement annulables alors que l'inexistence sanctionne ceux qui présentent une certaine gravité. Une telle appréciation sera faite par le juge administratif, *« in concreto »*. Ainsi, il résulte d'une interprétation des paragraphes 29 et 30 du code de l'administration communale allemande la règle selon laquelle les décisions prises par le bourgmestre dans le cadre d'un recours gracieux doivent être écrites et motivées afin de pouvoir faire l'objet d'un recours contentieux ; à défaut, l'acte n'existe pas, car il s'agit d'une inexistence matérielle. En revanche, est sanctionnée par l'inexistence juridique la nomination d'un fonctionnaire qui n'aurait pas été délivrée selon la forme requise, bien qu'il soit toujours possible en pareil cas d'invoquer l'inexistence matérielle[2157].

1195.–Les vices internes résultant de la fraude (*dol, corruption*) ne sont sanctionnés que par l'annulation[2158]. Cependant dans les cas de contrainte irrésistible lorsque des actes administratifs sont donc obtenus par tromperie ou par corruption, le juge administratif les déclare inexistants. Il retient pour cela, comme motif, que l'autorité, auteur compétent pour prendre l'acte, a agi, certes dans l'exercice de ses fonctions, mais a été soumise à une volonté privée et non à la sienne. Cette solution revient à la conception initiale qui prévalait en droit civil allemand. L'auteur réel de l'acte est la personne qui a imposé sa volonté sous la menace, et non l'auteur qui a édicté formellement l'acte[2159]. Il s'agit ainsi de faire prévaloir la réalité factuelle de l'intention de l'auteur de l'acte sur l'apparence juridique réelle de l'acte administratif. En effet, celui-ci semblerait n'être entaché d'aucune illégalité sur le plan formel. Le vice constitutif d'inexistence peut donc ne pas être évident et nécessite une connaissance des faits et des circonstances d'édiction de l'acte pour être détecté. Il s'agit donc d'un contrôle particulièrement poussé des motifs de l'auteur et d'apprécier ses intentions réelles dans la prise d'une décision. Ceci relèverait en France de la technique du détournement de pouvoir.

1196.–Cette hypothèse est comparable à celle qui était envisagée en cas de vice interne relatif aux éléments de faits. Cette théorie de l'impossibilité absolue (*« tatsächliche Unmöglichkeit »*), désormais obsolète, se caractérisait par un décalage entre l'acte administratif et le but qu'il poursuivait en réalité. Ce cas correspondait à l'acte administratif

---

2156 §14, Bundesbeamtengesetz ou BBG (Loi relative au statut des fonctionnaires), disponible sur http ://www.gesetze-im-internet.de/bbg/BJNR005510953.html, en allemand uniquement.

2157 §29 et 30 Deutsche Gemeindeordnung vom 30 Januar 1935 ou DGO, disponible sur http ://www.verfassungen.de/de/de33-45/gemeindeordnung35.htm, en allemand uniquement ; §6 Bundesbeamtengesetz ou BBG, op. cit.

2158 Voir par exemple : §12, Bundesbeamtengesetz ou BBG (Loi relative au statut des fonctionnaires), op. cit.

2159 FORSTHOFF (E.), Traité de droit administratif allemand, op. cit., p. 373.

dont l'objet, ou la personne à laquelle il est relatif, n'existait pas, voire à l'acte posant une norme qui ne pouvait être respectée et dont toute personne se rendait compte de l'évidente impossibilité de l'exécuter (*construire une route sans faire de bruit, construire un pont au dessus d'une rivière sans passer au-dessus de l'eau*). C'était en quelque sorte le domaine de l'absurde… Elle rejoignait le vice interne de l'acte *« incompréhensible »* qui était également sanctionné par l'inexistence. Normalement, un acte administratif répond au principe de clarté et d'intelligibilité pour renseigner l'intéressé sur la situation juridique qu'il crée. Lorsque l'imprécision vicie uniquement l'objectif de l'acte ou encore la manière dont il doit être exécuté, l'acte pourra être simplement annulé. Un dernier cas d'inexistence, corollaire de la théorie de l'impossibilité, était constitutif d'un vice interne relatif à un élément de droit : il s'agissait de l'hypothèse dans laquelle l'administration exigeait une action d'un individu, une certaine action nécessitant le consentement d'un tiers qui l'avait refusé.

1197.–Cette théorie de l'impossibilité devait être distinguée de celle de l'impossibilité relative (*« tatsächliche Unvermögen »*) dans laquelle l'acte est considéré comme pouvant être normalement exécuté alors même, paradoxalement, que l'intéressé affirme qu'il ne le peut pas. Il revient en ce cas à ce dernier de prouver qu'il a au moins tenté de l'appliquer, mais en vain, afin que l'acte soit annulable : il ne peut pas être déclaré inexistant[2160].

1198.–En ce qui concerne les autres vices internes, et en particulier ceux relatifs aux éléments de droit, il convient de distinguer la violation de la loi (*« Gesetzeszesverletzung »*) ou le défaut de base légale (*« Gesetzeszesverlosigkeit »*). Ce dernier cas permet de prononcer l'inexistence ou l'annulation de l'acte en cause, selon le degré de gravité de son irrégularité, car l'acte litigieux a été pris hors de l'application d'un texte de loi[2161]. L'inexistence serait appliquée comme une nullité afin que le juge administratif neutralise la valeur juridique de l'acte, de sorte que la déclaration d'inexistence aboutisse à sanctionner l'administration[2162].

1199.–Un contrat de droit public est nul et non avenu (*« ist nichtig »*) et donc inexistant (*« Nichtigkeit des öffentlich-rechtlichen Vertrages »*) quand cette inexistence découle de la transposition des exigences du code civil à ce contrat[2163]. Ainsi la nullité d'un contrat de droit public peut découler du défaut de forme écrite, (*§. 1.25 BGB et §57 VWVGF, « Nichtigkeit bei Verstoß gegen Formerfordernis »*), car la forme écrite (*« Schriftform »*) est une forme obligatoire pour un contrat de droit public, à moins qu'une autre forme ne soit requise par un texte. La nullité sanctionne également l'incapacité d'exercice du contractant (*§. 1.05 BGB*) ou une tromperie dolosive (*« Nichtigkeitsgründe bei Willenserklärungen »*) ou une menace illicite (*« Anfechtungsgrund Täuschung oder Drohung », §. 1.23 BGB*) car la volonté est viciée dans ces deux hypothèses.

2160 FORSTHOFF (E.), Traité de droit administratif allemand, op. cit., p. 374-375 et p. 382-384.

2161 Voir par exemple §28 et s., Bundesbeamtengesetz ou BBG (Loi relative au statut des fonctionnaires), op. cit.

2162 FORSTHOFF (E.), Traité de droit administratif allemand, op. cit., p. 375-382.

2163 AUTEXIER (Ch.), Introduction au droit public allemand, Paris, Presses universitaires de France, 1997, p. 261 à 262.

1200.–Elle est enfin envisagée comme une inefficacité *« stricto sensu »* (*« ist unwirksam »*) lorsque le contrat de droit public est contraire aux bonnes mœurs (*§ 138 BGB, « Nichtigkeit infolge von Sittenwidrigkeit »*) ou lorsqu'il prévoit une obligation d'emblée objectivement impossible (*§. 3.06 BGB « Nichtigkeit bei unmöglicher Leistung »*), ou encore, s'agissant d'une transaction, si les parties se sont trompées sur les faits qui sont à son origine et qui, s'ils avaient été connus, auraient fait obstacle à la conclusion de la convention (*§779 BGB*),. Toutefois, seule la *« violation qualifiée »* d'une disposition légale, s'apparentant à une illégalité grave et manifeste au sens du droit français, permet de faire échec au principe de l'engagement contractuel et des conséquences qui en découlent, ce qui revient à sanctionner un certain degré de l'illégalité par l'inexistence.

1201.–En outre, un contrat de droit public est nul et non avenu lorsque :

- un acte administratif de teneur analogue est lui-même nul et non avenu,
- il est irrégulier pour des raisons autres qu'un vice de procédure ou de forme au sens du paragraphe 46[2164], et connues des cocontractants,
- les conditions exigées pour la conclusion d'un contrat de transaction ne sont pas réunies et qu'un acte administratif de teneur analogue serait irrégulier pour des raisons autres qu'un vice de procédure ou de forme au sens du paragraphe 46,
- l'autorité administrative se fait promettre une contre-prestation illicite en vertu d'un contrat d'échange (*§56 VWVGF*).

1202.–Si l'inexistence n'affecte qu'une partie du contrat, celui-ci est nul et non avenu dans sa totalité si l'élément frappé d'inexistence a joué un rôle déterminant dans sa conclusion[2165].

1203.–En définitive, la conception allemande de l'inexistence et le régime auquel elle soumet cette dernière ne sont pas contradictoire des solutions françaises. Cependant, conformément à la tradition prussienne et à une certaine tradition française issue de la Révolution de 1789, via le droit de la IVème République, l'inexistence est une matière fortement légiférée ce qui laisse peu de place à un *« jeu »* jurisprudentiel, à la différence du modèle français. Ici également, il faut voir dans ce parti adopté par le droit positif Outre-Rhin, la volonté de ne pas accorder au juge trop de pouvoir et surtout de liberté d'action dans le maniement de l'inexistence. Ceci atteste la persistance, à travers les différents droits nationaux, d'une certaine vision commune des potentialités de cette notion, à la fois en elle-même et remise entre les mains des juges.

B. La conception britannique de l'inexistence

1204.–L'inexistence en **droit britannique** diffère des conceptions allemande, ibérique, italienne ou belge car elle est envisagée plus comme une annulation que comme une nullité,

---

2164 Cet article envisage les conséquences des vices de procédure et de forme. Ainsi, l'annulation d'un acte administratif qui n'est pas nul et non avenu en vertu du §. 44 ne peut être exigée au seul motif qu'il a été élaboré en violation des règles de procédure, de forme ou de compétence « ratione loci », lorsqu'il est manifeste que la violation n'a pas eu d'incidence sur la décision au fond.

2165 « Betrifft die Nichtigkeit nur einen Teil des Vertrages, so ist er im ganzen nichtig, wenn nicht anzunehmen ist, dass er auch ohne den nichtigen Teil geschlossen worden wäre ».

même si la doctrine débat sur ce sujet. En outre, comme en Espagne, les juridictions administratives britanniques ne forment pas un ordre de juridiction autonome en Grande-Bretagne.

1205.–L'inexistence y est envisagée plus comme une nullité absolue mais ressemble à la contractuelle de l'inexistence conception en droit administratif français. Un acte inexistant peut être appliqué alors même qu'un vice entache sa formation : son efficacité ne sera neutralisée qu'une fois que sa validité, qui conditionne son existence, sera remise en cause de manière radicale par un vice privant de l'un de ses éléments l'acte en cause fait défaut. Cette nullité absolue/inexistence présente peu d'intérêt, puisque les conséquences contentieuses sont similaires ç celles de la nullité relative comme en matière des contrats en droit français.

1206.–En Grande-Bretagne, en vertu des règles de la *« Common Law »*, les juridictions civiles sont compétentes pour connaître de toutes les affaires mettant en cause la régularité de l'action d'une autorité publique, sauf texte contraire. S'il n'existe pas de juridictions spécialisées pour statuer sur les litiges administratifs, il existe une procédure spécifique pour permettre la vérification de la légalité des actes de l'administration. Il s'agit initialement de la demande de contrôle juridictionnel ou *« application for judicial review »* qui permet de demander l'annulation d'une décision (*« Writ of Certiorari »*), une injonction de faire (*« le mandamus »*) ou d'interdire un acte quelconque (*« prohibition » ou « injunction »*). Il existe ainsi selon la *« common Law »* trois types d'action en justice permettant d'obtenir une ordonnance contre l'autorité publique auxquelles se sont ajoutées une action en déclaration et une en injonction. Actuellement la procédure administrative contentieuse britannique est composée de deux catégories de procédure. En premier lieu, se rencontre la demande de révision juridictionnelle (*« claim for judicial review »*), tend à contrôler la conformité au droit d'une règle ou d'une décision, d'une action ou d'une carence en rapport avec l'exercice de fonctions publiques, des actions en violation des droits de l'homme sur la base de la Convention Européenne des Droits de l'Homme (*« Human Rights act 1998 »*). En second lieu, existent les actions de droit commun lorsque le requérant demande un jugement déclaratoire ou une injonction quand des questions de fait doivent être élucidées ou bien au contraire, quand aucune recherche de faits n'est nécessaire. La demande de jugement déclaratoire permet d'obtenir du juge la constatation de la violation d'un droit par un agissement de l'administration, qu'il s'agisse d'une action ou d'une abstention[2166].

1207.–Le contrôle classique de l'excès de pouvoir (*« ultra vires »*) se borne à un constat par le juge anglais de l'incompétence et de l'erreur de droit ou de fait qui tend au détournement de pouvoir ou de la violation de la loi et la justification réside dans ce qu'un tel contrôle n'est fondé que sur la *« justice normale »* ou *« naturelle »* (*« natural*

2166 BONNARD (R.), Le contrôle juridictionnel de l'administration, Etudes de droit administratif comparé, op. cit., p. 127 à 151 ; FROMONT (M.), Droit administratif des États Européens, op. cit., p. 135-136.

justice »)[2167]. Cependant, il convient de noter qu'il ne s'agit pas de sanctionner de graves illégalités mais simplement, comme en France, de n'accepter que l'invocation de certains moyens[2168].

1208.–Pour la doctrine, il existe actuellement en droit britannique trois variétés d'excès de pouvoir : l'illégalité (*« illegality »*) qui correspond à la notion ancienne d'*« ultra vires »*, l'irrationalité (*« irrationality »*), le vice de procédure (*« procedural impropriety »*). La notion d'illégalité comprend l'équivalent de ce qui s'assimilerait en droit français à l'incompétence, la violation de la règle de droit, l'erreur de droit et exceptionnellement l'erreur de fait ainsi que la poursuite des buts inadmissibles (*« improper purposes »*) et la prise en compte de considérations non pertinentes (*« irrelevant considerations »*). Ce contrôle s'apparente à un contrôle minimum ou normal selon les cas comme le contrôle d'irrationalité (*« irrationality »*) ou de déraisonnable (*« unreasonableness »*) qui peut tendre à un contrôle de proportionnalité car il aboutit à annuler des décisions illogiques ou sans aucun sens. Enfin, la procédure viciée (*« procedural impropriety »*) permet de sanctionner la méconnaissance des conditions de procédure imposées par la loi et les hypothèses de violation de *« justice naturelle »* (*« natural justice »*) qui regroupent le principe d'impartialité et les droits de la défense[2169]. Ainsi, il n'existe pas de voies de recours spécifique pour prononcer l'inexistence, alors pour l'inexistence n'est pas une notion inconnue du contentieux britannique. Cette sanction sera prononcée à l'issue d'un recours en annulation.

1209.–En droit britannique, et contrairement au droit français, l'exception d'inexécution d'un acte administratif illégal est reconnue. Lorsque l'administré ne doit se soumettre à la norme édictée par un acte que s'il est légal et conforme aux règles de droit en vigueur, il peut se faire justice à lui-même. En droit français, même si la doctrine a soutenu un telle possibilité, elle n'a jamais été corroborée par la jurisprudence. Le juge britannique, en ce cas, n'intervient donc qu'à titre subsidiaire et *« a posteriori »*. Cette conception n'est rendue possible qu'en vertu de l'absence d'une présomption de légalité des actes administratifs. Ainsi, la charge de la preuve est facilitée, et n'est pas inversée, à la différence du cas classique des présomptions[2170]. Les actes administratifs britanniques ne font pas foi jusqu'à ce que l'administré apporte la preuve contraire, il est même possible de s'y opposer lorsque l'acte en cause est illégal, *« même de façon déraisonnable »*, car l'acte irrégulier est dépourvu d'autorité (*« interest rei publicœ ut sit finis litium »*[2171]). L'invalidité d'un acte individuel ou réglementaire est donc invocable comme moyen de défense. Celle-ci se traduit par l'inexistence ou la nullité absolue, *« void »*, vocable qui se traduit, de manière littérale, par *« vide »*[2172].

2167 FROMONT (M.), Droit administratif des États Européens, op. cit., p. 60-66 ; DISTEL (M.), Aspects de l'évolution du contrôle juridictionnel de l'administration en Grande-Bretagne, Revue internationale de droit comparé, 1982, p. 73 à 83.

2168 FROMONT (M.), Droit administratif des États Européens, op. cit., p. 191 à 195.

2169 FROMONT (M.), Droit administratif des États Européens, op. cit., p. 205 à 207.

2170 « C'est à celui qui affirme non à celui qui dénie qu'incombe la charge de la preuve ».

2171 « Il est de l'intérêt du public de mettre un terme au litige ».

2172 LEFEBURE (M.), Le pouvoir d'action unilatérale de l'administration en droit anglais et en droit

1210.–En droit britannique, l'inexistence a permis une évolution du contrôle juridictionnel. L'absence de voies de recours ordinaires a conduit le juge anglais à utiliser la théorie de la nullité ou de l'inexistence, qui s'est développée dès le XVIIème siècle grâce à des techniques procédurales nouvelles[2173]. Dans le langage courant, *« jurisdiction »* signifie *« compétence »*, mais, techniquement, ce terme ne concerne pas seulement la légalité externe de la décision attaquée, il vise une limite assignée aux pouvoirs d'un organe administratif et porte sur l'ensemble des aspects de la légalité de son action. La décision prise dans les limites de la *« jurisdiction »*, ou encore *« intra vires »* est celle qui émane d'un organe compétent, qui est conforme à la loi et dont le but correspond à celui en vue duquel les pouvoirs ont été conférés. Le caractère absolu qui s'attache à l'acte suppose précisément que son auteur soit compétent et ait agi *« intra vires »*. En revanche, l'acte qui émane d'une autorité ayant outrepassé ses pouvoirs (*« ultra vires »*), ne pourra pas bénéficier des mêmes effets que l'acte légal. La notion de *« jurisdiction »* est cependant assez proche de celle notion de *« pouvoir »* telle qu'elle est utilisée dans l'expression *« recours pour excès de pouvoir »*. Ainsi, lorsque un organe a décidé hors des limites de sa *« jurisdiction »* ou *« ultra vires »*, sa décision doit être réputée inexistante. Le principe de l'*« ultra vires »* repose sur l'idée qu'il existe une limite aux pouvoirs des autorités administratives et que, ces limites outrepassées, les juridictions peuvent exercer un certain contrôle de leurs décisions.

1211.–Le mot *« void »* provient de la théorie des contrats dans laquelle il s'oppose à *« voidable »*, *« annulable »*, qui correspondrait à la nullité relative. L'inexistence n'est pas assimilable à ce dernier terme (*« voidness »*) bien que cette notion de *« voidness »* implique que les délais de recours ne sont jamais forclos[2174]. Certains juges, exprimant des opinions minoritaires, essaient d'introduire en droit administratif britannique une distinction entre les décisions *« void »* et les décisions simplement *« voidable »*[2175]. Cette distinction, qui a donné lieu à des discussions byzantines, est rejetée par la majorité des autres juges[2176].

1212.–Ainsi, dans l'affaire *« Ridge v. Baldwin »*[2177], le requérant avait allégué qu'une *« décision »* le révoquant de la police était inexistante et sans effet (*« resolution was void and of no effect »*) car son droit à être entendu et donc à se défendre n'avait pas été respecté[2178]. Pour répondre à ce moyen, Lord Evershed mentionne, au sujet de la distinction

---

français, thèse, Paris, LGDJ, 1961, p. 138-144.

2173 DISTEL (M.), Aspects de l'évolution du contrôle juridictionnel de l'administration en Grande-Bretagne, Revue internationale de droit comparé, 1982, p. 73 à 83 ; WILLIAMS (D.G.T.), Droit administratif, in Droit Anglais, ouvrage collectif sous la direction de JOLOWICZ (J.–A.), Paris, Dalloz, 1992, 2ème éd., p. 369 et s.

2174 AKEHURST (M. B.), Void or Voidable ? Natural Justice and Unnatural Meanings, The Modern Law Review, volume 31, N° 1, janvier 1968, p. 2 et s.

2175 Director of Public Prosecutions v. Head [1959] AC. 83 ; Durayappah v. Fernando [1967] 3 WLR. 289 (P.C.) ; Ridge v. Baldwin [1964] AC 40, 86 et as. et 138 et s.

2176 LEVY (D.), Les développements récents du droit administratif anglais, in Mélanges René Chapus, Paris, Montchrestien, 1992, p. 387 à 394 ; voir Lord Wilberforce ; voir in Hoffmann-La Roche Secretary of State for Trade and Industry 1974 All E.R 1128 1148.

2177 WADE (H.W.R.), Administrative Law, Oxford, Clarendon Press, 1994, Seven edition, p. 516 et s. ; Ridge v. Baldwin [1964] AC 40, 86 et s. et 138 et s.

2178 Traduction par l'auteur « He now maintains that that because he had no notice of the grounds on

entre inexistence et annulation, que lorsqu'il n'y a aucune preuve que le Conseil de discipline ait agi autrement que de bonne foi, le seul principe de la justice normale en cause est celui qui est révélé par l'expression latine *« Audi alteram partem »*, le principe du contradictoire. Cependant ce juge conclut pour sa part que si les principes de la justice normale doivent être appliqués correctement et ne l'ont pas été, la décision du Conseil de discipline n'est pas nulle mais seulement annulable. Il relève que les *« cas »* précédents jurisprudentiels ne fournissent aucune réponse certaine ; pas même les ouvrages de doctrine sur la question car dans la grande majorité des circonstances, lorsque la Cour décide d'annuler une décision ou de *« la placer autrement de côté »* (*traduction littérale de « the Court does decide to quash a decision or otherwise set it aside, then the effect is in general the same whether such decision be considered as void or only voidable »*), l'effet est, en général, similaire. Il ajoute que, pour sa part, il en est venu à la conclusion que dans le cas où un organe agit dans un domaine qui relève de sa compétence mais dont les Cours indiqueront qu'il n'a pas fait la *« justice substantielle »* selon les principes de la *« justice normale »*, la décision est seulement annulable (*« only voidable »*) et *« sa sanction ne peut pas correctement être décrite comme nullité »* (*« and cannot properly be described as a nullity »*). *« A contrario »*, selon Lord Evershed, les hypothèses d'application de l'inexistence se réduisent aux cas où le *« tribunal, ou les hommes »* ont agi par *« frivolité ou pour des raisons futiles »* (*« the tribunal, or body of men have acted upon frivolous or futile »*), et donc de manière inconsidérée. Dans ce cas la Cour ne peut pas se borner à statuer simplement sur la décision mais elle doit déclarer la nullité de la procédure entière (*« the power of the court is to correct the decision if, in the court's view »...*). L'intangibilité des situations juridiques peut être ainsi remise en cause par la nécessité de *« corriger »* une décision lorsque de telles violations de la légalité provoqueront, pour la Cour, *« une vraie perte substantielle de justice »* (*« a real substantial miscarriage of justice »*) par opposition à une simple perte de justice (*« a miscarriage of justice »*). En revanche, le juge Hodson, dans cette même affaire, relève que dans toutes les espèces dans lesquelles les cours ont soutenu que les principes de la justice normale ont été méconnus, la terminologie employée est telle que la décision contestée est apparue aux yeux de l'opinion comme inexistante. Il affirme ainsi implicitement que la nullité est sous-jacente à l'annulation[2179]. Il reconnaît cependant, avec raison, que la distinction entre nullité et annulabilité n'est pas tracée explicitement dans ces cas. Toutefois, doit être nuancée l'affirmation selon laquelle le vocable utilisé prouve que le résultat peut être une nullité lorsqu'il y a une méconnaissance par essence de la justice[2180]. En effet, les décisions de justice qui traitent d'une telle distinction sont trop rares et sujettes à interprétation[2181] pour en déduire une telle affirmation.

---

which the committee proposed to act and no opportunity to be heard in his own defence ».

2179 « It is true that the distinction between void and voidable is not drawn explicitly in the cases but the language used shows that where there is a want of jurisdiction as opposed to a failure to follow a procedural requirement the result is a nullity ».

2180 Wood v. Woad, LR 9 Ex. 190.

2181 WADE (H.W.R.), Administrative Law, op. cit., p. 339 à 344, p. 516 à 518, p. 491 à 493.

1213.–Le droit anglais n'appartient pas à la famille des droits romano-canoniques, ce qui explique la profonde originalité dans le traitement de l'inexistence. Par ailleurs, il ne comporte pas du tout la même vision du rapport entre individu et puissance publique que celle rencontrée dans les pays latins. Tout cela, qui aurait pu produire une réglementation et une conception tout à fait originales de l'inexistence, ne s'est pas produit. Seul le traitement de la question est typiquement anglais, mais, pour le reste, l'Outre-manche marque bien, également, la perception de l'inexistence comme notion pragmatique remise entre les mains du juge pour qu'il assure, au mieux, la sécurité de l'individu. On n'est, finalement, pas très loin, en substance, de ce qui a cours en France sur le sujet.

Conclusion du Chapitre 2

1214.–La singularité de la politique jurisprudentielle *« à la française »* de l'inexistence est mis en exergue par l'utilisation de ce mécanisme en droit communautaire et en droit comparé, bien qu'une partie de son intérêt a été en quelque sorte temporisée par les textes applicables en la matière.

1215.–Il est en tout état de cause certain que l'inexistence en tant que gradation de l'illégalité est établie en droit communautaire qui s'est inspiré du système français alors qu'elle se trouve, le plus souvent, explicitement cantonnée à l'inexistence matérielle en droit comparé, excluant ainsi un régime juridique prétorien qui irait à l'encontre des règles contentieuses de droit commun.

1216.–Ce cantonnement prétorien de la *« conception française »* de l'inexistence s'explique par la volonté créatrice du juge administratif qui a adopté une règle juridique *« ex nihilo »* comme moyen et comme fin alors que les autres systèmes juridiques ont soit consacré textuellement l'inexistence soit l'ont rejetée.

1217.–L'attitude volontaire du juge administratif dans la solution souhaitée (*équité, compétence en matière de voie de fait, émancipation de la computation des délais…*) a donc permis d'instaurer une politique jurisprudentielle *« à la française »* qui se veut pragmatique mais qui a justifié la souplesse d'une notion fonctionnelle qui est présentée comme *« allant de soi »* et justifiée par le *« bon sens »*.

Conclusion du Titre II

1218.–L'intérêt de l'application de l'inexistence aux actes administratifs unilatéraux consiste dans le fait qu'elle constitue une obstacle à la computation classique des délais. Les actes inexistants peuvent être remis en cause *« sine die »*. Il ressort de l'analyse de la jurisprudence que cette notion a été élaborée d'abord afin de déroger à l'expiration des règles de retrait, puis pour remédier à la forclusion du délai de recours contentieux.

1219.–Une telle spécificité contentieuse conduit à une comparaison avec ce qui se passe dans le cas des actes frauduleux. La fraude a, le plus souvent, son origine, non dans les actions ou les actes de l'administration, mais dans l'action des administrés alors que l'inexistence résulte des agissements, ou des décisions mêmes de l'administration. C'est pourquoi les régimes applicables diffèrent. Ainsi l'administration est obligée de motiver la décision de retrait d'un acte obtenu par fraude, alors que la décision qui retire un acte inexistant n'a pas à l'être. De même, un acte frauduleux, contrairement à un acte inexistant, ne vicie pas nécessairement les actes pris pour son application, même si en pratique, l'annulation du premier acte entraînera souvent par voie de conséquence celle des actes subséquents. Enfin, en ce qui concerne les actes administratifs obtenus par fraude, il *« incombe à l'ensemble des autorités administratives de tirer les conséquences légales de cet acte aussi longtemps qu'il n'y a pas été mis fin »*. La situation est très différente pour les actes inexistants puisque l'administration a la possibilité de refuser de les appliquer. Ainsi, l'administration ne peut, d'elle même, tirer les conséquences légales d'une éventuelle fraude pour refuser ses droits à l'intéressé car l'acte frauduleux demeure présent dans l'ordonnancement juridique, tant qu'on ne l'a pas fait disparaître (*annulation, retrait...*).

1220.–En réalité, il s'agit surtout d'un amalgame erroné entre le détournement de pouvoir, qui est une notion sous-jacente aux actes inexistants, et les actes frauduleux. L'acte inexistant n'a pas été pris dans un but d'intérêt général mais par une autorité administrative qui a utilisé ses pouvoirs dans un but autre que celui que lui permet de poursuivre la compétence qu'elle exerce. Il peut également avoir été édicté par une personne totalement dénuée de pouvoir.

1221.–L'acte inexistant se présente donc comme une des sanctions de l'illégalité. Cependant, la circonstance que sa contestation n'est enfermée dans aucun délai, ce qui peut être une source d'insécurité juridique. C'est pourquoi le juge administratif peut moduler les effets de la déclaration de l'inexistence en validant, par exemple en application de la théorie des fonctionnaires de fait, les actes administratifs pris en application d'un acte administratif déclaré inexistant ou pris par un usurpateur. D'une certaine manière, le rétablissement de la légalité est souvent moins essentiel que la sécurité juridique elle-même et que la garantie des droits des tiers. Ceci explique que les actes inexistants puissent être couverts par une loi de validation.

1222.–De même, l'inexistence, sous la forme notamment de la voie de fait, peut être appréciée différemment dans les périodes exceptionnelles, où la légalité est assouplie. Si les conditions de fond et de forme peuvent être appréciées en fonction des circonstances de temps et de lieu, il en est de même pour l'inexistence, tout comme il en va pour l'illégalité.

1223.–Ce concept s'inscrit donc comme une sanction particulière, avec des règles spécifiques. Il s'agit, selon la jurisprudence du Conseil d'État, d'une catégorie particulière d'*« actes »* administratifs qui est décelée lors du contrôle de la validité des actes administratifs. La doctrine a tenté de consacrer un recours en déclaration d'inexistence comme une voie de recours particulière. En réalité, il paraît difficile d'y voir un recours autonome. D'une part, en ce qui concerne les contrats, la déclaration d'inexistence n'est prononcée qu'à l'occasion et dans le cadre d'une action en nullité contre le contrat. D'autre part, en ce qui concerne les actes administratifs unilatéraux, cette nullité est prononcée à l'occasion d'un recours en excès de pouvoir. Certes, il est possible de soutenir que le juge administratif qualifie bien ce recours de *« recours en déclaration d'inexistence »* mais il n'en fait pas pour autant un recours autonome. Ce recours est, en tout point, calqué sur les conditions de recevabilité du recours pour excès de pouvoir (*ou de l'action en nullité*). Une fois le jugement rendu, quelle qu'en soit l'issue, il n'est pas possible qu'un (*nouveau*) recours, cette fois-ci en déclaration d'inexistence, soit formulé. L'inexistence étant un moyen d'ordre public, le juge administratif est considéré comme l'ayant examiné et, à défaut de mention dans les motifs de sa décision, comme l'ayant rejeté implicitement. La seule finalité de cette théorie est donc en fin de compte la sanction d'un acte administratif présentant un vice d'une certaine gravité et/ou de déroger aux règles de la computation des délais.

1224.–Ce particularisme est une conception propre au droit administratif français. Elle ne se retrouve pas, en tant que théorie, ailleurs que chez le juge français. Ainsi, en droit communautaire, l'inexistence, pourtant inscrite dans les Traités communautaires, n'apparaît que comme une conséquence de l'exercice du recours en annulation et non comme manifestant la volonté d'appliquer la théorie de l'inexistence à la française. Cependant, on l'a vu, le vice d'inexistence n'est pas exclu du recours contentieux communautaire : il se caractérise toutefois par le fait que l'acte vicié sera inexistant seulement *« matériellement »* car un de ses éléments constitutifs fait défaut. Les actes communautaires bénéficient d'une présomption renforcée de légalité et c'est cette présomption qui fait obstacle à l'incorporation d'une réelle gradation dans l'illégalité. D'où l'absence d'incorporation d'une sanction graduée, similaire à celle qui existe en droit français. Cependant, il convient de constater que l'introduction, au moins partielle, d'éléments qui présupposent l'existence d'une théorie de l'inexistence, s'est faite par étapes dans la jurisprudence communautaire. D'abord, par la référence à une *« nullité absolue »*, qui tend à la reconnaissance d'une inexistence matérielle ; celle-ci engendrant l'irrecevabilité du recours, puisque l'acte n'existe pas. Ensuite, la théorie de l'inexistence matérielle en droit communautaire a été présentée par le juge comme une sanction de l'irrégularité *« grave et manifestement illégale »*. C'est donc essentiellement cette forme d'inexistence qui sera consacrée jusqu'à ce que la Cour de justice des Communautés européennes adopte enfin explicitement la théorie de l'inexistence juridique en 1994. Pour le juge communautaire, un tel vice a provoqué la dénaturation de l'acte, ce qui le rend contestable sans délai. L'inexistence représente donc une notion dont les conséquences juridiques sont minimes en droit communautaire.

1225.–En droit comparé, l'influence du droit administratif français n'a pas provoqué la transposition de la théorie de l'inexistence juridique. Ainsi en droit grec, l'inexistence n'est envisagée que sous sa forme matérielle. C'est un raisonnement identique qui prévaut désormais en Italie : l'inexistence est devenue, par la volonté du législateur, une nullité à part entière, mettant fin à la controverse qui existait sur l'inexistence juridique, assimilable à la nullité absolue et permettant de déroger à la forclusion des recours contentieux.

1226.–Seul le droit belge comporte, au sein du contentieux administratif, l'identification d'une catégorie d'actes inexistantes qui permet de déroger aux règles de retrait. La plupart des pays assimilent donc l'inexistence à la nullité de plein droit comme au Portugal, ou à la nullité prise comme antonyme d'annulation, telle l'Allemagne. En fin de compte seul le droit britannique se démarque puisqu'il assimile la nullité relative et la nullité absolue.

1227.–Cependant, il nous est apparu que, pour diverses que seraient les situations et solutions non françaises, héritage de conceptions philosophiques, politiques et culturelles dont elles sont étroitement dépendantes, il n'en reste pas moins, clairement observable, un fond commun. Cette ligne transversale qui passe à travers tous les droits ne doit pas surprendre car les différents pays et leurs systèmes nationaux font le même constat.

1) Il y a des hypothèses où la gravité des manquements va au-delà de ce qui est le plus souvent rencontré.
2) Si, cependant, intrinsèquement cela est assez aisément perceptible, il apparaît bien vite très difficile de définir clairement et abstraitement où commence ce degré supérieur de gravité et par quoi il se caractérise.
3) Tous les pays conviennent encore que la gravité de l'illégalité pousse à retenir pour celle-ci un régime juridique et un régime contentieux propres.

1228.–C'est en réalité, à partir de là, que les divergences nationales commencent. Les uns poursuivent jusqu'au bout du raisonnement qui précède et instaurent (*ou laissent instaurer*) un régime complet de l'inexistence. Ils ne se cachent pas cependant, à raison même des incertitudes signalées plus haut, de souligner combien les solutions seront pragmatiques, entre les mains du juge et sources d'insécurité. Les autres, précisément au vu de ces conséquences, se montreront plus réticents ou carrément hostiles à la réception de l'inexistence. Le choix de solutions diamétralement différentes ne repose pas moins sur une vision commune des choses.

CONCLUSION DE LA SECONDE PARTIE

1229.–Au terme de cette seconde partie, il est établi que l'inexistence est le moyen de sanctionner les agissements, les décisions administratives, et les décisions de justice qui soit dépassent un certain seul de gravité et d'illégalité manifeste, soit sont considérés comme devant être retirés de l'ordonnancement juridique. Par ailleurs, la recherche a aussi montré que le juge administratif a désormais tous les moyens techniques pour protéger l'administré de telles atteintes. Ainsi, la notion d'inexistence pourrait lui permettre d'exercer sa compétence dans sa plénitude. Il est également possible de constater, s'agissant des actes unilatéraux, que certains actes constituent des hypothèses topiques de l'inexistence juridique mais la typologie semble figée en jurisprudence autour de quelques-uns seulement : les nominations pour ordre, le maintien en activité de fonctionnaires ayant dépassé la limite d'âge, les actes rectificatifs qui modifient en réalité le contenu d'un autre acte, les actes rendus par des usurpateurs ou des organismes inexistants, les délibérations fictives de conseils municipaux…

1230.–S'agissant des contrats, il a été relevé que le juge administratif utilise l'inexistence comme une nullité sans autre précision. La même remarque peut être faite pour l'éradication des décisions de justice.

1231.–Ceci permet d'affirmer que la théorie de l'inexistence en tant que technique est cantonnée aux actes administratifs unilatéraux et que l'inexistence permet, quant à elle, au juge de disposer d'un instrument souple de sanction pour plusieurs types d'actes. Également, il est apparu que l'inexistence affecte la légalité d'un acte administratif *« dont elle prend la forme »*. Ainsi, n'importe quel acte administratif est susceptible d'être vicié par *« l'inexistence »*, d'autant que ce vice peut entacher aussi bien la légalité interne que la légalité externe de l'acte. L'inexistence est en définitive un vice qui *« se greffe »* en quelque sorte sur une illégalité en aggravant substantiellement celle-ci.

1232.–L'ensemble de ces observations pourrait autoriser à affirmer que l'inexistence est une nullité de caractère purement fonctionnel. Elle permet soit de déroger à la computation classique des délais, soit de sanctionner l'administration à raison de ses atteintes à la moralité administrative. Il s'agit surtout d'une norme qui sanctionne une autre norme illégale. Le paradoxe de l'inexistence est qu'elle est à la fois une norme qui statue pour prononcer une sanction et un vice qui permet d'aboutir à un résultat juridique que le juge administratif a érigé en catégorie autonome d'actes administratifs.

1233.–L'étude de la jurisprudence fait apparaître combien l'inexistence pose la question de la validité des actes administratifs unilatéraux ; en même temps, elle révèle aussi un problème d'efficacité voire d'existence pour les contrats, les décisions de justice et les actes administratifs unilatéraux. Ceci provient de ce que le juge emploie la formule type *« nul et de nul effet »*, ou *« nul et non avenu »*.

1234.–Il s'agit alors d'envisager l'efficacité comme une condition de la validité selon la théorie de H. Kelsen. L'efficacité de la norme se définit parce qu'elle est ou bien par la manière dont elle est appliquée alors que sa validité se définit en ce qu'elle doit être observée ou en ce qu'elle doit être appliquée, si elle n'est pas observée. Cela implique donc de séparer la validité et l'efficacité d'une norme, comme il faut séparer le *« sein »* et le *« sollen »*, c'est-à-dire l'*« être »* (*qui se rattache à l'efficacité de la norme*) et le *« devoir-être »* (*qui permet l'appréciation de la validité de la norme*). Cependant l'interaction entre la validité et l'efficacité est inéluctable. En effet, l'efficacité est une condition de la validité dans la mesure où une norme perd automatiquement sa validité lorsqu'elle perd son efficacité, alors qu'une norme simplement inefficace peut demeurer valide. L'efficacité de la norme, entendue comme *« être »*, constitue la condition de la validité de la norme, qui est un *« devoir-être »*. Une norme, pour être efficace, doit être nécessairement valide puisqu'elle ne peut devenir efficace qu'une fois qu'elle est devenue valide et donc qu'elle existe. L'inexistence est donc la neutralisation de l'efficacité d'une norme, ce qui entraîne son invalidité. Cela se comprend dans la mesure où la validité n'est pas autre chose que l'existence spécifique de la norme. La validité d'une norme suppose qu'elle soit posée par un acte de volonté. S'agissant des actes administratifs inexistants, cette volonté, qui devrait reposer sur l'intérêt général, va être considérée comme ne satisfaisant pas à cette condition, d'où l'inexistence de l'acte qu'elle entend poser. L'inexistence constitue donc à la fois un mécanisme normatif d'invalidation des normes en les rendant inefficaces et la sanction de ces normes.

CONCLUSION GENERALE

1235.–Parvenus au terme de cette recherche consacrée à l'inexistence, le temps est venu de conclure.

I. L'inexistence, une bien singulière notion

1236.–Le paradoxe est, en effet, patent. D'un côté se rencontre une notion aux contours incertains, au statut parfois flou, au rôle équivoque, d'utilisation parcimonieuse, ballottée entre une conception étroite (*réduite à la seule existence matérielle*), et une conception large (*y incluant l'inexistence juridique*). De l'autre côté, cette même notion, qui avait tout pour ne tenir qu'un tout petit second rôle sur la scène du droit public, se manifeste comme un révélateur à la confluence d'un grand nombre d'autres notions juridiques dont elle contribue passionnément à achever les limites à signaler les aspérités.

1237.–La disproportion est grande, également, entre une notion statistiquement rare, reconnue seulement en droit administratif et surtout en droit français et l'importance de la place qu'elle occupe. Ce dont témoigne, par exemple, l'immense littérature qu'elle a engendrée.

1238.–C'est que l'inexistence, comme le pouvoir discrétionnaire où l'acte de gouvernement est une *« notion-limite »*, pousse la logique juridique jusque dans ses derniers retranchements, là où tout peut basculer : l'absolutisation des concepts étant souvent morcelée pour eux et pour leur statut.

1239.–L'inexistence est donc au cœur des questions de légalité, c'est-à-dire à la fois de la hiérarchie des normes et de l'étendue du contrôle du juge. Elle permet de réévaluer l'ensemble des analyses habituellement faites sur ces questions.

1240.–Mais l'inexistence est surtout une caractéristique des actes unilatéraux qui aide singulièrement à mieux former l'idée de décision et à mieux la distinguer du contrat.

1241.–Il serait possible d'énumérer encore d'autres secteurs du droit, comme le délai de recours contentieux, la nature du jugement d'inexistence, ou encore la fonction sanctionnatrice de l'inexistence, où celle-ci fait sentir et sa portée épistémologique et sa fécondité heuristique.

1242.–Ne pouvant, à peine de lasser le lecteur, être exhaustif sur ce point, il serait nécessaire cependant d'ajouter, en forme de démonstration de ce qui précède, une interrogation sur un aspect que la présente étude n'a, volontairement, pas exploré, celui des rapports entre l'inexistence et le droit de la responsabilité.

II. Inexistence et responsabilité

1243.–Il ne sera point abordée ici la question supposée en l'espèce résolue, de l'établissement d'un lien de causalité entre le caractère de l'inexistence d'un acte et le dommage qui en résulte.

1244.–Certes, il serait possible d'objecter que l'inexistence n'aurait guère de sens sur le plan de la responsabilité, puisqu'un acte inexistant en tant qu'acte illégal peut être intégré dans tout régime de responsabilité. Cependant une telle affirmation reviendrait à *« banaliser »* une notion que le juge administratif a maintenu comme présentant des spécificités par rapport à une illégalité *« simple »* : d'ailleurs, J.-M. Auby avait consacré d'amples développements dans sa thèse sur la théorie de l'inexistence comme fondement de la responsabilité personnelle de l'auteur de l'acte inexistant ou comme mise en jeu de la responsabilité de la puissance publique[2182]. Il s'avère donc nécessaire, de conclure sur l'inexistence comme source de la responsabilité.

1245.–L'inexistence, une faute juridique produite par une illégalité aggravée.– La liaison entre la faute et l'illégalité a été longue à établir en jurisprudence bien qu'il fût admis rapidement que l'illégalité d'un acte pouvait engager la responsabilité de la puissance publique. L'inexistence n'est ainsi admise que dans les cas où un agissement irrégulier présente un certain degré élevé de gravité. Il pourra donc en être demandé réparation au juge administratif. Le risque d'appauvrissement des deniers publics, parfois allégué dans le droit commun de la responsabilité de la puissance publique, ne peut être invoqué ici en raison de la rareté d'application de cette théorie. Il n'est donc pas susceptible de constituer un frein à l'action administrative[2183].

1246.–L'inexistence, une faute. – L'inexistence, forme supérieure de l'illégalité, constitue une faute de nature à engager la responsabilité de l'administration. Comme toute autre faute, l'inexistence assure en même temps d'autres fonctions que la seule recherche d'indemnisation d'un préjudice.

1247.–Cependant une conception de l'inexistence qui la réduirait à ce seul objectif reviendrait à limiter la reconnaissance de son office à celui du juge administratif de la responsabilité. Or, l'inexistence, en tant que telle, est la déclaration d'une faute et cette déclaration peut aller au-delà du simple contentieux juridictionnel.

2182 AUBY (J.–M.), La théorie de l'inexistence des actes administratifs, thèse, op. cit., p. 822 et s.

2183 CHAPUS (R.), Droit administratif général, tome I, 15ème éd., 2001, Montchrestien, nos 1453 à 1455 ; DELVOLVE (P.) et VEDEL (G.), Droit administratif, 12ème éd., 1992, PUF, tome 1, p. 590 et s. ; GAUDEMET (Y.), DE LAUBADERE (A.), Traité de droit administratif, Droit administratif général, organisation et action de l'administration, la juridiction administrative, tome I, 16ème éd., 2001, LGDJ, nos 1677 à 1679 ; RICCI (J.–C.), Droit administratif général, Paris, Hachette supérieur, 2007, § 87 ; DELAUNEY (B.), La faute de l'administration, LGDJ, 2007, § 189 à 233 ; RICHER (L.), Recherches sur la faute dans le contentieux administratif de la responsabilité, thèse II, 1976, p. 202 et s. ; DELBEZ (L.), De l'excès de pouvoir comme source de la responsabilité, RDP 1932 p. 489 et s. ; CE Sect., 26 janvier 1973, Ville de Paris c. Driancourt, p. 78, AJDA 1973 p. 245, CABANES (P.) et LEGER (D.) ; RA 1974 p. 29, note MODERNE (F.) ; CE, 14 mai 2003, Durand, note AUBIN (E.), AJDA 2004 p. 273 et s.

1248.–Ainsi, l'inexistence traduit un comportement de non administration, voire de mauvaise administration. Elle révèle un dysfonctionnement du service public qui va au-delà du mauvais fonctionnement et qui revêt un caractère élevé de gravité certaine.

1249.–Il convient de mentionner que la faute administrative, fût-elle révélée par l'inexistence d'un acte, ne comporte pas de définition précise et exhaustive en droit administratif si ce n'est qu'elle caractérise un comportement anormal, ou plus précisément la violation d'une obligation juridique, ce qui la rapproche de la définition de la faute civile.

1250.–L'inexistence est le révélateur d'une anormalité grave de son action de nature à remettre en cause la confiance légitime des administrés en l'administration. L'inexistence apparaît ainsi comme répondant à une nécessité pratique dont les limites techniques doivent être posées avec précision. A défaut, le principe de sécurité juridique serait lui-même mis en péril et cela dans une proportion incompatible avec les exigences de l'État de droit, au sens démocratique du terme.

1251.–Présenter l'inexistence comme une faute est inhérent à cette notion. La déclaration d'inexistence présente la particularité d'être, par elle-même, une gradation dans l'intensité de l'illégalité qui révèle la volonté de blâmer l'administration pour un comportement précis.

1252.–L'inexistence envisagée en tant que faute, doit l'être de manière *« essentiellement concrète »* et *« subsidiairement abstraite »*. En particulier, l'auteur d'un tel acte peut être nommément désigné et des sanctions pourront être prises à son encontre de ce seul fait. De même, l'intention de nuire et la volonté d'enfreindre la règle de droit, s'ils ne sont pas des éléments constitutifs de la faute tirée de l'inexistence, peuvent être pris en compte pour identifier cette faute, par application d'un faisceau d'indices, méthode familière au juge administratif[2184].

1253.–L'inexistence, instrument déontologique. – L'inexistence peut entraîner des sanctions dans le déroulement de la carrière des agents auteurs d'un acte inexistant[2185]. Toutefois, elle présente une fiction déontologique car elle n'a pas de similitudes avec des sanctions disciplinaires. Cependant, elle peut néanmoins être constitutive d'une faute qui sera, elle, à l'origine d'une procédure disciplinaire, compte tenu de sa gravité[2186].

1254.–L'inexistence, révélateur d'une mauvaise organisation humaine des services. – En effet, lorsque la finalité de l'affectation des agents n'a pas été respectée, et

2184 DELAUNEY (B.), La faute de l'administration, LGDJ, 2007, p. 47 à 244 ; SOUSSE (M.), La notion de faute caractérisée, RDP 2004 p. 1377 et s.

2185 CE, 5 août 1921, Ladam, p. 820 ; tables p. 29 ; comp. CE, 19 novembre 1926, Sieur Monzat, p. 1001 ; CE Sect., 11 décembre 1942, Vrin, p. 347.

2186 HAURIOU (M.), Précis de droit administratif et de droit public, 12ème éd., Dalloz, 2002, p. 401 et s. ; SFEZ (L.), Essai sur la contribution du Doyen Hauriou au droit administratif français, Paris, LGDJ, collection bibliothèque de droit public, tome 71, 1966, p. 124 ; WELTER (H.), Le contrôle juridictionnel de la moralité administrative : étude de doctrine et de jurisprudence, thèse, Paris, Sirey, 1929, p. 77.

d'une manière plus générale dès lors que la gestion de la carrière des agents n'a pas été satisfaisante, l'inexistence peut révéler un défaut d'anticipation dans la gestion des ressources humaines du service. Pareillement, lorsque des actes ont été pris et qu'ils sont constitutifs d'une voie de fait, voire lorsqu'ils comportent une erreur telle qu'ils ne peuvent être que déclarés inexistants, l'inexistence révèle soit une volonté délibérée de la part de l'agent administratif de violer la règle de droit, soit une absence de prise en compte du risque juridique par celle-ci[2187].

1255.–La responsabilité pour inexistence, pour faute présumée ? – La révélation de l'inexistence a pour corollaire de dévoiler également la faute de l'administration, sans qu'il soit nécessaire de vérifier son intensité, puisque, par hypothèse, il s'agit nécessairement d'une aggravation de l'illégalité. Une fois l'acte inexistant identifié, il serait possible dans un souci d'autonomie de la théorie de l'inexistence de décider que la faute tirée de l'inexistence constituerait une faute présumée[2188]. Cela aurait le grand mérite d'assortir le degré supérieur d'illégalité nécessairement à l'admission d'inexistence d'une plus grande rigueur envers le service public par déclenchement d'une responsabilité de plein droit.

1256.–La responsabilité pour l'inexistence : faute simple ou faute lourde ? – En principe la qualification de la faute est appréciée en fonction de la difficulté objective de l'activité de l'administration. Le juge administratif, par l'usage d'un faisceau d'indices, va rechercher si l'erreur en cause, eu égard aux circonstances de temps et de lieu, constitue une faute suffisante pour engager la responsabilité de l'administration. Celle-ci sera donc appréciée différemment selon plusieurs critères[2189].

1257.–En ce qui concerne l'inexistence, il convient de noter que le juge administratif ne s'est pas prononcé en la matière. Lorsqu'un requérant invoque la responsabilité de l'administration tirée d'un acte inexistant, il serait possible d'affirmer que celle-ci serait fondée sur une faute simple dans la mesure où l'édiction d'un acte légal ne semble pas présenter de difficultés particulières ou de sujétions particulières pour l'administration.

1258.–Toutefois, et bien que ce point fasse l'objet de controverses, certaines décisions ou actions de l'administration susceptibles d'une déclaration d'inexistence pourraient être considérées comme ne pouvant engager la responsabilité de l'administration qu'en cas de faute lourde. Ce pourrait notamment être le cas de la responsabilité à raison de la présence

---

2187 DELAUNEY (B.), La faute de l'administration, Paris, LGDJ, 2007, p. 137 et s.; CHARLIER (R.–E.), « La maladministration », RFAP janvier-mars 1988, p. 7 et s.

2188 CHAPUS (R.), Droit administratif général, tome I, 15ème éd., 2001, Montchrestien, nos 1456 et s. ; DELVOLVE (P.) et VEDEL (G.), Droit administratif, 12ème éd., 1992, PUF, tome 1, p. 593 et s. ; RIVERO (J.) et WALINE (M.), Droit administratif, 21ème éd., Dalloz, 2006, § 481 ; Comp. RICCI (J.–C.), Droit administratif général, Paris, Hachette supérieur, 2007, §95.

2189 CHAPUS (R.), Droit administratif général, tome I, 15ème éd., 2001, Montchrestien, p. 1227 et s. ; DELVOLVE (P.) et VEDEL (G.), Droit administratif, 12ème éd., 1992, PUF, tome 1, p. 580 et s. ; GAUDEMET (Y.), DE LAUBADERE (A.), Traité de droit administratif, Droit administratif général, organisation et action de l'administration, la juridiction administrative, tome I, 16ème éd., 2001, LGDJ, p. 803 à 849 ; RIVERO (J.) et WALINE (M.), Droit administratif, 21ème éd., Dalloz, 2006, p. 426 et s. et p. 432 et s. ; RICCI (J.–C.), Droit administratif général, Paris, Hachette supérieur, 2007, §86à 89 et § 91 à 93.

d'une voie de fait. Il convient cependant de se montrer réservé sur une telle solution car il convient de relever que le juge judiciaire n'utilise pas la distinction entre faute simple et faute lourde, appliquant le droit commun issu, notamment, de l'article 1382 du code civil[2190].

1259.–L'inexistence : faute de service ou faute personnelle ? – La faute de l'administration ne recouvre que des hypothèses de fautes non personnelles, qualifiées de fautes de service[2191]. Il convient de reconnaître que l'édiction d'un acte inexistant, bien qu'en contradiction avec l'intérêt du service, n'est le plus souvent pas dépourvue de tout lien avec celui-ci. La délimitation jurisprudentielle actuelle entre la faute de service et la faute personnelle va dans le sens d'une extension considérable du champ d'application de la faute de service[2192]. Ainsi une voie de fait ne constitue pas *« ipso facto »* une faute personnelle.

1260.–Il n'est cependant pas exclu que l'inexistence puisse également être constitutive d'une faute personnelle bien qu'il n'existe pas de décision de justice qui se soit prononcée explicitement sur la question. Envisager l'inexistence comme une faute personnelle n'est pas une hypothèse d'école puisque la faute personnelle peut être commise dans, ou à l'occasion du service, et en dehors du service. Si cette dernière hypothèse semble peu probable en ce qui concerne l'inexistence, le premier cas est envisageable puisqu'une intention de nuire, d'une gravité inadmissible, serait alors sous-jacente.

1261.–L'inexistence : faute pénale ? – S'il peut paraître intellectuellement séduisant de rapprocher la notion d'inexistence de la faute pénale, ces notions n'en sont pas moins clairement distinctes. Même si la faute tirée de l'inexistence d'un acte transcende la distinction faute simple et faute de service, cela ne suffit pas à lui conférer une nature pénale. Ainsi, une faute pénale, même criminelle, peut relever de la faute de service, et une faute personnelle n'est pas *« ipso facto »* de nature à être pénalement réprimée[2193].

2190 CHAPUS (R.), Droit administratif général, tome I, 15ème éd., 2001, Montchrestien, n° 1529 c. 2°) ; DELVOLVE (P.) et VEDEL (G.), Droit administratif, 12ème éd., 1992, PUF, tome 1, p. 565 à 567 ; GAUDEMET (Y.), DE LAUBADERE (A.), Traité de droit administratif, Droit administratif général, organisation et action de l'administration, la juridiction administrative, tome I, 16ème éd., 2001, LGDJ, § 1633 ; RIVERO (J.) et WALINE (M.), Droit administratif, 21ème éd., Dalloz, 2006, § 575 c) ; RICCI (J.–C.), Droit administratif général, Paris, Hachette supérieur, 2007, § 145.

2191 CE Sect., 11 décembre 1942, Vrin, p. 347.

2192 CHAPUS (R.), Droit administratif général, tome I, 15ème éd., 2001, Montchrestien, p. 1385 et s. ; DELVOLVE (P.) et VEDEL (G.), Droit administratif, 12ème éd., 1992, PUF, tome 1, p. 551 et s. ; GAUDEMET (Y.), DE LAUBADERE (A.), Traité de droit administratif, Droit administratif général, organisation et action de l'administration, la juridiction administrative, tome I, 16ème éd., 2001, LGDJ, p. 783 à 790 et p. 790 à 802 ; RIVERO (J.) et WALINE (M.), Droit administratif, 21ème éd., Dalloz, 2006, p. 423 et s. ; et p. 447 et s. ; RICCI (J.–C.), Droit administratif général, Paris, Hachette supérieur, 2007, §143, 146, 147, 152 ; WECKEL (Ph.), L'évolution de la notion de faute personnelle, RDP 1990 p. 1525 et s. ; TC, 30 juillet 1873, Pelletier, op. cit.

2193 CHAPUS (R.), Droit administratif général, tome I, 15ème éd., 2001, Montchrestien, n° 1529 c. et 1530; DELVOLVE (P.) et VEDEL (G.), Droit administratif, 12ème éd., 1992, PUF, tome 1, p. 564 et 565; GAUDEMET (Y.), DE LAUBADERE (A.), Traité de droit administratif, Droit administratif général, organisation et action de l'administration, la juridiction administrative, tome I, 16ème éd., 2001, LGDJ, n° 1630; RIVERO (J.) et WALINE (M.), Droit administratif, 21ème éd., Dalloz, 2006, §508; RICCI (J.–C.), Droit administratif général, Paris, Hachette supérieur, 2007, § 145 ; CE,

1262.–Il pourra parfois arriver que la faute tirée du vice d'inexistence constitue une faute pénale, cependant ce ne sera pas généralement en raison de l'inexistence même mais d'autres considérations[2194]. Il en est ainsi, par exemple, d'envisager que l'auteur d'un acte inexistant soit poursuivi pour usurpation de fonction, infraction prévue par l'article 433-12 du code pénal. Pour autant toute déclaration d'inexistence ne donne pas lieu *ipso facto* à une faute pénale.

1263.–Le raisonnement doit tenir compte du cas des délits non intentionnels qui pourraient avoir été commis en application d'une décision administrative elle-même déclarée *« nulle et de nul effet »* ou *« nulle et non avenue »*.

1264.–Dans l'ensemble de ces cas, les juridictions n'ont jamais établi de critères absolus se réservant toujours au cas par cas, la faculté de sanctionner de manière appropriée un comportement de l'administration prise comme personne morale ou de l'un de ses agents pris *« ut singuli »* qui s'avérerait soit contraire au droit soit, de nature à engager sa responsabilité, y compris pénale.

1265.–Dès lors, et aussi contestable que cela puisse être, il convient de noter qu'il n'est que rarement ordonné la transmission du dossier au procureur de la République par le dispositif des décisions de justice déclarant l'inexistence. L'article 40 du code de procédure pénale en vertu duquel *« toute autorité constituée, tout officier public ou fonctionnaire qui, dans l'exercice de ses fonctions, acquiert la connaissance d'un crime ou d'un délit, est tenu d'en donner avis sans délai au procureur de la République et de transmettre à ce magistrat tous les renseignements, procès-verbaux et actes qui y sont relatifs »*, sans être ignoré, est ici, d'application rare. Au surplus, le droit de requérir l'ouverture d'une information au vu de tous les renseignements, demeure une question d'opportunité pour le procureur de la République. A ce titre, il convient de relever que la jurisprudence, tant pénale qu'administrative, a toujours pris le soin de conserver à chacune de ces notions sa propre autonomie.

1266.–L'inexistence, une faute protéiforme pour une notion aux manifestations multiples– La jurisprudence du Conseil d'État admet donc que l'inexistence constitue une faute comme un cas d'ouverture de la responsabilité de la puissance publique sans d'autre précision.

1267.–Jusqu'au bout donc de son analyse, l'inexistence aura dévoilé son exceptionnelle richesse conceptuelle et statutaire. Elle suscite un tel nombre de questions qu'il y a presque une ironie des choses à voir l'*« inexistant »* prendre tant d'importance.

---

14 janvier 1935, Thépaz, p. 224 ; Commentaire n° 48 in BRAIBANT (G.) et autres, GAJA, op. cit.

2194 Voir TA Montpellier, 17 mars 2009, AJDA 2009 p. 1439 et s.

BIBLIOGRAPHIE

Compte tenu du nombre de références citées, cette bibliographie ne prétend pas être exhaustive. En particulier, le lecteur est invité à se reporter en ce qui concerne les arrêts et décisions cités aux références mentionnées dans le corps de la thèse.

I. OUVRAGES

ABBÉ ANDRÉ (M.),
Cours alphabétique et méthodique de droit canon mis en rapport avec le droit civil ecclésiastique ancien et moderne, 2 tomes, Migne, 1844-1845, 1320 p.

ABBÉ CHANUT,
Le concile de trente œcuménique et général célébré sous Paul II, Jules III et Pie IV, souverains Pontifes, 3ème éd., imprimeur du Roy, 1686

ACCARIAS (C.),
Précis de droit Romain contenant avec l'exposé des principes généraux le texte, la traduction, et l'explication des institutes de Justinien, 4ème éd. ; Tome I, 1886, 1334 p. ; Tome II, 1891, 1322 p.

APPLETON (J.),
Traité élémentaire du contentieux administratif, Dalloz, 1927, 681 p.

AUBRY (C.) ET RAU (C.),
Cours de droit civil français d'après la méthode de Zachariae, 6ème éd., 5 tomes, Marchal et Billard, 1900-1936

AUBY (J.-M.) et FROMONT (M.),
Les recours contre les actes administratifs dans les pays de la Communauté économique européenne (Allemagne, Belgique, France, Italie, Luxembourg, Pays-Bas), Dalloz, 1971, 473 p.

AUBY (J.-M.) et DRAGO (R.),
Traité des recours en matière administrative, Litec, 1992, 686 p.

AUTEXIER (Ch.),
Introduction au droit public allemand, PUF, 1997, 379 p.

ARNAUD (A.-J.) (s. dir.),
Dictionnaire encyclopédique de théorie et de sociologie du droit, LGDJ et éditions juridiques et fiscales, 1988, 487 p.

BASDEVANT-GAUDEMET (B.),
Le jeu concordataire dans la France du XIXème siècle : Le clergé devant le Conseil d'État, PUF, 1988, 299 p.

BATBIE (A.),
Traité théorique et pratique de droit public et administratif, 7 tomes, Cotillon, 1861-1868, 491 p., 754 p., 584 p., 580 p., 624 p., 587 p. et 770 p.

BASDEVANT-GAUDEMET (B.),
Le jeu concordataire dans la France du XIXème siècle, Le clergé devant le Conseil d'État, PUF, 1988, 299 p.

BAUDRY-LACANTINERIE (G.), LE COURTOIS (J.) et SURVILLE (F.),
Traité théorique et pratique de droit civil, Librairie de la société du recueil général des lois et des arrêts ; Tome I, 1897, 724 p. ; Tome II, 1898, 920 p ; Tome III, 1900, 805 p.

BECHILLON (DE) (D.) (s. dir),
Répertoire de contentieux administratif, 3 vol., Dalloz

BENABENT (A.),
Droit civil, les obligations, 11ème éd., Montchrestien, 2007, 720 p.

BÉQUET (L.),
Répertoire du droit administratif, 28 volumes, Librairies administratives et des chemins de fer, 1882-1911

BERTHÈLEMY (H.),
Traité élémentaire de droit administratif, 12ème éd., Rousseau, 1930, 1168 p.

BIRET (A.-CH. L. M.),
Traité des nullités de tous genres, substantielles et de procédures, admises en matières civiles, par les nouveaux codes et par la jurisprudence des cours, avec l'esprit de l'ancien droit, Tome I, Bertrand, 1821, 470 p.

BLOCK (M.),
Dictionnaire de l'administration française, 2ème éd., Berger-Levrault, 1878, 1856 p.

BONNARD (R.),
Le contrôle juridictionnel de l'administration, Etudes de droit administratif comparé, Dalloz, 2006, 266 p.
Précis élémentaire de droit administratif, Sirey, 1926, 555 p.
Précis de droit administratif, 3ème éd., LGDJ, 1940, 795 p.

BOULOUIS (J.),
Cours de droit administratif, Les cours du droit, 1968-1969, 421 p.

BOULOUIS (J.), DARMON (M.) et HUGLO (J.-G.),
Contentieux communautaire, 2ème éd., Dalloz, 2001, 435 p.

BRAIBANT (G.) et STIRN (B.),
Le droit administratif français, 6ème éd., Presses de Sciences-Po - Dalloz, 2002, 640 p.

BRAIBANT (G.), DELVOVE (P.), GENEVOIS (B.), LONG (M.) et WEIL (P.),
Les grands arrêts de la jurisprudence administrative, 17ème éd., Dalloz, 2009, 1000 p.
BREWER-CARIAS (A.R.),
Les principes de la procédure administrative non contentieuse, Études de droit comparé (France, Espagne, Amérique latine), Economica, 2001, 1182 p.
BURDEAU (F.),
Histoire du droit administratif, PUF, 1995, 512 p.
CAMBIER (C.),
La censure de l'excès de pouvoir par le Conseil d'État, Lasier (Bruxelles), 1956, 279 p.
CAPITANT (H.), LEQUETTE (Y.) et TERRÉ (F.),
Les grands arrêts de la jurisprudence civile, 12ème éd., Dalloz, 2007, 850 p.
CARBONNIER (J.),
Droit civil, 2 Tomes, PUF, 2004, 2624 p.
CARIAS (A.-R.),
Les principes de la procédure administrative non contentieuse, Etudes de droit comparé (France, Espagne, Amérique latine), Economica, 2001, 1184 p.
CASSESE (S.),
Trattato di diritto amministrativo, 2ème éd., 2 tomes Giuffrè (Milan), 2003, 2422 p.
CHABANOL (D.), JOUGUELET (J.-P.) et BOURRACHOT (F.),
Le régime juridique des marchés publics, 4ème éd., Moniteur, 2005, 521 p.
CHAMOINE ALLEGRE,
Le code civil commenté à l'usage du clergé dans ses rapports avec la théologie morale, le droit canon et l'Économie politique, volume 2, 1ère partie, Delhomme et Briguet, 1888, 580 p.
CHAPUS (R.),
Contentieux administratif, Les cours du droit, 1978-1979, 656 p.
Contentieux administratif, 13ème éd., Montchrestien, 2008, 1560 p.
Droit administratif général, 15ème éd., Tome I, Montchrestien, 2001, 1427 p.
CHARTIER (J. -L.),
Portalis, père du code civil, Fayard, 2004, 441 p.
COLIN (A.) ET CAPITANT (H.),
Cours élémentaire de droit civil français, 11ème éd., Tome I, Dalloz, 1955, 1144 p.
Conseil d'État,
Rapport public 2006, Sécurité juridique et complexité du droit, EDCE n° 57, 416 p.
Conseil d'État de Belgique,
Rapport annuel 1997-1998, 171 p.
CORNET (C.), FERSTENBERT (J.) et TOUVET (L.),
Les grands arrêts du droit de la décentralisation, 2ème éd., Dalloz, 2002, 673 p.
CORNU (G.) et FOYER (J.),
Procédure civile, PUF, 1996, 779 p.
CORNU (G.),
Droit civil, La famille, 9ème éd., Montchrestien, 2006, 654 p.
DARESTE DE LA CHAVANNE (A.),
Etudes sur les origines du contentieux administratif en France, 4 fasc., Durand, 1857, 127 p.
DARESTE (P.),
Les voies de recours contre les actes de la puissance publique, Challamel, 1914, 702 p.
DE CORMENIN (L.) dit TIMON,
Œuvres de Cormenin, livre des orateurs, 18ème éd., 2 tomes, Pagnerre, 1869, 411 p. et 409 p.
DE SAVIGNY (F.C.V.),
Le droit des obligations, tomes I et II, Durand, 1863, 138 p. et 484 p.
DE SOTO (J.),
Cours de droit administratif, Les cours du droit, 1981-1982, 788 p.
DEBBASCH (Ch.) et COLIN (F.),
Droit administratif, 8ème éd., Economica, 2007, 769 p.
DECAHORS (E.),
Dictionnaire Français–Latin, Hatier 1960, 864, p.
DELSOL (X.), GERAY (A.) et TAWIL (E.),
Droit des cultes, Dalloz, 2005, 640 p.
DELVOLVE (P.) et VEDEL (G.),
Droit administratif, 12ème édition, 2 tomes, PUF, 1992, 716 p. et 802 p.
DELVOLVE (P.),
Les contrats de l'administration, Les cours de droit, 1981-1982, 168 p.
L'acte administratif, Sirey, 1983, 294 p.
DEMOLOMBE (C.),
Cours de droit civil, Tome III, Durand, 1846, 606 p.
DUBOUIS (L.) et GUEYDAN (C.),
Les grands textes du droit de l'Union européenne, Dalloz, 7ème édition, 2005, 680 p.
DUCHESNE (J.-B.),
Du mariage, examen comparatif des principes qui le régissent suivant le code civil français, le droit romain et le droit canonique, LGDJ, 1845, 492 p.
DUCROCQ (T.),
Cours de droit administratif, 6ème édition, 2 tomes, Thorin, 1881, 808 p.
DUGUIT (L.),
Traité de droit constitutionnel, 3ème éd., 3 tomes, Boccard ; 1927-1930, 763 p., 888 p. et 851 p.
DUPUIS (G.), GUÉDON (M.-J.) et CHRÉTIEN (P.),
Droit administratif, 10ème éd., Sirey, 2006, 696 p.
DURANTON (M.),
Cours de droit français suivant le code civil, 4ème éd., Thorel et Guilbert ; Tome II, 1844, 586 p. ; Tome X, 1844, 588 p. ; Tome XI, 1844, 532 p. ; Tome XIII, 1844, 716 p.
EISENMANN (Ch.),
Cours de droit administratif, Les Cours de droit, 1950, 489 p.

ERSTEIN (L.) et SIMON (O.),
L'exécution des décisions de justice, Berger-Levrault, 2000, 236 p.
ESMEIN (A.),
Le mariage en droit canonique, Larose et Forcel, 1891, Tome I, 431 p. et Tome II, 391 p.
EWALD (F.),
Naissance du code civil, la raison du législateur, travaux préparatoires du code civil, Flammarion, 2004, 409 p.
FENET (P.-A.),
Recueil complet des travaux préparatoires du code civil, Paris, 1827, 15 volumes, réed. Zeller (Osnabrück), 1968
FLAMME (M.-A.),
Droit administratif, Bruxelles, Bruylant, tome II, 1989, 691 p. ; tome II, 770 p. ; tome I et tome II, 1363 p.
FORSTHOFF (E.),
Traité de droit administratif allemand, 9ème éd., Bruylant (Bruxelles), 1969, 753 p.
FRIER (P.-L.) (s. dir)
Pratique du contentieux administratif, 1 vol., Dalloz, 2002-2007
FROMONT (M.),
Droit administratif des États Européens, PUF, 2006, 362 p.
FURGOLE (J. -B.),
Traité des testaments, codicilles, donations à cause de mort et autres dispositions de dernière volonté suivant les principes et les décisions du droit romain, les ordonnances, les coutumes et les maximes du Royaume, tant de pays du droit écrit que coutumiers et la jurisprudence des arrêts, tome IV, Nully, 1748, 482 p.
GAUDEMET (E.),
Théorie générale des obligations, 5ème éd., Dalloz, 1937 réed. 2004, 508 p.
Droit privé romain, 2ème éd., Montchrestien, 2000, 416 p.
GAUDEMET (Y.) et DE LAUBADÉRE (A.),
Traité de droit administratif, Droit administratif général, organisation et action de l'administration, la juridiction administrative, 16ème éd. Tome I, LGDJ, 2001, 918 p.
GHESTIN (J.),
Traité de droit civil, 3ème éd., LGDJ, 1993, 976 p.
GIFFARD (A.-E.) ET VILLERS (R.),
Droit romain et ancien droit français, 4ème éd., Dalloz, 1976, 463 p.
GIRARD (P.-F.),
Manuel élémentaire de droit romain, 8ème éd., Dalloz, 2003, 1223 p.
GOFFAUX (P.),
L'inexistence des privilèges de l'administration et le pouvoir d'exécution forcée, Bruylant (Bruxelles), 2002, 373 p.
HAURIOU (M.),
Précis de droit administratif et de droit public, 4ème éd., Larose, 1900, 894 p.
Précis de droit administratif et de droit public, 12ème éd., Dalloz, réed. 2002, 1150 p.
La jurisprudence administrative de 1892 à 1929, d'après les notes d'arrêts du recueil Sirey réunies et classées par André Hauriou, 3 Tomes, Sirey, 1929, 742 p., 764 p. et 846 p.
HAUSER (J.) et HUET-WEILLER (J.),
Traité de droit civil, Tome II, LGDJ, 1991, 556 p.
La famille, Fondation et vie de la famille, 2ème éd., LGDJ, 1993, 556 p.
HOROY (C.-A.),
Cours de droit canonique dans ses rapports avec le droit civil, traité du mariage, Chevalier-Marescq, 1886, 266 p.
JEZE (G.),
Les principes généraux du droit administratif, Giard et Brière ; Tome I, 2ème éd., 1914, 543 p. ; Tome II, 3ème éd., 1930, 848 p.
Théorie générale de la fonction publique, Giard, 1927, 292 p.
Les contrats administratifs de l'État, des départements, des communes et des établissements publics, Tome I, Giard, 1927, 522 p.
Théorie générale des contrats de l'administration, Giard, 1931, 539 p.
Le statut des fonctionnaires publics, Giard, 1929, 385 p.
JOLOWICZ (J.-A.) (s. dir.),
Droit anglais, 2ème éd., Dalloz, 1992, p. 369 et s.
JOSSERAND (L.),
Supplément au cours de droit civil positif français, Tome I, Sirey, 1936, 49 p.
Cours de droit civil positif français, Tome II, Sirey, 1939, 1215 p.
KELSEN (H.),
Théorie pure du droit, Bruylant-LGDJ, 1999, 376 p.
Théorie générale des normes, PUF, 1996, 604 p.
LAFERRIERE (E.),
Traité de la juridiction administrative et des recours contentieux, 2ème éd., 2 tomes, Berger-Levrault, 1896, 724 p. et 709 p.
LANJUINAIS,
Rapport sur la nécessité de supprimer les dispenses de mariage, de supprimer ou de modifier les obstacles qui le retardent ou l'annulent afin d'établir une forme purement civile pour constater l'état des personnes, imprimerie nationale, 1791, 25 p.
LATOUR (B.),
La fabrique du droit : une ethnographie du Conseil d'État, La Découverte, 2002, 320 p.
LAUBADÉRE (DE) (A.),
Traité théorique et pratique des contrats administratifs, distinction des contrats administratifs et des contrats de droit commun, la formation des contrats administratifs, Tome I, LGDJ, 1956, 915 p.
LAURENT (F.),
Principes du droit civil français, 2ème éd., 33 volumes, 1869-1878, Bruylant-Christophe-Marecq

LEREMENDIA (M.),
Retrait et abrogation des actes administratifs individuels en droit communautaire et en droit anglais, Édition de l'Université de Bruxelles, 1987, 289 p.
LEROY (M.),
Contentieux administratif, 2ème éd., Bruylant (Bruxelles), 2000, 938 p.
LEVENEUR (H.), MAZEAUD (J.) ET (L.) ET (H.), CHABAS (F.),
Leçons de droit civil, 6ème éd., Tome I, 3ème volume, Montchrestien, 1995, 866 p.
LÉVY (J.-Ph.) et CASTALDO (A.),
Histoire du droit civil, Dalloz, 2002, 1553 p.
MALAURIE (Ph.) et AYNES (L.),
Droit civil, la famille, 6ème éd., Cujas, 1998, 609 p.
MALAURIE (Ph.), AYNES (L.) et STOFFEL-MUNCK (Ph.),
Les obligations, 4ème éd., Défrénois, 2009, 878 p.
MARCADÉ (O.),
Eléments de droit civil français ou explication méthodique et raisonnée du code civil, Cotillon, Tome I, 1847, 663 p. ; Tome IV, 1846, 804 p.
MAURER (H.),
Droit administratif Allemand, LGDJ, 1994, 421 p.
MAYER (O.),
Le droit administratif allemand, 4 tomes, Giard-Brière, 1903-1906, 318 p., 317 p., 323 p. et 405 p.
MAYNZ (Ch.),
Cours de droit romain, 4ème éd., 3 tomes, Bruylant-Christophe (Bruxelles), 1876-1877, 922 p., 614 p. et 751 p.
MERLIN (M.),
Recueil alphabétique des questions de droit qui se présentent le plus fréquemment dans les tribunaux, 4ème éd., Tome II, Garnery, 1830, 774 p.
MESSNER (F.), PRELOT (P.-H.) et WOEHRLING (J.-M.),
Traité de droit français des religions, Litec, 2003, 1317 p.
MESTRE (J.-L.),
Introduction historique au droit administratif français, PUF, 1985, 294 p.
MORAND-DEVILLIER (J.),
Cours de droit administratif, 11ème éd., Montchrestien, 2009, 944 p.
MOREAU (F.),
Manuel de droit administratif, Fontemoing, 1268 p.
MOREAU DE MONTALIN (M.),
Analyse des pandectes de Pothier en français servant de table analytique et alphabétique des matières également applicables au Digeste et « les tables de tous les livres et titres des pandectes de Pothier », Tome II, Warée Oncle, 1827, 627p.
MORGAND (L.),
Commentaire de la loi municipale du 5 avril 1884 sur l'organisation et les attributions des conseils municipaux, 2 tomes, Berger-Levrault, Tome I, 1884, 476 p. ; Tome II, 1885, 646 p.
MOUY (DE) et BLANCHE (A.),
Dictionnaire général d'administration, 2 tomes, Dupont, 1904, 1024 p. et 1958 p.
NAZ (R.) (s. dir.),
Traité de droit canonique, Letouzey et Ané, 1946-1949,
ODENT (R.),
Cours de contentieux administratif, 2 tomes, Dalloz, rééd. 2007, 1051 p. et 783 p.
ORTOLAN (J.),
Explications historiques des instituts de l'Empereur Justinien, 10ème éd., 2 tomes, Plon, 1876 ; 704 p. et 824 p.
OURLIAC (P.) et DE MALAFOSSE (J.),
Histoire du Droit privé, 3 tomes, PUF, 1957-1961, 441 p., 435 p. et 554 p.
PACTEAU (B.)
Le Conseil d'État et la fondation de la justice administrative française au XIXème siècle, PUF, 2003, 336 p.
Manuel de contentieux administratif, PUF, 2006, 342 p.
PICOZZA (E.),
Il processo amministrativo, 2ème éd., Giuffrè, 2009, 686 p.
PLANIOL (M.) et RIPERT (G.),
Traité pratique de droit civil français, 2ème éd., 14 volumes, LGDJ, 1952
POTHIER (R.-J.),
Traité des obligations selon les règles du for de la conscience, Tome I, Debure, 1768, 663 p.
Pandecte Justinae in novum ordinem Digestae, cum legibus codicis et novellis, quae jus pandectarum confirmant, expliquant, aut, abrogeant, 4ème éd., 4 tomes, Belin, 1818-1821, 676 p., 952 p., 893 p. et 375 p.
Traité du contrat de mariage, 2 volumes, Debure, 1771, 475 p. et 419 p.
RICCI (J.-C.),
Droit administratif général, 3ème éd., Hachette supérieur, 2009, 320 p.
Contentieux administratif, 2ème éd., Hachette supérieur, 2009, 299 p.
RICHER (L.),
Droit des contrats administratifs, 3ème éd., LGDJ, 2002, 587 p.
RIVERO (J.),
Les libertés publiques, Paris, PUF, 1973, tome I, 275 p.
ROLAND (H.) et BOYER (L.),
Locutions latines du droit français, 4ème éd., Litec, 1998, 566 p.
SAITTA (N.),
Sistema di giustizia amministrativa, 2ème éd., Giuffrè (Milan), 748 p.
SERRIGNY (D.),
Questions et traités de droit administratif, Durand, 1854, 657 p.
SOLON (V.-H.),
Traité des nullités des conventions et des actes, en matière civile, Tarlier (Bruxelles), 1836, 328 p.

SPILIOTOPOULOS (E.),
Droit administratif hellénique, 2ème éd., LGDJ, 2004, 506 p.
TERRE (F.) et FENOUILLET (D.),
Droit civil : les personnes, la famille, les incapacités, 7ème éd., Dalloz, 2005, 1382 p.
TERRE (F.) et WEILL (A.),
Droit civil, Tome I, Dalloz, 1983, 981 p.
TERRE (F.), LEQUETTE (Y.) et SIMLER (Ph.),
Droit civil, les obligations, 9ème éd., Dalloz, 2005, 1474 p.
TROTABAS (L.),
Éléments de droit public et administratif, 2ème éd., LGDJ, 1935, 263 p.
TROPER (M.),
Pour une théorie juridique de l'État, coll. Léviathan, PUF, 1994, 358 p.
VAN WETTER (P.),
Cours élémentaire de droit romain, contenant l'histoire du droit Romain et de la législation de Justinien, 2ème éd., 2 tomes, Hoste, 1875-1876, 395 p. et 548 p.
VEDEL (G.),
Droit administratif, 5ème éd., PUF, 1973, 902 p.
Cours de droit administratif, Les cours du droit, 1979, 923 p.
VERING, (F.-H.),
Bibliothèque théologique du XIXème siècle, Société générale de librairie catholique, 2001, 723 p.
VINTI (S.) et CAPOTORTO (D.),
L'azione di nullita nel processo amministrativo, Giuffrè (Milan), 2008, 254 p.
VIOLLET (P.),
Histoire du droit civil français accompagné de notions de droit canonique et d'indications bibliographiques, Larose et Forcel, 1893, 942 p.
WADE (H.W.R.),
Administrative Law, 7ème éd., Clarendon Press (Oxford), 1994, 1039 p.
WALINE (M.),
Cours de droit administratif, Les cours du droit, 1966-1967, 293 p.
Manuel élémentaire de droit administratif, Sirey, 1936, 688 p.
Droit administratif, 22ème éd., Dalloz, 2008, 726 p.
WIGNY (P.),
Droit administratif, Principes généraux, 4ème éd., Bruylant (Bruxelles), 1962, 445 p.

II. Articles

ADIDA-CANAC (H.),
Actualité de l'inexistence des actes juridiques, in rapport 2004 de la Cour de cassation, La Documentation Française, 2005, p. 105 et s.
AKEHURST (M.-B.),
Void or Voidable ?. Natural Justice and Unnatural Meanings, The modern law review, Volume 31, n° 1, janvier 1968, p. 2 et s.
ALLARA (M.),
L'inexistence, La nullité et l'annulation des actes juridiques en droit civil italien, in Travaux de l'association Henri Capitant, Des amis de la culture juridique française, Journées de Turin, 4-7 juin 1962, Dalloz, 1962, p. 631 et s.
AMSELEK (P.),
Le rôle de la pratique dans la formation du droit : à propos de l'exemple du droit public français, RDP 1983 p. 1471 et s.
ARTUR (E.),
Séparation des pouvoirs et séparation des fonctions, 9 articles, RDP 1900 p. 215 et s., p. 471 et s., RDP 1901 p. 34 et s., p. 236 et s., p. 436 et s., RDP 1902 p. 78 et s., p. 235 et s., p. 439 et s. et RDP 1903 p. 415 et s.
AUBY (J.-B.),
La bataille de San Romano, Réflexions sur les évolutions récentes du droit administratif, AJDA 2001 p. 912 et s.
AUBY (J.-M.),
L'incompétence ratione temporis. Recherches sur l'application des actes administratifs dans le temps, RDP 1953 p. 5 et s.
Emprise irrégulière et voie de fait, JCP (G) 1955.I.1259
L'influence du changement de circonstances sur la validité des actes administratifs unilatéraux, RDP 1959 p. 431 et s.
L'abrogation des actes administratifs, AJDA 1967 p. 131 et s.
AUCOC (L.),
Une page de l'histoire, M. Boulatignier, Revue critique de législation et de jurisprudence 1895 p. 15 et s.
AUVRET (P.),
La notion de droit acquis en droit administratif français, RDP 1985 p. 53 et s.
BARRE (X.),
Nullité et inexistence ou les bégaiements de la technique juridique, LPA 30 juillet 1993 p. 12 et s.
BEAUCHET (L.),
Les formes de la célébration du mariage dans l'ancien droit romain français, nouvelle revue historique de droit français et étranger 1882 p. 351 et s.
BEBR (G.),
Examen en validité au titre de l'article 177 du Traité CEE et cohérence juridique de la Communauté, Cahiers de droit Européen 1975 p. 379 et s.
BÉCHILLON (DE) (D.),
Le contrat comme norme dans le droit public positif, RFDA 1992 p. 15 et s.
BELLANGER (F.),
Les présomptions d'authenticité et de sincérité des actes administratifs, RDP 1968 p. 543 et s.

BÉRAUDO (J.-P.) ET (M.-J.),
Le règlement (CE) du Conseil du 22 décembre 2000 concernant la compétence judiciaire, la reconnaissance et l'exécution des décisions en matière civile et commerciale, JurisClasseur Europe Traité, Fasc. n° 3000 à 3103

BERGERES (M.-C.),
La théorie de l'inexistence en droit communautaire, RTD. Eur. 1989 p. 393 et s. et p. 647 et s.

BERLIA (G.),
Le vice de forme et le contrôle de la légalité des actes administratifs, RDP 1940 p. 370 et s.
La loi constitutionnelle du 10 juillet 1940, RDP 1944 p. 4 et s.
Ordonnance du 9 août 1944 relative au rétablissement de la légalité républicaine sur le territoire continental, RDP 1944 p. 315 et s.
Essai sur les fondements de la responsabilité civile en droit public français, RDP 1951 p. 685 et s.

BERTHELEMY (H.),
L'exercice de la souveraineté par l'autorité administrative, RDP 1904 p. 209 et s.

BIELSA (R.),
Le professeur G. Jéze, quelques réflexions que suggère son œuvre, RDP 1953 p. 891 et s.

BIGOT (G.),
La difficile distinction droit public/droit privé dans l'ancien droit : l'exemple du droit administratif, Droits 2003 p. 97 et s.

BLAEVOET (Ch.),
Les comités d'organisation professionnelle et l'évolution jurisprudentielle des notions de service public et l'acte administratif, RDP 1944 p. 294 et s.

BOCKEL (A.),
La voie de fait, mort et résurrection d'une notion discutable, D. 1970 chron. p. 29 et s.
Sur le retrait des actes administratifs unilatéraux ; Réflexions à partie d'un arrêt de la Cour suprême du Sénégal, RDP 1973 p. 135 et s.

BONNARD (R.),
Le pouvoir discrétionnaire des autorités administratives et le recours pour excès de pouvoir, RDP 1923 p. 363 et s.
Les actes constitutionnels de 1940, RDP 1942 p. 46 et s.

BORELLA (F.),
La rectification d'erreur matérielle devant les juridictions administratives, RDP 1962 p. 463 et s.

BRACONNIER (S.),
Formation du contrat administratif, Fasc. n° 610, Jurisclasseur Droit administratif

BRAIBANT (G.),
Le rôle du Conseil d'État dans l'élaboration du droit, in Mélanges René Chapus, Montchrestien, 1992, p. 91 et s.
Remarques sur l'efficacité des annulations pour excès de pouvoir, EDCE 1961 n°15 p. 53

BREEN (E.),
L'autorité de la chose jugée au pénal sur l'administratif, RDP 2004 p. 1593 et s.

BRENNER (C.),
Acte, in répertoire de droit civil, Dalloz

BRIMO (A.),
Le fonctionnaire contractuel, RDP 1944 p. 107 et s.

BRUERE (J.-C.),
Le consensualisme dans les contrats administratifs, RDP 1996 p. 1715 et s.

BUNIET (Ch.),
3ème année d'activité des CAA : Cour administrative d'appel de Lyon, RFDA 1992 p. 667 et s.

CAILLE (P.),
L'état d'urgence, la loi du 3 avril 1955, entre maturation et dénaturation, RDP 2007 p. 323 et s.

CALDERARO (N.),
La recevabilité des recours devant le juge administratif, LPA 11 juillet 2002 p. 4 et s.

CAMUS (G.),
Réflexions sur le détournement de procédure, RDP 1965 p. 65 et s.

CASETTA (E.),
L'inexistence, La nullité et l'annulation des actes juridiques en droit constitutionnel et administratif italien, in Travaux de l'association Henri Capitant, Des amis de la culture juridique française, Journées de Turin, 4-7 juin 1962, Dalloz, 1962, p. 793 et s.

CASSESSE (S.),
Vers la pleine juridiction du juge administratif, Le nouveau cours de la justice administrative italienne, in Mélanges en l'honneur de Michel Fromont, Presses universitaires de Strasbourg, 2001, p. 147 et s.

CHAISEMARTIN (DE),
Tierce opposition, Fasc. n° 80-31, Jurisclasseur Justice administrative

CHAPUS (R.),
Qu'est-ce qu'une juridiction administrative ? Réponse de la juridiction administrative, in Mélanges Charles Eisenmann, Cujas, 1977, p. 265 et s.

CHARLIER (R.-E.),
La cause dans la jurisprudence administrative, JCP (G) 1950.I.871

CHATIEL (F.),
Le régime juridique de l'acte administratif individuel, LPA 27 avril 2001 p. 15 et s.

CHEVALLIER (J.),
Inexistence, nullité et annulabilité des actes juridiques, in Travaux de l'Association Henri Capitant, tome 14, Dalloz, p. 513 et s

COHENDY (G.),
Des intérêts de la distinction entre l'inexistence et la nullité d'ordre public, RTD Civ. 1914 p. 35 et s.

COLLY (F.),
Aspects sur la notion de cause juridique de la demande en justice dans le contentieux administratif de pleine juridiction, RFDA 1987, p. 786 et s

DAEL (S.),
Les métamorphoses de la distinction des contentieux : essai d'une histoire vraisemblable d'un concept évolutif, in Mélanges en l'honneur de Daniel Labetoulle, Dalloz, 2007, p. 207 et s.

DEGUERGUE (M.),
Le contentieux de la responsabilité : politique jurisprudentielle et jurisprudence politique, AJDA 1995 p. 211 et s.
DELAMARRE (M.),
La sécurité juridique et le juge administratif français, AJDA 2004 p. 186 et s.
DELBEZ (L.),
De l'excès de pouvoir comme source de la responsabilité, RDP 1932 p. 489 et s.
La révocation des actes administratifs, contributions à la théorie générale de l'annulation par la voie administrative, RDP 1928 p. 463 et s.
DELVOLVÉ (P.),
Les nouveaux pouvoirs du juge administratif dans le contentieux des contrats, in Mélanges Perrot, Dalloz, 1995, p. 83 et s.
Paradoxes du (ou paradoxes sur le) principe de séparation des autorités administratives et judiciaire, in Mélanges René Chapus, Montchrestien, 1992, p. 135 et s.
DERRIDJ (L.),
La nomination pour ordre : un acte de gestion du personnel juridiquement inexistant, Gaz. communes 9 décembre 2002 p. 56 et s.
DIENER (P.),
A propos d'une prétendue absence de cause, D. 1994 chron. p. 347 et s.
DISTEL (M.),
Aspects de l'évolution du contrôle juridictionnel de l'administration en Grande-Bretagne, Revue internationale de droit comparé 1982 p. 41 et s.
DONNAT (F.),
Stabilité des situations juridiques : la jurisprudence du Conseil d'État vue dans le prisme de celle de la Cour de justice des Communautés européennes, in Mélanges en l'honneur de Daniel Labetoulle, Dalloz, 2007, p. 281 et s.
DOUENCE (J. -C.),
Contrôle de légalité et contentieux de l'annulation. Réforme législatif et fixisme jurisprudentiel, in mélanges Jean-Marie Auby, Dalloz, 1992, p. 71 et s.
DRAGO (R.),
L'état d'urgence et les libertés publiques, RDP 1955 p. 670 et s.
Paradoxe sur les contrats administratifs, in Mélanges de Jacques Flour, Défrénois, 1979, p. 151 et s.
DREYFUS (J.-D.),
Prescription trentenaire pour une nullité d'ordre public, AJDA 2006 p. 1674 et s.
Le conseil municipal ne peut pas donner son blanc-seing au maire pour transiger, AJDA 2006 p. 2125 et s.
DRUESNE (G.),
Réflexions sur la notion de pouvoirs publics en droit français, RDP 1976 p. 1147 et s.
DU RUSQUEC (E.),
Jugements-interprétation. Rectification.
Modification, n° Fasc. 510, Jurisclasseur de Procédure civile
DUBOUCHET (P.),
La tierce opposition en droit administratif. Contribution à une théorie normative de l'institution, RDP 1990 p. 711 et s.
DUCROCQ (T.),
Dissertation de droit administratif, D. 1883.II.49
DUGUIT (L.),
L'acte administratif et l'acte juridique, RDP 1906 p. 413 et s.
La question de la coexistence de la responsabilité de l'État et de la responsabilité personnelle des fonctionnaires, RDP 1923 p. 23 et s.
Théorie générale de l'acte juridique, RDP 1919 p. 313 et s.
DUPUIS (G.),
Définition de l'acte administratif unilatéral, in Mélanges Charles Eisenmann, Cujas, 1977, p. 205 et s.
Les motifs des actes administratifs, EDCE, 1974-1975, p. 15 et s.
DURRY (G.),
Rapport sur l'inexistence, la nullité et l'annulabilité des actes juridiques en droit civil français, in Travaux de l'association Henri Capitant, Des amis de la culture juridique française, Journées de Turin, 4-7 juin 1962, Dalloz, 1962, p. 611 et s.
EISENMANN (Ch.),
Le droit administratif et le principe de légalité, EDCE 1957, p. 25 et s.
Sur l'entrée en vigueur des normes administratives unilatérales, in Mélanges Stassinopoulos, LGDJ, 1974, p. 201 et s.
Une nouvelle conception du droit subjectif : La théorie de M. Jean Dabin, RDP 1954 p. 753 et s.
Empirisme et conceptualisme dans la méthode juridique : faut-il nier les catégories juridiques ?, in Mélanges Dabin, Sirey, 1963, p. 359 et s.
ESMEIN (A.),
La juridiction de l'église sur le mariage en occident, étude historique, nouvelle revue historique de droit français et de droit étranger 1890 p. 173 et s.
Essai d'une théorie générale sur la sanction des irrégularités des actes juridiques, RDP 1915 p. 113 et s., p. 290 et s.
Etendue et limites du contrôle du juge administratif sur les actes de l'administration, EDCE 1956 p. 25 et s.
FABRE (F.),
La révision des arrêts rendus par la Cour des comptes, RA 1986 p. 50 et s.
FERNANDEZ-MAUBLANC (L.-V.),
Le prétendu déclin du détournement de pouvoir, in mélanges Jean-Marie Auby, Dalloz, 1992, p. 239 et s.
FERRARI (P.),
Essai sur la notions de co-auteurs d'un acte administratif unilatéral en droit administratif français, in Mélanges Charles Eisenmann, Cujas, 1977, p. 215 et s.
FERULLA (G.),
Le tri, RRJ 2003, p. 3063 et s.

FILIPPI (J.-F.),
La révision des jugements rendus par les chambres régionales des comptes, Rev. Trésor 1993 p. 14 et s.
FRICERO (N.),
Jugement- Sanctions des irrégularités commises lors du délibéré et dans la rédaction des jugements, Jurisclasseur de Procédure civile, Fasc. 509
GABARDA (O.),
L'intérêt d'une bonne administration de la justice, RDP 2006 p. 153 et s.
GABOLDE (C.),
L'exception d'urgence en droit administratif, D. 1952 Chron. p. 41 et s.
Évolution du recours dans l'intérêt de la loi, D. 1958 chron. p. 81 et s.
GANDREAU (S.),
La théorie de l'apparence en droit administratif français : vertus et risques de l'importation d'une tradition de common Law, RDP 2005 p. 319 et s.
GARTNER (F.),
Les contrats administratifs et leur évolution, Des rapports entre contrats administratifs et intérêt général, RFDA 2006 p. 19 et s.
GAUDEMET (Y.),
Présomption de régularité de l'action administrative et sauvegarde des droits des administrés, AJDA 1982 p. 282 et s.
GAZIER (F.),
De quelques perspectives ouvertes par la récente réforme du contentieux administratif, RDP 1954 p. 669 et s.
Le contrôle de la légalité des réquisitions administratives, RDP 1947 p. 5 et s.
Réflexions sur les symétries et dissymétries du Tribunal des conflits, RFDA 1990 p. 745 et s.
GENEVOIS (B.),
Le nouveau rôle du juge de l'élection, Pouvoirs n° 70 1993 p. 75 et s.
Sur la hiérarchie des décisions du Conseil d'État statuant au contentieux, in Mélanges René Chapus, Montchrestien, 1992, p. 246 et s.
GICQUEL (J.-E.),
Du recours en rectification matérielle devant le Conseil constitutionnel LPA 20 janvier 1995, p. 11 et s.
GIRAULT (A.),
Le problème colonial, assujettissent, autonomie ou assimilation, RDP 1910 p. 467 et s.
GONZALES (G.),
La caducité des actes administratifs unilatéraux, RDP 1991 p. 1675 et s.
GOUBI (G.),
Actes exécutoires et actes des autorités locales, RDP 1990 p. 1495 et s.
GOY (R.) et NIZARD (L.),
État de guerre, in Répertoire de droit public et de droit administratif Dalloz, 1959
GOY (R.),
L'abus du droit en droit administratif français, RDP 1962 p. 5 et s.
La notion de détournement de procédure, in Mélanges Charles Eisenmann, Cujas, 1977, p. 321 et s.
GOYARD (C.),
Les idées de Charles Eisenmann sur la théorie du contrôle des motifs, in mélanges Charles Eisenmann, Cujas, 1977, p. 339 et s.
GROS (M.),
Fonctions manifestes et latentes du détournement de pouvoir, RDP 1997 p. 1237 et s.
GUIMEZANES (N.),
Le mariage religieux et son efficacité civile en France, in Marriage and religion in Europe, Les effets civils du mariage religieux en Europe, Actes du colloque d'Augsburg, 28-29 novembre 1991, Giuffrè (Milan), 1993, p. 153 et s.
HAURIOU (M.),
L'utilisation en droit administratif des règles et des principes du droit privé, in recueil d'études en l'honneur de François Gény, Tome III, Sirey, 1934, p. 93 et s.
Le développement de la jurisprudence administrative depuis 1870, in Société de législation comparée, Les transformations du droit dans les principaux pays depuis cinquante ans, 1869-1919, livre du cinquantenaire de la Société de législation comparée, Tome II, LGDJ, 1923, p. 7 et s.
Police juridique et fond du droit, RTD civ. 1926 p. 256 et s.
HEERS (M.),
La sécurité juridique en droit administratif français : vers une consécration du principe de confiance légitime, RFDA 1995 p. 963 et s.
HEURTE (A.),
La notion d'ordre public dans la procédure administrative, RDP 1953 p. 615 et s.
La Tierce opposition en droit administratif, D. 1955 Chron. p. 67 et s.
HOLMGREN (K.),
La publicité des actes officiels en droit suédois, RDP 1968 p. 1019 et s.
HONORAT (E.) et SCHWARTZ (R.),
La notion de nomination pour ordre, AJDA 1990 p. 864 et s.
HUET (Ph.),
La juridiction administrative, Gardienne de la liberté individuelle, AJDA 1973 p. 507 et s.
J. S.,
La nullité de droit des délibérations des conseils municipaux, AJDA 1964 p. 617 et s.
JACQUELIN (R.),
L'évolution de la procédure administrative, RDP 1913 p. 373 et s.
Procédure administrative et droit administratif, RDP 1948 p. 549 et s.
JEZE (G.),
Notions sur le contrôle des assemblées délibérantes, RGA 1895 p. 411 et s.
La jurisprudence du Conseil d'État et la sanction des règles sur le recrutement des fonctionnaires publics, RDP 1904 p. 517 et s.

La responsabilité personnelle des fonctionnaires publics, RDP 1909 p. 207 et s.
Du retrait des actes juridiques, dans quelle mesure peut-il être touché aux actes juridiques et leurs effets peuvent-ils être modifiés ?, RDP 1913 p. 225 et s.
Valeur juridique des délibérations de droits, RDP 1913 p. 685 et s.
Essai d'une théorie générale sur la sanction des irrégularités des actes juridiques, (3 parties) RDP 1915 pp. 113, 290, 296 et s.
Essai d'une théorie générale sur l'influence des motifs déterminants sur la validité des actes juridiques en droit public, RDP 1922 p. 377 et s.
Les formes en droit administratif RDP 1922 p. 503 et s.
Essai d'une théorie générale de la compétence pour l'accomplissement des actes juridiques de droit public français, RDP 1923 p. 58 et s.
Les contrats administratifs, RDP 1925 p. 161 et s.
Le procédé technique de la nomination en droit public français, RDP 1927 p. 574 et s.
Gouvernement de fait, RDP 1927 p. 620 et s.

JOUVE (E.),
Recherches sur la notion d'apparence en droit administratif français, RDP 1968 p. 283 et s.
Recours en constatation de manquement, Fasc. n° 381, Jurisclasseur Europe Traité

KAYSER (M.-P.),
Les nullités d'ordre public, RTD Civ. 1933 p. 1115 et s.

KOVAR (R.),
Cour de justice : Procédure, Fasc. n° 320, Jurisclasseur Europe Traité

LAFARGE (F.),
Le contrôle des décisions de l'administration en Italie, AJDA 1999 p. 678 et s.

LAFERRIÈRE (E.),
Du délai du recours pour excès de pouvoir lorsqu'il est précédé du recours d'un ministre, RGA 1887 p. 385 et s.

LAMARCHE (M.) et LEMOULAND (J.-J.),
Mariage : sanctions de l'inobservation des conditions de formation, in répertoire de droit civil, Dalloz

LAMPUÉ (P.),
La notion d'acte juridictionnel, RDP 1946 p. 5 et s.
Le développement historique du recours pour excès de pouvoir depuis ses origines jusqu'au début du XXème siècle, RISA 1954 p. 354 et s.

LANVERSIN (J.) (DE),
L'appel comme d'abus dans la jurisprudence du Conseil d'État, (3 parties), RA 1962 p. 274, 384, et 487 et s.

LATOURNERIE (R.),
Etudes sur la classification des diverses situations juridiques, RDP 1933 p. 23 et s.

LE BRAS (G.),
Le Conseil d'État, régulateur de la vie paroissiale, EDCE 1955 p. 63 et s.

LE CHATELIER (G.),
Voie de rétractation, Fasc. n° 1108, Jurisclasseur administratif,

LE MIRE (P.),
Inexistence et voie de fait, RDP 1978 p. 1219 et s.
La stabilité des situations juridiques, AJDA 1980, p. 203 et s.

LEBRETON (G.),
L'origine des cas d'ouverture du recours pour excès de pouvoir d'après les remontrances des Parlements au XVIIIème siècle, RDP 1986 p. 1599 et s.

LECLERCQ (C.),
Le déclin de la voie de fait, RDP 1963 p. 657 et s.
Les mécanismes juridiques de disparition de la République, RDP 1986 p. 1015 et s.

LEFEBVRE (Ch.),
Le mariage civil n'est-il qu'un contrat, nouvelle revue historique de droit français et étranger 1902 p. 300 et s.

LEMAIRE (F.),
Qualification du décret chargeant un parlementaire d'une mission temporaire, AJDA 1999 p. 240 et s.

LEMASURIER (J.),
La preuve dans le détournement de pouvoir, RDP 1959 p. 36 et s.

LEON (M.),
De l'avenir du recours pour excès de pouvoir, RDP 1901 p. 265 et s. et p. 471 et s.
Les conséquences de la reconnaissance par le Conseil d'État de l'illégalité d'un acte administratif par voie d'exception ?, in Etudes offertes à Jean-Marie Auby, Dalloz, 1992, p. 277 et s.

LEVY (D.),
Les développements récents du droit administratif anglais, in Mélanges René Chapus, Montchrestien, 1992, p. 387 et s.

LIET-VEAUX (G.),
La « Fraude » à la constitution, RDP 1943 p. 116 et s.

MANSON (S.),
Recours en révision, Fasc. n° 80-33, Jurisclasseur Justice administrative

MARIE (L.),
De l'avenir du recours pour excès de pouvoir en matière administrative, RDP 1901 p. 265 et s., p. 476 et s., p. 496 et s.

MARION (A.),
Du mauvais fonctionnement de la juridiction administrative et de quelques moyens d'y remédier, Pouvoirs n° 46 1988 p. 22 et s.

MARTIN (J.) et NAULEAU (P.-Y.),
Référé précontractuel : la course à la signature continue !, CP-ACCP février 2005 n° 41 p. 56 et s.

MASPÉTIOL (R.) ET LAROQUE (P.),
La tutelle administrative : le contrôle des administrations départementales, communales, coloniales et des établissements publics, Sirey, 1930, p. 110

MATHIOT (A.),
L'intégration des comité d'organisation en droit public, RDP 1943 p. 28 et s.
La théorie des circonstance exceptionnelles, in Mélanges Mestre, Sirey, 1956, p. 413 et s.

MAUGÜÉ (Ch.) et SCHWARTZ (R.),
Règles relatives aux nominations et aux mutations des hauts fonctionnaires et magistrats, AJDA 1991 p. 509 et s.

MAZEAUD (L.),
De la distinction des jugements déclaratifs et constitutifs de droit, RTD Civ 1929 p. 17 et s.

MELLERAY (F.),
L'étendue de l'autorité de chose jugée des déclarations d'illégalité d'actes administratifs opérées par le juge administratif, AJDA 2004 p. 138 et s.

MESTRE (A.),
Rapport sur l'évolution du droit administratif (doctrine), in Société de législation comparée, Les transformations du droit dans les principaux pays depuis cinquante ans, 1869-1919, livre du cinquantenaire de la Société de législation comparée. Tome II, LGDJ, 1923, p. 19 et s.
La compétence en matière de réquisition, JCP (G) 1939.I.131
Recherches sur l'exception d'illégalité, in mélanges Hauriou, Sirey, 1929, p. 565 et s.

MESTRE (J.-L.),
La signification de la loi des 7-14 octobre 1790, EDCE 1991 p. 281 et s.

MEURISSSE,
La définition de la voie de fait, Gaz. Pal. 1950 doctrine p. 28 et s.

MEYNIAL (E.),
Le mariage après les invasions, nouvelle revue historique de droit français et étranger 1896 p. 514 et s. et p. 737 et s., 1897, p. 117 et s.

MILANO (L.),
Les lois rétroactives, Illustration de l'effectivité du dialogue des juges, RFDA 2006 p. 447 et s.

MODERNE (F.),
Proposition et décision. Recherches sur l'acte administratif unilatéral dans la jurisprudence contemporaine, in Mélanges Waline, 1974, LGDJ, p. 595 et s.

MOLINIER (J.),
Recours juridictionnels : Exception d'illégalité, Fasc. n° 350, Jurisclasseur Europe Traité

MORANGE (G.)
Valeur juridique des principes contenus dans les déclarations des droits, RDP 1945 p. 229 et s.

MOREAU (F.),
Les caractères de la nullité de plein droit édictées par les articles 63 et 65 de la loi du 5 avril 1884, RDP 1912 p. 231 et s.
Le fonctionnement pratique de la nullité de droit établie par les articles 63, 65 et 67 de la loi du 5 avril 1884, RDP 1912 p. 649 et s.

MOREAU (J.),
La cause de la demande en justice dans le contentieux de la responsabilité administrative contractuelle, in Mélanges Stassinopoulos, LGDJ, 1974, p. 77 et s.

MOSSOT (J.),
Portée et conséquences de l'annulation par le juge d'un acte administratif, EDCE 1979-1980 n°31 p. 111 et s.

MOTULSKY (H.),
La cause de la demande dans la délimitation de l'office du juge, D. 1964 chron. p. 235 et s.

MOUZOURAKI (P.),
Le principe de confiance légitime en droit administratif hellénique, RFDA 2005 p. 143 et s.

NAFYLYAN (G.),
La position des États membres et le recours en manquement des articles 169 CEE et 141 CEEA (panorama de jurisprudence de la CJCE), Cahiers de droit Européen 1974, p. 214 et s.

NASRI (A.),
De quelques problèmes posés par le retrait des actes administratifs, LPA 25 avril 2000 p. 4 et s.

NEGRI (A.),
Déclaration de volonté et acte d'inexécution dans la théorie de l'acte juridique (Droits français et italien), RIDC 1983 p. 353 et s.

NEVEU (B.),
Pour une histoire du Gallicanisme administratif, in Jean Gaudemet et al., Administration et Église, Dalloz, 1987, p. 57 et s.

ODENT (B.),
L'avocat, Le juge et les délais, in Mélanges René Chapus, Montchrestien, 1992, p. 483 et s.

OLIVIER (F.),
Conclusion du marché public, Fasc. n° 640, Jurisclasseur Droit administratif

PACTEAU (B.),
Quel retentissement de l'annulation d'un acte détachable sur la validité et l'exécution du contrat auquel cet acte se rapporte ?, CJEG 1991 p. 115 et s.

PARIENTE (A.),
Vers une clarification du régime de retrait des décisions implicites d'acceptation ? (Article 23 de la loi du 23 avril 2000 relative aux droits des citoyens dans leurs relations avec les administrations), RFDA 2001 p. 653 et s.

PAULIS (E.),
Les effets des arrêts d'annulation de la Cour de justice des Communautés européennes, Cahiers de droit Européen 1987 p. 243 et s.

PÉANO (D.),
Recours pour excès de pouvoir - contrôle de la légalité externe, Fasc. n° 1150, Jurisclasseur Administratif

PEISER (G.),
Le développement du principe de la légalité dans la jurisprudence du Conseil d'État, in Mélanges René Chapus, Montchrestien, 1992, p. 517 et s.
Les conséquences de la reconnaissance par le Conseil d'État de l'illégalité d'un acte administratif par voie d'exception ?, in mélanges Jean-Marie Auby, Dalloz, 1992, p. 277 et s.

PELLERIN (J.),
L'omission de l'acte de procédure in Mélanges Buffet, La procédure dans tous ses états, Montchrestien, 2004, p. 379 et s.

PELTIER (V.),
Contribution à l'étude de la notion d'inexistence en droit privé, RRJ 2000 p. 917 et s.

PERDRIAU (A.),
La rectification des jugements civils, JCP (G) 1995.I.3886
Les recours contre les dispositions contradictoires d'un jugement, JCP (G) 1997.I.3990

PERREAU (E.-H.),
Origine et développement de la théorie de l'abus du droit, RGA 1913 p. 31 et s.

PERROT (D.),
Validation législative et actes administratifs unilatéraux, RDP 1983 p. 983 et s.

PERROT (R.),
Autorité et rectification, Gaz. Pal. 1981 doctrine p. 239 et s.
Rapport sur les nullités de procédure en matière civile selon le droit français, in Travaux de l'association Henri Capitant, Des amis de la culture juridique française, Journées de Turin, 4-7 juin 1962, Dalloz, 1962, p. 731 et s.

PETERSEN (E.),
L'influence possible du droit anglais sur le recours en annulation auprès de la Cour de justice des Communautés européennes, RTD. Eur. 1966 p. 256 et s.

PEUCHOT (E.),
La rectification matérielle devant le Conseil constitutionnel, LPA, 7 décembre 1987, p. 17 et s.

PICARD (E.),
L'influence du droit communautaire sur la notion d'ordre public, AJDA 1996 p. 55 et s.

PISSALOUX (J.-L.),
Réflexions sur les moyens d'ordre public dans la procédure administrative contentieuse, RDP 1999 p. 781 et s.

POUYAUD (D.),
Contentieux des contrats administratifs, formation du contrat, Fasc. n° 1126, Jurisclasseur Droit administratif
Recours en rectification d'erreur matérielle, Fasc. n° 80-32, Jurisclasseur Justice administrative
Le recours en rectification d'erreur matérielle devant les juridictions administratives, RFDA 1993 p. 721 et s.

PREBISSY (C.) et TOUZEIL-DIVINA (M.),
Juge de l'excès de pouvoir et contrat administratif : Le retour à un contrat « ouvert » ?, in revue droits, territoires, cultures, sur les fondement sud droit public de l'anthropologie au droit, Bruylant (Bruxelles), 2003, p. 235 et s.

PREVOST (J.-F.),
A la recherche du critère du contrat administratif (La qualité des contractants), RDP 1971 p. 817 et s.

PUGEAULT (S.),
Le juge administratif des libertés, Gardien des libertés, in Justice et droits fondamentaux, in mélanges Jacques Normand, Litec, 2003, p. 401 et s.

PUIG (P.),
Hiérarchie des normes : du système au principe, RTD. Civ. 2001 p. 749 et s

PUISAYE (J.),
La voie de fait administrative, S.1962.I.53

PUTMAN (E.),
Cinq questions sur les nullités en procédure civile, Justices 1995 n° 2 p. 193 et s.

QUIOT (G.),
Emprise, Fasc. n° 1050, Jurisclasseur Administratif
Voie de fait, Fasc. n° 1051, Jurisclasseur Administratif

RAINER (A.),
Le contrôle juridictionnel des décisions administratives en Allemagne, AJDA 1999 p. 658 et s.

RAMALHO (A.),
L'appel comme d'abus et le recours pour excès de pouvoir, RGA 1900 p. 129 et s.
Etude historique sur le référendum, RGA. 1892 p. 129 et s.

RASQUIN (G.) et CHAVALLIER (R.-M.),
L'article 173 alinéa 2 du traité CEE, RTD. Eur. 1966 p. 31 et s.

REGAGLEDE (M.),
Du prétendu contrôle juridictionnel de l'opportunité en matière de recours pour excès de pouvoir, RDP 1923 p. 413 et s.
L'exception d'illégalité en France, RDP 1923 p. 393 et s.

RENARD (G.),
Les limites de la compétence judiciaire en matière d'expropriation, RDP 1919 p. 523 et s.

RIVERO (J.),
Droit public et droit privé, D. 1947 chron. p. 70 et s.
Existe-t-il un critère du contentieux administratif ?, RDP 1953 p. 279 et s.
La distinction du fait et du droit dans la jurisprudence du Conseil d'État français, in Le fait et le droit, Études de logique juridique, Bruylant (Bruxelles), 1961, p. 130 et s.
La réforme du contentieux administratif, RDP 1953 p. 279 et s.

ROBERT (J.),
Le juge administratif et la liberté individuelle, in Mélanges Waline, tome II, LGDJ, p. 719 et s.

ROUQUETTE (R.),
La volonté, critère de l'acte administratif créateur de droits, LPA 28 mai 1999 p. 4 et s.

ROUVILLOIS (F.),
Le raisonnement finaliste du juge administratif, RDP 1990 p. 1817 et s.

SAINT-JAMES (V.),
La vocation du fonctionnaire stagiaire à être titularisé, AJFP 2000 p. 17 et s.

SANA-CHAILLÉ DE NÉRÉ (S.),
Contrats et obligations : Nullité ou rescision des conventions, généralités : nullité, Jurisclasseur Civil code, Art. 1304 à 1314, 2006, Fasc. n° 10

SANTULLI (C.),
Les droits acquis, RFDA 2001 p. 87 et s.

SAUNIER (S.),
L'autonomie de la volonté en droit administratif français : une mise au point, RFDA 2007 p. 609 et s.

SAUSSEREAU (M.),
La cause de la demande a-t-elle encore une place en contentieux administratif ? L'apport de la procédure civile à la réflexion, RDP 2003 p. 631 et s.

SAVATIER (R.),
Droit privé et droit public, D. 1946 Chron. p. 25 et s.

SCHRAMECK (O.),
Fonction publique de l'État : influences politiques et garanties juridiques, AJDA 1994 p. 429 et s.

SCHWARTZ (R.),
Recours pour excès de pouvoir contre un décret portant nomination d'un préfet, AJDA 1997 p. 297 et s.

SEGUR (L.),
L'inexistence en procédure civile, JCP (G) 1968.I.2129

SEILLER (B.),
L'entrée en vigueur des actes unilatéraux, AJDA 2004 p. 1463 et s.
L'illégalité sans annulation, AJDA 2004 p. 963 et s.

SIMON (D.),
Recours en constatation de manquement : nature du manquement, procédures de constatation, Fasc. n° 380, Jurisclasseur Europe Traité
Recours en constatation de manquement : Effets de la constatation du manquement, Procédures spécifiques, Fasc. n° 381, Jurisclasseur Europe Traité

SOLERY (M.),
La procédure de révision devant les juridictions financières, Rev. Trésor 1989 p. 10 et s.

SOULARD (Ch.),
Recours en annulation : Conditions de recevabilité, Fasc. n° 330, Jurisclasseur Europe Traité
Recours en annulation : Cas d'ouverture, Arrêts statuant sur des recours en annulation (effets, exécution, autorité), Fasc. n° 331, Jurisclasseur Europe Traité

STAINOV (P.),
La théorie des contrats administratifs et le droit socialiste, RDP 1966 p. 229 et s.

TAWIL (E.),
Le droit interne des religions dans la jurisprudence du Conseil d'État, EDCE n°55 2004 p. 453 et s.

TERNEYRE (Ph.)
Le droit du contentieux des contrats administratifs a-t-il enfin atteint sa pleine maturité ?; EDCE, n° 59 (2008), p. 383 et s.

TEYSSIE (B.),
Réflexions sur les conséquences de la nullité d'une clause d'un contrat, D. 1976 chron. p. 281 et s.

TIMSIST (G.),
Sur l'engendrement du droit, RDP 1988 p. 39 et s.

TIXIER (G.),
Les effets de l'expiration du délai de recours pour excès de pouvoir, D.1957 Chron. p. 25 et s.

TOMASIN (D.),
Remarques sur la nullité des actes de procédure, in Mélanges Hébraud, Université des sciences sociales, 1981, p. 853 et s.

TOMKIEWICZ (V.),
La protection du tiers dans le contentieux de la légalité des actes administratifs individuels créateurs de droit, RDP 2006 p. 1275 et s.

TRAMONI (J.-J.),
L'acte, le juge et les délais, RJJ 2000 p. 255 et s.

VAN EMPEL (M.),
L'acte public inexistant en droit communautaire, Cahiers de droit Européen p. 251 et s.

VAPAILLE (L.),
Le principe de sécurité juridique : réalité et devenir en droit administratif français, LPA 10 août 1999 p. 18 et s.

VEAUX (D.),
Jurisclasseur civil, art. 1304 à 1314, fasc. 20

VEDEL (G.),
La juridiction compétente pour prévenir, Faire cesser ou réparer la voie de fait, JCP (G) 1950.I.851

VENEZIA (J.C.),
Réflexion sur le rôle de la volonté en droit administratif, in mélanges Pierre Kayser, tome 2, PUAM, 1979, p. 383 et s.
Vers un reclassement des recours du contentieux administratif, RDP 1935 p. 205 et s.

VIDAL (R.),
L'évolution du détournement de pouvoir dans la jurisprudence administrative, RDP 1952 p. 273 et s.

VINCENT (A.),
Le recours en révision contre les arrêts du Conseil d'État, RDP 1938 p. 423 et s.

VIRALLY (M.),
Notes sur la validité du droit et son fondement, in Mélanges Charles Eisenmann, Cujas, 1977, p. 453 et s.

WACHSMANN (P.),
La recevabilité du recours pour excès de pouvoir à l'encontre des contrats. Pour le centenaire de l'arrêt Martin, RFDA 2006 p 24 et s.

WAELBROECK (M.) et SPELTDOORN(O.),
Répertoire Communautaire Dalloz, 1999, voir Exception d'illégalité

WAELBROECK (M.),
L'acte susceptible de recours dans la jurisprudence de la Cour de justice des Communautés européennes, Cahiers de droit Européen 1965 p. 225 et s.

WALINE (J.),
Contrat et recours pour excès de pouvoir, in Mélanges en l'honneur de Daniel Labetoulle, Dalloz, 2007, p. 859 et s.

WALINE (M.),
Du critère des actes juridictionnels, RDP 1933 p. 565 et s.
Empirisme et conceptualisme dans la méthode juridique : faut-il nier les catégories juridiques ?, in Mélanges Dabin, Sirey, 1963, p. 359 et s.
Etendue et limites du contrôle du juge administratif sur les actes de l'administration, EDCE 1956 p. 25 et s.
L'évolution du contrôle de l'administration depuis un siècle, RDP 1984 p. 1327 et s.
Le pouvoir discrétionnaire de l'administration et sa limitation et sa limitation par le contrôle juridictionnel, RDP 1930 p. 197 et s.
Observations sur la gradations des normes juridiques établie par M. Carré de Malberg, RDP 1934 p. 521 et s.
Vers un reclassement des recours du contentieux administratif, RDP 1935 p. 205 et s.

WEIL (P.),
Une résurrection : la théorie de l'inexistence en droit administratif, D.1958 chron. p. 49 et s.
Le Conseil d'Etat statuant au contentieux : politique jurisprudentielle ou jurisprudence politique ?, Annales de la Faculté de droit et des sciences politiques d'Aix, 1959, p. 281.
Emprise et voie de fait, D. 1961 doctrine p. 612.

WESTER-OUISSE (V.),
La caducité en matière contractuelle : une notion à réinventer, JCP (G) 2001.I.290

WODIE (F.),
L'inexistence des actes juridiques unilatéraux en droit administratif français, AJDA 1969 p. 76 et s.

WOLF (E.),
La validité des actes d'un gouvernement de fait, RDP 1952 p. 39 et s.

ZILLER (J.),
Le contrôle du pouvoir réglementaire en Europe, AJDA 1999 p. 635 et s.

III. Conclusions

Les conclusions citées sans références n'ont pas été publiées.

ABRAHAM (R.),
CE, 2 décembre 1991, commune de La Chaussée-Tirancourt, RFDA 1992 p. 892 et s.,
CE Sect. Avis, 9 octobre 1992, Abihilali, RFDA 1993 p. 175 et s.,
TC, 21 juin 1993, Préfet de la Corse du Sud,
TC, 20 juin 1994, Madaci et Youbi, Gaz. Pal. 24-25 août 1994, p. 22 et s.

ANDRIEUX,
CE, 13 mars 1936, Chevreau, S.1936.III.62,

ARRIGHI DE CASANOVA (J.),
TC, 12 mai 1997, Préfet de police de Paris c. TGI de Paris, RFDA 1997 p. 514 et s. et Gaz. Pal. 27-28 juin 1997 p. 6 et s.,
TC, 7 juin 1999, Bergas, p. 457, RGDP 1999 p. 439 et s.,

AUCOC (L.),
CE, 11 août 1866, Hamilton, p. 975 et s.,
CE, 13 mars 1867, Bizet, p. 272 et s.,
CE, 9 mai 1867, Duc d'Aumale et Michel Lévy S.1867.III.124,

BACHELIER (G.),
CE, 1er février 1995, Pichancourt,
TC, 19 novembre 2001, Melle Mohamed c. Ministre de l'intérieur, D. 2002 p. 1446 et s.,
CE, 29 novembre 2002, Assistance publique-Hôpitaux de Marseille,
CE, 5 juin 2002, Guittard,

BACQUET (A.),
CE, 4 juillet 1980, Zemma, AJDA 1980 p. 640 et s.,
CE, 15 mai 1981, Maurice et Pruvost, AJDA 1982 p. 86,

BARBET (M.),
CE Sect., 5 mai 1950, Hounicheren, S.1951.III.26,

BAUDOIN,
Cass. Civ., 6 avril 1903, S.1904.I.273,

BAUX (A.),
TA Montpellier, 21 janvier 2005, Lacan, AJDA 2005 p. 1352 et s.,

BERGEAL (C.),
CE, 8 février 1999, Société Campenon Bernard SGE, BJCP 1999 p. 361 et s.,

BERNARD,
CE Ass., 11 mai 1959, Miret, S.1959.III.146,

BERTRAND,
CE Sect., 14 novembre 1969, Eve, p. 498,

BIANCARELLI (J.)
CE, 18 juin 1982, Consorts Raphanel et Epoux Dumanch (deux espèces),

BLAEVOET,
TC, 12 mai 1949, Bonnet c. Dumont, RDP 1949 p. 371 et s.,

BLUM (L.)
CE, 17 mars 1911, Abbé Bouchon, p. 341 et s.,
CE, 29 novembre 1912, Boussuge, p. 1128 et s.,

BONICHOT (J.-C.)
CE Sect., 12 décembre 1986, Tshibangu, AJDA 1987 p. 87 et s.,
CE Ass., 21 octobre 1994, Société Tapis Saint Maclou, RFDA 1995 p. 689 et s.,

BONNET (A.)
CAA Marseille, 6 décembre 2005, Lequette, AJDA 2006 p. 1220 et s.,

BOULOUIS (N.)
CE, 7 mars 2005, Société Grandjouan-Saco,

BRAIBANT (G.)
CE Sect., 15 février 1961, Werquin,

CAHEN SALVADOR (G.)
CE, 26 décembre 1925, Rodière, RDP 1926 p. 32,
CE, 19 novembre 1926, Sieur Monzat, RDP 1927 p. 75 et s.,
CALDERARO (N.),
TA Nice, 6 octobre 1987, SCP Le Tahiti, RFDA 1989 p. 325 et s.,
CASAS (D.),
CE, 16 novembre 2005, commune de Nogent sur Marne et M. Auguste,
CE, 30 juin 2004, Société Martoia,
CELIER,
CE. Ass., 7 novembre 1947, Alexis et Wolff, S.1948.III.10 et JCP 1947.II.4006,
CHAHID-NOURAI (N.),
CE, 11 juillet 1984, SARL Litt,
CE Ass., 3 février 1989, Compagnie Alitalia, RFDA 1989 p. 391 et s.
CHANTEPY (Ch).,
CE Sect., 3 novembre 1995, Société Stenfoson communications,
CHARDEAU (J.),
TC, 25 novembre 1963, commune de Saint-Just-Chaleyssin, p. 793 et s.,
TC, 25 novembre 1963, Epoux Pelé,
CHARDONNET
CE, 12 mars 1909, commune de Triconville,
CHAUVAUX (D.),
CE, 17 novembre 1997, Granata,
COMBREXELLE (J.-D.),
CE Ass., 15 avril 1996, Syndicat CGT des hospitaliers de Bédarieux, RFDA 1996 p. 1169 et s.,
CE Ass., 30 décembre 1996, Mme Wajs et Monnier, RFDA 1997 p. 726 et s.,
COSMAS,
CJCE, 8 juillet 1999, Hüls c. Commission, n° C-199/92, 99,
CJCE, 8 juillet 1999, Montecatini c. Commission, n° C-235/92, 99,
DAVID,
CE, 19 février 1875, Prince Napoléon, p. 155,
DE GUILLENCHMIDT,
CE, 4 mai 1990, Cie industrielle maritime CIM, RFDA 1990 p. 591 et s.,
DELVOLVE (J),
TC, 17 mars 1949, Société Hôtel du vieux Beffroi, S.1950.III.1,
CE Sect., 30 juin 1950, Massonnaud, S.1951.III.57,
CE Sect., 26 janvier 1951, Galy, S.1951.III.52,
DENOIX DE SAINT MARC (R.),
CE, 20 janvier 1978, Syndicat national de l'enseignement technique agricole public, AJDA 1979 p. 37 et s.,
DEREPAS (L.),
CE, 26 janvier 2007, commune de Neuville-sur-Escaut,
DEVYS (Ch.),
CE, 11 mai 2004, Association AC ! et autres, RFDA 2004 p. 454 et s.,
DU MARAIS (B.),
CE, 20 mai 1994, commune de Saint-François,
DUTHEILLET DE LAMOTHE (A.),
CJCE, 11 février 1971, Rewe Zentrale c. Commission, n° 37/70,
FOMBEUR (P.),
CE, 26 février 2003, M. Iskin,
FOUCQUET (O.),
CE, 24 juillet 1987, Huguet, LPA 30 octobre 1987 p. 4 et s.,
FOURNIER (J.),
CE Sect., 26 juin 1959, Syndicat général des ingénieurs conseils, RDP 1959 p. 1004 et s.
CE, 9 juillet 1965, Voskresensky, AJDA 1965 p. 603 et s.
CE Ass., 3 mars 1967, Ministre de la Construction c. Société Behr-Manning, AJDA 1967 p. 530 et s.
FRATACCI (M.),
CE, 18 mars 1994, commune de Cestas, AJDA 1994 p. 649 et s.
CE Sect., 9 juin 1995, Conseil régional d'Aquitaine,
CE, 28 juillet 1995, Société de gérance Jeanne d'Arc, RDP 1996 p. 569 et s.
GALABERT (J.-M.),
CE Sect., 18 novembre 1986, Ministre des travaux publics c. Silvani, AJDA 1987 p. 222 et s.
GAZIER (F.),
CE Ass., 18 novembre 1949, Carlier, RDP 1950 p. 172 et s.
CE Ass., 31 mai 1957, Rosan Girard,
CE Sect., 18 avril 1958, Société Comptoirs du Haut-Niger,
GENEVOIS (B.),
CE Ass., 18 juin 1976, Sieur Konaté,
CE, 6 mai 1985, Association Eurolat et Crédit foncier de France, RFDA 1986 p. 21 et s.,
GLASER (E.),
CE, 21 juillet 2006, Gastinel, AJDA 2006 p. 1970 et s.,
GOULARD (G.),
CE, 29 décembre 1997, commune d'Hautmont,
GREVISSE (S.),
CE, 5 mai 1971, Préfet de Paris et Ministre de l'intérieur c. Syndicat chrétien de la préfecture de la Seine, de l'Assistance publique à Paris et autres,
GUILLAUME (G.),
CE Sect., 8 novembre 1974, Époux Figueras,
CE Sect., 8 octobre 1976, Blant, AJDA 1977 p. 101 et s.,
CE, 19 novembre 1986, Jugla, LPA 17 juillet 1987 p. 4 et s.,
GUIONIN,
TC, 10 décembre 1956, Randon, D.1957.483 et S.1957.313 (M.),
GULDNER,
CE, 20 décembre 1957, Association des fonctionnaires du Ministère de l'Intérieur c. Saincierge, RA mars-avril 1958, p. 149 et s.,
HENRY,
CE Ass., 2 mars 1962, Rubde Servens, JCP (G) 1962.II.12613,

HEUMANN,
CE Ass., 24 juin 1960, Société Frampar et société France éditions et publications, RDP 1960 p. 815 et s.,
CE Ass., 10 février 1961, Sieur Chabran,
HUBAC (S.),
CE, 11 mars 1998, Ministre de l'Intérieur c. Auger,
CE, 4 mai 1988, Plante,
JACOMET,
CE, 4 mars 1955, Athias, RDP 1955 p. 745 et s.,
CE, 4 mars 1955, Sticotti, RDP 1955 p. 732 et s.,
JAGERSCHMIDT,
CE, 14 février 1890, Roussey, p. 178,
JOSSE (P.-L.),
CE, 23 janvier 1925, Anduran, D.1925.III.43,
CE, 21 novembre 1930, Benoit, S.1931.III.33,
TC, 8 avril 1935, Société d'Action française, D.1935.III.25,
CE Sect., 3 avril 1936, Sudre, D.1936.III.57,
KAHN,
CE Sect., 5 décembre 1958, Secrétaire d'État à l'agriculture c. Union des pêcheurs à la ligne et au lancer de Grenoble et du département de l'Isère, AJDA 1959 p. 57 et s.,
LABETOULLE (D.),
CE, 17 octobre 1980, M. Barrois,
CE Sect., 4 mai 1984, Poissonnier,
LAFERRIERE (E.),
TC, 5 mai 1877, Laumonnier-Carriol, S.1878.II.93,
LAGRANGE,
CE, 25 février 1938, Consorts Durand, S.1938.3.41,
LAMY (F.),
CE, 24 février 1984, Association professionnelle des magistrats et Springez,
LAROQUE (M.),
CE, 10 février 1992, Roques, RFDA 1992 p. 841 et s.,
LASRY,
TC, 16 novembre 1964, Clément,
LASSERRE (B.),
CE, 25 juillet 1985, Dagostini, 1985 p. 558 et s.,
LASVIGNES (S.),
CE, 2 avril 1993, Ville de Bastia,
LATOURNERIE (M.-A.),
CE, 28 février 1986, Commissaire de la République des Landes,
TC, 9 juin 1986, Eucat, RDP 1987 p. 1082 et s.,
LAURENT,
CE Ass., 15 juillet 1954, Société des aciéries et forges de saint François, DA 1954 p. 205 et s.,
LE CHATELIER (G.),
CE, 29 février 2004, SEM de la Lozère,
LEVAVASSEUR DE PRECOURT,
CE, 15 juillet 1887, Carlier, D.1888.III.118,
CE, 20 avril 1888, commune de Ploërmel, p. 350,
CE, 2 mai 1890, Moinet, p. 435.,
LEGAL (H.),
CE Sect., 26 juillet 1991, commune de Sainte-Marie, RFDA 1991 p. 966 et s.,
LÉGER (Ph.),
CJCE, 25 septembre 2003, Commission des Communautés européennes c. République d'Autriche,
LETOURNEUR (M.),
CE Ass., 16 avril 1948, Laugier, S.1948.III.36,
CE Ass., 25 juin 1948, Société du journal « l'Aurore », Gaz. Pal ; 1948 p. II.7 et s.,
CE Ass., 30 mai 1952, Dame Kirkwood, RDP 1952 p. 781 et s.,
TC, 27 novembre 1952, Flavigny, S.1953.III.37,
LHOPITAL,
CE, 20 mars 1862, Ville de Chalôns c. Navarre, p. 235 et s.,
LINDON,
TC, 27 juin 1966, Guigon, JCP 1966.II.15135,
LONG (M.),
CE Sect., 20 avril 1956, Epoux Bertin, RDP 1956 p. 869 et s.,
CE, 6 juin 1958, Ayissi,
MARGUERIE (R.),
CE, 13 mai 1881, Brissy, p. 492.,
CE, 22 janvier 1886, Castex, S.1887.III.45,
MASSOT (J.),
CE, 2 décembre 1977, Comité de défense de l'environnement de Mâcon-Nord,
CE, 3 mars 1979, Comité de défense de l'environnement de Mâcon-Nord,
CE Ass., 8 avril 1987, Ministre de l'intérieur et de la décentralisation c. Peltier.
MAUGÜE (Ch.),
CE, 25 novembre 1988, commune de Plessis-Feu-Aussous, AJDA 1996 p. 77 et s.,
CE, 4 novembre 1994, Département de la Sarthe, AJDA 1994 p. 898 et s.,
CE Ass., 20 décembre 1995, Collectif national Kiné-France, AJDA 1996 p. 139 et s.,
CE, 13 mai 1996, commune de Franconville-la-Garenne, BJDU 1996 p. 267 et s.,
CE, 30 mai 2001, Election du maire et des adjoints de Bouchemaine,
MICHEL,
CE, 19 mai 1933, Benjamin, S.1934.III.1,
MONTE (DE) (P.)
TA Montpellier, 8 janvier 2008, AJDA 2008 p. 753 et s.
MOREAU (Y.),
CE, 11 juillet 1988, M. André,
MORISOT (M.),
CE Sect., 28 janvier 1977, Société Heurtey-Métallurgie, AJDA 1977 p. 394 et s.,
MOSSET,
CE, 26 novembre 1954, Syndicat de la raffinerie du soufre français, DA 1955 p. 7,
NICOLAY,
CE, 15 février 1961, Alfred-Joseph, AJDA 1961 p. 548 et s.,
CE Sect., 13 juillet 1961, Société d'entreprise générale et de travaux publics, AJDA 1961 p. 548 et s.,

ODENT (R.),
CE, 27 mai 1948, Véron-Réville, Gaz. Pal. 1949.II.34.,
CE, 26 janvier 1951, Tibayrenc,
PECRESSE (V.),
CE, 10 octobre 1997, Lugan,
CE Ass., 24 octobre 1997, Mme De Laubier, RFDA 1998 p. 527 et s.,
PICHAT,
CE, 8 avril 1911, commune de Ousse-Suzan, S1913.III.50,
CE, 28 juillet 1911, Sieur Gillot, p. 887 et s.
POCHARD (M.),
CE Sect., 30 novembre 1990, Association Les Verts, RFDA 1991 p. 571 et s.,
CE, 8 janvier 1992, Préfet des Yvelines, RFDA 1993 p. 247 et s.,
CE, 15 janvier 1993, commune de Cabrières-d'Avignon, RDP 1993 p. 545 et s.,
POUSSIERE,
CE, 6 juillet 1956, X., AJDA 1956 p. 318 et s.,
PRADA-BORDENAVE (E.),
CE, 6 avril 2001, Djerrar,
CE Sect., 16 mai 2001, Préfet de Police c. Mtimet,
QUESTIAUX (N.),
CE, 4 novembre 1966, Ministre de l'intérieur c. Société « Le témoignage Chrétien »,
REVERCHON,
Cass. Req., 12 janvier 1874, DP 1874.I.161,
RIGAUD (J.),
CE Sect., 31 janvier 1969, Gardarein,
RIVET,
CE, 20 janvier 1922, Trépont, RDP 1922 p. 81 et s.,
CE, 3 novembre 1922, Dame Cachet, S.1925.III.9,
CE, 23 mars 1923, Blanchard, S.1925.III.51,
ROBERT,
CE, 30 avril 1863, Ville De Boulogne, p. 404,
ROMIEU (J.),
CE, 2 décembre 1892, Mogambury, S.1894.III.97,
CE, 1er février 1901, Descroix et autres boulangers de Poitiers, S.1901.III.41.,
TC, 2 décembre 1902, Société immobilière de Saint-Just, S.1904.III.17,
TC, 24 décembre 1904, Consorts Montlaur, DP.1906.III.58,
CE, 4 août 1905, Martin, D.1907.III.49,
ROUCHON-MAZERAT,
CE Sect., 15 janvier 1932, Veuve Reynes, S.1932.3.12,
TC, 11 juillet 1933, Dame Mélinette, S.1933.III.97.,
ROUGEVIN-BAVILLE,
CE Sect., 2 juin 1972, Dame Marcuccini,
CE Ass., 8 février 1974, commune de Montory, RDP 1974 p. 1511 et s.,
ROUX (M.),
CE Ass., 2 décembre 1983, Charbonnel, AJDA 1984 p. 76 et s.,
CE, 13 juin 1986, Toribio et Bideau, AJDA 1986 p. 503 et s.,
RUIZ-JARABO COLOMER,
CJCE, 22 octobre 1998, Ministero delle Finanze c. IN.CO.GE.'90 e.a., n° C-10/97,
CJCE, 27 juin 2000, Commission c. Portugal, n° C-404/97,
CJCE, 27 juin 2000, Royaume-Uni c. Commission, n° C-148/99,
SADON,
Cass. Civ. 1ère, 28 novembre 1984, RFDA 1985 p. 760 et s.,
SAGGIO,
CJCE, 23 novembre 1999, Portugal c. Commission, n° C-89/96,
CJCE, 18 mai 2003, Commission des Communautés européennes c. République d'Autriche, n° C-290/98,
SAINTE-ROSE (J.),
TC, 22 juin 1998, Préfet de la Guadeloupe, JCP (G) 1998.II.10169,
SANSON (M.),
CE Sect., 26 juillet 1996, Mme Parrel,
SAVOIE (H.),
CE, 7 octobre 1994, Ville de Narbonne c. Madame Arditi, RDP 1995 p. 251 et s.,
CE Sect., 20 octobre 2000, Société Citécable Est, CJEG 2001, n° 572,
SCHWARTZ (R.),
CE Sect., 7 octobre 1994, Époux Lopez, RFDA 1994 p. 1098 et s.,
CE Sect., 3 novembre 1995, Velluet, AJDA 1996 p. 215 et s.,
SENERS (F.),
CE Ass., 26 octobre 2001, Ternon, RFDA 2002 p. 77 et s.,
CE, 3 février 2003, Wirbel,
CE Sect., 30 juillet 2003, Groupement des éleveurs mayennais de trotteurs, RFDA 2003 p. 1134 et s.,
SIEGBERT (A.),
CJCE, 22 mars 2001, Commission c. France, n° C-261/99,
STAHL (J.H.),
CE Sect., 30 octobre 1998, Ville de Lisieux ; RFDA 1999 p. 128 et s.,
CE Sect., 26 mars 1999, Société Hertz-France et autres,
CE, 29 mars 2000, GIE du Groupe Victoire,
CE Sect., 30 avril 2003, Syndicat professionnels des exploitants indépendants des réseaux d'eau et d'assainissement,
CE, 23 juillet 2003, Association liberté information santé,
CE, 3 décembre 2003, SARL QSCT, SA France restauration rapide,
STIRN (B.),
CE Sect., 27 février 1987, commune de Grand-Bourg de Marie-Galante, RFDA 1987 p. 12 et s.,
CE, 18 octobre 1989, Mme B., AJDA 1990 p. 54 et s.,
CE Ass., 21 décembre 1990, Confédération nationale des associations familiales catholiques, AJDA 1991 p. 91 et s.,

TARDIEU (A.),
CE, 10 décembre 1909, Sect. de Vaux c. commune de Sairy, p. 957.,

TIZZANO (A.),
CJCE, 15 mai 2003, Pitsiorlas c. Conseil, n° C-193/01,

VAN GERVEN (W.),
CJCE, 15 juin 1994, Commission des communautés européennes, n° C-137/92P,

VERCLYTTE (S.),
CE, 17 juin 2005, M. Louis Gleyo,

VEROT (C.),
CE, 11 janvier 2006, M. Patrice Bénavent,

VIGOUROUX (C.)
CE, 22 mai 1987, Tête, AJDA 1987 p. 664 et s.,

WEBER (J.-F.)
Cass. Civ. 3ème, 15 décembre 1999, JCP(G) 2000.II.10236.,

IV. THESES ET MEMOIRES

ALCINDOR (L.),
Des différentes espèces de nullités des actes administratifs, Thèse Paris, Giard-Brière, 1912, 130 p.

ANTOINE (A.),
Les servitudes légales en matière de distribution et de transport d'énergie électrique, Thèse Paris, Rousseau, 1942, 258 p.

ARBUS (A.),
Études sur la voie de fait et ses sanctions dans l'ordre interne et l'ordre international, Thèse Paris, Jouve, 1925, 373 p.

AUBERT (Ch.),
Le délai du recours pour excès de pouvoir, Thèse Paris, Pfeiffer et Assant, 1937, 189 p.

AUBY (J.–M.),
La théorie de l'inexistence des actes administratifs, Thèse Paris, 1951, Pédone, 351 p.

BETTINGER (R.),
De la nullité des délibérations des conseils généraux, contrôle administratif et contrôle juridictionnel, Thèse Paris, 1902, 251 p.

BERTRAND (Ch.),
La notion d'ordre public en matière de nullités, Thèse Lille, 1939, 118 p.

BLANCPAIN (F.),
La formation historique de la théorie de l'acte administratif unilatéral, thèse Paris II, 1979, 310 p.

BOURGEON (Ph.),
Distinction de l'inexistence et de l'annulabilité des actes juridiques en droit romain et en droit français, Thèse Dijon, 1885, 312 p.

BRETTON (Ph.),
L'autorité judiciaire, gardienne des libertés essentielles et de la propriété privée, Thèse Poitiers, LGDJ, 1964, 295 p.

CAROTENUTO (S.),
La disparition non contentieuse des actes administratifs, contribution à la théorie du retrait et de l'abrogation des actes administratifs, Thèse Aix-en-Provence, 2000, 458 p.

CHABERT-OSTLAND (DE) (A.),
Contribution à l'étude des voies de fait en droit administratif, agissement matériels des agents administratifs constituant des voies de faits et leurs conséquences, Thèse Paris, 1907, 201 p.

CHALVON-DEMERSAY (E),
De l'examen du fait par le Conseil d'État statuant en matière de recours pour excès de pouvoir, Thèse Paris, Pichon-Durand-Auzias, 1922, 112 p.

CHAMPION (F.),
Le Tribunal des conflits et l'élaboration du droit administratif, Thèse Tours, 2000, 980 p.

CHEVALLIER (J.),
L'élaboration historique du principe de la séparation de la juridiction administrative et de l'administration active, Thèse Paris, LGDJ, 1970, 317 p.

COSTA (D.),
Les fictions juridiques en droit administratif, Thèse Paris, LGDJ, 2000, 614 p.

COUMAROS (N.),
Le rôle de la volonté dans l'acte juridique (étude critique de la conception classique), Thèse Bordeaux, Sirey, 1931, 332 p.

COUZINET (P.),
La réparation des atteintes portées à la propriété privée immobilière par les groupements administratifs, Thèse Paris, Sirey, 1928, 340 p.

CROUZATIER-DURAND (F.),
La fin de l'acte administratif unilatéral, Thèse Toulouse, 2002, L'Harmattan, 2003, 434 p.

DALEM (L.),
Les recours contre les délibérations des conseils municipaux, Thèse Paris 1904, 249 p.

DEBARY (M.),
La voie de fait en droit administratif français, Thèse Paris, 1958, LGDJ, 1960, 178 p.

DEBBASCH (Ch.)
Procédure administrative contentieuse et procédure civile contribution à l'étude de l'instance, Thèse Aix en Provence, 1958, LGDJ, 1962, 467 p.

DEBOUY (Ch.),
Les moyens d'ordre public dans la procédure administrative contentieuse, Thèse Poitiers, 1978, PUF, 1980, 528 p.

DEROUSSIN (D.),
Le sujet de croire dans l'ancien droit français, Thèse Lyon, 1998, De Boccard, 2001, 540 p.

DESGRANGES (E.),
Essai sur la notion de voie de fait en droit administratif, Thèse Poitiers, Sirey, 1937, 323 p.

DROGOUL (F.),
Essai d'une théorie générale des nullités en droit civil, Thèse Paris 1902, 269 p.

DUCLOS (J.),
L'opposabilité, essai d'une théorie générale, Thèse Rennes I, 1981, LGDJ, 1984, 544 p.

DUPEYRON (Ch.),
La régularisation des actes nuls, Thèse Toulouse, 1972, LGDJ, 1973, 283 p.

DUPEYROUX (O.),
La règle de la non rétroactivité des actes administratifs, Thèse Toulouse, 1953, LGDJ, 1954, 350 p.

DUPRÉ (H.),
De la rectification des décisions judiciaires en dehors des voies de recours, Thèse Toulouse, Fouriaud, 1941, 101 p.

FILATRE-LONGCHAMPS (A.),
Commentaire de la loi du 10 août 1871 sur les conseils généraux, Thèse Rennes, Bazouge, 1873, 146 p.

FORTSAKIS (Th.),
Conceptualisme et empirisme en droit administratif français, Thèse Paris II, LGDJ, 1987, 529 p.

FRENISY (A.-M.),
Des effets attachés aux juridictions répressives aux actes nuls, au regard du droit civil et du droit commercial, Thèse Paris, 1959, 128 p.

FRENOY (J.),
Le Conseil d'État et les nominations illégales dans les fonctions publiques, Thèse Paris, 1913, 199 p.

FRIER (P.-L.),
L'urgence, Thèse Paris I, 1982, LGDJ, 1987, 599 p.

GABOLDE (Ch.),
Essai sur la notion d'urgence en droit administratif français (Les pouvoirs d'urgence de l'administration), Thèse Paris 1951, 122 p.

GILLI (J.-P.),
La cause juridique de la demande en justice, essai de définition, Thèse Paris, 1960, LGDJ, 1962, 262 p.

GONOD (P.),
Edouard Laferrière, un juriste au service de la République, Thèse Paris, 1992, LGDJ, 1997,446 p.

GOURDOU (J.),
Les conséquences de la constatation de l'illégalité d'un acte administratif par le juge administratif, Thèse Pau, 1996, 395 p.

GOUT (O.),
Le juge et l'annulation du contrat, Thèse Aix-en-Provence, 1998, PUAM, 1999, 522 p.

GOUTAGNY (J.),
La théorie des voies de fait, Thèse Lyon, Bornier, 1945, 127 p.

GOYARD (C.),
La compétence des tribunaux judiciaires en matière administrative, Thèse Montpellier, Montchrestien, 1962, 547 p.

HARTEMANN (E.),
Étude sur la distinction des actes inexistants et des actes annulables dans le droit Romain, l'ancien droit français et le code civil, Thèse Nancy, 1889, 347 p.

HAUSER (J.),
Objectivisme et subjectivisme de l'acte juridique (Contribution à la théorie générale de l'acte juridique), Thèse Paris, 1969, LGDJ, 1971, 339 p.

HOSTEING (P.),
Le délai du recours pour excès de pouvoir, Thèse Paris, 1939, 191 p.

JAPIOT (R.),
Des nullités en matière d'actes juridiques, Essai d'une théorie nouvelle, Thèse Dijon, Librairie nouvelle de droit et de jurisprudence, 1909, 964 p.

KELLERSHOHN (M.),
Des effets de l'annulation pour excès de pouvoir, Thèse Bordeaux, Cadoret, 1915, 287 p.

KTISTAKI (S.),
L'évolution du contrôle juridictionnel des motifs de l'acte administratif, Thèse Paris I, 1990, LGDJ, 1991, 472 p.

LEFEBURE (M.),
Le pouvoir d'action unilatérale de l'administration en droit anglais et en droit français, Thèse Paris, 1957, LGDJ, 1961, 200 p.

LESAGE (M.),
Les interventions du législateur dans le fonctionnement de la justice, Thèse Lille, 1958, LGDJ, 1960, 337 p.

LEWALLE (P.),
Contribution à l'étude de l'application des actes administratifs unilatéraux dans le temps, Thèse Liège, Nijhoff, (La Haye), 1975, 420 p.

LOMBARD (F.),
La cause dans le contrat administratif, Thèse Aix-en-Provence, 2006, 517 p.

LOYER (J.),
Les actes inexistants, Thèse Rennes, Larose et Tenin, 1908, 211 p.

MAGUET (E.),
Des conseils généraux dans les colonies françaises autre que l'Algérie, Thèse Paris, Crès, 1911, 250 p.

MATHIEU (B.),
Les « validations » législatives. Pratique législative et jurisprudence constitutionnelle, Thèse Dijon, 1985, Economica, 1987, 392 p.

MAYER (P.-G.),
Recours contre les délibérations des conseils municipaux, Thèse Paris, 1910, 253 p.

MAYNARD (M.),
Le jugement déclaratoire, Thèse Lyon, Giard, 1922, 132 p.

MELLERAY (F.),
Essai sur la structure du contentieux administratif français, Thèse Bordeaux IV, LGDJ, 2001, 466 p.

MENTRE (P.),
Les réquisitions administratives, Thèse Strasbourg, Sirey, 1941, 115 p.

MERIGOT (J.-G.),
Essai sur les comité d'organisations professionnelles, Thèse Bordeaux, LGDJ, 1943, 602 p.

MESTRE (A.),
Le Conseil d'État, protecteur des prérogatives de l'administration (Étude sur le recours pour excès de pouvoir), Thèse Toulouse II, LGDJ, 1974, 312 p.

MESTRE (J.-L.),
Un droit administratif à la fin de l'Ancien régime : Le contentieux des communautés de Provence, Thèse Toulouse I, LGDJ, 1976, 597 p.

MOREAU (G.),
Le recours en annulation en procédure coloniale, Thèse Poitiers, 1912, LGDJ, 1913, 159 p.

MORTET (Ch.),
Étude sur la nullités des contrats dans le droit romain, l'ancien droit français et le code civil, Thèse Bordeaux, 1878, 215 p.

MUZELLEC (R.),
Le principe d'intangibilité des actes administratifs individuels en droit français, Thèse Rennes, 1971, 521 p.

NIZARD (L.),
Les circonstances exceptionnelles dans le jurisprudence administrative, Thèse Paris, LGDJ, 1962, 293 p.

PEQUIGNOT (G.),
Contribution à la Théorie générale du contrat administratif, Thèse Montpellier, Pédone, 1945, 626 p.

PES (G.),
Le pourvoi dans l'intérêt de la loi en matière administrative, Thèse Paris II, 1974, 460 p.

PIEDELIEVRE (J.),
Des effets produits par les actes nuls, Thèse Paris, Librairie nouvelle de droit et de jurisprudence, 1911, 509 p.

PIZE (J.),
Essai d'une théorie générale sur la distinction de l'inexistence et de l'annulabilité des contrats, Thèse Lyon, Rousseau, 1897, 126 p.

POUYAUD (D.),
La nullité des contrats administratifs, Thèse Lille III, LGDJ, 1991, 598 p.

ROIG (Ch.),
Les circonstances exceptionnelles dans le jurisprudence et la doctrine, Thèse Paris, 1958, 262 p.

ROUCHON (L.),
La décentralisation municipale et la loi du 5 avril 1884, projets de réforme, Thèse Lyon, Machesson, 1900, 117 p.

SFEZ (L.),
Essai sur la contribution du doyen Hauriou au droit administratif français, Thèse Paris, LGDJ, 1966, 520 p.

SIMON (P. - F.),
La loi de Tréveneuc et ses précédents, Thèse Paris, 1911, 343 p.

SOTO (DE) (J.),
Contribution à la théorie des nullités des actes administratifs, Thèse Paris, Bernard, 1941, 279 p.

TAWIL (E.),
Du gallicanisme administratif à la liberté religieuse. Le Conseil d'État et le régime des cultes depuis la loi de 1905, Thèse post-doc. EPHE, 2005, 273 p.
Norme religieuse et droit français, Thèse Strasbourg, 2005, PUAM, 322 p.

TECLE COURBAIN (L.),
Le recours en annulation en matière française, Étude analytique et critique de procédure coloniale, Thèse Toulouse, 1937, 318 p.

TEYTAUD (G.),
De l'usurpation de pouvoir en droit administratif, Thèse Paris, Loviton, 1937, 134 p.

VALSON (L.),
Contribution à l'Étude de la voie de fait administrative, Thèse Paris, 1945, 200 p.

VEDEL (G.),
Essai sur la notion de cause en droit administratif français, Thèse Toulouse, Sirey, 1934, 510 p.

VOUTERS (A.),
De la règle que l'autorité judiciaire est gardienne de la propriété privée (essai historique et critique), Thèse Lille, 1940, 292 p.

WALINE (M.),
La notion judiciaire de l'excès de pouvoirs, L'excès de pouvoir du juge, Thèse Paris, Dalloz, 1927, 278 p.

WEIL (P.),
Les conséquences de l'annulation d'un acte administratif, Thèse Paris, 1952, 275 p.

WELTER (H.),
Le contrôle de la moralité administrative, Thèse Nancy, Sirey, 1929, 513 p.

INDEX THEMATIQUE

Les numéros renvoient aux pages.

TABLE DES DECISIONS DE JUSTICE

Les numéros renvoient aux pages.

Conseil d'État

Cours administratives d'appel

Tribunaux administratifs

Autres juridictions administratives

Cour de cassation

Autres juridictions judiciaires

Conseil constitutionnel

Tribunal des conflits

Juridictions étrangères

Juridictions internationales

Divers

TABLE DES MATIERES

L'HARMATTAN, ITALIA
Via Degli Artisti 15 ; 10124 Torino

L'HARMATTAN HONGRIE
Könyvesbolt ; Kossuth L. u. 14-16
1053 Budapest

L'HARMATTAN BURKINA FASO
Rue 15.167 Route du Pô Patte d'oie
12 BP 226
Ouagadougou 12
(00226) 76 59 79 86

ESPACE L'HARMATTAN KINSHASA
Faculté des Sciences Sociales,
Politiques et Administratives
BP243, KIN XI ; Université de Kinshasa

L'HARMATTAN GUINÉE
Almamya Rue KA 028
En face du restaurant le cèdre
OKB agency BP 3470 Conakry
(00224) 60 20 85 08
harmattanguinee@yahoo.fr

L'HARMATTAN CÔTE D'IVOIRE
M. Etien N'dah Ahmon
Résidence Karl / cité des arts
Abidjan-Cocody 03 BP 1588 Abidjan 03
(00225) 05 77 87 31

L'HARMATTAN MAURITANIE
Espace El Kettab du livre francophone
N° 472 avenue Palais des Congrès
BP 316 Nouakchott
(00222) 63 25 980

L'HARMATTAN CAMEROUN
BP 11486
(00237) 458 67 00
(00237) 976 61 66
harmattancam@yahoo.fr

637649 - Janvier 2016
Achevé d'imprimer par

1livre.com
du rêve à la réalité !

www.ingramcontent.com/pod-product-compliance
Lightning Source LLC
LaVergne TN
LVHW021135061026
849535LV00002B/255